KB203406

누가복음

누가복음

강대훈

홍성사.

그리스도인을 위한 통독 주석 시리즈를 펴내며

'수석'은 신학생이나 목회자 등 이른바 '전문직 종사자'들이 읽는 책이라는 인식이 있다. 시중에 나와 있는 주석서들은 신학 혹은 성서학 배경 없이 읽기에는 난해할 뿐 아니라 어렵게 읽었다 하더라도 성경 본문과 어떤 연관이 있는지 알 수 없는 경우가 많다. 왜냐하면 한글로 성경을 읽을 때 자연스럽게 떠오르는 질문이 아닌, 학자들의 논쟁을 주로 소개하기 때문이다. 한편 성경 강해집은 전문성과 정확성이 떨어지는 경우가 많아 참고서로 활용하기 힘들다. '그리스도인을 위한 통독 주석 시리즈'는 이러한 상황을 타개하기 위해 기획되었다. 성경을 진지하게 공부하려는 그리스도인이라면 누구나 쉽게 읽을 수 있도록 기획된 이 시리즈의 특징은 다음과 같다.

첫째, 학자들의 논쟁보다 본문 자체의 해설에 집중했다. 한국의 그리스도인들이 성경을 읽을 때 자연스럽게 떠오르는 질문들을 다루었다. 둘째, 단어 중심보다 문단 중심 주석으로 통독이 가능하다. 이는 본문의 흐름을 유지하면서 필요한 해설들을 수록하였기 때문이다. 셋째, 필요할 때마다 참고할 수 있도록 다양한 도표, 지도, 배경 글을 수록하였다. 넷째, 질문과 적용, 묵상을 돕는 글을 각 장 끝에 실음으로써 성경 공부 교재로 활용이 가능하며 개인 묵상에도 유용하다. 다섯째, 평이한 문체로 저술하되 최신의 학문적 성과를 본문 곳곳에 반영하였다.

'그리스도인을 위한 통독 주석 시리즈'는 한국의 독자를 가슴에 품은, 뜻 있는 학자들의 합류로 계속해서 쓰여질 것이다.

그리스도인을 위한 통독 주석 시리즈 편집위원

김구원, 기민석, 조재천

서문

누가복음은 희년의 복음이다(4:18-19). 하나님께서 예수 그리스도를 통해 가난한 자들에게 전하신 좋은 소식이다. 복음은 당시 사회와 종교 주변부에 있는 사람들이 수용하고 이해하기 쉬운 방식으로 전해졌다. 누가복음의 이런 특징처럼 필자는 모두에게 다가갈 수 있는 수준과 환대의 마음으로 본 주석을 집필했다. 이런 의도와 더불어 본 주석은 본문의 주요 쟁점을 최대한 반영하고 있다. 본 주석의 몇 가지 특징을 정리해 보면 다음과 같다.

첫째, 본 주석은 누가가 그의 기록을 '서사'(내러티브, 디에게시스)로 소개한 점을 주의 깊게 다룬다. 누가는 사건과 가르침을 순서에 따라 정확하게 기록했다고 밝힌다. 이는 누가가 많은 장면들을 차례대로 일관성 있게 배열했음을 의미한다. 독자는 누가가 단락과 단락을 주제에 따라 치밀하게 연결하여 발전시키고 있음을 맛볼 수 있을 것이다. 이런 흐름과 연결을 파악할 수 있도록 큰 단락에 들어가기 전에 간단한 개요를 제시했다. 둘째, 본 주석은 독자들이 단락의 흐름을 쉽게 이해할 수 있도록 본문을 해설했다. 단락의 흐름에 초점을 맞추었지만 중요한 단어나 개념의 경우에는 간단하게 의미를 설명한다. 셋째, 본 주석은 예수 당시의 배경을 제공한다(바리새파, 회당, 세례 등). 넷째, 본 주석은 필자의 사역(私譯)에 기초한다. 마지막으로 본 주석은 큰 단락의 해설을 마치고 나서 서너 개의 질문과 한두 개의 묵상을 제공한다. 독자들이 삼위일체 누가복음을 통해 하나님의 계획과 사랑을 배우는 여정 가운데 본 주석이 작은 안내가 되길 소망한다.

필자 혼자의 능력과 노력으로 본 주석을 집필하는 것은 불가능하다. 필자는 여러 주석과 자료에서 많은 통찰을 얻었다. 집필 기간에 아버지께서 갑자기 찾아온 병으로 돌아가셨다. 이를 계기로 아픈 자들을 환대하시는 예수님의 마음을 배울 수 있었다. 평생 넓고 따뜻한 환대의 마음으로 희생하신 아버지께서 천사들의 환영을 받고 아브라함의 품에 안겨 안식하고 계신 줄 믿는다. 이 책은 필자가 기고한 격월지 〈묵상과설교〉(2021년 1-4월호)를 확장하고 발전시킨 것임을 밝힌다. 집필에 집중할 수 있도록 격려하고 기도로 참여한 아내 박선영에게 감사하다. 어느새 이십 대 청년이 된 세 자녀(한, 유진, 유영)의 존재가 집필에 큰 힘이 됐다. 낮은 자들을 방문하신 좋으신 하나님, 낮은 자가 되신 환대의 예수님께 영광을!

2022년 7월 20일

서울 명륜동 골방에서

차례

【일러두기】

본문에 사용된 누가복음 본문은 저자의 사역(私譯)입니다.
본문에 사용된 사진은 Bibleplace.com에서 사용 허가를 받았습니다.

누가복음 개요

1. 저자

누가복음 내부에는 저자를 알리는 단서가 없지만 누가복음과 관련한 초기 자료들은 누가를 세 번째 복음서의 저자로 명시한다. 누가복음의 모든 사본에 '누가' 외의 다른 이름이 붙은 적이 없다. 누가는 예수 사건을 직접 목격한 증인은 아니다(1:1-2). 그는 '목격자들과 말씀의 일꾼이었던 사람들이 우리에게 전달한 것들'에 근거해 복음서를 서술했다. 누가는 그의 두 번째 저술인 사도행전에 언급되는 '우리'(바울과 선교 동료들)에 포함되는 바울의 동료였다(행 16:10-17; 20:5-15; 21:1-18; 27:1-28:16). 바울은 누가를 동역자들의 목록에 포함시켰다(몬 24; 딤후 4:10-11). 그래서 누가가 사용하는 용어와 바울의 용어가 유사한 경우가 등장한다. 바울은 누가를 '사랑을 받는 의사'로 불렀다(골 4:14). 그러나 누가복음에서 저자의 의학 지식과 전문성은 명확하게 드러나지 않을 뿐 아니라 해석에도 영향을 주지 않는다. 누가는 역사가의 펜으로 복음서를 서술했다. 덧붙여서 누가복음이 이방인들에 대한 관심이 높다고 해서 저자를 이방인으로 설정할 필요는 없다. 이를 입증할 명확한 근거가 없고 신약의 기록에도 누가의 출신은 적시되지 않는다(골 4:14; 몬 23-24; 딤후 4:10-11). 오히려 누가는 유대교의 관습, 회당, 성전, 분파와 관련해서 대단히 높은 지식을 보여준다. 1-2장은 유대 문화와 사상에 대한 깊은 이해를 반영하고 있다. 이런 점에서 누가도 그의 동료 바울처럼 유대 가정에서 자랐고 헬라 문화에 대해 잘 알고 있었을 가능성이 있다. 한편 우리는 저자에 대한 정보가 거의 없을 뿐 아니라 정보를 확보한다고 해도 그것이 누가복음을 이해하는 데 영향을 주지 못한다는 사실에 유념할 필요가 있다. 청자나 독자는 본문이 밝히지 않고 외부 자료가 명료하게 입증하지 못하는 저자의 출신이나 직업에 비중을 두지 말고 본문에 집중해야 한다. 문학적, 역사적, 신학적 시각으로 파악한 본문의 의미가 저자의 의도이고 이상적인 독자들이 파악해야 할 의미다.

2. 장르

누가복음은 사도행전과 같은 저자의 저술이지만 장르는 서로 다르다. 누가가 기록한 복음은 그리스-로마의 '전기문' 장르와 비슷하다. 그러나 일반적인 전기문과 달리 누가복음은 주인공의 내적 갈등이나 심리 상태 등에는 관심을 두지 않는다. 이스라엘의 하나님과 그의 계획을 강조한다. 누가는 기록된 자료를 역사가로서 면밀히 검토하고(1:1-4), 하나님 중심적으로 해석하고 있다(예, 하나님의 계획이 무엇인가?). 누가는 일차적으로 성육신부터 승천까지 예수와 그의 사역에 초점을 맞춘다. 예수를 하나님의 오랜 목적과 계획을 성취하는 그리스도로 소개한다. 독자는 누가복음을 통해 예수 그리스도의 생애를 배울 뿐 아니라 구원 역사의 배후에 계시는 하나님의 목적과 계획을 목격할 수 있다.

흥미롭게도 누가는 자신의 저술을 '디에게시스'(διήγησις 내력—개역개정)로 부른다. 이 단어는 '내러티브'(서사) 혹은 '순서에 따른 이야기'로 번역될 수 있다. 그는 앞선 사람들이 남긴 많은 자료에 근거해 하나의 내러티브를 순서에 따라 서술한다. 독자는 누가복음을 선별적으로 읽기보다는 처음부터 끝까지 하나의 내러티브로 읽음으로써 주제가 어떻게 시작하고 발전하여 절정에 이르는지 파악할 수 있다.

3. 문학적 특징

누가복음에 독특하게 나타나거나 자주 사용되는 문학적 특징은 누가복음의 주제를 이해하는 데 매우 중요하다. 첫째, 누가복음은 네 복음서 중 유일하게 속편(사도행전)을 두고 있다. 누가의 저술인 누가복음(약 19,400단어)과 사도행전(약 18,400단어)은 신약의 4분의 1을 차지한다. 두 책(2,157절)은 바울서신(2,032절)이나 요한문헌(1,407절)보다 더 많은 구절을 포함하기 때문에 예수의 일생과 초기 기독교의 생활을 이해하는 데 있어서 큰 비중을 차지한다. 누가복음과 사도행전은 모두 데오빌로(1:3; 행 1:1)를 언급한다. 사도행전은 누가복음이 먼저 쓰여진 글이라고 한다(행 1:1). 승천은 누가복음의 끝과 사도행전의 시작을 잇는 주제다. 독자는 누가복음에 제시되고 시작되는 주제가 사도행전에서 확장되는 점을 기억해야 한다(예, 이방인의 선교, 사마리아의 변화).

둘째, 예루살렘을 향한 여정이 길게 걸쳐 기록된다(9:51-19:27 또는 9:51-19:48). 예수가 갈릴리에서 예루살렘으로 이동하는 실제 경로나 지명에 대한 설명은 별로 없고 사건들과 가르침으로 채워져 있다. 이는 예루살렘을 향한 여정이 예수의 정체를 드러내고 제자들에게 바른 태도를 가르치는 데 집중하고 있음을 보여준다. 예수에게 예루살렘은 십자가의 죽음과 부활이 기다리고 있는 곳이며, 이 운명은 예수가 하나님의 목적과 계획을 성취하는 방식이다. 예수가 예루살렘을 향해 걸어가는 '길'은 사도행전에서 초기 기독교가 따른 길이다(13:10; 16:17; 18:25-26; 19:9, 23).

셋째, 예수의 비유 중 절반이 누가복음에 나오고 누가복음에만 등장하는 비유는 열여덟 개 정도에 이른다. 누가복음에만 기록된 비유는 선한 사마리아인(10:25-37), 밤에 빵을 빌리러 온 사람(11:5-8), 어리석은 부자(12:13-21), 무화과나무(13:6-9), 만찬에 초대를 받은 사람(14:7-14), 망대와 전쟁하러 나간 왕(14:28-33), 잃어버린 드라크마(15:8-

10), 잃어버린 아들을 기다리는 아버지(15:11-32), 영민한 청지기(16:1-9), 부자와 나사로(16:19-31), 신실한 종(17:7-10), 끈질긴 과부와 재판관(18:1-8), 바리새인과 세리(18:9-14), 므나(19:11-27) 등의 비유다. 이 비유들은 주로 예루살렘 여정 내러티브에 나오며 복음서의 주제를 드러낸다.

넷째, 예수의 탄생 내러티브는 다른 복음서에는 없는 내용을 보여준다. 누가복음은 마태복음과 달리 세례 요한과 예수의 어린 시절을 포함한다(1:5-2:52). 마리아의 찬가와 스가랴의 찬가는 하나님의 구원 계획을 설명하고 누가복음의 전체 주제를 예고한다.

다섯째, 누가는 쌍으로 배열하는 특징을 보인다. 예를 들어 시므온의 예언(2:28-35)은 안나의 예언(2:36-39)과 짝을 이룬다. 남자 중풍병자가 죄를 용서받고(5:17-26) 죄 있는 여자가 죄를 용서받은 은혜에 반응한다(7:36-50). 누가는 13:10-14:6을 18년 동안 곧게 펴보지 못한 여자가 안식일에 치유받는 사건(13:10-17)과 수종병으로 고생하는 남자가 치유받는 사건(14:1-6)을 출발점으로 하여 두 부분으로 나눈다.

4. 목적과 주제

누가는 서문에서 데오빌로가 믿는 것을 확신할 수 있도록 복음서를 기록했다고 밝힌다(1:4). 이런 점에서 누가복음은 복음을 설득력 있게 전달하기 위한 변증 목적의 책이다. 데오빌로는 구원자가 십자가에 죽은 사건과 구주를 따르는 공동체(교회)가 받는 핍박이 하나님의 오랜 계획에 근거한 것이며, 만민에게 복음이 전파되는 수단인 것을 확신해야 한다. 누가는 데오빌로뿐만 아니라 그와 비슷한 입장에 있는 독자들이 예수의 탄생-사역-죽음-부활-승천이 이스라엘의 소망이자 만민을 위한 하나님의 계획임을 확신할 수 있도록 누가복음(과 사도행전)을 저술했다. 누가는 예수 그리스도의 생애에 초점을 맞추어 복음서를 전개하면서 다음과 같은 몇 가지 주제를 특별히 강조한다.

(1) 누가는 하나님의 목적과 계획을 중심 주제로 삼는다. 누

가복음은 하나님 중심이다. 누가복음은 '우리 중에 이루어진 사실에 대해' 기록한 책이다(1:1). 누가복음 첫 문장을 구성하는 '우리 가운데 이루어진 사실'의 '이루어진'은 수동대로써 하나님이 배후에서 행하신 일들을 가리킨다. '이루다'(πληροφορέω 플레로포레오)는 하나님의 목적이 성취되는 사건을 묘사할 때 사용된다(1:20, 57; 2:6, 21-22; 9:31; 21:22, 24; 22:16; 24:44). 누가복음은 구약에 기록된 하나님의 계획과 목적이 절정에 이른 사건들을 기록한다. 예를 들어 시므온은 평생 하나님의 그리스도를 보기 위해 기다렸고, 하나님이 계획하신 구원이 '지금' 예수 그리스도를 통해 시작되었음을 강조한다(2:29-30). 그가 기다린 하나님의 구원은 이스라엘만을 위한 구원이 아니라 만민을 위한 선물로써 하나님의 개입으로 실현되기 시작했다(1:29; 1:17, 76). 하나님이 선지자들을 통해 예고한 구원은 이스라엘에서 시작하여 만민을 회복하는 것이다. 언약에 신실하신 하나님이 이스라엘과 만민을 위해 계획하신 구원은 예수 그리스도께서 희년의 복음, 즉 자유하게 하는 소식을 실현함으로 이루어지기 시작했다(4:18-19; 사 61:1-2). 누가복음에 등장하는 청중은 자유와 해방을 선사하는 예수를 통해 하나님을 보았다고 고백하고 하나님께 영광을 돌린다. 누가는 하나님의 목적이 실현돼야 하는 당위성을 강조할 목적으로 '해야 한다'(δεῖ 데이)를 반복한다. 이 단어는 신약에 99회, 누가-행전에 40회 사용된다(2:49; 4:43; 13:16; 21:9). 특히 예수 그리스도의 고난과 부활은 하나님이 오래전에 구약에서 세우신 목적과 계획을 성취하기 위해 반드시 일어나야 하는 사건이다. 예수는 유월절 어린 양으로 희생돼야 하고(22:7), 고난과 죽음과 부활의 운명을 맞아야 하고(9:22; 13:33; 17:25; 24:7, 26; 행 17:3), 불법자와 같은 취급을 받아야 한다(22:37). 그러므로 그리스도인들은 예수 그리스도의 죽음과 부활을 통해 하나님의 계획과 성취를 더 굳게 확신해야 하며, 이 확신을 갖게 하는 것이 누가복음 기록 목적이다.

(2) 누가는 잃어버린 자들과 사회적 약자를 위한 복음을 강조한다. 첫째, 예수의 주된 사명은 잃어버린 자들을 회복하는 것이다. 잃

어버린 자들은 사회적 약자들뿐만 아니라 회개와 회복이 필요한 자들을 포함한다. 대표적으로 15장의 연속되는 세 비유(잃어버린 양의 비유, 잃어버린 동전의 비유, 두 탕자를 기다리는 아버지의 비유)는 잃어버린 자들이 회복될 수 있는 근거가 (비판하는 사람들 눈에는 낭비하는 것처럼 보이는) 하나님의 사랑임을 강조한다. 잃어버린 사람을 대표하는 세리는 예수의 용서와 치료가 필요한 죄인이다(5:27-32; 7:29, 34; 18:9-14; 19:1-10). 부자든 가난한 자든 상관없이 죄인들은 잃어버린 자들이고, 이들을 찾으시는 예수의 긍휼은 회복의 근거가 된다. 둘째, 누가복음은 경제, 사회, 종교적으로 소외된 사람들 또는 주변부에 있는 사람들에게 관심을 둔다. 예수가 낮은 자들과 가난한 자들에게 기쁜 소식을 전할 것이라는 사실은 이미 마리아의 노래에서 예고된다(1:52-53). 예수는 나사렛 회당의 설교에서 가난한 자들과 눌린 자들을 위해 보내심을 받았다고 선언하고(4:18-19; 사 61:1-2), 이 선언은 누가복음 뼈대와 같다.

이 주제와 관련해서 몇 가지 정리해 볼 수 있다. 약자들을 섬기는 의무는 예수가 직접 보여주신 모본에 따른다. 가난한 자들에게 기쁜 소식을 전하기 위해 오신 예수(4:18; 6:20-23; 7:22)는 사회적 약자들을 환대하는 모습을 보여주신다. 누가복음에만 나오는 사건과 비유와 어록은 사회적 약자들을 핵심 인물로 자주 다룬다. 예수의 평지설교는 가난한 자들과 부자들의 운명을 대조한다(6:20, 24-25). 어리석은 부자(12:13-21), 불의한 청지기(16:1-13), 부자와 나사로(16:19-31)는 누가복음에만 나오는 비유로써 가난한 자들에 대한 반응이 종말의 운명과 직접 연결된다. 가난하고 소외된 자들을 위한 예수의 환대와 가르침은 제자들이 따라야 할 표준이다. 제자들의 독특성은 약자들을 긍휼히 대하는 것으로 드러난다. 일반적으로 사람들은 자신의 명예와 지위를 높여주거나 강화시켜 줄 수 있는 사람들을 가까이 하고 환대하지만, 제자들은 되받을 보상을 기대하지 말고 약자들을 섬겨야 한다. 하나님이 제자들의 선행에 응답하실 것이다(예, 14:13-14).

(3) 누가는 하나님 나라 주제를 위해 '부' 또는 '재물'을 중요한

소재로 활용한다. 부정적 측면에서 부와 재물은 타인의 어려움에 무관심과 냉담함을 보이게 만든다. 예를 들어 어리석은 부자(12:16-20)는 온통 자신에게만 집중하고(예, 내 곡식, 내 곳간, 내 물건, 내 영혼), 16:19-31 비유의 부자는 거지 나사로에게 관심을 두지 않았다. 반대로 긍정적인 측면에서 부와 재물은 하나님 나라의 속성인 환대를 실현할 수 있는 통로다. 예수의 제자는 궁핍한 이들을 위해 기꺼이 재물을 사용할 수 있어야 한다. 예수가 세리장 삭개오의 집에 유하고 그의 집에 구원이 임하자 삭개오는 가난한 자들을 위해 재산을 사용한다(19:1-10). 하나님 나라에 들어가는 사람은 소유에 대한 예수의 가르침을 따라야 하고(12:32-33; 18:24-25), 가난한 자들을 향한 태도로 구원의 여부를 점검해야 한다(12:13-21; 14:13; 16:1-13, 19-31; 18:24-25; 19:1-10). 부를 취하고 가난한 자들을 무관심으로 대하는 자는 종말에 충격적 운명을 맞이할 것이다.

(4) 누가복음은 여자들의 존재와 역할을 중요하게 다룬다. 누가복음에만 등장하는 여자들이 열세 명이다. 누가는 하나님 나라 복음의 증인으로 남자와 여자를 함께 배열한다(예, 마리아와 사가랴, 안나와 시므온). 남자와 여자를 대조할 경우에는 여자를 긍정적으로 묘사한다. 누가는 '부모'라고 해도 되는 본문에서 '아버지'와 '어머니'를 구분하고(8:51; 참고. 2:33), 어머니 역할을 중요하게 묘사한다(예, 1:43, 60; 2:34, 48, 51; 7:12, 15; 8:19, 20, 21). 이처럼 누가는 남자와 여자를 병행으로 배열하는 특징을 보이는데, 이는 여자를 구원 역사의 중요한 목격자와 모본으로 나타내기 위함이다. 여자들은 다음과 같이 신앙의 모본으로 제시된다. 첫째, 탄생 이야기에는 엘리사벳, 마리아, 안나가 중요한 역할을 맡는다(1-2장). 엘리사벳은 경건한 여성이고(1:6) 요한을 잉태함으로 불임의 고통과 수치를 해결받는다. 마리아는 주의 여종(1:38)으로서 사회에서 외면당하고 버림받을 각오로 예수의 모친이 되는 것에 순종한다(1:38). 그녀는 낮은 자를 높이시는 구원의 원리를 선언한다(1:48, 52). 과부가 되고 84세가 된 안나는 성전을 떠나지 않고 주야로 금식하면서 이스라엘

의 구속을 소망했으며, 아기 예수를 목격하고 하나님께 감사한다(2:37-38). 둘째, 예수의 갈릴리 사역에서도 여자들은 중요한 역할을 맡는다(4:14-9:50). 예수가 바리새인 시몬의 집에 초대를 받아 식사에 참석하셨을 때 죄 많은 여자가 예수에게 눈물로 향유를 부었다(7:36-50). 여자는 많이 용서받았기 때문에 많이 감사하는 모본을 보여주었다. 일곱 귀신이 나간 자 막달라인이라 하는 마리아, 사회적 지위가 높은 요안나, 수산나는 예수의 공동체를 그들의 소유로 섬겼다(8:1-3). 그들의 섬김은 귀신에서 해방된 것 같은 은혜에 대한 반응이었다. 셋째, 예루살렘으로의 여정에서 마르다의 자매 마리아는 한 가지 필요한 것, 곧 예수의 말씀을 듣는 편을 선택했다(10:38-42). 과부와 불의한 재판장에 대한 비유에서 과부는 끈질기게 간청하는 모본으로 등장한다(18:1-8). 넷째, 수난주간에 갈릴리로부터 온 어떤 여자들은 십자가에 달린 예수를 지켜보았고 향품과 향유를 바르기 위해 무덤에 갔다(23:55-56).

(5) 누가는 이방인들을 위한 복음을 강조하고, 이방인 선교는 그의 두 번째 책에서 열매를 맺는다. 마태복음의 계보가 이스라엘의 조상인 아브라함부터 시작되는 반면, 누가복음의 계보는 인류의 조상인 아담으로 거슬러 올라간다(3:38). 이방인과 이방 지명(7:5, 9; 10:12-14, 11:30-32;)이 언급되는 장면 외에도 예수는 나사렛 회당에서 희년의 복음을 선언하고 나서 고향 사람들에게 이방인 사렙다 과부와 나아만이 하나님의 은혜를 입은 사실을 알린다(4:25-27). 하나님은 모든 민족을 위한 구원을 계획하셨고(2:30-31) 예수는 회개가 모든 민족에게 전파될 것을 예고한다(24:46-47). 예수의 열두 제자가 새 이스라엘을 상징하는 반면, 70(또는 72)명은 세상을 구성하는 숫자와 이방인들의 선교와 관련이 있다(예, 창 10). 유대인의 시각에서 '외국인'(ἀλλογενής 알로게네스)과 다름없는 사마리아인이 긍정적으로 묘사된다. 선한 사마리아인은 이웃사랑의 모본으로 제시되고(10:25-37), 열 명의 나병환자 중에서 사마리아 출신 나환자만 감사하러 돌아온다(17:11-19). 예수의 사마리아 선교(9:51-56)는 사도행전에서 결실을 맺는다.

(6) 누가는 하나님의 계획을 위한 성령의 역할을 강조하며(16회; 마태복음—12회, 마가복음—6회) 사도행전(약 57회)에서의 역할을 준비한다. 성령 충만은 선지자적 기능을 가능하게 한다. 요한은 태어나기도 전에 성령으로 충만한 상태로 예수를 증언한다(1:15, 44). 엘리사벳과 스가랴는 성령으로 충만해져서 하나님을 찬양한다(1:41, 67). 성령의 감동을 받은 시므온은 하나님의 구원 계획을 예언한다(2:26-27). 마리아는 성령의 임하심을 경험한다(1:35). 성령은 세례를 받은 예수에게 강림하시고(3:22), 갈릴리로 이끌어 가시고, 갈릴리로 돌아가게 하신다(4:1, 14). 나사렛 회당에서 성령의 임하심을 선포한다(4:18). 예수는 성령으로 기뻐하면서 기도한다(10:21). 성령은 하나님께서 주시는 최고의 선물이다(11:13). 또한 성령은 제자들에게 증언할 수 있는 능력을 부여하신다(12:12; 24:44-49; 행 1:8).

(7) 누가는 식사(5:29; 7:36; 9:16; 11:37; 14:1; 22:14; 24:29)를 자주 언급하고 성만찬을 중요한 주제로 다룬다. 오천 명의 식사(9:10-17), 주의 만찬(22:14-23), 엠마오의 식사(24:13-35)는 성만찬의 소재로 연결된다. 빵을 취하며, 복을 선언하고 감사하며, 빵을 쪼개며, 제자들에게 주는 공통점을 보인다. 정형화된 모습을 보여주는 세 식사는 예수의 말씀이 계시되는 공통점을 갖고 있으며, 초기 기독교의 성만찬 예전과 연결된다(예, 고전 11:23-25). 부활한 예수가 제자들 앞에서 생선을 먹는 장면(24:36-43)은 엠마오 식사와 더불어 누가복음에만 기록된 사건으로 예수께서 일상의 식사로 제자들을 만나고 계시하는 사실을 드러낸다.

(8) 누가복음에서 예수가 기도하는 장면은 구원 역사에서 중요한 사건을 앞두고 언급된다. 기도는 계시와 사명과 능력을 위한 수단이다(1:19-20; 2:37-38; 참고. 행 4:23-31; 9:10-19; 13:1-3; 22:7-21). 예수는 세례(3:21-22), 열두 제자의 부르심(6:12), 베드로의 신앙고백(9:18), 변모 사건(9:28-29), 올리브 산의 시험(22:41), 십자가 처형(23:46)을 앞두고 기도하셨다. 각 장면에서 기도는 구원 이야기에서 중요한 전환점에 등장하

고 전환점을 예고한다. 예수는 제자들에게 비유로 기도를 가르치신다(11:5-13; 18:1-8, 9-14).

(9) 누가복음은 기쁨과 찬송의 복음이다. 하나님의 개입을 목격한 사람은 기쁨과 찬송으로 반응하고 하나님께 영광을 돌린다(1:14; 2:10; 8:15; 10:17; 24:41, 52). 하늘은 땅에서 일어나는 회개에 기쁨으로 반응한다(15:7, 10).

1

서문과 예수의 탄생

1
서문

1:1-4

1 많은 사람들이 우리 가운데 성취된 사건들에 대한 서사를
정리하고자 시도했습니다. 2 이는 시작부터 목격자들과 말씀의
일꾼이었던 사람들이 우리에게 전달한 것과 같습니다. 3 데오빌로
각하님, 나도 모든 것을 처음부터 정확하게 조사한 후에 차례대로
당신에게 이야기를 쓰기로 마음먹었습니다. 4 이는 각하께서
배우신 것들을 확실히 알도록 하기 위함입니다.

누가는 한 문장인 1-4절에서 책의 주제, 목적, 내용을 소개한다.[1] 목격자들과 말씀의 일꾼들은 '우리 가운데 성취된 사건'에 대해 전해 준 '서사'를 저술하려고 시도했다(1-2절). '이루다', '성취하다', '완료하다'라는 뜻의 플레로포레오(πληροφορέω)는 단순히 일어난 사건이 아니라 하나님의 뜻에 따라 성취된 사건을 의미한다. 누가는 이 동사를 수동태('성취된' 또는 '이루어진')로 사용함으로써 사건들 배후에 하나님이 역사의 주체로 계시는 점을 암시한다(예, 1:20, 57; 2:6, 21, 22; 4:21; 9:31; 21:22, 24; 24:44-47). '사건'(πράγμα 프라그마)은 어떤 행위, 사건, 이야기 등을 포괄하는 용

어로 역사가의 흥미를 끌 만한 사건을 가리킨다.[2] 누가가 기술하는 '사건들'은 역사의 의미가 담긴 사건들, 특히 하나님의 구원 계획과 관련된 사건들이다. 많은 사람들이 기록하기 원했던 사건들은 디에게시스(διήγησις 내력—개역개정)의 형식에 담겼다. 디에게시스는 '서사'(내러티브)로 번역될 수 있는데 단일 사건을 지칭하는 디에게마(διήγημα)와 달리 많은 사건들로 구성된 긴 내러티브를 가리키는 용어다.[3] 디에게시스는 기록 또는 구두 형태의 보고나 역사의 사건들이 순서대로 전개되는 것을 전제로 한다.[4] 흥미롭게도 서사를 기록한 사람들이 많았는데도 누가는 이 용어를 단수형으로 표현한다. 이는 하나님이 예수를 통해 이루신 복음의 서사가 하나인 사실을 내포한다.[5]

하나님의 목적과 계획에 따라 이루어진 사건들은 목격자들과 말씀의 일꾼들을 통해 전달됐다(2절). 그들은 하나님이 성취하신 사건들을 목격하고 증언한 증인들이고(참고. 4:20), 하나님이 예수를 통해 행하신 일들을 전하는 말씀의 일꾼들이다. 즉 목격자들과 말씀의 일꾼들은 동일 인물이다. 누가-행전의 핵심 개념 중 하나인 '말씀'(λόγος 로고스)은 하나님이 예수 그리스도를 통해 이루신 계시의 내용을 의미한다. 구원 사건들을 서술한 기록도 말씀에 해당한다. 목격자들은 말씀의 일꾼들이므로 말씀을 전달하는 것이 그들의 사명이었다. 다시 말해 목격자들이 맡은 중요한 역할은 자신들이 알고 있는 구원 역사의 사건들을 전달하는 것이다(참고. 고전 15:3). 그들은 증언하고 전달하는 의무를 짊어진 말씀의 사역자들이다. 누가가 기록하는 서사는 목격자들을 통해 교회에 전해지고 공유된 역사적 사실에 대한 기록이다.

누가는 목격자들이 전해준 역사 자료를 '정확하게'(ἀκριβῶς 아크리보스)[6] 검토하고 나서 '차례대로', '순서대로' 기록했다. '순서대로'(καθεξῆς 카떽세스)는 시간 순이라기보다 청중과 독자를 설득하기 위해 구성된 순서를 말한다. 서사(내러티브)가 긴 경우 적절한 순서에 따라 사건들과 강화들을 배열하는 작업이 어렵기 때문에 누가는 모든 사건들과 강화들의 통일성을 유지하려고 노력했다.[7] 이처럼 누가는 순서대로 전체 본문을 전개함으로써 서사의 통일성을 유지해 설득력을 높였다.

기독교 역사는 증언의 역사이고 누가는 데오빌로(Θεόφιλος)를 위해 설득력 있게 증언을 서술한다.[8] '각하'(κράτιστος 크라티스토스)는 높은 지위를 지칭한 용어였나(예, 행 23:26; 24:3; 26:25). 데오빌로는 기독교에 대한 지식을 가지고 있다. 그러나 누가는 데오빌로의 신앙이 견고하게 되기를 바란다. 누가복음과 사도행전에 강조되는 메시지는 데오빌로가 확실히 알아야 하는 내용이다. 데오빌로는 실존 인물이고 그의 이름이 서두에 나오지만, 누가복음은 한 사람을 위한 서사가 아니다. 누가복음(과 사도행전)은 영적으로 데오빌로와 같은 상태에 있는 사람들과 서사를 알아야 하는 모든 독자들을 위한 복음이다.

2
세례 요한과 예수의 탄생 예고

1:5-56

누가복음은 요한과 예수의 탄생 예고로 시작한다. 본 단락의 주요 등장인물은 사가랴, 엘리사벳, 마리아이다. 엘리사벳과 마리아는 하나님을 찬송한다. 특히 하나님의 구원 목적은 겸손함과 헌신으로 순종하는 마리아를 통해 실현되기 시작한다.

요한의 탄생 예고와 사가랴의 반응(1:5-25)

5 유대의 왕 헤롯 때에 아비야 제사장 반열에 속한 사가랴라는
이름의 제사장이 있었다. 그의 아내 엘리사벳은 아론의 후손이었다.
6 그들은 하나님께서 보시기에 의로운 사람들이었으며, 주의
계명들과 요구들을 정직하게 지켰다. 7 그러나 그들에게는 자녀가
없었다. 엘리사벳이 불임이었고 많이 늙었기 때문이었다. 8 그의
반열이 순서를 맡아 사가랴가 제사장으로 하나님 앞에서 섬기고
있을 때였다. 9 제사장 직분의 관례대로 사가랴는 제비뽑기로
선택받았고 주의 성소에 들어가[1] 분향을 드렸다. 10 분향 시간에 온

백성은 밖에서 기도하고 있었다. 11 주의 천사가 사가랴에게 나타나
분향단 오른쪽에 서 있었다. 12 사가랴가 천사를 보고 놀라 두려움에
사로잡혔다. 13 천사가 그에게 말했다. "두려워하지 말아라 사가랴야.
네 기도가 들렸기 때문이다. 네 아내 엘리사벳이 아들을 가질 것이고
너는 그를 요한으로 부를 것이다. 14 이는 네게 기쁨이 될 것이며,
많은 사람이 그의 탄생으로 기뻐할 것이다."

헤롯 왕 재위 때 제사장 사가랴와 아내 엘리사벳이 있었다(5절). 엘리사벳은 제사장의 딸들을 가리키는 아론의 딸들(아론의 자손—개역개정)에 속한다. 아론의 후손인 제사장은 흠결이 없는 조상을 둔 비제사장의 후손과 결혼할 수 있었으나 제사장 가문의 여성과 결혼하는 것을 선호했다. 제사장 직분을 승계받기 위해서는 정결과 위엄을 갖춘 모계의 계보가 중요했기 때문이다. 사가랴 부부는 하나님 앞에 의인으로서 모든 계명과 규례를 행했다(6절). 안타깝게도 엘리사벳은 불임이었다. 부부는 아이를 가질 수 없는 나이에 이르고 말았다.

사가랴가 성전에 들어가 분향할 기회를 얻었다(8-9절). 당시 제사장들은 24반열로 나뉘었고 각 반열은 4-9개의 가문으로 이루어졌다(대상 24:1-19; 대하 8:14). 각 반열은 한 해에 두 차례, 한 주 동안(안식일에서 다음 안식일까지) 성전 직무를 순환제로 수행했다. 제사장들은 매일 아침 전과 저녁 후에 분향했다. 제비에 뽑힌 제사장이 백성의 기도를 상징하는 분향을 맡았다. 사가랴가 분향하는 동안 백성은 기도로 동참했다(10절).

사가랴가 임무를 수행하는 동안 주의 천사 가브리엘이 향단 우편에 섰다(11절). 천사는 사가랴의 이름을 부르며 말한다. "두려워하지 말아라"(13절). 천사가 기쁜 소식을 가지고 왔으므로 사가랴는 기뻐해야 한다. 천사는 사가랴의 기도가 들렸다고 알린다. 본문에 기억이라는 단어가 나오지는 않지만 하나님이 사가랴의 기도를 기억하신 것이 분명하다.[2] 사가랴는 일생 동안 자녀를 위해 수없이 기도했을 것이고 제사장으로서 이스라엘의 구원을 위해서도 기도했을 것이다. 사가

【AD 1세기 예루살렘 성전 모형】

랴의 기도와 천사의 대답은 다니엘의 기도 장면과 비슷하다(단 9). 다니엘서에서 묵시 환상에 등장하는 가브리엘은 하나님의 백성이 겪는 고초와 역경이 곧 끝나게 될 것이라는 하나님의 뜻을 전했다(단 8:16; 9:21). 다니엘은 '기도하며 내 죄와 내 백성 이스라엘의 죄를 자복하고 내 하나님의 거룩한 산을 위하여 내 하나님 여호와 앞에 간구할 때' 가브리엘을 만났고(9:21), 가브리엘은 하나님이 이스라엘의 역사에 개입하고 해방을 선사할 것이라는 소식을 전했다.[3] 이처럼 가브리엘은 사가랴의 간절한 기도에 대한 하나님의 응답을 전하기 위해 나타났고, 그가 전하는 소식은 이스라엘 속량에 관한 것이다. 가브리엘이 전하는 기도 응답은 아들 요한이 태어날 것이라는 소식이지만(19절) 요한의 탄생은 부부의 기쁨일 뿐 아니라 많은 사람들의 기쁨이다(14절). 다니엘의 경우처럼 요한의 탄생은 하나님께서 구원 계획을 실행하기 위해 개입하시는 증거이기 때문이다.

사가랴와 엘리사벳이 경험한 운명의 반전에서 우리는 몇 가지를 생각해 볼 수 있다. 첫째, 고대 사회에서 복의 기준이었던 자녀를 얻지 못하는 것은 신앙과 전혀 관련이 없다. 부부의 죄 때문도 아니다. 누가는 사가랴와 엘리사벳이 의롭게 살았다고 평가한다. 둘째, 기도 응답이 눈에 보이지 않을지라도 하나님은 기도를 기억하고 계신다. 하나님은 침묵하실 때도 사가랴의 기도를 듣고 계셨고, 백성을 대표하는 제사장의 기도를 통해 백성의 기도를 듣고 계셨다. 사가랴를 찾아온 가브리엘은 기도를 기억하신 하나님의 마음을 대변한다. 하나님은 경건한 자의 기도를 들으시고 경건한 삶에 반응하신다(참고. 창 17:19). 응답의 때와 방식은 하나님의 주권에 달려 있다. 셋째, 본문은 아들을 얻을 수 있는 방법으로 기도를 제시하지 않는다. 독자는 요한의 탄생을 구속사의 관점에서 해석해야 한다. 다니엘서 9:20-21과 본문의 유사성을 고려할 때, 사가랴가 개인의 문제를 넘어 이스라엘의 구원을 위해 기도했을 것이라고 추측해볼 수 있다. 다니엘서에서 저녁 제사 시간에 나타난 가브리엘이 백성의 속죄를 위한 기도에 응답한 것처럼 사가랴와 백성이 저녁 제사에서(시 141:2) 기도한 주제는 이스라엘의 속량이었을 것이다. 또한 하나님이 자녀 없이 나이든 아브라함에게 자신의 계획을 알리셨던 것처럼(참고. 창 17:19) 사가랴에게 알려진 계시도 개인의 범위를 넘어서는 하나님의 구원 계획이었을 것이다.

> 15 "그가 주 앞에서 크게 될 것이기 때문이다. 그는 포도주나 독한
> 술을 마시지 않을 것이며, 태에서부터 성령으로 충만해질 것이다.
> 16 이스라엘의 많은 사람들을 그들의 주 하나님께로 돌이킬 것이다.
> 17 그는 엘리야의 영과 능력으로 주 앞에 가서 아버지들의 마음을
> 자녀들에게로, 불순종하는 자들을 의인들의 지혜로 돌리며 주를
> 위해 백성을 준비시킬 것이다."

15-17절은 사가랴 부부에게서 태어날 아이의 미래를 예고한다. 요한은 주 앞에서 위대한 선지자가 될 것이다. '태에서부터'는 선지자의 소명을 알리는 전형적 표현이다(참고. 갈 1:15). 요한은 선지자로서 포도주를 마시지 않는다(레 10:9). 술 대신 성령으로 채워지는 생애를 보낼 것이다(15절). 핌플레미(πίμπλημι 충만하다—개역개정)는 '채우다'는 뜻으로 성령

(눅 1:15, 41, 67; 행 2:4; 4:8, 31; 9:17; 13:9)으로 채워지는 것을 묘사할 때 사용된다. '성령'은 16회 중 탄생 이야기에 9회 사용된다(1:15, 17, 35, 41, 67, 80; 2:25, 26, 27). 구약에서 성령(하나님의 영)은 선지자의 사명과 밀접한 관련이 있다(사 61:1; 겔 11:5; 욜 2:28). 요한이 성령으로 채워진 것은 그가 새로운 시대의 시작, 곧 하나님 나라의 도래를 알리는 선지자의 사명을 받았음을 의미한다. 예언의 영이 요한에게 임한 것이다. 요한은 경건하게 살면서 엘리야의 심령과 능력으로 백성을 돌아오게 하는 사명을 수행할 것이다(17절). '돌아오게 하다'(ἐπιστρέφω 에피스트레포)는 누가복음에서 '회개'를 의미하는 동사다(1:17; 행 9:35; 26:18). 회개는 마음의 변화와 삶의 변화를 포함한다. 요한은 사람들을 하나님께로 돌이키고 가정과 이웃을 위하는 삶으로 돌아오게 할 것이다. 요한의 사역을 통해 아버지가 자녀에게 돌아올 것이다. 불순종하는 자들(참고. 사 30:9; 렘 5:23)은 지혜를 얻어 의인들의 대열로 돌아오게 될 것이다. 회개 운동으로 주를 위해 세운 백성이 준비될 것이다. 이는 요한이 백성을 준비시키고 예수가 백성을 회복할 것을 의미한다. 이처럼 메시아의 전령인 요한은 예수의 하나님 나라 운동이 어떤 성격인지 예고한다. 예수는 하나님과의 관계를 회복하고 가족과 이웃에게 선한 태도를 취하도록 사람들을 인도할 것이다.

> 18 사가랴가 천사에게 말했다. "이것을 제가 어떻게 알 수 있는지요? 저는 늙었고 제 아내도 나이가 많기 때문입니다." 19 천사가 그에게
> 대답했다. "나는 하나님 앞에 서 있는 가브리엘이다. 나는 네게 말하고 좋은 소식을 전하도록[4] 보냄 받았다. 20 이제 너는 이런
> 일들이 일어나는 날까지 말을 못하게 될 것이다. 네가 나의 말을 믿지 않았기 때문이다. 나의 말은 제때에 성취될 것이다." 21 한편[5]
> 백성은 사가랴를 기다리고 있었고 그가 성소에서 지체하는 것을 이상하게 생각했다. 22 사가랴가 나왔을 때 그는 백성에게 말을 할 수
> 없었다. 그들은 사가랴가 성소에서 환상을 본 줄로 알았다. 사가랴는 그들에게 신호를 보였고 말을 할 수 없었다. 23 직무의 날이 끝나자

사가랴는 그의 집으로 갔다. 24 이후 그의 아내 엘리사벳이 임신했다.
그녀는 다섯 달 동안 집에 머물렀고 이렇게 말했다. 25 "이것은
주께서 나를 위해 행하신 일이다. 주께서 나를 돌아보시고 나의
수치를 사람들 가운데서 가져가셨다."

누가는 하나님의 기도 응답에 대한 사가랴(18-23절)와 엘리사벳(24-25절)의 반응을 각각 묘사한다. 천사는 자신을 하나님 앞에 서 있는 가브리엘로 밝히며 좋은 소식을 전하려고 왔다고 알린다(19절). 사가랴는 자신과 아내가 늙어 아이를 가질 수 없다고 천사에게 말한다. 사가랴의 의심과 상관없이 가브리엘이 전한 말은 반드시 성취될 것이다. 천사의 말이 성취되기까지 사가랴는 말을 못하는 벌을 받는다(20절). 사가랴가 성전에 오랫동안 머물러 있자 백성은 이상하게 생각한다(21절). 성전에서 나온 사가랴는 말을 하지 못한다(22절). 그러자 백성은 그가 초자연적 환상을 본 것으로 생각한다. 사가랴는 직무를 마치고 집으로 돌아왔고(23절), 엘리사벳은 약속대로 임신을 한다(24절). 엘리사벳은 주께서 자신의 수치를 거두어 주셨다고 고백한다(25절). '돌아보다'(ἐφοράω 에포라오)는 하나님의 개입을 의미한다. 이 단어는 누가복음의 중요한 용어인 '방문하다'(ἐπισκέπτομαι 에피스켑토마이)와 같은 의미로 사용된다. 사가랴와 엘리사벳의 기도를 듣고 기억하신 하나님이 드디어 개입하셨다. 기도를 들으신 하나님은 믿기 어려운 방법으로 개입하시고, 그의 개입은 수치가 제거되는 결과로 나타난다. 하나님이 침묵하신다고 해서 의인의 기도가 허공에 날아가는 것이 아니다.[6]

예수의 탄생 예고와 마리아의 반응(1:26-38)

26 엘리사벳 임신 여섯째 달에 천사 가브리엘이 하나님으로부터
나사렛으로 불리는 갈릴리 마을로 보냄 받아 27 다윗의 후손,
요셉이라 이름하는 남자와 약혼한 처녀에게 갔다. 처녀의 이름은
마리아였다. 28 천사가 그녀에게 말했다. "기뻐하라 은혜를 받은

사람이여! 주께서 너와 함께하신다." 29 마리아는 천사의 말에 크게
당황했고 이런 인사가 무슨 뜻인지 생각하기 시작했다. 30 천사가
그녀에게 말했다. "두려워하지 말라. 네가 하나님에게 은혜를 입었기
때문이다."

1:26-38은 예수의 탄생을 예고하는 것으로 요한의 탄생 예고(1:5-25)와 쌍으로 배열된다. 엘리사벳이 임신한 지 여섯째 달에 천사 가브리엘이 하나님의 보냄을 받아 갈릴리 나사렛으로 간다(26절). '여섯째 달'(참고. 24, 36, 56절)은 엘리사벳이 임신 후 다섯 달 동안 외부로 나오지 않은 장면과 연결된다. 신약에 12회 언급된 나사렛은 구약과 유대 문헌(요세푸스, 랍비 문헌, 미쉬나, 탈무드)에 등장한 적 없는 무명 마을로 바위가 많고 가파른 지대이다. 나사렛에서 가브리엘은 다윗의 자손 요셉과 약혼한 처녀 마리아를 만난다(27절).

누가는 27절에 '처녀'(παρθένος 파르떼노스)를 두 차례 언급함으로써 마리아가 결혼하지 않은 여자임을 강조한다.[7] 가브리엘은 마리아에게 "기뻐하라 은혜를 받은 사람이여!"라고 인사한다. 일반적으로 '기뻐하라'(χαῖρε 카이레)는 영어의 굿모닝과 같은 일상 인사다.[8] 그러나 '전달하는 내용'(31-32절)과 '하나님의 구원 행위'가 연이어 언급되면, 이는 하나님의 구원 행위로 인한 기쁨을 전하는 방식이다(예, 욜 2:21; 습 3:13-14; 슥 9:9).[9] 즉 마리아를 통해 하나님의 구원 행위가 실현될 것이기 때문에 그녀는 기뻐해야 한다. '은혜를 받은'(28절) 또는 '은혜를 입었다'(30절)는 인간의 노력이나 업적이 아니라 하나님의 뜻에 따라 선택받은 사실을 의미한다. 마리아가 놀라자 천사는 다시 한 번 하나님의 은혜를 입은 사실을 언급한다(30절). 마리아는 탁월한 가문이나 높은 지위가 아님에도 불구하고 하나님의 구원 계획에서 핵심 인물로 쓰임받는 은혜를 입은 여자다. "주께서 함께 하신다"는 하나님이 보호하고 도와주실 것을 확신시키기 위해 사용된 표현이다.[10] 하나님은 은혜로 부르시고 부름받은 자와 함께하시므로 구원 역사를 위해 부름받은 사람은 기뻐해야 한다.

【북쪽에서 바라본 나사렛(1890년대 모습)】

31 "보라, 네가 임신해서 아들을 낳을 것이며, 그의 이름을 예수라
부를 것이다. 32 그가 위대하게 될 것이며, 지극히 높은 분의 아들로
불릴 것이며, 주 하나님이 그에게 조상 다윗의 보좌를 주실 것이다.
33 그가 야곱의 집을 영원히 다스릴 것이며, 그의 나라는 영원할
것이다." 34 마리아가 천사에게 말했다. "어떻게 이것이 가능한지요?
저는 남자와 관계를 맺지 않았는데 말입니다." 35 천사가 마리아에게
대답했다. "성령께서 네게 임하시고 지극히 높으신 분의 권능이
너를 덮을 것이다. 그러므로 태어날 아이는 거룩할 것이고 하나님의
아들로 불릴 것이다. 36 보라, 네 친척 엘리사벳 역시 늙은 나이에
아들을 임신했다. 불임이었던 그녀가 이제 여섯 달째다. 37 하나님의
말씀에는 불가능이 없기 때문이다." 38 마리아가 말했다. "저는 주의
여종입니다. 당신의 말씀대로 제게 일어나게 하소서." 그러자 천사가
그녀를 떠났다.

천사는 마리아에게 임한 은혜가 무엇인지 설명한다(31-33절). 마리아에게 임한 은혜는 그녀가 예수라는 이름의 아들을 낳을 것이라는 사실

이다(31절). 예수는 '지극히 높은 분의 아들'로 불릴 것이다. '지극히 높은 분'(ὕψιστος 휩시스토스)은 하나님의 절대적인 권세와 초월성을 강조하는 것으로 주로 누가복음 초반부에 사용된다(1:32, 35, 76; 2:14; 6:35; 8:28; 19:38; 행 7:48; 16:17). 주 하나님께서 아들 예수에게 조상 다윗의 왕위를 주실 것이다(32절). '왕위'는 다윗 왕권을 가리킨다.[11] 예수는 부활과 승천으로 왕권을 받아 하나님 보좌 우편에서 영원히 통치할 것이다(23:42; 24:26; 행 13:33-34). 예수는 왕으로 '야곱의 집', 즉 이스라엘을 영원히 다스릴 것이고 그의 나라는 영원할 것이다(33절). 이스라엘 민족이 그토록 고대했던 하나님 나라를 실현할 왕이 시골 소녀 마리아를 통해 태어날 것이다. 천사의 예고를 들은 마리아는 남자를 알지 못하는데 어떻게 임신할 수 있는지 되묻는다(34절).[12] 천사는 '성령께서 임하시고 지극히 높으신 분의 권능이 그녀를 덮어 주실 것이기 때문에 가능하다'고 설명한다. '성령으로 덮이는 것'은 중의적 표현이다. 먼저 이 표현은 성령의 능력으로 잉태하는 것을 의미한다. 태어날 아이는 거룩한 이, '하나님의 아들'이다(35절). 예수가 거룩하다고 불리는 것은 그가 하나님의 구원 계획을 위해 성별됐다는 뜻이다. 또한 성령으로 덮이는 것은 이사야 32:15의 인유다.[13] "마침내 위에서부터 영을 우리에게 부어 주시리니 광야가 아름다운 밭이 되며 아름다운 밭을 숲으로 여기게 되리라." 이사야 32:15-18에서 성령이 위로부터 덮을 때 이스라엘이 회복될 것이라는 소망이 실현된다. '위에 덮는다'는 표현은 24:49과 사도행전 1:8에도 사용된다.[14] 성령께서 마리아를 덮어서 태어나는 아들은 이스라엘과 열방의 회복을 위해 구별된 중개자 역할을 수행할 것이다. 천사는 나이 많은 엘리사벳이 임신한 지 여섯 달이 된 사실을 알려 줌으로써 하나님의 말씀에는 불가능이 없다고 선언한다(36-37절; 참고. 창 18:14). 천사의 설명을 들은 마리아는 '주의 여종'으로서 "당신의 말씀대로 제게 일어나게 하소서"라고 반응한다. 자신의 인생을 통해 하나님의 뜻이 성취될 것을 순종으로 기다린다. 처녀의 몸으로 아들을 낳는 마리아가 겪게 될 고통은 이루 말할 수 없다. 엘리사벳이 자녀를 낳지 못해 평생 사회적 수치를 경험한 것과 대조적으로 마리아는 아이를 낳음으로써 평생 사회적 수치를 겪을 것이다. 그럼에도 불구하고 마리아는 자신의 순종을 통해 비천한 자들을 돌아보시고 높이시는 하나님의 성품과 계획이 드러나는 것에 삼사한다.

엘리사벳을 방문하는 마리아(1:39-45)

39 그 무렵 마리아가 일어나 서둘러 산골에 있는 한 유대 마을에
갔다. 40 마리아는 사가랴의 집에 들어가서 엘리사벳에게 인사했다.
41 엘리사벳이 마리아의 인사를 들었을 때 엘리사벳의 뱃속에 있는
아이가 뛰었고 엘리사벳은 성령으로 충만해졌다. 42 엘리사벳은 큰
소리로 말했다. "너는 여자들 중에서 복되다. 네 배의 열매가 복되다.
43 내 주의 어머니가 내게 오시는 일이 일어나다니! 44 너의 인사하는
소리가 내 귀에 들렸을 때 내 뱃속 아이가 기쁨으로 뛰었다.
45 주께서 말씀하신 것들이 성취될 것을 믿은 여자는 복되다."

마리아는 서둘러 엘리사벳을 만나러 출발한다(39절). 천사가 엘리사벳을 방문하라고 직접 지시하지 않았는데도 마리아는 먼 길을 떠난다. 누가는 어린 소녀가 얼마나 빠르고 철저하게 하나님의 뜻에 순종하고 반응했는지 보여준다. 마리아는 저지대인 갈릴리에 살았고 엘리사벳은 고지대인 유대의 언덕 지역에 거주했다. 마리아의 인사를 듣자 엘리사벳의 아이가 태중에 뛴다. '뛰다'는[15] 기쁨의 반응을 극대화하는 표현이다(44절; 6:23). 이 동작은 앞으로 예수를 통해 도래하는 하나님 나라의 복음을 받아들이는 사람들의 기쁨을 예고한다. 엘리사벳은 두 번에 걸쳐서 복을 선포한다.[16] 첫째, 성령의 충만함을 받아 아이를 낳을 마리아와 태어날 아이는 복되다(41b-42절). 마리아는 '내 주의 어머니'로서 엘리사벳이 경배해야 할 분의 어머니다(43절). 둘째, 주의 말씀은 반드시 성취될 것이므로 주의 말씀을 믿은 여자는 복되다(45절).

마리아의 찬가(1:46-56)

46 마리아가 말했다. "내 영혼이[17] 주를 높여 드립니다. 47 내 영이[18]
내 구주 하나님을 기뻐합니다. 48 하나님께서 여종의 낮음을 보셨기
때문입니다. 지금부터 모든 세대가 나를 복되다고 부를 것입니다.
49 강하신 분이 나를 위해 큰 일들을 행하셨습니다. 그분의 이름은
거룩합니다. 50 세대에서 세대로 그분을 두려워하는 자들에게
그분의 긍휼이 있을 것입니다. 51 그분은 그분의 팔로 능력을
보이셨습니다. 마음의 생각이 오만한 자들을 흩으셨습니다.
52 능력 있는 자들을 그들의 보좌들에서 끌어내리셨고 낮은 자들을
올리셨습니다. 53 좋은 것들로 배고픈 자들을 채워주셨고 부자들을
텅 빈 채로 보내셨습니다. 54 그분의 종 이스라엘을 도우시고 긍휼을
기억하셨습니다. 55 이는 그분이 우리의 조상들, 아브라함과 그의
후손들에게 대대로 약속하신 그대로입니다." 56 마리아는 석 달 정도
엘리사벳과 함께 있다가 그녀의 집으로 돌아갔다.

46-56절은 마리아의 찬송으로 누가복음 핵심 주제들의 축소판과 같다. 마리아는 '나의 영혼'이 '주'를 찬양하고(46절), '내 영'이 '나의 구주 하나님'을 기뻐한다고 말한다(47절). 47절의 '구주'(σωτήρ 소테르)는 하나님을, 2:11에서는 예수를 지칭한다. 하나님에게 고유하게 사용된 용어가 본문에서는 예수에게 적용된다. 마리아는 비천한 자신을 통해 능력의 하나님이[19] 큰 일을 행하실 것이기 때문에 하나님을 찬송한다(48-49a절). '큰 일을 행하시는 것'은 하나님이 이집트에서 이스라엘을 해방시키신 사건을 떠올리는 언어다.[20] 하나님은 여종 마리아의 낮음을 돌아보셨다. '돌보다'는 '관심을 두다', '지켜보다' 등의 뜻이다. 하나님이 그의 백성을 돌아보시면 구원과 회복이 일어난다(예, 레 26:9). '낮음'(ταπείνωσις 타페이노시스)은 사회, 경제적 측면에서 낮고 비천함을 의미한다. '여종'과 '낮음'은 마리아가 이스라엘 중에서 가난하고 배경 없는 부류에 속한 어린 소녀임을 암시한다. 능력의 하나님은 어리고 낮은 신

분의 마리아에게 큰 일을 행하셨다(49a절). 이는 사무엘을 낳은 한나가 자신의 낮음을 돌아보시기를 간구한 언어와 비슷하다(삼상 1:11). "… 주의 여종의 고통(낮음 또는 비천함)을 돌보시고 나를 기억하사 주의 여종을 잊지 아니하시고 …"

마리아는 복을 주신 하나님을 찬송하고 하나님의 복이 다른 사람들에게 확장될 것을 선포한다(49b-53절). 하나님의 거룩한 이름과 하나님의 긍휼을 노래한다(49b-50절). 하나님의 이름은 하나님 자신을 지칭한다. 하나님은 약속하신 것을 신실하게 성취하시는 점에서 인간과 구별되는 거룩한 분이시다. 하나님의 긍휼은 자기 백성을 구원하는 행위로 나타난다(시 103:17; 111:9). 즉 약속에 신실하신 하나님의 긍휼은 구원으로 나타난다. 하나님을 두려워하는 겸손한 사람들은 하나님의 긍휼을 경험하게 될 것이다(50절). 반면 교만한 자들은 심판을 피할 수 없다(51절). 하나님은 팔로 교만한 자들을 흩으실 것이다. '팔로 심판하시는 것' 역시 출애굽 언어다(시 89:10; 118:15). 하나님이 통치하실 때 이집트와 이스라엘의 운명이 역전된 것처럼 하나님의 능력으로 권세 있는 자들과 비천한 자들의 운명, 가난한 자들과 부자들의 운명이 역전될 것이다(52-53절). 권세 있는 자들은 망하고 비천한 자들은 높여질 것이다(52절). 굶주리는 자들은 배부르게 되고 부자는 빈손으로 보내질 것이다(53절). 마리아는 자신에게 임한 은혜를 이스라엘에게 적용한다(54-55절). 하나님은 종 이스라엘을 돕고 긍휼을 베풀고 기억하신다(54절). 하나님은 이스라엘 조상들과 아브라함과 그의 자손에게 이스라엘을 위한 구원을 약속하셨다. 약속에 근거해 긍휼을 베풀어 주신다.

질문

1. 주의 천사는 사가랴에게 무엇을 예고하고 사가랴는 어떻게 반응합니까(1:5-25)? 요한은 구원 역사에서 어떤 역할을 맡습니까?
2. 천사 가브리엘은 마리아에게 무엇을 예고하고 마리아는 어떻게 반응합니까(1:26-38)? 하나님의 뜻과 명령에 대한 마리아의 태도에서 우리가 배울 점은 무엇일까요?
3. 마리아는 왜 엘리사벳을 방문하고 엘리사벳은 마리아에게 어떻게 반응합니까(1:39-45)? 마리아의 찬송에 담긴 내용을 설명해 보십시오(1:46-56). 마리아가 고백하는 하나님은 어떤 분이십니까?

묵상

1. 어린 마리아가 하나님 말씀에 순종하는 모습은 신앙의 모본을 보여줍니다(1:26-38). 하나님은 은혜를 알고 순종하는 사람을 구원 역사의 동역자로 삼으십니다. 하나님의 역사는 순종하는 사람의 삶을 통해 성취되며, 이들을 통해 불가능할 것 같은 사건이 이뤄집니다. 복음의 빛은 마리아처럼 은혜를 알고 겸손한 종을 통해 세상을 비춥니다.
2. 누가복음의 주제를 예고하는 마리아의 찬송(1:46-56)에 나타난 핵심은 '반전'과 '역전'입니다. 인생의 반전은 하나님의 능력과 긍휼로 가능합니다. 하나님은 낮고 주변부에 처한 자들에게 기쁜 소식을 경험하게 하십니다. 마리아처럼 하나님의 말씀에 겸손히 순종하는 사람은 반전을 경험합니다.

3
요한과 예수의 탄생

1:57-2:20

누가복음 1:57-2:20은 요한과 예수의 탄생 이야기로 구성된다. 낮은 곳에 임하신 구주의 탄생으로 세계의 중심(로마와 황제)과 이스라엘의 중심(성전)이 예수와 하나님 나라로 옮겨진다.

요한의 탄생(1:57-66)

57 엘리사벳이 출산할 때가 이르러 아들을 낳았다. 58 엘리사벳의
이웃들과 친척들은 주께서 그녀에게 큰 긍휼을 보이신 것을 듣고
그녀와 함께 기뻐했다. 59 팔 일째에 그들이 아이에게 할례를 하러
왔고 아이를 아이의 아버지 사가랴의 이름으로 부르고자 했다.
60 그러나 아이의 어머니가 말했다. "아닙니다. 요한으로 불릴
것입니다." 61 그들은 "당신의 친척들 중에는 그 이름으로 불리는
자가 없습니다"라고 말했다. 62 그때 그들이 아이의 아버지에게
몸짓을 하면서 아이가 어떻게 불리기를 원하는지 물었다.
63 사가랴는 서판을 요청하고 적었다. "그의 이름은 요한입니다."

모두가 놀랐다. 64 그러자 즉시 사가랴의 입이 열렸고 그의 혀가
풀렸다. 사가랴는 말하기 시작했고 하나님을 찬송했다. 65 이웃
사람들은 모두 두려워했다. 이 모든 일들이 유대의 산골 마을
전역에서 논의되기 시작했다. 66 이를 들은 모든 사람들이 이 일을
마음에 품고 말했다. "이 아이가 어떤 사람이 될까?" 주의 손이 그와
함께했다.

천사 가브리엘이 전한 계시는 엘리사벳이 아들을 낳음으로 성취된다(57절). 이웃과 친족은 나이 많은 엘리사벳에게 하나님의 긍휼이 임한 것을 크게 기뻐했다(58절). 요한의 탄생을 기뻐하는 사람들의 기쁨은 가브리엘이 예고한 그대로다(1:14). 약속의 성취는 목격자들에게도 기쁨이다. 요한이 태어난 지 8일째에 사람들은 아이에게 할례를 행하고 부친의 이름을 따라 '사가랴'로 작명하고자 했다(59절).[1] 유대인 사내아이는 난 지 8일 만에 할례를 받았다(창 17:12; 21:4; 레 12:3). 구약에서는 아이가 태어날 때 즉시 이름을 지었으나 이후 유대교에서는 할례와 함께 이름을 붙였다. 사가랴는 아이의 이름에 관하여 천사가 전한 내용을 아내에게 전했을 것이다. 이를 알고 있는 엘리사벳이 아이 이름을 '요한'으로 주장한다(60절). '요한'은 히브리어 예호난의 축약어로 '여호와는 자비롭다' 또는 '여호와는 긍휼을 베푸신다'는 뜻이다(느 12:13, 42; 마카베오1서 2:1-2; 눅 6:14; 계 1:9). 당시 여성의 낮은 지위를 고려할 때 엘리사벳의 주장은 호소력이 낮았을 것이다. 엘리사벳과 사가랴의 친족 중에 요한이라는 이름이 없으므로 사람들은 사가랴에게 아들의 이름을 어떻게 지을 것인지 묻는다(61-62절). 사가랴는 서판을 달라고 한 다음 '요한'이라고 적는다. 그러자 사가랴의 입이 열린다(64절). 말을 할 수 있게 된 사가랴는 가장 먼저 하나님을 찬송한다. 사람들은 눈앞에 벌어지는 현상을 보고 두려워했고 이 소식은 온 유대 산골에 전해진다(65절). 사람들은 사가랴의 찬송을 마음에 두고 이 아이가 앞으로 어떻게 될 것인지 생각한다. 왜냐하면 '주의 손이' 요한과 함께하기 때문이다. 하나님의 손이 함께하는 것은 하나님이 구원 역사를 이끌어 가는 분이

심을 의미한다. 이 표현은 창조와 구원을 위한 하나님의 행동을 묘사하는 것으로 구약에 200회 이상 나온다. 같은 표현이 사도행전 11:21에서 하나님의 구원 행위와 관련해서 사용된다. "주의 손이 그들과 함께 하시매 수많은 사람들이 믿고 주께 돌아오더라." 사가랴의 찬송대로 하나님은 요한을 사용해 구원의 드라마를 진행하실 것이다.

요한의 탄생은 하나님이 사가랴와 엘리사벳에게 긍휼을 베푸신 증거다. 엘리사벳을 불쌍히 여기신 하나님은 이스라엘 백성을 긍휼히 여기시는 하나님이다. 요한은 하나님이 오랜 침묵을 깨고 보내신 선지자로, 그의 공적인 활동은 하나님의 긍휼을 대변한다. 이처럼 하나님의 구원 역사는 그의 백성들의 이야기로 채워진다.

사가랴의 찬가(1:67-80)

67 그때 요한의 아버지 사가랴가 성령으로 충만해 예언했다. 68 "주
이스라엘의 하나님을 찬송합니다. 주께서 자기 백성을 방문하셨고
속량하셨고 69 우리의 구원을 위해 그분의 종 다윗의 집에 뿔을
일으키셨기 때문입니다. 70 이는 옛날부터 그분의 거룩한 선지자들의
입을 통해 말씀하신 그대로입니다. 71 그것은 바로 우리의
원수들로부터, 우리를 미워하는 모두의 손으로부터의 구원입니다.
72 하나님은 우리 조상들에게 긍휼을 베푸셨고 거룩한 언약을
기억하셨습니다. 73 우리의 조상 아브라함에게 약속하신 맹세를
기억하셨습니다. 74 그래서 우리는 원수들의 손에서 구출되어
두려움 없이 그분을 예배할 수 있고 75 우리가 사는 날 동안[2] 그분
앞에서 성결과 의로 예배할[3] 수 있습니다."[4] 76 "아이야, 너는 지극히
높으신 분의 선지자로 불릴 것이다. 네가 주의 길을 준비하러 주 앞에
갈 것이다. 77 이는 죄 용서를 통한 구원을 그분의 백성에게 깨닫게
하기 위함이다. 78 우리 하나님의 긍휼로 인해 돋는 해가 위로부터
우리에게 임할 것이다. 79 이는 어둠과 죽음의 그늘에 앉아 있는
사람들을 비추고 우리의 발을 평화의 길로 인도하기 위함이다."

80 아이가 자라고 마음이 강해졌으며, 이스라엘에 나타나기 전까지 광야에 있었다.

요한의 아버지 사가랴는 성령 충만으로 주 이스라엘의 하나님을 찬송한다(67절). 그는 성령을 통해 받은 예언을 선포한다. 68-75절에서는 이스라엘 역사에 나타난 구원과 약속을 근거로 하나님이 메시아를 통해 행하실 구원을 찬송한다. 첫째, 사가랴는 출애굽 사건을 떠올리며 하나님의 구원을 노래한다(68절). '방문하다'는[5] 하나님의 개입을 의미하는 단어다. 구약에서 하나님이 방문하시면 심판(예, 출 32:34; 시 89:33)이나 구원(예, 창 50:24-25; 출 3:16; 4:31; 룻 1:6; 시 80:15; 106:4)이 나타난다. 78절에도 '방문하다'가 사용된다. 누가는 나인성 과부의 아들이 살아난 사건을 하나님이 예수를 통해 방문하신 예로 서술할 것이다(7:16; 참고. 19:44; 행 15:14). 특히 이 단어는 출애굽 사건을 떠올린다(출 3:16; 4:31; 시 80:14; 106:4; 참고. 창 50:24-25). "여호와 너희 조상의 하나님 곧 아브라함과 이삭과 야곱의 하나님이 내게 나타나 이르시되 내가 너희를 돌보아(방문해)[6] 너희가 애굽에서 당한 일을 확실히 보았노라"(출 3:16). '속량'도 출애굽 사건을 상기시키는 용어다(출 6:6; 신 7:8; 9:26; 15:15; 21:8; 24:18). "너는 애굽 땅에서 종 되었던 것과 네 하나님 여호와께서 너를 속량하셨음을 기억하라"(신 15:15; 24:18).

둘째, 사가랴는 하나님이 '우리를 위한 구원의 뿔'을 그의 종 다윗의 집에 일으키신 것을 찬송한다(69절). 뿔은 동물이 자신을 보호하거나 상대를 공격할 때 사용하는 무기로 힘과 강함을 상징한다(신 33:17). 태어날 메시아는 다윗의 아들이고 강력한 구원자다. "내가 거기서 다윗에게 뿔이 나게 할 것이라 내가 내 기름 부음 받은 자를 위하여 등을 준비하였도다"(시 132:17). 하나님은 선지자들의 입을 통해 구원을 이미 약속하셨다(70절). 사도행전 3:21 역시 선지자들의 입을 통해 하나님이 구원을 약속하신 사실을 언급한다. 하나님의 구원은 '우리 원수'와 '우리를 미워하는 모든 자의 손'으로부터 해방하는 방식으로 실현된다(71절; 시 18:17). 특히 원수인 사탄의 속박에서 구원받는 길은 구원의 뿔인 메시아의 사역을 통해서만 가능하다.

셋째, 하나님이 시작하시는 구원은 조상들에게 약속된 긍휼을 실행하시는 것이고 자신의 거룩한 언약을 기억하신 결과다(72절). 거룩하신 하나님이 세우신 언약이기 때문에 사가랴는 '거룩한 언약'이라고 부른다. 언약에 신실하신 하나님은 언약을 잊지 않으신다. 언약을 기억하는 것과 긍휼을 베푸는 것은 같은 의미다(신 7:9; 왕상 8:23). "… 신실하신 하나님이시라 … 그의 언약을 이행하시며 인애를 베푸시되"(신 7:9). 하나님이 언약을 기억하시면 백성은 긍휼을 얻고 구원을 선물로 받는다. 하나님의 언약은 '우리 조상 아브라함'에게 주신 맹세다(73a절). 창세기에서 하나님이 아브라함에게 주신 약속은 언약과 맹세로 표현된다(창 17:4; 22:16-17). 흥미롭게도 누가복음에서 언약은 아브라함과 관련해서만 사용된다(1:72; 22:20; 행 3:25; 7:8). 하나님이 아브라함과 맺으신 언약은 우리에게 주기 위한 맹세였다(73b절). 언약과 맹세의 목적은 우리가 원수들의 손에서 해방을 얻어 원수들의 핍박으로 인한 두려움 없이 하나님을 섬기게 하는 것이다(74절). 하나님이 언약과 맹세에 따라 우리를 구원하는 목적은 무엇인가? 평생 하나님을 예배하도록 하는 것이다(75절). '성결과 의로' 예배하는 것은 하나님 앞에서 의롭게 살아가는 것이 참 예배임을 의미한다. 성결과 의는 하나님 사랑과 이웃 사랑으로 실현된다. 이렇게 신앙적이고 윤리적인 삶으로 하나님 앞에서 예배하는 것이 구원의 목적이다.

76-80절에서 사가랴는 아들 요한을 통해 일어날 하나님의 일을 예언한다. 요한은 '지극히 높으신 이'의 선지자로 불리고 주 앞에 가서 주의 길을 준비하는 사명을 수행할 것이다(76절). 예수는 지극히 높으신 분의 아들이다. 요한은 지극히 높으신 분의 선지자로 예수의 길을 준비할 것이다(사 40:3; 말 3:1). 요한은 죄 용서를 통해 구원에 이르는 지식을 주의 백성에게 알릴 것이다(77절; 23:18-19; 행 20:28). 죄 용서는 이사야 40:2에 근거하는 개념이다.[7] "… 그 노역의 때가 끝났고 그 죄악이 사함을 받았느니라 …" 누가복음의 예수를 통해 하나님이 이사야를 통해 예고하고 약속하신 이스라엘의 회복이 실현될 것이며, 요한은 회

복을 준비하는 역할을 할 것이다. 예언의 영을 받은 요한은 광야에서 예수의 길을 준비할 것이다. 왜 하나님은 아들을 통한 구원을 준비하고 행하시는가? 하나님의 긍휼 때문이다.[8] 하나님의 긍휼은 '돋는 해가 어둠과 죽음의 그늘에 앉은 자를 비추고 우리의 발을 평화의 길로 인도하는 것'으로 실현된다(78b-79절). '길'은 이스라엘 백성의 행위나 삶을 의미한다. 길의 속성은 평화이며 예수의 선포를 받아들이는 사람은 평화의 삶으로 인도받을 것이다. '돋는 해'(ἀνατολή 아나톨레)는 "흑암에 행하던 백성이 큰 빛을 보고"(사 9:1-2)에 근거한다. '돋는 해'(ἀνατολή 아나톨레)의 동사형 '떠오르다'(ἀνατέλλω 아나텔로)는 떠오르는 태양이나 별을 묘사할 때 사용된다.[9] 명사형 아나톨레는 메시아의 은유인 히브리어 '가지'(체마흐)를 번역할 때 사용되기도 한다.[10] 즉 돋는 해는 구약과 유대교 문헌에서 앞으로 등장할 메시아를 가리키는 은유다(예, 유다의 유언 24:1-6). 두 용례를 고려하면 예수는 빛의 역할을 행할 메시아로 어둠과 죽음의 그늘에 앉은 자들을 비출 것이다. 요한은 세례를 주는 것으로 공적 사역을 수행할 것이다(80절; 3:2).[11]

베들레헴의 구유에 뉘인 아기 예수(2:1-7)

1 그 무렵 온 세상에 인구조사를 명령하는 카이사르 아우구스투스의
칙령이 내려졌다. 2 인구조사는 퀴레니오스가 시리아의 총독이었을
때 처음 실시한 것이었다. 3 그래서 모두 인구조사를 하러 저마다
고향에 갔다. 4 요셉도 갈릴리 마을에서 유대로, 다윗의 성읍인
베들레헴으로 갔다. 그가 다윗의 가족과 가문에 속했기 때문이었다.
5 요셉은 약혼했고 임신한 마리아와 함께 인구조사를 받아야
했다. 6 그들이 그곳에 있는 동안 마리아가 아기를 낳을 날이 찼고
7 맏아들을 낳았다. 그들은 옷가지로 아기를 싸서 여물통에 놓았다.
그들이 묵을 객실의 여유가 없었기 때문이다.

누가는 예수의 탄생을 냉혹한 세계사의 흐름에서 서술한다. 1장이 유

【카이사르 아우구스투스 (BC 63-AD 14, 재위 BC 27-AD 14)】

대 왕인 헤롯의 때를 언급하는 것으로 시작한 반면(1:5) 2장은 카이사르(황제) 아우구스투스의 칙령을 언급하는 것으로 시작한다.[12] 황제 아우구스투스는 세금 징수를 목적으로 인구조사 칙령을 내렸다(1절). 시리아 지역의 총독이었던 퀴레니오스는 황제의 칙령을 유대 지역에 집행했다. 이방인의 뜻에 따르는 인구조사는 유대 백성에게 굴욕이었다. 갈릴리 출신 유다는 인구조사를 반대해 반란(AD 6년)을 일으켰다(참고. 행 5:37; 요세푸스, 《유대전쟁사》, 2:118; 《고대사》, 18:4-10). 황제의 명령에 복종해 모든 유대인들은 고향에 가야 했다(3절). 인구조사를 출생지에서 받는 것은 헤롯의 명령에 따른 것으로 보인다. 황제의 칙령 앞에 요셉과 마리아는 복종할 수밖에 없었다. 다윗의 후손인 요셉은 갈릴리 나사렛을 떠나 다윗의 고향 유대 베들레헴으로 향했다(4절). 마리아는 임신 중이었다(5절).[13] 요셉이 다윗의 도시인 베들레헴으로 간 것은 태어날 아기 예수가 약속된 다윗의 후손인 사실을 암시한다. 구약의 선지자는 이스라엘의 통치자가 베들레헴에 태어날 것을 예언했다(미 5:1-4).

요셉과 마리아가 베들레헴에 도착했을 무렵에는 빈 객실이 없었다. 카탈뤼마(κατάλυμα 여관—개역개정)는 상업용 여관이 아니라 가정에 마련된 객실이다. 예수가 유월절 식사를 위해 제자들에게 준비하도록 지시할 공간도 '객실'(카탈뤼마)이다(22:11). '상업용 숙소'는 선한 사마리아인의 비유에 등장하는 판도케이온(πανδοχεῖον)이다(10:34). 당시 팔레스타인의 가옥은 주로 가축을 위한 외양간, 가족을 위한 방, 손님을 위한 객실이 한 지붕 아래 붙어 있는 직사각형 구조였다. 방과 외양간을 구분한 벽의 위쪽이 트여 있어서 주인은 방에서도 가축을 볼 수 있었다. 비록 외양간이지만 요셉과 마리아는 한 가정의 환대를 받아 주인 가족과 함께 머물 수 있었다. 요셉과 마리아는 베들레헴에 도착한 날 객실을 얻지 못했기 때문에 그날 밤이 아닌 베들레헴에 머무는 동안 아이를 낳았다. 자신을 신의 아들로 선전한 아우구스투스가 통치하는 세상에 가난한 부부의 아들로 오신, 구약에 약속된 하나님의 아들이(출 13:2; 민 3:12-13; 18:15-16; 신 21:15-17) 여물통에 놓였다. 만삭의 어린 여성이 먼 길을 떠나 외양간 여물통에 아기를 낳은 장면은 결코 낭만적이지 않다. 이 모습은 주의 천사가 마리아에게 예수가 '큰 자'가 되고 '지극히 높으신 분의 아들'로 불릴 것(1:32)이라고 말한 것과 어울리지 않는다. 본문은 높은 보좌에 앉아 천하에 칙령을 내리는 카이사르 아우구스투스와 여물통에 뉘인 아들을 대조한다.

목자들에게 예수의 탄생을 알리는 천사들(2:8-14)

8 한편 목자들이 근처 들판에서 지내며 밤에 그들의 양 떼를 지키고
있었다. 9 주의 천사가 그들에게 나타났고 주의 영광이 그들을
비추었다. 목자들은 매우 무서워했다. 10 천사가 그들에게 말했다.
"두려워하지 말라. 보라 너희에게 모든 백성을 위한 큰 기쁨의
좋은 소식을 전한다. 11 오늘 다윗 도성에 구주가 태어나셨다. 그는
그리스도 주시다. 12 너희는 옷가지에 싸여 여물통에 놓인 아기를
발견할 것인데 그것이 너희를 위한 표적이다." 13 그때 갑자기 천사와
함께 수많은 하늘 군대가 나타나 하나님을 찬송하며 말했다.

14 “가장 높은 곳에서는 하나님께 영광, 땅에서는 그분이 기뻐하시는
사람들 가운데 평화!”

8-14절은 주의 천사(가브리엘)가 목자들에게 예수의 탄생을 알리는 장면과 천사들이 하나님을 찬송하는 내용으로 구성된다. 예수가 태어난 베들레헴 근처에서 목자들이 밤에 양 떼를 돌보고 있었다(8절). 팔레스타인에서 목자는 천한 계층에 속했다. 목자들은 법정 증인으로 인정받지도 못했다. 밤에 동네 밖에서 생활하는 목자들은 강도 짓을 하는 자들로 오해받기도 했다. 거룩한 주의 천사는 당시 가장 낮은 계층의 사람들에게 나타났고 주의 영광이 그들을 비춘다(9절). 목자들은 천사를 보고 크게 두려워하나 천사는 두려워하지 말라고 한다. 왜냐하면 ‘모든 백성을 위한 큰 기쁨의 좋은 소식’을 전하러 왔기 때문이다(10절). 누가복음에서 ‘기쁨’은 하나님의 구원 행위(1:14; 2:10; 15:7, 10), 영적인 일(10:17), 예수의 부활(24:41, 52)에 사용된다. ‘좋은 소식’은 큰 기쁨을 선사한다. 예수 그리스도를 통한 복음은 그를 받아들이는 자에게 기쁨의 원천이다. 하나님이 세상을 구원하시는 좋은 소식이 전해질 것이기 때문에 목자들은 기뻐해야 한다. 좋은 소식은 ‘오늘 다윗의 도성에 구주’, ‘그리스도 주’가 태어난 것이다(11절). 구약에서 다윗의 도시는 일반적으로 예루살렘을 가리키지만, 본문은 베들레헴(삼상 17:12-15)을 가리킨다. 주의 천사가 목자들에게 ‘다윗의 도시’라고 말했고 목자들이 ‘베들레헴으로 가서’ 표적을 확인하자고 말하는 장면(15절)은 다윗의 동네가 베들레헴임을 확증한다. 예수는 ‘구주’와 ‘그리스도 주’로 소개된다. 구약에서 ‘구주’(σωτήρ 소테르)는 원수들에게서 해방시키는 구원자,[14] 백성을 돕고 구원하시는 하나님에게 사용된 용어였다.[15] 그리스-로마 배경에서 구원자는 통치자에게 붙여진 칭호였다. ‘주’(κύριος)는 70인역에서 하나님의 칭호이고, 로마 제국에서는 카이사르의 칭호다. 이제 ‘구주’는 예수다(11절; 행 5:31; 13:23). ‘오늘’은 메시아를 통한 구원이 시작된 것을 묘사하기 위해 주로 사용된다.[16]

천사는 목자들에게 메시아라는 표적을 보게 될 것이라고 말

【밤에 양을 지키는 베들레헴의 목자들】

한다(12절). 포대기에 싸여 구유에 뉘어 있는 아기(12절)가 '구주', '주', '그리스도'를 입증하는 표적이다. 초라한 탄생 장면이지만 하늘에서는 정반대의 반응으로 찬송이 울려 퍼진다. '찬송하다'(αἰνέω 아이네오)는 신약에 여덟 번 등장하는데 그중 여섯 번이 누가-행전에 사용된다(눅 2:13, 20; 19:37; 행 2:47; 3:8; 롬 15:11; 계 19:5). 하늘의 합창단 또는 군악대의 역할을 하는 하늘 군대가 주의 천사와 함께 우렁차게 하나님을 찬송한다(13절). 하늘에 계시는 하나님께 영광을 돌린다. 하나님은 그리스도를 통해 구원의 계획을 시작하시는 분이다. 하나님의 구원의 시작으로 땅에 거하는 백성이 구원의 혜택을 얻게 된다. 하나님께 드려지는 영광이 땅의 평화로 나타난다. 구주 그리스도를 통해 주어지는 평화는 치유와 회복으로 실현된다(참고. 4:18-19; 사 52:7). 하나님이 기뻐하시는 사람들에게 이 평화가 임한다. 과거에는 이스라엘이 하나님이 기뻐하신 사람들이었으나 그 대상은 만민으로 확대될 것이다.

구주의 표적을 목격한 목자들(2:15-20)

15 천사들이 목자들을 떠나 하늘로 돌아가자 목자들이 서로 말했다.

"베들레헴으로 가서 주께서 우리에게 알려주신 것을 확인해 보자."
16 그들은 서둘러 갔고 마리아와 요셉과 여물통에 놓인 아기를
발견했다. 17 목자들이 아기를 보고 나서 이 아기에 대해 들은 것을
알려주었다. 18 듣고 있던 사람들 모두 목자들의 말에 크게 놀랐다.
19 그러나 마리아는 이 모든 말을 마음에 간직하고 고민했다.
20 목자들은 그들이 들었던 그대로 모든 것을 듣고 보았기 때문에
돌아가면서 하나님께 영광과 찬송을 드렸다.

하늘의 합창단은 하늘로 올라가고 목자들은 다윗의 동네 베들레헴으로 향한다(15절). 메시아의 탄생 소식에 목자들은 마리아처럼(1:39) 빠르게 반응한다(16절). 목자들은 천사의 메시지가 하나님에게서 온 것으로 믿었다. 목적지로 달려간 목자들은 마리아와 요셉과 구유에 누인 아기를 목격함으로 천사가 말한 표적을 확인한다. 목자들은 천사가 아기에 대해 말한 내용을 전한다(17절). 다윗의 아들, 구주를 통해 온 세상에 미칠 기쁜 소식을 맨 먼저 증언한 주체는 목자들이다. 당시 목자들의 말은 신뢰를 얻지 못했으나 아기를 둘러싼 사람들은 목자들의 증언을 진심으로 받아들였다(18절). 19절의 '간직하다'와 '고민하다'는 긍정적이고 수용적인 의미이다. 마리아는 주의 천사에게서 들은 메시지와 목자들의 증언을 깊이 생각한다. 천사의 말대로 표적을 확인하고 다시 일터로 돌아온 목자들은 하나님께 영광을 돌리고 찬송한다(20절). '하나님께 영광을 돌리다'는 누가복음에 여덟 번 등장한다(2:20; 5:25, 26; 7:16; 13:13; 17:15; 18:43; 23:47). 이는 사회적으로 주변부에 있는 낮은 자들을 통해 나타난다. 목자들(2:20), 무리들(5:26), 로마의 이방인(23:47), 치유받은 중풍병자(5:25), 예수가 살린 아들을 둔 과부(7:16), 치유받은 나환자(17:15), 치유받은 맹인(18:43)이 하나님께 영광 돌린다. 목자들의 찬송은 하나님의 영광이 예수의 겸손과 고난을 통해 드러날 사실을 예고한다.

구주의 탄생을 목격하고 증언하고 찬송한 사람들은 가장 천한 신분과 직업의 목자들이었다. 하나님의 임재에 영광과 찬양을 돌리

기 적합한 장소와 사람들이 예루살렘 성전과 종교 지도자들에서 낮은 자들의 일터와 목자들에게로 옮겨졌다. 하루라도 일하지 않으면 생존할 수 없을 만큼 가난한 목자들의 일터에 하늘의 군악대가 등장했고, 목자들은 일터로 돌아와 하나님께 영광의 찬송을 드린다. 예수는 낮은 자들의 소망이며, 하나님은 이들의 찬송을 기뻐하신다.

질문

1. 요한이 태어났을 때 사람들은 어떻게 반응합니까(1:57-65)? 사가랴의 찬송에 묘사된 하나님은 어떤 분이십니까(1:66-80)?
2. 예수님은 어떤 시대 배경에서, 어디에 태어나셨습니까(2:1-7)? 왜 지극히 높은 분의 아들(1:32)이 여물통에 놓였을까요?
3. 천사들은 목자들에게 구주의 표적이 무엇이라고 소개합니까(2:8-14)? 목자들이 목격한 표적은 무엇입니까(2:15-20)? 목자들이 목격한 표적은 기독교 신앙에서 어떤 의미가 있을까요?

묵상

1세기 당시 온 세상에 미치는 기쁜 소식은 로마 황제의 탄생이나 등극이었습니다. 로마는 하나님의 아들과 구주로 불리는 새로운 황제가 세상에 평화를 가져올 것이라고 선전했습니다. 하여 당시 카이사르 아우구스투스의 생일은 세상에 주어진 복음의 시작이었습니다. 그런 시대 가운데 구주가 태어나셨습니다. 온 세상에 미칠 진정한 기쁨과 평화는 시골 외양간에서 태어난 구주 예수 그리스도의 탄생으로 시작됐습니다. 겸손하고 고난받는 종(사 42:1-4; 45:4; 49:3-5; 52:13-53:12)을 통해 복음이 전파됩니다. 이사야의 예언처럼 궁핍하고 비천한 자들을 높이시기 위해 예수는 더 비천하고 낮게 오셨습니다. 구주는 낮은 곳에 임하셔서 고난의 길을 걸었고, 강도와 함께 십자가에 달리기까지 낮아지셨습니다. 낮은 자의 모습으로 오시는 구주를 영접하는 사람에게 평화가 찾아옵니다. 예수님의 탄생으로 세상의 중심이 달라졌습니다. 천하를 호령하는 세상의 권력자가 아니라 겸손한 예수님이 우주의 왕으로 통치하고 계십니다. 예수님의 통치를 경험하는 사람마다 굴종이나 파괴가 아니라 회복과 소망을 얻게 됩니다.

4
성전의 아기 예수와 소년 예수

2:21-52

누가복음 2:21-52은 탄생 이야기 마지막 부분으로 예수의 어린 시절과 소년 시기를 다루고 주로 성전을 중심으로 전개된다. 21-40절은 구원의 은혜를 베풀어 주시는 하나님에게 초점을 맞추는 동시에 하나님의 은혜를 간구한 경건한 사람들을 부각시킨다. 성전에 있는 예수의 모습과 말은 앞으로 펼쳐질 사역과 운명을 예고한다.

거룩한 자로 주께 드려지는 아기 예수(2:21-24)

21 할례를 행하는 팔 일째가 되자 예수라는 이름이 지어졌다. 이는
아기가 뱃속에 잉태되기 전에 천사가 준 이름이었다. 22 모세의
율법에 따른 정결의 날이 끝나자 요셉과 마리아는 예수를 주께
드리기 위해 예루살렘에 데리고 올라갔다. 23 주의 율법에 기록된
것처럼 모든 맏아들은 주께 거룩하게 구별됐다. 24 그들은 산비둘기
한 쌍 또는 어린 집비둘기 두 마리를 바치라는 주의 율법에 따라
제물을 드렸다.

아기 예수는 태어난 지 팔 일째, 산모의 부정 기간(7일)이 지난 다음 날 할례를 받는다(21절; 창 17:9-14; 레 12:2-8). 천사가 지시한 대로 아기의 이름은 예수이다(1:31). 누가는 아기 예수의 부모가 율법이 요구하는 두 가지 규례를 준수하는 장면을 묘사한다(21-24절). 하나는 산모의 정결 예식이고 다른 하나는 장자를 드리는 것이다. 부모는 모세의 법대로 정결 예식(레 12)의 날을 위해 아기를 예루살렘으로 데리고 올라간다(22절).[1] 주의 율법에 따르면 장자는 '주의 거룩한 자'가 되기 위해 주께 드려졌다(23절; 출 13:2, 12, 15; 34:19-20; 민 8:15-19).[2] 가난한 백성은 정결 예식을 위한 제물로 산비둘기 한 쌍 또는 어린 집비둘기 두 마리를 바칠 수 있었다(24절). 예수의 부모는 가난했기 때문에 비둘기를 예물로 준비했다. 장자를 예루살렘 성전에 드리는 모습은 한나가 사무엘을 실로의 성소에 드린 사건(삼상 1:11, 21-28)과 연결된다. 마리아는 한나와 비슷한 내용으로 기도했고 한나처럼 아들을 하나님께 온전히 드린다. 누가는 경건한 부모가 예루살렘에 올라가서 아기 예수를 구별해 드리는 장면을 '주께 거룩한 자로 불릴 것이다'의 성취로 이해한다. 이는 천사가 마리아에게 아기의 이름을 언급하고 나서 전했던 말이다(1:35). 예수는 거룩한, 즉 구별된 사람이다. 하나님의 구원 계획을 실현하기 위해 구별된 그리스도이다. 예수는 더러운 귀신들의 활동, 즉 사탄의 통치에 맞서 싸운다는 점에서도 거룩한 자다. 회당에서 예수를 만나는 귀신들은 두려움에 떨면서 예수를 '하나님의 거룩한 자'(4:34), '하나님의 아들'(4:41)로 부를 것이다. 거룩한 자이신 예수의 활동으로 세상에 거대한 충돌이 일어날 것이며, 거룩한 예수는 이 충돌과 전쟁에서 이김으로써 하나님의 통치를 실현할 것이다. 이런 점에서 예수가 예루살렘 성전에 거룩한 자로 드려지는 장면은 사탄의 통치에 대한 선전포고와 같다.

시므온의 찬가와 부모의 반응(2:25-35)

25 예루살렘에 시므온이라는 이름의 남자가 있었다. 이 사람은
의롭고 경건했으며, 이스라엘의 위로를 기다리고 있었다. 성령께서

그 위에 임하셨다. 26 주의 그리스도를 보기 전에는 죽음을 보지
않을 것이라는 계시가 성령을 통해 시므온에게 주어졌다.
27 시므온은 성령께 이끌려 성전 안으로 왔다. 부모는 아기에 대한
율법 관례에 따라 행하려고 아기 예수를 데리고 들어왔다.
28 시므온은 아기를 품에 안고 하나님을 찬송하며 말했다. 29 "주여
이제 당신의 말씀에 따라 당신의 종을 평안히 놓아주십니다. 30 제
눈이 당신의 구원을 보았습니다. 31 구원은 모든 백성 앞에 준비하신
것입니다.[3] 32 그는 이방인들을 비추는 빛, 당신의 백성 이스라엘의
영광입니다." 33 아버지와 어머니는 아기에 대한 말에 놀랐다.
34 시므온이 그들을 축복하고 아기의 어머니 마리아에게 말했다.
"보십시오. 이 아기가 이스라엘에 있는 많은 사람의 넘어짐과
일어섬의 원인이 되고 배척의 표적이 될 것입니다. 35 칼이 당신의
영혼을 찌를 것입니다. 그래서 많은 사람의 마음속 생각이 드러나게
될 것입니다."

예루살렘에 살고 있는 시므온은 의롭고 경건한 사람으로 이스라엘의 위로를 기다리고 있었다(25절). 25-27절에서 '성령'이 세 차례 언급된다. 탄생 이야기에서 성령은 증인의 역할을 하도록 일하신다.[4] 누가는 성령께서 시므온 위에 임하신 것(25절)과 시므온이 성령의 지시를 받고(26절) 성령의 감동(27절)을 받은 점을 부각한다. 성령께서 임하시면 증인의 역할을 수행할 수 있다(1:15—요한; 1:35—마리아; 1:41—엘리사벳; 1:67—사가랴). 시므온은 구약의 선지자들처럼 성령의 감동으로 예수의 활동을 예언하기 때문에 그의 증언은 신뢰성 있는 계시다. 시므온은 이스라엘의 '위로'를 기다렸다. 기다림은 소망을 의미한다(2:38; 12:36; 23:51; 행 23:21). 시므온은 자신의 위로가 아니라 민족의 위로를 소망했다. '위로'는 하나님이 개입하셔서 이스라엘을 이방인의 압제에서 해방시키는 것이다(참고. 사 40:1; 49:13; 51:3; 57:18; 61:2). 시므온은 하나님의 그리스도를 기다렸다. '주의 그리스도'는 하나님이 세우고 보내시는 메시아를 가리키며, 구약에서 이 칭호는 '여호와의 기름 부음을 받은 자'(삼상 24:6, 10; 26:9,

11, 16)로 표현된다. 성령은 시므온에게 주의 그리스도를 보기 전에는 죽지 않을 것이라고 알리셨다(26절). 성령의 감동으로 시므온은 '주의 그리스도'를 보러 성전에 들어갔고 예수의 부모는 율법에 따라 아기 예수를 데리고 성전에 들어왔다(27절). 시므온이 보기 원했던 하나님의 그리스도가 바로 아기 예수다.

시므온은 아기를 안고 이스라엘을 위로하시는 하나님을 찬송한다(28절). 시므온의 노래(29-32절)는 탄생 이야기에 기록된 세 번째 찬송이자 마지막 찬송이다(1:46-55, 68-79). 시므온은 자신을 '종'(δοῦλος 둘로스)으로 부르고(29절), 하나님을 '주재'로[5] 부른다(29절). 그는 이제 하나님께서 자신을 놓아주시는 것으로 감사한다. '놓아주다'는 임무를 마친 후 죽음을 맞는 것을 의미하는 완곡어법이다(민 20:29의 아론). 시므온은 이스라엘의 소망이 실현되기 시작한 것을 보았고, 삶의 목적이 이루어져 평안히 죽을 수 있게 된 것에 감사한다(29절). 하나님의 종 시므온에게 주어진 평생의 임무는 만민을 구원할 그리스도를 포기하지 않고 기다리는 것이었다. 하나님의 그리스도를 보기 원했던 시므온은 '주의 구원'을 보았다고 노래한다(30절). 특히 시므온은 '지금'을 넣어서 자신의 생애 마지막에 드디어 하나님이 약속하신 구원이 시작된 사실을 강조한다. 그가 기다린 하나님의 구원은 이스라엘만을 위한 구원이 아니라 '만민을 위해 준비된 선물'이다(31절). 시므온이 고대했던 '이스라엘의 위로'는 처음부터 '만민'을 위한 구원이었다. '만민'은 32절의 '이방인들'과 '이스라엘' 모두를 포괄한다. 만민이 경험할 구원은 '이방을 비추는 빛'(사 42:6; 49:6)이고 '주의 백성 이스라엘의 영광'이다(32절). 선지자들을 통해 예고된 구원은 처음부터 만민을 회복하는 것이었다. 빛은 어둠에 있는 사람들에게 구원을 계시하고 그들을 이끄는 역할을 한다(참고. 사 9:2; 60:1). 하나님의 구원은 인간의 노력으로 획득하는 것이 아니다. 오래전에 예고된 구원의 약속이 하나님의 개입으로 실현된다(1:17, 76).

아들의 역할에 대한 찬송을 들은 부모가 놀라자 시므온은 예수 때문에 이스라엘이 양쪽으로 분리될 것을 예고한다(34절). 어떤 사람들은 예수로 인해 걸려 넘어질 것이고(사 8:14-15) 예수를 신뢰하는 사람들은 결코 실망하지 않게 될 것이다(사 28:13-16). 마리아는 예수가 겪을 일 때문에 칼에 찔리는 고통을 겪을 것이다(35절). 여기서 '칼'은 양날 검을 가리킨다. 십자가 현장에서 어머니의 영혼은 양날 검에 찢어지게 될 것이다. 예수가 '여러 사람의 마음속 생각'을 드러내는 장면은 실제로 복음서에 등장한다(예, 5:21-22). 시므온의 예언대로 예수를 영접하는 자들은 구원의 감격을 경험할 것이지만 예수 때문에 죄가 발각되는 자들은 그를 죽음으로 내몰 것이다. 무엇보다도 예수는 구원의 길을 거부하는 동족에게서 극심한 반대를 받게 될 것이다. 이처럼 누가복음에서는 예수에게 보이는 반응을 기준으로 낮고 가난한 자들이 얻는 위로와 높고 부한 자들이 겪을 운명이 극명하게 대조된다.

안나의 예언(2:36-40)

36 또한 여선지자 안나가 있었다. 그녀는 아셀 지파, 바누엘의
딸이었다. 그녀는 나이가 많이 들었고 칠 년의 결혼 생활 후에
남편이 죽었다. 37 그때부터 팔십사 년 동안 과부로 살았다. 성전을
떠나 본 적이 없고 금식과 기도로 밤낮 예배했다. 38 때마침 안나가
그들에게 와서 하나님께 감사하고 예루살렘의 구속을 기다리는
모든 이들에게 아기에 대해 말하기 시작했다. 39 그들은 주의 율법에
따른 모든 것을 준수하고 나서 그들의 동네 갈릴리 나사렛으로
돌아왔다. 40 아기가 자라고 강해졌으며, 지혜로 충만해졌다.
하나님의 은혜가 그의 위에 있었다.

선지자 안나는[6] 예루살렘의 속량을 기다리면서 성전을 떠나지 않고 주야로 금식하고 기도했다(36-37절). 안나의 아버지 '바누엘'은 구약에서 인명으로 한 차례 등장하며(대상 4:4), 이는 지명인 '브니엘'(하나님의 얼굴, 창 32:31; 삿 8:8)의 헬라어 형태다. 야곱의 아들 중 한 명이었던 '아셀'은 이스라엘의 북쪽에 위치한 지파였다(창 30:13; 49:20; 신 33:24-25). 여선지

자 안나는 예수의 정체를 파악할 수 있었다. '과부가 되고 팔십사 년'은 안나의 나이 또는 사별 이후 84년째를 가리킬 수 있다. 후자가 옳다면 안나는 7년의 결혼 생활 이후 84년째 혼자이기 때문에 100살이 넘은 나이였을 것이다.[7] 만일 안나가 12-14세에 결혼했다면 아기 예수를 본 나이가 103-105세다. 안나가 밤낮 성전에서 기도한 것은 그녀가 매일 드려지는 제사에 참여했음을 암시한다. 안나는 평생을 하나님 앞에 나아가 이스라엘을 위한 하나님의 계획이 실현되기를 기도했다. 안나는 예루살렘의 속량을 바라는 사람들에게 아기에 대해 말하며 강조한다. 안나는 예루살렘 속량을 소망하는 모든 이들의 열망을 대변한 선지자였다. '예루살렘의 속량'은 '이스라엘의 위로'(25절)와 같은 뜻이다(시 130:5-8; 사 40:9; 52:8-10; 63:4). 주의 율법에 따라 성전에 올라간(2:21-24) 예수의 부모는 율법에 따라 모든 것을 마치고 나사렛에 돌아온다(39절). 40절은 요한의 어린 시절을 요약한 1:80과 같이 예수의 어린 시절 12년을 간단히 요약한다(2:42). 하나님의 은혜가 '그의 위에' 있는 것은 하나님이 그의 목적을 위해 예수와 함께하신 것을 의미한다.

아버지의 집에 있는 소년 예수(2:41-52)

41 해마다 아기의 부모는 유월절을 위해 예루살렘에 올라갔다.
42 아들이 열두 살이었을 때 부모는 절기의 관례대로 예루살렘에
올라갔다. 43 절기가 끝나고 나서 그들이 돌아가고 있을 때 소년
예수가 예루살렘에 남아 있었으나 그의 부모는 알지 못했다.
44 부모는 예수가 여행단 속에 있는 줄 생각하고 하룻길을 이동했다.
그러나 친척들과 지인들 가운데 예수를 찾기 시작했으나 45 찾지
못하자 그를 찾기 위해 예루살렘으로 돌아갔다. 46 사흘 후 그들은
성전 안에서 예수를 찾았다. 예수는 선생들 가운데 앉아 그들에게서
듣고 그들에게 질문하고 있었다. 47 예수에게서 듣는 모든 사람은
그의 이해와 대답에 놀랐다.

누가는 탄생 이야기 마지막 단락(41-52절)에서 소년 예수의 언행에 초점을 맞춘다. 지금까지 예수는 수동적으로 등장했으나 여기서는 능동적으로 행동하고, 자신의 행동을 설명한다. 예수의 가족은 해마다 유월절을 맞아 예루살렘에 올라갔다(41절). 유대인 남성은 3대 절기인 유월절, 오순절(칠칠절), 장막절에 예루살렘에 올라갔다(출 23:14-17; 34:23; 신 16:16). 여자들과 어린이들도 순례에 자발적으로 동참했다. 유대인들은 특히 유월절을 엄격히 지켰다. 유월절과 무교절은 예수 당시 하나의 절기로 합쳐졌고 일주일 동안 진행되는 절기였다(출 12:15; 레 23:8; 신 16:3). 열두 살이 된 예수는 부모와 예루살렘으로 올라갔다(42절).[8] 한 주 동안 진행된 유월절 절기에 최소한 이틀은 예루살렘에 머물러야 했다. 유월절 절기를 마치고[9] 나사렛으로 돌아가던 중이었다(43절). 예수의 부모는 당연히 아들이 내려오는 무리에 섞여 있을 줄로 생각했다(44절). 당시 순례자들은 강도와 같은 위험을 피하려고 여행단을[10] 이루어 이동했다. 하룻길을 이동하고 나서야 아들이 없는 사실을 알게 된 부모는 다시 예루살렘에 올라간다(44-45절).

부모는 예루살렘을 떠난 지 셋째 날에 성전에서 아들을 만난다(46절). '사흘 후'는 사흘째에 해당한다. 예루살렘에서 나사렛까지는 도보로 3일가량 걸렸다.[11] 부모는 예루살렘을 떠나는 데 하루, 되돌아가는 데 하루가 걸렸고, 삼 일째 성전에서 예수를 찾았을 것이다. '성전'(히에론)은 성소가 아니라 성전의 복합 건물, 즉 헤롯 성전 건물 전체를 말한다. BC 20년에 확장하기 시작한 헤롯 성전은 예수 당시에도 건축 중이었다. 부모가 아들을 찾은 곳이 성전이라는 사실은 중요한 의미가 있다. 예수는 선생들 가운데 앉아 그들의 가르침을 듣기도 하고 그들에게 질문을 던지고 있었다(46절). 예수의 말을 듣던 모두는 그의 통찰력과 대답에 놀랐다(47절). 예수의 모습은 학생보다는 교사에 가깝다. 일반적으로 유대인 학생은 교사의 발 앞에 앉아서 배웠다.[12] 마리아는 주의 발 앞에서 배웠다(10:39). 바울은 가말리엘의 발 옆에서[13] 공부했다(행 22:3). 그런데 예수가 선생들 가운데 앉아 있고 선생들이 그의 둘레에 있다(46절; 4:20; 5:3). 47절에서 '듣는 자들'이 예수의 '지혜와 대답'에 놀랐다는 표현 역시 훌륭한 교사의 가르침을 들은 학생이 보이는 반응과 비슷하다. 이 장면은 예수의 주된 역할이 가르치는 것임을 예고한다.

예수에게 있는 지혜와 통찰력은 그가 약속된 메시아임을 입증한다. 47절의 쉬네시스(σύνεσις)는 통찰, 이해, 판단, 분별 등으로 번역될 수 있다.[14] 예수의 '지혜'(σοφία 소피아)는 예수의 성장을 요약한 40절과 52절에 반복된다. 이사야는 통찰력과 지혜가 이새의 줄기에서 난 싹, 다윗의 아들, 즉 메시아에게 임하는 속성으로 예고했다. "그의 위에 여호와의 영 곧 지혜(σοφία 소피아)와 총명(σύνεσις 쉬네시스)의 영이요 모략과 재능의 영이요 지식과 여호와를 경외하는 영이 강림하시리니"(사 11:2). 메시아에게 임하는 '하나님의 영'(프뉴마)은 지혜와 통찰력의 영이다. 흥미롭게도 예수는 나사렛 회당에서 이사야 61:1-2을 인용해 '주의 영'(프뉴마)이 자신에게 임한 사실을 선언할 것이다(4:16-21). 사람들은 예수의 입에서 나온 '은혜의 말씀'으로 놀랄 것이다(4:22). 물론 예수의 가르침에 놀라는 사람들 모두가 긍정적으로 반응하는 것은 아니다. 반대하는 사람들이 더 많다. 반대하는 사람들은 하나님의 구원 계시를 놓치는 운명에 처할 수밖에 없다. 이처럼 성전에서 보여준 예수의 모습과 누가복음에 처음 기록된 예수의 말은 앞으로 펼쳐질 사역과 운명을 예고한다.

> 48 예수의 부모가 그를 보고는 놀랐다. 그의 어머니가 말했다. "아이야, 네가 왜 우리를 이런 식으로 대하느냐? 봐라. 네 아버지와 내가 너를 애타게 찾고 있었단다." 49 예수가 부모에게 말했다. "왜 저를 찾고 계셨습니까? 제가 제 아버지의 집에 있어야 하는 줄 알지 못하셨습니까?" 50 그러나 부모는 예수께서 그들에게 한 말을 이해하지 못했다.

예수의 말을 들은 사람들뿐 아니라 그의 부모도 놀란다(48a절). 누가는 '놀라다'를 가리키는 동사로 47절의 엑시스테미(ἐξίστημι)가 아니라 에크

플레소(ἐκπλήσσω)를 사용한다. 두 단어는 비슷한 의미이나 후자는 감동으로 놀라는 것이 아니라 실망 때문에 화를 내는 것에 가깝다. 누가는 예수의 부모가 47절의 사람들과 다른 방식으로 반응한 것을 드러내려고 후자를 사용한다. 사람들은 예수의 지혜와 통찰력에 놀랐으나 부모는 아들이 부모의 마음을 헤아리지 못한 채 성전에서 활동하는 것을 보고 놀란다. "왜 너는 우리를 이와 같이 취급했느냐?" 이는 성경에서 속았을 때 나오는 전형적인 표현으로(창 20:9; 26:10; 29:25; 출 14:11; 민 23:11; 삿 15:11) 부모는 아들이 자신들에게 알리지도 않은 채 예루살렘 성전에 남아 대화하고 있는 것을 말하고 있는 것이다. 마리아는 "네 아버지와 내가 너를 고통스럽게 찾았다"고 말한다. '근심하여 찾다'의 오뒤나오(ὀδυνάω)는 고통, 아픔, 분노를 느끼는 의미다. 마리아는 부모에게 순종하지 않는 아들 때문에 실망하고 화를 낸다. 어린 예수의 불효를 질책하고 있다. 이 모습은 시므온의 예언을 떠올린다(35절). 예수의 일생은 부모가 아니라 하나님 아버지의 뜻에 순종하는 길을 가는 것이므로 마리아는 고통을 겪을 수밖에 없다.

어머니가 '왜?'라고 묻자 예수는 '왜요?'라고 되묻는다. "왜 저를 찾아다녔습니까?" 오히려 예수는 자신이 아버지의 집에 있어야 하는 줄 몰랐는지 되묻는다. 예수는 누가복음의 핵심 용어인 '해야 한다'(δεῖ 데이)를 사용해 아들이 마땅히 아버지의 집, 곧 성전에 있어야 한다고 주장한다. 마리아가 요셉을 '네 아버지'(48절)라고 하자 예수는 '내 아버지 집'이라며 성전의 하나님을 아버지로 부른다(49절). 예수는 자신을 하나님의 아들로 암시한다. 누가 예수의 아버지인가?, 예수는 누구의 집에 있어야 하는가?

예수의 대답은 무엇을 의도하는가? 예수는 하나님의 아들이다. 하나님 아버지의 집에서 하나님과의 친밀한 교제 가운데 아버지의 뜻을 실현하는 것이 아들 예수의 본분이다. 무엇보다 '나의 아버지'는 하나님과의 친밀한 관계성과 신뢰도를 강조한다. 곧이어 등장하는 세례 장면에서는 하나님의 사랑받는 아들로서 아버지 뜻에 순종하는 예수를 거듭 확인할 수 있다(3:22; 시 2:7; 사 42:1). 흥미롭게도 예수는 부활 이후 '내 아버지께서 약속하신 것'을 제자들에게 약속함으로써 하나님과의 친밀성을 다시 한 번 보여주실 것이다(24:49). 예수는 하나님과의 친밀함과 신뢰성에 근거해 공생애를 준비하고 마칠 것이다(2:49; 24:49). 이와 같이 '내 아버지 집에 있어야 한다'는 말씀은 성자와 성부의 친밀한 관계, 성부의 자비와 성자의 순종을 함축한다. 앞으로 예수는 '아버지의 뜻'(22:41)에 목숨을 버리는 순간까지 순종하실 것이다. 특히 예수는 '해야 한다'(δεῖ 데이)를 하나님의 계획을 성취하는 소명을 강조할 때 사용하실 것이다(예, 4:43; 9:22; 13:33; 17:25; 19:5; 21:9; 22:37; 24:7; 24:44). 예수는 '내 집은 기도하는 집이 되리라'(눅 19:46)는 아버지의 뜻을 위해 아들은 아버지의 집(성전)에서 말씀과 행위로 가르칠 것이다(19:48-22:38).

그러나 부모는 아들의 말을 이해하지 못한다. 아들에 대한 계시를 직접 들은 마리아의 모습은 의아하다. 마리아는 자신이 낳을 아기가 '지극히 높으신 이의 아들'인 사실을 천사로부터 들었다(1:32). 천사는 태어날 '거룩한 이는 하나님의 아들이라 일컬어지리라'(1:35)고 거듭 확인시켰다. 그러나 12년이 지난 시점에서 마리아는 아들의 언행을 자신이 받은 예언과 연결하지 못한다. 직접 계시를 들은 마리아가 예수의 정체와 사명을 이해하는 데 고민이 필요했다면(51절) 제자들의 경우는 말할 것도 없다. 예수의 말씀과 삶을 오해하는 단계에서 이해하는 단계로 넘어가는 것이 제자의 평생의 여정이다.

> 51 예수는 부모와 함께 내려가 나사렛에 왔고 부모에게 순종했다. 그의 어머니는 이 모든 것들을 마음에 간직했다. 52 예수의 지혜와 키가 자랐고 그는 하나님과 사람의 은혜로 자랐다.

예수는 나사렛으로 내려가 부모에게 순종한다. 그는 하나님의 아들인 동시에 부모의 아들이다. 아무 일이 없었던 것처럼 아들은 부모에게 순종했으나 예수의 어머니는 성전에서 아들이 했던 말을 마음에 두고 계속 고민한다(51절). '마음에 두었다'는 천사가 아이에 대해 계시한 내용을 마리아가 마음에 새긴 장면을 떠올린다(2:19). 12년이 지나 당혹스러운 경험을 한 마리아는 아들의 말을 깊이 생각한다. 52절은 요한과 예수의 성장을 요약한 1:80, 2:40과 비슷하다. 헬리키아(ἡλικία)는 '나이'(12:25; 마 6:27; 요 9:21, 23) 또는 '키'(19:3; 엡 4:13)를 뜻한다. 본문은 나이가 들면서 예수의 지혜가 더욱 풍성해진 것을 암시하고 있다. 하나님의 아들인 예수는 아버지의 사랑을 받는다.[15]

질문

1. 예수님의 부모는 어떤 목적으로 예루살렘에 올라갔습니까(2:21-24)? 시므온의 찬송이 예고하는 예수님의 역할과 예수님 때문에 나타날 현상은 무엇입니까(2:25-35)?
2. 안나는 어떤 사람이고 무엇을 예언합니까(2:36-40)? 안나의 하나님은 어떤 분이십니까?
3. 예수님의 부모는 아들을 어디서 찾았고 아들은 어떻게 반응합니까(2:41-52)? 예수님이 성전에서 보여주신 모습과 부모에게 말한 내용은 예수님의 정체와 사명을 어떻게 예고할까요?

묵상

1. 시므온은 예수님에 대해 상반된 반응이 나타날 것을 예언했습니다(2:25-35). 예수님은 세상을 구원하는 주님이시지만 사람들은 자신의 목적에 따라 예수님을 외면하거나 거부합니다. 예수님을 믿는다고 인생이 달라지는 것도 아니고, 예수님을 믿는 일이 우리를 피곤하게 한다고 생각하기도 합니다. 적극적으로 반대하는 사람들은 예수님을 전하는 사람들을 미워하기도 합니다. 그러나 예수님의 말씀을 받아들이는 사람은 이전에는 전혀 알지 못했던 기쁨을 얻고 삶의 반전을 경험할 수 있습니다.
2. 안나는 예수님을 보고 자신의 기도가 응답받은 것으로 이해했습니다(2:36-40). 하나님은 그리스도를 보기 원했던 시므온의 기도에 응답하셨습니다. 안나와 시므온처럼 평생 경건하게 살면서 하나님의 구원을 갈망한 사람들의 기도를 기억하셨습니다. 하나님은 경건하고 헌신한 자들의 삶과 기도에 응답하시는 분이십니다.

2

하나님 나라 사역의 준비

5
요한의 사역과 체포

3:1-20

세례 요한에 초점을 맞추는 본 단락은 요한의 등장을 세계와 이스라엘의 역사 속에서 설명하고 그의 정체를 구약에 근거해 밝힌다. 요한의 생애는 세례와 투옥으로 요약되고 그의 소명과 운명은 예수의 소명과 운명을 예고한다. 요한은 투옥으로 무대에서 일정 기간 사라지고 예수의 무대가 펼쳐질 것이다.

회개의 세례를 전파하는 요한(3:1-6)

1 티베리우스 황제 재위 십오 년째, 본디오 빌라도가 유대 총독이던
때, 헤롯이 갈릴리의 분봉 왕이던 때, 헤롯의 형제 빌립이 이두래와
드라고닛 지역의 분봉 왕이던 때, 루사니아가 아빌레네의 분봉
왕이던 때, 2 안나스와 가야바가 대제사장이던 때, 하나님의 말씀이
광야에 있는 사가랴의 아들 요한에게 임했다. 3 요한은 요단 강 주변
모든 지역에서 죄 용서를 위한 회개의 세례를 선포했다. 4 이는 책에
선지자 이사야의 말이 기록된 것과 같다. "광야에서 외치는 이의

소리다. '주의 길을 준비하라. 그의 길을 곧게 하라.' 5 모든 골짜기가
채워지고 모든 산과 언덕이 낮아지고 굽은 것들이 펴지고 거친
길들이 평탄해지고 6 모든 육체가 하나님의 구원을 볼 것이다."

1-6절은 사가랴가 아들 요한에 대해 예언한 내용이 실현되고 있음을 보여준다(1:76; 참고. 1:16-17). 1-2절은 요한이 선지자로 등장했을 때의 사회, 정치적 상황을 언급하고 4-6절은 그의 사역이 예언의 성취라는 사실을 설명한다. 두 장면 사이에 있는 3절은 회개의 세례를 전파하는 것을 요한의 핵심 사역으로 규정한다.

요한이 선지자의 소명을 실행할 당시 로마 황제 티베리우스, 유대 통치자 빌라도, 팔레스타인 세 분봉 왕, 예루살렘 성전의 대제사장들이 권력을 장악하고 있었다(1절). 카이사르 아우구스투스(BC 27-AD 14년)를 계승한 카이사르 티베리우스는 14-37년에 로마 제국을 통치했다. 헤롯 아켈라우스가 짧은 기간의 통치(BC 4-AD 6)를 끝으로 유배된 이후, 로마는 총독을 유대와 사마리아에 파견해 직접 다스렸다.[1] 2절의 '대제사장들'은 전임 대제사장 안나스와 현직 대제사장 가야바를 포함한다.[2] 대제사장은 성전과 성전 제의의 책임자로 유대인들 가운데 최고의 권력과 특권을 행사했다.

권력자들이 화려한 공간에서 권세를 행사하고 있을 때 광야의 요한에게 '하나님의 말씀'(ῥῆμα θεοῦ 레마 떼우)이 임했다(2절). 선지자의 활동을 당대 정치 상황과 연결하는 것은 구약에서도 자주 사용된 방식이었다.[3] 특히 통치자를 열거한 이후 하나님의 말씀이 누구의 아들 누구에게 임했다고 묘사하는 것(3:1-2)은 예레미야 1:1-3과 비슷하다(참고. 사 38:4; 렘 13:3). '하나님의 말씀'(ῥῆμα θεοῦ 레마 떼우)은 힐기야의 아들 예레미야 위에(ἐπί 에피) 임했다(렘 1:1). 두 본문의 유사성을 고려하면 하나님의 말씀이 요한에게 임한 것은 하나님이 요한을 예레미야나 이사야처럼 선지자로 부르신 것을 의미한다.[4] 즉 하나님의 말씀은 요한이 선지자로 부름받음을 보여준다. 이처럼 누가는 요한을 선지자로 밝힌다. 선지자의 소명과 권능을 받은 요한은 힘과 부가 지배하는 세상

【카이사르 티베리우스(BC 42-AD 37, 재위 AD 14-37)】

에 보냄받았고 구약의 의로운 선지자들과 같은 운명에 처하게 될 것이다. 하나님의 소명은 권력을 쥔 자들이 아니라 광야의 요한에게 임했다. 광야는 부르심의 장소다. 여기서 '광야'(ἡ ἔρημος 에레모스)는 특정 광야를 지칭하며, 유대 동쪽 경사면과 요단 강 동편 골짜기에 위치한 광야로 추정된다.[5]

요한은 요단 강 근처에서 죄 사함을 위한 회개의 세례를 전파했다(3절). 탄생 이야기에서 천사는 '돌이키다'(회개하다)는 뜻의 동사 에피스트레포(ἐπιστρέφω)를 사용해 요한이 이스라엘 자손을 하나님께 돌아오게 할 것을 예고했다(1:16-17). 요한의 사명은 부활의 예수가 제자들에게 맡긴 사명, '그의 이름으로 죄 사함을 받게 하는 회개를 선포하는 것'(24:47)과 같다. 회개는 하나님과의 신실한 관계로 돌아오는 것을 의미한다. 진정으로 회개하는 마음은 회개에 합당한 행위로 나타나야 한다(7-14절). 이스라엘 백성이 회개해야 하는 죄는 개인을 넘어서는 국가와 민족의 문제였다. 유대인들은 민족의 죄로 인해 이방인의 압제에 놓였다. 그들에게 죄 용서는 민족 해방을 의미했다. 물은 더러운 것을 씻는 정화의 역할을 한다. 더러운 때를 물로 씻는 것처럼 세례는 과거의 죄를 씻고 구원 또는 해방을 얻는 것을 상징한다. 이런 점에서 세례는 이집트 속박 아래 있던 이스라엘이 홍해와 요단 강을 건너 과거의

【베다니 근처의 요단 강】

수치를 씻고 해방을 얻은 경험을 떠올린다. 스스로 죄를 씻을 수 없는 백성들은 세례를 주는 중개자가 필요했고, 요한이 머무는 요단 강 근처로 왔다(7절). 죄를 씻고 해방을 얻기 원하는 자는 세례를 받으러 오지만, 회개를 거부하는 자는 세례를 거부한다.

요한의 신포(4-6절)는 이사야 40:3-5의 인용이다. 요한은 광야의 외치는 소리다. 광야는 이스라엘이 출애굽, 즉 해방을 경험하기 시작한 공간이었다. 하나님이 이집트에서 노예로 살던 백성을 구원하고 환영하기 위해 광야로 오셨던 것처럼 주(예수)께서 광야로 오실 것이다. 요한은 주의 길을 준비한다. '준비하다'(ἑτοιμάζω 에토이마조)는 1-2장에서 요한의 사명을 요약하는 용어다(1:17, 76). 요한은 그의 길, 곧 예수의 길을 곧게 해야 한다(1:76, 79; 행 9:2; 19:9, 23; 22:4; 24:14, 22). 구약의 '주'(여호와)께서 행하셨던 일을 이제 예수가 '주'로 행할 것이다(1:43, 76; 2:11). 백성들이 주의 길을 준비하고 주의 오심을 곧게 하는 것은 회개다. 회개의 세례를 받고 새로운 결단을 내리는 것이다. 주를 맞이하려면 모든 산과 작은 산이 낮아지고 굽은 것이 곧아지며 험한 길이 평탄해져야 한다(5절). 5절은 주의 오심을 통해 일어날 역전 현상을 예고하는 은유적 표현이다. 예를 들어 '낮아지다'(ταπεινόω 타페이노오)는 겸손한 자세를 의미하는데, 낮아지는 자가 높아지는 역전은 마리아의 찬송에 등장하며, 예수의 사역을 통해 실현된다(1:52; 6:21-26; 13:30; 14:11; 18:14; 행 8:21; 13:10; 참고. 삼상 2:5).[6] 유배 상태의 백성이 주의 오심으로 회복되는 것처럼 겸손히 예수를 받아들이는 사람들은 인생의 역전으로 구현되는 구원을 경험할 수 있다. 주께서 오시면 모든 육체가 하나님의 구원을 볼 것이다(6절; 사 40:5). 하나님이 주시는 구원(참고. 2:30)은 유대인들만을 위한 선물이 아니라 주를 영접하는 모두에게 주어지는 선물이다. 광야로 오시는 주(예수)께로 돌이켜 그의 말씀을 영접하는 자마다 이사야 40장에서 예고한 구원을 경험할 것이다.

배경설명 – 회개

구약에서 '돌아가다' 또는 '되돌아가다'를 의미하는 동사와 명사는 '슈브'(사 6:10; 호 3:5; 11:5; 슥 1:6)와 '슈바'(사 30:15)로 각각 '회개하다', '회개'로 번역된다. '슈브'는 정반대 방향을 향해 이동하는 것을 의미하며, 악한 길에서 돌이켜 하나님과 의의 길로 돌아가는 것을 의미한다(렘 18:11; 겔 3:19; 슥 1:3-4, 6). 히브리어 동사 '니함'도 자신의 생각과 행위를 뉘우치는 본문에 사용된다(욥 42:6; 렘 31:19). 두 단어가 동시에 사용되기도 한다(출 13:17; 시 90:13; 렘 4:28; 31:19; 욜 2:14; 욘 3:9). 구약에 사용된 회개의 개념은 다음과 같이 정리된다.[7] 첫째, 구약에서 '슈브'와 '니함'은 마음을 돌이켜 행동으로 나타나는 것을 의미한다. 둘째, 죄로 단절된(삼하 12:13; 렘 18:11) 하나님과 인간의 관계는 회개로 회복되므로 하나님과의 신실한 관계로 되돌아가는 것이 회개다(예. 사 30:15). 셋째, 회개는 인간의 반응이지만 하나님의 은혜가 회개를 가능하게 한다(출 34:6-7). 하나님은 선지자와 같은 인간 중개자의 행위와 경고, 가뭄, 흉년, 유배 등으로 회개를 요구하셨다. 넷째, 회개하는 것과 하나님을 믿고 신뢰하는 것은 같은 의미다. 즉 회개의 핵심은 하나님을 신뢰하고 의지하는 것이다(사 30:15). 다섯째, 회개는 변화된 말이나 제의(예. 기도, 죄의 자복, 감사)로 표현된다. 예를 들어 금식이나 옷을 찢고 희생 제사를 드린다거나 탄식하는 것이다. 진정한 회개가 없는 예배는 의미가 없다. 마지막으로 회개는 소망과 회복을 위한 길이다. 하나님은 회개하는 자에게 용서와 복으로 응답하신다. 언약을 갱신하고 기도에 응답하신다. 70인역(구약의 헬라어 번역)에서 히브리어 '슈브'는 주로 헬라어 에피스트레포(ἐπιστρέφω), 스트레포(στρέφω)로 번역되고 '니함'은 대부분 메타노이아

(μετάνοια)와 메타노에오(μετανοέω)로 번역된다. 신약에서 '회개'와 '회개하다'를 뜻하는 '메타노이아'와 동사 '메타노에오'는 구약 선지서의 '회개'와 같은 의미로[8] 공관복음에 주로 사용된다[9] '회개'와 '회개하다'의 뜻을 지닌 또 다른 명사 '에피스트로페'와 동사 '에피스트레포'는 '돌이킴',[10] '돌이키다'로[11] 번역된다. 공관복음에 여덟 번 사용된 명사 '회개'(메타노이아) 중 다섯 번이 세례 요한과 관련이 있다.

회개에 합당한 열매를 요구하는 요한(3:7-14)

7 요한이 그에게 세례를 받으러 오는 무리에게 말했다. "독사의
자식들이여, 누가 여러분에게 다가오는 진노를 피하라고
경고하던가요? 8 당신들의 회개에 합당한 좋은 열매를 맺으십시오.
스스로 이렇게 말하지 마십시오. '아브라함이 우리의 아버지다.'
나는 당신들에게 말합니다. 하나님은 이 돌들을 아브라함의
자녀들로 일으킬 수 있습니다. 9 이미 도끼가 나무 뿌리에 놓여
있습니다. 좋은 열매를 맺지 못하는 나무마다 잘려 불에 던져질
것입니다." 10 그러자 무리가 요한에게 물었다. "그렇다면 우리가
무엇을 해야 합니까?" 11 요한이 그들에게 대답했다. "두 벌 옷을
가지고 있는 자마다 없는 사람과 나누어야 합니다. 음식을 가지고
있는 자마다 마찬가지로 행해야 합니다." 12 세리들도 세례를 받으러
와서 요한에게 말했다. "선생님, 우리는 무엇을 행해야 합니까?"
13 요한이 그들에게 대답했다. "여러분이 지시받은 것보다 더 거두지
마십시오." 14 군인들도 그에게 물었다. "우리는 무엇을 행해야
합니까?" 요한이 그들에게 말했다. "폭력으로 빼앗지 말고 거짓으로
고소하지 말고 여러분의 급료로 만족하십시오."

백성은 회개를 통한 민족의 해방을 소망하면서 요한에게 세례를 받으러 왔다. 요한은 세례를 받으러 나아오는 무리를 "독사의 자식들"이라고 부르며 하나님의 진노를 경고한다(7절). 요한은 유대인이 이방인을

가리킬 때 사용한 '독사의 자식들'을 유대인들에게 적용한다. 독을 뿜는 뱀은 다른 사람에게 고통을 가하고 파괴적이다. '독사의 자식들'로 칭하는 것은 자손이 조상의 속성을 공유한다는 개념에 기초한다. 요한은 누가 닥쳐올 진노를 피할 방편을 알려주었는지 묻는다(7b절). 백성은 안전을 약속하는 거짓에 속지 말아야 한다. 지금 회개하지 않으면 심판을 피할 수 없다. 진정성 없는 회개는 진노로부터 안전을 보장하지 않는다. 회개는 합당한 열매로 나타나야 한다(8절). 본 단락의 핵심 용어는 회개의 열매를 맺는 것이다(8-9절). 회개의 열매 없이는 아브라함의 백성, 곧 선민이라는 자긍심도 구원을 보장하지 못한다.[12] 아브라함을 조상으로 확신한다고 할지라도 회개를 입증하는 구체적인 열매 없이는 심판을 피할 수 없다. 하나님은 돌들도 아브라함의 자손으로 만들 수 있다. 요한은 '아들'과 '돌'의 비슷한 발음에 착안해 언어유희를 하고 있다.[13] 누가복음에서 아브라함 가족에 포함되는 사람들은 상처받고 소외된 사람들이다(13:16; 16:24; 19:9).[14] 하나님은 아브라함에게 열방의 아버지가 될 것이라고 약속하셨으므로(창 18:14) 인종과 지위를 따지지 않고 회개하는 자는 누구든지 아브라함의 후손이 된다. 특히 아브라함처럼 환대로 믿음을 실천하는 사람이 아브라함의 자녀다. 요한은 도끼의 은유를 사용해 심판이 임박해 있음을 알린다(9절). 열매를 맺지 못하거나(13:7, 9) 썩은 나무가 찍혀 불태워지는 것은 당연하다(말 4:1). 이미 도끼가 나무 뿌리에 놓였기 때문에, 즉 하나님의 심판은 이미 시작됐기 때문에 즉시 회개해야 한다.

10-14절은 누가복음에만 있는 내용이다. 요한은 회개에 합당한 열매가 무엇인지 구체적인 예시를 열거한다. 요한은 무엇을 행해야 하는지 묻는 무리에게 옷과 음식을 다른 사람들과 나누도록 명령한다(10-11절; 12:23; 창 28:20; 신 10:18). 생필품인 옷과 음식을 더 가난한 자들과 나누어야 한다(12:23; 창 28:20; 신 10:18). 옷을 가리키는 키톤(χιτών)은 피부에 직접 닿는 속옷을 가리킨다(6:29; 9:3; 행 9:39). 속옷 위에는 더 무거운 겉옷(ἱμάτιον 히마티온)을 걸쳐 입었다. 속옷은 겉옷보다 싸지만 그 정도의 생필품이 없어 고생하는 사람들이 있다. 음식도 궁핍한 사람

【유대광야의 돌】

들과 나눠야 한다. 세리들도 세례를 받으려고 나아와 무엇을 해야 하는지 묻자, 요한은 부과된 세금 외에는 거두지 말도록 지시한다(12-13절). 당시 직접세(토지세와 인두세)는 로마가 직접 징수한 반면 간접세(통행세, 관세, 수입세)는 지역의 사설 세리들이 맡았다. 본문의 세리들은 통행세와 관세를 거둔 것으로 보인다. 세리들은 돈을 강탈할 목적으로 조세 징수의 권한을 사용하기도 했다. 세리들은 세금을 거두기 전에 먼저 액수를 제시해서 지역을 할당받았고, 주민들을 갈취한 만큼 큰 이익을 남길 수 있었다. 유대인들은 이런 세리들을 제의적으로 부정하게 여겼다. 세리에게서는 돈이나 기부금을 받지 않았을 정도였다. 정직한 세리도 있었겠지만 대부분 세리들은 정직하지 않은 방식으로 살았을 것이다. 군인들도 와서 "우리가 무엇을 해야 합니까?"라고 묻는다(14절). 요단 강 부근은 갈릴리와 베레아를 다스린 헤롯 안티파스의 관할 구역이었으므로 이들은 헤롯을 위해 일하는 군인들일 가능성이 높다. 무력과 권력을 행사할 수 있는 직업은 자기 이득을 위해 힘을 사용하기 쉽다. 군인들은 폭력을 행사해 민간인의 재산을 빼앗지 말아야 하고, 거짓 혐의로 무고한 백성을 고발하지 말아야 하며, 받는 급료 외의 것을 탐내지 말아야 한다.

요한이 광야에서 외친 메시지는 다음과 같은 의미를 담고 있다. 첫째, 회개는 그에 상응하는 행위를 요구한다. 행위로 드러나지 않는 회개는 거짓이다. 신민의식이 강하거나 신앙의 배경이 좋을수록 열매 없는 회개로 만족하기 쉽다. 행위로 아브라함의 자녀가 되는 것은 아니지만 아브라함의 자녀에게는 합당한 행위가 나타나야 한다. 둘째, 회개는 긍휼로 표현된다. 속옷과 음식을 나누는 행위는 회개의 열매가 긍휼로 나타나야 함을 의미한다. 세리와 군인에게는 공정성이 회개의 열매다. 누가복음에서는 인간의 탐욕이 가장 큰 문제로 강조되는데 타인에 대한 관심은 탐욕으로부터의 회개를 뜻한다. 셋째, 요한은 직업을 버리도록 명령하지 않는다. 현재 직업 현장에서 윤리를 실천하도록 촉구한다. 회개는 일상생활과 직업 현장에서 공공의 선을 위한 방향으로 표현된다.

더 강한 이를 소개하는 요한(3:15-17)

15 사람들은 기대감으로 가득 찼고 그들 모두 마음으로 요한이 그
그리스도가 아닌지 생각했다. 16 요한이 그들 모두에게 대답했다.
"나는 당신들에게 물로 세례를 주지만 나보다 강한 분이 오고
계십니다. 나는 그분의 신발 끈을 풀 가치도 없습니다. 그분은
성령과 불로 당신들에게 세례를 주실 것입니다. 17 그분의 손에는
타작 기구가 있어 타작마당을 치우고 알곡을 곳간으로 모으지만,
쭉정이는 꺼지지 않는 불에 던질 것입니다."

이스라엘의 회복을 간절히 바라며 광야에 몰려온 백성은 요한이 그 그리스도가 아닌지 궁금해했다(15절). 이에 요한은 이렇게 대응한다. 첫째, 요한은 백성의 시선을 뒤에 오는 자를 향해 돌린다(16-17절). 요한 뒤에 오는 자는 요한보다 강한 자이기에 요한은 그의 신발 끈을 풀 수도 없다. 주인이 식사를 하려고 앉을 때 신발 끈을 풀어주는 일은 하인의 몫이었다. 주인의 신발 끈을 풀어주는 섬김은 히브리 종에게는 맡

기지 않도록 규정할 정도로 천한 일이었다. 요한은 오시는 이와 자신의 지위는 도저히 비교할 수 없는 수준이라고 밝힌다. 수많은 무리가 몰려와도 자신이 구원자가 아님을 분명히 밝힌다. 구약의 예언대로 여자가 낳은 자 중에 가장 큰 자인 요한(7:26-28)은 가장 낮은 자의 모습으로 사람들의 시선이 예수에게 향하도록 한다. 이는 예수의 능력을 빌미로 자신에게로 사람들을 향하게 하는 거짓 선지자나 거짓 목자와 대조된다. 둘째, 요한은 물로 세례를 주지만 뒤에 오는 자는 성령과 불로 세례를 줄 것이다. 요한의 '물세례'는 죄 용서와 구원의 '상징'이다. 요한에게는 실제로 죄 용서의 능력이 없다. 성령의 충만함으로 태어나 자랐고, 광야에서 경건 훈련을 받고 있어도 죄 용서와 구원을 줄 수는 없다. 그러나 요한 뒤에 오시는 이는 성령과 불로 세례를 줄 것이다. 성령과 불은 같은 의미이고 불이 성령의 역할을 보조한다. 성령과 불은 물과 같은 정화의 기능을 갖는다. 그러나 불과 물은 능력에서 차이가 있다. 요한의 '물세례'는 죄 용서의 '상징'인 반면 '성령과 불의 세례'는 '실제로' 죄를 용서한다. 예수에게 오는 사람들은 곳간에 모인 알곡처럼 구원을 얻는다. 반면 예수의 불과 성령 세례를 거부하는 사람들은 쭉정이로 심판을 받게 될 것이다. 그리스도에게 죄 용서의 능력이 있으므로 회개로 반응하는 사람은 구원받고, 회개로 반응하지 않는 사람은 심판을 받는다.

요한의 사명과 투옥(3:18-20)

18 요한은 다른 많은 권면을 하고 백성에게 기쁜 소식을 전했다.
19 한편, 분봉 왕 헤롯은 형제의 아내 헤로디아와 자신이 행한 모든
악한 것들 때문에 요한에게 책망을 받았고 20 이런 악한 행위 위에
요한을 감옥에 가두는 또 다른 악을 쌓았다.

요한은 16-17절 외에도 경고와 교훈을 전하고 기쁜 소식을 전했다(18절). 특히 요한은 헤롯 안티파스가 형제의 아내와 재혼한 문제로 그를 책

망했다(19절). 18-19절에 사용된 세 개의 동사 '권하다'(παρακαλέω 파라칼레오), '좋은 소식을 전하다'(εὐαγγελίζομαι 유앙겔리조마이), '책망하다'(ἐλέγχω 엘렝코)는 요한의 사명을 요약한다. 18절의 파라칼레오(παρακαλέω)는 누가-행전에서 '간청하다'(7:4; 8:31, 32, 41; 행 9:38; 13:42) 또는 가르친 것을 받아들이도록 '권고하다'(행 2:40; 14:22)의 의미로 사용된다. 본문은 후자의 의미에 해당한다. 복음은 하나님이 통치하시는 나라가 왔다는 소식이다. 하나님이 그리스도를 통해 다스리는 나라가 왔으므로 악을 행하는 자들은 회개하고 하나님 나라를 받아들여야 한다. 요한은 하나님의 통치가 시작됐음을 알리는 전령으로서 모든 계층에 복음을 전한다. 요한은 이스라엘의 북쪽 갈릴리 지역과 동쪽 베레아 지역의 최고 권력자인 헤롯도 회개의 대상에서 제외하지 않았다.

헤롯 대왕의 아들인 헤롯 안티파스는 아버지처럼 잔인하고 간교했으며, 웅장한 건축을 좋아했다. 예수는 헤롯 안티파스를 여우로 표현할 것이다(13:32). 헤롯 안티파스는 이복형제 헤롯 빌립의 아내인 헤로디아를 설득해 이혼하게 만들고 그녀와 결혼했다. 헤롯은 절대권력으로 자신의 욕망을 채우며 하나님의 경고를 무시했다. 요한은 도끼가 나무 뿌리에 놓였다는 경고(9절)에 헤롯을 예외로 두지 않았고 헤롯의 범죄를 단호히 책망했다. 요한이 헤롯에게 형제의 아내를 취한 문제(참조. 레 18:16; 20:21)와 다른 문제들(19절)을 지적하자 헤롯은 그를 투옥시켰다(20절). 헤롯은 요한의 담대한 행위와 백성들로부터 얻는 요한의 인기를 두려워했다. 요한의 비판으로 자신이 정치적 위기에 처할 수 있다고 생각했기 때문이다. 요세푸스는 세례 요한이 백성을 선동한 이유로 체포됐다고 기록한다(《고대사》, 118.118-119). 요한의 소명과 운명은 예수의 소명과 운명을 예고한다. 하나님이 다스리는 나라는 '악'(πονηρός 포네로스, 19절)의 지배에 저항하는 나라다. 요한처럼 악의 나라와 싸우는 예수도 십자가에 달려 죽는 운명을 맞이할 것이다. 하나님 나라의 복음은 고난과 함께 전해진다.

질문

1. 세례 요한은 어떤 정치, 사회적 상황에서 활동했습니까(3:1-2)? 그런 시대에 광야의 요한에게 하나님의 말씀이 임한 것은 어떤 의미가 있을까요(3:3)?
2. 요한은 세례를 받으러 온 백성에게 어떤 열매를 요구합니까(3:7-14)? 요한과 백성이 주고받는 대화를 통해 회개의 의미에 대해 생각해 보십시오.
3. 요한과 그의 뒤에 오실 분은 어떤 점에서 차이가 있습니까(3:15-17)? 요한은 어떤 사명을 수행했고 어떤 고난을 받게 됩니까(3:18-20)? 어떤 점에서 요한은 예수님의 생애를 예고합니까?

묵상

하나님의 목적과 계획을 드러내는 하나님의 말씀, 곧 소명은 화려한 성전의 권력자들인 안나스와 가야바가 아니라 광야의 가난하고 경건한 요한에게 임했습니다. 요한은 구약의 선지자들처럼 사람들을 하나님께로 돌이키는 사명에 집중했습니다. 하나님의 말씀과 소명은 종교 권력과 지위에 심취한 종교인들에게 있지 않습니다. 광야에서 하나님을 대면하며 고독하게 살았던 선지자 요한처럼, 하나님에게서 받은 소명에 사로잡혀 경건하게 자신을 낮추는 겸손으로 살아가는 전령들에게 하나님의 말씀이 주어집니다. 그러므로 우리는 겸손하게 전령의 사명을 수행하는 사람의 소리에 귀 기울여야 합니다. 말씀의 전령을 통해 하나님의 뜻을 전달받은 사람은 회개에 합당한 긍휼과 공의의 열매를 맺는 생활을 해야 합니다. 참된 회개는 공공의 영역에서 입증됩니다. 광야의 소리가 하나님의 백성을 변화시키고, 하나님의 백성은 광야의 소리를 삶의 회개로 실현함으로써 세상을 변화시킵니다.

6
예수의 세례, 계보, 시험

3:21-4:13

요한이 자기보다 더 강한 자가 올 것을 예고하고 무대에서 사라진 후 예수의 세례와 계보, 시험이 연이어 묘사된다. 본 단락은 예수의 정체를 알리고 그가 어떤 방식으로 하나님 나라를 실현하고 성취할 것인지 예고한다.

예수의 세례(3:21-22)

21 백성이 세례를 받고 예수도 세례를 받고 기도하고 있을 때 하늘이
열렸다. 22 성령께서 비둘기 같은 형태로 예수 위에 내려오셨다.
하늘에서 소리가 내려왔다. "너는 내 사랑하는 아들이다. 나는 너로
기뻐한다."

광야로 나온 사람들은 모두 세례를 받았다. 예수도 세례를 받았다. 예수는 세례를 주는 자이고 요한보다 더 큰 자이므로 죄 용서의 회개를 필요로 하지 않는다. 그럼에도 불구하고 예수는 회개의 세례에 참여함

으로써 자신을 백성과 동일시한다. 예수는 회개할 죄인이 아님에도 죄인들의 자리까지 낮아졌다. 이 장면은 예수가 고난과 대리적 죽음의 길로 갈 것을 예고한다. 예수는 죄인처럼 십자가에 죽기까지 낮아짐으로써 죄 용서의 복음을 가능하게 할 것이다.

예수가 세례를 받고 나서 기도하는 중에 세 가지 현상이 일어났다. 첫째, 하늘이 열렸다. 유대 전승에서 하늘이 열리면 하늘의 비밀이 계시되거나 천상의 존재가 강림한다(예, 사 64:1). 본문에서는 하늘로부터 예수의 정체가 알려지고 성령께서 강림하신다. 둘째, 성령께서 비둘기 같은 형체로 예수 위에 내려오셨다. 누가는 '비둘기 같은 형태로'라고 함으로써 성령의 임재를 시각적으로 묘사한다. 이 표현은 비둘기가 너풀거리며 내려오는 것처럼 실제로 성령을 경험할 수 있다는 점을 강조한다. 예수는 실제로 성령을 경험했다. 창세기에서 비둘기는 홍수 심판이 끝나고 새로운 창조가 시작된 것을 알렸고(창 8:8-12) 하나님의 영은 알을 품는 것과 같은 역할을 했다(창 1:2). 랍비 문헌에서 성령은 알을 품고 있는 비둘기처럼 물 위를 품고(진동하고) 있었던 것으로 묘사된다.[1] 이런 점을 고려할 때 성령께서 비둘기의 형체로 강림하시는 모습은 예수에게 새 창조(회복)의 사역을 행할 능력과 새 시대를 시작할 능력이 임했음을 뜻한다. 성령의 능력으로 예수는 새 창조, 곧 회복의 나라를 실현할 것이다. 성령께서 예수 위에 임하신 것은 예수가 하나님의 기름 부음을 받은 그리스도라는 사실을 입증한다(사 61:1). 하나님 나라의 복음을 실현하기 위한 성령의 능력이 하나님의 종(사 42:1) 예수에게 임했다. 셋째, 하늘에서 소리가 들렸다. 하늘의 소리는 예수의 정체를 하나님의 아들(시 2:7)과 하나님이 기뻐하시는 종(사 42:1)으로 알린다.[2] 시편 2:7에 나오는 아들은 '왕'을 가리키고 이사야 42:1에서 하나님이 기뻐하시는 자는 하나님의 뜻을 수행하는 '종'이다. 이처럼 세례 장면은 예수의 대관식으로써 그를 하나님의 아들, 즉 왕으로 선언한다. 예수는 왕의 역할을 종의 태도로 수행할 것이다.

예수의 세례는 공생애 준비에 해당한다. 예수는 베들레헴의 여물통에 태어나신 것처럼 멸시와 수치의 자리까지 낮아져 죄인들을 섬기고 구원할 것이다. 그는 하나님의 사랑 받는 아들임에도 불구하고 하나님 나라의 복음을 위해 종으로 헌신할 것이다. 죽음의 순간에서도 아버지의 사랑을 확신하며 수치와 고난의 길을 완주할 것이다. 하나님 나라는 예수의 생애처럼 낮아짐과 겸손을 통해 시작되고 확장된다.

배경설명 – 세례

세례를 주는 행위는 무슨 의미였을까? 당시 행해진 세 종류의 씻는 모습을 검토해 보자. 첫째, 쿰란 공동체의 정결 의식이다. 쿰란 공동체는 구성원 스스로 정결하게 했고 이 행위를 반복했다. 그들의 세례는 일상생활을 중단하고 공동체에 참여하도록 하는 의식이었다. 그러나 요한의 세례는 백성 스스로 씻는 것이 아니었다. 매일 씻는 것도 아니었고 생활을 중단하고 공동체로 들어오도록 촉구한 것도 아니다. 둘째, 유대교의 개종자 세례다. 랍비 문헌에 따르면 이방인이 유대교로 개종할 때 남자와 여자는 물에 들어가는 예식을 행했다. 남자 개종자는 할례도 행했다. 요한의 세례는 유대인들을 대상으로 하므로 이방인 개종자를 위한 의식은 아니다. 셋째, 메시아를 통한 회복 운동이다. 광야와 요단 강은 이스라엘 해방과 회복을 상징하는 곳이다. 그래서 주 후 1세기에 자신들을 선지자나 메시아로 믿었던 인물들은 광야와 요단 강 지역으로 백성을 이끌어 가기도 했고, 어떤 사람은 요단 강에서 세정식을 하거나(바누스) 요단 강을 건너가게 할 것을 약속하기도 했다(드다). 바누스와 드다는 여호수아와 엘리야가 요단 강에서 행한 기적을 반복할 수 있는 인물로 자신들을 선전한 것이다(수 3–4; 왕하 2:8). 요한의 세례는 세 번째, 즉 이스라엘 회복, 해방에 대한 기대와 관련이 있다. 그러나 요한의 물세례는 죄인을 구원하는 능력은 없는 상징이다. 예수가 주시는 불과 성령의 세례가 구원의 효력을 발휘한다

예수의 계보(3:23-38)

23 예수께서 사역을 시작하셨을 때[3] 대략 삼십 세였다. 사람들이
생각할 때 예수는 요셉의 아들이었다. 요셉은 헬리의 아들이었다.
24 위로는 맛닷, 레위, 멜기, 얀나, 요셉, 25 맛다디아, 아모스, 나훔,

에슬리, 낙개, 26 마앗, 맛다디아, 서머인, 요섹, 요다, 27 요아난,
레사, 스룹바벨, 스알디엘, 네리, 28 멜기, 앗디, 고삼, 엘마담,
에르, 29 예수, 엘리에서, 요림, 맛닷, 레위, 30 시므온, 유다, 요셉,
요남, 엘리아김, 31 멜레아, 멘나, 맛다다, 나단, 다윗, 32 이새, 오벳,
보아스, 살몬, 나손, 33 아미나답, 아니, 헤스론, 베레스, 유다,
34 야곱, 이삭, 아브라함, 데라, 나홀, 35 스룩, 르우, 벨렉, 헤버,
살라, 36 가이난, 아박삿, 셈, 노아, 레멕, 37 므두셀라, 에녹, 야렛,
마할랄렐, 가이난, 38 에노스, 셋, 아담, 하나님이었다.

누가는 예수의 정체를 하나님의 아들로 밝히고 나서 예수의 계보를 소개한다. 예수가 공적으로 사역을 시작했을 때는 약 30세였다. 누가는 '대략'(1:56; 9:14, 28; 22:41, 59; 23:44)이라는 용어를 사용함으로 예수의 정확한 나이를 적시하지 않는다.[4] 누가가 설명하는 예수의 계보는 다음과 같은 특징을 보인다. 첫째, 23절의 '사람들이 생각하기에'는 사람들의 일반적 이해를 말한다. 사람들은 그를 요셉의 아들로 이해했다. 이는 예수가 요셉의 합법적인 아들로 인정받았다는 것을 알려준다. 헬리는 마리아의 아버지가 아니라 요셉의 아버지였다. 거슬러 올라가면 예수는 다윗의 후손이다.[5] 예수는 인간 혈통으로 요셉의 아들인 동시에 신적인 존재다. 즉 예수는 하나님의 아들, 초월적 존재다. 하나님의 아들은 성령의 능력으로 태어났다. 둘째, 계보는 현재에서 과거로 거슬러 아담에까지 올라간다. 마지막은 하나님이다. 계보에는 77명의 이름이 나오고 가장 위에 있는 인물은 아담이며, 마지막 78번째는 하나님이다. 예수는 아담의 아들로 온 인류와 결속된 아들이다(롬 5:14; 고전 15:22, 45-49). 그는 아담과 달리 사탄의 시험을 이길 것이다. 셋째, 누가는 예수님과 다윗 사이에 있었던 통치자들(예, 솔로몬)의 명단을 의도적으로 제외한다(예외, 스룹바벨과 스알디엘). 누가는 사도행전에서도 바울의 비시디아 안디옥 설교(행 13:16-41)에서 천 년을 뛰어넘어 다윗과 예수를 연결한다. 이는 예수가 약속된 다윗의 아들로 하나님 나라를 통치할 것을 강조한다.

예수의 시험(4:1-13)

1 성령으로 충만한 예수께서 요단 강에서[6] 돌아왔고 성령에 이끌려
광야에서 2 사십 일 동안 마귀에게 시험을 받으셨다. 예수께서는 그
기간에 아무것도 먹지 않으셨다. 사십 일이 지났을 때 예수께서는
허기지셨다. 3 마귀가 예수에게 말했다. "만일 당신이 하나님의
아들이라면 이 돌이 빵이 되도록 명령해 보시오." 4 예수께서
마귀에게 대답하셨다. "이렇게 기록됐다. '사람이 빵으로만 사는
것이 아니다.'" 5 마귀는 예수를 데리고 올라가 순식간에 거주 세계의
모든 나라들을 보여주며 6 말했다. "나는 이 모든 권위와 영광을
당신에게 줄 것이오. 내가 그것을 넘겨받았기 때문이오. 7 나는 내가
원하는 사람에게 줄 것이오." 8 예수께서 마귀에게 대답하셨다.
"이렇게 기록됐다. '너는 주 너의 하나님을 경배하고 오직 그분만
섬겨라.'" 9 마귀는 예수를 예루살렘에 데리고 가서 성전의 꼭대기에
두고 말했다. "만일 당신이 하나님의 아들이라면 여기서 아래로
자신을 던지시오. 10 이렇게 기록됐기 때문이오. '그는 너를 돌보고
지키도록 그의 천사에게 명령하실 것이다. 11 네 발이 돌에 부딪히지
않도록 그들의 손 위에 너를 올릴 것이다.'" 12 예수께서 마귀에게
대답하셨다. "'너는 주 네 하나님을 시험하지 말라'고 말씀하셨다."
13 마귀는 모든 시험을 마치고 어느 시기까지 예수를 떠나 있었다.

예수의 시험은 세례 장면과 요단 강에 대한 내용으로 자연스럽게 이어진다.[7] 세례를 받을 때 하늘의 음성은 예수를 하나님의 아들(시 2:7)과 하나님의 종(사 42:1)으로 계시했다. 누가는 예수의 신적 정체를 강조한 계보를 세례와 시험 사이에 넣음으로써 그가 신적 아들로 사탄의 시험을 받고 있음을 의도한다. 예수는 실패한 아담과 대조되는 하나님의 신실한 아들이다. 예수는 신실한 종으로 아들의 사명을 수행할 것이다. 마귀는 예수가 신적 아들의 권한을 오용하도록 시험하지만 예수는 종의 길을 가는 것으로 시험을 이긴다. 예수의 시험은 하나님의 아

들이 어떤 방식으로, 어떤 성격의 하나님 나라를 실현하고 성취할 것인지 예고한다.

첫 번째 시험(1-4절). 요단 강에서 세례를 받고 돌아온 예수는 성령 충만함으로 광야에서 40일 동안 시험을 받는다. '시험하다'(페이라조)는 시험과 유혹 둘 다에 사용되는 단어다. 성령께서 예수를 인도하셨으므로 넓은 의미에서 시험은 하나님이 선한 목적을 위해 허락하신 것이다. 다른 한편으로 시험은 마귀가 예수를 넘어뜨리려는 것으로 예수에게 유혹이다. 사탄은 예수를 파멸시키려고 유혹했고, 성령은 예수를 하나님의 아들로 입증하기 위해 무대로 이끈다. 긍정적 측면의 시험(계 2:2)과 부정적 측면의 유혹(약 1:13)이 예수에게 주어진 것이다. 예수는 40일 동안 아무것도 먹지 못했고 40일이 지난 후 시험을 받는다. 목표를 이루었다고 생각하는 때에 다가오는 시험이야말로 극복하기 어려운 시험이다. 먼저 마귀는 돌을 빵으로 만들도록 시험한다(3-4절). 3절과 9절의 "만일 당신이 하나님의 아들이라면"은 '당신이 하나님의 아들이기 때문에'로 번역될 수 있다. 마귀와 예수 자신은 예수가 하나님의 아들인 사실과 돌을 빵으로 만들 권능을 가지고 있다는 것을 의심하지 않았다.[8] 마귀는 예수가 하나님의 아들인 사실을 알고 있고, 예수도 세례 때 자신이 하나님의 아들이라는 음성을 들었다. 마귀는 예수님의 정체를 의심하거나 의심하게 만들려고 시험한 것이 아니다. 하나님의 아들에게 있는 권위를 오용하도록 시험하는 것이다. 마귀는 성부의 도움을 기다리지 말고, 자신의 능력으로 배고픔의 문제를 직접 해결하도록 유혹한다. 아버지에 대한 신뢰와 순종을 시험하고 있다. 이와 같이 첫 번째 시험은 아들의 신분을 확인하려는 의도가 아니라 하나님의 아들로서 소유한 특권을 오용하도록 만드는 것이다.

예수는 기록된 말씀 "사람이 빵으로만 사는 것이 아니다"(4절)에 근거해 시험을 이긴다. '기록됐다'는 하나님의 뜻을 선언하는 표준적인 표현으로 말씀의 절대적인 권위를 강조한다. 예수가 사용한 말씀은 신명기 8:3이다. 이집트에서 해방된 광야의 이스라엘이 생존할 수 있는 유일한 길은 하나님이 공급하신다는 사실을 신뢰하는 것이었다.

하나님은 이스라엘 백성에게 양식을 저장하지 않아도, 안식일에 들에 나가지 않아도 굶지 않을 것이라고 약속하셨다. 그러나 그들은 해방된 지 두 달 보름째에 모세와 아론을 원망했다(출 16장). 하나님의 공급하심을 믿고 하나님 뜻을 우선에 두어야 했으나 그들은 하나님을 신뢰하지 못했다. 그러나 예수는 먹는 문제를 먼저 해결하지 않으면 굶어 죽을 것이라는 말을 믿지 않았다. 하나님의 공급하심을 믿고 먼저 하나님의 뜻에 순종한다. 예수는 순종하는 아들에서 한 발자국도 벗어나지 않고 자신을 위해 특권과 능력을 사용하지 않는다.

두 번째 시험(5-8절). 마귀는 초자연적인 능력으로 순식간에 온 세상의 나라들을 보여준다(5절). 누가는 세상을 가리키는 용어로 '거주 세계'(οἰκουμένη 오이쿠메네)를 선호한다(2:1; 21:26; 행 11:28; 17:6, 31; 19:27; 24:5). 이는 사람들이 거주하는 세상을 가리킨다. 마귀는 로마 황제의 통치가 미치는 세계 전체를 예수에게 보여주었을 것이다. 마귀는 자신을 경배하면 만국을 다스리는 권위와 영광을 예수에게 줄 수 있다고 약속한다. '영광'은 세상을 다스리는 권위가 통치자에게로 돌아가는 것이다. 마귀는 '내가 당신에게 줄 것이다'와 '내가 원하는 자에게 그것을 줄 것이다'를 6절 처음과 끝에 배열함으로써 자신의 권한을 과장해

【요단 강과 유대 광야(나할 압복 근처) 항공 사진】

강조한다. 자신을 경배하면 이런 영광을 주겠다고 한다(7절). 세상 모든 나라를 다스리는 권위가 자신에게 있고 이 나라들에 대한 권위와 영광을 주겠다고 말한다. 마치 하나님의 위치에 있는 것처럼 허세를 부린다. 하지만 마귀는 하나님의 권위에 복종해야 하는 존재다. 그의 주장은 거짓이고 신성모독이다.

예수는 신명기 6:13에 근거해 오직 하나님만 경배하라고 마귀를 꾸짖는다(8절). 예수는 신명기 6:13의 '경외하다'(φοβέω 포베오)를 '경배하다'(προσκυνέω 프로스퀴네오)로 바꾼다. '경배하다'는 7절에도 등장한 단어로 종교적 의미로 사용된다(예, 행 7:43; 10:25-26). 예수는 또한 '오직'(μόνος 모노스)을 넣는다. 예수는 두 단어를 사용해 유일하게 경배받아야 할 대상은 하나님 한 분이심을 명확히 밝힌다. 예수가 받을 영광은 마귀가 아니라 하나님이 주시는 것이고, 하나님이 주시는 영광은 예수의 죽음과 부활을 통해 주어진다(21:27; 24:26). 하나님의 아들은 고난을 통해 영광에 들어간다. 두 번째 시험은 하나님의 아들이 고난과 죽음을 통해 하나님의 영광을 얻게 될 것을 보여준다. 첫 번째 시험이 일상을 나룬다면 두 번째 시험은 온 세상을 다스리는 정치적인 것과 관련이 있다. 하나님의 아들은 세상 영광을 얻기 위해 오지 않았다. 하나님 나라는 고난받는 종의 희생으로 만들어지는 나라이므로 예수는 끝까지 순종으로 고난의 길을 완주할 것이다.

세 번째 시험(9-13절). 마귀는 예수를 예루살렘 성전 꼭대기에 세우고 낭떠러지 아래로 뛰어내리면 하나님이 보호하실 것이라고 약속한다(9절).[9] 꼭대기의 정확한 위치가 적시되지는 않았으나 관사가 붙어 있으므로 사람들이 알고 있던 꼭대기였을 것이다. 성전 건물들이 세워진 곳의 남동쪽 모퉁이로 기드론 골짜기에 맞닿아 있는 위치로 추정된다(요세푸스, 《고대사》, 15:411-413).[10] 마귀가 인용한 말씀은 시편 91:11-12이다. 예수가 연속해서 기록된 말씀으로 대응하자 마귀 역시 기록된 말씀 '하나님이 천사들을 보내 보호하실 것이라는 약속'을 인용한다(10-11절). 시편 91편은 성전과 관련된 주제를 담고 있다. 마귀는 시편 91편을 인용함으로써 하나님의 보호 안에 있는 하나님의 아들은

【여리고 서쪽의 유대 광야】

어떤 어려운 순간에도 죽지 않을 것임을 강조하려고 했을 것이다. 특히 성전은 하나님이 임재하시는 피난처이므로 성전에서 떨어지는 아들을 아버지께서 확실하게 보호해주실 것처럼 보인다. 그러나 예수는 "너는 주 네 하나님을 시험하지 말라"(12절)고 대응한다. 하나님의 아들은 목숨을 위협받는 순간에도 아버지를 신뢰한다. 하나님을 절대적으로 신뢰하는 아들에게 하나님의 보호하심을 시험하는 것은 성공할 수 없다. 하나님의 계획과 사랑에 대한 전적인 신뢰가 마귀의 시험을 이기는 방법이다. 세 번에 걸쳐 예수를 시험한 마귀는 적당한 기회를 엿보며 떠난다. 마귀는 예수의 사역 기간에 지속적으로 활동할 것이다. 세 번의 시험에는 직접 등장했으나 이후에는 적대 세력과 심지어 제자들을 통해서 시험할 것이다.

질문

1. 예수님이 세례를 받고 나서 하늘에서 어떤 소리가 들렸습니까(3:21-22)? 하늘의 소리가 계시한 예수님은 어떤 분입니까?
2. 사람들은 예수님을 어떻게 평가했고 계보에 나타난 예수님은 어떤 분이십니까(3:23-38)? 계보는 예수님의 어떤 모습에 초점을 맞춥니까?
3. 예수님은 마귀의 세 가지 시험을 어떻게 이기셨습니까(4:1-13)? 시험 이야기는 앞으로 예수님이 어떻게 하나님 나라를 실현하실 것으로 예고할까요?

묵상

광야 시험은 공적 사명을 수행하기 전, 예수님이 하나님의 어떤 아들인지 밝히고 어떻게 하나님 나라 사명을 수행할 것인지 예고하는 역할을 합니다. 세 가지 시험은 예수님이 하나님을 전적으로 신뢰하는 아들이라는 것과 고난의 종으로서 고난과 죽음 가운데서도 하나님을 신뢰하실 것을 강조합니다. 시험의 과정에서 보여주신 그대로 예수님은 순종하는 아들로서 하나님 나라 복음을 성취하실 것입니다. 이처럼 세 가지 시험은 일차적으로 예수의 메시아 사역과 관련이 있습니다. 시험에서 나타나는 교훈을 이차적으로 우리에게 적용해 봅시다. 신자들에게 가장 큰 시험은 하나님을 향한 신뢰를 흔드는 것입니다. 하나님을 신뢰하는 사람은 자신의 목적을 먼저 추구하지 않습니다. 고난과 어려움 중에서도 하나님을 믿고 하나님의 때를 기다립니다. 자신의 영광을 위해 하나님을 이용하지 않고 하나님의 영광을 추구합니다. 고난을 부끄럽게 여기지 않습니다. 하나님을 신뢰하기 때문에 의심에 기초한 것을 시도하지 않습니다. 마귀는 쉬지 않고 시험할 것이기에 신자는 하나님을 신뢰함으로 시험에 들지 않도록 기도해야 합니다.

3

갈릴리 사역

7
나사렛과 가버나움의 사역

4:14-44

본 단락은 예수가 나사렛에서 자신의 사명을 선포하고 가버나움에서 하나님 나라의 복음을 전파하기 시작하는 내용이다. 고향 사람들은 하나님 나라의 복음을 전하는 예수를 배척하지만 속박 가운데 있는 사람들은 예수를 통해 자유를 경험한다.

예수에 대한 소문(4:14-15)

> 14 예수께서 성령의 능력으로 갈릴리로 돌아가셨다. 예수에 대한
> 소식이 인근 지역 전체에 퍼져 나갔다. 15 예수께서는 그들의
> 회당에서 그들을 가르쳤고 모든 사람에게 칭송을 받으셨다.[1]

사탄의 시험을 이긴 예수는 성령의 능력으로 갈릴리에 돌아왔다(14절). 이미 누가는 성령께서 예수 위에 임하셨고(3:22), 성령의 충만함으로 예수가 광야로 이끌린 사실(4:1)을 언급했다. 이제 예수는 '주의 성령이 내게 임하셨다'고 말할 것이다(4:18).[2] 누가는 예수의 여정과 성령을 연결

함으로써 예수가 하나님의 뜻과 계획에 따라 사역하고 있음을 내포한다. 예수가 성령의 능력으로 갈릴리에 온 것은 그의 갈릴리 사역이 하나님의 능력에 따른 것임을 의미한다. 즉 하나님이 그의 나라를 위해 보내신 예수(3:22)를 통해 하나님의 능력이 나타날 것이다(4:14). 성령의 능력으로 활동하는 예수에 대한 소문이 사방에 퍼졌다. 하나님의 구원 계획은 갈릴리와 인근 지역의 사람들을 위해 실현된다. 15절은 예수의 공적 활동에 대한 첫 번째 진술과 평가다. 예수의 하나님 나라 운동은 가르침과 행함으로 구성되는데,[3] 예수는 유대인들의 회당에서 가르치고 있었다(15절). 당시 회당에서는 일반 백성도 하나님의 말씀을 전할 수 있었다. 예수의 가르침을 들은 모든 사람들은 그를 칭송한다. 곧이어 유대인들, 특히 나사렛 사람들의 반대가 뚜렷해질 것인데도 불구하고 누가는 '모든 사람들'이 호의적으로 반응했다고 표현한다. 이런 표현은 누가복음의 특징일 뿐 아니라(5:26; 7:16; 9:43; 18:43; 19:37) 복음이 온 세상에 퍼져 나가게 될 미래를 예고한다.

메시아의 사명과 복음(4:16-21)

16 예수께서는 그가 자란 곳 나사렛으로 와서 관례대로 안식일에
회당에 들어가 읽으려고 일어나셨다. 17 선지자 이사야의 책이[4]
그에게 주어졌다. 예수께서 책을 펴고 기록된 곳을 찾으셨다.
18 "주의 영이 내게 임했다. 가난한 자들에게 복음을 전하도록 그가
내게 기름을 부으셨기 때문이다. 그는 나를 보내 갇힌 자들에게
놓임을, 보지 못하는 자들에게 보게 함을 선포하고, 압제당하는
자들을 놓아주고, 19 주의 은혜의 해를 선포하게 하셨다."
20 예수께서는 책을 덮은 후 안내자에게 그것을 돌려주고 앉으셨다.
회당에 있는 모든 사람들의 눈이 예수를 주목했다. 21 예수께서
그들에게 말하기 시작하셨다. "오늘 이 성경이 여러분들의 귀에
성취됐습니다."

예수는 고향 나사렛의 회당에 갔다. 왜 고향 나사렛에 갔을까? 예수는 복음을 의미하는 희년의 실현을 선포하는데(4:18-19; 레 25; 사 61), 규례에 따르면 희년에는 모든 백성이 고향으로 가야 한다(레 25:10).[5] "… 이 해는 너희에게 희년이니 너희는 각각 자기의 소유지로 돌아가며 각각 자기의 가족에게로 돌아갈지며". '관례대로'는 예수가 가르치는 장소로 회당을 선호한 것을 의미한다(참고. 행 17:2).[6] 회당에서 예수는 성경을 읽기 위해 섰고, 이사야서 두루마리를 펴서 찾아 읽었다. 예수가 읽은 본문(4:18-19)은 이사야 61:1-2이다. 예수는 이 본문을 찾을 때까지 이사야서 두루마리를 계속 폈다. 이사야 61:1-2의 기쁜 소식은 희년이 실현되는 소식이다. 희년은 일곱 번째 칠 년(7×7=49)의 다음 해인 50년째 해를 가리킨다(레 25). 희년은 땅을 휴경하고 종들을 풀어주고 사람들의 빚을 청산해 준다(레 25:10).[7] 희년법은 가난한 자들을 돌보고 빚의 굴레에 갇힌 자들에게 자유를 부여한다. 희년은 '주의 은혜의 해'로 표현된다(19절). 희년의 복음은 가난한 자들에게 전해진다. 가난한 자들은 사회가 정해 놓은 경계선 안으로 들어오지 못한 채 소외되고 상처와 피해를 받기 쉬운 사람들이다. '갇힌 자들', '보지 못하는 자들', '압제당하는 자들', '주의 은혜가 절실한 사람들'이다. 흥미롭게도 누가복음 4:18-19은 이사야 61:1-2의 인용이지만 '우리 하나님의 보복의 날을 선포하여(사 61:2)'가 19절에는 빠져 있다. 반면 희년을 묘사한 또 하나의 구약 본문인 '압제 당하는 자를 자유하게 하며(사 58:6)'가 누가복음 4:18의 끝에 붙는다. 두 가지 특징은 예수를 통해 실현되는 하나님 나라는 보복이 집행되는 나라가 아니라 자유와 해방으로 회복을 실현하는 나라임을 강조한다. 이처럼 누가는 하나님 나라의 복음을 희년의 실현으로 설명한다. 구체적으로 누가복음에서는 가난한 자들에게 복음이 전파된다.

하나님은 누구를 통해 희년을 실현하시는가? 이사야 61:1에 따르면 그는 '주 여호와의 영으로 기름 부음을 받은 자'다. 그를 통해 사로잡힌 자들이 해방되고 맹인이 눈을 뜨고 눌린 자들이 자유를 얻게 된다. 주의 영이 '내게' 임했고, 하나님이 '내게' 기름을 부어주셨고,

【가버나움의 회당】

가난한 자들에게 복음을 전하도록 '나를' 보내셨다. 예수는 세 차례나 '나'를 언급함으로써 자신이 바로 이사야 61장의 기름 부음 받은 자임을 강조한다. 18절과 19절에 두 차례 사용된 '선포하다' 또는 '전파하다'(κηρύσσω 케뤼소)는 공개적인 증언을 의미한다(참고. 3:3). 예수는 회복과 자유를 주려고 왔음을 나사렛 회당에서 공개적으로 선포한다. 하나님이 예수를 기름 부음 받은 자(그리스도)로 보내신 목적은 '자유'를 선사하는 것이다. 자유는 누가-행전에 여러 모습으로 표현된다. 죄인들은 죄를 용서받는 자유를 얻는다(예, 5:27-32; 7:36-50). 사탄의 속박에 갇힌 자들은 요한이 예고한 '더 큰 자' 예수를 통해 자유를 얻는다(11:21-22; 13:10-17). 사회적 굴레로부터 해방을 얻는다. 18-19절의 희년은 앞으로 예수를 통해 전개될 누가복음의 이야기, 특히 갈릴리 사역을 예고하는 역할을 한다. 사실상 누가복음은 18-19절에 나타난 희년의 실현이라고 할 수 있다.

예수가 읽었던 책을 덮고 책을 담당한 사람에게 돌려주고 앉자 회당에 참석한 사람들이 그를 주목한다(20절). 예수는 그들에게 이사야 61:1-2의 말씀 '오늘 이 성경'이 그들의 귀에 성취된 것을 선언한다(21절). '오늘'(2:11; 13:32-33; 19:5, 9; 23:43)은 성경(사 61:1-2)이 약속한 소망이 현재 실현되고 있음을 강조한다. 희년은 복음 전파자인 예수의 활동으로 오늘 실현되기 시작했다. 누구든지 예수의 복음 전파에 긍정적으로 반응하고 순종하는 사람은 회복을 경험할 수 있다.

배경설명 - 회당

회당은 하나님 백성의 '모임'(행 13:43; 약 2:2) 또는 모임의 '장소' 둘 다를 가리키는 용어였다. 회당의 기원을 바벨론 포로기로 추정할 수는 있으나 정확한 역사적 기원을 찾기는 어렵다. 특히 유일한 예배 처소가 있던 예루살렘으로부터 이스라엘이 쫓겨나 흩어져 살던 포로기 기간에 회당은 예배 장소로 발전했다. 예수 시대에도 예배의 중심은 예루살렘 성전이었고 제사는 예루살렘 성전의 고유한 규례였다. 그러나 유대인들 대부분은 예루살렘 밖에 살았고, 회당에서도 예배하고 하나님을 만날 수 있다고 믿었기 때문에 이스라엘과 외국에 살던 유대인들은 매주 회당(쉬나고게)이나 기도처(예, 행 16:13, 16)에 모여 예배했다. 신약 시대에는 이스라엘 지역(눅 4:16, 33, 44; 행 6:9; 24:12)뿐 아니라 디아스포라 유대인들이 거주한 외국에도 회당이 예배 처소로 존재했다(행 9:2[다메섹]; 13:5[살라미], 14[비시디아 안디옥]; 14:1[이고니온]). 회당은 토라를 읽고 계명을 배우는 것을 첫 번째 목표로 삼았고 신앙 교육과 실천을 위한 핵심 공간뿐 아니라 숙소로도 사용됐다. 그래서 유대인들은 안식일에 회당에서 성경을 읽고 해석하고 모세의 율법을 배웠다. 유대인들은 계단식 의자에 앉아 회당의 예배와 교육에 참여하고 자원하는 사람은 서서 성경을 읽었다. 회당장은 회당을 관리하고 교육을 맡기도 했다. 예수도 관습대로 안식일에 회당에서 성경 읽기에 참여했다(눅 4:16). 이것이 오늘날의 목사처럼 설교자의 역할을 의미하는 것은 아니었다. 율법과 선지서를 읽었고(눅 4:16-20; 행 13:15) 누구든지 해석 또는 설교를 할 수 있었던 것으로 보인다(행 13:15). 그래서 바울은 율법과 선지자의 글을 듣고 나서 손을 들어 자신의 해석을 설명할 수 있었고(행 13:16 이하) 가는 곳마다 회당에서 유대인들에게 성경을 해설할 수 있었다. 가장 초기 기독교인들은 회당에서 예배했고 시간이 지나면서 따로 가정에서 모이기 시작했다(행 9:20).

나사렛 사람들의 반응(4:22-30)

22 모두가 예수에 대해 증언했고 그의 입에서 나오는 은혜의 말씀에[8]

놀라며 말했다. "이자는 요셉의 아들이 아닌가요?" 23 예수께서
그들에게 말씀하셨다. "여러분은 분명히 이런 비유를 내게 언급할
것입니다. '의사여 당신을 치료하시오.' 또한 말할 것입니다. '우리가
듣기에 당신이 가버나움에서 행한 것들을 이곳 당신의 고향에도
행하시오.'" 24 예수께서 말씀하셨다. "진정으로 여러분에게
말합니다. 어떤 선지자도 그의 고향에서는 환영받지 못합니다.
25 여러분에게 진실을 말합니다. 엘리야 때에 이스라엘에 많은
과부들이 있었습니다. 그때는 하늘이 삼 년 육 개월 동안 닫혔고
온 땅에 큰 기근이 있었습니다. 26 엘리야는 시돈의 사렙다에 있는
한 과부 외에는 누구에게도 보냄 받지 않았습니다. 27 또한 선지자
엘리사의 때에 이스라엘에 많은 나환자들이 있었지만 시리아
사람 나아만 외에는 그들 중 누구도 깨끗함을 얻지 못했습니다."
28 회당에 있던 모두가 이 말을 듣고 분노로 가득 찼다. 29 그들은
일어나 도성 밖으로 예수를 내쫓았다. 그들은 그를 아래로
내던지려고 성읍이 세워진 언덕 꼭대기로 예수를 끌고 갔다.
30 그러나 예수께서는 그들 가운데를 통과해 전진하셨다.

나사렛 사람들은 희년을 선언하는 예수의 은혜로운 말씀에 놀랐다. '은혜의 말씀'은 예수가 전하는 말씀의 속성이 은혜인 것을 의미한다.[9] 사람들은 예수가 가르친 내용에서 하나님의 은혜를 느꼈을 것이다. 그래서 예수의 말씀에 감동과 감탄을 보였다. 그들은 "이 사람은 요셉의 아들이 아닌가요?"라고 말한다. 나사렛 사람들은 은혜로운 말씀을 전한 예수가 고향 사람이므로 자신들이 입을 수혜를 기대하고 있다.[10] 고향 사람들의 반응은 감동과 기대감이었으나 예수는 찬물을 끼얹는다. 예수는 고향 사람들의 기대를 두 가지 격언으로 표현한다(23-24절). "의사여 당신을 치료하시오"(23a절). 이는 너 자신을 먼저 돌보라는 의미로 '너 자신'을 '네 고향(의 사람들)'로 이해할 수 있다. 의사라면 의사 가족이 먼저 치료 혜택을 받아야 한다는 뜻과 같다. 나사렛 사람들은 예수가 요셉의 아들, 즉 고향 사람이므로 멀리 있는 사람들보다 먼저 고향

사람들에게 혜택을 베풀어야 한다고 요구한다.[11] 이는 자연스럽게 다음과 연결된다. 나사렛 사람들은 예수가 가버나움에서 행한 것을 이곳 당신의 고향에도 행하도록 압박한다(23b절). 또 하나의 격언은 신지자가 고향에서 환영받지 못한다는 내용이다(24절). 여기서 누가는 언어유희를 활용한다. 예수는 '은혜의'(δεκτός 데크토스) 해를 가지고 왔으나 선지자는 고향에서 '환영받지'(δεκτός 데크토스) 못한다.[12] 예수의 고향 사람들은 편협하고 이기적인 마음으로 메시아의 사역을 묶어두려고 한다. 나사렛 사람들은 고향 출신 예수가 자신들에게 호의를 베풀지 않는다는 이유로 그를 적대시할 것이다.

예수는 고향 나사렛 사람들을 엘리야 시대와 연결한다. 엘리야 시대에 3년 6개월 동안 하늘이 닫혀 땅에 큰 흉년이 들었다(25절). 그때 이스라엘에 많은 과부들이 있었으나 엘리야는 시돈에 있는 사렙다의 과부만 찾아갔다(26절). 선지자 엘리사 시대에 많은 나환자들이 있었으나 수리아 사람 나아만 한 명만 깨끗해졌다(27절). 엘리야는 시돈 땅의 과부에게 갔고 엘리사는 수리아 사람 나아만에게 갔다. 사렙다 과부와 나아만은 이방인이었을 뿐 아니라 대대로 이스라엘에 적대적인 지역의 출신이었다. 나아만은 이스라엘을 포위하던 수리아 군대의 장군이었다. 두 이야기에서 하나님의 은혜는 이스라엘 백성이 아니라 이방인들에게 주어졌다. 사렙다의 과부와 수리아 사람 나아만은 희년(사 61:1-2), 즉 '주의 은혜의 해'가 주는 혜택을 얻은 자들이었다. 그들은 좋은 소식을 경험하고 질병과 죽음의 속박에서 자유를 얻었다. 두 사건에서 하나님의 은혜가 이방인들에게 주어졌다.

현재 이스라엘의 영적 수준은 옛 이스라엘처럼 심각하다. 회당에 있던 나사렛 사람들은 예수의 말을 듣고 분노한다. 예수의 말씀이 나사렛 사람들에게는 기분 나쁜 경고다. 그들은 예수가 하나님의 은혜를 이방 지역으로 확대하는 것과 자신들의 영적 수준을 낮게 평가하는 것을 용납할 수 없었다. 그래서 예수를 낭떠러지까지 끌고 가서 밀치고자 했다(29절). 본문은 나사렛이 가파른 경사면에 위치한 지형이었음을 내포한다. 예수의 고향 사람들은 높은 곳에서 예수를 떨어뜨린 다음 돌을 던지는 투석형을 시도했다. 이는 우상 숭배자에게 내리는 형벌과 같다(참고. 행 28:28).[13] 나사렛 사람들이 그리스도를 목격하고도 배척한 주된 이유는 이기심과 편협함이다. 이는 엘리야 시대에 이스라엘이 실패한 원인이었다. 영적으로 침체된 세대일수록 복음을 자신들의 이기심과 유익을 채우는 것으로 이해한다. 그러나 복음은 기득권을 인정하지 않으며 낮은 자들을 찾는다. 나사렛 사람들의 위협에도 불구하고 예수는 하나님의 목적에 순종하는 길을 간다(30절). 독자가 주목할 단어인 '가다'(πορεύομαι 포류오마이)는 목적지를 향한 예수의 전진을 의미한다. 누가는 예수가 어떤 방식으로 무리를 뚫고 지나가셨는지 설명하지 않는다. 누구도 하나님의 목적지를 향하는 예수의 의지와 결심을 가로막을 수 없다. 예수의 단호한 의지가 사람들의 위협을 이겼다. 예수의 목적지는 하나님이 맡기신 최종 사명이 기다리는 예루살렘이다. 예수는 어떤 반대에도 불구하고 사명의 길을 가고 예루살렘의 십자가 현장에 이르게 될 것이다.

가버나움에서 더러운 귀신을 쫓아내는 예수(4:31-37)

31 예수께서 갈릴리에 있는 성읍 가버나움으로 내려갔고 안식일에[14]
그들을 가르치고 계셨다. 32 그들은 그의 가르침에 놀랐다. 그의
말씀에 권위가 있었기 때문이다. 33 회당에는 더러운 귀신의 영을[15]
가진 남자가 있었다. 그는 큰 소리로 부르짖었다. 34 "아! 나사렛
예수여, 당신이 우리와 무슨 관계가 있단 말입니까? 우리를 죽이러
왔습니까? 나는 당신이 누구인지, 하나님의 거룩한 자인 것을
압니다." 35 예수께서는 그를 꾸짖으며 말씀하셨다. "조용히 하고
그에게서 나오라!" 귀신은 그 남자를 그들 가운데로 내던졌고
그에게 어떤 해도 끼치지 않고 나왔다. 36 모두가 놀라 서로 논의하며
말했다. "이게 무슨 일인가? 그가 권위와 권능으로 더러운 영들에게
명령하자 그것들이 쫓겨나다니!" 37 예수에 대한 소리가 인근 지역의

모든 곳에 퍼져 나가기 시작했다.

예수는 나사렛에서 갈릴리의 성읍 가버나움으로 내려와 안식일에 가르쳤다(31절). 가버나움이 앞 단락의 나사렛(4:16-30)보다 낮은 지역에 위치하기 때문에 동사 '내려오다'가 사용됐다. 사람들은 예수의 말씀에 권위가 있어서 놀란다(32절). '권위'는 예수가 하나님의 기름 부음을 받은 메시아임을 보여주는 증거(32, 36절)로 누가복음에 15회 사용된다. 예수의 권위는 그가 복음을 선포하고(4:22, 43), 악한 귀신들을 쫓아내고(4:36; 9:1), 죄를 용서하는 장면(5:24)에서 강조된다. 예수의 말씀은 하나님의 뜻을 확신 있게 전한다는 점에서 다른 이들의 가르침과 달랐고 치유의 능력으로도 나타났다. 예수의 권위를 인정하는 사람은 나사렛 회당에 선포된 희년의 복음을 경험할 수 있다(4:18-19).

말씀의 권위는 더러운 귀신 들린 사람에게 나타났다(33절). 그는 회당에서 큰 소리로 "우리가 당신과 무슨 상관이 있습니까?"라고 질문한다(34절). 이는 서로의 공통 관심사가 없는데 자신들에게 왜 개입하는지 따지는 말투다. 귀신은 예수의 개입으로 방해를 받는다고 생각하고 "아!"라는 감탄사를 사용해 괴성을 지른다. 귀신은 더 구체적으로 예수에게 자신들을 멸하러 왔는지 묻는다. '우리'는 귀신들의 세계 전체를 지칭하는 표현이다. 귀신은 예수의 정체를 '하나님의 거룩한 자'로 밝힌다. 이 칭호는 예수가 거룩하신 하나님에게 속한 분, 피조물과 완전히 구별되는 근접할 수 없는 분임을 의미한다.[16] 예수는 하나님의 보냄을 받았고 거룩한 영, 곧 성령에 의해 기름 부음 받았다(3:22; 4:1, 18). 예수는 더러운 귀신들의 세력(33, 41절)을 파괴하려고 왔다. 그들의 세계를 공격하고 무너트리기 위해 왔다. 귀신의 세력에 눌린 자들에게 자유를 주는 것이 그리스도의 사명이다(4:18). 귀신을 책망하는 예수는 조용히 하고 그 사람에게서 나오라고 명령한다(35절). '꾸짖다'(ἐπιτιμάω 에피티마오)는 유대 문헌과 복음서 전승에서 악한 영들을 제압할 때 사용되는 전형적인 단어다. 말씀의 권위(32절)는 귀신을 쫓아내는 능력으로 실현된다. 귀신은 숙주로 삼은 사람을 넘어뜨리기는 했으나 그 사람

【북쪽에서 바라본 갈릴리 바다와 가버나움】
【남동쪽에서 바라본 가버나움】

은 예수의 책망과 명령으로 상처 없이 회복된다. 예수의 말씀은 귀신을 쫓아내는 권위와 능력이다. 귀신을 쫓아내는 장면을 목격한 사람들은 예수의 말씀에 놀란다(36절). 예수의 활동에 대한 소문이 사방에 퍼지게 된다(37절).

이 사건은 예수의 사역이 사탄의 나라를 공격함으로써 갇히고 눌린 자들에게 자유를 선사하는 것임을 보여준다. 시험 이야기는 하나님 나라와 사탄의 충돌을 예고했다면(4:1-13) 귀신을 쫓아내는 행위는 그리스도가 말씀의 능력으로 사탄의 집을 무너뜨리고 하나님 나라를 확장하는 것을 의미한다(참고. 11:20-23). 누가의 다른 본문에서도 예수의 사명은 사람들을 사탄의 속박에서 해방하는 것으로 표현된다(눅 13:16; 행 10:38). 이처럼 하나님 나라의 사역은 속박으로부터의 해방이다. 악의 세력은 언제나 인간을 누르고 종속시킨다. 이 굴레에서 벗어나는 것은 오직 하나님의 거룩한 자, 예수의 권위로 가능하다.

베드로의 장모를 치유(4:38-39)

38 예수께서 회당을 떠나 시몬의 집에 들어가셨다. 시몬의 장모가
고열에 눌려 있었고 사람들은 그에게 그녀의 치유를 간청했다.
39 예수께서 그녀에게로 굽히고 열을 꾸짖으셨다. 열이 그녀를
떠났고 그녀는 즉시 일어나 그들을 섬기기 시작했다.

회당에서 귀신을 쫓아낸 예수는 시몬의 집에 들어가 시몬의 장모를 치유한다(38절). 예수가 남자를 사로잡은 귀신을 책망한 사건과 시몬의 장모를 사로잡은 열병을 꾸짖은 사건이 쌍으로 배열된다. 남자(31-37절)와 여자(38-39절)의 이야기를 나란히 배열하는 것은 누가복음의 특징이다. 시몬의 장모는 중한 열병에 걸려 사경을 헤매고 있었다. 열병은 말라리아일 가능성이 높다. 가버나움은 해수면보다 낮은 저지대였기에 말라리아와 같은 세균성 전염병에 취약했다.[17] 유대인들은 열병을 귀신에 의한 질병으로 생각하기도 했다. 누가는 다른 본문에서도 질병과 사탄에 의한 눌림을 연결한다(예, 눅 13:16). 사람들의 간청으로 예수는 그녀의 열병을 치유한다. 앞 장면에서 귀신을 쫓아낼 때와 마찬가지로 예수는 열병을 꾸짖었다(참고. 4:35). 이는 열병이 귀신 때문에 생겼다는 뜻이 아니다. 누가는 열병을 의인화해서 치유 과정을 보다 사실적으로 표현한다. 예수의 말씀이 열병을 치유하는 능력으로 나타났다. 병에서 자유를 얻은 시몬의 장모는 즉시 일어나 섬긴다. '섬기다'(διακονέω 디아코네오)는 신약에서 신자들의 섬김을 묘사하는 전형적인 단어다. 치유받은 장모가 섬기는 대상은 복수형 '그들'이다. 장모는 치유에 대한 감사의 표현으로 예수와 공동체를 섬기는 역할을 맡았다.[18] 예수에게 은혜를 받았으나 섬기는 대상은 공동체다. 장모의 섬김은 예수의 은혜를 입은 사람이 마땅히 보여야 하는 반응이다. 예수에 대한 모범적인 반응과 제자도의 핵심은 공동체를 섬기는 것이다.

온갖 병자들을 고치시는 예수(4:40-41)

40 해가 지자 각종 질병으로 아픈 사람들과 함께 있던 자들 모두가
아픈 자들을 예수에게로 데려왔다. 예수께서 그들 각각에게 손을
얹고 치유하셨다. 41 그러자 귀신들이 많은 사람에게서 쫓겨나면서
외쳤다. "당신은 하나님의 아들입니다!" 귀신들이 그를 그리스도로
알고 있었기 때문에 예수께서는 그들을 꾸짖고 말하는 것을
허락하지 않으셨다.

가버나움에서의 치유는 계속된다. 예수의 권위가 널리 알려지자 해 질 무렵, 사람들이 온갖 종류의 환자들을 데리고 예수께 나왔다. 안식일은 금요일 일몰 시각부터 토요일 일몰까지이므로 해 질 무렵은 안식일(토요일)이 끝나는 시점이다. 예수는 손을 얹어 치유한다(40절). 손을 얹는 것은 긍휼의 마음을 전달하는 동작이다. 그런데 쫓겨난 귀신들이 광야의 마귀처럼(4:3, 9) 예수의 정체를 알고 "하나님의 아들"로 외친다(41절). '부르짖다'(κραυγάζω 크라우가조 또는 κράζω 크라조)는 자신들을 파괴

【갈릴리 바다의 주변 지역】

할 수 있는 예수에 대한 공포심을 반영한다. 예수는 귀신을 책망하고(31-37절) 시몬의 장모가 걸린 열병을 책망했을 때(38-39절)와 마찬가지로 '꾸짖다'(에피티미오)라는 동사를 사용해 귀신들에게 침묵을 명령한다(41절). 예수는 왜 귀신들이 자신을 하나님의 아들, 곧 그리스도로 밝히는 것을 막았을까? 누가는 귀신들이 예수를 그리스도로 알고 있었기 때문이라고 설명한다. 예수 당시에 '하나님의 아들' 또는 '그리스도'(메시아)는 무력으로 왕의 통치를 실현하는 사람이었다. 예수는 그런 종류의 그리스도가 아니다. 예수가 사탄의 세력을 강한 자의 힘으로 제압하고 사람들을 구원한다고 해서 무력으로 민족을 해방시키는 것은 아니다. 예수는 십자가에 달리기까지 낮아지는 종이다. 예수는 치유하는 능력이 있으나 세례(3:22)와 광야 시험(4:1-13)에서 암시된 것처럼 고난받는 종(사 42:1-4; 49:1-6; 52:13-53:12)으로 하나님의 계획을 성취한다. 예수는 힘으로 사람들의 신앙고백을 강요하지 않는다. 예수를 고난과 겸손의 종으로 이해하지 못하는 사람은 예수를 오해할 수밖에 없다.

여러 성읍에서 하나님 나라를 선포(4:42-44)

42 하루가 시작되자 예수께서 떠나 외딴곳으로 들어가셨다. 무리가
그를 찾고 있었다. 그들은 그에게 와서 떠나지 못하게 붙잡았다.
43 그러나 예수께서 그들에게 말씀하셨다. "나는 하나님 나라의
복음을 다른 도성들에도 전해야 합니다. 내가 이를 위해 보냄받았기
때문입니다." 44 예수께서 유대의 회당들에서 선포하고 계셨다.

날이 밝자 예수는 한적한 곳으로 기도하러 간다. 기도는 사역의 방향을 잡기 위한 시간이다. 무리는 기도하는 예수를 찾아와 자신들을 떠나지 말아 달라고 만류한다(42절). 가버나움 사람들도 나사렛 사람들처럼 자신들의 유익을 위해 예수의 활동을 묶어두려고 한다. 예수를 가버나움의 전문의로 삼고자 한다. 그러나 예수는 다른 도시에서도 하나님 나라를 전해야 하고 이를 위해 보냄 받았다(43절). '복음을 전하다'

로 번역되는 유앙겔리조마이(εὐαγγελίζομαι)는 이사야서에 예고된 자유의 사역이 성취된 것을 알리는 동사다(예, 사 61:1). 44절의 '선포하다'는 43절의 하나님 나라의 '복음을 전하다'와 같은 의미다. 기쁜 소식 또는 복음의 내용에 '하나님 나라'가 붙는다.[19] 이런 점에서 하나님 나라는 4:18-19에서 선언한 '좋은 소식'의 내용이다. 예수가 가버나움에서 행하신 치유와 축귀는 하나님 나라가 실현됨을 보여준다. 하나님 나라는 나사렛 선언의 내용처럼 가난한 자들, 곧 속박과 눌린 상태에 있는 사람들을 자유하게 하는 나라다(4:18-19; 사 61:1-2). 예수는 가난한 자들에게 자유를 선사하는 나라를 이루기 위해 왔다. 예수는 복음을 위해 보냄 받은 종으로 갈릴리의 여러 회당에서 하나님 나라를 선포한다. 예수가 가버나움의 회당에서 가르치고 귀신을 쫓아내신 활동(31-37절)은 다른 도시들에서도 나타나야 한다.

질문

1. 예수님은 자신의 메시아 사명을 어떤 내용으로 선언합니까(4:14-21)? 예수님의 선언에 기초해 복음의 내용을 설명해 보십시오.
2. 예수님의 은혜로운 말씀에 나사렛 사람들은 어떻게 반응합니까(4:22)? 고향 사람들의 반응을 예수님은 어떻게 평가합니까(4:23-30)? 나사렛 사람들의 문제는 무엇인가요?
3. 예수님은 가버나움에서 어떤 기적을 행하셨습니까(4:31-44)? 이 사건들에서 드러나는 하나님 나라의 특징은 무엇입니까?

묵상

하나님은 '희년'을 모든 사람들이 참된 안식을 누리는 해로 선포하셨습니다. 예수님은 자유(해방)와 회복을 핵심 가치로 하는 희년을 위해 오셨습니다(4:18-19). 그래서 하나님 나라의 복음은 희년의 실현입니다. 예수님의 말씀에는 권위와 권능이 있으므로 그분의 말씀을 받아들여 순종하는 사람과 공동체는 해방과 회복을 경험할 수 있습니다. 하나님의 통치를 실행하시는 예수님을 믿는 것은 최고의 복이며, 가난한 자들에게 예수님은 소망입니다. 예수님처럼 희년의 복음을 전하는 사람은 성령의 기름 부음을 받은 종입니다. 종은 타인의 회복을 위해 보내집니다. 성령이 임하신 종은 어둠과 갈등을 조장하는 사람이 아니라 자유와 회복을 얻도록 쓰임 받는 사람입니다. 희년을 경험한 그리스도인들은 스스로 일어서기 힘든 사람에게 경쟁보다는 작은 도움을, 슬퍼하는 자에게는 강압적인 웃음이 아니라 위로를, 밤낮으로 수고하는 이들에게는 안식을 선사하는 통로입니다.

8
시몬 베드로와 첫 제자들

5:1-11

하나님 나라는 예수의 제자들을 통해 확장되기에 제자들을 부르는 첫 장면은 큰 의미가 있다. 시몬의 경험은 긍휼과 죄 용서에 초점을 맞추는 5:12-39 내용을 준비하는 역할을 한다.

예수의 말씀에 순종한 시몬(5:1-7)

1 무리가 예수께 몰려와 하나님의 말씀을 들을 때 일어난 일이다.
예수께서는 게네사렛 호숫가에 서 계셨다. 2 그는 호숫가에 있는
배 두 척을 보셨다. 어부들은 배에서 나와 그들의 그물을 씻고
있었다. 3 예수께서는 그중 하나인 시몬의 배로 들어가셔서 땅에서
조금 떨어지도록 요청하시고 앉아 배로부터 무리를 가르치셨다.
4 예수께서는 말씀을 마치고 시몬에게 말씀하셨다. "깊은 곳으로
돌아가 당신들의 그물을 내리시오." 5 시몬이 대답해 말했다.
"선생님, 우리가 밤새도록 수고했지만 아무것도 잡지 못했습니다.
그러나 당신의 말씀을 따라 그물을 내리겠습니다." 6 그들이 이를

> 행하자 엄청나게 많은 생선을 잡았는데 그들의 그물이 찢어질
> 정도였다. 7 그들은 다른 배에 있는 그들의 동료들에게 와서 도와
> 달라고 신호를 보냈다. 그들이 와서 양쪽 배를 가득 채우자 배들이
> 잠기기 시작했다.

수많은 무리가 하나님의 말씀을 듣기 위해 예수에게로 몰려왔다.[1] 예수는 게네사렛 호숫가에 서 있었다.[2] 사람들이 너무 많아 예수는 호수 위에 있는 배 위로 오르신다. 이는 천연 원형 경기장과 같은 공간을 연출한다. 무리는 바람을 타고 오는 예수의 목소리를 생생하게 들을 수 있었다. 예수는 호숫가에 있는 배 두 척과 배에서 나와 그물을 씻는 어부들을 보았다. 어부들이 사용한 그물은 삼중망으로 복잡하게 얽혀 있던 것으로 보인다.[3] 삼중망 그물은 2-4명이 던져야 했고 어부들은 그물을 물고기가 보지 못하는 밤에 사용하고 아침에 씻었다.[4]

삼중망 그물 아래쪽 끝에는 무거운 물체가 달려 있었고 위쪽 부분에는 부포가 달려 있었다. 어부들은 그물을 호수 바닥에서 위로 수직의 벽처럼 만들어 수면을 시끄럽게 해서 물고기를 그물 안으로 몰아넣었다. 예수는 시몬의 배에 올라 육지에 있는 무리를 향해 가르칠 수 있도록 배를 육지에서 조금 떨어지게 해 달라고 부탁한다(3절). 앞 본문에서 예수가 가버나움에서 가르치고(4:31) 베드로의 장모를 치유했기 때문에(38-39절) 시몬과 예수는 초면이 아니다. 시몬과 동료들은 일하느라 한숨도 자지 못해 매우 피곤한 상태다. 실패로 좌절감이 밀려오지만, 오늘 밤에도 일을 해야 하므로 그물을 정리하고 있었다. 지친 시몬은 예수의 말씀을 들을 여유가 없으나 예수의 부탁을 들어준다. 예수가 장모의 병을 치료해줬기 때문일 수도 있고(4:38-39), 이제까지 보여주신 활동에 근거해 예수를 존귀한 분으로 신뢰했기 때문일 수도 있다.

긴 설교가 끝나고 집으로 돌아가려는 어부 시몬에게 목수 예수는 납득하기 어려운 지시를 한다(4절). 깊은 곳으로 가서 물고기를 잡으라고 명령한다. "깊은 곳으로 가라"는 단수 명령형으로, 예수는 베

【새벽에 그물을 손질하는 갈릴리의 어부들】

드로에게 가라고 명령했다. "내려라"는 복수 명령형으로 예수는 배에서 그물을 들고 있는 선원들에게 그물을 내리도록 지시했다. 시몬은 밤새도록 수고했으나 한 마리도 잡지 못했다는 말을 함으로써 지금 깊은 곳에 그물을 내리는 것은 무모한 일임을 알린다(5절). 누가복음에만 나오는 5절의 '선생님'(에피스타테스)은 예수에게만 사용된 호칭이다(5:5; 8:24, 45; 9:33, 49; 17:13). '수고하다'(κοπιάω 코피아오)는 몸이 피곤한 상태를 묘사하는 단어다. 시몬은 언제, 어디서 물고기를 잡아야 하는지 잘 알고 있다. 물고기가 그물을 볼 수 있는 낮에 어업을 하는 것은 좋지 않다. 물고기가 잘 잡히는 밤에도 헛수고를 했는데 낮에 물고기를 잡는 것은 타당하지 않다. 그러나 시몬은 자신의 경험과 상식에도 불구하고 예수의 말씀을 믿고 그물을 내린다. 베드로의 모습은 남자를 알지 못했으나 말씀에 순종했던 마리아의 모습을 떠오르게 한다(1:34, 38). 예수의 말씀에 순종하자 함께 있던 어부들은 굉장한 양의 물고기를 잡았다. 잡은 고기가 너무 많아서 그물이 찢어질 것 같았고, 도저히 그물을 끌어 올릴 수 없었다. 다른 배의 도움을 기다렸다가 두 배에 채우고 보니 그 양이 배가 잠길 정도였다. 1절에서 누가는 무리가 '하나님의 말씀'을 예수를 통해 듣고 있었다고 묘사했다. 하나님은 예수의 입을 통해 말씀하시므로 예수의 입을 통해 시몬에게 주어진 명령 역시 하나님의 말씀이다. 시몬이 예수가 배 안에서 무리를 향해 전하는 말씀을 흘려들었다면 그 말씀은 바람을 타고 전달되는 무의미한 소리에 불과했을 것이다. 하지만 시몬은 예수의 말씀에 순종함으로 하나님의 능력을 경험한다.

예수 앞에서 죄인으로 고백하는 시몬(5:8-10a)

8 그러나 시몬 베드로는 이를 보고 예수의 무릎 앞에 엎드려 말했다.
"주님 저를 떠나 주십시오. 저는 죄인이기 때문입니다!" 9 이는
시몬과 그와 함께 있던 모두가 그들이 잡은 생선에 놀랐기 때문이다.
10a 또한 야고보와 요한, 세베대의 아들들이 있었다. 그들은 시몬의
동업자들이었다.

시몬 베드로는 깊은 곳에서 그물이 찢어질 정도의 많은 물고기가 잡힌 광경을 본 후 예수 앞에 엎드린다. 예수에 대한 시몬의 호칭은 '선생'에서 '주'로 바뀐다. 후자가 전자보다 더 권위 있는 호칭이다. 여기서 '주여'(κύριε 퀴리에)는 초월적 존재를 향한 칭호에 가깝다고 할 수 있다.[5] 시몬은 자신의 상식을 넘어서는 만선의 기적을 통해 이전에 간접적으로 경험한 여러 기적(4:31-41)을 떠올렸을 것이다. 시몬의 시각에서 예수는 하나님의 능력을 대리하는 초월적 존재이다. 그뿐만 아니라 '주' 칭호는 시몬이 자신을 '죄인'으로 고백하는 것과 관련이 있다. 시몬은 배우는 자로 예수 앞에 있는 것이 아니라 죄인으로서 '주' 앞에 엎드린다.[6] 시몬은 예수 앞에 엎드려 죄인인 자신을 떠나 달라고 외친다(9절). 시몬은 깊은 곳을 생생하게 알고 계신 예수를 통해 하나님이 일하고 계심을 경험했다. 시몬은 예수를 자신과 함께 계시기에는 너무나 거룩하신 분으로 인지한다. 이런 분인 줄 모르고 시몬은 밝은 시간대의 깊은 곳에는 물고기가 없다고 확신했던 것이다. 베드로의 말과 태도는 신적

존재 앞에서 무가치함을 깨달을 때 전형적으로 나타나는 현상이다(삿 6:22; 13:22; 왕상 17:18; 욥 42:5이하; 사 6:5). 수용하기 힘든 예수의 말씀에 순종하는 사람은 이사야의 고백(사 6)과 무지를 깨달은 욥의 고백(욥 42:5)처럼 초월자의 임재를 경험하게 된다. 시몬은 이사야처럼(사 6:5) 도저히 거룩하신 분 앞에 설 자격이 없음을 깨닫는다.[7] 예수의 초월적 능력을 경험하자 자신이 참으로 심각한 죄인이라는 사실을 자각하게 된다. 만선의 기적을 체험한 은혜가 죄인의 자각을 낳았다. 이 장면은 시몬이 자신의 지식을 뛰어넘는 예수의 초월적 지식에 전율한 첫 번째 사건이다. 두 번째 전율은 세 번 주를 부인한 직후 예수의 눈빛을 볼 때 일어난다. 22:61-62에서 시몬은 체포되신 예수의 눈빛을 보고선 세 번이나 주님을 부인할 것을 예고하신 예수의 말씀이 떠올라 통곡하게 될 것이다. 시몬은 자아가 깨지는 경험에 근거해 부르심을 깨닫고 또다시 그런 경험으로 부르심을 깨닫게 될 것이다. 누가의 두 번째 책에서 시몬이 "그들이 우리와 동일하게 주 예수의 은혜로 구원받는 줄을 믿노라"(행 15:11)고 선언하는 것은 '죄인'을 방문하신 '주'를 만난 경험과 무관하지 않다.[8]

예수를 따르는 시몬과 동료들(5:10b-11)

> 10b 예수께서 시몬에게 말씀하셨다. "두려워하지 마시오. 지금부터 당신은 사람들을 낚을 것이오." 11 그들은 배들을 땅에 대고 모든 것을 버려둔 채 그를 따랐다.

예수는 시몬에게 앞으로는 사람을 낚는 어부가 될 것이라고 약속한다(10b절). 이 장면은 이사야 선지자가 하나님의 임재 앞에서 두려워했던 사건을 떠올린다(사 6:6). 하나님께서 그의 임재 앞에 두려워하던 이사야에게 선지자적 소명을 맡기셨던 것처럼 예수도 두려워하는 시몬에게 사명을 맡긴다. 역설적으로 예수는 자신의 거룩함 앞에서 전율하고 낮아지는 사람을 가까이 부른다. 예수 앞에서 죄인임을 자각하는 자는 비로소 예수와 인격적인 관계를 맺고 그를 가장 가까이에서 배우게 된다. '지금부터'(참고. 1:48; 2:52; 22:18, 69; 행 18:6)은 과거와의 단절과 새로운 출발을 의미한다. '낚는다'(ζωγρέω 조그레오)는 '산 채로 잡다', '생명을 불어넣다', '생명을 돌려주다'는 뜻이다. 사람을 취하는 것은 사람을 잡아 살린다는 의미다. 사람을 살리는 행위는 예수가 나사렛 회당에서 선포하신 회복의 소식을 떠올린다(4:18-19; 사 61:1-2). 제자들의 사명은 예수의 생애처럼 갇히고 눌린 자들을 살려내는 것이다. 예수의 명령에 시몬뿐 아니라 같이 기적을 경험한 동료들도 반응한다. 예수는 시몬(2인칭 단수)에게 명령했고 시몬과 그의 동료들은 예수를 따랐다. 동료들도 시몬과 같은 경험을 한 목격자이다. 그들은 배를 그대로 두고 모든 것을 버린 채 예수를 따른다. 이 장면은 하나님의 임재를 경험했던 이사야가 하나님의 파송을 받기로 결단한 모습을 떠올린다(사 6:8). 어떻게 시몬과 동료들은 직업을 그만두고 다른 사람들을 살리기 위한 길로 들어서는 결단을 내릴 수 있었을까? 예수의 권위 때문이다. 제자들은 제자의 의미를 묵상하거나 예수에 대한 공부를 하고 나서 따른 것이 아니다. 초월적인 예수의 말씀을 경험했기 때문에 예수를 따라나서는 것이다. 예수는 그의 권위 앞에 죄인으로 겸손히 낮아진 자들을 사용하신다. 제자들은 예수가 베푸신 은혜, 즉 생선을 잡아주신 일을 통해 그를 따르는 인생이 은혜의 길이 될 것을 믿었다. 예수의 명령은 살리고 회복시키는 사명이므로 신뢰의 마음으로 순종할 수 있다.

질문

1. 예수님은 시몬 베드로에게 어떤 부탁과 지시를 하십니까(5:1-4)? 시몬이 예수님의 말씀을 어떻게 생각했을지 시몬처럼 밤새도록 일하는 우리 시대의 상황과 연결해 생각해 봅시다.
2. 시몬이 예수님의 말씀에 순종할 때 어떤 경험을 하게 됩니까(5:5-7)? 이 장면에 나타난 시몬 베드로의 순종과 순종의 결과에 대해 생각해 봅시다.
3. 시몬은 예수님 앞에서 어떤 반응을 보이고 예수님은 그에게 어떤 사명을 맡기십니까(8-11절)? 예수님의 부르심은 어떤 목적을 가지며 예수님을 따르는 사람에게 필요한 태도는 무엇인지 생각해 봅시다.

묵상

매우 피곤하고 바쁠 때 예수님은 시몬과 동료들에게 오셨습니다. 어부들은 피곤하고 선생은 그들을 더욱 피곤하게 만들었습니다. 피곤한 시몬에게 예수님의 말씀이 귀에 들어올 리 없었습니다. 삶의 무게에 눌린 사람에게 예수의 개입은 간섭과 짜증으로 느껴질 수 있습니다. 그럼에도 불구하고 시몬은 예수님의 말씀에 순종했고, 자신의 예상을 뛰어넘는 경험을 하며 계획하지 않은 여정을 떠나게 됩니다. 시몬은 사람들이 하나님의 말씀에 어떻게 반응해야 하는지 모범적으로 보여줍니다. 예수님을 따른다는 것은 겸손히 말씀에 순종하는 것이고 계속해서 순종하는 것을 말합니다. 하나님의 말씀은 예수의 명령처럼 다양한 경로와 형식으로 우리에게 다가옵니다. 말씀에 겸손히 순종할 때 상식과 경험에 근거한 견고한 성이 무너지는 것을 경험하게 되고 하나님의 능력에 전율하게 됩니다. 익숙한 일상이나 전문적인 내 분야에 찾아오시는 예수님은 우리를 회복시키시고 최선의 길로 인도하시는 분입니다.

9
긍휼과 환대

5:12-6:11

누가는 예수의 정체를 중심으로 이야기를 전개하고 특히 바리새인들과의 충돌을 통해 예수의 권위를 강조한다. 제자들은 사람을 낚기 전에 먼저 예수의 긍휼과 환대를 배워야 하며, 특히 바리새인들과의 갈등에 나타나는 예수의 정체를 정확히 파악해야 한다.

나병환자를 치유하신 예수님(5:12-16)

12 예수께서 성읍들 중 한 곳에 있을 때 일어난 일이다. 나병으로
덮인 남자가 있었다. 그는 예수를 보고 엎드려 예수에게 간청했다.
"주님, 당신이 원하시면 저를 깨끗하게 하실 수 있습니다."
13 예수께서 손을 뻗어 그에게 대고 말씀하셨다. "나는 원합니다.
깨끗하게 될지어다." 즉시 나병이 그를 떠났다. 14 예수께서는
아무에게도 말하지 않도록 그에게 지시하며 말씀하셨다. "가서
당신을 제사장에게 보이시오. 모세가 명령한 대로 당신의 깨끗함을
위해 예물을 드리고 그들에게 증거로 삼으시오." 15 예수에 대한

소문이 더 널리 퍼져 나갔고 많은 무리가 그에게서 듣고 질병을
치유 받기 위해 모였다. 16 그러나 예수께서는 외딴곳으로 물러가
기도하고 계셨다.

다른 곳에서도 복음을 전해야 한다고 말했던(4:43) 예수는 어떤 성읍에 이르러 온몸에 나병이 퍼져 있는 환자를 만난다(참조. 막 1:40; 마 8:2). '나병'(λέπρα 레프라)은 현재의 한센병을 포함한 여러 종류의 피부 질환을 가리키며, 당시 의술로는 치유가 불가능한 병이었다. 구약에서 나병은 얼굴이나 몸 상태를 일그러지게 만들고 옷이나 집을 오염시키는 피부병으로(레 13:47-48, 34-53) 하나님만이 치유할 수 있는 병이었다(민 12:10-13; 왕하 5:1-14). 사람들은 나병을 하나님의 형벌로 여겼다. 나병환자들은 부정한 자들로 여겨져 공동체에 들어올 수 없었다(레 13:45-46). 이들은 사회에서 격리될 뿐 아니라 예배의 공간에서도 격리됐다. 다시 말해 나병은 사회적 질병이었을 뿐 아니라 제의적 질병이었다. 예배 공동체로부터 완전히 제외된 나병환자는 가장 처절하게 소외의 고통을 경험한 인간에 해당한다. 살았으나 죽은 지로 취급을 받았고 레위기 14장은 나병환자와 시체를 동일하게 취급한다.[1] 나병환자와 접촉하는 것은 율법을 어기는 행위였다. 레위기 13장에 따르면 나병환자는 자신에게 사람들이 가까이 오지 못하도록 '부정하다'를 두 번 외쳐야 했다(레 13:45-46). 그런데 본문의 나병환자는 예수에게 다가갔다. 그는 사람들의 시선이 느슨한 틈을 이용해 예수에게 왔을 것이다. 절박하고 겸손한 자세로 예수 앞에 엎드리며 예수를 "주여"(κύριε 퀴리에)라고 부른다.[2] 시몬의 경우와 마찬가지로(5:8) '주여'는 존중의 의미를 넘어서는 칭호다. 나병은 하나님만이 치유하셨던 불치병인데도 불구하고 그가 예수의 능력을 믿고 예수를 '주'로 부른 것은 하나님에게서 오는 초월적 능력이 예수에게 있음을 믿었기 때문이다. 나병환자는 예수가 긍휼로 깨끗하게 해 주시기를 소망한다. 그는 예수의 능력을 의심하지 않지만 예수가 치유를 원하는지는 확신하지 못한다. '깨끗하게 하다'(καθαρίζω 카따리조)는 누가복음에 6회 나오며, 그중 5회가 나병환자의 치유에 언급된

다(4:27; 5:12, 13; 7:22; 17:14, 17).

예수는 손을 내밀어 그에게 대며 선언한다. "나는 원합니다. 깨끗해지시오." 즉시 나병이 떠났나. '떠났다'는 귀신이 떠난 것처럼 나병환자를 부정하게 만든 나병이 떠난 모습을 시각화하기 위해 사용됐다. 예수는 하나님만이 치유하실 수 있는 나병을 치유했다. 소외와 정죄의 굴레인 나병을 떠나보냈다. 환자의 몸에 긍휼과 능력의 손을 댈 때 예수의 치유하는 능력과 거룩함이 그에게 전이된다. 나병의 부정이 예수의 거룩에 전염될 수 없었다. 긍휼이 부정함을 정결로 바꾸었다. 나병에서 자유하게 된 상태는 예수가 나사렛 회당 선언에서 예고한 복음의 예다(4:18-19). 그런데 예수는 말로 선언해도 되는데 왜 환부에 손을 댔을까? 이는 예수의 긍휼과 낫게 하고자 하는 의지가 반영된 동작이다. 환자를 불쌍히 여기는 예수의 수용과 환대를 피부로, 마음으로 느낄 수 있게 하는 행위다. 환자는 나병이 발병한 이후 누구와도 접촉할 수 없었던 사람이다. 규범이 정한 거리를 유지하고 사회에서 멀리 떨어져 격리된 생애를 살다가 죽는 것이 그의 운명이었다. 이런 나병환자에게 손을 얹는 예수의 행위는 환자에게 마음의 치유를 선사했을 것이다. 예수의 환대로 깨끗하게 된 그는 이 순간 가족과 사회 속으로 들어가게 된다. 예수가 나병환자에게 손을 댄 행위는 당시의 관점에서 공격의 빌미가 될 수 있는 행위지만, 예수는 사회가 정한 규범을 넘어 비난을 받더라도 한 생명을 살려낸다. 메시아의 희생 없는 치유는 없다. 예수에게 구원은 개인의 회복에 그치지 않고 공동체의 일원으로 살아가는 것을 포함한다. 하나님의 가족 안에서 안식을 얻게 되는 것이 구원의 목표 중 하나다. 그래서 예수는 치유된 사람이 공동체로 회복되는 절차를 밟도록 지시한다. 예수는 치유받은 나병환자가 모세의 법에 따라 제사장에게 몸을 보여서 완쾌된 사실을 입증받도록 명령한다(레 14:1-32, 50; 14:2-4). 치유가 확인되면 치유받은 자는 두 마리의 새를 잡아 한 마리는 예루살렘 성전에서 속죄의 목적으로 죽이고, 다른 한 마리는 풀어준다. 이는 죄 용서를 위한 절차와 비슷하다. 예수의 능력과 긍휼로 죄가 용서되는 것처럼 그의 능력과 긍휼로 불치병이 치유된다.

예수가 참으로 원하시는 것은 소외된 자를 회복시키는 것이며, 회복된 자는 공동체와 하나님과의 관계를 회복한다.

예수는 치유받은 나병환자에게 아무에게도 치유 사실을 알리지 말 것을 명령했지만(참고. 5:14) 소문이 퍼져 나간다. 누가는 소문을 '말씀'(ὁ λόγος 호 로고스)으로 표현한다(15절). 나병환자를 치유한 예수의 소식은 훨씬 더 먼 곳까지 퍼져 나간다. 수많은 무리가 왔으나 예수는 외딴곳에서 기도한다(16절; 참고. 4:42). 외딴곳은 사람들이 없는 장소로 하나님을 만나는 곳이다. 누가는 예수가 지속적이고 주기적으로 기도하는 모습을 부각시킨다(예, 9:28; 11:1).[3] 하나님 나라의 복음을 전하러 온 예수는 한곳에 머물지 않고 전진하며, 사람들의 인기와 요구에 따라 움직이지 않고 하나님과의 대화를 통해 사역의 방향을 결정한다.

죄 용서의 권위(5:17-26)

17 예수께서 가르치고 계실 때 일어난 일이다. 바리새인들과
율법교사들이 앉아 있었다. 그들은 갈릴리와 유대와 예루살렘의
모든 마을에서 왔다. 주의 능력이 치유하는 예수와 함께했다.
18 사람들이 와서 마비된 자를 들것으로 옮겼다. 그들이 그를 안으로
옮겨 예수 앞에 두려고 애썼지만 19 무리 때문에 안으로 옮길
방안을 찾을 수 없었다. 그들은 지붕에 올라 기와를 뚫고 예수 앞
무리 가운데로 들것과 함께 환자를 내렸다. 20 예수께서는 그들의
믿음을 보고 말씀하셨다. "친구여,[4] 당신의 죄들이 용서받았소."
21 그러자 서기관들과 바리새인들이 속으로 생각하면서 말했다.
"신성모독을 말하는 이 사람은 누구인가? 하나님 한 분 외에 누가
죄들을 용서할 수 있단 말인가?" 22 예수께서는 그들의 생각을 알고
그들에게 대답하여 말씀하셨다. "여러분은 왜 마음에 그런 생각을
합니까? 23 '당신의 죄들이 용서받았소'라고 말하는 것과 '일어나
걸어가시오'라고 말하는 것 중 어느 쪽이 더 쉬운가요? 24 이는
여러분이 인자가 땅에서 죄들을 용서하는 권위를 갖고 있는 줄

알게 하기 위함이오." 그는 마비된 자에게 말씀하셨다. "당신에게
말합니다. 일어나 당신의 들것을 들고 당신의 집으로 가시오."
25 즉시 환자는 그들 앞에서 일어서고 누웠던 침상을 들고 집으로
가면서 하나님께 영광을 돌렸다. 26 모든 사람들이 놀라 하나님께
영광을 돌리고 두려움으로 말했다. "우리는 오늘 놀라운 일을
보았다."

예수가 가르치실 때, 율법을 해석하고 가르치는 권한을 가진 바리새인들과 율법교사들이 앉아서 듣고 있다. 이 사건부터 바리새인들은 예수에게 적대적인 자로 등장한다. 그들은 상황을 조사하고 있다. 병을 고치는 주의 능력이 예수를 통해 나타났다. 그때 어떤 사람들이 중풍병자 한 사람을 침상에 메고 와서 예수 앞에 놓고자 한다(18절). 당시 장애인은 사회, 종교적 역할에서 배제됐고 존중받지 못했다. 누구도 중풍병자를 위해 길을 터줄 생각을 하지 않았다. 치유가 필요한 환자의 길을 가로막는 장벽은 사람들이다. 중풍병자의 동료들은 지붕 위로 올라간다(19절). 팔레스타인 가옥의 지붕은 평평했다. 유대인들은 지붕 위에서 휴식을 취하거나 빨래를 널거나 기도했다(참고. 행 10:9). 지붕은 계단이나 사다리로 올라갈 수 있었다. 중풍병자의 동료들은 지붕을 뚫고 환자를 예수 앞에 달아 내린다. 예수는 그들의 믿음을 보고 죄 용서를 선언한다(20절). 누가복음에서 '믿음'이 여기에서 처음 언급된다. '그들'에는 중풍병자도 포함될 것이다. 믿음은 예수에게 환자를 데리고 오는 결정과 무리의 장벽에도 포기하지 않고 지붕을 뚫는 행위로 표현된다. 기적을 경험할 때는 언제나 장벽이 존재한다. 그들에게 첫 번째 장벽은 사람들이고 두 번째 장벽은 바리새인들과 율법학자들이다. 예수는 그들의 '믿음'을 보고 중풍병자의 죄들이 용서받았다고 선언한다(20절). 예수의 말이 죄를 용서하는 힘이다. '용서받았다'는 중풍병자에게 용서가 이미 실행된 것을 의미하며,[5] 수동태이므로 '믿음'을 통해 예수의 능력으로 용서받은 것을 뜻한다. 본문에는 죄를 용서한 주체가 명시되지 않는다. 예수는 '내가 너의 죄를 용서한다'라는 식으로 말하지 않는

다. 그러나 24절에서 예수 자신이 죄를 용서하는 권위를 가지고 있다고 선언한다. 예수는 죄를 용서하는 하나님의 고유한 권한을 행사하며, 이는 주의 성령이 임한 예수 그리스도가 선사할 것으로 예고된 자유의 성취다.[6]

현장에 있던 또 다른 장벽인 서기관들과 바리새인들은 예수의 선언을 신성모독으로 판단한다.[7] 당시 자신을 하나님의 권위에 견주거나 사회의 안녕을 위해 세워진 신앙의 질서(예, 대제사장)에 도전하거나 에녹과 같이 하늘에 오른 자라고 주장하는 것은 신성모독에 해당했다. 그들은 예수의 주장을 하나님의 고유 권한을 침해하는 모독죄로 생각했을 것이다. 구약과 유대배경에서 죄 용서는 하나님의 고유 권한이었다(출 34:6-7; 시 103:3; 사 43:25; 미 7:18). 이런 이유로 1세기 당시에는 인간이 메시아로서 죄를 용서할 것이라는 기대가 없었다. 하나님 외에 누구에게도 죄 용서의 권한이 주어질 수 없다고 생각했기 때문이다. 지상에서는 유일하게 대제사장이 일 년에 한 번 속죄 제사를 드렸다. 대제사장은 하나님의 용서를 대행할 뿐이었다. 대제사장의 권위가 아니라 하나님의 능력으로 죄가 사해지는 것이다. 이런 배경을 고려할 때 예수가 죄 용서를 선언한 것은 충격적인 일이었다. 서기관들과 바리새인들은 예수를 비판했다(21절). 예수는 그들의 생각을 알았다. 이는 예수의 신적 능력을 의미한다. '이 능력은 많은 사람의 생각을 드러낼 것'이라고 말했던 시므온의 예언을 상기시킨다(2:35; 참조. 4:23; 7:39).

예수는 서기관들과 바리새인들에게 '죄 용서를 받았다'고 말하는 것과 '일어나 걸어가라'고 말하는 것 중 어느 쪽이 더 쉬운지 묻는다(23절). 실제로는 하나님만의 권한인 죄 용서가 더 어렵다. 그러나 말로는 죄 용서가 더 쉽다. 죄 용서는 검증될 수 없는 반면, 병 치유는 곧바로 입증되기 때문이다. 예수는 인자가 땅에서 죄를 용서하는 권세를 갖고 있음을 알리려고 중풍병자에게 침상을 가지고 집으로 가라고 명령한다(24절). 24절에 죄를 용서한 주체가 예수인 사실이 명시적으로 묘사된다. 중풍병자는 즉시 일어났다. 이는 죄 용서의 권위가 '사람의 아들'(ὁ υἱὸς τοῦ ἀνθρώπου 오 휘오스 투 안뜨로푸)에게 있음을 입증한다(단

7:13-14).[8] 죄를 용서하는 권능은 '사람의 아들'의 '말'에 있다. '사람의 아들'은 중풍병자와 같이 잃어버린 자를 찾으러 왔고 죄를 용서하는 것으로 회복시킨다(19:10). 병을 고침받고 죄를 용서받은 사람은 예수를 통해 하나님의 긍휼과 능력이 실현되는 것을 알기에 하나님께 영광을 돌린다(25절). 기적을 목격한 사람들도 하나님께 영광을 돌린다(26절). 그들이 '놀라운 일'(παράδοξα 파라독사)을 보았기 때문이다. '놀라운 일'은 그들이 경험하지 못했고 예상하지 못한 일을 말한다. 그들은 그 '놀라운 일'을 '오늘' 보았다고 말한다.

본 단락의 핵심은 중풍병자의 병 치유보다 예수의 죄 용서 선언이다. 중풍병은 시작과 끝(18-19, 24b-25절)에, 죄 용서는 중심에 배치된다(20-24a절). 죄 용서의 내용은 네 번 등장한다(20, 21, 23, 24절). 죄 용서는 희년을 실현하는 예수를 통해 갇힌 자들에게 주어지는 자유다(4:18). 4:18의 '자유'(ἄφεσις 아페시스)는 5:20에서 동사형 '용서하다' 또는 '풀어주다'(ἀφίημι 아피에미)로 표현된다(참고. 사 58:6). 예수의 죄 용서는 희년의 복음이 실현된 예다. 이처럼 예수가 가져온 하나님 나라는 갇힌 자들에게 자유를 선사한다. 하나님 나라는 죄에 사로잡힌 죄인들이 자유를 얻는 나라다. 자유는 예수의 권위로 주어진다. 나병의 치유가 하나님의 능력에 속했던 것처럼 죄 용서도 하나님의 권한에 속했으며, 이런 권위와 권한이 예수에게 주어졌다. 사람들이 보기에 중풍병자가 당장 해결 받아야 하는 문제는 중풍병이다. 그러나 예수가 보기에는 죄의 문제다. 죄를 용서받는 사람은 하나님과의 인격적인 관계에 들어가고 참된 자유를 얻는다. 죄 용서는 치유의 출발이고 과정이다.

배경설명 – 서기관, 율법교사, 율법학자

구약에서 서기관은 이스라엘과 유다 왕국의 재정, 정책, 행정과 관련된 임무를 맡는 최고위직 관리였다. 지역의 서기관들은 지도자들의 행정을 보좌하고 정치적 식견을 제공하고 세금을 관리했다. 포로기 이후 서기관들은 지역의 법적인 업무를 담당하며 문서를 기록하고 보존했으며 성전의 서기관들은 성경, 신앙의 규범, 제사장의 계보 등을 필사하는 일을 수행했다. 특히 율법학자로서 헬라 문화에 저항하는 교육을 책임졌기 때문에 유대 사회에서 그들의 영향은 지대했다. 그들은 율법 해석에 기초해 어떤 결정을 내릴 수 있는 권위를 가지고 있었다. 회당의 기능이 발달하게 되면서 서기관들은 율법교사의 중요한 임무를 수행했다. 복음서가 기록될 당시 그들은 왕궁의 왕, 성전의 제사장들, 바리새인들에게 속해 기록과 자문 등의 역할을 수행했던 것으로 보인다. 서기관들은 대부분 바리새인들과 연대했고 소수는 사두개인들과 연대했다. 바리새파와 사두개파는 각각 율법이나 법적 해석의 전문가들을 보유했을 것이다. 누가는 율법전문가(νομικός 노미코스),[9] 율법교사(νομοδιδάσκσλος 노모디다스칼로스),[10] 서기관(γραμματεύς 그람마튜스)을[11] 사용하고 각각 동일한 대상을 지칭한다.

배경설명 - 바리새인들

바리새파의 기원은 마카베오 반란(BC 168년)과 관련이 있다. 셀류시드의 왕 안티오쿠스 4세 에피파네스가 이집트 원정을 갔다가 로마의 명령에 굴복해 자국으로 귀환하던 길에 예루살렘을 방문했다. 그는 예루살렘 성전의 보물에 관심을 두었다. 그는 예루살렘을 점령하고 유대인들을 살해하거나 추방했다. 여호와 신앙을 금지했고(BC 167년) 제우스를 상징하는 바위를 성전 안에 두었으며 아네나와 디오니소스와 함께 숭배하도록 강요했다. 또 할례를 금하고 돼지고기를 먹게 했다. 이에 반발한 유대인들은 유다 마카베오의 지휘에 따라 저항했는데(마카베오2서 5, 8장), '경건한 사람들'을 뜻하는 '하시딤'이 저항 운동에 참여했다. 하시딤은 유다 마카베오의 지휘 하에 4년의 반란 전쟁에서 승리했다(BC 168-164년). 하시딤에는 유대 분파 에세네파와 바리새파가 속해 있었다. 이 중 '분리된 자들'을 의미하는 바리새파는 평민, 법률가, 서기관, 제사장 등으로 구성된 집단으로 기본적으로는 평신도 운동이었다. 바리새인들은 하시딤의 후예답게 그리스-로마의 문화에 동화되는 것을 거부했다. 그들은 율법을 철저하게 지키는 것이 이스라엘을 위한 소망의 길이라고 믿었다. 그들은 기록된 율법(또는 토라)뿐 아니라 구전 율법을 권위 있게 받아들였다(요세푸스, 《고대사》, 13.10.6; 18:1.3-4). 요세푸스는 AD 1세기 무렵 바리새인들의 수를 약 6천 명으로 기록했다(《고대사》, 17.42). 비록 인구 비율은 낮았으나 바리새인들은 율법을 가장 정밀하고 정확하게 해석하는 율법의 계승자로 명성을 얻었고(《유대전쟁사》, 1.5.2; 2.8.14; 《고대사》, 17.2.4) 유대 민중에게 큰 영향을 끼쳤다. 이름의 의미는 '분리된 자들'이었으나 다른 지역으로 분리되지 않고 유대인들 사회 안에서 분리와 거룩함을 강조했기 때문에 유대인들의 삶에 지대한 영향을 끼쳤다(요세푸스, 《고대사》 18.14-15). 바리새인들은 새로운 시대가 오는 것과 최후의 심판, 내세, 의인들의 부활, 천사들과 귀신들의 존재를 믿었다(예, 행 23:6-9; 26:5; 요세푸스, 《유대전쟁사》, 2.8.14). 또한 구전 토라를 기록된 토라와 같은 수준의 권위로 생각했고, 토라의 가르침에 순종하지 않는 자들을 죄인으로 규정했다. 누가복음에 바리새인은 25회 정도 언급된다.[12] 그들은 예수를 반대하는 세력의 핵심이다. 흥미롭게도 19:39 이후에는 바리새인들의 역할이 기록되지 않는다. 바리새인들은 예수의 수난 사건에 언급되지 않고 사도행전에서 긍정적으로 묘사된다(예, 행 5:34; 15:5; 23:6-9; 26:5).

세리 레위를 부르신 예수(5:27-32)

27 그 후에 예수께서는 나가서 세관에 앉아 있는 레위라는 이름의
세리를 보시고 그에게 말씀하셨다. "나를 따르라." 28 레위는 모든
것을 버려두고 일어나 예수를 따랐다. 29 레위는 그의 집에서
예수를 위해 큰 연회를 열었다. 세리들과 다른 사람들의 큰
무리가 그들과 함께 식탁에 앉아 있었다. 30 바리새인들과 그들의
서기관들이 수군거리며 제자들에게 말했다. "당신들은 왜 세리들과
죄인들과 같이 먹고 마시는 것이오?" 31 예수께서 그들에게 대답해
말씀하셨다. "건강한 사람들은 의사를 필요로 하지 않고 아픈
자들이 필요로 하오. 32 나는 의인들이 아니라 죄인들을 회개하도록
부르기 위해 왔소."

예수는 중풍병자의 죄를 용서하고 병을 치유하고 난 후 레위를 제자로 부른다. 예수는 세리 레위가 세관에 앉아 있는 모습을 본다. 의사가 환자의 상태를 주시하는 것처럼 레위를 본다.[13] 예수는 레위에게 "나를 따르라"고 명령한다. 당시 문화에서 선생을 따르는 것은 선생과 함께 다니고 생활하면서 배우는 것을 의미했다.[14] 예수의 부르심도 간결하고

레위의 반응도 간결하다(27-28절). 예수의 명령에 레위는 앉아 있다가 일어선다. 모든 것을 버리고 예수를 따른다. 분사인 '모든 것을 버렸다'의[15] 과거 시제는 예수의 명령에 레위가 결단했음을 의미한다. 그가 즉시 일어나 예수를 따르는 것은 뒤를 돌아보지 않겠다는 강한 결단이라고 할 수 있다. 세리 생활에서 돌이켜 예수에게 가는 것은 삶의 방향을 예수에게로 재설정한 회개다. 세리라는 직업을 그만둔 것이 레위에게는 희생이다. 예수에게로 돌이키는 결심은 희생을 동반한다. 그러나 희생은 부르심의 은혜에 대한 자연스러운 반응이다.

레위는 예수를 위해 큰 잔치를 베풀었다(29절). 세리들과 다른 사람들이 초대를 받았다. '다른 사람들'은 30절의 '죄인들'이다. '그들과 함께'에서 '그들'은 예수와 레위를 가리키는 것으로 보인다. 바리새인들과 서기관들은 예수와 제자들이 유대교의 규례를 준수하는지 감시하는 중이었다. 예수 당시 죄인은 종교와 윤리적 관점에서 규정된 개념이다. 윤리적 측면에서 죄인들은 경건하지 않은 자들이다. 죄인들은 사회적 관념에서 벗어난 행위를 하고 율법을 어긴다. 그리스-로마 문화를 수용한다. 종교의 측면에서 죄인들은 특정 분파(예, 바리새파)의 해석과 규범을 따르지 않는 자들이다. 같은 민족이고 모세의 율법을 알고 있을지라도 분파의 기준을 벗어나면 죄인이었다. 세리들과 함께 있는 죄인들은 바리새인들의 기준과 사회 규범에서 벗어난 자들이다. 바리새인들과 율법학자들은 예수와 제자들이 죄인들과 함께 식사하는 것을 비판한다(30절). 유대인들에게 식사는 '언약'의 식사다. 식사는 정결한 자들이 정결한 음식을 나누는 시간이다. 당시 문화에서 세리들은 언약 공동체 밖의 사람들로 제의적으로 부정한 자들이었다. 예수와 제자들은 부정한 자들과 그들로 인해 부정하게 된 음식을 나눈다. 바리새인들이 볼 때 세리들과 식탁을 함께 나누는 것은 부정한 자들과 의인들의 경계를 허무는 행위다. 부정한 자들과의 식사는 유대교의 전통을 어기는 범법 행위다.

바리새인들은 예수가 죄인을 환대한다는 이유로 비난한다(참고. 7:28, 30, 34, 36-50; 15:1-2; 19:7). 예수는 세리들과 죄인들을 환대하는 행위가 왜 정당한지 입증하기 위해 '의사는 건강이 좋은 사람들이 아니라 아픈 사람들 가운데 거한다'는 격언을 사용한다.[16] 그리스-로마 문화에서 도덕 교사는 의사로, 죄는 병으로, 덕은 건강으로 표현되기도 했다.[17] 요즘은 건강한 사람도 의사를 찾지만, 고대 사회에서 의사는 아픈 환자에게 필요했다(31절). 의사와 환자는 인격적 관계보다 병을 치료하는 것이 우선이다. 하지만 구약에서 하나님을 의사로 묘사하고 신약에서 예수를 의사로 비유할 때는 의사와 환자의 인격적 관계, 즉 죄인과의 인격적인 관계가 중시된다. 구약에서 하나님은 죄를 해결하는 의사 또는 치료자로 비유됐고 하나님과 백성의 관계는 죄 용서로 회복될 수 있었다(예, 출 15:26; 시 103:3; 107:20; 147:3; 호 6:1). 의사로 비유되는 하나님과 예수는 죄인과의 인격적 관계가 회복되도록 용서하신다. 예수는 의인이 아닌 죄인을 회개시키고 죄인들이 하나님과의 관계를 회복하도록 한다(32절). 죄인들이야말로 복음이 필요한 가난한 자들이고 (4:18-19) 회개로 치유 받아야 할 환자들이다(15:7; 19:10). 예수는 의사를 찾아오지 못하는 환자들을 찾아다니므로 영적인 악취를 풍기는 세리를 찾아갔다.

금식과 혼인 잔치(5:33-35)

> 33 그러자 그들이 예수에게 말했다. "요한의 제자들은 바리새인들의 제자들처럼 자주 금식하고 기도하지만 당신의 제자들은 먹고 마시고 있소." 34 예수께서 그들에게 말씀하셨다. "당신들은 결혼식 손님들이 그들의 신랑과 같이 있는 동안 금식하라고 시킬 수 있소? 35 그러나 신랑이 그들에게서 데려가지는 날들이 올 것이오. 그때 그들은 금식할 것이오."

세리 레위와 같은 죄인을 환대하는 주제는 혼인 잔치의 비유(33-35절)와 옛것과 새것에 대한 비유와 격언(36-39절)에서 논의된다. 제자들에게 질문했던 바리새인들은 이제 예수에게 질문한다. 그들은 요한의 제자들과 바리새인들의 제자들이 자주 금식하는 것과 대조적으로 예수의 제자들이 먹고 마시는 모습을 지적한다(33절). 대속죄일의 금식(레 16:29-31)을 제외하면 금식은 자발적인 경건 행위였다. 유대인들은 민족의 해방을 소망하며 금식했다. 예수 시대에 바리새인들은 일반적으로 월요일과 목요일에 금식했다. 그들은 일반 백성보다 금식을 자주 행함으로 경건한 재판관의 위치에 서 있었다.

바리새인들의 질문에 예수는 결혼 잔치의 예로 답변한다. 혼인 집 손님들은 신랑과 함께 있을 때는 금식하지 않는다. 당시 결혼 축하는 일주일 동안 계속되었고 친구들과 손님들은 결혼 잔치를 즐겼다. 구약에서 혼인 잔치의 신랑은 하나님이다(사 5:1; 54:5-6; 62:4-5; 겔 16:6-8; 호 2:19). 본문의 잔치는 하나님의 아들인 예수의 혼인 잔치를 암시한다. 예수의 사역에 참여하는 사람들은 결혼식에 초대받은 친구들이나 손님들과 같다. 하나님 아들의 권위를 인정하는 자들은 지금 하나님이 마련하시는 잔치에 참여하게 된다.

당시 유대인들이 금식한 목적 중 하나는 유배 상태에 처한 민족의 죄를 회개하는 것이었다. 그러나 하늘나라가 지금 임했기 때문에 민족의 해방, 즉 유대인들이 기대하는 하나님 나라의 도래를 위해 금식할 필요가 없다. 예수의 사역에 동참하는 자들은 금식하기보다 도래한 하나님 나라의 잔치를 축하하고 즐겨야 한다. 지금은 메시아의 잔치를 맛보는 시기다. 예수를 배척한 바리새인들은 자신들이 고대한 메시아의 잔치 안에 들어오지 못하고 메시아의 잔치를 비난한다. 요한의 제

【연회(Vinson, *Luke* 482쪽)】

자들 역시 하나님 나라의 잔치가 메시아의 구원 활동을 통해 펼쳐지고 있음을 알지 못하기 때문에 계속 금식한다. 예수의 하나님 나라 운동에 참여하는 자들은 먹고 마시는 반면, 참여하지 않는 사람들은 계속 금식한다. 예수는 유대인들이 기대하는 하나님 나라가 왔기 때문에 민족의 해방을 위한 금식이 더이상 필요하지 않음을 알린다. 반면 신랑을 빼앗길 날에는 금식하게 된다(35절). 신랑을 빼앗긴다는 표현은 이사야 53:8을 떠올린다. 이는 예수가 수난과 죽음에 처할 것을 암시한다. 하나님 나라가 온 이후에도 예수의 수난과 죽음을 생각하며 금식하고 기도하는 경건 생활은 필요하다. 제자들이 먹고 마시는 행위는 지극히 정당하다. 예수와 함께 있는 사람들은 마지막 날에 참여할 메시아의 잔치를 지금 즐기며 구원받은 은혜를 기뻐해야 한다.

옛것과 새것(5:36-39)

36 예수는 또한 그들에게 비유를 말씀하셨다. "누구도 새 옷에서
조각을 찢어 헌 옷에 붙이지 않소. 그렇게 하면 새 옷을 찢을 것이고
새 옷에서 찢은 조각이 헌 옷에 맞지 않을 것이오. 37 누구도 새
포도주를 오래된 포도주 부대에 넣지 않소. 그렇게 하면 새 포도주가
부대를 터뜨리고 쏟아져서 부대를 망가뜨리게 될 것이오. 38 새
포도주는 새 포도주 부대에 넣어야 하는 것이오. 39 오래된 포도주를
마시고 나서는 누구도 새 포도주를 원하지 않고 말합니다. '오래된
것이 좋다.'"

예수는 비판하는 바리새인들에게(27-32, 33-35절) 두 개의 비유를 사용해 그들이 지금 시작된 새로운 질서를 수용해야 하는 이유를 설명한다. 첫째, 새 옷과 헌 옷은 공존할 수 없다(36절). 새 옷의 조각을 낡은 옷에 붙이면 새 옷을 버리게 되고, 새 옷감은 낡은 옷에 어울리지 않는다. 둘째, 새 포도주는 낡은 가죽 부대와 공존할 수 없다(37-38절). 새 포도주를 낡은 가죽 부대에 넣으면 새 포도주의 발효로 낡은 부대가

터지고 만다. 그렇게 되면 부대도 못 쓰게 되고 포도주도 쏟아지고 만다. 따라서 새 포도주는 새 부대에 넣어야 한다. 죄인을 제자로 부르고 죄인들을 환대하는 행위는 새 옷감의 조각과 새 포도주에 해당하며 나사렛 회당에서 예수가 선언한 희년의 복음이다(4:18-19). 반면 유대교의 규례와 바리새인들의 관점은 하나님 나라의 복음과 공존할 수 없는 옛것이다. 옛것을 주도하는 바리새인들은 구약에 나타난 하나님의 계획과 마음을 오해한다. 옛것은 죄인들을 정죄하고 그들을 긍휼로 영접하지 못한다. 옛것은 낮은 자들을 수용하지 않고 사회의 경계를 높게 설정한다.

새 포도주를 긍정적으로 평가하는 예수에게 어떤 사람은 원래 포도주는 오래될수록 비싼 것이라고 의문을 제기할 수 있다. 일반적으로 사람들은 오래된 포도주를 '좋다'(χρηστός 크레토스)고 생각하기 때문이다. 오래된 포도주가 좋다는 격언은 유대와 그리스-로마 문화에 알려져 있었다.[18] "옛 친구를 버리지 말아라. 새로 사귄 친구는 옛 친구만 못하다. 새 친구는 새 술과 같으니, 묵은 술이라야 제맛이 난다"(집회서 9:10). 역설적으로 예수의 복음은 새것인 동시에 오래된 것이다.[19] 예수가 가지고 오신 하나님 나라는 새로운 것이지만 실제로는 오랜 전통에 기반을 둔다. 하나님 나라의 복음은 예수 당시의 유대 전통보다 오래되었을 뿐 아니라 구약의 율법보다 더 오래된 것이다(참고. 갈 3:17, 19).[20] 바리새인들과 서기관들은 예수가 죄인들을 환대하는 것이 구약의 오랜 가르침에 근거한다는 사실을 이해하지 못했다. 구약에 나타난 하나님의 뜻은 예수의 복음을 예고하며 복음의 정신과 일치한다. 오래된 포도주 맛을 본 사람은 새 포도주를 원하지 않듯이 구약의 오랜 목적은 참으로 은혜로운 것이다. 예수가 잃은 자들을 찾아 구원하시는 행위(19:10)는 하나님의 오랜 목적을 성취한 구원의 행위다. 예를 들어 부자와 거지 나사로의 비유(16:19-31)에서 아브라함은 부자에게 모세와 선지자들, 즉 구약에서 가난한 자들을 환대하는 가치와 그렇게 하는 자들에게 주어질 보상이 중요한 가치로 기록된 점을 강조한다. 아브라함은 부자의 형제들이 구약의 목소리를 들어야만 예수의 경고와 약속을 받아들일 수 있음을 암시한다(16:24-29).

배경설명 식시와 금식

유대인의 식사는 기본적으로 언약 식사였다. 식사와 음식 규례는 이스라엘 백성의 정체성을 지키는 수단이었다(레 11; 신 14:2). 식탁교제는 친밀한 우정을 돈독하게 만드는 수단인 동시에 올바른 사람들과 함께 올바른 종류의 음식을 나누는 것이었다. 포로기 이후에는 경건한 유대인과 부정한 외부자들 사이의 경계가 구약보다 더 강화됐다. 이와 같은 행위의 배경에는 정결한 사람들이 부정한 사람들을 거룩하게 만드는 힘보다 부정한 사람들이 정결한 사람들을 오염시키는 힘이 더 강하다는 전제에 있었다. 유대인들은 죄인들과 식사를 하지 않았을 뿐만 아니라(집회서 31:12-32:2) 죄인들에게는 빵을 나눠 주지도 않았다(토비트 4:17).

금식을 하지 않는 이유와 금식을 하는 이유를 이해하려면 금식을 구원사의 관점, 즉 종말론적인 시각에서 이해해야 한다. 금식은 개인적으로나(삼하 12:16) 국가적으로(삼상 7:6; 욘 3:5) 겸손과 회개의 표시였다. 유대인들은 민족의 주권을 상실한 상황에서 하나님이 왕으로 통치하시는 나라가 오도록 금식했다. 바리새파의 개혁 운동에서 금식은 약속의 땅을 보호하고 민족의 안녕을 추구하기 위한 헌신의 표시였다. 금식은 하나님의 백성으로서 마땅히 행해야 할 의무를 수행하지 못한 것을 회개하는 행위였다. 예수를 통해 하나님이 통치하시는 나라가 왔으므로 나라의 도래를 위해 금식할 필요는 없다. 하나님 나라가 도래한 이후의 금식은 개인의 경건을 위해 필요하다.

안식일 논쟁(6:1-11)

1 안식일에 예수께서 밀밭 사이를 지나가고 계실 때 그의 제자들이
밀 이삭을 잘라 먹고 손으로 비볐다. 2 어떤 바리새인들이 말했다.
"왜 당신은 안식일에 적법하지 않은 것을 행하시는 것이오?"
3 예수께서는 그들에게 대답하셨다. "당신들은 다윗이 허기졌을 때
그와 함께 있는 자들이 무엇을 했는지 읽어보지 않았소? 4 다윗은

하나님의 집에 들어가 제사장들 외에는 누구도 먹을 수 없는 임재의
빵을 먹었고 그와 함께 있는 자들에게도 주었소." 5 예수께서는
그들에게 말씀하셨다. "안식일의 주는 인자입니다."

6:1-11은 예수의 사역과 반대자들의 충돌을 기록한 5:12-6:11의 마지막 단락으로 예수에 대한 반대가 정점에 이른 것을 보여주는 장면이다. 1-5절과 6-11절의 이야기는 각각 안식일(1, 6절)을 배경으로 삼는다. 1-11절에 '안식일'은 여섯 번 등장한다(1, 2, 5, 6, 7, 9절). 안식일에 적법한 행위가 무엇인지에 대한 질문이 세 번 나온다(2, 4, 9절). 할례와 음식 규례와 더불어 안식일 준수는 유대인들과 이방인들의 경계를 표시하는 기능을 했다. 안식일 준수는 제2성전기 유대교에서 훨씬 더 강화됐고 이스라엘의 정체성을 규정하는 표시이자 공동체의 결속력을 보여주는 상징이었다. 바리새인들과 서기관들은 안식일 관련 규례를 해석하는 절대적인 권위를 갖고 있었다. 본문은 누가 안식일의 의미와 정신을 해석하는 권위를 갖고 있으며 누가 안식일을 두신 하나님의 뜻을 실현하는지 설명한다.

안식일에 예수가 밀밭 사이로 지나가실 때 제자들이 이삭을 잘라 손으로 비벼 먹었다(1절). 제자들은 농부들이 율법에 따라 가난한 사람들을 위해 남겨 둔 곡식의 이삭을 잘라 먹었던 것으로 보인다(레 23:22). 신명기의 규례는 다른 사람의 밀 이삭을 자르는 것을 허락하므로 제자들이 밀 이삭을 자른 것은 절도가 아니다(신 23:25). 바리새인들도 절도의 문제로 비난하지는 않는다. '어떤 바리새인들'은 바리새인들 전부가 예수를 배척하지는 않았음을 암시한다. 그들은 제자들이 안식일 규례를 어긴 점을 주목했다(2절). 당시 유대 규례는 안식일에 이삭을 꺾고 타작하고 키질하고 가는 것을 금했다. 바리새인들의 관점에서 제자들의 문제는 안식일의 전통을 어긴 것이다. 누가는 사건이 '안식일에' 일어난 점을 강조한다. 바리새인들의 전통에 따르면 제자들이 밀 이삭을 잘라 먹은 행위는 추수, 탈곡, 까부르는 것, 가는 것에 해당할 수 있다. 이삭을 자른 행위를 추수로 해석한 근거는 구약의 율법이

아니라 후대에 유대교가 추가한 규례였다.

예수는 다윗의 이야기(삼상 21:1-6)를 근거로 제자들을 변호한다(3-4절). 예수는 다윗과 일행이 배고플 때 행한 일을 읽어보지 않았는지 바리새인들에게 묻는다(3절). 당연히 바리새인들은 다윗의 이야기를 잘 알고 있다. 예수는 바리새인들이 그 사건의 의미를 파악하지 못하고 있다고 판단한다. 다윗은 하나님의 전에 들어가서 제사장만 먹을 수 있는 진설병(레 24:5-9)을 먹고 자신과 함께한 사람들에게도 주었다(4절). 다윗이 먹을 것을 찾으러 간 곳은 하나님의 집, 곧 성막이었다. 성막에는 안식일에 제사장들을 위해 준비해 둔 열두 개의 빵이 있었다(출 40:23; 레 24:5-9). 사무엘상 21장에는 안식일이 언급되지 않지만 진설병(문자적으로는 '현존의 빵')이 준비된 것(출 25:30; 레 24:8)과 그날 마련된 것(삼상 21:6)을 고려할 때, 다윗 일행이 성막을 가리키는 하나님의 집에 들어간 날은 안식일이었다. 다윗과 일행은 안식일에 제사장들에게만 허용된 규례를 침범했다. 그럼에도 불구하고 유대인들과 바리새인들은 다윗의 행위를 문제 삼지 않았다. 이는 구약에서도 배고픔과 같은 인간의 필요를 위해 안식일 규례가 유연성을 보였음을 의미한다. 다윗의 행위는 안식일 규례를 벗어났으나 사람들은 배고픈 상태에서의 행위로 이해했다. 다윗과 일행은 목숨을 잃을 정도로 배가 고팠으며, 다윗이 절박함을 해결하기 위해 안식일에 진설병을 먹을 수 있다고 해석했다(참고. 행 13:22). 여기서 예수는 의도적으로 메시아의 모형인 다윗과 자신을 연결한다(참고. 삼하 7:11-16; 시 110:1). 예수는 다윗을 안식일의 해석자로 설정함으로 안식일에 무엇을 행하는 것이 중요한지 보여주고자 한다.

다윗과 일행이 안식일에 진설병을 먹은 사건은 어떤 점에서 제자들의 행위를 정당화하는 근거가 되는가? '안식일의 주는 인자'(5절)라는 선언이 그 대답이다.[21] 구약에서 안식일의 주는 하나님이시므로 청중은 '안식일의 주'는 당연히 하나님이라고 생각했다.[22] "일곱째 날은 네 하나님 여호와(주)의 안식일인즉 …"(출 20:10). 레위기 23:38에도 '주의 안식일'로 표현된다. 이런 점에서 '주'(κύριος 퀴리오스)는 단순히 높이는 존칭어가 아니라 하나님을 가리키는 칭호다. 예수는 '안식일의 주' 다음에 '하나님'이 아니라 '인자'를 넣어서 자신의 권위를 하나님의 권위와 대칭시킨다. 하나님의 권위와 인자의 권위가 대칭된다. 이는 예수가 '안식일의 주'이고 율법이 예수의 행위를 판단하는 것이 아니라 예수의 권위가 율법을 해석해야 함을 암시한다. 안식일의 주가 인자이기 때문에 예수는 안식일의 행위를 평가할 수 있다. '인자'는 다니엘 7:13('인자 같은 이')에 근거하는 칭호다. 이 칭호는 죄 용서의 권위를 주장할 때 이미 사용됐다(5:24) 이 본문에서도 인자는 안식일의 주권이 예수에게 있음을 알리기 위해 쓰인다. 다윗보다 훨씬 높은 권위를 가진 예수는 안식일의 주로서 제자들의 행위에 문제가 없다고 해석한다. 제자들은 다윗의 일행처럼 허기진 상태였으며, 안식일에 배고픔의 문제를 해결하는 것은 안식의 의미에 부합한다. 안식일은 선(6:9)과 자유(13:16)와 치유(14:3)의 날이기 때문이다. 가난한 자들을 위한 기쁜 소식은 안식일에 주의 일을 하면서 배가 고픈 제자들에게 적용된다(4:18). 안식일은 하나님 나라의 일꾼들이 굶으면서 고통 가운데 보내는 날이 아니며, 인간을 속박하는 날도 아니다(4:18-19, 21). 안식일의 주는 이어지는 사건들에서 안식일이 어떤 날인지, 무슨 일이 일어나야 하는지 보여줄 것이다. 안식일에 한 손 마른 자를 고치고(6:9), 18년 동안 굽은 여성을 치유하고(13:16), 수종병으로 고통당하는 남성을 치유할 것이다(14:3).

'안식일의 주'는 누구인가? 종교지도자들인가? 당시에는 '안식일의 주'가 마치 바리새인들과 서기관들인 것처럼 느껴질 정도로 그들은 안식일의 규례를 해석하고 백성의 삶을 재판하는 권위를 휘둘렀다. 그러나 '안식일의 주' 예수는 가난한 자들에게 전해지는 기쁜 소식을 유대교의 전통이 막을 수 없다고 해석했다. 신앙 공동체가 추가하고 부과하는 규례와 전통은 언제나 안식일의 주가 되시는 예수의 시각에서 해석돼야 하고 복음의 관점에서 점검되어야 한다.

6 또 다른 안식일에 예수께서는 회당에 들어가 가르치고 계셨다.
그곳에 오른손이 마른 남자가 있었다. 7 서기관들과 바리새인들이 예수께서 안식일에 고쳐 주는지 보려고 그를 지켜보고 있었다.
그들은 예수를 고발할 이유를 찾고자 했다. 8 예수께서는 그들의
생각을 알았다. 손이 마른 남자에게 말씀하셨다. "와서 여기에
서시오." 그가 일어나 그곳에 섰다. 9 예수께서는 그들에게
말씀하셨다. "당신들에게 묻겠소. 안식일에 선을 행하는 것과
악을 행하는 것, 생명을 구원하는 것과 파멸시키는 것 중에서
무엇이 옳은가요?" 10 예수께서는 그들을 둘러본 다음 그 남자에게
말씀하셨다. "당신의 손을 뻗으시오." 남자는 그렇게 했고 그의 손이
회복됐다. 11 그러나 그들은 분노로 가득 차 예수를 어떻게 처리할지
서로 논의했다.

또 다른 안식일에 예수가 회당에서 가르치실 때 오른손 마른 사람이 있었다(6절). '마른'은 '마른 나무'(23:31)에도 등장하는 용어다. 이 사람의 오른손은 시들어 말라버린 나뭇가지와 같았다. 고대 사람들은 몸의 수분이 부족해 손에 장애가 생긴 것으로 생각했기 때문에 손이 마른 것으로 표현했다.[23] 서기관과 바리새인들은 예수를 지켜보고 있었다. '지켜보다'(παρατηρέω 파라테레오)는 구약에서 악인이 의인을 함정에 빠뜨리려고 기다리는 동작을 가리킨다(예, 시 37:12).[24] 바리새인들과 서기관들은 사랑의 법을 실행하기 위해서가 아니라 예수를 고발할 증거를 확보할 목적으로 장애인을 이용한다. 당시 유대교 전통에서 안식일에는 응급 처치만 가능했고 치료는 안식일 외의 날에 허락된 행위였으므로 바리새인들과 서기관들은 한 손 마른 장애를 안식일에 당장 해결해야 하는 응급 처치의 문제가 아니라고 규정했다.[25] 그들은 예수가 안식일에도 병을 고칠 것으로 예상하고(참고. 2:35; 5:22; 9:47; 24:38) 함정을 파놓았다. 예수는 손 마른 사람을 한가운데 세운다. 사람들의 시선이 장애인에게 집중된다. 예수는 바리새인들과 서기관들에게 안식일에 선을 행하는 것과 악을 행하는 것, 생명을 구하는 것과 죽이는 것 중 어느 쪽이 옳은지 질문한다(9절). 당연히 선을 행하고 구원하는 것이 하나님의 뜻이다. 예수의 시각에서 이 사람은 지금 치유받아야 한다. 치유는

안식일에도 일어나야 한다. 생명이 살아나는 것은 안식일의 본래 의미에 부합한다. 생명을 살릴 수 있는 힘이 있는데도 외면하는 행위는 악이다. 바리새인들과 서기관들은 예수에게 치유의 능력이 있음을 알고 있으면서도 그의 능력을 시험의 목적으로 자극하기 때문에 그들의 행위는 악하다. 약한 사람을 비하하고 도구로 사용하는 행위 자체가 악이다. 염탐꾼처럼 덫을 설치하고 엿보는 모습은 선생의 자세가 아니다.

예수는 손 마른 사람에게 장애 있는 손을 내밀도록 한다. 이런 손은 숨기기 마련이나 그는 예수를 신뢰했다. 예수에게 약함을 드러내는 것은 수치의 강화가 아니라 치유의 출발이다. 그가 말씀에 순종해 손을 내밀자 회복된다(10절). 예수는 치유받는 날을 안식일에서 제외하지 않았다. 예수의 치유는 나사렛 회당에서 선언한 희년의 복음이 실현된 사건이다(4:18-19). 복음의 혜택을 누리는 '오늘'(4:21)에서 안식일이 예외가 될 수는 없다. 현장을 목격한 바리새인들과 서기관들은 분노하면서 예수를 어떻게 처리할 것인지 의논하기 시작한다(11절). 아노이아(ἄνοια 노기—개역개정)는 미칠 것 같이 극도로 화가 난 상태를 가리킨다. 그들의 분노는 예수가 앞서 안식일 규례를 어기고(4:31-37), 죄 용서를 선언하고(5:17-26), 죄인들을 가까이 한 행위(5:27-32)로 이미 쌓이고 있었다. 성경에 기록된 하나님의 뜻을 잘못 해석하는 사람은 하나님의 뜻이 실현되는 상황을 보고도 분노할 수 있다. 성경에 대한 오해가 유발하는 자기도취적 분노는 선의의 피해자를 만드는 비극으로 귀결된다. 예수의 긍휼은 손 마른 사람을 회복시켰으나 이제 예수는 반대하는 자들의 음모에 따른 위험을 감수해야 한다. 긍휼은 반드시 긍휼을 베푸는 자의 희생을 동반한다. 희생 없는 긍휼은 진정한 회복을 일으킬 수 없다.

질문

1. 예수님이 나병환자를 치유하는 장면을 설명해 보십시오(5:12-16). 환자는 왜 깨끗하게 해 달라고 간청했고 예수님은 왜 환자의 몸에 손을 대셨을까요?
2. 예수님은 중풍병자(5:17-26)와 세리 레위(5:27-32)를 어떻게 치유하고 부르십니까? '죄 사함', '죄인들'과 같은 용어는 예수님이 오신 목적이 무엇임을 의미할까요?
3. 바리새인들과 서기관들은 왜 예수님과 제자들의 행동을 비판합니까(5:33-35, 36-39; 6:1-11)? 그들과의 논쟁에서 예수님이 보여주시는 복음의 속성과 특징은 무엇일까요?

묵상

예수님은 죄로 병든 자가 세관에 앉아 있는 모습을 의사의 시선으로 보시고 그를 제자로 부르셨습니다. 레위는 과거의 생활을 단숨에 청산하고 예수님을 만난 감격으로 잔치를 열었습니다. 예수의 일행은 이 잔치에 참여했지만, 바리새인들과 율법교사들은 정죄의 눈으로 이 장면을 봅니다. 사회적으로 용인하기 힘든 죄인이 회개하고 거룩한 공동체에 들어오는 일은 언제나 논쟁거리입니다. 하나님의 성품을 사랑으로 알고 예수의 사명을 긍휼의 사역으로 믿는 사람들도 심각한 죄인한 사람이 회개할 때면 그를 수용하는 것을 어려워합니다. 교회는 죄인을 환대하고 치유하는 사명을 다른 어떤 계획보다 더 중요한 가치로 여겨야 합니다. 레위와 같이 공동체에 해를 끼친 자를 환영하고 수용하는 일은 묵은 포도주처럼 오래된 가르침이고 좋은 것입니다. 다시 말해서 환대는 새 나라의 속성일 뿐 아니라 오래전에 구약에 기록된 가치입니다. 가장 급진적이고 어려운 신앙은 죄인을 환대하는 것입니다. 긍휼과 자비 없는 종교의식과 규례는 결코 새 시대의 복음과 공존할 수 없습니다.

10
사도 임명과 평지설교

6:12-49

본 단락은 바리새인들과 서기관들의 가시적인 반대 없이 예수가 제자들을 집중적으로 가르치는 장면을 묘사한다. 첫 제자들(5:1-11)은 기적과 가르침을 통해 배웠고(5:12-6:11) 열두 제자(6:12-19)는 평지실교를 통해 배운다(6:20-49).

열두 사도를 부르신 예수(6:12-19)

12 그 무렵 예수께서 기도하러 산에 가셔서 밤새 하나님께
기도하셨다. 13 날이 밝자 그의 제자들을 불러 그들 중에서 열둘을
택하고 사도들로 칭하셨다. 14 사도들은 예수께서 베드로라고 부른
시몬, 그의 형제 안드레, 야고보와 요한, 빌립, 바돌로매, 15 마태,
도마, 알패오의 아들 야고보, 열혈파로 불린 시몬, 16 야고보의
아들 유다, 배반자가 된 가룟 유다였다.[1] 17 예수께서는 그들과 함께
내려와 평지에 서셨다. 제자들의 큰 무리와 온 유대와 예루살렘과
두로와 시돈의 해변에서 온 백성의 큰 무리가 18 예수의 말씀도

> 듣고 질병을 고침 받으러 왔다. 더러운 귀신들로 고통당하던 자들이
> 나았다. 19 모든 무리가 예수를 만지고자 했다. 이는 능력이 그에게서
> 나와 그들 모두를 치유했기 때문이다.

예수는 기도하러 산으로 올라갔다(12절). 누가는 매우 중요한 사건, 특히 구원 계획의 전환점에서 예수가 기도하는 장면을 기록한다(6:12; 9:28; 19:29, 37; 21:37; 22:39). 예수는 밤새도록 기도했다. 기도를 하고 나서 열두 사도를 택하는 장면은 그들의 부르심이 하나님의 계획에 따른 일임을 의미한다. 날이 밝아오자 예수는 제자들을 부르고 그들 중에서 열둘을 사도로 칭한다. '사도'(ἀπόστολος 아포스톨로스)는 제자들의 '역할'과 '기능'을 의미한다.[2] 사도는 보내는 자의 권위로 임무를 수행하는 사람이다. 히브리어로는 '샬리아흐'이며 '보내진 자'라는 뜻이다. 유대 맥락에서 사도는 보낸 자의 대리자이고 권위를 부여받은 대표자다. 열두 사도의 존재 가치는 그들을 택하고 파송한 예수의 권위와 역할에 근거한다. 사도 전통에서는 보낸 자와 보냄 받은 자 사이의 '관계'가 핵심이다. 사도들은 예수의 일을 대행할 뿐 아니라 보낸 자 예수와의 '관계'를 반드시 기억해야 한다. 14-16절은 열두 사도의 목록이다(마 10:2-4; 막 3:16-19; 행 1:13). 첫 번째 네 명은 시몬 베드로, 안드레, 야고보, 요한이다. 시몬과 안드레는 형제이며, 야고보와 요한은 세베대의 아들이다(참고. 5:10). 두 번째 네 명은 빌립,[3] 바돌로매,[4] 마태,[5] 도마다.[6] 세 번째 네 명은 야고보(알패오의 아들),[7] 시몬(열혈파),[8] 유다(야고보의 아들), 예수를 파는 자 가룟 유다이다.

예수는 열두 사도와 함께 산에서 내려왔다(17절). 예수가 산에서 내려와 제자들과 백성에게 교훈을 전하는 장면은 출애굽 사건을 떠올린다. 선지자 모세는 시내산에서 내려와 백성에게 지혜의 교훈을 전했다(참고. 출 19:20-23; 신 4:44-26:19).[9] 예수는 기도한 이후 열두 사도를 세울 뿐 아니라 그들에게 하나님 나라의 윤리를 가르친다. 많은 무리가 왔고 말씀을 듣고 병을 치유 받기 원하는 사람들도 몰려들었다. 유대의 온 지역과 이방 지역인 두로와 시돈의 해안에서도 많은 백성이 몰

려왔다. 이들 중에 더러운 귀신에게 고통당하던 사람들도 치유받았다(18절). 예수를 만지는 사람마다 나았다(19절). 누가는 능력이 예수로부터 나왔음을 강조한다(19절; 4:14; 5:17; 8:46). 희년의 복음을 전파하고 치유하는 성령의 능력이 예수를 통해 나타난다. 가르침과 치유와 축귀는 나사렛 설교에서 예고한 사역이다(4:18-19; 사 61:1). 열두 사도는 예수의 부름을 받았으나 사명을 수행하기 전에 예수의 목표와 활동을 제대로 배워야 한다. 그래야만 사도들도 예수의 길을 따라 희년의 복음을 확장하는 사명을 수행할 수 있다.

네 가지 복과 네 가지 화(6:20-26)

> 20 예수께서는 눈을 들어 제자들을 보고 말씀하셨다. "가난한
> 너희는 복되다. 하나님 나라가 너희의 것이기 때문이다. 21 배고픈
> 너희는 복되다. 너희가 배부를 것이기 때문이다. 지금 우는 너희는
> 복되다. 너희가 웃을 것이기 때문이다. 22 인자 때문에 사람들이
> 너희를 미워하고 너희를 쫓아내고 너희를 비방하고 너희 이름을
> 손상시킬 때 너희는 복되다. 23 그런 날에는 기뻐하라. 기쁨으로
> 뛰라. 너희의 보상이 하늘에 크기 때문이며, 그들의 조상들이
> 선지자들에게 그렇게 했기 때문이다." 24 "부한 너희에게는 화가
> 있다. 너희가 너희의 위로를 받았기 때문이다. 25 지금 배부른
> 너희에게는 화가 있다. 너희가 배고플 것이기 때문이다. 지금 웃는
> 너희에게는 화가 있다. 너희가 통곡하고 울 것이기 때문이다. 26 모든
> 사람이 너희를 좋게 말할 때 너희에게는 화가 있다. 그들의 조상들이
> 거짓 선지자들에게 그렇게 했기 때문이다."

예수는 하나님 나라의 헌법과도 같은 규범을 제자들에게 가르친다. 먼저 예수는 하나님 나라의 복음을 받아들인 사람들의 상태와 그들에게 주어질 반전의 복을 소개한다(20-23절). 이어서 네 가지 복과 대조되는 네 가지 화를 통해 반전의 화를 경고한다. 네 가지 화는 네 가지 복과

대칭을 이룬다. 현재와는 다른 미래의 결과가 있을 것이기 때문에 오늘 부하고, 배부르고, 웃고, 칭찬받는 사람들은 화 있는 사람들이다. 예수는 복을 선언하고 화를 경고할 때 2인칭 대명사 '너희'를 사용한다. '너희'라는 표현이 사용됐다고 해서 제자들만 평지설교의 대상인 게 아니다. '예수께서 백성이 듣는 데서 그의 모든 말씀을 마치신 후'(7:1)는 현장에 제자들과 백성이 함께 있었음을 암시한다. 따라서 '너희'는 일차적으로는 예수의 부름에 응답한 제자들이며, 누구든지 예수를 따르는 자들은 '너희'에 해당하게 된다. 이 네 가지 복은 하나님 나라에 들어가는 조건이 아니라 하나님 나라를 소유한 사람들의 상태를 선언한다. '복되다'는 예수가 실현하는 희년의 복음(4:18-19)에 긍정적으로 반응하는 사람들의 현재에 대한 평가다. 네 가지 복은 각각 복된 사람에 대한 내용과 복된 이유에 대한 설명으로 구성된다. 복된 이유는 '왜냐하면'(ὅτι 호티, [20, 21절], γάρ 가르, [23절])의 접속사가 이끄는 절로 제시된다. 두 번째 문장은 첫 번째 선언을 듣고 제기될 수 있는 질문을 해석하는 역할을 한다. 이 해석은 '역설'과 '반전'의 내용이다. 첫 번째 복은 가난한 자들이 '현재' 하나님 나라를 소유하고 있어 복되다는 내용이다. 두 번째부터 네 번째까지의 복에 해당하는 사람들은 '미래에' 하나님이 반전을 이루실 것이므로 복되다. 또 네 가지 복은 예수가 나사렛 회당에서 선언하신 메시아 사역(4:18-19)과 나사렛 설교에 인용된 이사야 61:1-2의 성취와 관련이 있다. 마지막으로 '복되다'로 번역되는 헬라어 마카리오스(μακάριος)는 행복을 느끼는 상태가 아니라 하나님의 관점에서 옳고 바르고 좋다는 뜻이다. 이 용어는 '복된'을 뜻하는 히브리어 '아쉐르'의 번역어이며, 시편과 잠언과 같은 지혜 문헌에서 율법을 지키는 자들에게 붙여지는 평가다.[10] 예수를 따르면서 네 가지 상태를 경험하는 자들에게 주어지는 평가와 약속 때문에 그들은 복되다.

네 가지 복과 네 가지 화를 쌍으로 살펴보면 다음과 같다. 첫째, 가난한 자들은 복되지만 부한 자들에게는 화가 있다(20절). '가난한 자들'은 사회적 용어로 실제 가난한 사람들을 지칭한다. 즉 사회에서 낮아진 자들이다. 이들은 예수를 따르면서 궁핍하게 되거나 예수를 믿고도 계속 가난한 상태에 있는 사람들이다. 가난은 당사자들의 책임으로 평가받기 쉽고(예, 잠 6:6-8; 10:4; 13:18; 23:21), 부는 경건의 대가로 얻는 하나님의 복으로 인정받는다. 그러나 '가난한 자들'은 예수의 나사렛 선언에서 희년의 혜택을 입는 사람들이다(4:18; 사 61:1). '가난한 자들'은 기쁜 소식(4:18-19)을 받아들여 하나님 나라, 즉 하나님이 통치하시는 나라(사 52:7)에 들어가 있는 신분이므로 복되다. 예수의 뜻에 순종하는 과정에서 궁핍해지고 소외되더라도(18:18-30; 행 2:44-47; 4:32-35) 하나님의 통치에 더 깊이 들어가므로 이들은 복되다. 부요한 자들에게는 화가 있다(24절). 그들은 이미 위로를 받았기 때문이다. 부한 자들은 가진 것이 많아 오만하고 강한 자들이다. 사회의 특권을 많이 소유한 사람들이다. 이들은 곤궁에 처한 자들을 무관심으로 대하기 쉽다(예, 12:16-21; 16:19-31). 부자들은 지상에서 충분히 즐겼기 때문에 종말에 더 받을 것이 없다. 현재 부하다고 자랑하는 자들은 종말의 반전을 두려워해야 한다.

둘째, 지금 주린 자들은 복되고 지금 배부른 자들에게는 화가 있다(21a, 25a절). 주린 자들은 가난한 자들과 같고(예, 시 107:36, 41; 사 32:6-7; 58:7, 10) 배부른 자들은 부한 자들과 같다. 예수는 '지금'을 넣어서 현재 주린 상태의 고통을 강조한다. '지금' 배고픈 상태는 미래 또는 종말에 역전될 것이기 때문에 주린 자들은 복되다. 주린 자가 채워지는 것은 마리아의 노래에 예고된 약속이다(1:53; 시 107:9). 지금 배고프지만, 하나님 나라의 도래로 그들은 배부르게 될 것이다. 음식을 즐기게 될 것이라는 약속은 메시아의 잔치(예, 사 25:6-8; 49:10-13)와 관련이 있고 누가는 잔치의 주제를 하나님 나라의 복을 강조하기 위해 사용한다(12:37; 13:29; 14:14-24). 반면 지금 배부른 자들에게는 화가 있다. 미래에 주리게 될 것이기 때문이다. 따라서 제자들은 현재 주린 상황에 놓였다고 해서 희망이 없다는 생각을 하지 말아야 한다. 미래를 염려하지도, 현실을 비관하지도 말아야 한다. 인생의 가치는 좋은 음식을 제공하는 재산에 달려 있지 않을 뿐 아니라 하나님의 통치가 주린 자들 가운데 실현되고 있기 때문이다.

셋째, 지금 우는 자들은 복되고 지금 웃는 자들에게는 화가 있다(21b, 25b절). 소외와 상실 등으로 지금 탄식하는 자들은 웃게 될 것이기 때문에 복되다. '울다'는 이스라엘이 속박 가운데서 울었던 모습과 귀환했을 때 감격하는 모습을 떠올린다(시 137:1; 사 66:10). 예수를 믿는데도 탄식과 슬픔의 울음이 나올 때가 있지만 비관하거나 복음을 오해할 필요가 없다. 현실의 척박함이나 신앙의 여정에서 오는 울음을 하나님이 웃음으로 바꾸어 주실 것이기 때문이다. 탄식하며 고통 중에 있는 신자들에게 하나님이 보상을 주실 것이다. 반면 지금 웃는 자들은 자신들의 성공과 부로 인해 스스로 만족하며 웃는다. 오만한 자들은 소유한 것으로 그렇지 못한 자들을 조소하고, 비웃는다. 의로운 길을 가는 자들의 인생이 고초를 겪거나 가난에 처할 때 비웃기도 한다. 그러나 지금 웃는 자들은 미래에 애통하고 울게 될 것이다. 궁극적으로 그들은 종말에 자신들의 소유와 하나님의 보상이 하나도 없다는 사실을 깨닫고 탄식할 것이다.

넷째, 미움을 받는 자들은 복되고 칭찬을 받는 자들에게는 화가 있다(22-23, 26절). 인자이신 예수 때문에 사람들의 미움과 배척의 대상이 되는 자들은 복되다. 고난의 때에 기뻐하고 뛰어야 한다. 세상에서 미움과 핍박을 받는 사람은 큰 상이 하늘에 준비된 사실로 크게 기뻐해야 한다. 심지어 핍박으로 죽음에 이를지라도 하나님이 하늘에 큰 상을 준비해 두셨기에 복되다. 지금 공격하는 자들의 조상들도 선지자들을 미워했다. 반면 모든 사람의 칭찬을 받는 자들에게는 화가 있다. 그들은 조상들의 칭찬에 도취된 거짓 선지자들에게 속한다. 이처럼 예수는 현재 모습을 해석하는 관점을 제공한다. 현실에서 궁핍하고 울게 되더라도 하나님 앞에서 복된 자라는 사실을 망각하지 말아야 한다. 오늘의 모습을 하나님의 관점에서 볼 수 있어야 한다. 미래의 반전을 기다릴 때 현재의 곤궁한 상황을 견딜 수 있다. 내일의 반전을 근거로 오늘을 견딜 수 있다.

반대하는 사람들에 대한 제자들의 태도(6:27-38)

27 "나는 듣고 있는 너희에게 말한다. 너희 원수들을 사랑하고
너희를 미워하는 자들에게 선하게 행하고 28 너희를 저주하는
자들을 축복하고 너희를 무시하는 자들을 위해 기도하라. 29 네[11]
뺨을 때리는 자에게 다른 뺨을 보여라. 네 겉옷을 빼앗는 자에게
너희 속옷을 거부하지 말라. 30 네게 구하는 모두에게 주라. 네
것을 빼앗아 가는 자에게 돌려 달라고 요구하지 말라. 31 너는 다른
사람들이 너희에게 행해주기를 바라는 대로 그들에게 행하라."

첫째, 사랑하고 선을 행하고 축복하고 기도하라(6:27-31). 누가는 17절에서 제자의 많은 무리가 예수의 말씀을 듣기 위해 모인 것으로 표현했다. 예수는 제자들을 가르치는 동시에 무리도 청중으로 삼고 가르친다. 한 문장으로 구성된 27-28절에는 "사랑하라", "선을 행하라", "축복하라", "기도하라"는 네 가지 명령형이 사용된다. 네 동사 모두 현재형으로 항구적으로 실천해야 할 명령이다. 첫 번째 명령인 원수 사랑은 이어지는 세 가지 명령으로 설명되고 확장된다. 원수를 사랑하고, 미워하는 자를 선하게 대하고, 저주하는 자의 복을 빌며, 모욕하는 자를 위해 기도하는 것은 같은 의미다. 원수를 사랑하고 원수의 복을 위해 기도하라는 것으로, 이 세 가지는 인간의 본성으로는 행하기 힘든 급진적 수준의 윤리다. 원수를 사랑하라는 명령이 법적 방어 수단을 포기하라는 뜻은 아니다(참고. 행 16:37-39; 22:25-29; 25:10-11). 제자는 미워하는 자를 선하게 대해야 하지만 상대방의 행위가 범법 행위일 경우 하나님은 사회의 법을 통해 공의를 실현하신다.

29-30절의 네 가지 행위는 27-28절의 네 가지 명령을 구체적으로 실천하는 것이다. 급진적인 사랑이란 첫째, 이쪽 뺨을 치는 자에게 저쪽 뺨을 돌려대는 것이다. 이는 예수의 명령을 받는 사람이 폭력을 당하는 쪽에 있음을 전제로 한다. 둘째, 겉옷을 빼앗는 자에게 속옷마저 주는 것이다. 이는 강압적으로 빼앗기는 상태를 말한다. "거절

하지 말라"는 상대방이 속옷을 요구한 것을 전제로 명령한 것이다. 철저하게 공격당하는 사람은 반격을 위해 무장을 해야 하는데도 불구하고 예수는 무장을 해제하도록 지시한다. 이런 태도는 공격하는 사람 앞에서 자신의 약함을 드러내고 공격 의지가 없음을 밝히는 것이다. 셋째, 무엇을 구하는 자에게 주는 것이다. 넷째, 나의 것을 가져가는 자에게 돌려받지 않는 것이다. 예수는 네 가지 명령과 실천 목록의 근거로 다른 사람에게 대접을 받고 싶은 대로 대접하라고 가르친다(31절). 이는 적극성을 강조한다. 제자들은 예수처럼 살아가도록 부름받았기 때문에 적극적으로 선한 행동을 실천함으로 이웃에 대한 사랑을 표현해야 한다.

약자의 입장에 처한 제자가 해를 가하는 원수를 위해 기도하고 원수의 필요를 채워주는 것은 불가능한 윤리에 가깝다. 그러나 예수는 불가능한 윤리를 명령하신 것이 아니다. 제자는 이것을 실천할 수 있는 신분으로 부름받았다. 하나님의 자녀는 예수를 믿는 순간부터 아버지의 성품을 상속받았다. 원수까지 용서할 수 있는 긍휼의 속성을 상속받았다(36절). 십자가 위에서 원수들을 위해 기도하는 것으로 자신의 명령을 직접 실천한(23:34) 예수와의 결속력이 강할수록 이런 윤리를 실행할 수 있는 힘을 얻는다. 성령께서 제자들에게 힘을 주실 때 가해자마저도 선대할 수 있다. 스데반은 '성령 충만하여' 하늘을 우러러 예수를 보았기에(행 7:55) 죄인들을 위해 기도할 수 있었다(60절). 예수의 제자들이 실천하는 원수 사랑은 예수님과 초기 교회부터 세상에 충격을 던진 기독교의 독특하고 탁월한 윤리였다.

> 32 "만일 너희를 사랑하는 자들을 사랑하면 어떤 은택이 너희에게
> 있겠느냐? 죄인들도 그들을 사랑하는 자들을 사랑한다. 33 만일
> 너희가 너희에게 선을 행하는 자들에게 선을 행한다면 어떤 은택이
> 너희에게 있겠느냐? 죄인들도 같은 것을 행한다. 34 만일 너희가
> 받기를 기대하고 빌려준다면 어떤 은택이 너희에게 있겠느냐?
> 동일한 금액을 돌려받으려고 죄인들도 죄인들에게 빌려준다. 35 너희

원수들을 사랑하며 선을 행하며 빌려주며 돌려받기를 기대하지
말라.[12] 그러면 너희 보상이 클 것이다. 너희가 지극히 높은 분의
아들들이 될 것이다. 그분은 감사하지 않는 자들과 악한 자들에게도
좋으시다. 36 너희 아버지께서 자비로운 것처럼 자비로운 자가 돼라."

둘째, 자비의 아버지처럼 자비로운 자가 돼라(32-38절). 32-35절은 원수까지 사랑하라는 윤리를 가르친다. 원수 사랑의 윤리는 예수가 가르친 독특한 원리로써 대단히 급진적인 윤리이다. 예수는 "어떤 은택이 있겠느냐?"를 세 번 사용한다(32, 33, 34절). 32, 33, 34절의 카리스(χάρις)는 '칭찬'(개역개정), '인정', '이득', '보상' 등으로 번역될 수 있다. 이 단어는 높은 위치의 사람이 선사하는 인정, 혜택, 호의를 뜻하며,[13] 본문에서는 받을 것을 기대하지 않고 선을 행하는 사람에게 하나님이 주시는 혜택과 은택에 해당한다. 이는 35절에 언급되는 하나님의 '보상', '삯'(μισθός)과 같은 의미다.[14] 자신을 사랑해주는 사람만 사랑하는 제자에게 하나님이 주실 은택은 없다(32절). 하나님의 칭찬이 없다는 뜻이다. 죄인들도 자신들을 아껴주고 사랑하는 사람을 사랑하기 때문이다. 자신을 선대하는 자만 선대하는 제자에게도 하나님이 주실 은택이 없다(33절). 죄인들도 그런 식으로 선대하기 때문이다. 되받기를 기대하고 빌려주는 것은 칭찬받을 일이 아니고 하나님이 주실 은택도 없다(34절). 죄인들도 되받기를 확신하고 죄인에게 빌려주기 때문이다. "어떤 은택이 있겠느냐?"는 받을 것을 기대하고 주는 수준의 윤리, 즉 주고받는 것을 뜻하는 '상호성'의 개념을 배경으로 삼는다.[15] 되받을 것을 예상하고 주는 상호성은 당시 지중해 문화권의 관습이었다. '동일한 금액'을 받으려고 빌려주는 행위(34절)도 상호성의 원리를 반영한다. 받을 것을 확신하거나 기대하고 주는 것은 상식적인 행동이지 제자의 윤리적 탁월성과는 거리가 멀다. 예수의 제자들은 되받을 것을 기대하지 말고 원수를 사랑하고 선대하고 빌려주어야 한다(35a절). "기대하지 말라"에서 '기대하다'로 번역되는 아펠피조(ἀπελπίζω)는 문자적으로 '좌절하다', '기대하다'의 뜻이다.[16] 예수의 명령을 직역하면 '좌절하지 말라', '희망을 포기

하지 말라'는 의미도 된다. 재정으로 사랑을 실천하는 사람은 손해를 입게 될 때 좌절할 수 있다. 예수는 선을 행한 사람들에게 좌절하지 말도록 명령한다. 좌절하지 말아야 하는 이유는 두 가지다. 하나는 하나님이 주실 보상이 크기 때문이고, 다른 하나는 제자들이 하나님의 자녀이기 때문이다(35b절).

예수는 35b절에서 선을 행하는 제자들과 하나님의 '관계'를 강조한다. 즉 예수는 하나님의 성품과 하나님의 자녀 신분을 사랑을 실천해야 하는 근거로 삼는다. 원수까지 사랑하는 태도는 하나님의 속성에 일치한다. 이 윤리는 하나님 아버지의 자녀이자 제자 공동체의 정체성을 드러내는 핵심 윤리이다. 상대방이 호의에 반응하지 않을 정도로 감사를 모르고 악하다고 해도, 선을 행하는 근거는 제자의 아버지가 되시는 하나님 역시 감사를 모르는 악한 자들에게 은혜로운 분이라는 사실에 있다. '좋은'(인자한—개역개정)으로 번역되는 크레스토스(χρηστός)는 히브리어 '토브'의 번역이고, '긍휼' 혹은 '언약에 대한 신실함'을 뜻하는 엘레오스(ἔλεος)와 비슷한 의미를 전달한다.[17] 또한 하나님은 '자비로운'(οἰκτίρμων 아이크티르몬) 분이다(36a절). 자비로운 마음은 긍휼을 베푸는 마음을 말한다.[18] '좋은'(크레스토스)과 '자비로운'(아이크티르몬)이 하나님에 대한 이스라엘 백성의 고백이라는 사실이 중요하다.[19] 시편 저자는 하나님을 선하신 분으로 고백한다(시 106:1; 107:1). "할렐루야 여호와께 감사하라 그는 선하시며(χρηστός 크레스토스) 그 인자하심이 영원함이로다"(시 106:1, 107:1[70인역]). 하나님은 모세에게 자신을 '자비로운'(οἰκτίρμων 아이크티르몬) 분으로 소개하셨다(출 34:6). 시편 145:8-9은 하나님을 '자비롭고'(아이크티르몬) '선하신'(크레스토스) 분으로 소개한다.[20] 하나님은 좋고 자비로운 분이다. 예수의 생애는 하나님의 자비와 선하심을 가시적으로 보여주었다. 이스라엘이 하나님의 성품을 고백했던 것처럼, 예수는 아버지의 성품을 상속받은 제자들을 통해 하나님의 선하고 자비로운 성품이 드러나길 원한다. 되받을 것을 기대하지 않고 선을 행하는 제자들은 하나님의 자녀들로 불리는 영예를 얻게 된다. 좋고 자비로운 하나님 아버지는 제자들의 행동을 기억하고 보상하신다. 이는 '상호성'의 원리가 예수의 윤리에 적용되고 있음을 의미한다. 갚아주고 보상하는 주체는 사람이 아니라 하나님이다. 즉 호의를 제공받은 사람이 아니라 하나님이 선행을 실천한 자녀에게 보상하신다(참고. 12:33; 14:14). 제자의 희생은 무의미하게 사라지지 않는다.

> 37 "심판하지 말라. 그러면 너희가 심판받지 않게 될 것이다.
> 비난하지 말라. 그러면 너희가 비난받지 않게 될 것이다. 용서하라.
> 그러면 너희가 용서받을 것이다. 38 주라. 그러면 너희가 받게 될
> 것이다. 좋은 되로 누르고 흔들고 넘치도록 너희의 품에[21] 담길
> 것이다. 너희가 저울질하는 대로 돌려받게 될 것이다."

사랑의 실천은 인간관계에서 일어날 수 있고, 공동체를 파괴할 수 있을 정도의 큰 영향을 끼치는 세 가지 문제에 적용된다(37절). 첫째, 비판하지 말아야 한다. 하나님의 자리에 앉아서 비판하는 행위는 형제의 사소한 문제를 파내서 비판하는 태도에 가깝다. 비판하지 않으면 하나님에 의해 비판을 받지 않을 것이다. 둘째, 정죄하지 말아야 한다. 정죄하는 것은 비판하는 것과 비슷한 의미다. 정죄하지 않으면 하나님에 의해 정죄를 받지 않을 것이다. 셋째, 용서해야 한다. 그러면 하나님에 의해 용서를 받게 될 것이다. 예수는 이타심과 긍휼을 베푸는 제자에게 하나님이 어떻게 응답하시는지 설명한다(38절). 하나님은 주는 자에게 갚아 주실 것이다. 이 약속을 위해 예수는 시장에서 볼 수 있는 그림을 활용한다. 관대한 어떤 상인은 되(부피를 재는 그릇)에 곡식을 꾹꾹 눌러 담고 흔들어서 빈 공간을 채워 되를 넘을 정도로 곡식을 담아 품에 안겨 준다(38a절). 여기서 '좋은 저울', '좋은 되'는 관대한 마음을 의미한다. 하나님은 관대한 마음으로 긍휼을 베푸는 자녀를 풍성하게 채워주실 것이다. 측량하는 기준으로 측량 받고 도로 받게 될 것이라는 내용은 유대 격언으로 다른 사람들을 대하는 것처럼 대우를 받게 될 것이라는 뜻이다. 제자들은 하나님의 자녀이기 때문에 하나님은 자녀의 희생에 응답하신다. 상호성의 원리는 하나님이 선을 행한 자녀를 크게 보

상하실 때 작동하기 때문에 하나님 아버지는 자녀들의 행위에 반드시 보답하실 것이다.

제자도의 실천(6:39-49)

본 단락은 네 개의 짧은 격언으로 구성된다. 예수를 배우지 못한 지도자는 맹인이 맹인을 인도하는 것과 같이 사람들을 파멸로 이끌고 간다(39-40절). 이런 지도자는 자신의 모습은 정확히 파악하지 못한 채 남의 문제를 고치고 가르치려는 사람이다(41-42절). 기독교 공동체는 삶(열매)으로 지도자를 평가해야 한다(43-45절). 예수의 가르침과 삶에 기반을 두지 않는 지도자와 공동체는 위기의 순간에 무너질 수밖에 없다(46-49절). 전체적으로 39-49절은 '행하다'의 단어를 다섯 차례 사용함으로(43[2회], 46, 47, 49절) 행위의 가치를 강조한다.

> 39 예수께서는 또한 비유를 그들에게 말씀하셨다. "맹인이 맹인을 인도할 수 있느냐? 둘 다 구덩이에 떨어질 것이다. 40 제자는 그의 선생보다 낫지 못하지만 온전히 훈육되는 자마다 그의 선생처럼 된다."

첫째, "맹인이 맹인을 인도할 수 있느냐?" 예수는 지도자의 자격을 분별할 수 있도록 비유로 가르친다. 누가복음에서 '비유로 말씀하셨다'는 다른 주제로 넘어갈 때 자주 사용되는 표현이다(5:36; 12:16; 13:6; 14:7; 15:3). 말씀을 듣는 청중은 제자들(6:20)을 포함한 무리(17-18절)로 27절의 청중과 동일하다. "맹인이 맹인을 인도할 수 있느냐?"는 "맹인의 인도를 받지 말라"는 뜻으로, 39-40절이 지도자들보다는 지도를 받는 자들에게 주어진 경고와 가르침인 것을 암시한다. 맹인이 맹인을 인도하면 둘 다 구덩이에 빠지고 만다(39절). 당시 팔레스타인의 길은 고르지 못했기 때문에 곳곳에 위험이 도사리고 있었다. 물이 귀한 팔레스타인에서 물을 내려고 이곳저곳에 구덩이를 많이 팠기 때문에 맹인들이 걷기 힘든 환경이었다. 맹인들의 어려움은 가중될 수밖에 없었다. 여기서 맹인은 거짓 지도자를 지칭하는 비유어로 이런 지도자는 예수에게서 제대로 배우지 못하고(40절) 자신을 정확히 파악하지도 못한다(41-42절). 위험한 길인 줄도 모르고 인도하는 지도자를 따르면 지도자나 따르는 자 모두 파멸의 구덩이에 빠질 수밖에 없다.

바람직한 지도자는 모본이 되는 사람이다(40절). 잘 준비된 지도자는 좋은 선생으로부터 제대로 배운 제자다. 유대교에서 학생의 교육 목표는 자신을 가르친 선생처럼 되는 것이었다. 40절의 '온전하게 되다'(카르티조)는 '준비하다', '교육하다', '갖추다' 등의 뜻이다. 온전히 준비된 제자는 교육 기간을 성실히 채운 학생이다. 예수의 훈육을 성실하게 받은 제자는 선생인 예수처럼 어려운 사람에게 관심을 보이고 희생적인 사랑을 실천한다. 최고로 잘 준비된 제자는 원수까지도 사랑할 수 있다.

> 41 "왜 너희는 너희 형제 눈에 있는 티끌은 보고 너희 자신의 눈에
> 있는 대들보는 보지 못하느냐? 42 어떻게 너희는 너희 형제에게
> '형제여, 당신 눈에 있는 티끌을 뽑으라'라고 말할 수 있느냐? 너희
> 자신의 눈에 있는 대들보를 보지 못하느냐? 너희 위선자들이여,
> 먼저 너희 눈에 있는 대들보를 끄집어내라. 그러면 너희가 형제의
> 눈에 있는 서까래를 분명히 끄집어낼 수 있을 것이다."

둘째, "네 눈 속에 있는 서까래를 알지 못하느냐?" 39-40절이 지도자를 평가하는 기준을 제시했다면 41-42절은 다른 사람들의 문제를 찾아내고 비판하면서 정작 자신의 문제는 인지하지 못하는 사람의 태도를 지적한다. 예수는 형제의 눈 속에 있는 티를 보고 자신의 눈 속에 있는 서까래는 보지 못하는 태도를 언급한다(41절). 형제는 예수를 따르는 공동체의 일원을 가리키는 표현이다. '티'는 서까래에 비해 매우 사소한 문제에 해당한다. 지붕을 지탱하는 서까래는 티와는 비교할 수 없을 정도로 크다. 자기 눈에 있는 서까래는 보지 못하면서 형제를 향

해 티를 제거하라고 지적하는 사람은 위선자다(42절). 위선은 실제 상태와 스스로 평가하는 수준의 불일치를 말한다. 내면의 실제와 타인을 대하는 행위에 불일치가 생긴다면 그것은 위선이다. 위선자는 자신의 내면에 더 큰 문제가 있다는 사실은 간과하고 타인의 사소한 문제를 서까래처럼 크게 생각한다. 형제를 평가하는 자신의 심각한 문제로 시야가 가려져 오판할 수 있다. 왜 이런 현상이 일어나는가? 39-40절과 연결해보면 예수의 가르침과 삶을 제대로 배우지 못하기 때문이다. 예수의 가르침에 순종해 형제를 사랑한다면 형제의 허물을 용납하고 이해하는 마음으로 허물을 덮어줄 수 있다. 예수의 가르침이 자신의 삶에 체현되지 않을수록 형제의 작은 문제, 즉 사소한 문제에 집착하게 된다. 특히 사람들을 가르치고 인도하는 위치에 있는 지도자일수록 예수의 기준에 자신을 먼저 점검해야만 밝아진 시야로 형제의 눈 속에 있는 티를 제거할 수 있다.

> 43 "좋은 나무는 좋은 열매를 맺고 나쁜 나무는 좋은 열매를 맺지 못한다. 44 각 나무는 자기 열매로 알려진다. 무화과를 가시나무에서 딸 수 없고 포도를 가시덤불에서 딸 수 없다. 45 선한 사람은 마음의 선한 보고에서 선한 것을 내고 악한 사람은 악에서 악을 낸다. 이는 입이 마음의 가득 찬 것으로부터 말하기 때문이다."

셋째, 좋은 나무가 좋은 열매를 맺는다(43-45절). 지도자의 위치에 있든 따르는 자의 위치에 있든 신앙을 평가하는 기준은 나무와 열매의 상관관계와 같다. 예수는 자연 법칙을 따르는 식물의 생리를 윤리적 행위를 설명하기 위한 비유어로 사용한다. 구약은 행위를 가리키는 비유어로 열매를 사용했다(호 10:13; 사 3:10; 렘 17:10; 21:14). 좋은 나무에서 나쁜 열매가 맺히지 않듯이 나쁜 나무에서 좋은 열매가 맺히지 않는다(43절). '좋은'(καλός 칼로스)의 반의어로 사용되는 사프로스(σαπρός)는 원래 '썩은'을 뜻하지만 본문에서는 '적합하지 않은', '가치가 없는', '나쁜' 등의 의미에 가깝다. 나쁜 열매와 나쁜 나무는 쓸모없고 가치가 없다. 나쁜 열매를 맺는 지도자는 공동체에 쓸모없는 존재일 뿐이다. 진정으로 회개하는 사람은 좋은 열매를 맺는 사람이다(3:7-9).

나무가 열매를 결정하지 열매가 나무를 결정하지 않는다. 나무의 종류는 열매로 드러나게 된다(44절). 가시나무에서 무화과 열매가 맺힐 수 없고 찔레나무에서 포도 열매가 맺힐 수 없다. 이런 원리처럼 선한 사람은 마음에 쌓은 선에서 선을 내고 악한 자는 마음에 쌓은 악에서 악을 낸다(45절). 마음에 가득 쌓인 것이 입으로 나오기 때문이다. '마음의 선한 보고'에서 '보고' 또는 '창고'(θησαυρός 떼사우로스)는 선이 축적되는 개념을 의미한다. 마음의 상태는 언어생활을 통해 드러나므로 언어는 내면의 상태를 드러내는 행위의 한 부분이다. 입은 마음에 가득 찬 것을 밖으로 드러내는 통로이고 내면의 생각이 표출되는 수단이다. 본문의 언어생활은 확신을 심는 말(참고. 39-40절), 위선적인 말(참고. 41-42절)이 아니라 예수가 보여주신 언어를 가리킨다.

앞의 두 단락과 연결해 보면, 지도자의 자질은 선생인 그리스도를 닮은 삶으로 드러나게 된다(39-40절). 자신의 모습을 파악하지 못하는 악한 사람은 형제가 좋은 행위를 결실하도록 인도할 수 없으며, 내면의 악한 상태는 언젠가는 나쁜 열매로 밝혀지고 말 것이다(41-42절). 기독교 공동체에서 거짓 선생들과 거짓 지도자들은 가시나무와 찔레나무와 같다. 아무리 내면을 숨기려고 해도 쌓인 악은 드러나게 된다. 특히 언어생활로 악이 드러난다. 거짓 교사들은 공동체를 교란시키고 파멸로 이끄는 악한 말을 한다. 이와 반대로 좋은 나무를 증명하는 좋은 열매의 핵심은 낮은 자를 긍휼히 대하는 언행이다. 다른 사람을 비판하고 정죄하는 것보다 사랑이 사람을 변화로 이끌 수 있다(41-42절). 예수는 나사렛 회당에서 가난한 자들에게 복음을 전하는 것을 사명으로 선언하셨다. 속박과 눌림 가운데 살아가는 사람들을 불쌍히 여기고 존중하는 말로 대하는 것이 예수를 따르는 사람의 좋은 열매다.

46 "너희는 나를 '주여, 주여'로 부르고도 왜 내가 너희에게 말하는
것을 행하지 않느냐? 47 내게 와서 내 말을 듣고 행하는 자가

누구인지 내가 너희에게 보여주겠다. 48 그런 사람은 땅을 깊이 파서
반석 위에 기초를 놓고 집을 짓는 사람과 같다. 홍수가 범람할 때
강물이 그 집을 쳐도 잘 지어졌기 때문에 흔들 수 없다. 49 내 말을
듣고 행하지 않는 사람은 기초 없이 땅에 집을 짓는 사람과 같다.
강물이 집을 치자 집이 즉시 무너졌고 완전히 부서졌다."

넷째, "왜 내가 너희에게 말하는 것을 행하지 않느냐(46-49절)?" 예수는 삶으로 실천하지 않는 언어의 문제를 지적한다(46절). 46절은 예수에 대한 사랑과 헌신을 말로 표현하면서 이웃과 형제에 대해서는 사랑을 표현하지 않는 사람에 대한 탄식이다(참고. 10:25-29). 예수를 "주여, 주여"로 부르는 것은 절대적 순종심을 의미한다. 그러나 실제로는 예수의 가르침과 삶을 따르지 않는다면 그 사람의 말은 거짓이다. "주님, 주님"이라는 사랑의 언어와 행위의 불일치는 예수님과 진정한 관계를 맺고 있지 않음을 보여주는 증거다. 특히 예수를 경배의 대상인 '주'로 부르면서도 주의 뜻과 상관없이 행동하는 사람은 명목상 신자일 뿐이다. 이처럼 예수를 주로 고백하는 것만으로는 예수를 따르는 사람임을 입증할 수 없다. 예수의 참된 제자는 예수에게 와서 예수의 말씀을 듣고 들은 말씀대로 행동한다(47절). 세 가지를 실천하는 사람은 반석 위에 집의 기초를 놓는 사람과 같다(48절). '기초'를 놓기 위해서는 땅을 깊이 파야 한다. 팔레스타인의 땅은 주로 암석으로 구성돼 있어서 기초를 세우지 않아도 집을 짓는 데 문제가 없었고 재정도 절감할 수 있었다. 하지만 겉으로는 탄탄해 보여도 굳건한 반석이 나올 때까지 깊이 파고 기초를 놓아야 집이 튼튼하게 세워진다. 이런 집은 홍수가 나도 흔들리지 않는다. 지금까지 누가복음에 나타난 내용을 고려할 때 평지설교의 가르침이 기초에 해당한다. 또한 48절은 이사야 28:16와 비슷하다. "… 내가 한 돌을 시온에 두어 기초를 삼았노니 곧 시험한 돌이요 귀하고 견고한 기촛돌이라 그것을 믿는 이는 다급하게 되지 아니하리로다." 이사야가 말한 돌과 기초가 메시아적 의미를 담고 있다면 예수의 삶과 가르침은 인생의 기초가 된다. 예수의 말씀을 듣고도 실천하지 않는 사

람은 기초 없이 흙 위에 집을 지은 사람과 같다(49절). 특히 예수의 말씀과 삶에 인생의 기초를 놓지 않는 지도자와 이런 지도자를 따르는 사람들은 위기의 상황이 닥칠 때 무너질 수밖에 없다.

질문

1. 예수님이 열두 사도를 부르시고 첫 번째로 가르치신 네 가지 복과 화는 무엇입니까(6:12-26)? 우리 시대의 사람들이 생각하는 복과 예수님이 가르치신 복을 비교해 보십시오.
2. 예수님의 제자들은 어느 정도 수준까지 사랑을 실천해야 합니까(6:27-31)? 제자들이 되받을 기대를 하지 않고 선을 베풀어야 하는 근거는 무엇입니까(6:32-38)? 사랑을 실천하는 제자들을 하나님은 어떻게 대하십니까?
3. 예수님이 제자도를 위해 전하시는 네 개의 비유는 어떤 내용입니까(6:39-49)? 네 비유는 우리에게 어떤 원리와 경고를 전합니까?

묵상

예수는 '맹인'과 '선생' 등의 용어로 공동체 지도자를 파악할 수 있는 바른 관점을 가르치십니다. 특히 기독교 공동체의 지도자가 예수의 가르침을 제대로 알지 못하거나 예수님의 자리에 앉으려고 혈안이 될 때 사람들을 잘못된 길로 인도하게 됩니다. 지도자는 예수님을 따르는 제자라는 사실을 기억해야 합니다. 예수님은 고난받는 종으로 낮아져 섬기는 인생을 사셨고 하나님의 뜻을 정확히 가르치셨습니다. 인도하는 위치에 있는 사람일수록 고난의 길을 가신 그리스도를 생각해야 합니다. 제자로서 예수의 가르침과 섬김의 삶을 닮아가는 사람이 다른 이들을 인도하도록 준비된 지도자입니다.

11
확장되는 메시아의 사역

7:1-50

7:1-50은 예수의 가버나움 사역을 묘사하는 장면으로 예수의 가르침(6:12-49; 8:1-18) 사이에 배열된다. 7장에 나타난 메시아의 활동은 예수가 나사렛 회당에서 선포한 복음의 내용(4:16-30)에 해당한다.[1]

백부장의 종을 치유(7:1-10)

1 예수께서 백성이 듣고 있던 데서 모든 말씀을 전하고 나서
가버나움에 들어가셨다. 2 어떤 백부장에게 매우 소중한 종이
있었다. 종은 병들어 거의 죽게 된 상태였다. 3 백부장은 예수에
대해 듣고 유대 장로들 몇 명을 그에게 보내서 종을 고쳐줄 것을
요청했다. 4 장로들은 예수께 와서 간절히 부탁하며 말했다. "그는
당신의 호의를 받을 자격이 있는 사람입니다. 5 그가 우리 민족을
사랑하고 우리를 위해 회당을 지었기 때문입니다." 6 예수께서는
장로들과 함께 가셨다. 예수께서 그의 집에서 멀리 떨어지지 않은
곳에 이르렀을 때 백부장이 친구들을 그에게 보내 말했다. "주여,

고생하지 마십시오. 저는 주께서 저의 집에 들오시는 것을 감당할
자격이 되지 않습니다. 7 그래서 저는 당신께 갈 자격이 없다고
생각했습니다. 이제 말씀만으로 저의 종을 낫게 해주십시오.
8 저도 권위 아래 있는 사람이고 군인들은 제 아래 있으므로 제가
'가라'고 말하면 그 군인은 갑니다. 또 다른 군인에게 '오라'고 하면
그는 옵니다. 저의 종에게 '이것을 해라'고 말하면 종이 그것을
합니다." 9 예수께서는 이 말을 듣고 놀라 자신을 따르는 무리에게
돌려 말씀하셨다. "나는 여러분에게 말합니다. 나는 이스라엘
안에서조차 이런 믿음을 보지 못했습니다." 10 보냄받은 사람들이
집에 돌아왔을 때 건강이 회복된 종을 보았다.

예수는 모든 말씀을 마치고 나서 가버나움으로 갔다(1절). 가버나움은 예수의 사역이 가장 활발하게 일어난 곳이다(4:23, 31-41). 어떤 백부장의 종이 병에 걸렸다(2절). 백부장은 백 명의 군인을 통솔한 로마 장교다. 예수 당시에 갈릴리 지역을 통치한 헤롯 안티파스가 비유대인 군인들을 고용했기 때문에 안티파스의 군대에 속해 있을 가능성도 있다. 백부장은 예수의 능력에 대한 소문을 들었다(3절).[2] 그는 유대인 장로 몇 명을 예수에게로 보내 종을 살려줄 것을 간청한다. 유대 민족의 문화를 존중한 백부장은 이방인으로서 유대인 예수를 직접 찾아가는 것이 좋지 않다고 생각했을 것이다(3절). 유대인 장로들은 지역의 공회원들이었을 것이다. 그들이 예수에게로 와서 간청한다. 백부장의 부탁을 들어주는 것이 '합당한' 일이라고 주장한다(4절). 장로들은 자신들의 입장을 덧붙여 백부장의 종을 치유해줘야 하는 이유를 말한다. 백부장은 '우리 민족을 사랑'하고 '우리를 위해 회당'을 지었다(5절).[3] 장로들은 '우리'를 두 차례 언급함으로써 예수도 유대인으로 백부장의 혜택 아래 있으니 은혜를 갚아야 한다는 식으로 말한다. 이는 당시 지중해 문화권에서 보편적이었던 '후원 체계'를 반영한다. 이 체계에는 은혜와 선물을 주는 은인(시혜자)이 있고, 받은 은혜를 갚아야 할 의무를 떠맡는 피보호자(수혜자)가 있다. 백부장은 피보호자들인 유대인들에게 후

견인이자 은인의 위치에 있었다. 당시 로마 백부장들은 대부분 부자였고 민중을 위한 봉사와 의무는 진급에 있어서도 중요했으며 백부장들이 지역민을 위해 은덕을 베푼 기록도 남아 있다.[4] 장로들은 유대 민족을 존중하고 회당까지 지어 준 로마 백부장을 은인으로 생각한다. 받은 빚을 갚아야 한다는 관점으로 그들은 예수에게 '합당하다'는 용어를 사용해 의무를 수행하도록 요구한다. 그러나 이것은 유대 장로들의 의견일 뿐 백부장의 의견이 아니다.

예수는 장로들과 함께 백부장의 집으로 간다(6절). 예수는 그의 요청에 빠르게 반응한다. 즉시 응답에 반응한 예수가 '이미' 집 근처에 이른 것을 알게 된 백부장은 친구들을 보낸다. 이는 유대 장로들이 백부장의 의도를 제대로 전달하지 못했음을 내포한다. 백부장은 친구들을 통해 자신의 입장을 전달한다(6절). "저는 주께서 저의 집에 들어오시는 것을 감당할 자격이 되지 않습니다." 유대 장로들은 '합당하다'고 말했으나 백부장은 자신이 예수에게 나아가는 것이 '합당하지 않다'고 말한다. 자격이 없다는 말이다. 백부장은 유대인 선생이 이방인의 집을 방문하는 것이 적절하지 않다고 생각하고 예수에게 부담을 떠안기려고 하지 않는다. 후원 체계와 윤리에 근거해 자신이 베푼 은혜를 예수가 대신 갚아야 한다는 식으로도 생각하지 않는다. 백부장에게 예수의 치유는 예수가 유대인의 대표로서 갚아야 할 빚이나 의무가 아니라 긍휼이다. 백부장은 예수에게 말씀으로 종을 치유해주실 것을 부탁한다. 백부장은 자신도 명령을 받고 명령을 하는 입장이므로 말의 권위를 잘 알고 있다. 그는 예수가 명령하면 말의 능력이 즉각 나타날 것을 믿는다(8절). 예수는 백부장의 반응을 놀랍게 생각한다(9절). 지금까지는 사람들이 예수에 대해 놀랐으나 처음으로 예수가 다른 사람에 의해 놀란다. 예수는 백부장이 보여준 겸손("주여 저는 자격이 되지 않습니다.")과 확신("말씀만으로 저의 종을 치유해 주소서.")에 놀란다. 이스라엘 중에 이런 믿음을 본 적이 없다며 칭찬한다(9절). 백부장이 예수에게 보낸 사람들이 집에 돌아가 보니 이미 종은 나았다(10절).

장로들의 주장과 달리 백부장은 자신이 예수의 은혜를 입을 만한 자격이 없다고 여겼고 예수가 친히 이방인의 집에 올 것이라고 예상하지 못했다. 백부장이 생각한 예수의 치유는 자신의 공적에 대한 보답이 아니라 긍휼이었다. 예수의 제자는 자신의 헌신을 근거로 삼아 유대 장로들처럼 예수를 의무를 수행하는 위치에 두기 쉽다. 그러나 예수의 도움은 무익한 종에게 임하는 은혜다. 또한 백부장은 예수의 말씀이 시공간을 초월하고 유대인과 이방인의 경계를 초월해 실현된 것을 믿었다. 믿음의 능력은 택함받았다고 확신하는 자들의 몫도 아니고 종교 생활의 기간이 길거나 지위가 높다고 생각하는 자들의 몫도 아니다. 예수의 말씀에 대한 신뢰(피스티스)는 모두에게 열려 있고 신뢰하는 자는 능력을 경험한다.

배경설명 – 후원 체계

유대 장로들이 이방인 장교의 은혜를 갚아야 한다고 말하는 내용은 당시 지중해 문화권의 후원 체계를 반영한다.[5] 후원 체계는 후견인(은인)과 피보호자(수혜자)의 관계를 말한다. 이 체계는 주는 자가 있고 혜택을 받는 자가 있으며, 받은 자는 은혜를 갚아야 하는 '상호성'에 기반을 둔다. 피보호자는 후견인으로부터 호혜를 입는 순간부터 은인에게 빚을 갚아야 하는 의무를 짊어지게 된다. 피보호자와 수혜자는 받은 것을 갚아야 하므로 의무를 수행하는 것은 불평등에 근거한 행위다. 유대 장로들은 은혜와 의무감을 핵심으로 삼는 후원 체계에 따라 예수가 행동할 것을 기대하고 요구한다. 역설적으로 유대 장로들과 달리 백부장은 후원 체계에 근거해 예수의 능력을 요청하지 않는다.

나인성 과부의 아들을 살리는 예수(7:11-17)

11 얼마 후 예수께서는 나인이라 불리는 마을에 들어가셨다. 예수의
제자들과 큰 무리가 그와 함께 갔다. 12 예수께서 성읍 성문에
가까이 왔을 때 죽은 사람이 옮겨지고 있었다. 죽은 자는 어머니의
독자였고 어머니는 과부였다. 마을의 큰 무리가 그녀와 함께 했다.
13 주께서 그녀를 보고 불쌍히 여기며 말씀하셨다. "울지 마시오."

> 14 예수께서 가까이 다가가 관을 만지셨다. 옮기는 자들이 멈추었다.
> 예수께서 말씀하셨다. "청년아, 내가 네게 말한다. '일어나라.'"
> 15 죽은 자가 일어나 말하기 시작했다. 예수께서는 그를 그의
> 어머니에게 돌려주셨다. 16 모든 사람이 두려움에 휩싸여 하나님께
> 영광을 돌리며 말했다. "큰 선지자가 우리 가운데 나타났다.
> 하나님이 그의 백성을 방문하셨다." 17 예수에 대한 말이 유대와
> 주변 지역 전역에 퍼져 나갔다.

예수의 일행은 나인 성문 앞에서 장례 행렬을 만난다(11절). 갈릴리 남부에 위치한 나인은 나사렛에서 남동쪽으로 약 10킬로미터, 가버나움에서 남서쪽으로 30-40킬로미터 정도 떨어진 위치였다. 성문은 공식적인 일이 집행되던 장소였다. 유대 관습에서는 시체를 성읍 밖에 매장했으므로 장례 행렬은 성읍을 나오고 있었다. 죽은 자는 청년이었고 어머니의 독자였다(12절). '유일한 아들'(μονογενής 모노게네스)은 유일한 자녀(7:12; 8:42; 9:38)를 가리킨다. 남은 어머니는 과부였다. 과부는 남편이 없기 때문에 성장한 아들이 어머니를 부양해야 한다. 그런데 어머니의 유일한 가족, 생계를 책임질 아들이 죽고 말았다. 아들의 나이는 알려지지 않았다. 청년이라는 단어로 추측해 볼 때 결혼하지 않은 나이일 것으로 보인다(참조. 행 23:18). 성경은 인생에서 가장 큰 슬픔을 겪는 사람을 독자를 잃은 여자로 표현한다(렘 6:26; 암 8:10; 슥 12:10). "독자를 잃음같이 슬퍼하며 통곡할지어다"(렘 6:26, 개역개정). 무대의 조명은 외아들의 주검이 있는 관이 아니라 관을 쳐다보며 따르는 어머니를 비춘다(12절). 죽음의 고통은 홀로 남은 어머니의 것이다. 그러나 고통에는 연대감이 있다. 어머니의 고통은 가족의 고통이다. 가족의 고통은 동네 사람들의 고통이다. 동네 사람들의 고통은 장례 행렬을 보고 있는 사람들의 고통이다. 토라를 공부하는 것은 이스라엘에서 방해받지 말아야 하는 행위였으나, 랍비는 장례와 같은 슬픔에 연대하기 위해서 토라를 가르치는 수업도 연기했다.[6] 그만큼 이스라엘에서 한 사람의 고통은 통곡 소리를 듣는 모든 사람들의 고통이었다. 사람들이 할 수 있는 것은

여자와 함께하면서 그녀를 위로하는 것이었다(12절). 예수와 제자들도 모든 것을 중단한 채 과부의 슬픔에 참여한다.

예수는 여자를 보고 불쌍히 여긴다(13절). 누가는 이곳에서 처음으로 예수를 '주'(퀴리오스)로 기록한다. 이는 부활의 주로서 죽음을 이기는 예수의 권위를 강조하기 위함이다(참고. 행 2:33-36).[7] 누가는 12-15절에서 독자를 잃은 여자를 지칭하는 인칭대명사 '그녀'를 반복함으로써 독자의 시선을 여자에게 맞춘다. 여자는 '과부'였고(12, 13절), 무리가 '그녀'와 함께 있었으며(12절), 예수는 '그녀'를 보았고, '그녀'를 불쌍히 여겼고, '그녀'에게 말했고(13절), 아들을 그의 '어머니'에게 주었다(15절). 13절 '보셨다!'는 예수의 계획과 시선이 여자의 고통에 가 있었음을 의미한다. 사가랴의 찬송에 나온 것처럼(1:72, 78) 긍휼은 하나님이 구원을 위해 인간의 역사에 개입하시는 이유다. 누가는 의도적으로 예수가 '주'로서 여자를 불쌍히 여기셨다고 표현한다. 성경에서 이스라엘의 '주' 하나님은 불쌍히 여기시는 하나님이다. "… 큰 긍휼로 너를 다시 불러들이겠다 … 나의 영원한 사랑으로 너에게 긍휼을 베풀겠다 …"(사 54:7-10, 새번역). 사람들이 여자를 위해 할 수 있는 위로는 함께 있으면서 함께 우는 것이었다. 그러나 예수는 "울지 말라"고 명령한다. 예수는 관에 손을 댄다. 관을 맨 자들이 멈춘다. 장례 절차가 중단된다. 치유의 능력과 긍휼의 힘이 죽음을 이기고 예수의 거룩함이 시체의 부정함을 이긴다. 예수는 청년에게 "일어나라"라고 명령한다. 청년은 살아났고 앉아서 말을 한다(15절). 이제 청년의 생명은 예수에게 속했다. 예수는 아들을 어머니에게 돌려준다. 장례식을 되살아난 아들의 생일잔치로 만들었다. 이 사건은 엘리야가 과부의 아들을 살린 장면을 떠올린다(왕상 17:23). 그러나 엘리야와 달리 예수는 기도가 아니라 자신의 말로 살린다. 이방인 백부장의 종이 낫고 과부의 아들이 살아난 사건은 엘리야-엘리사 시대의 기적을 상기시키며, 예수가 나사렛 회당의 선언에서 예고한 것이다(4:25-27).

이 장면을 본 모든 사람들이 두려워했다(16절). 그들의 두려움은 하나님의 임재(1:12, 65; 5:26)를 경험했을 때 나타나는 전형적인 반응

【유대인의 장례 행렬(1800년대 스케치)】

이다. 무리는 하나님께 영광을 돌리면서 "큰 선지자가 우리 가운데 일어났다"고 기뻐한다. 무리는 사렙다 과부의 아들을 살린 엘리야를 떠올렸을 것이다(왕상 17:17-24; 참고. 눅 4:24-27; 9:8, 19; 24:19). 엘리야는 '주'께 기도하면서 '주여'(κύριε 퀴리에)라고 불렀고 살아난 아들을 모친에게 돌려주었다(왕상 17:21, 23).[8] 두 본문에서 '주'는 죽은 자를 살리고 여자는 아들을 돌려받는다. 예수는 자신의 사역을 사렙다 과부에게 보냄 받은 엘리야의 활동과 연결했다(4:26). 큰 선지자를 말한 사람들 중에는 모세와 같은 선지자를 생각했을 수도 있다(행 3:22).[9] 모세도 '말과 하는 일들'이 강력했다(행 7:36-37). 나인 성읍의 사람들은 예수가 과부의 아픔을 해결했듯이 그가 하나님의 백성을 위해 일할 것을 크게 기대하면서 우리 가운데 큰 선지자가 일어났다고 외친다.[10] 무리는 "하나님이 그의 백성을 방문하셨다"고 고백한다. '방문하다'는 사가랴의 찬송에 등장한 용어로 하나님이 찾아오신 것을 의미한다(1:68-69).[11] 일찍이 이스라엘 백성은 하나님이 이집트의 노예로 고통당하던 자신들을 '방문하셨다'고 고백했다(출 3:16; 4:31).

나인성의 청년이 살아난 사건은 하나님이 자기 백성을 구원하기 위해 방문하실 것이라는 기대가 성취된 사건이다. 하나님이 선지자를 보내 자기 백성을 방문하시는 것은 은혜와 긍휼의 표현이다. 하나님은 선지자 예수를 통해 고통 중에 있는 한 어머니를 심방하셨다. 예수에게 붙여진 '주' 칭호처럼 예수는 그의 백성을 방문한 하나님이다. 그는 구약에 나타난 하나님의 권능과 마음을 이 땅에서 직접 보여주는 성자 하나님이다. 어머니의 기쁨은 온 백성의 기쁨으로 번진다. 고통의 연대성(아들의 죽음 → 어머니의 고통 → 나인성 사람들의 고통)은 구원과 기쁨의 연대성(아들의 소생 → 어머니의 기쁨 → 나인성 사람들의 기쁨 → 이스라엘의 기쁨)으로 역전된다. 예수의 방문이 슬픔을 기쁨으로 바꾸는 계기였다. 긍휼의 예수가 한 사람의 인생에 방문하시면 그 사람을 통해 기쁨이 확장된다. 또한 과부의 아들이 살아난 사건은 예수의 관심이 가족의 회복에 있음을 의미한다. 이 사건과 열두 살 소녀가 살아난 사건(8:49-56)에서 예수의 시선은 어머니에게 가 있다(8:51의 '아이의 아버지와 어머니'). 하나님 나라의 운동은 가족을 수단으로 사용하는 나라가 아니라 가족의 회복을 증거로 삼는 나라다.

요한과 예수의 정체와 사역(7:18-35)

18 요한의 제자들은 이 모든 일을 요한에게 보고했다. 요한은 그의
제자들 중 둘을 불러 19 주님에게 질문을 하도록 보냈다. "당신이
오실 그분입니까? 아니면 우리가 다른 분을 기다려야 합니까?"
20 사람들이 예수께 와서 말했다. "세례 요한이 우리를 보내
질문하도록 했습니다. '당신이 오실 그분입니까? 아니면 우리가
다른 분을 기다려야 합니까?'" 21 때마침 예수께서는 질병과 고통과
악령에 시달리는 많은 사람들을 치유했고 볼 수 없는 많은 맹인들을
보게 하셨다. 22 예수께서 그들에게 대답하셨다. "너희가 보고 들은
것을 가서 요한에게 말해라. 맹인들이 시력을 회복하고 걷지 못하는
사람들이 걷고 나병환자들이 깨끗해지며 듣지 못하는 자들이 듣고
죽은 자들이 일어나며 가난한 자들에게 좋은 소식이 전해졌다. 23 나
때문에 실족하지 않는 자마다 복되다."

누가복음 7:18-35은 세례 요한과 예수의 간접적인 만남을 중심으로 전개된다. 요한은 헤롯에게 체포된 이후(3:19-20) 무대에서 사라졌다. 예수의 사역에 대한 소식을 접한 요한은 두 제자를 예수에게 보낸다(7:18-19). 예수는 자신이 바로 요한이 기다린 '오실 그분'이라는 사실을 알린다(20-23절). 그리고 무리를 향해 요한의 정체를 밝히고(24-30절) 자신과 요한을 통해 도래한 하나님 나라에 대한 '이 세대'의 반응을 평가한다(31-35절).

요한의 제자들이 예수가 가르친 말씀과 행한 치유(예, 6:17-19)를 요한에게 알렸다(18절). 예수는 나사렛 회당의 선언(4:18-19; 사 61:1-2; 58:6)에 근거해 회복을 실현하고 있다. 이미 예수는 나사렛 설교에서 주의 보복의 날을 제외했고 희년의 복음을 실현할 때도 회복에 초점을 맞추었다. 반면 세례 요한은 하나님의 개입으로 알곡과 쭉정이를 가르는 심판이 오실 그분을 통해 집행될 것을 예고했다(3:17). 요한은 예수의 능력에 대해서는 의심하지 않았으나 심판을 집행하지 않는 것에 의문을 가졌다. 그래서 요한은 제자들을 보내 자신이 기다렸던 '오실 그분'(3:16; 7:19, 20; 참고. 4:34; 5:32)이 맞는지 질문한다(19-20절). 구약에서 '오실 그이'는 하나님을 가리켰으나(사 40:10; 슥 14:5; 말 3:1) 세례 장면에서는 자신보다 '능력이 많으신 이', 곧 예수를 가리킨다(3:16-17). 요한은 예수의 사역에 대한 증언의 필요 요건(2-3명)을 고려해 두 명을 보낸 것으로 보인다(신 19:15). 요한은 두 번에 걸쳐 다른 이를 기다려야 하는지 묻는다.

요한의 제자들은 예수가 병과 고통을 치유하고 귀신 들린 자들을 고치고 많은 맹인을 치유한 장면을 보았다(21절). 예수는 자신의 사역을 요약하여 요한에게 보고하라고 말한다(22절). 예수의 활동으로 맹인들이 눈을 뜨고, 못 걷는 사람들이 걷고, 나병환자들이 깨끗하게 되며, 귀먹은 사람들이 듣고, 죽은 자들이 살아나고, 가난한 자들에게 복음이 전해진다(사 26:19; 29:18; 35:5-6; 42:18; 61:1). 이는 예수가 이사야 61:1-2에서 기쁜 소식(복음)을 전하도록 기름 부음 받은 메시아인 것을 입증한다. 나사렛 회당의 설교(4:18-19; 사 61:1-2)를 실현하는 것이 예수의 메시아 사역이고 그의 사역은 회복에 초점을 맞춘다. 예수가 수행한 사역에 걸려 넘어지지 않는 자마다 복되다(23절). '실족하다'는[12] '덫을 놓다', '장애물을 설치하다'를 의미한다. 좀 더 일반적으로는 '공격하다', '파멸로 이끌다', '죄를 짓도록 유혹하다'를 뜻한다. 특히 '나로 인하여'는 실족의 원인이 예수에 대한 오해라는 점을 명시한다. 예수가 성취하신 하나님 나라의 복음을 오해하는 사람은 누구든지 실족할 수 있다. 예수의 존재와 사역을 잘 안다고 착각하는 사람은 자신의 요구에 예수를 맞추기보다 예수의 요구에 자신을 맞춰야 한다.

> 24 요한의 전령들이 가고 나서 예수께서는 무리에게 요한에 대해
> 말하기 시작했다. "여러분은 무엇을 보러 광야에 나갔습니까?
> 바람에 흔들리는 갈대를 보러 갔습니까? 25 여러분은 무엇을 보러
> 나갔습니까? 부드러운 옷을 입은 사람입니까? 좋은 옷을 입고
> 화려하게 사는 사람들은 왕궁에 있습니다. 26 여러분은 무엇을 보러
> 나갔습니까? 선지자를 보러 나갔습니까? 여러분에게 말하는데,
> 맞습니다. 그는 선지자보다 더 위대합니다. 27 요한에 대해 이렇게
> 기록됐습니다. '보라, 나는 나의 전령들을 너희보다 앞서 보낸다.
> 그들이 너희를 앞서 너희의 길을 준비할 것이다.' 28 나는 여러분에게
> 말합니다. 여자들에게서 태어난 자들 중에 요한보다 더 큰 사람은
> 없습니다. 그러나 하나님 나라에서 가장 작은 자가 요한보다
> 큽니다."

요한이 보낸 메신저들이 떠난 후 예수는 세 번에 걸쳐 "무엇을 보러 나갔습니까?"(24, 25, 26절)라는 가상의 질문을 던지고 대답하는 방식으로 요한의 정체를 설명한다. 무리가 광야에 나간 목적은 바람에 흔들리는 갈대를 구경하기 위함이 아니었다(24절). 갈대를 구경하기 위해 집단으로 멀고 거친 길을 걸어 광야까지 갈 이유는 없다. 부드러운 옷을 입은 사람을 보려고 광야에 간 것도 아니다. 화려한 옷을 입고 사치를 즐기는 자는 왕궁에 있기 때문이다(25절). 높은 지위의 비싼 옷을 입은 고관

대작들을 보려면 왕궁에 가야 한다. 무리가 광야에 간 목적은 선지자를 보기 위함이었다(26절). 광야의 요한은 청빈한 생활을 하고 있었다. 요한은 주의 오심을 준비하기 위해 종말에 보냄받을 것으로 예고된 선지자였다. 그는 엘리야와 같이 주의 길을 준비하러 보냄받았다(참고. 출 23:20; 말 3:1). 그러나 요한은 선지자보다 큰 자다. 요한은 여자가 낳은 자 중에서 가장 위대한 자다. 그는 다른 선지자들이 예고한 선지자다. 하나님의 목적과 계획을 계시하고 실행하는 메시아를 직접 만났으므로 가장 위대한 인물이다. 즉 구원사의 관점에서 예수의 전령이었으므로 어떤 선지자보다 더 중요한 역할을 했다. 어느 누구도 요한의 역할을 대신할 수 없었다. 그러나 하나님 나라에서는 가장 작은 자가 요한보다 더 위대하다(28절). 옛 시대와 새 시대 사이의 차이는 매우 커서 새 시대에서 가장 작은 자가 요한보다 크다.

> **29** 세리들을 포함해 이것을 들은 모든 사람들은 하나님을 의롭게 했다. 그들이 요한의 세례를 받았기 때문이다. **30** 그러나 바리새인들과 율법학자들은 요한에게 세례받기를 거부함으로 그들을 위한 하나님의 계획을 스스로 거부했다.

예수의 말씀에 대한 상반된 반응은 요한의 세례에 대한 상반된 반응을 반영한다(29-30절). 1세기 당시 세례는 출애굽 사건에서 물을 건너 해방을 경험한 것처럼 이전의 삶을 씻고 구원에 들어가는 것을 상징했다. 요한의 가르침과 세례는 하나님 나라의 도래를 준비하는 행위였다. 요한의 세례를 받는 것은 하나님 나라를 위한 옳은 선택이다. 회개의 세례에 진심으로 참여하는 사람은 요한이 예고한 '오실 그분'의 세례, 즉 구원을 경험하게 된다. 요한의 세례에 참여한 백성과 세리들은 예수의 말씀을 들은 자들, 즉 세리와 죄인들을 포함하는 사람들인데, 이들은 하나님을 의롭게 했다(29절). '의롭게 하다'(δικαιόω 디카이오오)는 '의로 인정하다'에 가까운 뜻이므로 '하나님을 의롭게 했다'는 '하나님을 의로 인정했다'를 의미한다.[13] 이 표현은 30절의 '거부했다'와 대조되므로, 간단히 말하자면 하나님을 인정했다는 뜻이다. 이들은 하나님이 요한의 세례를 받도록 인도하시고 이제는 예수의 말씀을 통해 계획을 실현하고 계심을 인정했다.[14] 이것이 하나님의 옳은 방식임을 인정했다. 이런 점에서 하나님을 의롭게 한 것은 '구원의 계획을 요한과 예수를 통해 실현하시는 하나님께 영광을 돌렸다'는 뜻이다.[15] 반면 요한의 외침과 예수의 사역을 거부한 자들은 사실상 하나님을 인정하지 않고 거부한 것이다. 30절과 연결해보면 이들은 '하나님의 계획', 즉 하나님이 구원을 위해 세우신 목표를 거부하고 말았다. '하나님의 계획'(τὴν βουλὴν τοῦ θεοῦ 텐 불렌 투 떼우)의 불레(βουλή)는 '목적', '경륜', '계획'을 의미한다.[16] 하나님의 구원 계획은 세리들과 같이 사회 종교적으로 낮은 자들, 심지어 이방인들이 하나님 나라의 백성이 되는 것을 포함한다. 따라서 요한의 소리를 듣는 사람들은 하나님의 계획과 목적을 인정한 백성이다. 반면 바리새인과 율법교사들은 요한의 세례를 받지 않음으로써 하나님의 계획과 목적을 의도적으로 거부한 사실이 드러난다(30절). 역설적으로 하나님의 계획을 안다고 확신하는 바리새인들과 율법교사들은 요한의 세례를 통해 계시하신 하나님의 계획을 거부했다. 요한의 세례를 거부하면 요한이 예고한 예수를 거부하게 되므로 심판에 처할 수밖에 없다. 요한이 경고한 것처럼 회개의 열매를 맺지 못한 그들은 독사의 후손이다(3:7).

> 31 "이 세대의 백성을 무엇과 비교할까요? 그들은 무엇과 같은가요?
> 32 그들은 시장에 앉아 서로를 부르는 어린이들과 같습니다. '우리는
> 너희를 위해 피리를 연주했으나 너희는 춤을 추지 않았다. 우리가
> 애곡했으나 너희는 울지 않았다.' 33 세례 요한이 와서 빵을 먹지
> 않고 포도주를 마시지 않자 여러분은 말합니다. '그가 귀신 들렸다.'
> 34 인자가 와서 먹고 마시자 여러분은 말합니다. '보라, 먹보와 술꾼,
> 세리들과 죄인들의 친구다.' 35 그러나 지혜는 그것의 모든 자녀로
> 의롭게 됩니다."

예수는 요한의 세례에 참여하지 않음으로써 하나님의 뜻을 거부한 세대를 장터에서 놀이를 하는 아이들의 비유로 설명한다. 29-30절처럼 이 비유(31-32절) 역시 예수님과 요한의 사명을 하나로 연결한다. 이 세대는 시장에 앉아 결혼식과 장례식 놀이를 하는 사람들과 같다. 아이들은 피리를 불면서 친구들이 춤을 추지 않는 것을 불평하고, 곡을 해도 울지 않는다고 불평한다. 즉 상대방이 반응하지 않는 문제로 실망한다. 장터에서 놀던 아이들인 이 세대('우리')는 요한에게 춤출 것을 요구하고 예수에게 금식할 것을 요구했다.[17] 비유에 대한 예수의 해설(33-34절)은 이런 흐름을 반영한다. 이 세대는 요한에게 결혼식 놀이와 같이 좋은 반응을 요구했으나 요한은 금식하고 포도주도 마시지 않았다. 그러자 이 세대는 요한을 귀신 들린 자로 비난했다. 또 이 세대는 예수에게 장례식 놀이에 동참할 것을 요구했다. 그러나 예수가 회개한 죄인들을 환대하고 식사 자리를 만들어 참여하자 그들은 먹는 것을 탐하고 포도주를 즐기고 죄인들과 세리들의 친구라는 이유로 예수를 정죄했다. 이처럼 악한 세대는 요한과 예수가 자신들의 놀이에 참여하지 않는 것으로 불평한다. 요한과 예수는 당시 종교지도자들의 정치, 종교 놀이에 참여하지 않았다. 요한과 예수는 종교지도자들뿐만 아니라 당시의 민중이 원하는 대로 따라 주지도 않았다. 결국 이 세대는 요한과 예수를 배척했다. 예수를 무시하고 비하하고 결국 십자가의 죽음으로 내몰았다. 악한 세대가 예수를 통해 욕망을 채우기 원했던 것처럼, 어느 시대든지 이기적인 욕망을 충족시키기 위해 예수를 이용하고자 하는 사람들이 있다. 이 세대의 사람들은 예수님뿐 아니라 하나님 나라의 사역을 올바르게 수행하는 사람들에게도 자신들이 원하는 바를 행하여 주기를 바란다. 자신들이 만든 종교-경제의 놀이터를 행복의 장으로 만들어 주기 원한다.

이 세대가 요한과 예수를 배척하면 그들을 통한 하나님의 계획(30절)은 결실을 맺지 못한 채 실패로 끝나는가? 그렇지 않다. 지혜는 그의 모든 자녀로 인해 옳다함을 얻게 되기 때문이다(35절). 구약에서 지혜는 하나님을 인격화한 개념이다(잠 8; 시락서 24). 지혜가 하나님의 속성을 반영한 것처럼 35절의 지혜도 하나님의 속성[18] 또는 구원 계획(30절)을[19] 의미한다. 말하자면 구약에서 지혜가 하나님과 동일시된 것처럼 하나님의 속성과 계획은 하나님이 어떤 분인지 반영한다. '의롭게 하다'는 29절의 용례와 같이 '인정하다'에 가깝다.[20] '지혜의 자녀들'은 자신들의 욕망과 계획에 근거해 요한과 예수의 요구를 거부한 '이 세대'와 대조적으로 요한과 예수를 통해 전해진 하나님의 뜻을 받아들이는 자들이다. 여기서 예수는 왜 '지혜'라는 용어를 사용했을까? 지혜가 '초대하는' 속성을 지닌 개념이기 때문일 것이다. 이 용어는 하나님의 초청을 강조한다. 하나님은 요한과 예수의 메시지와 사역을 통해 그의 백성을 초대하셨다. '이 시대'의 자녀들이 요한과 예수를 거부한 것은 하나님의 초대를 거부한 것과 같은 의미다. 요한의 세례에 참여하는 자들은 하나님의 계획을 인정하는 사람들이며, 예수의 말씀을 받아들이는 사람들(=지혜의 자녀들)은 하나님의 계획과 속성을 인정하는 사람들이다. 이런 사람들을 통해 하나님의 속성이 드러나고 하나님의 계획이 실현되기 시작한다. 곧이어 등장하는 죄 있는 여자(7:36-50)는 예수를 통해 죄 용서를 받고 하나님의 속성을 인정하고 경험한 지혜의 딸이다.

지혜	지혜의 자녀	의롭게 된다	지혜의 중개자
하나님의 속성 또는 계획 (지혜는 하나님과 동일시)	요한과 예수의 가르침을 받아들이는 사람들 (예, 제자들, 죄 있는 여자 등) ↔ 이 시대의 사람들 (예, 바리새인들과 서기관들)	'인정된다' ↔ '배척받는다' '거부된다'	요한과 예수

많이 용서받은 여자의 헌신(7:36-50)

36 바리새인들 중 한 명이 예수를 식사에 초대했다. 예수께서
바리새인의 집에 들어가 앉으셨다. 37 그 마을에 죄지은 여자가
있었는데 그녀는 예수께서 바리새인의 집에서 식사하는 것을 알고

향유 병을 들고 왔다. 38 여자는 예수의 뒤쪽으로 가서 발 옆에 서서
울며, 눈물로 그의 발을 씻기고 자신의 머리카락으로 닦고 예수의
발에 입 맞추고 향유를 붓기 시작했다. 39 예수를 초대한 바리새인이
이 모습을 보고는 속으로 말했다. "이 사람이 선지자라면 그를
만지고 있는 여자가 어떤 부류인지 알 수 있었을 것이다. 여자는
죄인이다."

7:36-50은 누가복음에만 기록된 내용으로 죄 많은 여자의 헌신을 제자도의 모본으로 설명한다. 누가는 여자가 예수의 발에 향유를 붓는 장면을 소개한다(36-39절). 예수는 여자가 그렇게 행동하는 이유를 설명하기 위해 빚을 탕감받은 두 사람에 대한 비유를 제시한다(40-43절). 예수는 여자의 헌신을 시몬의 태도와 비교하고(44-46절), 여자가 그렇게 행동하는 이유를 많은 죄가 사해진 것으로 설명한다(47-50절).

어떤 바리새인이 예수를 식사에 초대했다(36절). 초대자는 네 번에 걸쳐 '바리새인'으로 언급된다(36[2회], 37, 39절). 예수는 바리새인의 집에 들어가 앉았다.[21] 유대인의 만찬에 초대를 받아 같은 식탁에 앉는 것은 사회적인 친밀감과 존중을 의미했다. 그들의 식사는 정결한 사람들과 정결한 음식을 나누는 것이었다. 그런데 죄를 지은 한 여자가 향유를 담은 옥합을 들고 식사 자리에 왔다(37절). 죄 있는 여자와 바리새인의 만찬은 전혀 어울리지 않는 조합이다. 죄 많은 여자가 들어 온 것은 초대자와 손님들 모두를 당혹스럽게 만들었다. 독자는 여자가 성적인 죄를 저질렀거나 매춘에 종사했을 것으로 추정할 수도 있다. 이런 추정에 따라 여자가 예수에게 보인 동작을 성적인 분위기와 연결시키기도 한다. 혹은 여자가 금전적인 문제를 저질렀다고 생각할 수도 있다. 그러나 본문은 여자의 죄와 직업을 명시하지 않는다. 유대 문화에서 대낮에 바리새인의 집으로 들어가 매춘부와 같은 행위를 하는 것이 용인될 리 없고 예수가 여자의 그런 행위를 칭찬했을 리도 없다. 여자의 직업과 죄의 종류는 이야기의 흐름에 영향을 주는 소재가 아니다.

엄격한 식사 자리에 도시의 죄 많은 여자로 알려진 자가 어떻

게 들어올 수 있었을까? 여자는 갑자기 돌진해 들어왔을 것이다. 더 충격적인 장면이 연이어 벌어진다. 당시 만찬의 식탁은 U 모양이었기 때문에 비스듬히 기대앉는 손님은 왼쪽 팔꿈치로 몸을 지탱하고 식탁의 바깥으로 발은 뻗고 음식을 먹기 위해 오른쪽 팔을 움직였다.[22] 여자는 예수의 뒤로 왔다. 비스듬히 누워 식사하는 손님의 뻗은 발은 여자가 씻기기 적합한 신체 부위였다. 여자는 눈물을 흘리며 예수의 발을 적시고 예수의 발에 향유를 부었다. 여자는 수건을 대신해 머리카락으로 닦고 발에 입을 맞추었다. 38절에서 누가는 여덟 개의 동사로 여자의 헌신을 강조한다. 여자는 예수의 위치를 파악했다. 옥합을 가져왔다. 발 곁에 섰다. 울었다. 발을 씻겼다. 머리카락으로 닦았다. 발에 입을 맞췄다. 향유를 부었다.

> 40 예수께서 바리새인에게 말씀하셨다. "시몬, 당신에게 말할 것이 있소." 그가 대답했다. "선생님, 말씀하십시오." 41 "어떤 채권자에게 두 명의 채무자가 있었습니다. 한 명은 오백 데나리온을 빌렸고 다른 한 명은 오십 데나리온을 빌렸습니다. 42 그들이 갚을 수 없게 되자 채권자는 둘 다를 위해 빚을 탕감했습니다. 그들 중 누가 채권자를 더 사랑할까요?" 43 시몬이 대답했다. "제 생각에는 채권자가 더 큰 빚을 탕감해준 사람입니다." 예수께서 그에게 말씀하셨다. "당신은 정확히 판단했습니다."

바리새인은 도시에서 잘 알려진 죄인, 곧 부정한 자가 수치를 모르고 남성들의 정결한 식사 자리에 난입한 것에 충격을 받는다. 바리새인으로서 한 번도 상상해보지 못한 수치스러운 현장이 아닐 수 없다. 그는 여자를 꾸짖어 쫓아내지 않은 예수에게 식사를 망가뜨린 책임을 돌린다. 그는 만일 예수가 선지자라면 이곳에 온 여자가 죄인인 줄 알아야 했다고 속으로 불평했다(39절). 그의 반응은 '우리 가운데' 큰 선지자가 나타났다고 기뻐한 나인성의 사람들이 보인 반응과 대조적이다(7:16). 바리새인이 이렇게 말할 정도로 여자는 성읍에서 잘 알려진 죄인이었다. 바리새인은 여자의 실체를 모르고 섬김을 받는 것은 예수가 선지자가 아니라는 사실을 입증한다고 생각한다. 예수는 시몬의 생각을 알고 비유로 그의 문제를 지적한다(40절). 예수는 여자의 실체를 알 뿐만 아니라 바리새인의 생각마저도 간파한다. 예수의 비유는 이렇다. 어떤 사람이 한 명에게는 오백 데나리온을, 다른 한 명에게는 오십 데나리온의 돈을 빌려주었다(41절). 한 데나리온은 군인이나 노동자의 하루치 임금이었으므로 각각 약 2년 치와 2개월 치의 빚을 진 셈이다. 채무자 둘 다 돈을 갚을 수 없는 형편이었다. 주인은 두 사람의 빚을 모두 탕감해 주었다(42절). '탕감하다'(χαρίζομαι 카리조마이)는 상업 용어로 본문에서는 값없이 주어지는 하나님의 은혜를 위해 사용된다. 죄를 용서하는 의미로도 사용된다(예, 엡 4:32; 골 2:13; 3:13). 예수는 두 채무자 중 누가 탕감해 준 채권자를 더 사랑하겠는지 묻는다. 시몬은 많이 탕감받은 자가 더 사랑할 것이라고 대답한다(43절). 예수는 시몬의 판단이 옳다고 인정한다.

> 44 예수께서는 여자 쪽을 보면서 시몬에게 말씀하셨다. "이 여자를
> 봅니까? 내가 당신의 집에 들어왔을 때 당신은 내게 발 씻을
> 물도 주지 않았지만 여자는 그녀의 눈물로 내 발을 씻고 그녀의
> 머리카락으로 발을 닦았습니다. 45 내가 들어왔을 때 당신은
> 내게 입을 맞추지 않았으나 여자는 내 발에 입 맞추기를 멈추지
> 않았습니다. 46 당신은 내 머리에 기름을 붓지 않았으나 여자는
> 향유를 내 발에 부었습니다."

예수는 여자를 돌아보면서 시몬에게 말한다. 무대의 조명은 예수, 바리새인, 여자에게 초점을 맞춘다. 예수는 시몬에게 여자의 행위를 주목할 것을 동작으로 요구할 뿐 아니라 "이 여자를 봅니까?"라는 질문으로 여자를 볼 것을 요구한다. 예수는 여자의 행위와 시몬의 행위를 대조한다. 시몬은 예수가 여자의 환대를 수용함으로써 초대자의 명예를 심각하게 손상시켰다고 생각했으나 예수는 정반대로 시몬이 손님을 환대

하지 않음으로써 예수의 명예를 존중하지 않은 점을 드러낸다. 당시의 관습에 비추어 볼 때 시몬이 예수를 무례하게 대한 것은 아니지만 여자의 환대와는 크게 비교된다. 유대인의 만찬에 초대받은 손님을 위해 주인은 씻을 대야와 포도주를 제공해야 했다. 그러나 예수가 시몬의 집에 들어왔을 때 시몬은 예수에게 발을 씻을 물을 주지 않았고, 여자는 눈물로 예수의 발을 적시고 머리카락으로 닦았다(44절). 시몬은 예수에게 입 맞추지 않았으나 여자는 예수의 발에 입 맞추기를 그치지 않았다(45절). 시몬은 예수의 머리에 올리브유도 붓지 않았으나 여자는 향유를 예수의 발에 부었다(46절). 36-39절과 본문이 묘사한 여자의 모습은 겸손과 헌신이다. 특히 발을 머리카락으로 씻은 것은 상상할 수 없는 수준으로 낮아져 예수를 섬긴 것을 의미한다. 40-43절과 47-50절에 따르면 여자는 많은 죄를 용서받은 은혜와 감사가 크기 때문에 가장 소중한 것을 드리기까지 감사와 사랑을 표현한다.

> 47 "그러므로 나는 당신에게 말합니다. 그녀의 많은 죄들이
> 용서받았기 때문에 그녀는 더 큰 사랑을 보여주었습니다. 작게
> 용서받은 자는 작게 사랑합니다." 48 예수께서 그녀에게 말씀하셨다.
> "당신의 죄가 용서받았소." 49 예수와 함께 식탁에 있던 사람들은
> 자기들끼리 말하기 시작했다. "이 사람이 누구인데 감히 죄를
> 용서하는가?" 50 예수께서 여자에게 말씀하셨다. "당신의 믿음이
> 당신을 구원했습니다. 평안히 가시오."

예수는 여자의 죄가 많았기 때문에 큰 사랑을 보여준 것이라고 시몬에게 말한다(47a절). 죄 사함을 적게 받은 자는 적게 사랑한다(47b절). 빚을 탕감받은 두 사람의 비유에서 각각 '은혜로' 빚을 탕감받은 것처럼 여자의 죄도 은혜로 사해졌다. 47절의 '용서받았다'(ἀφέωνται 아페온타이)는 수동태 완료형으로 여자의 죄가 이미 용서받은 것을 의미한다. 47절은 죄를 용서받은 객관적인 사실을 선언하고 48절은 예수가 여자에게 용서받은 것을 직접 확인시키는 내용이다. 두 동사 모두 완료형이다. 이미

여자는 예수를 만나 용서를 받았거나 회개를 했을 것이다. 현재 그녀가 보여주는 행위는 용서의 은혜에 대한 반응이다.[23] 본문은 그녀가 어떤 죄를 언제 용서받았는지 말해 주지는 않지만, 여자는 이미 죄를 사함받은 감사와 은혜 때문에 크게 사랑했다. 여자는 죄를 용서받은 감격을 크게 느꼈기 때문에 많이 감사했지만, 바리새인들은 죄 용서가 실제로는 필요하다고 생각하지 않았거나 혹은 용서를 조금 느끼기 때문에 감사해하지 않거나 작게 감사하는 자들이다.[24]

여자는 자신의 죄가 용서받은 사실을 알고 은혜에 반응했는데 왜 예수는 용서받은 사실을 사람들 앞에서 말하는가? 이는 죄 용서를 공개적으로 알리는 의도로 보인다. 용서의 은혜를 이미 경험한 여자에게는 죄 용서를 확증하는 계기가 된다. 예수의 선언을 듣고 함께 앉아 있던 손님들이 속으로 말한다(49절). '이 사람이 누구인데 감히 죄를 용서하는가?' 예수는 비난하고 정죄하는 자들의 시선을 무시한 채 여자에게 말한다(50절). "당신의 믿음이 당신을 구원했으니 평안히 가십시오." 구원은 죄 용서의 다른 표현이다. 여자는 죄를 용서하는 예수의 권위를 믿었기에 구원을 얻었다(예, 5:20). "평안히 가십시오"는 유대인들이 일상에서 나누는 인사다(예, 삿 18:6; 삼상 1:17; 삼하 15:9; 왕상 22:17; 행 16:36; 약 2:16). 이런 인사는 일상으로 혹은 가정으로 돌아가고, 다시 만날 것을 기대한다. 여자에 대한 예수의 작별 인사는 서로의 인격적인 교제를 전제로 하고, 만찬에 참여한 사람들로 하여금 그녀를 공동체의 일원으로 환대하고 수용할 것을 요청한다. 흥미롭게도 예수는 혈루증 앓는 여자를 치유하고 나서도 "평안히 가십시오"라고 작별 인사를 나눌 것이다(8:48). 두 본문은 심각한 약점으로 인해 공동체에서 소외된 여성을 향한 예수의 관심과 긍휼을 암시한다. 또한 '구원했다'는 완료형 동사는 이미 용서를 받았기 때문에 사랑의 행위가 나온 것을 의미한다. 예수는 이번에도 여자에게 용서와 구원의 확신을 심고 비난하는 자들에게는 여자의 새로운 신분을 강조한다. 만찬에 모인 사람들은 여자를 용서받고 구원받은 사람으로 환대해야 한다. 여자 자신도 반전된 지위를 확신해야 한다.

본문은 시몬의 반응을 언급하지 않고 열린 상태로 마친다. 열린 결말은 누가 서술의 특징이다(10:31-32; 15:25-32; 18:9-14). 누가는 주인공의 반응과 운명을 결론 내리지 않음으로써 독자로 하여금 주인공이 어떻게 반응할 것인지 또는 주인공의 입장이라면 어떻게 반응할 것인지 생각하도록 한다. 시몬은 예수의 가르침을 수용하고 여자의 변화된 지위를 인정할 것인가? 열린 결말은 독자들에게도 반응을 요청한다.

질문

1. 예수님은 백부장의 말을 듣고 왜 '이런 믿음'을 보지 못했다고 반응하셨을까요(7:1-10)? 나인성 과부의 아들이 살아난 사건과 '하나님의 방문'이 어떤 관계인지 생각해 보십시오(7:11-17).
2. 예수님은 요한에게 자신의 사역을 어떻게 설명하고 요한의 정체를 사람들에게 어떻게 소개하고 있습니까? 또 예수님의 사역은 어떤 특징을 보입니까(7:18-30)? '이 시대'는 요한과 예수님에게 무엇을 기대하고 요구하며(7:31-35), 우리 시대는 예수님에게 어떤 것을 기대하고 요구할까요?
3. 죄 있는 여자가 예수님에게 향유를 붓는 장면을 설명해 보십시오(7:36-39). 예수님이 초대자 바리새인에게 빚을 탕감 받은 채무자의 비유를 설명하는 목적이 무엇일까요(7:40-50)?

묵상

도시에 죄인으로 널리 알려진 여자가 있었습니다. 여자가 많은 죄를 용서받았다는 것은 그녀가 지금까지 공익에 도움이 되지 않는 인생을 살았다는 뜻입니다. 큰 빚을 졌을 수도 있고 성적인 문제를 일으켰을 수도 있습니다. 그런 여자가 체면과 명예의 질서로 들어와 신앙을 고백하는 모습은 공동체를 당혹스럽게 만들기에 충분합니다. 예수님은 이 여자의 행위를 계기로 두 가지를 가르치십니다. 첫째, 교회는 용서받은 죄인을 가족으로 환대하는 공동체입니다. 교회는 회개한 사람이 하나님의 구원을 얻은 사실을 인정하고 함께 감사해야 합니다. 둘째, 여자의 헌신은 신자로 하여금 최고의 것을 주신 주님께 최고의 것을 드리는 삶을 살도록 도전합니다. 신자는 바리새인 시몬처럼 자신의 명예를 유지하고 강화하기 위해 예수님을 존중하는 사람이 아닙니다. 우리는 예수님의 희생을 통해 많은 죄를 탕감받았습니다. 새로운 신분을 얻었습니다. 그러므로 신자는 최고의 것으로 예수님께 감사를 표하는 사람입니다.

12
하나님 나라의 비유

8:1-21

예수의 하나님 나라 운동은 '가르침'(6:12-49) → '행위'(7:1-50) → '가르침'(8:1-21) → '행위'(8:22-56)'로 표현된다. 8-9장은 예루살렘으로의 여정을 위해 예수와 함께하는 자들(예, 열두 제자와 여자들)을 준비시키는 과정에 초점을 맞추고 바리새인들(과 서기관들)을 언급하지는 않는다.[1] 1-21절은 하나님의 말씀을 듣는 태도를 중심으로 연결된 하나의 이야기와 같고 21절이 절정에 해당한다.

예수님과 함께한 사람들(8:1-3)

1 곧이어 예수께서 도성들과 마을들을 다니며 하나님 나라를
선포하며 기쁜 소식을 전했고,[2] 열두 제자가 함께했다. 2 또한
어떤 여자들도 함께했다. 그들은 악한 영들과 약함에서 치유받은
여자들로서 일곱 귀신이 나간 막달라 마리아, 3 헤롯의 관리자
구사의 아내인 요안나, 수산나, 그리고 많은 여자들이 있었다.
그들은 자신들의 자원으로 그들을 섬겼다.

1-3절은 누가복음에만 등장하고 1절은 표제 역할을 한다(5:17; 17:11; 24:15). 예수는 도시와 마을에서 하나님 나라를 선포했고 제자들이 함께한다(1절). 예수의 사역은 도시와 마을을 다니며 하나님 나라의 복음을 전하는 것이다. 본문에서 중요한 표현은 '그와 함께'와 '섬김'이다. 1-2절의 구문에 따르면 '열두 제자'와 '어떤 여자들'이 함께했다고 한다. 남자 제자들뿐 아니라 여자 제자들도 예수와 함께했다. 이어 나오는 내용은 예수와 함께하는 여자들의 신분과 섬김에 대한 부연 설명이다. 예수님과 함께하는 것은 제자도의 핵심이다. 제자는 예수가 선포하고 전하신 하나님 나라의 목격자와 증인이다. 제자는 예수님과 함께함으로써 하나님 나라의 복음이 어떻게 전해지고 확장되는지 보아야 한다. 목격해야 증언할 수 있고, 경험해야 전파할 수 있다.

예수의 갈릴리 사역에서 여자들은 처음부터 중요한 역할을 맡았다. 어떤 여자들은 귀신에서 벗어나고 병에서 치유받았다. 예수의 능력으로 일곱 귀신이 막달라 마리아를 떠났다. 이는 막달라 마리아가 사탄에 속박된 상태에서 완전히 벗어났음을 의미한다. 그녀는 십자가와 빈 무덤의 증인이 될 것이다(24:10). 본문에는 막달라 마리아가 성적으로 부도덕하게 생활하던 중 구원받았다는 암시가 전혀 없다. 7:36-50에서 예수에게 향유를 부은 죄 있는 여자가 막달라 마리아라는 근거도 없다. 요안나의 남편은 헤롯의 청지기였으므로 그녀는 사회적으로 높은 지위에 있었다. 헤롯은 갈릴리와 베레아 지역을 통치한 헤롯 안티파스를 가리킨다. 그는 세례 요한을 투옥시켰고 처형했으며 예수를 주목하고 있었다. 이런 분봉 왕의 수하에 있던 사람의 아내가 예수를 재정으로 섬기는 모습은 하나님 나라의 복음이 높은 계층에서 열매를 맺고 있음을 의미한다. 요안나도 빈 무덤의 증인이 될 것이다(24:10). 막달라 마리아와 요안나의 대조적인 배경만 보아도 예수의 공동체가 다양한 계층을 포괄했음을 알 수 있다. 수산나와 다른 많은 여자들도 예수를 섬겼다. 3절의 '다른 많은 자들'(ἕτεραι πολλαί 헤테라이 폴라이)은 여성형으로 세 명의 여자 외에도 다른 많은 여자들이 예수를 따랐음을 알린다. 여성들의 '섬김'(디아코니아)은 예수와 제자 일행의 활동을 '그들의 소유로' 지원한 것을 뜻한다(예, 음식, 재정, 거처 등).[3] 여자들의 섬김은 귀신에서 해방된 것 같은 은혜에 대한 감사의 반응이었다. 이들은 앞 단락에서 예수가 언급하신 비유처럼 빚을 많이 탕감받아 예수를 크게 사랑하는 예다(7:41-47). 하나님 나라의 복음은 이처럼 은혜 입은 자들의 섬김을 통해서 확장된다(예, 행 4:32). 이어지는 씨 뿌리는 자의 비유와 연결해보면 이 여자들은 이생의 염려와 재물에 영혼을 빼앗겨 순종하지 못한 부류와 달리 예수의 말씀을 듣고 결실하는 사람들이다(8:14-15). 본문의 여자들은 재물로 사랑을 실천하는 제자의 모본이다.

네 종류의 토양에 대한 비유와 해설(8:4-15)

4 큰 무리가 모이고 사람들이 이 마을 저 마을에서 오자 예수께서
비유로 말씀하셨다. 5 "씨를 뿌리는 자가 씨를 뿌리러 나갔습니다.
그가 씨를 뿌리자 어떤 씨는 길가에 떨어져 밟혔고 하늘의 새들이
그것을 먹어버렸습니다. 6 어떤 씨는 바위 위에 떨어졌고, 자라자
시들고 말았습니다. 수분이 없었기 때문이다. 7 어떤 씨는 가시덤불
속에 떨어졌고, 가시들은 씨와 함께 자라 그것을 막아버렸습니다.
8 어떤 씨는 좋은 흙에 떨어졌습니다. 자라서 백배를 맺었습니다."
예수께서는 크게 말씀하셨다. "귀 있는 자는 들으시오!"

4-15절은 네 종류의 토질에 대한 비유와 해설로 구성된다. 성읍의 많은 사람들이 왔을 때 예수는 씨가 뿌려진 땅에 대한 비유를 전한다. 비유는 두 종류의 땅, 곧 열매 맺지 못하는 땅과 열매 맺는 땅을 소개한다. 씨를 뿌리는 자가 네 종류의 땅에 씨를 뿌렸다. 밭 하나에 네 종류의 토양이 있다. 전치사는 씨가 뿌려지는 위치를 명시한다. 씨는 '옆에'(παρά 파라), '위에'(ἐπί 에피), '가운데'(ἐν μέσῳ 엔 메소), '안으로'(εἰς 에이스) 떨어졌다. 어떤 씨는 밭두렁에 떨어졌다. '길'(ὁδός 호도스)은 밭을 구분하는 밭두렁이다. 길 옆에 떨어진 씨는 사람들에게 밟혔고 하늘의 새들이 씨를 먹어버렸다. 어떤 씨는 돌투성이 땅 위에 떨어졌다. 팔레스타인의

많은 땅은 석회석 위에 흙이 덮인 상태였기 때문에 흙이 깊지 않은 돌투성이 땅에 떨어진 씨는 물기에 빨리 반응해서 싹이 곧 돋았다. 그러나 태양이 떠오르면 수분을 충분히 흡수하지 못한 채 말라버렸다. 어떤 씨는 가시덤불 가운데 떨어졌다. 가시덤불은 밭의 경계를 표시하거나 짐승을 막는 용도였을 수도 있고 지난해의 가시덤불이 밭에서 마른 상태로 남아 있던 것일 수도 있다. 세 번째 씨앗은 첫 번째와 두 번째 씨앗과 달리 어느 정도 자랐다. 하지만 가시덤불이 자라면서 씨의 숨을 막아버렸다. 세 종류의 땅 어느 곳에서도 열매가 맺어지지 않았다. 가장 깊이 심긴 씨는 좋은 땅 '안으로' 들어갔고 백 배의 결실이 맺혔다. 씨는 전혀 문제가 없다. 네 종류의 토질에 따라 열매가 맺히는 여부가 달라진다.

> 9 그러나 예수의 제자들이 그에게 이 비유가 무엇을 의미하는지
> 물었다. 10 예수께서 말씀하셨다. "하나님 나라의 비밀들이
> 너희에게는 알려졌으나 다른 사람들에게는 비유로 남아 있다. 이는
> 그들이 보기는 해도 보지 못하고 듣기는 해도 이해하지 못하게
> 하기 위함이다. 11 비유의 의미는 이렇다. 씨는 하나님의 말씀이다.
> 12 길가에 있는 자들은 말씀을 듣는 자들이다. 그러나 마귀가 와서
> 그들의 마음에서 말씀을 가져가서 그들은 믿지도 구원받지도
> 못한다. 13 바위에 있는 자들은 말씀을 들을 때 그것을 기쁨으로
> 받는 자들이다. 그러나 그들에게는 뿌리가 없다. 잠시 믿지만 시험의
> 때에 시들고 만다. 14 가시덤불에 떨어진 자들은 듣기는 하지만
> 살아가면서 염려와 부와 인생의 기쁨으로 숨이 막히고 열매를 맺지
> 못한다. 15 좋은 토양에 떨어진 자들은 정직하고 선한 마음으로
> 말씀을 듣고 인내로 열매를 맺는다."

제자들이 비유의 뜻을 묻자 예수는 '하나님 나라의 비밀'이 제자들에게 허락됐으나 다른 사람들에게는 비유로 전해졌다고 대답한다(9-10절). 10절은 이사야 6:9의 인용이다. 신약에서 가장 많이 인용되는 구

약 본문 중 하나인 이사야 6:9(예, 마 13:14; 막 4:12; 요 12:40; 행 28:26; 롬 11:8)은 유대인들이 하나님 나라의 복음을 배척한 상황을 설명하는 근거로 제시된다. 비유는 듣는 태도를 강조하며 예수의 갈릴리 사역이 낭비처럼 보일지라도 하나님 나라의 비밀을 깨달은 좋은 땅과 같은 사람들을 통해 하나님 나라가 성장한다는 사실을 알린다. 여기서 '비밀'(μυστήριον 뮈스테리온)은 이제까지 드러나지 않은 비밀스러운 내용으로 하나님의 계획을 담고 있다. 하나님 나라의 비밀은 다니엘서에 사용된 개념이다. 다니엘 2장, 4장, 9장에는 꿈, 글, 예언, 환상을 통해 계시가 주어지는데, 다니엘은 하나님 나라가 말세에 세워질 것이라는 계시를 받았다(단 2:36-45; 참조. 4:19-27; 5:25-28; 7:15-27; 8:15-26). 특히 다니엘 2장에서 그는 영원히 존속할 나라에 대한 계시를 들었다(2:28, 44). 다니엘은 계시를 부분적으로는 알 수 있었으나 완전히 알 수는 없었다. 이 비밀은 계시자 또는 묵시자의 도움을 통해서 알려질 수 있다(단 2:27-28). 이제 하나님 나라의 비밀은 계시자인 예수 그리스도의 말씀 선포와 행위를 통해 제자들에게 알려졌다. 직역하면 예수는 '하나님 나라의 비밀을 아는 것이 제자들에게 주어졌다'고 말한다. 수동태인 '주어졌다'(δέδοται 데오타이)는 하나님 나라의 비밀이 '하나님에 의해' 주어진 것을 의미한다.[4] 즉 인간의 노력이나 공로가 아니라 하나님의 계시, 하나님의 선물로 제자들에게 주어졌다. 제자들은 이미 예수의 부르심에 반응했다. 그들은 예수와 함께함으로써 하나님의 구원 계획을 이해할 수 있는 은혜를 얻는다.

그러나 다른 사람들은 비유의 의미를 깨닫지 못하기 때문에 예수의 비유는 그들에게 비유일 뿐이다. 이처럼 비유는 하나님 나라의 비밀을 계시할 목적으로 주어진 수단이지만 동시에 감추는 기능도 한다. 어떤 사람들은 예수가 자신들의 관심을 충족시켜 주지 않는다는 이유로 비유를 듣고도 떠난다. 예수에 대한 무관심은 비유에 대한 무관심으로 드러난다. 예수의 비유에 무관심한 사람들은 예수의 관심과 자신들의 관심이 일치하지 않는다는 이유로 그의 말씀을 받아들이지 않고 말씀에 순종하지도 않는다. 결국 하나님 나라의 비밀을 깨닫지 못한다. 이와 같이 예수는 유대인들이 하나님 나라의 복음에 반응하지 않고 심판의 길을 선택해버린 상황을 이사야 6:9을 인용함으로 설명한다. 예수의 말씀은 말씀에 대한 반응으로 이스라엘에 분리가 일어나게 되는 현실을 드러낸다. 바울은 사도행전의 마지막 장에서 예수를 거부하는(행 28:23) 유대인들에게 이사야 6:9을 인용해 경고하고(행 28:26-27절) 담대하게 하나님 나라와 예수 그리스도를 진파한다. 바울은 예수의 비유처럼 좋은 땅을 통해 하나님 나라의 복음이 열매를 맺게 되는 것을 믿었다.

예수는 모든 사람이 말씀을 듣지만 모든 사람이 열매를 맺는 것은 아니라는 사실에 초점을 맞추어 비유를 해석한다(11-15절). 씨는 하나님의 말씀이다(11절). 씨 뿌리는 행위는 복음 전파를 가리킨다. 길 또는 밭두렁과 같은 마음의 사람들은 말씀을 듣지만, 말씀을 빼앗긴다. 마귀가 말씀을 빼앗아 가버리기 때문에 이런 사람들은 구원을 얻지 못한다(12절). 어떤 청중은 예수의 말씀이 종교지도자들의 가르침과 다르고 자신들이 추구하는 것을 충족시켜주지 않는다는 이유로 예수의 가르침에 귀를 기울이지 않는다. 말씀에 관심을 두고도 순종하지 않으면 듣지 않은 것과 같다. 돌투성이와 같은 마음을 가지고 있는 사람들은 기쁨으로 말씀을 받지만, 뿌리가 없어 짧은 기간 믿다가 시련을 견디지 못해 신앙의 열매를 맺지 못한다(13절). 하나님의 말씀으로 기뻐하너라도 시련을 이기지 못하는 모습은 말씀이 그들의 마음에 심기지 않았음을 입증한다. 가시덤불과 같은 마음을 소유한 사람들은 말씀을 들었으나 생명의 염려와 부와 즐거움에 막혀 결실하지 못한다(14절). 세상의 욕망을 추구하고 부에 마음을 빼앗기는 사람은 하나님의 말씀이 심기지 않았음을 드러낼 뿐이다(9:51-19:27). 시간이 지나면 돈이 그들의 주인이라는 사실이 드러난다. 좋은 땅과 같은 마음을 가진 이들은 말씀을 들을 때 좋고 선한 마음으로 간직하고 인내로 결실한다(15절).

등불의 비유(8:16-18)

16 "누구든지 등불을 켜서 그릇으로 덮거나 침상 아래 두지 않고
등잔 위에 두어 들어오는 자들이 빛을 볼 수 있게 한다. 17 숨겨진
것은 드러나게 될 것이며, 비밀은 알려지고 밝히 드러나게 될 것이다.
18 그러므로 신중하게 들어야 한다. 가지고 있는 자마다 더 받을
것이지만 가지고 있지 않은 자는 가지고 있다고 생각하는 것마저
빼앗기게 될 것이다."

네 종류의 땅에 대한 비유와 해설에서 말씀을 어떻게 들을 것인지를 강조한 것과 같이 예수는 말씀을 듣는 태도를 등불의 비유(또는 격언)로 거듭 강조한다. 어둠을 밝히려고 등불을 켜놓고 그것을 항아리로 덮거나 의자 아래 두는 사람은 없다(16절). '등불'(λύχνος 뤼크노스)은 팔레스타인에서 흔히 사용된 작은 등불로, 진흙으로 만들었고 심지에 제공되는 기름으로 불빛을 유지했다. 팔레스타인 농가에서는 등불 하나로 집안 전체를 밝힐 수 있었다. 특히 저녁 식사에 손님들을 초대한 경우 등불은 필수적이었다. '등불'과 '빛'(φῶς 포스)은 다르다. '등불'은 하나님의 말씀을 마음 깊이 받아들인 사람, 하나님의 말씀을 들을 뿐 아니라 보이는 삶으로 살아내는 사람을 의미한다.[5] '빛'은 예수의 가르침 또는 말씀이다. 복음이나 복음의 핵심인 예수도 빛에 해당될 수 있다. 복음의 빛은 어두운 세상 가운데 퍼진다.[6] 등불은 '들어오는 사람들이 빛을 볼 수 있도록' 등경 위에 놓여 있다. 들어오는 사람들은 복음의 빛을 보아야 하는 대상이다(8:10).[7] 이들은 하나님의 말씀을 들은 제자들을 통해 예수의 가르침과 복음을 본다. 즉 등불을 통해 빛을 본다. 제자들의 삶을 통해 예수의 가르침과 복음이 어떤 것인지 알 수 있고 경험할 수 있다.

17절은 어떤 사실이 밝혀지고 드러나는 점에서 16절과 자연스럽게 연결된다. 모든 비밀은 언젠가 드러나기 마련이다. 말씀을 어떻게 들었는지는 반드시 밝혀질 수밖에 없다. 예수가 앞 단락의 비유에

서 말씀하신 것처럼 하나님의 말씀을 들은 결과가 열매로 드러나는 이치와 같다(8:1-15). 어떤 태도로 하나님의 말씀을 듣고 있는지는 일시적으로는 드러나지 않을지 몰라도 언젠가는 밝히 폭로된다. 하나님의 말씀을 순종하는 자세로 들었다면 하나님의 뜻에 합당한 삶으로 표출될 수밖에 없다.[8]

이어서 예수는 말씀을 듣는 태도를 경고의 어조로 강조한다(18절). 말씀을 신중하게 들어야 한다. 말씀을 듣고 순종하는 사람은 말씀의 의미를 더 깊이 깨닫는다. 말씀을 자신의 것으로 소유하는 사람은 말씀을 진지하게 듣고 수용한다. 반면 말씀을 진지하게 듣지 않으면 가지고 있다고 생각하는 것마저 빼앗길 것이다. 이런 의미에서 18절은 씨가 뿌려진 땅의 비유와 연결된다(1-15절). 열매를 맺지 못하는 세 종류의 땅처럼 하나님의 말씀을 듣고도 외면하거나 일시적으로만 관심을 두고 마는 사람들은 말씀을 마귀에게 빼앗긴다. 결국 말씀으로 얻는 구원의 기회를 놓침으로써 생명마저 빼앗기게 된다. 하나님의 말씀을 제대로 들었는지 최종 단계에서 드러나고 만다. 제자들은 하나님의 비밀을 알기 시작한 것으로 만족하지 말고 좋은 땅의 태도로 예수의 말씀을 들어야 한다. 바르게 들은 말씀은 제자들의 삶을 통해 세상을 비추는 빛으로 퍼져나갈 것이다.

【로마 시대의 등불】

하나님의 말씀을 듣고 행하는 가족(8:19-21)

19 예수의 어머니와 형제들이 그에게 왔으나 무리 때문에 그에게
가까이 갈 수 없었다. 20 사람들이 예수께 말했다. "당신 어머니와
당신의 형제들이 바깥에 기다리고 있습니다. 당신을 보고 싶어
합니다." 21 예수께서 그들에게 대답한다. "내 어머니와 내 형제들은
하나님의 말씀을 듣고 그것을 행하는 사람들입니다."

하나님의 말씀을 듣는 주제는 예수의 가족이 찾아온 장면에서도 나타난다. 예수의 어머니와 동생들이 왔으나 무리가 많아 예수에게 가까이 접근하지 못했다(19절). 그러자 어떤 사람이 예수에게 와서 어머니와 동생들이 보기를 원하여 밖에 서 있다고 전한다(20절). 예수는 하나님의 말씀을 듣고 행하는 사람들이 '내 어머니와 내 동생들'이라고 한다(21절). 하나님 나라의 도래로 가족의 정의가 달라진다. 하나님의 말씀을 선포하고 전하는 예수의 말씀을 받아들이는 자들이 예수의 가족이다. 들은 대로 실천하는 사람들이 예수의 가족이다. '하나님의 말씀을 듣고 행하다'는 1-15절의 핵심을 요약한다. 이런 점에서 1-21절은 하나님의 말씀을 듣는 태도를 중심으로 하나의 이야기로 엮여 있고 21절은 이야기의 절정이라고 할 수 있다. 참 제자들은 좋은 땅과 같이 좋은 마음으로 말씀을 듣고 지켜야 하며, 예수의 참 가족은 하나님의 말씀을 듣고 행해야 하므로 참 제자가 예수의 참 가족이라는 논리가 성립된다. 앞 단락과 연결해보면 가정은 씨가 뿌려지는 '토양'과 같다. 예수를 통해 선포되는 하나님의 말씀을 듣고 실천하는 부모와 자녀를 통해 가정은 하나님 나라의 열매를 맺게 된다.

질문

1. 8:1-3에 소개된 여자들은 어떻게 예수님의 일생을 섬겼습니까? 네 종류의 토양에 떨어진 씨의 비유를 설명해 보십시오(8:4-15). 어떤 땅은 열매를 맺지 못하고 어떤 땅은 열매를 맺는 이유가 무엇입니까(8:9-15)? 비유와 해설에 따르면 예수님의 제자에게 가장 중요한 자세 중 하나는 무엇일까요?
2. 등불의 비유는 어떤 내용을 담고 있습니까(8:16-18)? 등불의 비유는 하나님의 말씀을 듣고 실천하는 삶과 어떤 관련이 있을까요?
3. 누가 예수님의 참 가족입니까(8:19-21)? 가족의 의미를 2-3절의 여자들과 4-18절의 두 비유와 연결해 설명해 보십시오.

묵상

씨 뿌리는 자의 비유는 예수가 선포하는 하나님 나라의 복음에 대한 사람들의 다양한 반응을 설명하는 의도로 주어졌습니다(8:4-15). 하나님 나라는 예수의 사역으로 시작되었고 하나님 말씀에 대한 두 가지 반응으로 열매가 결정됩니다. 유대인들 대부분은 자신들이 기대한 모습이 아니라는 이유로 예수를 통한 하나님 나라의 도래를 인정하지 않았습니다. 세 종류의 땅에 뿌려신 씨가 열매를 맺지 못하므로 씨 뿌리는 작업이 헛된 수고처럼 보입니다. 사람들의 반대와 배척과 무관심 때문에 예수의 희생과 제자들의 순종과 섬김이 낭비처럼 보일 수 있습니다. 그러나 하나님 나라의 복음은 좋은 땅과 같이 긍정적으로 반응하고 말씀에 순종하는 자들을 통해 반드시 열매를 맺습니다. 이런 사실 역시 하나님 나라의 비밀입니다. 열매는 수동적으로 가만히 기다리면 맺히는 것이 아닙니다. 예수님의 말씀이 나의 기대나 생각과 다르더라도 수용하고 회개하고 순종할 때 열매가 맺힙니다. 즉 말씀대로 사는 사람이 열매를 맺는 좋은 땅입니다. 이런 사람은 세상을 밝히는 등불의 역할을 하고 예수님의 가족으로 살아갈 수 있습니다.

13
기적의 행위로 드러나는 예수의 정체

8:22-56

가르침과 행위를 평행 관계로 배열해 온 누가는 예수의 가르침(8:1-21) 이후 그의 행위(8:22-56)를 묘사한다. 8:22-56은 하나님 나라를 실현하는 예수의 능력과 권위를 강조한다. 예루살렘으로의 여정(9:51)을 떠나기 전에 제자들은 갈릴리 지역에서 예수의 정체를 더 깊이 배워야 한다.

광풍을 꾸짖는 예수(8:22-25)

22 어느 날 예수께서는 그의 제자들과 함께 배를 타고 그들에게
말씀하셨다. "호수 건너편으로 건너가자." 그들은 출발했다.
23 그들이 배를 타고 갈 때 예수께서는 자고 계셨다. 그때 사나운
폭풍이 호수에 불어 닥쳤다. 배가 물로 채워지기 시작했다. 그들은
위험에 처했다. 24 제자들은 가서 예수를 깨우며 말했다. "주님,
주님, 우리가 죽어 갑니다!" 예수께서 일어나 바람과 성난 파도를
꾸짖자 바람과 파도가 잠잠해지고 호수가 고요해졌다. 25 예수께서
제자들에게 말씀하셨다. "너희 믿음이 어디 있느냐?" 제자들은

> 두려워하고 놀라며 서로 말했다. "이분은 누구인가? 바람과 물에게도 명령을 내리시고 바람과 물이 순종하다니!"

제자들은 예수의 말씀에 바닷바람과 풍랑이 잔잔하게 되는 충격적인 장면을 목격한다. 네 종류 토양의 비유에 나타난 교훈처럼 제자들이 지키고 순종해야 하는 예수의 말씀에는 자연을 제어하는 능력이 있다. 이 사건은 예수님과 제자들이 배에 올라 갈릴리 호수 건너편으로 가는 중에 일어났다(22절). 예수는 제자들과 함께 배에 올라 호수 건너편으로 가자고 말했다.[1] 건너편에서 예수 일행은 귀신 들린 자를 만날 것이다(26-39절). 제자들이 배를 타고 갈 때 예수는 자고 있었다. 갑자기 광풍이 호수에 불어 닥쳤다(23절). '광풍'(λαῖλαψ 라일라프스)은 아래서 위로 휘몰아치는 회오리바람으로 모든 것을 부수는 강력한 바람이었다. 광풍이 내려오는 것은 호수의 서쪽 산과 골짜기에서 바람이 갑자기 하강하는 것을 묘사한다. 산과 골짜기에서 내려온 광풍이 호수 아래서 위로 휘몰아치는 식으로 제자들이 탄 배를 공격했기 때문에 배는 침몰하기 직전이다. 제자들은 예수를 깨우면서 죽어가고 있는 상황을 말한다(24절). 어부들이 포함된 제자들은 이번 위기가 자신들의 노력으로 극복할 수 없는 수준인 것을 잘 알고 있다. 그들은 마치 시편 44:23-24의 내용처럼 예수가 깨어나셔서 문제를 해결해 주시길 요청한다. 예수의 기적을 목격하고도 그의 정체를 파악하지 못하는 제자들은 여전히 그의 말씀과 행위를 제대로 이해하지 못하는 단계에 있다.

예수는 일어나 바람과 성난 파도를 꾸짖는다. 지금까지 '꾸짖다'(ἐπιτιμάω 에피티마오)는 귀신(4:35, 41)과 열병(4:39)을 꾸짖을 때 사용된 용어다. 우리는 다음 사건을 통해 제자들을 공격한 폭풍이 일어난 원인을 알게 될 것이다. 예수가 군대귀신들에게 선전포고를 내리자 귀신들이 반격한 사건이라고 할 수 있다(8:29). 예수는 악의 세력을 꾸짖고 제자들을 공격하지 못하도록 명령한다. 구약에는 폭풍이 잠잠하게 되는 장면이 나오는데(시 65:7; 89:9; 104:6-7; 107:23-30), 바다를 제압하는 분은 하나님 한 분이다(시 18:15; 104:7; 106:9; 사 50:2; 나 1:4). 유대인들은 무

【갈릴리 바다의 파도】

질서와 악의 세력이 바다에 출몰한다고 생각했고, 하나님은 이런 바다를 제압하고 자기 백성을 보호하신다(시 89:8-11; 107:23-30; 참조. 시 69:1-3, 30-36; 124; 욘 1). "광풍을 고요하게 하사 물결도 잔잔하게 하시는도다"(시 107:29). 예수가 하나님의 권능을 갖고 계시다는 사실은 그의 명령에 바다가 고요해지는 현상으로 입증된다. 예수는 질병을 치유하는 권위뿐 아니라 피조세계를 다스리는 권위를 가지고 있다. 제자들을 위협하는 악의 세력을 제압한다. 예수는 구약의 선지자들과 달리 기도를 하지 않고도, 즉 하나님께 도움 요청하는 것 없이 자신의 말로 혼돈을 잠잠하게 한다. 이는 예수가 하나님의 능력을 실행하는 신적 존재임을 의미한다. 놀라움과 두려움은 누가복음에서 초자연적인 존재에 대한 인간의 반응이다(1:13, 30, 50; 2:9-10; 5:10). 충격적인 기적을 경험하고 나서야 제자들은 "이분은 누구인가?"라고 서로 묻는다. '혼돈과 무질서를 제어하신 그는 누구인가?' 이 질문은 독자들을 향한다. 배에서 주무시는 예수의 모습은 어떤 세력의 공격에도 흔들리지 않는 강한 자의 힘을 암시한다. 고대인들은 절대적인 권능을 가진 신만이 누구의 공격도 받지 않고 잘 수 있다고 믿었다.

예수는 바람과 물을 잠잠하게 만들고 제자들을 구원하고 나서 "너희 믿음이 어디 있느냐?"라고 질문한다. 제자들의 믿음은 위기와 시련의 순간에 효력을 발휘하지 못한다. 제자들에게 필요한 믿음은 어떤 것인가? 누가복음에는 제자들이 아닌 사람들이 그들의 믿음으로 예수의 칭찬을 받는 장면이 자주 등장한다(5:20; 7:9; 7:50; 참조. 8:48; 17:19; 18:42). 제자들은 함께하는 예수의 정체를 계속해서 알아가야만 예수가 원하시는 믿음에 이를 수 있다. 제자들은 예수가 귀신을 쫓아내고 병을 고치는 능력이 있다는 것을 믿었지만, 그가 바람과 물을 복종시키는 하나님의 고유한 권능을 가진 존재라는 사실을 알지는 못했다(시 104:6-9; 느 1:4). 바다의 바람과 성난 파도보다 예수의 능력이 더 크다는 사실을 믿는 것이 예수에 대한 바른 반응이다. 이처럼 제자들은 열매 맺지 못하는 세 종류의 땅과는 다르지만, 아직도 하나님 나라의 비밀을 더 알아가야 한다. 예수의 정체를 더 깊이 아는 것이 하나님 나라의 비밀을 아는 것이고 험한 시련을 이기는 길이다. 제자들의 믿음은 윤리적 열매로만 나타나는 것이 아니다. 위험과 시련을 맞서는 태도로도 나타나야 한다. 제자들은 광풍을 제압하는 예수를 알아야 하고 그의 능력을 믿어야 한다.

군대귀신을 쫓아내는 예수(8:26-39)

26 그들은 갈릴리 반대쪽에 있는 거라사인들의 지역에 도착했다.
27 예수께서 뭍에 이르자 귀신들에 사로잡힌 어떤 남자가 마을에서
나와 그를 만났다. 이 남자는 오랫동안 옷을 입지 않았고 집이
아니라 무덤 사이에서 살았다. 28 그는 예수를 보자 외치며 예수
앞에 엎드리고 큰소리로 외쳤다. "예수여, 지극히 높으신 분의
아들이여, 나와 당신이 무슨 관련이 있는 것이오? 간청하오니
내게 고통을 주지 마시오." 29 이는 예수께서 그 사람에게서
나오라고 악한 영에게 명령하셨기 때문이다. 그는 오랫동안 악령에
사로잡혔고 감시를 받으며 사슬과 족쇄로 묶여 있었으나 통제를
끊고 귀신에게 이끌려 외딴곳으로 갔다.

26-29절은 예수가 귀신들을 대면하시는 사건이다. 예수님과 제자들은 갈릴리 호수 건너편 거라사인들의 땅에 이르렀다(26절). 거라사는 열 개의 도시를 뜻하는 '데카폴리스'에 속한 도시였다. 예수의 일행이 배에서 내리자마자 그 도시의 귀신 들린 남자가 예수를 만났다(27절). 복수형인 '귀신들'은 남자가 많은 귀신들에 의해 고통당하고 있음을 암시하며, 귀신들의 규모는 '군대'라는 용어로 구체화될 것이다. 많은 귀신들이 이 남자를 사로잡고 있는 증거로 그는 오랫동안 옷을 입지 않고 지냈으며 집을 떠나 무덤 사이에 살고 있었다. 옷을 입지 않으니 다른 사람들과 함께 생활할 수 없었다. 무덤 사이에서 지내는 모습은 그가 살아 있는 자들보다 죽은 자들과 더 가까운 관계임을 내포한다. 시체가 묻힌 곳에 살고 있으니 그는 부정한 자다. 귀신 들린 자는 큰 소리로 부르짖으며 예수 앞에 엎드린다(28절). 이는 귀신들이 조종한 결과다. 귀신들은 귀신 들린 자의 입을 통해 예수를 '지극히 높으신 분의 아들'(28절)로 부른다. 이는 '하나님의 아들'과 같은 의미다(1:32, 35). '지극히 높은 자'는 누가복음의 전반부에 주로 등장하고 하나님을 가장 높으신 분으로 인정하는 칭호다(1:32, 35, 76; 2:14; 6:35; 8:28; 19:38; 참고. 행 7:48; 16:17).

앞 단락에서 제자들은 갈릴리 호수의 바람과 물을 제어하신 예수에 대해 바람과 물을 순종시키는 예수의 정체가 무엇인지 서로 질문했었다(25절). 제자들의 질문에 대한 대답을 귀신들이 제공한다. 바다의 폭풍을 꾸짖으신 예수는 인생을 파괴하는 귀신들을 꾸짖어 쫓아낼 수 있는 '지극히 높으신 분의 아들'이다. 그는 귀신들의 세력에 속박된 남자를 해방시킬 수 있다. 귀신들은 절대적인 권위를 가진 예수의 정체를 알기 때문에 전투를 벌이지 않고 협상을 시도한다. 폭풍의 공격을 뚫고 거라사로 진격한 예수에게 공격을 받아 패잔병이 되는 것을 예상한다. 그래서 귀신 들린 자는 자신과 예수는 아무런 관계가 없으니 예수에게 떠날 것을 부탁한다. 고통스럽게 만들지 말아 줄 것을 간청한다. 귀신들이 이렇게 말하는 이유가 29절에 나온다. 예수가 그 사람에게서 나오도록 더러운 귀신에게 명령했기 때문이다. 예수가 거라사에 도착하기 전에 귀신들에게 선전포고를 한 것은 갈릴리 호수에서 제자들이 탄 배를 공격한 세력이 누구인지 실마리를 제공한다. 자신들의 운명을 감지한 귀신들은 예수와 제자들이 귀신들이 주도권을 지닌 영역에 오지 못하도록 선제공격을 감행했을 것이다. 29절은 귀신 들린 남자에 대한 설명이다. 더러운 귀신들은 한 남자를 비참하게 만들어버렸다. 그는 가족과 사회에 해로운 존재가 되고 말았다. 사슬과 족쇄로 제어해도 소용없었다. 귀신의 힘으로 그는 결박을 풀어버렸고 귀신은 그를 광야로 내몰고 가버렸다. 어떤 것으로도 남자를 감금할 수 없는 모습은 악의 세력이 얼마나 강력하게 그를 사로잡고 있는지 입증한다.

> 30 예수께서 그에게 질문하셨다. "네 이름이 무엇이냐?" 그는
> 말했다. "군대입니다." 많은 귀신들이 그에게 들어갔기 때문이다.
> 31 그들은 무저갱으로 보내지 말아 달라고 예수께 간청하기
> 시작했다. 32 큰 규모의 돼지 떼가 언덕에서 먹고 있었다. 귀신들은
> 돼지 떼에 들어가게 해 달라고 간청했다. 예수께서는 그들에게
> 허락하셨다. 33 귀신들은 그에게서 나와 돼지들 안으로 들어갔고
> 돼지 떼는 비탈을 지나 호수로 치달아 빠지고 말았다.

30-33절은 예수가 군대귀신을 쫓아내시는 장면이다. 예수는 귀신과 협상하지 않고 귀신 들린 자의 이름을 묻는다(30절). 이름을 부름으로써 남자와 그를 사로잡고 있는 세력이 귀신들인 것을 드러내고 남자와 귀신들을 분리시킨다. 남자는 이름을 '군대'(legio—라틴어, λεγιών 레기온—헬라어)라고 말한다. 약 6,000명의 군인들로 구성된 레기온은 가장 큰 규모의 군대 조직이었다. 이 남자의 고통은 로마 주둔군과 관련이 있었을 것이다. 귀신들은 자신들의 정체가 발각되자 무저갱에 던지지 말아 달라고 간청한다(31절). 무저갱은 최후심판 전까지 귀신들이 갇히는 감옥이다. 한 남자를 자신들의 통제 아래 가두었던 귀신들은 예수의 권세에 의해 감옥에 갇힐 것을 두려워한다. 귀신들은 그곳에 사육되고 있는 돼지 떼에 들어가는 것을 허락해 달라고 요청하고 예수는 허락한

【갈릴리 바다 동쪽의 무덤(로마 시대)】

다(32절). 돼지를 부정하게 여기고 먹지 않는 유대인들(레 11:7-8; 신 14:8)과 달리 거라사가 위치한 데가볼리는 주로 이방인들이 거주했으므로 주민들은 돼지를 판매 목적으로 사육했을 것이다. 로마 주둔군을 위한 식재료였을 수도 있다. 귀신들은 남자에게서 나와 돼지들에게 들어간다(33절). 이 장면은 살아 있는 생명체를 괴롭히는 것을 목표로 삼는 귀신들의 속성을 드러낸다. 그런데 귀신들이 들어가자 돼지들은 비탈 아래로 달려 호수에 빠져 몰사하고 말았다. 귀신들은 여전히 생명체에 들어가 활동할 줄로 생각했으나 결과는 완전히 달라졌다. 상징적인 의미에서 무저갱은 물 아래 위치하고 있으므로 귀신들은 돼지 떼에 들어가 생존한 것이 아니라 물 아래 무저갱에 갇혔다. 돼지 떼가 물에서 몰살한 사건은 귀신들이 감옥에 갇힌 것을 상징한다.

> 34 가축을 치는 자들이 일어난 일을 보고 도망쳐 성읍과 지역에
> 소식을 퍼뜨렸다. 35 사람들이 일어난 일을 보러 와서 예수에게로
> 왔다. 그들은 귀신들이 나가고 예수의 발 옆에 앉아 있는 남자를
> 보았다. 그는 옷을 입고 있었고 제정신이었다. 그들은 두려워했다.
> 36 이 모습을 본 사람들은 귀신 들렸던 자가 어떻게 구원받게 됐는지
> 말했다. 37 거라사와 주변 지역의 모든 사람들이 예수께 자신들을
> 떠나 달라고 요청했다. 이는 그들이 큰 두려움에 사로잡혔기
> 때문이다. 그래서 예수께서는 배를 타고 떠났다. 38 귀신들이 떠난
> 남자가 예수와 함께 가기를 간청했으나 예수께서는 그를 돌려보내며

말했다. 39 "네 집으로 돌아가서 하나님이 너를 위해 무엇을
행하셨는지 전해라." 그는 돌아가서 예수께서 그를 위해 무엇을
행하셨는지 온 마을에 전했다.

돼지를 사육하던 사람들이 도시와 마을에 가서 소식을 알렸다(34절). 이 소식을 들은 동네 사람들이 와서 보니 귀신들에서 해방된 남자가 옷을 입고 온전한 정신으로 예수의 발 앞에 앉아 있었다(35절).[2] 이 모습은 선생에게서 배우고 있는 제자의 자세다(왕하 4:38; 행 22:3). 예를 들어 마리아도 예수의 발 앞에 앉아 가르침에 집중한다(10:39). 치유받은 거라사 사람은 예수의 제자로 하나님 나라의 교훈을 배우기 시작한다.[3] 그는 사회로 복귀할 수 있고 훈육이 가능한 상태로 회복됐다. 사건의 전 과정을 목격한 일꾼들은 주민들에게 귀신 들린 자가 어떻게 구원받았는지 설명했다(36절). 본문의 흐름에서 '구원하다'(σῴζω 소조)는 비극적인 속박에서 구출되고 자유를 얻은 것을 의미한다.[4] 그러나 현장을 목격한 사람들과 주변 지역 사람들의 생각은 달랐다. 그들은 크게 두려워하면서 예수에게 그곳을 떠나 달라고 간청한다(37절). 동네 사람들은 예수의 능력으로 초래될 문제를 염려했다. 예수의 능력이 귀신 들렸던 남자에게는 구원을 선사했으나 동네 사람들에게는 생업을 위협하는 위기가 될 것이기 때문이다. 자신들의 생업이 타격을 입을 뿐 아니라 로마 군대와 예수 사이에 충돌이 일어나는 불상사가 생길 수도 있다.

이 장면은 사람에 대한 예수의 가치관과 당시 시대의 가치관을 대조한다. 예수는 다른 사람들에게 해를 끼치고 자신을 자학하며 살아가는 광인의 배후에 사탄의 세력이 있다는 사실을 알았다. '귀신', '귀신들', '더러운 영' 등의 용어는 예수님과 사탄의 세력 간에 일어나는 충돌을 강조한다. 사실상 예수가 위험을 감수하고 갈릴리 호수를 건너온 목적은 거라사 광인 한 사람을 구원하기 위함이다. 예수에게는 한 영혼이 돼지 떼 이천 마리보다 더 소중했다.

예수는 배에 올라 그곳을 떠난다. 그때 거라사 사람도 예수와 함께 가고 싶어 한다(38절). 예수를 따르는 제자가 되길 원한 것이다. 예

수는 새 제자를 집으로 돌려보낸다(39절). 그는 무엇으로 예수의 은혜를 갚는가? 가정에 돌아가는 것이다. 그에게는 가족이 있다! 그는 누군가의 아들, 아버지, 형제다. 그는 하나님께서 자신에게 얼마나 놀라운 일을 행하셨는지 전해야 한다. 귀신 들렸던 남자는 예수가 자기에게 어떻게 큰일을 행하셨는지 온 도성에 선포한다. 하나님께서 행하신 일(39a절)은 예수가 행하신 일이다(39b절). 그는 예수에 대한 이야기를 동네에 선포했다.[5] 예수에게서 배우고 예수가 행하신 일을 설명하고 선포하는 일은 구원을 경험하고 목격한 증인의 사명이다. 회복된 거라사 사람은 이방 지역에서 예수의 복음을 전한 첫 번째 증인이다. 사도들은 예수의 부활 이후 이방 지역에서 복음을 전할 것이다(행 8:5; 9:20; 10:42; 19:13; 20:25; 28:31). 열두 제자의 방식이 예수를 따르는 유일한 제자의 길은 아니다. 예수의 능력과 긍휼로 구원을 얻은 한 사람의 변화는 가족과 동네에 보내지는 복음의 증거다.

배경설명 – 무저갱

'무저갱'(ἄβυσσος 아뷔소스)은 최후심판 전까지 악인들이나 귀신들이 갇히는 장소다. 끝(밑바닥)이 없다는 뜻의 아뷔소스는 70인역에서 적어도 34회 등장하고, 30회는 히브리어 '테홈'('깊음')의 번역어다. 구약에서 아뷔소스는 태고의 바다(창 1:2), 심해(욥 28:14; 38:16; 욘 2:5), 이스라엘 백성이 지나 온 홍해(시 106:9; 사 51:10; 63:13), 지하수(창 7:11; 8:2; 잠 3:20; 시 78:15), 죽은 자들이 거하는 곳(시 71:20), 하늘의 높음과 정반대 쪽인 바다의 낮은 곳이다(시 107:26). 제2성전기 유대교의 아뷔소스는 구약의 그것과 유사한 의미를 갖고 있지만 악한 천사들이 갇히는 감옥으로 자주 사용된다(예, 에녹1서 10:11-13; 54:4-6; 60:7; 88:3; 90:24-27). 신약에서 아뷔소스는 귀신들의 감옥(예, 계 9:1; 20:1-3), 짐승들이 나오는 장소(계 11:7), 죽은 자들이 가는 곳(롬 10:7) 등으로 사용된다. 신약의 아뷔소스는 죽은 자들이 가는 깊은 곳이라는 점에서는 하데스와 유사성이 있으나 귀신들의 감옥이라는 사실에서 하데스(음부)와 다르다. 무저갱은 최후심판까지 갇혀 있는 감옥이므로 최후심판 이후 형벌의 장소인 게헨나(지옥)와도 다르다.

병과 죽음을 해결하는 예수(8:40-56)

40 예수께서 돌아오자 무리가 그를 환영했다. 이는 그들이 모두
예수를 기다리고 있었기 때문이다. 41 야이로라는 이름의 남자가
왔다. 그는 회당장이었다. 그는 예수에게 엎드려 그의 집에 와 달라고
예수에게 간청했다. 42 그에게는 열두 살가량의 외동딸이 있었고
딸이 죽어가고 있었기 때문이다. 예수께서 떠나실 때 무리가 그
주위를 둘러싸고 있었다.

12년 동안 혈루증으로 고통당한 여자가 치유되고 열두 살 소녀가 살아나는 사건은 회당장 야이로가 딸의 회복을 위해 예수에게 간청하는 장면으로 시작해 딸이 살아나는 기적으로 마친다. 중간에 등장한 혈루증 환자는 회당장 야이로가 가져야 하는 믿음의 모본이다.

회당장 야이로의 간청(40-42절). 예수의 일행은 이방인의 땅에서 귀신 들린 자를 고친 후 유대인의 땅 갈릴리로 돌아왔다. 무리가 예수를 환영하고 기다리고 있었다. 그들 중에 회당장 야이로가 있었다. 회당장은 지역의 회당과 예배를 책임지는 지도자였다. 회당의 전반적인 일을 관리하고 감독했으며, 안식일 예배를 준비하고 진행하는 일을 맡았다. 그런데 회당장의 열두 살 외동딸이 죽어가고 있었다. 예수가 그의 집으로 가던 도중에 딸이 죽었다는 소식을 들은 것을 고려하면(49절) 딸은 사경을 헤매고 있었을 것이다. 야이로는 예수의 발아래 엎드려 딸을 살려 달라고 간청한다. 딸은 외동딸이다.[6] 회당장은 예수의 능력 외에는 딸이 회복될 소망이 없다고 확신했기 때문에 절박한 심정으로 간청한다. 야이로는 예수가 자기의 집으로 오기를 요청했고 예수는 회당장의 집으로 향한다. 예수의 말씀이 나오지 않고 이동하는 동작만 언급된 것은 예수의 행동을 강조한다. 예수가 딸을 고치러 갈 때 무리가 밀려들었다. '밀려들다'는 숨통을 막았다는 뜻으로(8:14) 씨 뿌리는 자의 이야기에서 '기운을 막다'는 의미로 사용된 동사다. 그만큼 사람들이 예수를 간절히 원했고 질식할 정도로 예수님과 함께 이동하

고 있음을 묘사한다.

> 43 한편 열두 해를 하혈로 고생했으나 누구에게서도 치유를 받지 못한 여자가 있었다. 44 여자는 예수 뒤로 와서 그의 옷자락 끝을 만졌다. 즉시 출혈이 멈추었다. 45 그때 예수께서 물으셨다. "누가 내게 손을 댔습니까?" 그들이 모두 부인하자 베드로가 말했다. "주님, 무리가 주님을 둘러싸고 밀치고 있습니다." 46 그러나 예수께서 말씀하셨다. "누군가 내게 손을 댔다. 내게서 능력이 나간 것을 내가 알기 때문이다." 47 여자는 더 이상 숨길 수 없음을 알고 떨면서 나와 예수 앞에 엎드렸다. 그녀는 모든 사람들 앞에서 왜 예수께 손을 댔고 어떻게 즉시 치유받았는지 설명했다.
>
> 48 예수께서는 그녀에게 말씀하셨다. "딸이여 당신의 믿음이 당신을 치유했소. 평안히 가시오."

혈루증 여자의 치유(43-48절). 무리가 밀어닥치는 가운데 열두 해를 혈루증으로 고생하던 여자가 있었다. 피가 흘러나오는 문제는 레위기 15:25-30에 나온다. 혈루증 환자는 제의적으로 부정하기 때문에 환자가 만지는 사물이나 사람은 부정하게 된다(레 15:26). 유출이 그치면 제물을 드려야 한다(레 15:29). 레위기 15장의 제사 규례는 14장에 언급된 나병환자의 그것과 유사하다. 여자는 절박한 마음으로 예수에게 나왔다. 혈루증은 나병처럼 사회, 종교적으로 부정한 병이어서 환자는 사회에서 격리되고 제의적으로 격리됐다. 여자는 12년 동안 피가 나올 때마다 격리될 수밖에 없었다. 자신이 사물과 사람을 부정하게 만드는 부정결의 원인이라는 사실은 참으로 비통하다(레 15:31). 죽음 곁에 살며 정결하지 못한 여자로 멸시받았다. 유대 사회에서 부정과 정결은 사회를 유지하는 원리였고 유대인의 정체성을 규정하는 표지였다. 여자는 오랜 투병 생활로 나약해진 몸을 이끌고 몰래 예수의 옷자락을 만진다. 유대인 남자들은 민수기 15:38-40의 규례에 따라서 옷자락에 술을 달았다(신 22:12; 참조. 마 23:5). 고대 유대 사회와 그리스-로마에는 거룩한 사람의 옷자락을 만지면 유익을 얻을 수 있다는 믿음이 있었다. 혈루증 환자가 군중 속으로 들어가는 행위는 율법을 위반하는 죄다. 그녀가 만진 사람은 하루 동안 부정하게 된다. 그러나 치유의 방법을 눈앞에 두고서 물러나기에 그녀가 그동안 겪은 고통과 수치가 너무 컸다. 여자는 예수의 옷자락을 만지고 즉시 병이 치유된다. 여자에게서는 부정하게 하는 피가 흘러나왔으나 예수에게서 정결하게 하고 치유하는 능력이 흘러나왔다. 원칙적으로는 부정한 여자가 예수의 몸에 손을 댔으므로 예수는 일정 기간 정결 의식을 행해야 하고 여자는 징계를 받아야 한다. 그러나 예수의 능력이 부정을 정결하게 만들었기 때문에 예수는 부정에 전염되지 않았고 거룩함이 여자에게 전이됐다. 오랫동안 병의 상태에 민감했던 여자는 곧바로 출혈이 멈추고 몸의 원기가 회복되는 것을 체험한다.

예수가 자신의 옷에 손을 댄 사람이 있다고 말하자 모두 아니라고 말한다(45절). 베드로는 무리가 밀고 있는 와중에 어떻게 그것을 알 수 있느냐는 식으로 반응한다. 예수는 자신에게서 능력이 나간 것이 분명하므로 손을 댄 자가 있다고 거듭 말한다(46절). 여자는 더는 숨길 수 없다는 것을 알고 떨면서 예수 앞에 엎드렸다. 손을 댄 이유와 어떻게 낫게 되었는지를 모든 사람 앞에서 말한다(47절). 예수는 여자가 그녀의 '믿음'으로 치유받았다고 말한다. 누가-행전에서 '믿음'(πίστις 피스티스)은 자신의 힘으로 해결할 수 없어서 다른 존재(예수)에게 의존하는 것을 말한다(5:20; 7:7-9, 50). 믿음은 구체적인 행위로 표현된다. 여자의 믿음은 부정과 정결의 경계를 뛰어넘어 예수의 옷자락에 손을 대는 행위로 나타났다. 44-47절에 손을 대는 동작이 네 차례 언급된다(44, 45, 46, 47절). 믿음은 절박한 문제를 안고 있는 사람의 절박한 행위다. 많은 사람들이 예수를 기다렸으나(40절) 벼랑 끝에 내몰린 심정으로 손을 대고 예수 앞에 엎드려 간구한 사람이 예수의 능력을 경험한다.

여자의 믿음은 공동체로 회복되는 복을 받는 통로다. 예수의 치유하는 능력을 믿고 옷자락을 만지는 것도 믿음이고, 예수의 명령에 순종해 무리 가운데 서는 것도 믿음이다. 예수는 하나님의 말씀, 곧 예수의 말씀을 듣고 행하는 사람을 자신의 참 가족으로 정의했다. 여자는 예수의 말씀과 행위를 통한 능력을 믿고 실천했기 때문에 하나님의 가족, 예수의 가족이다. 그래서 예수는 여자를 '딸'로 부른다. 그녀는 예수의 딸이 아니라 하나님의 딸이고 유대 공동체의 딸이다. 이런 점에서 예수는 여자가 공동체로 회복된 사실을 공식적으로 선언하기 위해 그녀를 중앙에 세운 것으로 보인다. "평안히 가시오"(48절)는 일상의 인사다(참고. 행 16:36; 삼상 1:17; 20:42; 29:7). 평안(평화)은 천사들이 예수를 통해 주어질 것이라고 약속한 선물이다(1:79; 2:14; 7:50; 24:36). 여태껏 여자는 이런 인사를 받지 못했을 것이다. 이제 누구도 그녀를 부정하게 생각하지 않을 것이다. 그녀는 공동체와 가족으로 돌아가 샬롬의 인생을 살 수 있다. 어떤 의미에서 혈루증 환자의 치유의 절정은 치유보다 예수님과 여자의 대화다. 예수님과의 인격적인 만남 없는 치유는 구원이나 평안과 거리가 멀다. 예수를 만남으로써 여자는 자신의 치유가 도둑질과 같은 비윤리적 행위에 의한 것이 아니라, 예수에 대한 신뢰에 따른 것임을 알게 된다. 평화를 얻고 공동체로 회복된 계기는 치유가 아니라 예수님과의 만남이다.

> 49 예수께서 아직 말하고 있는 동안 회당장의 집에서 누군가 와서
> 말했다. "당신 딸이 죽었습니다. 더 이상 선생님을 힘들게 하지
> 마십시오." 50 예수께서 이 말을 듣고는 회당장에게 말씀하셨다.
> "두려워 말고 믿기만 하시오. 그러면 딸이 낫게 될 것이오."
> 51 예수께서 회당장의 집으로 왔을 때 베드로, 요한, 야고보, 딸의
> 아버지와 어머니 외에는 누구도 들어오지 못하게 하셨다. 52 그들
> 모두 소녀를 위해 슬피 울고 있었다. 예수께서 말씀하셨다. "울음을
> 그치시오. 소녀가 죽지 않고 자고 있습니다." 53 그들이 예수에
> 대해 웃기 시작했다. 그들은 소녀가 죽은 줄 알았기 때문이다.
> 54 예수께서는 소녀의 손을 잡고 말씀하셨다. "아이야 일어나야지."
> 55 그녀의 영이 돌아왔고 즉시 일어났다. 예수께서는 먹을 것을 딸에게
> 주도록 그들에게 말씀하셨다. 56 소녀의 부모가 놀랐다. 예수께서는

일어난 것을 누구에게도 말하지 못하도록 그들에게 명령했다.

소녀를 살리는 예수(49-56절). 예수가 여자와 말씀을 나누는 중에 회당장의 집에서 사람이 와서 야이로에게 딸이 죽었다는 비보를 전한다(49절). 그는 예수가 집으로 올 이유가 없으니 선생을 더 이상 힘들게 할 필요가 없다(49절)고 말한다. 예수가 혈루증 환자와 만나 시간이 지체되었고 야이로의 딸은 숨을 거두고 말았다. 12년을 혈루증으로 시체처럼 지냈던 여자는 딸로 살아났으나 12년을 살았던 야이로의 딸은 죽었다. 그러나 야이로의 소망이 끝난 것은 아니다(50절). 예수는 야이로가 믿음을 가지도록 촉구한다. 야이로에게 필요한 믿음은 어떤 것인가? 혈루증 여자가 보인 믿음이다. 믿음으로 역전된 여자의 운명이 딸의 운명이 될 것이다. 야이로는 혈루증에서 치유받은 여자처럼 예수의 능력을 신뢰해야 하고, 처음보다 더 강한 믿음으로 예수의 긍휼을 기대해야 한다. 혈루증 여자는 믿음으로 구원을 얻었고, 열두 살 소녀는 아버지의 믿음으로 생명을 얻게 될 것이다. 예수는 아버지의 절박한 믿음과 사랑을 사용해 소녀를 살릴 것이다.

야이로의 집에 도착하신 예수는 베드로와 요한과 야고보와 아이의 아버지와 어머니 외에는 누구도 함께 들어가는 것을 허락하지 않는다(51절). 집의 모든 사람이 아이를 위해 울며 통곡했다(52a절). 울고 통곡하는 사람들 중에는 전문적으로 애곡하는 자들도 있었다. 1세기 유대교에서 이들은 장례 절차를 위해 임시로 고용됐다. 가난한 사람들도 피리를 불고 곡하는 사람을 최소한의 인원으로 고용했다. 애곡하는 사람들은 소녀가 죽지 않고 자고 있으니 울지 말라는 예수의 말을 비웃는다(53절). 예수는 아이의 손을 잡고 아이를 일으켜 세운다(54절). 예수는 부정한 시체의 손을 붙잡는 것으로 생명을 부여한다. 예수는 시체로 부정하게 되는 것이 아니라 긍휼의 능력으로 시체를 살아 있는, 즉 정결한 사람으로 회복시킨다. 예수의 거룩과 긍휼(사랑)이 부정과 죽음을 이긴다. 예수의 능력으로 아이의 영이 돌아와 아이가 일어났다(55a절). '영'이 돌아왔고 소녀는 잠시 자고 일어났다.[7] 예수는 살아난 소녀에게 먹을 것을 주라고 지시한다(55b절). 부모가 감격하자 예수는 이 사건을 아무에게도 알리지 않도록 경고한다(56절). 기적 이후 침묵을 명령하는 것은 기적을 일으킨 예수의 겸손한 태도를 강조한다. 이 명령은 사람들이 예수를 민족적 소망을 성취하는 메시아로 기대하는 것을 막는 의도였을 수도 있다.

한편 독자는 부모를 지칭하는 용어에 주목할 필요가 있다. 누가는 56절에서는 복수형 '부모'(γονεῖς 고네이스)로 표현하지만 51절에서 '아이의 아버지와 어머니'로 묘사한다. 즉 '어머니'가 언급된다.[8] 아이의 어머니는 딸이 잠을 자고 일어나 밥을 먹는 장면을 보고 있다. 현장에 있던 사람들 중 누가 먹을 것을 주었겠는가? 어머니였을 것이다. 식사는 가족 공동체의 유대감을 표현하는 자리다. 예수의 행위는 일반적으로 어머니가 어린 자녀에게 하는 모습을 반영한다. 예수의 능력은 혈루증 여자를 가족 공동체로 회복시키는 데 사용된 것처럼 어머니와 아버지에게 딸을 회복시켜 주는 것으로 나타난다. 예수가 가지고 오신 하나님 나라는 가정을 회복시키는 나라다.

질문

1. 예수님이 광풍을 이기고 제자들을 보호하신 사건에서 제자들은 서로 "이분은 누구인가?"라고 질문합니다(8:22-25). 바람과 물이 순종하는 예수님은 누구입니까?
2. 군대귀신에 들린 사람의 비참한 모습을 설명해 보십시오(8:26-39). 사회에서 쫓겨난 한 사람을 회복하고 가정에 돌려보내는 과정에서 나타난 예수님은 어떤 분이십니까?
3. 혈루증 환자와 열두 살 소녀는 어떻게 회복되고 살아납니까(8:40-56)? 두 사건에서 예수님은 어떤 교훈을 가르치고 계실까요?

묵상

예수님은 바다의 폭풍을 제압하면서 제자들에게 '믿음이 어디 있는지' 질문하셨습니다. 제자들은 예수가 초월적 존재로 그들과 함께한다는 사실을 믿어야 합니다. 닥쳐오는 폭풍 같은 현실에서 제자가 의지해야 할 대상은 권능의 예수님입니다. 예수님의 말씀을 제대로 들었는지는 높은 수준의 윤리로 나타날 뿐 아니라 위기를 담대하게 대처하는 믿음으로도 입증됩니다. 평소에는 하나님의 임재를 믿는 것처럼 보여도 외부에서 인생의 위기가 닥쳐오면 하나님의 부재로 불평하고 절망하기 쉽습니다. 예수님의 정체, 곧 그분이 우리를 보호하시는 하나님이신 사실을 믿을 때 위험과 시련을 견딜 수 있습니다.

14
예수의 정체에 대한 제자들의 이해와 오해

9:1-50

예수는 9장부터 그의 사역에 본격적으로 참여하는 제자들에게 메시아의 정체와 운명을 알리지만 제자들은 여전히 오해하는 단계에 있다. 제자들의 오해는 본 단락 중간중간에 나올 뿐 아니라 단락의 시작과 끝을 통해서도 드러난다. 예를 들어, 제자들은 권능과 권위를 얻었으나(9:1-6) 독점권을 위해 특권을 남용한다(49-50절).

제자들의 첫 번째 사역과 보고(9:1-6)

1 예수께서 열두 제자를 불러 모으고 모든 귀신들을 쫓아내고[1]
질병을 치유하는 권능과 권위를 그들에게 주셨다. 2 그리고 하나님
나라를 전하고 치유하도록 그들을 보내셨다. 3 예수께서 제자들에게
말씀하셨다. "너희의 여정을 위해 아무것도 소지하지 말라.
막대기도 빵도 돈도 두 벌 옷도 소지하지 말라. 4 너희가 들어가는
집이 어디든 그곳에 머물고 떠나지 말라. 5 너희를 영접하지 않는
곳이 어디든 너희가 도성을 떠날 때 그들에 대한 증거로 너희 발에서

먼지를 떨어내라." 6 제자들이 떠나 마을들을 돌아다니며 복음을 전하고 모든 곳에서 치유했다.

예수는 열두 제자를 불러 모으고 모든 귀신을 제어하고 병을 고치는 능력과 권위를 부여한다(1절). 하나님 나라를 전하고 치유하도록 그들을 보냈다(2절). 하나님의 나라를 전파하고(4:43; 6:20; 7:28; 8:1, 10) 치유하는(5:17; 6:18-19; 7:7; 8:47) 것은 예수의 소명이었다. 이제 예수의 소명이 제자들에게 위임된다. 제자들의 소명은 이사야 61:1-2의 실현으로써 예수가 나사렛 회당에서 선포하신 예수의 사명과 같다(4:18-19). 이사야 61장은 성령으로 기름 부음 받은 종의 사역을 예고했는데, 종(예수)의 사역이 종들(제자들)에게로 위임된다. 예수는 사명을 실현할 수 있는 권능(4:14, 36; 5:17; 6:19; 8:46)과 권위(4:6, 32, 36; 5:24)를 제자들에게 주신다.[2] 이어서 예수는 사명을 수행하는 제자들의 태도에 대해 가르친다(3-5절). 제자는 무슨 사명을 맡았는지 알아야 하지만 어떻게 사명을 수행할 것인지도 알아야 한다. 제자들은 하나님만 절대적으로 의존하는 자세를 가져야 한다. 구체적으로 여행을 위해 아무것도 소유하지 말고 지팡이나 배낭이나 양식이나 돈이나 두 벌 옷을 준비하지 말아야 한다(3절).

예수의 요구는 대단히 급진적이다. 독자는 본문을 읽으면서 필요한 것을 채워 주시는 하나님(12:22-31)을 함께 생각해야 한다. 말하자면 2-5절의 가르침을 문자적으로 실천하는 것만이 유일한 제자도라고 단정할 필요는 없다. 예수의 말씀에 나타난 의미가 중요하다. 배낭은 여행용 가방을 가리킨다. 열두 제자는 채워진 가방이 아니라 하나님의 공급하심을 믿고 전도해야 한다. 제자들에게 요구된 준비는 광야의 길을 향한 이스라엘 백성의 출애굽 여정을 떠올린다(출 12:11). 하나님 나라의 해방을 경험한 사람들의 목표는 안정을 추구하는 것이 아니라 하나님 나라의 복음을 증언하는 것이다. 복음을 소개 받는 사람은 전파자의 태도, 즉 하나님의 다스림을 의존하는 삶을 통해서 복음을 본다. 제자는 어느 집에 들어가 환대를 받으면 더 나은 환경을 제공하는 집으로 옮기지 말고 끝까지 그곳에 머물러야 한다(4절). 일반적으로 팔레스타인의 가정은 손님을 환대했으므로 갈릴리의 가정들은 제자들을 환대하고 예수의 하나님 나라 운동에 호의적이었을 것이다. 제자는 기본적으로 섬김받는 사람이 아니라 섬기는 사람이므로 더 나은 환대를 지향하는 태도는 바르지 않다. 제자는 환대를 받기도 하지만 배척당하기도 한다. 만일 어떤 도시가 제자들을 영접하지 않으면 도시를 떠날 때 발에서 먼지를 떨어내야 한다(5절). 이 말씀은 유대인들이 이방 지역을 통과하고 나서 오염된 먼지를 거룩한 땅에 옮기지 않으려고 발의 먼지를 떨어버렸던 풍습을 배경으로 한다. 이런 행위는 복음을 거부한 책임이 그 도시에 있음을 확인하는 것이다.

사명을 맡은 제자들은 여러 마을을 다녔고 모든 곳에 복음을 전하며 병을 고쳤다(6절). '복음을 전하다'(εὐαγγελίζομαι 유앙겔리조마이)와 '치유하다'(θεραπεύω 떼라퓨오)는 예수와 제자들의 사명을 요약하는 용어다. '모든 곳에서' 사명을 수행한 것은 교회의 사명이 온 세상을 향하게 될 것을 예고한다(행 1:8). 하나님의 통치를 경험하는 것은 인생에서 가장 기쁜 소식이고 하나님 나라의 특징은 회복이다. 돈과 부를 통해 안정을 추구하는 것은 기쁜 소식과 치유처럼 보이지만 그런 욕망은 생명을 질식시켜버리고 만다. 제자는 하나님 나라의 복음을 최고의 기쁨과 치유책으로 전파할 뿐 아니라 하나님을 의지하는 검소한 태도로 복음에 합당한 삶을 살아내야 한다.

예수를 보기 원하는 헤롯(9:7-9)

7 분봉 왕 헤롯이 일어나고 있는 모든 일에 대해 듣고는 당황했다.
왜냐하면 어떤 사람들은 요한이 죽은 자들 가운데서 살아났다고
말하고 있었고 8 어떤 사람들은 엘리야가 나타났다고, 어떤
사람들은 옛날의 선지자들 중 한 명이 살아났다고 말하고 있었기
때문이다. 9 헤롯이 말했다. "내가 요한의 목을 벴다. 내가 이 사람에
대해 이런 말을 듣고 있는데 도대체 그는 누구냐?" 헤롯은 예수를

보고자 했다.

7-9절은 제자들에 대한 반대가 있을 것을 예고한다. 분봉 왕 헤롯 안티파스가 제자들을 통해 일어나는 모든 일을 듣고 매우 당황한다(7a절). 헤롯은 갈릴리 지역을 통치했으므로(3:1) 그곳에서 일어난 최근의 일을 보고받았다. 열두 제자가 예수의 사역을 수행했기 때문에 사람들은 제자들의 활동을 통해 예수의 사역을 경험했다. 헤롯이 보고받은 내용에 따르면 당시 대중은 예수에 대해 선지자 요한이 살아났다고도 하고, 엘리야와 옛 선지자 한 사람이 살아났다고도 하고, 옛 선지자 중 한 사람이 살아났다고도 생각했다(7b-8절). 공통점은 예수를 살아난 '선지자'로 이해하는 것이다. 특히 누가는 이 본문에서 처음으로 요한의 죽음을 언급한다. 세 명의 선지자를 소개하는 장면에 요한의 죽음을 언급함으로써 선지자의 운명이 고난인 점을 부각시킨다. 예수가 선지자적 인물이라면 당연히 고난의 운명을 맞이할 것이다. 헤롯은 자신이 요한을 참수형으로 죽였기 때문에 예수가 요한은 아니라고 생각한다. 헤롯은 예수가 누구인지 알고 싶어 한다(9b절). 특히 헤롯은 기적을 행하는 소문에 관심이 있었다. 들은 것으로 만족하지 않고 보고 싶어 한다. 헤롯의 관심은 예수를 통해 자신의 욕망과 호기심을 채우는 것이다. 그러니 예수의 정체를 제대로 볼 수 없다. 헤롯은 마지막 심문에서 예수의 정체에 대납할 기회를 다시 얻지만, 자신의 기대를 채워주는 사람이 아니라고 판단해버릴 것이다(23:6-13). 흥미롭게도 '그를 보고 싶어 한다'(ἐζήτει ἰδεῖν αὐτόν 에제테이 이데인 아우톤)는 23:8의 '그를 보고 싶어 한다'(θέλων ἰδεῖν αὐτόν 뗄론 이데인 아우톤)에도 사용된다. 23:8은 헤롯이 예수를 통해 표적을 보고 싶어 하는 것을 부연 설명한다. 자신의 목적을 위해 예수를 기대하는 자는 예수의 참된 정체를 알 수 없다.

오천 명의 만찬(9:10-17)

10 사도들이 돌아와서 그들이 행한 것을 예수께 보고했다.

예수께서는 그들을 데리고 벳새다로 불리는 마을로 물러가셨다.
11 무리가 이 사실을 알고 예수를 따라왔다. 예수께서 그들을
환영하고 하나님 나라에 대해 말하고 치유가 필요한 사람들을
고치셨다. 12 날이 저물기 시작하자 열두 사도가 와서 예수에게
말했다. "무리를 인근 마을들과 시골로 보내 유숙하고 먹을 것을
구하도록 해주십시오. 이곳은 외진 곳이기 때문입니다." 13 그러나
예수께서 그들에게 말씀하셨다. "너희가 그들에게 먹을 것을
주도록 해라." 그들이 말했다. "우리에게는 빵 다섯 조각과 생선 두
마리뿐입니다. 우리가 가서 이 모든 사람을 위한 음식을 구입하지
않는 한 불가능합니다." 14 그곳에는 대략 오천 명의 남자들이
있었다. 예수께서 제자들에게 말씀하셨다. "그들을 오십 명씩
무리로 앉히도록 해라." 15 제자들은 그렇게 했고 그들을 전부
앉혔다. 16 예수께서 빵 다섯 조각과 생선 두 마리를 들고 하늘을
보며 감사하셨다. 빵을 떼고 무리 앞에 놓도록 제자들에게 주셨다.
17 그들 모두 먹고 배불렀다. 남은 것을 거두니 열두 바구니가
채워졌다.

예수가 맡긴 사명을 마치고 돌아온 사도들은 그들이 행한 모든 것을 예수에게 보고한다(10절). '보고하다'(διηγέομαι 디에게오마이)는 예수가 군대귀신들에게서 해방된 거라사의 남자에게 사명을 부여할 때 사용된 단어다(8:39). 제자들의 보고를 받은 예수는 제자들을 데리고 벳새다로 갔다. 무리가 예수의 이동 경로를 파악하고 따라왔다. 예수는 무리를 영접하고 하나님 나라의 일을 선포하고 병을 치유했다(11절). 날이 저물어가자 제자들은 예수에게 와서 무리가 마을과 시골에서 식사를 해결할 수 있도록 그들을 보낼 것을 요청한다(12절). 왜냐하면 예수의 일행과 무리는 지금 인적이 드문 외딴 지역에 있기 때문이다. 예수는 제자들에게 "너희가 그들에게 먹을 것을 주도록 해라"라고 명령한다(13절). 제자들은 다섯 개의 떡과 두 마리 생선뿐이라고 대답한다. 많은 무리를 먹이기에는 턱없이 부족한 음식이다(13절). 그곳에 모인 무리는 오천 명

이었다. 예수는 제자들에게 무리를 오십 명씩 앉히도록 지시한다(14절). 제자들이 지시대로 무리를 앉히자 예수는 오병이어를 들고 하늘을 향해 감사한 후 제자들에게 음식을 나눠주도록 하신다(15-16절). 빈들에서 오천 명이 음식을 공급받은 장면은 출애굽 백성이 광야에서 만나를 먹은 사건이나(출 16:4-36) 엘리사가 무리를 먹이고도 음식이 남은 장면과 비슷하다(왕하 4:38-44). 모두가 배불리 먹고 열두 바구니의 빵이 남았다. 남은 '열두 바구니'는 이스라엘의 열두 지파를 상징한다.

오천 명을 먹인 사건의 의미는 다음과 같다. 첫째, 오병이어 사건은 메시아의 만찬이다. 광야의 식사는 예수가 제자들과 가진 마지막 만찬, 주의 만찬을 예고한다. 두 사건 모두 빵을 취하고, 감사하고, 떼고, 주는 순서로 전개된다. 두 장면에 사용된 '앉다'(κατακλίνω 카타클리노)는 만찬에 참여한 사람들이 비스듬히 기대어 앉는 자세를 묘사한다(9:14-15; 24:30; 참고. 7:36; 14:8). 예수는 광야에 온 사람들을 앉게 했고 주의 만찬에서도 제자들과 함께 앉았다. 둘째, 오천 명의 식사는 부활한 예수의 식사(24:36-43)와 엠마오로 가는 두 제자와의 식사(24:13-32, 33-35)처럼 일상의 음식을 나누는 식사다. 예수는 일상의 식시에 사람들을 초대하고 환대한다. 광야의 식사 장면에서 식사 전에 행한 정결 행위가 없는 것은 예수가 부정하고 가난한 자들을 조건 없이 환대하는 것을 내포한다. 사회의 중심부에 들지 않은 자들을 언제나 환영하고 그들과 함께 식사를 나누며 계시를 전하는 것이 예수가 온 목적이다. 셋째, 오천 명이 먹은 사건은 가난한 자들에게 전해진 기쁜 소식에 해당한다. 무리는 예수가 제공한 음식으로 배불렀다. 이는 예수가 병을 치료할 뿐 아니라(11절) 배고픔을 해결하는 능력이 있음을 강조한다(6:21). 마리아는 허기진 사람들이 배불리 먹게 될 것을 예고했다(1:53). 마지막으로 제자들은 식사를 섬기는 종들이다. 예수는 배고픈 사람들을 섬기는 책임성을 제자들에게 요구했다. 교회는 어려움에 처한 사람들의 실제적인 필요, 즉 궁핍의 문제를 외면하지 않고 관심을 두어야 한다.

예수의 정체와 그리스도의 길(9:18-27)

18 예수께서 홀로 기도하고 계실 때 제자들이 그와 함께 있었다.
예수께서 그들에게 물어보셨다. "무리가 나를 누구라고 하느냐?"
19 그들이 대답했다. "세례 요한이라고 합니다. 다른 사람들은
엘리야라고 합니다. 다른 사람들은 옛 선지자들 중 하나가
살아났다고 합니다." 20 예수께서 제자들에게 말씀하셨다.
"너희는 나를 누구라고 하느냐?" 베드로가 대답했다. "하나님의
그리스도이십니다."

오병이어 사건 이후 예수는 제자들에게 자신의 정체를 고난받는 그리스도로 밝힌다. 예수는 제자들과 대화하기 전에 홀로 기도하고 있었다(18절). '홀로'는 오천 명의 식사와는 다른 장소에서 예수가 기도하는 것을 내포한다. 누가는 예수가 홀로 기도한 것을 언급하는 동시에 '제자들이 그와 함께 있었다'고 설명한다. 예수가 '홀로' 있는데 제자들이 '함께' 있다는 표현은 모순으로 보인다. 이는 예수의 기도 습관을 강조한다. 예수는 제자들과 함께 있으면서도 하나님과 홀로 대화하는 시간을 소중히 여겼다.

예수는 기도를 하고 나서 함께 있던 제자들에게 "무리가 나를 누구라고 하느냐?"라고 질문한다. 제자들은 무리의 견해를 보고한다. 어떤 사람은 세례 요한, 엘리야, 옛 선지자들 중 한 명이 살아났다고 생각한다(19절). 예수의 질문과 제자들의 설명은 헤롯의 질문과 그가 받은 보고와 비슷하다. 대중은 예수를 선지자적 인물로 생각하고 있다. 예수는 선지자의 역할을 했으나 그것은 메시아 사역의 한 부분일 뿐이다. 이어서 예수는 "너희는 나를 누구라 하느냐?"라고 질문한다(20절). 베드로는 '하나님의 그리스도'로 대답한다. 베드로는 제자들의 대표이자 대변인으로 대답하기 때문에 그의 대답은 제자들의 견해를 반영한다. 이제까지는 천사들(1:31-35; 2:11), 귀신들(4:41)과 같이 초자연적인 존재가 예수를 그리스도로 언급했다면 처음으로 사람의 입에

서 예수를 그리스도로 칭하는 말이 나왔다. 베드로의 신앙고백이 오병이어 기적에 이어 나온 것은 중요한 의미가 있다. 오병이어 사건은 예수의 정체에 대한 베드로와 제자들의 이해에 중요한 영향을 끼쳤을 것이다. '하나님의 그리스도'는 2:26의 '주의 그리스도'와 같은 의미의 칭호다. '하나님의 그리스도'는 하나님이 그의 목적과 계획을 위해 택한 그리스도다. 곧이어 나오는 변모 사건에서 하나님은 예수를 '나의 택함을 받은 아들'이라고 부르실 것이다. 23:35에서는 '하나님이 택하신 자 그리스도'로 묘사된다.[3] 예수가 하나님이 택하신 그리스도라는 사실은 하나님 나라의 비밀이다. 이스라엘 백성은 예수를 하나님이 보내신 그리스도로 믿어야 한다. 베드로는 예수의 정체를 하나님이 약속하시고 택하신 그리스도로 정확히 알고 있다.

> 21 예수께서는 이것을 누구에게도 말하지 않도록 제자들에게
> 엄히 책망하고 명령하며 22 말씀하셨다. "인자가 크게 고난을 받고
> 장로들과 대제사장들과 서기관들에게 배척받고 죽임당하고 셋째
> 날에 살아나야 한다." 23 예수께서 모두에게[4] 말씀하셨다.
> "누구든지 나를 따르려면 자기를 부정하고 매일 자기 십자가를 지고
> 나를 따라야 한다. 24 자기 생명을 구원하는 자마다 잃을 것이지만
> 나를 위해 자기 생명을 잃는 자마다 구원할 것이다. 25 누군가
> 온 세상을 얻고 자신을 잃거나 몰수당하면 그 사람에게 무슨
> 이득이 되겠느냐? 26 나와 나의 말을 부끄러워하는 자들은 인자가
> 그의 영광과 아버지와 거룩한 천사들의 영광으로 올 때 그들을
> 부끄러워할 것이다. 27 진정으로 나는 너희에게 말한다. 여기 서 있는
> 어떤 사람들은 하나님 나라를 보기 전에는 죽음을 맛보지 않을
> 것이다."

예수는 베드로의 대답(18-20절)을 듣고 나서 이 말을 아무에게도 알리지 못하게 지시한다(21절). 당시 유대인들은 그리스도를 정치적이고 군사적 의미로 이해했기 때문에 예수는 고난의 의미가 빠진 그리스도로

알려지는 것을 원치 않는다. 제자들이 인정해야 할 그리스도는 고난을 통해 하나님의 목적을 성취한다. 그래서 예수는 무리를 향해 그리스도의 성체와 운명을 설명한다. 예수는 자신을 '인자'로 소개한다. 인자는 다니엘 7:13-14에서 하나님 나라를 다스리는 통치권을 받는다. 이렇게 권위 있는 인자가 지상에서는 고난을 받고 많은 사람들을 위해 자신을 몸값으로 지불할 것이다. 인자는 장로들과 대제사장들과 서기관들에게 배척당하고 죽임당해야 한다. 장로들은 예수를 고발하고 처형하는 작전을 주도했다. 이들은 주로 대제사장들과 함께 등장한다. 유대 사회의 정치와 종교에서 최고 계층에 속했던 대제사장들은 성전을 기반으로 정치적 권세를 누렸고 예루살렘을 중심으로 활동했다. 서기관들은 율법전문가들 또는 교사들로 불리는 예수를 감시하고 고발한 전문가 집단이다. 특히 서기관들과 바리새인들이 함께 등장하는 본문은 예수에 대해 적대적이다(5:17, 21, 30; 6:7; 7:30; 11:53; 14:3; 15:2). 세 부류의 지도자들 앞에 하나의 관사(τῶν 톤)가 있는 것은 세 무리가 뜻을 합해 예수를 죽이게 될 것을 암시한다. 예수는 이들의 배척으로 죽지만 사흘째 살아나야 한다. 예수는 '해야 한다'(δεῖ 데이)를 넣어서 고난과 죽음과 부활이 하나님의 계획에 따른 것임을 강조하신다. 예수가 세례를 받고 나서 하늘에서 들린 음성은 그를 '하나님의 사랑하는 아들'(시 2:7)과 '하나님의 종'(사 42:1)으로 선언했다(3:22). 예수는 이사야서에 예고된 '고난받는 종'(예, 사 42, 53)으로서 고난의 길을 가기 위해 오셨다. 그의 고난은 많은 사람들의 속죄를 위한 길이므로 그리스도는 반드시 고난과 죽음을 맞이해야 한다. 예수가 예루살렘에 가는 목적은 십자가에 달려 죄를 용서하는 길을 열기 위함이다.

예수의 운명과 제자들의 운명은 연결된다. 열두 제자뿐 아니라 모든 제자는 다음과 같은 제자의 길을 가야 한다. 첫째, 제자는 자기를 부인하고 매일 자기 십자가를 지고 예수를 따라야 한다(23절). 그리스도를 따르는 삶은 자기 부인과 자기 십자가의 길이다. 자기 부인은 자신의 욕망이나 계획이 아니라 하나님의 뜻에 순종하는 것이다. 자기 십자가는 하나님의 뜻에 순종하는 과정에 따라오는 고난이다. 당시 로마의 십자가 처형 방식에 따르면 십자가형을 선고받은 죄수는 자기 십자가를 지고 처형당하는 장소까지 가야 했다. 예수는 십자가를 지고 골고다를 향해 갈 것이다. 예수를 따르는 제자들도 십자가를 져야 한다. 자기 부인과 자기 십자가를 실천하지 않는 사람은 진정한 제자가 아니다. "나를 따르라"는[5] 현재 명령형으로 지속성을 의미하고, 여기에 '매일'이 붙어서 지속적으로 고난의 자세로 예수를 따르는 삶을 촉구한다.

둘째, 자기 목숨을 구원하는 자는 잃게 될 것이지만 목숨을 잃는 자는 구원받게 될 것이다(24-25절). 예수를 따르는 여정에서 고난과 수치를 겪어야 하는 처지에 놓일 수 있다. 고난을 피하고 자기 목숨을 구하고자 하는 자는 목숨을 잃게 된다. 이는 현재의 상황과 다르게 최종심판에서 일어날 비극을 가리킨다.[6] 이런 사람은 고난을 회피함으로써 예수의 제자가 아님을 스스로 입증한다. 반대로 예수 때문에 닥쳐오는 고난을 인내하는 사람은 그 과정에서 목숨을 잃게 될지라도 결국은 목숨을 얻게 된다. 예수의 경고와 약속에는 종말론적 의미가 강하게 나타난다. 오늘의 행위가 내일 평가를 받게 될 것이다. 또한 예수는 상업 용어를 사용해 현재 고난을 받는 것이 이득을 얻는 현명한 선택임을 강조한다. '얻다'는[7] 상업 용어로 노력이나 투자를 통해서 무엇을 얻는 것을 의미한다. '몰수하다', '빼앗기다'도 돈과 관련된 용어다.[8] 사람들은 십자가의 길을 가지 않는 것이 경제적으로 유익하고 현명하다고 생각하기 쉽다. 그러나 하나님의 계산법에 따라 이윤을 따져보면 정반대다. 온 천하를 얻고도 자신을 잃거나 빼앗기면 어떤 유익도 없고, 온 세상을 얻었으나 자신의 목숨을 잃어버리면 아무 유익이 없기 때문이다(25절). 세상을 살 만한 돈이 있다고 해도 목숨을 잃으면 얻는 것이 없어진다. 자신의 계획과 미래와 유익을 잃게 될 줄로 생각하면 예수를 따르지 않거나 십자가를 제외한 방식으로 예수를 따르게 될 것이다. 제자는 무엇이 유익이고 현명한 선택인지 두려운 마음으로 판단하고 결단해야 한다.

셋째, 예수님과 그의 말을 부끄러워하면 인자도 아버지와 거룩한 천사들의 영광으로 올 때 그 사람을 부끄러워하실 것이다(26절). 예수 때문에 생기는 수치와 핍박을 피하는 자는 인자가 올 때 구체적인 행위로 벌을 받을 것이다. 26절은 재림과 연결해서 23-25절의 경고를 강화한다. 인자가 아버지와 거룩한 천사들의 영광으로 오는 때는 재림이다(12:40; 17:22, 24, 26, 30; 18:8; 21:27, 36).[9] 예수와 그의 말을 부끄러워하는 태도는 자기를 부인하지 않고(23절) 자기 목숨을 구하는(24-25절) 행동이다. 예수의 말씀대로 살면 수치를 겪을 수밖에 없다고 생각하고 살아가는 사람은 인자가 올 때 최후심판대에서 반드시 삶을 평가받게 될 것이다. 반대로 예수는 자신과 함께 있는 사람들 중 죽기 전에 하나님의 나라를 볼 자들도 있다고 약속하신다(27절). 하나님 나라는 예수의 오심과 사역으로 이 땅에 왔다. 하나님 나라는 예수의 재림으로 완성될 것이다. 그러나 몇몇 제자들은 예수의 부활(24:36-49), 성령을 통한 하나님의 통치(행 2:1-13), 가깝게는 예수의 영광스런 변모를 목격한 장면(9:28-37)을 통해 재림 때의 하나님 나라를 미리 보게 될 것이다. 변모 사건은 고난의 길을 가는 예수의 영광을 보여준다. 예수를 따르는 제자는 생명을 얻고 하나님 앞에서 신원받게 될 미래를 바라보면서 오늘 고난과 십자가의 길을 가야 한다.

예수의 변모와 정체(9:28-36)

28 이런 말씀을 하신 후 팔 일 정도 지났을 때 예수께서 베드로와
요한과 야고보를 데리고 기도하러 산에 올라가셨다. 29 예수께서
기도하고 계실 때 그의 얼굴 모습이 변하고 그의 옷은 희게 빛났다.
30 놀랍게도 두 남자, 모세와 엘리야가 예수와 말하고 있었다. 31 두
남자는 영광 중에 나타나 예수께서 예루살렘에서 성취하실 떠남에
대해 말씀하셨다. 32 베드로와 그와 함께 있던 사람들은 고단해 자고
있었다. 그들은 깨어나 예수의 영광과 그와 함께 있는 두 남자를
보았다. 33 두 남자가 예수를 떠나자 베드로가 예수께 말했다. "주여,
우리는 여기 있는 것이 좋습니다. 장막 셋을 만들게 하소서. 하나는

당신을 위해 하나는 모세를 위해 하나는 엘리야를 위한 것입니다."
베드로는 자신이 무엇을 말하는지 알지 못했다. 34 베드로가 이를
말하고 있을 때 구름이 몰려와 그들을 덮었다. 그들은 구름 속으로
들어가면서 두려워했다. 35 한 목소리가 구름에서 말했다. "이는
나의 아들, 나의 택한 자다. 그의 말을 들으라." 36 목소리가 들렸을
때는 예수 혼자 계셨다. 제자들은 침묵했고 그들이 본 것을 그때에는
누구에게도 알리지 않았다.

기도(18, 28-29절)와 영광(26, 31-32절)이 사용되는 예수의 변모 장면은 앞 단락(9:18-27)과 연결되고 그리스도의 정체에 대해 이어간다. 변모 사건에서 하나님의 계시는 눈으로 보는 것과 귀로 듣는 것으로 주어진다. 변모 사건은 시각적 효과를 중요하게 나타내기 때문에 '나타나다', '보다' 등의 동사가 사용된다. 귀로 들리는 '소리'는 눈으로 목격한 장면의 의미를 알린다(35-36절). '이런 말씀'은 앞 단락과 본문을 연결한다(28절). 앞 단락에서 예수는 그리스도의 길과 그리스도를 따르는 제자의 자세를 가르쳤다. 예수는 제자들에게 가르친 이후 팔 일쯤 되어 베드로와 요한과 야고보를 데리고 기도하러 산에 올라갔다(28절).[10] 이 산은 가이사랴 빌립보 지역에 있는 헬몬산일 가능성이 높다(참조. 마 16:13; 막 8:27).[11] 누가는 다시 한번 기도하는 예수의 모습을 언급함으로 중요한 사건이 일어날 것을 예고한다. 유대인들에게 산은 하나님이 나타나시고 계시하는 곳이었으므로 예수가 기도하러 산에 가는 모습은 하나님의 계시가 있을 것을 예고한다(6:12; 22:39). 예수가 기도하는 동안 얼굴 모습이 변하고 옷이 희게 빛났다(29절).[12] 변화된 얼굴과 빛나는 옷은 예수가 지금은 고난의 길을 가고 있으나 원래는 천상에 존재하는 하나님의 아들임을 보여준다.

모세와 엘리야는 예수님과 대화를 나누고 있었다(30절). 두 사람이 '영광 중에' 나타난 것은 그들이 천상의 존재임을 뜻한다. 유대인들은 모세와 엘리야가 하늘에 올라갔다고 믿었다. 두 사람이 예수님과 대화하는 모습은 천상의 존재들이 하늘에서 회의를 하는 것과 같다.

특히 모세와 엘리야는 그들의 백성에게 고난을 받고(행 7:35, 37; 왕상 18:4, 22; 19:2-4, 10, 14) 하늘에 올라가는 영광을 얻었다. 예수도 고난의 길을 가지만 부활과 승천으로 영광을 얻게 될 것이다. 모세와 엘리야는 영광 중에 나타나 예수의 '떠남'(ἔξοδος 엑소도스)에 대해 말하고 있었다(참고. 히 11:22; 벧후 1:15). '떠남'은 예수의 죽음과 부활을 의미한다. 그는 십자가에서 죽고, 부활하고, 승천함으로 떠나게 될 것이다. 즉 죽음과 부활과 승천이 예수가 예루살렘으로 올라가는 목표다. 흥미롭게도 '떠남'의 헬라어 '엑소도스'는 출애굽의 용어다(참고. 벧후 1:15). 구약의 출애굽은 하나님의 백성이 해방된 사건이다. 출애굽을 통해서 이스라엘이 구원을 경험했듯이 사람들은 그리스도의 죽음과 부활을 통해 구원을 얻게 된다. 예수의 죽음과 부활은 출애굽 사건을 재현하는 사건이다. 하나님이 바로의 속박 가운데 고통당하던 백성을 구원하고 해방하신 것처럼 예수의 죽음과 부활을 통해 사탄의 속박 가운데 살아가는 영혼들을 하나님 나라 백성으로 구원하실 것이다. 덧붙여서 그리스도의 떠남을 말하는 주체가 모세와 엘리야인 것은 중요한 의미가 있다. 모세와 엘리야는 각각 종말론적 선지자의 모형으로(신 18:15, 18; 왕상 19:1-18) 토라(구약 오경)의 처음과 마지막(말 4:5-6)에 등장하는 인물로서 성경의 계

【눈 덮인 헬몬산】

획을 증언하고 있으며, 이 장면은 그리스도의 죽음과 부활이 성경을 성취하는 사건임을 암시한다.[13]

베드로와 그와 함께 있던 사람들은 고단해 자고 있었다. 예수가 기도하는 동안 제자들이 졸고 있는 모습은 예수가 올리브 산에서 기도할 때 제자들이 졸게 될 장면과 비슷하다(22:39-46). 중요한 순간을 위해 예수는 기도하나 제자들은 졸고 있다. 잠에서 깬 그들은 예수의 영광과 모세와 엘리야를 보았다(32절). 누가는 제자들이 예수의 영광을 보았다고 기록한다. '영광'은 예수가 초월적인 분임을 의미하고 그의 정체를 표현하는 개념이다. 예수는 고난을 통해 부활의 영광에 들어가고(24:26) 영광 중에 다시 오실 것이다(9:26; 21:27). 모세와 엘리야가 떠나려고 하자 베드로는 예수에게 초막 셋을 세울 수 있도록 간청한다. 하나는 주를 위하여, 하나는 모세를 위하여, 하나는 엘리야를 위한 것이다. 베드로가 짓고자 하는 '장막'(σκηνή 스케네)은 출애굽 이후 세운 성막(스케네) 또는 광야의 백성이 임시로 거주했던 초막(스케네)을 가리키는 용어다.[14] 베드로의 의도는 두 사람을 머물게 하는 것이다. 영광스런 광경을 본 베드로는 상기된 채 예수와 모세와 엘리야를 위해 임시 거처를 마련하고 그들과 함께 영광을 경험하기 원했을 것이다. 꿈에도 생각하지 못한 영광스런 광경을 놓치고 싶지 않았을 것이다. 그러나 베드로는 자신이 무슨 말을 하는지 이해하지 못했다(33절). 천상의 존재인 모세와 엘리야가 지상에 머물 수는 없기 때문이다.[15] 베드로의 생각과 달리 모세와 엘리야는 하늘로 가야 한다. 예수는 영광과 기쁨의 분위기가 아니라 고난의 길을 출발해야 한다. 베드로와 그의 동료들은 산에 머물지 말고 역경의 현장으로 내려가야 한다. 베드로는 예수의 영광스런 변모를 사건이 무엇을 의미하는지, 천상의 두 인물이 예수와 나눈 대화가 무엇을 의미하는지 이해하지 못했다. 곧이어 나오는 하늘의 음성은 베드로의 생각을 교정할 것이다.

베드로가 말하는 동안 구름이 그곳에 모인 사람들을 덮었고 모세와 엘리야는 구름 속으로 들어간다(34절). 구약에서 구름은 하나님의 임재를 상징했다(시 18:11; 출 19:16). 구름 뒤에 계시는 하나님은 시내 산에서 구름과 소리로 임하셨다(출 19:16; 신 5:22). 특히 구름이 덮이는 장면은 구름이 성막을 덮고 하나님의 영광이 성막 가운데 가득한 모습을 떠올린다(출 40:35).[16] 제사들은 구름의 등장이 하나님의 임재를 의미하는 것을 알고 있기 때문에 무서워한다. 구름의 등장은 베드로의 말에 대한 하늘의 반응으로 시각적 장면과 청각을 통해 하나님의 뜻을 전한다. 구름 속에서 들려오는 하나님의 소리는 제자들이 반드시 알아야 하는 내용을 계시한다(35절). 하나님은 "이는 나의 아들, 나의 택한 자다. 그의 말을 들으라"고 명령하신다. 이 소리는 세례 장면에서 들린 음성과 같다(3:21-22). 세례 장면에서 하나님은 예수를 하나님의 아들과 하나님의 종으로 부르셨다. '택한'은 이사야 42:1의 주의 종에게 붙여진 표현이므로 예수는 하나님의 종이다. "내가 붙드는 나의 종, 내 마음에 기뻐하는 자 곧 내가 택한 사람을 보라"(사 42:1). 예수는 하나님의 종으로 하나님의 계획을 실현할 '하나님의 그리스도'(9:20), 즉 '하나님이 택하신 자 그리스도'(23:35)다. "너희는 그의 말을 들어라"는 신명기 18:15의 명령을 상기시킨다. "… 나와 같은 선지자 하나를 일으키시리니 너희는 그의 말을 들을지니라". 제자들은 베드로의 신앙고백 이후 예수가 자신의 운명에 대해 주신 말씀, 즉 예수께서 반드시 고난을 겪어야 하는 것과 자기 부인, 십자가의 길을 가야 하는 것을 받아들여야 한다. 당시에 제자들처럼 유대인들 중 하나님의 음성을 들은 사람이 있었겠는가? 베드로와 제자들이 구름 속에서 들려오는 하나님의 계시를 들은 것은 참으로 충격적이고 믿기 힘든 사건이다. 제자들은 하나님의 음성을 듣고도 그의 명령에 순종하지 않고서는 살아남을 자가 없다는 사실을 잘 알고 있었을 것이다. 하나님의 명령이므로 제자들은 예수의 말씀, 즉 고난과 죽음의 길에 대한 예고를 받아들여야 한다.

하늘의 소리가 들릴 때는 예수님만 보였다(36절). 예수의 정체와 사명을 예고하기 위해 땅으로 온 하늘의 방문자들인 모세와 엘리야는 사라졌다. 예수만 남아 있다. 그리스도의 길을 가야 하고 예루살렘에 기다리는 죽음을 통과해야 하기 때문이다. 현장에 남은 제자들은 침묵하고, 자신들이 본 것을 아무에게도 공개하지 않는다. 그들이 하나님의 음성을 들었다는 말을 믿을 사람은 없을 것이고 그런 말을 전했다가는 많은 오해를 불러올 수도 있다.

믿음이 없고 오해하는 제자들(9:37-50)

37-50절은 예수가 예루살렘을 향해 올라가기 직전에 일어난 사건들로 앞으로의 여정에 나타날 주제를 예고한다. 믿음 없고 패역한 세대와 달리 예수는 귀신 들린 아들을 치유하고 아버지에게 돌려준다(37-43a절). 예수가 두 번째로 수난을 예고하지만(43b-45절) 제자들은 누가 높은 자인지 논쟁하고(46-48절) 특권 의식에 사로잡혀 배타성을 보인다(49-50절).

> 37 다음날 그들이 산에서 내려왔을 때 큰 무리가 예수를 만났다.
> 38 어떤 남자가 무리에서 나와 외쳤다. "선생님 제 아들을 봐 주시길
> 간청합니다. 제게는 외동아들입니다. 39 귀신이 아이를 사로잡자
> 아이가 갑자기 울부짖었습니다. 귀신은 경련을 일으켜 아이
> 입에서 거품이 나게 하고 찢어버리고 떠나지 않습니다. 40 제가
> 당신의 제자들에게 귀신을 쫓아내 달라고 간청했으나 그들은 할
> 수 없었습니다." 41 예수께서 대답하셨다. "오 믿음이 없고 패역한
> 세대여, 내가 얼마 동안 너희와 함께 있어야 하고 너희를 참아내야
> 하느냐? 당신의 아들을 여기로 데리고 오시오." 42 소년이 오는 동안
> 귀신은 소년을 바닥에 내던졌고 비참하게 만들었다. 예수께서는
> 더러운 귀신을 책망하고 소년을 치유하고 나서 그의 아버지에게
> 돌려주었다.

믿음이 없는 세대(37-42절). 다음 날[17] 예수와 제자들이 산에서 내려왔다. 큰 무리가 환영한다(37절). 무리는 끊임없이 예수와 제자들에게 무언가를 요구한다. 그리스도를 따라 사는 삶이 벅차고 인생의 짐이 무겁게 짓누를 때마다 평온하게 머물고 싶을 때가 있다. 그러나 제자는

산 아래로 내려가 날마다 십자가를 지고 예수를 따르는 길을 걸어야 한다. 무리 중 한 남자가 예수에게 절박한 심정으로 아들을 봐 주시길 간청한다(38절). '간청하다'(δέομαι 데오마이)는 누가복음에서 '기도하다'의 의미로도 사용된다(10:2; 21:36; 22:32). 그는 독자인 아들을 살려 달라고 간구한다. '독자'는 '유일한 자녀'(모노게네스)를 가리킨다. 독생자의 장례 행렬에 있었던 나인의 어머니처럼(7:12) 아이의 아버지는 비통한 마음으로 예수께 도움을 간청한다. 예수가 아들을 보는 중에 아버지는 아들의 증상을 자세히 설명한다(39절; 마 17:15-16; 막 9:18). 문제의 원인은 귀신(39절), '더러운 영'(42절)이다. 아버지의 설명에 따르면 귀신은 아들을 사로잡아 갑자기 부르짖게 만들었다. 경련을 일으켰고 거품을 흘리게 했다. 아들을 몹시 상하게 하고 나서야 떠났다. 아버지는 제자들에게 귀신을 쫓아내 달라고 요청했으나 그들은 무력했다(40절).

예수는 '믿음이 없고 패역한 세대'를 꾸짖으신다(41절). 이 표현은 구약에서 하나님을 믿지 못하고 부패한 광야 세대를 꾸짖을 때 사용됐다(예, 신 32:5, 20; 눅 7:31; 11:29-32, 49-50; 17:25). 부패한 마음은 하나님의 뜻에서 윤리적으로 멀어진 상태를 의미한다. 예수를 믿지 못하고 그 말씀에 순종하지 않는 사람들은 누구든지 '이 세대'에 포함된다. 특히 예수의 제자들은 특권 의식이 있었으나 예수가 그들에게 맡긴 능력(9:1)을 실현하지 못한다. "얼마나 내가 너희와 함께 있어야 하고 너희를 참아야 하느냐?"는 이스라엘의 상태에 대한 모세의 탄식을 떠올린다(민 11:12). 이어서 예수는 아이 아버지에게 관심을 두고 아들을 데려오도록 지시한다(41b절). 아버지가 아들을 데려오자 귀신은 아이가 예수에게 나가지 못하게 만들었다(42a절). 아들을 거꾸러뜨리고 심한 경련을 일으키게 했다. 누가복음에 나타나는 귀신의 특징은 폭력성이다. 희생자를 바닥에 던지고(4:33-35), 말하지 못하게 만들고(11:14), 비참한 상태로 내몰아버린다(8:26-38). 예수는 더러운 귀신을 꾸짖어 아이를 치유하고 아버지에게 돌려준다(42b절).[18] 아버지는 잃어버린 소중한 존재를 돌려받았고 사람들은 하나님의 위엄에 놀란다(43절). 이미 예수는 나인성 과부의 아들을 살려주었다(7:15). 예수는 나병환자처럼 사회에서 격리된 사람이 제사장의 검증을 받고 공동체로 복귀하도록 도와주었고(17:14), 자녀를 부모의 품으로 돌려준다. 예수의 능력과 권위는 가정의 회복으로 나타난다. 예수의 치유는 신체의 회복에 머물지 않고 사회적 관계의 회복을 포함한다.

> 43 모든 사람들이 하나님의 권능에 놀랐다. 모두가 예수께서 하는
> 것으로 놀라는 동안 그는 제자들에게 말씀하셨다. 44 "이 말을
> 너희 귓속에 담아 두어라. 인자가 사람들의 손에 넘겨질 것이다."
> 45 그러나 제자들은 이 말을 이해하지 못했다. 말의 의미가
> 제자들에게는 숨겨져 있어서 그들은 알 수 없었다. 제자들은 이
> 말에 대해 묻기를 두려워했다. 46 제자들은 그들 가운데 누가 가장
> 큰지 논쟁을 벌였다. 47 예수께서 그들의 마음에 있는 생각을 알고
> 아이를 자기 곁에 두고 48 그들에게 말씀하셨다. "이 아이를 내
> 이름으로 영접하는 자마다 나를 영접하는 것이다. 나를 영접하는
> 자마다 나를 보내신 분을 영접하는 것이다. 너희 가운데 작은 자가
> 큰 자다." 49 요한이 물었다. "주님, 우리는 당신의 이름으로 귀신들을
> 쫓아내는 어떤 사람을 보았고 그를 막았습니다. 그가 우리와 함께
> 따르지 않기 때문입니다." 50 예수께서는 그에게 말씀하셨다. "그를
> 막지 말라. 너희를 반대하지 않는 자는 너희를 위하기 때문이다."

예수의 두 번째 수난 예고(43-45절). 사람들이 예수가 행하신 모든 일을 놀랍게 여길 때 예수는 제자들에게 두 번째로 수난을 예고한다. 제자들은 예수의 수난 예고를 귀에 새겨 두어야 한다. 인자는 앞으로 사람들의 손에 넘겨질 것이다(44절). 첫 번째 수난 예고는 유대지도자들의 손을 언급했으나 두 번째는 '사람들'을 강조한다. 이 사람들은 하나님의 일을 반대하는 자들로 유대인을 넘어 다른 민족도 포함한다. 모든 인간은 자신의 욕망을 예수에게 요구하고 충족되지 않으면 그를 배척한다. '넘겨지다'는 이사야 53장에 있는 고난받는 종의 운명을 떠올리는 단어다(53:6, 12). 이사야 53장의 종은 많은 사람들을 회복시키기 위

해 고난과 수치를 겪는다. 예수는 이사야 53장의 종과 같이 고난받는 하나님의 종이고 많은 사람들을 살리기 위해 대신 고난을 받고 죽는다. 제사들은 예수의 내리직 죽음이 무슨 의미인지 그의 죽음과 부활 이후에 깨닫게 될 것이지만, 지금은 예수가 겪을 고난에 대해 묻기를 두려워한다. 제자들이 수난에 대한 말씀을 알지 못하는 것은 깨닫지 못하게 감춰졌기 때문이고 그들이 묻기를 두려워했기 때문이다(45절). 제자들은 자신들의 소망을 해결해야 주어야 할 예수가 죽음에 이른다는 사실을 수용하지 않는다. 욕망이 그들의 눈을 가리고 있었다. 예수가 가르침을 듣고도 의도적으로 이를 외면하면 더 이상 진리의 목소리가 들리지 않는다.

누가 더 큰 자인지 논쟁하는 제자들(46-48절). 예수가 두 번째로 수난을 예고해도 제자들의 관심은 권력의 서열에 있었다. 제자들은 누가 더 큰지 비교하며 논쟁을 벌인다(46절). 사람의 명예와 지위는 함께 만나고 식사하는 타인의 지위에 의해 결정된다. 사회적 약자를 영접하고 그들과 친하게 지내는 사람의 명예는 내려간다. 제자들은 예루살렘을 향해 올라가면 예수와 함께 있는 자신들의 지위와 명예도 상승할 것으로 기대한다. 그들 중에서 누구의 서열이 높게 될 것인지 논쟁한다. 예수는 그들의 생각을 알고는 어린아이 하나를 자기 곁에 세우고 말한다. 누구든지 예수의 이름으로 어린아이를 영접하는 자는 예수를 영접하는 것이고 예수를 영접하는 자는 그를 보내신 하나님을 영접하는 것이다(48절). "너희 가운데 작은 자가 큰 자다." 본문에서 어린아이는 사회적 개념이다. 고대 사회에서 어린아이는 사회적으로나 신체적으로 가장 낮은 위치였다. 어른들의 세계에서 자신의 결정을 내세울 수 없고 어른들의 뜻에 복종하고 어른들에게 의존해야 했다. 스스로 생존할 수 없는 존재였다. 제자들은 어린아이처럼 낮아진 자를 영접해야 한다. '예수의 이름으로'는 '예수가 명령했기 때문에', 즉 '예수와 관련해서'와 동일한 의미다.[19] 사람을 사회 종교적 신분이나 지위에 따라 영접하는 것이 아니라 예수의 명령이기 때문에 영접해야 한다. 예수의 뜻이기 때문에 어린아이를 영접해야 하고, 어린아이는 예수에게 속하기 때문에 환대해야 한다. 어린아이를 영접하는 것은 낮은 모습으로 오시고 낮은 자와 함께하시는 예수를 영접하는 것이다. 예수를 영접하면 그를 보내신 하나님을 영접하는 것이다. 어떤 사회와 공동체에서 가장 작은 자를 환대하는 것은 결국 하나님을 환대하는 행위다. 이로써 가장 큰 분을 영접하게 되므로 가장 높은 명예를 얻게 된다. 예수와 하나님이 함께하시는 것보다 높은 신분과 명예는 없다. 예수의 공동체는 낮은 곳을 지향하는 것으로 높은 곳을 욕망하는 사회를 도전하도록 부름받았다. 사회적 약자를 영접하는 것으로 일어날 반전을 믿는 자가 예수의 제자다.

독점권을 행사하고 싶은 요한(49-50절). 요한은 어떤 사람이 예수의 능력으로 귀신을 내쫓고 있다는 말을 들었다. 자신들은 귀신을 내쫓지 못했는데도(40절) 익명의 제자는 내쫓았다. 요한은 귀신을 쫓아낸 사람이 열두 제자에 포함되지 않았고, 자신들의 허락을 받지 않았다는 이유로 축귀 행위를 금하고 있다. 요한은 자신과 제자 공동체가 예수의 상표권을 독점하고 있다고 생각한다. 요한은 자신의 공동체에 속하지 않으면 예수의 이름을 사용할 수 없다고 생각하고 있는 것이다. 그는 제자의 소명을 특권과 배제의 권리로 이해한다. 요한은 특권만 지키고자 했지 믿음을 실현하지는 못했다. 요한의 엘리트 의식은 다시 나타날 것이다(9:54; 막 10:35). 예수가 어린아이를 영접하는 자가 큰 자라고 가르쳤지만, 요한은 아직도 의미를 파악하지 못한다. 예수는 요한의 사고를 교정한다. 제자들을 반대하지 않는다면 그들을 위하는 자들이다(50절). 열두 제자 밖의 제자들도 예수를 따르는 한 가족이고 열두 제자들을 반대하지 않는다면 동료다.

질문

1. 예수님은 제자들에게 어떤 사명을 맡기셨고(9:1-6) 제자들의 활동을 들은 헤롯은 예수님을 어떻게 생각합니까(9:7-9)? 헤롯은 무슨 목적으로 예수님을 보고 싶어 했을까요?
2. 예수님이 외딴곳에서 오천 명을 먹이신 장면을 설명해 보십시오(9:10-17). 이 사건은 예수님을 어떤 분으로 암시할까요?
3. 베드로는 예수님의 정체를 어떻게 이해하고 있습니까(9:18-27)? 변모 사건은 예수님의 정체를 어떻게 암시하고 하늘의 소리를 통해 무엇을 알려줍니까(9:28-36)? 예수님의 길과 운명에 대해 생각해 보십시오.
4. 9:37-50에서 열두 제자는 어떤 모습을 드러내고 있습니까? 반면 예수님은 자신의 운명을 어떻게 예고하십니까? 예수님이 지적하시는 제자들의 문제는 무엇이고 어떻게 이 문제들을 해결할 수 있을까요?

묵상

나보다 유명하고 높은 지위의 사람들과 함께 있는 것으로 나를 드러내고 싶은 마음은 누구에게나 있는 본능입니다. 명성 있는 사람들과 무리를 이루면 힘과 영향력이 주어집니다. 반면 보잘것없어 보이고 나보다 낮은 명성을 지닌 사람들과 만나는 것은 손해라는 생각이 들기 마련입니다. 그러나 예수님은 메시아의 길과 제자의 길을 연결하십니다. 메시아의 길을 올바로 이해하는 사람은 어린아이를 영접하듯 낮아져 낮은 자를 환대할 수 있습니다. 예수님의 길을 가는 사람은 특권과 독점권을 근거로 경쟁하거나 우월감을 가지지 않습니다. 어린아이를 영접하는 포용과 환대의 마음은 특권 의식과 배타성을 무너뜨리며, 이런 마음이 바로 메시아의 길에 합당한 자기 부인과 자기 십자가의 삶입니다.

4

예루살렘으로의 여정

15
인자의 길과 제자의 길

9:51-10:24

여행 내러티브의 첫 번째 부분(9:51-10:24)은 예수가 제자들에게 인자의 길과 제자들의 길을 설명하는 내용과 70명의 제자들을 파송하고 그들의 보고를 받는 장면으로 구성된다. 9:51 앞뒤에는 메시아의 길과 제자들의 길(9:43-50; 9:52-62)의 주제가 배열된다. 이런 구도는 예루살렘으로 출발하기 전후로 예수가 제자들을 훈육하는 데 관심을 두고 있음을 보여준다.

A 인자의 길과 제자들의 오해(9:43-48)
　B 독점권을 행사하고 싶은 요한(9:49-50)
　　X 예루살렘을 향하는 예수(9:51)
　B′ 사마리아에 심판을 요구하는 요한과 야고보(9:52-56)
A′ 인자의 길과 세 제자 후보의 오해(9:57-62)

예루살렘을 향한 여정(9:51-62)

51 승천의 날이 다가오자 예수께서 예루살렘으로 향하시기로 굳게 결심하셨다.

예수는 갈릴리 사역을 끝내고 하나님의 목적을 성취할 장소인 예루살렘을 향해 올라가기로 굳게 결심한다(9:51). '결심했다'의 문자적 의미는 '얼굴을 정했다'이다. 헬라어 문장은 예루살렘으로 향하는 예수의 '얼굴'을 세 번 반복해 예수의 결심을 강조한다(51, 52, 53절). 이는 예수의 엄중한 결심을 강조하며, 여호와의 종이 굳은 결의로 임무를 수행하는 모습을 떠올린다(예, 사 50:7; 참고. 창 31:21; 왕하 12:17). 예루살렘은 예수에게 수난과 죽음의 장소다. 그럼에도 불구하고 그는 하나님의 목적을 성취하기 위해 굳은 결의로 올라간다. 예수가 예루살렘에 올라가는 목적은 죽음이다. 변모 장면에서 예수는 예루살렘에 올라가는 목적을 '떠남'(엑소도스), 곧 죽음으로 암시했다(9:31). 이제는 그 목적을 '승천'(올라감)으로 표현한다. '승천'은 예수가 하나님의 목적을 모두 성취하고 하늘로 올라가는 것을 의미한다. 사도행전에서 이 용어의 일곱 번 중 세 번은 예수의 승천을 가리킨다(1:2, 11, 22). 예수는 곧장 예루살렘으로 가지 않고 그 여정을 제자들에게 하나님 나라를 가르칠 기회로 삼는다.

배경설명 – 승천

승천은 누가복음의 종결 부분과 사도행전의 시작 부분에 언급된다. 즉 누가복음과 사도행전은 승천을 중심으로 연결된다. 승천을 뜻하는 '올려짐'(ἀνάλημψις 아날렘프시스)은 신약에서 누가복음 9:51에 유일하게 사용된다. 동사형 '올라가다', '승천하다'(ἀναλαμβάνω 아날람바노)는 사도행전 1:2, 11, 22에서 승천을 가리킨다. 승천은 죽음과 부활을 전제로 한다. 특히 누가-행전에서 부활과 승천은 분리된 사건이지만 본질적으로 승천은 부활과 하나의 사건처럼 밀접하게 연결된다(행 2:20-36). '부활-승천'으로 붙여 사용할 수도 있다. 누가복음에서 승천은 부활의 의미와 마찬가지로 예수의 지상 사역이 승리였음을 입증한다. 구원 역사에서 승천은 예수께서 하나님 보좌 우편에 앉아 우주를 통치하기 시작한 사건이므로 중요한 의미가 있다(행 2:23-24; 3:14-15; 4:10-12; 5:30; 17:31). 예수는 하늘에서의 통치를 위해 하늘로 올라가고 성령이 내려오신다. 즉 예수는 하늘에서 세상을 통치하고 성령은 예수의 통치를 지상에 실현하신다.

사마리아의 심판을 요구하는 요한과 야고보(9:52-56)

52 예수께서는 자기를 앞서 전령들을 보내셨다. 그들은 이동하다가
사마리아인들의 한 마을에 들어갔다. 이는 예수보다 앞서 준비하기
위함이었다. 53 그러나 예수께서 예루살렘을 향하고 계셨기 때문에
그곳 사람들은 그를 영접하지 않았다. 54 예수의 제자들, 야고보와
요한이 이를 보고 말했다. "주님, 우리가 하늘에서 불을 내려 그들을
태우도록 말하기를 원하십니까?" 55 예수께서는 그들을 돌아보며
꾸짖으셨다. 56 제자들은 또 다른 마을로 갔다.

예수는 예루살렘으로 이동하면서 제자들을 앞서 보낸다. 제자들은 준비하는 역할을 맡았다. 구약에서 선지자의 사명은 주의 길을 준비하는 것이었다(출 33:2; 사 40:3-5; 말 4:5). 이집트에서 해방된 이스라엘 백성이 약속의 땅에 들어가기 전에 하나님은 사자들을 앞서 보내셨다(출 33:2, 14; 신 4:37-38). 세례 요한은 예수의 길을 준비했다(1:17, 76; 3:4-6; 사 40:3; 말 3:1). 하나님 나라의 도래와 회개를 전하는 것이 주의 길을 준비하는 일이다. 제자들은 사마리아의 한 마을에 들어갔다(52절). 사마리아인들은 예수 일행의 목적지가 예루살렘인 것을 알고 예수와 제자들을 환대하지 않고 배척한다(53절; 참고. 요 4:20). 사마리아인들은 예루살렘을 예배의 장소로 인정하지 않았기 때문이다. 화가 난 야고보와 요한(참고. '우레의 아들'[막 3:17])은 하늘에 불을 요청해야 하는지 묻는다. 불과 얼마 전 요한은 주의 이름으로 귀신을 쫓아낸 사람의 행위를 금지했다(9:49-

50). 요한의 편협한 태도는 이제 사마리아 사람들에 대한 폭력적 언어로 나타난다. 불은 종말에 임할 하나님의 심판(레 10:2; 암 1; 호 8:14)과 주의 날에 임할 벌(욜 2:3; 말 4:1; 사 66:15-16)을 의미하는 은유이기도 한다. 두 제자가 사용한 표현은 엘리야가 이스라엘 아하시아 왕의 군인들에게 한 말을 떠올린다. "불이 하늘에 내려와 너와 너의 오십 명을 사를지로다"(왕하 1:10, 12). 엘리야처럼 세베대의 두 아들은 복음을 배척한 사마리아 동네가 벌로 불태워져야 한다고 생각한다. 왕의 도성인 예루살렘으로 출발하면서 제자들은 사람들의 환대와 환영을 기대했을 것이다. 제자들은 반대와 배척이 그들을 기다리고 있다는 사실을 예상하지 못했다. 사람들이 제자들을 환영과 칭찬으로 맞이할 것으로 생각하는 것은 그리스도의 길에 대한 오해다. 제자들은 힘과 권세를 자랑하는 강자들이 아니라 예수님처럼 낮아져 섬기는 종들이다. 제자들에게 요구되는 성품은 환대를 기대하는 것이 아니라 겸손히 환대하는 것이다.

예수는 자신의 성품을 오해한 제자들을 꾸짖고 다른 마을로 들어간다(55-56절). 예수는 곧바로 예루살렘으로 가지 않고 의도적으로 사마리아에 제자들을 보내고 여러 마을에 갔다. 제자들의 복음 전파를 사마리아인들은 거부했지만 그들의 활동이 씨앗으로 뿌려졌다. 예수가 사마리아의 여러 마을에 간 것은 씨앗을 뿌리는 일이었다. 곧이어 선한 사마리아 사람(10:29-37)과 나병에서 치유받은 사마리아 출신 남자(17:11-19)는 복음에 적합한 모습을 보여줄 것이다. 예수와 제자들의 수고는 사도행전에서 좋은 결실을 맺게 될 것이다. 사마리아인들은 복음을 받아들이게 될 것이다(행 8:4-25).

인자의 길과 제자의 길(9:57-62)

57 그들이 길을 가고 있을 때 누군가 예수께 말했다. "당신이 어디로 가든지 제가 당신을 따르겠습니다." **58** 예수께서는 그에게 말씀하셨다. "여우들에게도 굴이 있고 공중의 새들에게도 둥지가 있지만 인자에게는 그의 머리를 둘 곳이 없습니다." **59** 예수께서는

또 다른 한 사람에게 말씀하셨다. "나를 따르시오." 그러나 그가
말했다. "주님, 먼저 가서 제 아버지를 매장할 수 있게 허락하소서."
60 예수께서 그에게 말씀하셨다. "죽은 자들이 죽은 자를
매장하도록 두시오. 당신은 가서 하나님 나라를 전하시오." 61 또
다른 한 사람이 말했다. "주님, 저는 당신을 따르겠습니다. 그러나
먼저 제 가족에게 작별을 고하게 허락하소서." 62 예수께서는 그에게
말씀하셨다. "쟁기를 손에 두고 뒤를 돌아보는 자는 하나님 나라에
적합하지 않습니다."

예수는 예루살렘으로 향하는 길에서 세 명의 제자 후보를 만나 제자도가 무엇인지 가르친다. 57절의 '길에서'는 예루살렘으로 향하는 여정을 가리킨다. 예루살렘 여행 내러티브에서 예수의 주된 관심은 제자도이다. 첫 번째 사람은 예수가 어디로 가든지 따르겠다고 말한다. 이 말은 예수의 제자 또는 학생이 되고 싶다는 뜻이다. 예수는 여우들과 새들도 쉬고 깃들 곳이 있으나 자신에게는 쉴 곳이 없다고 대답한다(58절). 여우나 새는 고정된 장소에서 쉬지만 순회하는 예수에게는 고정된 거처가 없다. 다니엘 7:13-14에 근거한 칭호인 인자는 하늘의 초월적 존재다. 다시 말해 인자는 하늘에 계셨던 하나님의 아들이다. 하나님의 뜻을 위해 땅에 온 인자는 섬기는 생활을 하고 배척당한다. 가난한 가정에서 태어나 나그네로 살아간다. 인자의 길을 배우는 제자는 소유로 안정을 추구하는 것이 아니라 하나님 나라의 사명에 우선권을 두며 산다.

두 번째 후보에게 예수는 자신을 따르도록 명령한다(59절). 그는 '먼저' 아버지의 장례에 참여할 수 있도록 허락해 달라고 요청한다(60절). 예수는 자신을 따르는 것에 우선권을 두지만, 제자 후보는 아버지 장례에 우선권을 둔다. 매장은 유대 사회에서 최고의 덕목 중 하나였다(창 50:5-6; 토비트 4:3; 6:14). 죽은 아버지의 뼈를 모으는 것은 자식의 의무였다. 본문의 매장은 첫 번째 매장이 아니라 두 번째 매장으로 보인다. 첫 번째 매장 이후 남은 뼈를 모아 가족묘(동굴)에 있는 조상들의

뼈와 합치는 것이 두 번째 매장이었다. 두 번째 매장의 날은 정해져 있기 때문에 제자 후보는 그 시간까지만 예수를 따르는 것을 연기해 달라고 부탁한 셈이다. 예수는 매장은 죽은 자들에게 맡기고 먼저 하나님 나라를 전파하라고 명령한다(60절). 죽은 자들은 무덤에 있는 죽은 자들 또는 조상들의 뼈를 지칭한다. 죽은 자들의 뼈를 모으는 것은 은유적인 표현이다. 당시에 중요한 덕목이었던 매장보다 살아 있는 자들에게 하나님 나라를 전파하는 것이 더 가치 있다. 예수를 따르는 삶은 하나님 나라의 복음을 전하는 것이다. 즉 죽은 자들에 대한 일이 아니라 죽어가는 자들을 살리는 일이다.

세 번째 제자 후보는 가족에게 작별 인사를 하고 나서 예수를 따르겠다고 말한다(61절). 예수는 쟁기질을 하면서 뒤를 돌아보는 사람은 하나님 나라에 합당하지 않다고 경고한다(62절). 세 번째 후보의 요청은 자녀의 덕목이다. 엘리야는 엘리사가 그를 따르기 전에 부모에게 작별 인사를 할 수 있도록 허락했다(왕상 19:19-21). 그러나 예수의 길은 효도보다 우선된다. 엘리사는 집에서 신변을 정리하고 돌아와 엘리야를 따를 수 있었으나 예수의 제자들은 그런 배려마저 허락받지 못한다. 예수를 따르는 길은 엘리야가 요구하는 제자의 조건보다 훨씬 더 엄격하다.

세 사람은 당시 문화에서 타당하고 윤리적으로 칭찬받을 만한 것을 요청한다. 심지어 모두 예수를 따르겠다는 적극성을 보인다. 그러나 예수는 세 가지 예를 통해 제자의 길이 얼마나 험한 것인지 보여주고, 예수의 부르심이 갖는 절대적인 가치를 강조하신다. 이런 점에서 본문은 예수께서 9:23에서 말씀하신 자기를 부인하고 날마다 자기 십자가를 지고 따라야 한다는 원리를 실제 예시로 보여주신 것이라고 할 수 있다.

제자들의 파송(10:1-16)

1 이 일 후에 주께서는 또 다른 70명의 제자들을 임명하고 그가

가고자 하는 각 마을과 장소로 그들을 자기보다 앞서 둘씩 보내셨다.
2 예수께서 그들에게 말씀하셨다. "추수할 곡식이[1] 많지만 일꾼들이
적다. 그러므로 추수를 위한 일꾼들을 보내 달라고 추수의 주께
구하라."

70명의 파송(1-2절). '이 일 후에'라는 표현 이후, 장면은 열두 사도의 선교에서 70인의 선교로 바뀐다.[2] 70명의 제자는 열두 제자와 다른 그룹이다.[3] '세우다'(ἀναδείκνυμι 아나데이크뉘미)는 헬라어 문헌에서 외교 활동과 같이 공식적인 권위를 부여해서 파송하는 개념으로 사용됐다.[4] 누가-행전에서 이 단어는 하나님의 공식적인 택하심에 사용되고, 주어는 항상 하나님이나 예수다(예, 행 1:24). 예수는 제자들을 둘씩 보낸다. 두 명은 법적 증인을 위한 최소 요건이고(신 19:15; 민 35:30), 서로 복음 사역을 위해 협력한다(행 8:14; 13:1; 15:32, 40). 70인 제자의 역할은 두 가지다. 하나는 예수를 앞서 각 동네와 지역으로 파송받는 것이다. 다른 하나는 추수할 일꾼을 보내 달라고 추수의 주인인 하나님에게 기도하는 것이다.[5] 추수 시기에는 평소보다 많은 일꾼이 필요하다. 추수할 일꾼이 필요하다는 것은 예수의 사역으로 결실이 맺히고 있음을 의미한다.

3 "가라! 내가 보내는 너희는 늑대들에게 둘러싸인 양들과 같다.
4 지갑과 배낭과 신발을 소지하지 말라. 길에서는 누구에게도
인사하지 말라. 5 너희가 어떤 집에 들어갈 때마다 먼저 말해라.
'평화가 이 집에 있기를 바랍니다.' 6 그곳에 평화의 사람이
있다면 너희의 평화가 그 사람에게 머물 것이다. 만일 없다면
평화가 너희에게 돌아올 것이다. 7 같은 집에 머물면서 그들이
제공하는 것을 먹고 마셔야 한다. 일꾼이 삯을 받는 것이 합당하기
때문이다. 이 집에서 저 집으로 돌아다니지 말라. 8 너희가 마을에
들어가고 사람들이 너희를 환영할 때 너희 앞에 제공된 것을
먹으라. 9 마을에 있는 아픈 자들을 치유하고 그들에게 말해라.

'하나님 나라가 여러분에게 임했습니다.' 10 그러나 너희가 마을에
들어갔는데 사람들이 너희를 환영하지 않을 때는 거리로 나가서
말해라. 11 '우리는 우리 발에 붙은 당신 마을의 먼지도 당신들에게
떨어냅니다. 그러나 당신들은 이것을 알아야 합니다. 하나님 나라가
임했습니다.'"

제자들의 마음가짐(3-11절). 본 단락은 위험한 길로 보냄받는 제자들의 마음가짐에 대한 교훈이다. 제자들을 파송하는 것은 어린 양을 이리 떼 가운데 던지는 것과 같다(3절). 어린 양은 이리 떼에게 먹잇감이다. 제자들을 환대하는 사람들도 있지만, 적대적으로 대하는 사람들도 있다. 이런 상황에서 제자들은 완전 무장으로 싸울 준비를 하는 것이 아니라 전대나 배낭이나 신발을 소유하지 말아야 한다(4a절). 지갑은 여행자가 소지하는 주머니다(10:4; 12:33; 22:35-36). 배낭은 옷이나 음식을 보관하는 가방이다. 거친 팔레스타인을 여행할 때 여분의 신발은 필수적이다. 여행에 필수적인 것들을 소지하지 말라는 명령은 하나님의 공급을 의지해야 한다는 의미다. 인사를 나누는 일은 고대 팔레스타인에서 인간의 기본 예의였다. 그러나 제자들은 인사하는 데 시간을 낭비하지 말고 사명에 충실해야 한다. 이는 제자들이 맡은 사명의 긴박성을 강조한다(참고. 왕하 4:29).[6]

예수는 제자들이 집에서 환대를 받을 때 어떻게 행동해야 할 것인지 설명한다(5-7절). 70인은 거리나 시장이 아니라 가정으로 파송받는다. 가정에 가서 평화를 전해야 한다(5절). 제자들이 전해야 하는 '평화'(에이레네)는 히브리어 '샬롬'의 번역어다(1:79; 2:14, 29; 7:50; 8:48; 19:38, 42; 24:36). 누가복음에서 평화는 구원과 연결된다. 예수를 통한 하나님의 평화를 받아들이는 자마다 구원을 얻는다. 제자들을 맞이하는 '평화의 사람'은[7] 제자들을 열린 마음으로 대하는 사람이다. 제자들을 환영하는 가정에는 평화, 즉 구원이 임한다. 사람들이 평화를 거부하더라도 제자들이 전한 평화는 그들에게 돌아온다. 주인이 제공하는 음식은 수고하는 일꾼에게 주시는 하나님의 삯이다(7절). 제자들은 다른 가

정의 환대와 비교하지 말고 방문한 집에서 주는 것을 먹고 마셔야 한다(7절). 전도자는 근본적으로 환대를 받기 위해 일하는 사람이 아니라 환대하는 사람이라는 사실을 잊지 말아야 한다. 제자들이 마을을 방문한 목적은 환대를 받기 위함이 아니라 복음을 전하기 위함이다. 그러므로 방문하는 곳에서 병자들을 고쳐주고, 하나님 나라가 가까이 온 것(10:9, 11; 18:35, 40; 19:29, 37, 41; 21:8, 20, 28), 즉 하나님 나라의 복음을 전해야 한다(9절). 하나님 나라가 가까이 온 것은 이미 하나님 나라가 시작되었다는 뜻이다.[8] 예수의 오심과 활동이 하나님 나라의 도래다.[9] 하나님 나라의 영역과 시간은 예수와 제자들이 활동과 직결된다. 유대인들이 종말에 임할 것으로 기대한 하나님 나라는 예수의 공생애 동안 능력을 나타내고 있다(예, 치유와 죄 용서). 하나님 나라의 도래를 전하는 제자들은 환영받지 못한다고 해서 좌절할 필요가 없다. 책임은 받아들이지 않는 사람들에게 있고, 반대하는 사람들의 배척에도 불구하고 하나님 나라는 활동하고 있기 때문이다(10-11절). 제자들은 복음을 거부하는 동네를 떠나면서 발에 묻은 먼지를 떨어내야 한다(11a절). 이는 이방 지역을 거쳐 온 유대인들이 집에 돌아올 때 이스라엘의 땅을 오염시키지 않도록 이방의 먼지를 떨어낸 문화를 반영한다. 하나님 나라의 복음이 온 이후로는 복음을 영접하지 않은 유대인들이 이방인으로 평가받는다. 제자들은 하나님 나라가 반대하는 자들에 의해 좌우되는 나라가 아님을 기억해야 한다. 하나님 나라는 네 종류의 땅에 떨어진 씨의 비유처럼 사람들의 반대에도 불구하고 제자들을 통해 현재 활동하고 있고 좋은 땅을 통해 확장된다.

12 "나는 너희에게 그날에는 그 마을보다 소돔이 더 견디기 쉬울
것이라고 말한다. 13 화로다 고라신이여! 화로다 벳새다여! 너희
가운데 행해진 기적들이 두로와 시돈에 행해졌다면 그들이 오래
전에 회개하고 베옷을 입고 재에 앉아 있었을 것이다. 14 그러나
심판의 때에는 너희보다 두로와 시돈이 더 견디기 쉬울 것이다.
15 너 가버나움아 하늘에까지 높아지고자 하느냐? 아니다. 너는

음부에 내던져질 것이다. 16 너희의 말을 듣는 자는 내 말을 듣는
것이고 너희를 배척하는 자는 나를 배척하는 것이며 나를 배척하는
자는 나를 보내신 분을 배척하는 것이다."

제자들을 영접하는 여부에 따라 결정되는 운명(12-16절). 예수는 제자들을 영접하지 않은 동네의 운명을 예고한다. 그런 동네는 심판의 날에 소돔보다 더 심한 심판을 받을 것이다(12절). 12절의 '그날'은 구약에서 하나님이 개입하시는 '주의 날'에 해당하고 14절의 '심판 때'와 같은 의미다. 회복의 복음을 거부한 사람들은 미래에 닥칠 심판을 피할 수 없다. 예수가 제자들에게 각 동네의 반응(3-11절)에 이어서 소돔의 심판을 언급한 이유가 있다. 소돔은 구약(창 19:1-23; 사 3:9; 겔 16:48)과 유대교에서 가장 타락한 도시의 예로 제시되며, 성적인 문제(예, 희년서 16:5-6; 20:5; 유 7)와 더불어 낯선 이를 환대하지 않은 문제로 벌을 받았다. 소돔의 거주민들이 하나님이 보내신 전령들을 환대하지 않았던 것처럼 갈릴리의 도시들도 예수와 제자들을 환대하지 않는다. 이들은 소돔의 운명에 던져질 것이다. 하나님은 아들을 보내시고 아들은 제자들을 파송하기 때문에 제자들을 환대하지 않은 죄는 하나님과 그의 아들을 거부한 죄다. 이 죄는 소돔의 죄보다 더 크다.

예수는 제자들을 배척한 도시로 고라신과 벳새다를 지목한다(13절). 개별 가정은 제자들을 환대했을지라도 전체적으로 갈릴리의 도시들은 제자들을 배척했다. 만일 예수가 두 도시에서 행한 권능을 이방인의 도시인 두로와 시돈에서 행했다면 그들은 니느웨 사람들처럼(욘 3:6) 회개하고 베옷을 입고 재에 앉았을 것이다(13절). 베옷을 입고 재에 앉는 동작은 앞의 '회개'를 표현한다. 심판이 임할 때 두로와 시돈이 받을 벌이 고라신과 벳새다가 받을 벌보다 작을 것이다(14절). 이제 예수는 가버나움을 경고한다. 가버나움은 하늘 끝까지 올라갈 정도로 교만하나 음부에까지 낮아지게 될 것이다(15절). 하늘과 음부는 수직적으로 반대 위치에 있다. 유대인들은 위로는 하나님과 천사들이 거하는 하늘이 있고 아래로는 땅 밑에 악인들이 던져지는 음부가 있다고

믿었다. 땅 아래 실제 음부가 있다는 뜻이 아니다. 음부는 악인들이 죽고 나서 보내지는 신비의 영역을 상징한다. 하늘에까지 높아지고 음부에까지 낮아지는 그림은 바벨론 왕이 일어나고 몰락하는 이사야 14장의 장면을 떠올린다. 교만한 나라 혹은 도시는 땅 아래로 몰락하는 운명에 처할 것이다. 도시의 운명은 제자들을 대하는 태도에 따라 결정된다. 제자들의 말을 수용하지 않는 것은 예수의 말씀을 배척하는 것이고 예수를 보낸 하나님을 거부하는 것이다(16절).

제자들의 보고와 예수의 반응(10:17-24)

17 70명이 기쁨으로 돌아와 보고했다. "주님, 귀신들도 당신의
이름으로 우리 앞에 굴복했습니다." 18 예수께서 그들에게
말씀하셨다. "나는 사탄이 하늘로부터 번개처럼 떨어지는 것을
보았다. 19 나는 너희에게 뱀들과 전갈들과 원수의 모든 힘을
밟을 권위를 주었다. 어떤 것도 너희를 해치지 못할 것이다.
20 그러나 귀신들이 너희에게 굴복하는 것으로 기뻐하지 말고
너희의 이름들이 하늘에 기록된 것으로 기뻐해라."

70명의 제자들은 전도 여행을 마치고 기쁨으로 자신들의 경험을 예수에게 보고한다(17절).[10] 제자들은 주의 이름으로 귀신들이 항복한 기적을 보았다. 전도 여정은 힘들었지만 능력을 경험한 것으로 기뻐한다. 예수는 사탄이 하늘에서 번개같이 떨어지는 것을 보았다고 반응한다(18절).[11] 이 내용은 이사야 14:13-15에 근거한다. 제자들은 사탄이 떨어지는 것을 인지하지 못했지만, 예수는 그들의 선교를 사탄과의 전투로 해석한다. 탄생 내러티브에서 사가랴는 구원을 원수들의 손에서 해방되는 것으로 표현했다(1:68-79, 특히 1:71, 74). 유대인들의 원수는 로마였다. 그러나 제자들의 원수는 로마가 아니라 로마 제국과 같은 악의 체제를 이용하는 사탄이다. 제자들은 우주적 전쟁에 참전하고 있음을 알아야 한다. 그들이 싸울 적국의 사령관은 사탄이다. 20절에서도 제자들이

싸운 대상은 '귀신들'로 표현되는데, 이는 제자들이 귀신들을 쫓아낸 행위가 사탄과 전투를 벌인 것임을 의미한다. 사탄의 패배는 먼 미래의 일이 아니라 제자들의 활동으로 일어나기 시작했다. 이제 예수의 십자가 죽음과 부활로 예수는 하늘에 올라가고 사탄은 하늘에서 떨어질 것이다. 예수는 곧 다가올 십자가의 죽음을 사탄에 대한 결정적인 승리로 해석하고 현재 승리의 전조가 일어나고 있음을 목격한다.

예수는 제자들의 전도가 사탄을 떨어뜨리는 능력이 되는 근거를 설명한다(19절). 사탄이 떨어지는 일, 즉 사탄의 졸개들이 쫓겨나는 현상은 예수가 제자들에게 뱀과 전갈을 밟고 원수의 능력을 제어할 권능을 주었기 때문에 가능했다. 뱀과 전갈은 구약에서 악의 세력을 상징한다(예, 창 3:15). 사탄이 떨어지는 것은 태초부터 악의 세계를 건설해 온 뱀의 패배다. 하나님의 구원이 예수 그리스도의 사역을 통해 성취되는 것이 하나님의 승리이고 그리스도의 십자가 죽음이 하나님의 승리다. 사탄이 떨어지는 것을 보았다는 말은 십자가의 죽음을 앞둔 현 단계에서 그리스도가 미래의 승리를 선취적으로 경험하고 있음을 의미한다. 이런 선취적 승리는 제자들을 통해 본보기로 나타났다. 예수의 권위를 부여받은 제자들은 사탄의 하수인들인 귀신들을 무너뜨린다. 예수는 제자들의 능력이 사탄과 싸울 정도인 것을 근거로 그들을 해칠 자가 없다고 약속한다. 이 말씀은 제자들이 절대로 죽지 않을 것이라는 의미가 아니다. 하나님의 나라가 왔고 하나님의 아들이 주는 권위를 받은 제자들은 영적으로 하나님의 보호를 받는다.

예수는 귀신들을 항복시키는 능력을 얻은 것 때문이 아니라 그들의 이름이 하늘에 기록된 것으로 기뻐하라고 당부한다(20절). 하늘의 생명책에 이름이 기록되는 것은 인간의 능력으로는 불가능한 일이다. 오직 하나님의 일이다. 제자들은 사역의 업적과 결과가 아니라 그들의 신분으로 기뻐해야 한다. 사명의 현장에 던져지는 제자들은 양이 늑대에게 던져지는 것처럼 위험한 현장에 보냄받았고 이미 낙심(10:2)과 위험(10:3)과 궁핍(10:4)을 겪었다. 지갑과 가방과 신발을 추가로 소유하지 말라는 명령을 받고 궁핍하게 살아간다. 이런 현실에도 불구하고

17-24절은 온통 기쁨의 언어로 채워진다. 제자로 살아가는 삶에 어려움이 있음에도 불구하고 제자로 부름받은 사실로 인해 기뻐해야 한다. 부족한 제자들이 하나님 나라의 확장을 위해 쓰임 받는 자체가 기쁨이다. 소유가 아니라 존재가 기쁨의 요인이다.

> 21 바로 그때 예수께서는 성령으로 기뻐하며 말씀하셨다. "나는
> 아버지, 하늘과 땅의 주께 감사합니다. 이런 것들을 지혜롭고 지식이
> 있는 자들에게는 감추시고 어린아이들에게 드러내셨기 때문입니다.
> 아버지, 그렇습니다. 이것은 당신의 뜻입니다. 22 모든 것이 나의
> 아버지로부터 내게 주어졌습니다. 아버지 외에는 누구도 아들이
> 누구인지 알지 못합니다. 아들과 아들이 계시하는 자 외에는 누구도
> 아버지가 누구인지 알지 못합니다." 23 예수께서 그의 제자들에게
> 사적으로 말씀하셨다. "너희가 보는 것을 보는 눈은 복되다!
> 24 나는 너희에게 말한다. 많은 선지자들과 왕들이 너희가 보는 것을
> 보기를 원했지만 보지 못했고 너희가 듣는 것을 듣기 원했으나 듣지
> 못했다."

예수는 제자들이 기뻐해야 할 이유를 하나님께 말한다(21-22절). '그때'는 예수가 제자들의 전도를 평가한 때를 말한다. 예수는 제자들의 성공적인 선교를 기뻐한다. 예수의 생애(예, 시험, 사명)는 줄곧 성령과 함께였다. 제자들에 대한 평가에 있어서도 성령으로 기뻐한다. 이런 점에서 예수의 기도는 삼위일체 하나님의 행위다. 예수의 기도는 감사의 기도다. 기도의 본질은 하나님과의 대화이고 21-22절은 아버지와 아들의 대화다. 아들은 아버지와의 대화를 통해 감사해 한다. 이것이 바로 기도다. 아들이 아버지를 부르고 대화를 시작하듯 예수는 하나님을 '아버지'와 '하늘과 땅의 주'로 부른다(21절).[12] 하나님은 하늘과 땅의 주로서 구원의 계획을 진행하신다. 예수의 기도는 하나님이 행하신 일에 대한 찬송으로 채워진다. 예수는 하나님을 향해 감사의 근거를 언급한다. '이것들'을 지혜롭고 슬기 있는 자들에게는 감추시고 어린 아들(제자들)

에게 계시하신 것을 감사한다(21절). 22-24절에 따르면 '이것들'은 아들과 아버지에 대한 지식(22절)과 구속 역사의 성취(24절)를 포함한다. 제자들에게 계시된 것들은 하나님 나라의 비밀이다. 제자들의 활동을 통해 사탄이 떨어지기 시작한 것도 계시에 포함된다. 이런 비밀은 예수의 사역, 즉 그의 가르침과 기적을 통해 드러났다. 사람들은 율법을 연구하고 가르치는 자들이 하나님의 뜻에 가까울 것으로 생각했다. 이들은 전문적인 지식을 전수받아야 하나님의 뜻을 알 수 있다고 생각했다. 그러나 반전이 일어난다. 어린아이처럼 예수에게 의존하고 예수의 말씀을 영접하는 제자들이 복되다. 예수의 말씀을 받아들이는 자들은 세상에서는 어리석어 보이나 계시를 깨달은 사람들이다. 작은 자들이 계시를 깨닫는 것이 하나님의 기뻐하시는 뜻이다. 마리아의 노래처럼 하나님이 교만한 자를 낮추고 비천한 자를 높이는 일이 제자들의 깨달음을 통해 실현되고 있다(1:51-53).

예수는 아버지께서 모든 것을 자신에게 주신 것을 언급한다(22절). '모든 것'은 예수의 권위와 권능을 가리킨다. 이어서 예수는 아버지와 아들 간의 지식을 언급한다. 아버지만이 아들을 알고 아들만이 아버지를 알기 때문에 하나님 아버지의 계시를 통해 사람들은 예수 그리스도를 알 수 있고 아들과 그의 뜻대로 계시를 받은 자들만이 아버지가 누구인지 알 수 있다. 제자들은 아들을 통해 아들도 알고 아버지도 안다. 아버지는 구원 역사를 계획하고 아들은 구원 역사를 성취하기 위해 보냄받았다. 예수는 다시 제자들을 향해 기쁨의 이유를 구약의 선지자들과 왕들과 비교해 설명한다(23-24절). 예수는 무리가 없는 곳에서 제자들에게 사적으로 말한다. '사적으로'는 예수님과 열두 제자의 친밀한 관계를 가리킬 때 사용된다. 제자들이 보는 것을 보는 눈은 복되다(23절). 즉 제자들이 예수의 증언자 또는 목격자가 된 것은 복이다(참고. 6:20). 많은 선지자들과 왕들은 제자들이 지금 보고 듣는 것을 원했지만 경험할 수 없었기 때문이다(24절). 여기서 예수는 제자들과 무리가 아니라 옛 시대와 새 시대를 대조한다. 선지자들과 왕들이 갈망했던 하나님 나라(렘 31:31-34; 겔 36:24-32), 즉 구원의 시대가 예수의 오심과 활동으로 시작되기 때문에 새 시대의 제자들은 종말에 약속된 구원을 경험하는 특권을 얻었다.

질문

1. 예수님과 제자들이 예루살렘으로 올라가는 길에 왜 요한과 야고보는 사마리아인들에 대해 분노합니까(9:52-56)? 예수님을 따르기 원하는 세 명의 제자 후보에게 예수님은 어떻게 반응하십니까(9:57-62)? 두 본문은 예수님을 따르는 삶을 어떻게 규정합니까?
2. 예수님은 70명의 제자들을 파송하면서 어떤 태도를 가르치십니까(10:1-16)? 예수님을 따르는 제자들은 어떤 마음가짐을 가져야 할까요?
3. 70명의 제자들이 보고한 내용은 무엇이고 예수님은 어떻게 반응하십니까(10:17-24)? 제자들은 무엇 때문에 기뻐해야 할까요?

묵상

10:17-24의 핵심 용어는 '기쁨'입니다. 70명의 제자는 기뻐하며 돌아와 귀신들이 항복한 것을 보고했습니다(17절). 제자들은 귀신들이 항복하는 것으로 기뻐하기보다 그들의 이름이 하늘에 기록된 것으로 기뻐해야 합니다(20절). 예수님은 제자들이 계시를 깨닫게 된 것 때문에 성령으로 기뻐하셨습니다(21절). 제자들을 통해 회복의 기적이 일어나고 있으므로 그들은 이런 사역에 쓰임 받는 것으로 기뻐해야 합니다. 무엇보다 예수님께서 그들의 이름이 하늘에 기록된 것으로 기뻐하라고 말씀하신 것처럼 아버지와 아들을 아는 것 또한 복이고 기쁨입니다. 우리가 무엇을 남기고 이루었는지보다 아버지와 아들을 알고 더 깊이 알아가는 것이 복입니다.

16

이웃 사랑, 하나님 사랑, 기도

10:25-11:13

본 단락은 '이웃 사랑'(10:25-37, 곤궁에 처한 사람의 좋은 이웃이 되는 것), '하나님 사랑'(10:38-42, 예수의 말씀을 듣는 행위), '기도'(11:1-13)에 대한 예수의 가르침이다.

율법전문가와의 대화(10:25-37)

25 어떤 율법전문가가 예수를 시험하려고 일어나 말했다. "선생님,
영생을 얻기 위해 제가 무엇을 해야 할까요?" 26 예수께서 그에게
말씀하셨다. "율법에 어떻게 적혀 있습니까? 당신은 그것을 어떻게
이해하고 있나요?" 27 율법전문가가 대답했다. "마음을 다하고
목숨을 다하고 힘을 다하고 정신을 다해 주 너의 하나님을 사랑하라.
네 이웃을 네 자신처럼 사랑하라고 하였습니다." 28 예수께서는
그에게 말씀하셨다. "정확히 대답했소. 이를 행하시오. 그러면 살
것이오." 29 그러나 율법전문가는 자신을 의롭게 보이기를 원하며
예수께 말했다. "누가 제 이웃인가요?"

10:25-37은 영생을 얻는 길을 묻기 위해 찾아온 율법전문가와 예수의 대화다. 율법전문가는 영생, 곧 구원을 얻기 위해 무엇을 해야 하는지 묻는다.[1] 율법전문가는 영생의 길을 알고 싶어서가 아니라 예수를 시험할 목적으로 질문한다. 예수는 마귀가 악의적으로 성경을 잘못 인용했을 때 '시험하다'는 용어를 사용했다(4:12). 누가는 '시험하다'라는 용어를 사용함으로써 율법전문가의 질문이 순수하지 않음을 암시한다. 자타가 공인하는 율법전문가는 불순한 의도로 질문을 던지고 있다. 그는 사람들 앞에서 곤란한 질문을 던져 예수의 낮은 수준을 드러내고 공인된 율법전문가인 자신의 지식과 권위를 자랑하고자 한다. 그러나 예수는 그의 위선을 드러낸다. 예수는 답을 하지 않고 먼저 율법에 대한 그의 견해를 밝히도록 한다. 율법전문가는 하나님 사랑과 이웃 사랑으로 율법을 요약한다(27절). 이것은 신명기 6:5과 레위기 19:9에 근거한다. 예수는 율법전문가의 대답을 인정하고 이를 실천하면 살 것이라고 반응한다(28절). '이것을 행하면 살게 된다'는 것은 레위기 18:5의 인용이다(참고. 롬 10:5; 갈 3:12). "너희는 내 규례와 법도를 지키라 사람이 이를 행하면 그로 말미암아 살리라 나는 여호와이니라."

예수는 율법을 행하는 것으로 영생을 얻는다는 사실을 인정하는가? 구약은 영생을 위한 방법으로 율법을 말하고 있는가? 예수를 믿는 것은 후대에 붙여진 구원의 방식인가? 그렇지 않다. 레위기 18:5은 율법을 행함으로 영생과 구원을 얻을 수 있다고 가르치는 본문이 아니다. 율법을 행하는 것은 처음부터 영생을 얻는 방편이 아니었다. 구약은 하나님의 계명을 지킴으로써 구원을 얻는다고 약속하는 것이 아니라 약속의 땅에서 누리게 될 복된 삶을 약속한다. 이집트에서 하나님의 은혜로 해방된 하나님의 백성은 율법을 행함으로 복된 삶을 유지할 수 있다. 구원은 오직 예수가 전하는 하나님 나라의 복음을 받아들일 때 주어지는 선물이다. 이스라엘 백성에게나 이방인에게나 영생은 은혜로 주어진다. 예수의 말씀을 받아들이는 자는 누구든지 영생을 누린다. 선한 사마리아인의 이웃 사랑도 영생에 이르게 할 수 없다. 마르다와 마리아의 이야기(38-42절)에서 예수는 그의 말씀을 듣는 것, 즉 구원의 말씀에 집중하는 것을 빼앗기지 말아야 할 유업으로 명시한다.

율법전문가는 첫 번째 질문이 효과가 없었음을 알았다. 자기가 질문을 던졌으나 자기가 대답을 하고 말았다 예수에게 말려들었다고 생각했을 것이다. 이번에 율법전문가는 자기가 얼마나 이웃을 사랑하고 있는지 과시하고 싶어 한다. 자기의 의로움을 입증하려고 또다시 질문한다(29절). 이번에는 누가 자신의 이웃인지 질문한다(29절). 그러나 이번에도 예수가 대화를 주도한다. 율법전문가의 질문을 바꾸어 어려움에 처한 사람의 이웃이 돼야 함을 촉구할 것이다. 예수는 자신을 옳게 보이려고 하는 율법전문가의 오만과 위선을 드러내고 그의 실패한 이웃 사랑을 입증할 것이다(30-35절).

> 30 예수께서는 대답하셨다. "어떤 사람이 예루살렘에서 여리고로
> 내려가던 중에 강도들에게 고통당했습니다. 강도들은 그의 옷을
> 벗기고 그를 때리고 거의 주검 상태로 내버려 두고 도망쳤습니다.
> 31 그런데 우연히 제사장이 그 길로 내려가던 중이었지요. 제사장은
> 상처 입은 사람을 보자 다른 쪽으로 지나가버렸습니다. 32 그곳에
> 왔다가 피해자를 본 레위인도 다른 쪽으로 지나가버렸습니다.
> 33 그러나 사마리아인은 이동하던 중 상처 입은 사람을 보고 긍휼의
> 마음을 느꼈지요. 34 사마리아인은 그에게 다가가 상처를 묶고 상처
> 위에 기름을 붓고 포도주를 부어주었습니다. 그다음 사마리아인은
> 자기 짐승 위에 그를 태우고 여관에 데려가 돌봐주었습니다.
> 35 다음날 그는 은전 두 개를 여관 주인에게 주면서 말했습니다.
> '이 사람을 돌봐주시오. 당신이 얼마를 사용하든 간에 내가 이쪽
> 길로 돌아올 때 지불하겠소.' 36 당신이 생각하기에 이 세 명 중 누가
> 강도들에게 고통당한 사람의 이웃이겠소?" 37 율법전문가가 말했다.
> "그에게 긍휼을 보인 사람이지요." 예수께서 그에게 말씀하셨다.
> "가서 똑같이 행하시오."

어떤 사람이 고지대의 예루살렘에서 저지대의 여리고로 내려가고 있

【예루살렘에서 여리고로 내려가는 길】

었다. 가는 길은 바위와 동굴이 많아 늘 강도들의 위험이 도사리는 곳이었다. 그는 강도 떼를 만났다. 강도 떼는 그의 옷을 벗기고 구타한 뒤 그를 버려 두었다. 때마침 제사장이 예루살렘에서 성전 임무를 마치고 여리고의 집으로 가던 중에 강도 만난 사람을 보았다. 그는 그를 피해 지나가버렸다. 한 레위인도 현장을 보았다. 그도 피해 지나가버렸다. 유대인 중 참 유대인으로 하나님을 사랑하고 백성을 사랑하는 임무를 맡은 두 사람은 강도 만난 사람을 외면했다. 그들은 이웃 사랑의 의무를 회피했다. 어떤 사마리아 사람이 현장을 지나가고 있었다. 그는 강도 만난 자를 보고 불쌍히 여겼다. 가까이 가서 기름과 포도주를 바르고 붕대로 상처를 싸매주었다. 그리고 짐승에 태워 여관에 데리고 가서 돌봐줄 것을 부탁했다. 다음 날 여관 주인에게 데나리온 두 개를 주며 나머지 비용은 돌아올 때 갚을 것이라고 약속한다. 예수는 비유를 마치고 율법전문가에게 질문을 던진다. "누가 강도 만난 사람의 이웃이 되겠습니까?"(36절). 이번에도 예수가 질문을 던지고 율법전문가는 대답한다. 율법전문가는 차마 '사마리아'라는 용어를 사용하지 못하고 '긍휼을 보인 사람'이라고 대답한다. 예수는 그에게 가서 똑같이 실천하라고 지시한다(37절). 예수는 '누가 나의 이웃인가?'가 아니라 '힘든 처지에 있는 자의 이웃이 되고 있는가?'로 질문을 바꾼다. 율법전문가는 질문하러 왔지만 자신의 무지와 위선만 드러낸 채 돌아간다.

율법전문가는 하나님을 사랑하고 이웃을 사랑하고 있음을 과시하려고 했으나 대중 앞에서 수치를 당할 뿐이다. 그는 율법의 핵심인 이웃 사랑을 이해하지 못했고 실천하지도 못했다. 자기 경건을 드러내려는 위선자일 뿐이다. 전문적으로 율법을 연구하고 거룩한 지위에 있다고 해서 하나님을 사랑하는 것은 아니다. 하나님을 사랑하는 사람은 사회적 약자와 곤궁에 처한 사람에게 좋은 이웃이 된다. 선한 사마리아인은 선행으로 구원을 얻는 사람의 모본이 아니라 좋은 이웃의 예다. 영생을 얻은 사람은 긍휼의 마음으로 어려움에 처한 사람에게 다가가 이웃이 된다.

마리아와 마르다(10:38-42)

38 그들이 길을 가던 중에 예수께서 어떤 마을에 들어갔다.
마르다라는 이름의 여자가 예수를 손님으로 환영했다.
39 마르다에게는 마리아라는 이름의 자매가 있었다. 마리아는 주의
발 옆에 앉아 주께서 말씀하시는 것을 듣고 있었다. 40 마르다는
준비해야 하는 모든 일로 분주했다. 마르다는 예수에게 와서 말했다.
"주님, 제 자매가 저 혼자 일하도록 내버려 두는 것을 신경 쓰지
않으십니까? 마리아에게 저를 도우라고 말씀해주세요."
41 주께서 그녀에게 대답하셨다. "마르다야 마르다야, 너는 많은
일로 근심하고 고생하지만 42 한 가지만 필요하다. 마리아는 더 나은
쪽을 택했다. 그녀는 그것을 빼앗기지 않을 것이다."

예수 일행은 예루살렘으로 향하는 길에 한 마을에 들어갔다(38절). 마르다가 자기 집으로 예수를 초대했다. 마르다가 예수를 초대한 집의 주인이자 언니로 보인다. 그녀는 준비하는 일이 많아 정신이 산만하다(40절). 반면 마리아는 주의 발 앞에 앉아 예수의 말씀을 듣는다(39절). 그

녀는 제자와 학생의 표준을 보여준다(8:35; 행 22:3; 왕하 4:38; 6:1). 마르다는 마리아의 행동이 이기적이고 옳지 않다고 생각한다. 예수님도 동의하실 것이라 생각한다. 그래서 마리아에게 일을 도우라고 명령하도록 예수께 부탁한다. 그러나 예수는 마르다의 예상과는 다른 반응을 보인다. 마르다의 이름을 두 번 부르며 친근하고 안타까운 마음으로 조언한다. 많은 일로 염려하고 걱정하는 마르다에게 한 가지가 필요하다(41절). 이는 여러 음식을 준비하지 말고 한 가지 음식만 준비하라는 뜻이 아니다. 마르다가 기억해야 하는 가장 중요한 '한 가지'(42a절)는[2] '많은'과 대조되는 유일한 한 가지, 즉 예수의 말씀 듣는 것을 말한다. 마리아는 좋은 편을 택했고 그것을 빼앗기지 않을 것이다(42b절). '좋은 쪽'의 '쪽'(μερίς 메리스)은 유산과 유업을 뜻한다.[3] 하나님이 종말에 주실 보상이나 몫이라고도 할 수 있다. 마리아에게 좋은 쪽은 예수의 말씀이다. 마리아는 영원한 유업을 예수의 말씀으로 이해했다. 그녀가 택한 예수의 말씀은 하나님의 뜻에 부합하고 빼앗길 수 없다. 예수의 말씀은 구원과 영생을 선사한다. 이처럼 예수의 말씀과 나머지 모든 것이 대조된다. 이는 신명기 8:3을 상기시킨다.[4] "… 사람이 떡으로만 사는 것이 아니요 여호와의 입에서 나오는 모든 말씀으로 사는 줄을 네가 알게 하려 하심이니라." 환대는 예수가 줄곧 강조해 온 덕목이지만 예수의 말씀을 듣는 것보다 우선될 수 없다. 독자들은 앞 단락에서 선한 사마리아 사람의 선행을 보았다. 그는 선한 이웃의 모본이다. 그러나 하나님 나라를 위한 어떤 선행도 예수와 그의 복음 앞에서는 상대화되고 만다. 구원은 선행이 아니라 예수의 말씀을 통해 주어진다.

앞에서 율법전문가는 무엇을 행해야 구원을 얻을 수 있는지 물었다(10:25-26). 그가 구원을 얻는 길은 계명을 실천하고 선행을 행하는 것이 아니다. 예수에게서 영생의 말씀을 듣는 것이다. 예수와 예수의 말씀을 통하지 않고 영생에 이르는 길은 없다. 하나님 나라의 제자는 예수보다 선행을 우선시하는 위험을 주의해야 한다. 가장 좋은 것, 즉 예수에게 집중하는 것을 빼앗기지 말아야 한다. 언제나 예수에게 시선을 집중하고 그의 말씀을 기준으로 살아야 한다. 이는 시편 저자가 하나님께 가까이 가는 것을 복으로 고백한 것과 같은 맥락이다(시 73:28). "하나님께 가까이함이 내게 복이라 내가 주 여호와를 나의 피난처로 삼아 주의 모든 행적을 전파하리이다."

한편 여성의 역할이 본문에서 충격적으로 그려진다. 고대 사회에서 집안의 음식을 준비하는 것은 여성의 몫이었다. 여성은 선생의 가르침을 공적으로 받지 못했다. 여자는 교육에 참여하기보다 교육 환경을 준비하는 일을 맡았는데도 불구하고 마리아는 전자를 택했다. 예수는 여성도 예수의 말씀을 듣는 특권에서 제외되지 말아야 하고 가장 좋은 유업을 빼앗기지 말아야 함을 강조한다. 예수님과 그의 말씀 앞에 나아가는 일에 있어서 누구도 제외되거나 소외되지 말아야 한다.

주의 기도(11:1-4)

> 1 예수께서 어떤 곳에서 기도하고 계셨다. 기도를 마치자 제자들 중
> 한 명이 예수께 말했다. "주님, 우리에게 기도를 가르쳐 주십시오.
> 요한이 그의 제자들에게 가르친 것처럼 말입니다." 2 예수께서
> 그들에게 말씀하셨다. "너희는 기도할 때 이렇게 말해라. '아버지,
> 당신의 이름이 거룩하게 되게 하소서. 당신의 나라가 오게 하소서.
> 3 매일 일용할 양식을 주소서. 4 우리가 우리에게 죄 지은 자를
> 용서하는 것처럼 우리의 죄를 용서해 주소서. 우리를 시험에
> 빠져들지 않게 하소서."

본문은 예수가 한 곳에서 기도하는 장면으로 시작한다(1a절). 기도는 예수의 습관이자 생활이다(3:21-22; 6:12; 9:18, 28; 10:21-22). 예수가 기도를 마치자 제자 중 한 명이 요한이 그의 제자들에게 기도를 가르쳐 준 것처럼 자신들에게도 기도를 가르쳐 달라고 부탁한다(1b절). 예수는 하나님을 '아버지'(파테르—헬라어, 압바—아람어)라 부르는 것으로 기도를 시작하라고 가르친다(2절). '아버지' 호칭은 하나님과의 관계를 설정한다(출 3:14; 6:2-3; 겔 36:16-32). 아버지는 자녀의 필요를 공급해 주시는 분이므

로 제자들은 그들의 필요를 알고 도와줄 준비를 하고 계시는 하나님을 신뢰하고 기도해야 한다. 하나님을 아버지로 아는 것은 계시에 따른 선물이다(10:22). 기도의 내용은 다음과 같다.

첫째, 아버지의 이름이 거룩히 여김받도록 기도해야 한다(참고. 출 20:7; 신 5:11). 하나님의 이름이 거룩하게 되기를 바라는 기도는 구약에 근거한다.[5] 이름은 그 사람의 본질을 내포한다. 구약에서 하나님의 이름이 거룩하게 되기를 갈망하는 것은 모욕당하고 오용되는 하나님의 이름이 영광을 받고, 하나님의 통치가 드러나기를 바라는 것과 같다(참조. 겔 36:22). 특히 에스겔 36:16-32은 하나님의 이름이 거룩해져야 하는 이유를 예언했다. "여러 나라 가운데에서 더럽혀진 이름 곧 너희가 그들 가운데에서 더럽힌 나의 큰 이름을 내가 거룩하게 할지라." 하나님이 '거룩한' 분이라는 것은 세상의 모든 존재와 '구별되는' 분이라는 뜻이다. 기도자는 이사야처럼 두렵고 떨림으로 하나님의 이름을 높이고 찬양해야 한다. "만군의 여호와 그를 너희가 거룩하다 하고 그를 너희가 두려워하며 무서워할 자로 삼으라"(사 8:13). 또한 거룩하게 하는 것은 영화롭게 하는 것과 비슷한 개념이며 그 반대는 더럽히고 모욕하는 것이다. 이런 점에서 첫 번째 기도는 하나님의 유일하심과 전능하심을 선언하고 찬양하는 것을 의미한다. 찬양은 하나님이 마땅히 받으셔야 할 영광을 드리는 행위다. 기도자는 창조주 하나님이 피조물과 구별되는 창조주이심을 찬양해야 한다. 구약에서는 하나님의 이름이 사람(사 29:23; 시 99:3) 또는 하나님을 통해(겔 36:22-23) 거룩해진다.[6] 제자들은 하나님께서 예수의 삶과 가르침을 실천하는 자신들을 통해 영광을 받으시도록 기도해야 한다.

둘째, 하나님의 나라가 임하도록 기도해야 한다. 하나님만이 사탄의 세력을 무너뜨릴 수 있으므로 하나님의 능력이 실현되도록 기도해야 한다. 하나님 나라는 예수의 삶과 사역을 통해 시작되었으므로 예수의 통치가 확장되도록 기도해야 한다. 제자들은 하나님 나라 확장의 도구이므로 이 기도는 예수의 가르침에 순종하고 그의 능력을 믿겠다는 결심이다.

셋째, 일용할 양식을 위해 기도해야 한다(3절). 제자들은 먹고 사는 문제를 하나님께 맡겨야 한다(9:1-6; 10:1-11). 또한 일용할 양식으로 만족할 것을 결심해야 한다. '매일'과 중복되는 '일용할'(ἐπιούσιος 에피우시오스)이라는 말을 왜 같이 사용하는 것일까?(3절) 이 단어는 '다가오는 날을 위한' 또는 '다음 날을 위한'의 뜻이다. 다가오는 날은 언제 기도 하느냐에 따라 달라진다. 아침에 기도한다면 아침부터 날이 저물 때까지의 하루를 채워주실 것을 간구하는 것이 된다. 이스라엘의 광야 세대가 만나를 통해 하나님의 공급을 매일 경험했던 것처럼(출 16:4, 8, 12, 15, 22, 32; 시 77:2; 105:4) 예수의 제자들은 하루를 시작하면서 하나님이 그날의 양식을 공급해 주시도록 기도해야 한다.

넷째, 죄 용서를 위해 기도해야 한다. 죄 용서는 누가복음의 중요한 주제다(1:77; 3:3; 5:20-21, 23-24; 7:47-49; 12:10; 17:3-4; 23:34; 24:47). 신자는 용서를 받아야 하는 대상일 뿐 아니라 용서해야 하는 존재이며, 하나님의 용서를 전달하는 매개이다. 이웃을 용서하는 신자는 하늘 아버지를 향해 자신의 죄를 고하면서 자비를 구한다. 이렇게 함으로써 악의 결속력이 약화되고 긍휼이 순환된다.

마지막으로 시험에 들지 않게 해주시도록 기도해야 한다. 이는 자신의 약함과 한계를 인정하면서 인생의 위기에서 구해 달라는 기도다. 시험에 걸려들지 않게 기도하고 시험에 빠졌을 때는 구출 받도록 기도해야 한다.

간청하는 친구의 비유와 해설(11:5-10)

5 예수께서 제자들에게 말씀하셨다. "너희 중 누구에게 친구가
있는데 자정에 친구를 찾아가서 말한다. '친구야, 빵 세 덩이를
빌려주게나. 6 내 친구 한 명이 여행 중에 내게 왔지만 그를 대접할
음식이 없다네.' 7 친구가 집안에서 대답한다. '나를 힘들게 하지
말게나. 문이 이미 닫혔고 내 자녀들이 나와 함께 자고 있다네.
일어나서 자네에게 아무것도 줄 수 없다네.' 8 나는 너희에게 말한다.

찾아온 사람이 친구이기 때문에 일어나서 주지는 않을 것이지만
친구의 끈질김 때문에 일어나 그가 필요로 하는 것을 줄 것이다.
9 나는 너희에게 말한다. 구하라. 그러면 너희에게 주어질 것이다.
찾아라. 그러면 너희가 찾을 것이다. 두드려라. 그러면 너희에게
문이 열릴 것이다. 10 구하는 자마다 받는다. 찾는 자마다 찾는다.
두드리는 자에게 문이 열릴 것이다."

주의 기도를 가르친 예수는 이어서 어떻게 기도해야 하는지 가르친다. 5-8절은 응답하시는 하나님의 성품을 언급하며 시험에 들지 않도록 기도하라는 가르침으로 주의 기도와 자연스럽게 연결된다. 주의 기도를 배운 제자는 간절히, 끊임없이, 포기하지 않고 기도해야 한다. 기도는 이론이 아니라 현실이고 절박한 간청이기 때문이다. 5-10절과 11-13절은 연결해서 읽어야 하는 본문이다. 두 문단은 일상에서 일어날 수 있는 비유(5-8, 11-12절)를 제시하고 제자들과 하나님의 관계에 초점을 맞추어 해설한다(8-10, 13절).[7] 각 문단의 첫 구절인 5절과 11절은 각가 '너희 중 어떤 사람'으로 시작한다.

어떤 친구가 예고 없이 밤중에 찾아와 빵 세 덩이를 빌려 달라고 부탁한다. 그는 자신의 친구가 여행 중에 급히 찾아왔으나 제공할 음식이 없다며 도움을 요청하러 밤에 문을 두드린다. 그는 온 동네에 들릴 정도로 문을 두드리고 소리를 지르며 다급하게 요청했을 것이다. 7절에서 친구의 행위가 상식을 벗어난 이유와 집주인이 괴로워하는 이유가 열거된다. 이 사람이 찾아온 때는 대낮의 정반대인 자정이다. 집 문이 닫힌 시간이다. 집주인은 빵을 주기 싫거나 빵이 없어서가 아니라 모두가 자고 있기 때문에 문을 열어주고 싶어 하지 않는다. 특히 아이들이 걱정되기 때문이다. 당시 서민들은 한 지붕 아래 한 방에서 잠을 자거나 방 옆에서 가축도 사육했기 때문에 문을 두드리고 고함을 지르면 가족과 가축이 깰 수밖에 없다. 그럼에도 불구하고 집주인은 빵을 줄 수 없다는 말이 소용없는 일임을 안다(7절). 왜냐하면 찾아온 친구가 결코 설득되지 않을 것을 알기 때문이다. 뿐만 아니라 환대를 최고

의 덕목으로 생각하는 문화에서 친구의 끈질긴 요청을 거절하는 행위는 비난거리가 될 수 있다. 한밤에 찾아와 어려운 부탁을 할 수밖에 없는 친구를 외면했다는 소문이 작은 동네에 퍼질 것이기 때문이다.

예수의 해설에 따르면 집주인이 빵을 주기로 결심한 이유는 친구 관계나 우정이 아니라 '성가심' 또는 '끈질김'이다(8절). 아나이데이아(ἀναίδεια 간청함—개역개정)는 '수치', '염치', '예의' 등을 뜻하는 아이도스(αἰδός)의 반의어로 몰염치나 무례를 뜻할 뿐 아니라 포기할 줄 모르는 끈질김을 의미한다.[8] 이는 자신의 관심을 관철하려고 수단과 방법을 가리지 않고 동원하는 행위, 사회의 관습을 기꺼이 어길 수 있는 태도를 말한다.[9] 친구의 간절함은 상대방의 입장과 처지를 고려하지 않는 무례한 행위로 나타났다.[10] 친구의 끈질긴 요구에 집주인은 가족이 잠을 자지 못하고 시달리며 환대를 베풀지 않은 자신의 명예가 손상될 수 있기 때문에 빵을 줄 수밖에 없다.

예수는 자정에 문을 두드리는 친구가 원래 무례한 사람인지는 언급하지 않으신다. 아마도 이 사람은 자신의 행위가 무례하다는 것을 알았을 것이다. 하지만 자기 문제가 더 다급했기 때문에 자정에 찾아와 문을 두드린다. 그는 너무 가난해 제공할 밀가루가 없었을 수도 있다. 빵 세 덩이를 요구한 것으로 볼 때 여행 중인 친구에게도 가족이 있거나 지금 빵을 주지 않으면 안 되는 절박한 사정이 있었을 수도 있다. 친구와의 관계가 단절될 것을 각오하고서라도 자정에 찾아갈 수밖에 없는 안타까운 사연이 있었을 것이다. 절박한 처지에 염치를 생각할 겨를이 없다. 예수는 이 비유를 통해 적극적으로 기도할 것을 가르친다. 하나님의 자녀는 구하고 찾고 문을 두드려야 한다(9절). 하나님은 주시고 찾게 하시고 열어 주실 것이다. "구하라", "찾으라", "두드리라"는 현재 명령형으로 지속성을 강조한다.[11] 예수는 하나님의 성품을 신뢰하며 끈질기고 지속적으로 기도할 것을 가르친다. 10절은 9절을 반복하면서 기도의 응답을 강조한다. 구하는 자마다 받을 것이며, 찾는 자는 찾아낼 것이며, 두드리는 자에게 열릴 것이다.

기도에 응답하시는 하나님 아버지의 성품(11:11-13)

11 "너희 가운데 어떤 아버지가 아이가 생선을 원하는데 생선 대신
뱀을 주겠느냐? 12 아이가 계란을 원하는데 전갈을 주겠느냐?
13 너희가 악할지라도 너희 자녀들에게 좋은 선물을 주는 줄 너희가
아는데, 하늘 아버지는 구하는 자들에게 성령을 얼마나 확실히
주시겠느냐."

예수는 주의 기도에서 '아버지'로 부르며 기도할 것을 가르쳤다. 자정에 빵을 빌리러 온 친구의 비유를 통해서는 끈질기게 기도할 것을 강조했다. 기도의 대상인 아버지는 어떤 분인가? 끈질기게 기도할 수 있는 근거는 무엇인가? 하나님 아버지의 성품과 마음 때문이다. 예수는 이 비유를 근거로 기도에 응답하시는 하나님과 좋은 것을 주시는 하나님의 성품을 소개한다(11-12절).[12] 아버지라면 아들이 생선을 달라는데 생선과 닮은 뱀을 줄 리 없다. 알을 달라는데 알처럼 웅크린 전갈을 줄 리 없다. 아버지가 자녀에게 해를 끼치고 생명을 죽일 수도 있는 뱀이나 전갈을 주는 것을 상상할 수 없는 것처럼, 간절히 기도하는 자녀에게 하나님께서 나쁜 것을 주시거나 무관심으로 대하실 것은 상상할 수 없다. 자녀에게 좋은 것을 주는 것이 부모의 마음이다. 가장 좋은 선물은 성령이다. 성령의 선물은 누가의 저술인 사도행전에 흐르는 주제다(행 1:8; 2:1-4). 예수께서 승천하시고 성령께서 선물로 내려오실 것이다. 성령을 통해 기도가 응답된다. 성령께서 오신 것은 기도에 확실히 응답하기 위한 목적이다.

질문

1. 율법전문가는 예수님에게 무엇을 질문했고 예수님은 어떻게 대답하십니까(10:25-29)? 예수님은 선한 사마리아인의 비유를 통해 율법전문가에게 무엇을 가르치고자 하십니까(10:30-37)?
2. 예수님의 방문에 대한 마르다와 마리아의 태도는 어떻게 다릅니까(10:38-42)? 마르다에게 필요하고 마리아에게 있는 '한 가지'는 무엇일까요?
3. 예수님은 이어지는 세 본문에서 기도에 대해 어떻게 가르치십니까(11:1-13)? 자정에 빵을 빌리러 찾아온 친구는 어떤 식으로 도움을 요청했고 집주인이 부탁을 들어줄 수밖에 없었던 이유는 무엇입니까? 우리가 기도하는 대상인 하나님은 어떤 분이십니까?

묵상

예수님은 주의 기도를 가르치시고 나서 자정에 빵을 빌리러 온 친구의 비유와 하나님 아버지의 성품과 관련된 비유로 어떻게 기도해야 하는지 가르치십니다. 힘든 인생의 여정에서 우리는 수없이 많은 도움을 필요로 합니다. 하나님이 어떤 분이신지 배워도 기도의 응답이 보이지 않거나, 이런 것까지 기도해야 하는지 의구심이 생길 때는 기도를 시작하고 지속하기 어렵습니다. 그러나 우리가 기도하는 대상인 하나님은 자녀에게 귀를 기울이고 최고로 좋은 것을 주시는 아버지이십니다. 무례할 정도로 요구하는 기도라고 해도 하나님 아버지는 귀찮게 여기기보다 환영하고 기뻐하십니다. 하늘 아버지께서 자녀에게 가장 좋은 것으로 응답하시는 것은 지극히 당연한 일입니다. 하나님의 자녀는 아버지의 사랑과 자비에 기대어 기도의 특권을 사용해야 합니다. 하나님이 반드시 들으시고 가장 좋은 것으로 응답하실 것을 신뢰해야 합니다.

17
예수의 활동에 대한 반응

11:14-54

예수의 세 가지 가르침(10:25-13)은 예수의 활동에 대한 반응(11:14-54)으로 이어진다. 예수의 하나님 나라는 사탄의 나라를 무너뜨려 속박된 사람들을 해방하고 모으는 방식으로 확장된다. 예수의 나라를 배척하는 자들에게는 화가 있으나 그의 말씀을 듣고 순종하는 사람은 복된 인생이다.

귀신을 쫓아낸 예수에 대한 사람들의 반응(11:14-26)

14 예수께서는 말 못하는 귀신을 쫓아내고 계셨다. 귀신이 나가고
나서 말을 하지 못했던 사람이 말을 했고 무리가 놀랐다. 15 그러나
그들 중 어떤 이들이 말했다. "그가 바알세불, 귀신들의 통치자
힘으로 귀신들을 쫓고 있다." 16 다른 사람들은 예수를 시험하려고
예수에게 하늘로부터 표적을 요구하고 있었다.

예수가 말 못하게 하는 귀신을 쫓아내자 무리가 놀란다(14절). 그들은 귀신을 쫓아낸 예수의 능력을 부정하지는 않았으나 능력의 출처를 의심했다. 어떤 사람들이 예수가 귀신의 왕 바알세불의 힘으로 귀신을 쫓아낸다고 평가했다(15절). 복음서에만 등장하는 바알세불은 악한 영들의 통치자를 지칭한다. 바알세불은 사탄, 귀신들의 왕이다. 사람들은 예수를 사탄의 중개자로 생각했다.[1] 그러나 예수가 사탄에게 속했다고 비방하는 그들이 사탄의 세력에 속했다. 어떤 사람들은 예수를 시험할 목적으로 하늘로부터 오는 표적을 나타내라고 요구한다(16절). 예수의 행위가 하늘의 승인을 받은 것인지 표적을 통해 확인하고자 하는 것이다. 사탄이 광야에서 예수를 시험했던 것처럼(4:1-13) 예수를 반대하는 사람들은 예수를 시험한다. 예수는 광야에서 사탄의 시험을 이겼을 때처럼 이번에도 능력을 보이지 않음으로써 시험에 넘어가지 않는다. 예수가 하나님의 능력으로 귀신을 쫓아낸 것이 하나님이 보여주시는 명확한 표적이다.

> 17 예수께서는 그들이 무엇을 생각하는지 아시고 그들에게
> 말씀하셨다. "스스로 대립하는 나라마다 무너지고 충돌하는 집은
> 몰락합니다. 18 만일 사탄이 스스로 충돌하면 어떻게 그의 나라가
> 서겠습니까? 그런데 여러분은 내가 바알세불의 힘으로 귀신들을
> 쫓아낸다고 말하는군요. 19 내가 바알세불의 힘으로 귀신들을
> 쫓아낸다면 여러분 중에 있는 귀신 쫓는 자들은 누구의 힘으로
> 그렇게 하는 겁니까? 그들이 여러분의 재판관들이 될 것입니다.
> 20 만일 내가 귀신들을 쫓아내는 것이 하나님의 손가락에 의한
> 것이라면 하나님 나라가 여러분 가운데 왔습니다."

예수는 시험하는 자들의 생각을 알고 있다. 이는 예수의 초자연적 능력을 드러낸다. 예수는 반대하는 자들의 논리를 상식에 근거해 무너뜨린다. 스스로 분쟁하는 나라, 즉 내전에 휩싸인 나라는 황폐해질 수밖에 없다. 집안에 일어나는 싸움도 가정과 가문을 무너뜨린다. 만일 예수가

바알세불의 힘으로 귀신을 쫓아냈다면 사탄의 세계에 내전이 일어난 것과 같다(18절). 귀신들은 사탄의 목적을 위해 일하는 하수인들이기 때문이다. 우두머리 사탄이 자기 부하들을 쫓아내 스스로 몰락의 길을 갈 이유가 없다(18절). 예수는 다른 유대인들이 귀신을 쫓아내는 경우를 예로 제시한다. '여러분의 아들들', 곧 어떤 유대인들도 귀신을 쫓아냈다(19절). 만일 예수가 바알세불의 힘으로 귀신을 쫓아냈다면 귀신을 쫓아낸 유대인들도 사탄의 힘을 사용했다는 말이 된다. 예수를 공격하는 자들도 동료 유대인들이 귀신을 쫓아내는 사실을 잘 알고 있었고 그런 행위를 비판하지 않았다. 만일 예수가 사탄의 힘이 아니라 '하나님의 손가락'으로 귀신을 쫓아냈다면 예수의 행위는 하나님 나라가 이미 임해 있음을 보여주는 증거다(20절). '왔다' 또는 '도착했다'(ἔφθασεν 에프따센)는 과거형으로 예수의 말씀과 행위를 통해 하나님 나라가 이미 그들 가운데 왔음을 의미한다.[2] 예수가 귀신을 쫓아내서 살린 사람들이 바로 하나님 나라의 살아 있는 증거다.[3] 출애굽기 8:19의 문맥에서 '하나님의 손가락'은 이스라엘을 구원하신 하나님의 권능을 암시한다.[4] 출애굽 사건에서 이집트의 마술사들은 하나님의 손가락으로 재앙이 내려졌다고 평가했다. 즉 하나님의 손가락은 출애굽 과정에서 이집트에 재앙을 내리고 이스라엘 백성을 해방시킨 능력을 상징한다. 예수는 이 표현을 사용해 귀신을 쫓아내는 활동 배후에 하나님의 권능이 있음을 암시한다. 하나님의 손가락으로 이스라엘에 새로운 시대가 열렸듯 예수의 축귀 사역은 하나님 나라의 도래를 보여주는 사건이다. 예수는 하나님의 능력으로 귀신을 쫓아냄으로써 사탄의 세력에 속박된 자에게 해방과 자유를 선사했다. 이미 10장에서 예수는 70인의 제자들을 통해 하나님 나라가 확장되는 것을 사탄이 하늘에서 떨어지기 시작한 사건으로 해석했다(10:18). 예수는 겸손하고 낮은 자의 모습으로 사람들을 섬기고 하나님 나라의 윤리를 가르치지만 사탄(바알세불)의 세력을 무너뜨리는 능력을 가지고 있다.

21 "완전하게 무장한 강한 자가 자신의 성을 지킬 때 그의 재산은

안전합니다. 22 그러나 그보다 더 강한 자가 그를 공격하고 압도하면
그는 무기를 빼앗고 전리품을 나눕니다.[5] 23 나와 함께 하지 않는
자마다 나를 반대하며 나와 함께 모이지 않는 자마다 흩어집니다."

21-26절은 하나님 나라의 도래와 확장을 예수님과 사탄의 충돌로 설명한다. 먼저 예수는 사탄의 나라가 무너지고 하나님 나라가 시작된 것을 군사 용어로 설명한다(21-23절). 강한 자가 완전무장으로 자기 성을 지켜야 성의 소유가 안전하다(21절).[6] 자기 성을 장악하고 있는 강한 자는 더 강한 자가 와야만 무너진다. 더 강한 자가 와서 성을 지키는 자를 굴복시키면 무기도, 재물도 전리품으로 빼앗긴다(22절; 참고. 사 49:24-25). 본문에서 강한 자는 사탄이다. 사탄은 완전무장을 하고 도성을 방어하고 있다. 사탄은 자신의 소유가 안전할 줄로 믿고 있다. 사탄이 지키고 있는 집의 소유물은 사탄의 통치 아래 있는 사람들이다. 사탄이 믿는 완전무장은 더러운 귀신들일 가능성이 높다. 그러나 더 강한 자가 귀신들을 쫓아내면 사탄의 소유는 빼앗긴다. 예수는 귀신들을 쫓아냄으로 사람들을 해방시키는 구원자이자 해방자다. 이사야 49:24-25에서 종은 장수로서 다른 군인들과 싸워 속박 가운데 있는 자들을 해방시킨다.[7] 하나님의 종은 전쟁을 벌여 속박 가운데 있는 자들을 해방시키는 빛이다. 하나님의 종과 전사인 예수는 사탄보다 강한 힘으로 사탄의 집을 공격했다. 하나님 나라는 예수가 사탄에게 갇힌 자들을 해방하는 것으로 실현된다. 예수가 사탄보다 강하다는 것은 그가 초월적 존재, 곧 하나님이란 사실을 암시한다.

예수가 사탄과 싸우는 전쟁터에 중립 지대는 없다. 예수는 이것을 양 무리를 관리하는 목축의 언어로 설명한다(23절). 사탄의 무장을 해제시켜 그의 소유를 빼앗는 것은 양 무리를 모으는 것과 같다. 예수는 양 무리를 모으고, 사탄은 양 무리를 흩는다. 모으는 것은 구약에 예고된 구원을 의미한다. 에스겔은 종말에 하나님이 이스라엘 양 무리를 모으실 것을 예고했다(34장). 귀신을 쫓아내는 예수의 사역은 양 무리를 모으는 구원 행위다. 예수가 귀신을 쫓아냄으로써 하나님 나라

가 왔고 양 무리를 모으는 구원이 시작됐다. 예수 편에 서야만 에스겔이 예고했던 회복을 경험할 수 있다. 그러므로 어느 편에 설 것인지 결정해야 한다. 예수 편에 서지 않으면 사탄이 흩어버리는 피해를 입게 된다. 인간이 배척하고 경계해야 할 대상은 사탄이지 예수가 아니다.

> 24 "더러운 귀신이 어떤 사람에게서 나갔을 때 쉴 곳을 찾아 물 없는
> 지역들을 돌아다녔으나 찾지 못했습니다. 귀신이 말합니다. '내가
> 나왔던 내 집으로 돌아가야 하겠다.' 25 귀신은 돌아가서 그곳이
> 정비되고 정돈된 것을 발견합니다. 26 그리고 자기보다 더 악한 일곱
> 명의 다른 귀신들을 데리고 옵니다. 귀신들은 거기 들어가 삽니다.
> 그 사람의 마지막 상태는 처음보다 더 나쁩니다."

24-26절은 예수가 귀신을 쫓아낸 지역에 사는 사람이 무엇을 선택해야 하는지 강조한다. 사람에게서 쫓겨난 더러운 귀신은 물 없는 곳을 찾다가 발견하지 못하자 쫓겨난 사람에게로 돌아가고자 결심한다(24절). 귀신이 물 없는 곳을 찾는 모습은 거라사 지역의 군대귀신이 물에 던져져 무저갱에 갇힌 심판을 떠올린다. 귀신들은 예수의 심판을 피해 이곳저곳 다니는 것으로 보인다. 생명을 괴롭히는 것이 귀신의 본업이므로 귀신은 사람에게 들어갈 기회를 호시탐탐 노리고 있다. 그러던 중 나왔던 집이 깨끗이 청소되고 고쳐진 사실을 알게 된다(25절). 집은 사람을 가리키는 비유어다. 귀신은 자기보다 더 악한 귀신 일곱을 데리고 들어간다. '일곱 영들'(8:2)은 귀신의 힘에 완전히 사로잡힌 상태를 의미한다. 모두 여덟 명의 귀신이 한 사람에게 들어가자 한 명의 귀신이 들어갔을 때보다 훨씬 더 상태가 악화되고 만다(26절). 예수의 경고는 도시와 지역에 적용될 수 있다. 예수는 갈릴리에서 귀신들을 쫓아냄으로 여러 도시를 일시적인 중립 지대로 만들었다. 그러나 적극적으로 예수를 따르지 않으면 사탄이 중립 지대를 장악할 것이다. 하나님 나라의 사역은 사탄과의 전쟁이다. 일시적으로 안전지대에 있다고 긴장의 끈을 놓으면 낭패를 당하게 된다. 전투는 현재 진행형이기 때문이다.

말씀을 듣고 순종하는 사람이 복되다(11:27-28)

27 예수께서 이 말씀을 하고 계실 때 무리 속에서 한 여자가 목소리를
높여 예수께 말했다. "당신을 가진 배와 당신을 먹인 가슴이
복됩니다." 28 그러나 예수께서 말씀하셨다. "하나님의 말씀을 듣고
순종하는 자들이 더 복됩니다."

예수가 더러운 귀신에 대해 말씀하고 있을 때 무리 중에서 한 여자가 예수의 어머니가 복된 여성이라고 칭찬한다(27절). 여자는 예수의 사역을 사탄의 도성을 공격하고 사람들을 구원하는 것으로 이해했고, 좋은 아들을 낳은 어머니의 복을 언급한다. 이는 자녀의 업적이나 능력으로 부모가 존경을 받는 문화를 반영한다. 여자의 말은 틀리지 않다. 여자의 칭찬은 사람들이 자신을 복되다고 말하게 될 것을 믿었던(1:48) 마리아의 노래가 실현되는 순간이다. 엘리사벳도 성령 충만한 상태에서 마리아가 복을 받은 여자이고 뱃속의 아이도 복되다고 말했다(1:42). 예수는 하나님의 말씀을 듣고 지키는 자가 더 복되다고 선언한다(28절). 주의 모친이 된 사람은 마리아 이전에도 없었고 이후에도 없기 때문에 마리아의 복은 모든 시대에 보편적으로 적용되는 것이 아니다. 그러나 말씀을 듣고 실천하는 사람은 시대를 막론하고 복되다. 사실 마리아 역시 하나님의 말씀에 순종했기 때문에 복된 여자로 칭송받았다(1:38). 이와 같이 하나님 나라는 부모에 대한 평가가 자녀의 신분에 따라 결정되는 나라가 아니다. 하나님의 말씀에 순종하는 자를 복되다고 하는 하나님 나라에서는 자녀의 학업이나 성공으로 부모의 복을 평가하지 않는다. 혈육의 성공으로 가족이 존중받고 높여지는 나라가 아니다. 예수의 삶과 가르침으로 실현되는 하나님 나라는 하나님의 말씀을 지키고 순종하는 삶을 복되다고 평가한다(참고. 8:15). 앞 단락의 내용처럼 예수 편에 서서 그의 가르침을 따르는 자가 복되다(11:24-26). 이처럼 하나님 나라에서는 복을 평가하는 기준이 달라진다. 달라진 평가는 개인과 공동체가 기준으로 삼아야 할 가치관의 변화를 요구한다. 겉보기에는

내세울 것이 없어 보여도 하나님의 말씀에 순종하고 예수의 뜻을 따르며 살아가는 사람이 진정으로 복되다.

표적을 구하는 악한 세대(11:29-32)

29 무리가 증가하자 예수께서 말씀하기 시작했다. "이 세대는 악한
세대입니다. 이 세대는 표적을 구하지만 요나의 표적 외에는 어떤
표적도 주어지지 않을 것입니다. 30 요나가 니느웨 사람들에게
표적이 된 것처럼 인자도 이 세대에 그렇게 될 것입니다. 31 남쪽의
여왕이 심판 때에 일어날 것입니다. 이 세대의 사람들과 함께 일어나
그들을 정죄할 것입니다. 왜냐하면 그녀는 땅의 끝에서 솔로몬의
지혜를 듣기 위해 왔고 솔로몬보다 더 큰 자가 여기 있기 때문입니다.
32 심판 때에 니느웨 사람들이 일어나 이 세대를 정죄할 것입니다.
그들은 요나의 선포에 회개했고 요나보다 더 큰 자가 여기 있기
때문입니다."

하나님의 말씀에 순종하지 않는 세대는 예수의 정체를 파악하지 못한다. 무리가 모였을 때 예수는 '이 세대'를 악한 세대로 규정한다(29절). '이 세대'는 예수가 사역하는 시대의 이스라엘 백성을 가리킨다. 이 세대의 문제는 이미 두 차례 나왔다(7:31; 9:41). 30, 31, 32절뿐만 아니라 50, 51절에도 이 세대의 문제가 강조되며 17:25과 21:32에 다시 거론될 것이다. 악한 세대의 특징은 표적을 구하는 것이다. 눈 앞에서 벌어지는 하나님의 일을 인정하지 않고, 선지자를 통한 하나님의 말씀도 신뢰하지 않고 '표적'을 요구한다. 완고함과 불신이 표적에 대한 요구로 이어진다. 출애굽을 경험하고도 하나님의 말씀에 순종하지 않은 이스라엘처럼 악한 세대는 완악하다(출 32:9; 33:3, 5; 신 10:16; 행 7:51-53). 악한 세대는 하나님의 말씀을 신뢰하지 않은 조상들처럼 표적을 요구한다. 예수를 통해 보여주시는 손길을 인정하지 않고 표적을 구한다는 점에서 이 세대는 악하다. 악한 세대에 주어질 표적은 '요나의 표적'이다. 이는

요나 자신일 수도 있고 요나의 사역(예, 물고기 배에서 살아난 것과 회개와 심판 선포)과 관련될 수도 있다. 또는 예수 자신(예, 예수의 죽음과 부활, 회개와 심판 등) 또는 예수의 사역(회개와 심판)을 가리킬 수도 있다.[8] 본문 흐름을 볼 때는 '요나'가 곧 '표적'으로 보인다.[9] 30절에서 예수는 '요나가 니느웨 사람들에게 표적이 됐다'고 말한다. 요나처럼 인자는 이 세대에 하나님이 보내신 표적이다.[10] 즉 예수는 이 세대에 보냄받은 표적이다. 시므온은 예수를 반대를 받게 될 표적이라고 예고했다(2:34). 예수를 구원의 표적으로 받아들이고 회개하면 구원을 얻고, 배척하면 심판에 이르게 된다. 요나가 내키지 않는 마음으로 이방 민족에게 회개를 선포했을 때 왕과 모든 백성은 회개했지만(욘 3:4-8) 이 세대는 예수의 회개와 심판 선포에 전혀 관심을 두지 않는다. 이방인인 니느웨 사람들은 요나의 단기간 전도에 회개했으나 이 세대는 요나보다 더 큰 이가 와서 곳곳을 다니며 복음을 전해도 회개하지 않는다.

예수는 31-32절에서 왜 그의 선포에 반응해야 하는지 설명하기 위해 솔로몬과 요나와 자신을 비교한다. '심판의 때'에 남방 여왕이 이 세대에 속한 사람들을 정죄할 것이다(31절). '심판의 때에'에서[11] 관사가 붙어 있는 '심판'은 인자가 천사들과 함께 오는 때, 죽은 자들이 재판을 받기 위해 살아나는 최후심판의 때를 말한다(10:14).[12] 남방 여왕 스바 여왕(왕상 10:1)은 다윗의 아들인 솔로몬의 지혜를 듣기 위해 '땅끝'에서 찾아왔다. '땅끝'(시 2:8; 46:10; 59:14; 65:6)은 사도행전 1:8의 '땅끝'과 자연스럽게 연결된다(사 49:6). 땅끝에서 시온을 향해 오는 구약의 구심력 선교가 예수의 오심으로 인해 땅끝으로 확장되는 원심력 운동으로 바뀐다. 솔로몬보다 더 큰 이가 청중이 보는 데서 활동하고 말씀을 전하는데도 불구하고 악한 세대는 그의 사역을 바알세불의 일로 폄훼한다. 심판의 때에 여왕은 예수의 정체를 배척한 악한 세대의 무지와 죄를 드러내고 고발할 것이다. 니느웨 사람들이 회개하지 않은 이 세대를 정죄할 것이다(32절).

등불과 눈(11:33-36)

33 "누구든지 등불을 켜고 그것을 암실이나 바구니에 아래 놓지
않고 등잔 위에 놓습니다. 그래야 들어오는 사람들이 빛을 볼 수
있습니다. 34 당신의 눈은 당신 몸의 등불입니다. 당신의 눈이
건강하면 당신 몸 전체가 밝아집니다. 당신 눈이 악하면 당신 몸은
어두워집니다. 35 그러므로 당신 안에 있는 빛이 어둡지 않도록
주의하십시오. 36 당신의 몸 전체가 밝고 어두운 부분이 없으면
등불이 당신을 비출 때처럼 당신 몸 전체가 밝아질 것입니다."

표적을 구하는 악한 세대는 건강한 눈과 등불과 대조된다(33-36절). 등불을 저장고나 말 아래에 두려고 켜는 사람은 없다(33절). 등불은 등경 위에서 방 전체를 밝힌다. 그래야 들어가는 사람이 방을 볼 수 있다. 눈은 몸의 등불이다. 등불처럼 눈이 제 기능을 해야 한다. 예수와 그의 말씀을 받아들이지 않는 눈은 악한 상태다. 헬라어 하플루스(ἁπλοῦς 성한—개역개정)는 '단순한', '초점을 맞추는' 등과 같이 눈의 건강이 좋은 상태를 말한다. 시야를 다른 곳으로 분산하지 않고 한 곳으로 맞춰 사물을 정확히 볼 수 있어야 건강한 눈이다. 한 방향을 향하는 '하플루스'는 신앙과 윤리 영역에서는 '순전함'을 의미하고(제1계명), '관대한' 또는 '후한'이라는 뜻으로도 사용된다(약 4:8). 순전한 마음은 두 마음을 품지 않고 하나님께 충성하는 마음이다(신 6:4-5). 이 마음은 궁핍한 자를 향한 긍휼로 표현된다. 이 용어는 34절에서 눈의 바른 기능에 초점을 맞춘다. 반면 눈이 '나쁜'(πονηρός 포네로스) 상태이면 빛이 눈으로 들어오지 않으므로 몸이 어두워진다. 예수는 신체의 건강을 가리키는 '성한'의 반대어로 윤리적으로 좋지 않은 상태를 뜻하는 '악한'(포네로스)을 사용한다. 예수와 그의 메시지가 빛이고 예수가 보여주고 들려주신 하나님 나라의 복음도 빛이다. 좋은 눈은 예수의 기적과 말씀에 나타난 하나님 나라 복음을 빛으로 받아들인다. 반면 나쁜 눈은 욕망을 채우기 위해 표적을 구한다. 이런 마음으로는 예수가 가지고 오신 하나님

나라의 복음을 깨달을 수 없다.

등불이 건물 안과 사물을 비추는 것처럼 눈은 외부 세계를 볼 수 있게 하고 안전하게 걷도록 돕는다. 하지만 예수는 등불과 눈의 기능을 몸의 '안쪽'을 비추는 것으로 적용한다. 빛이 등불(눈)을 통해, 즉 예수의 사역과 하나님의 말씀에 대한 좋은 태도를 통해 몸에 들어와 빛을 채운다. 눈의 상태에 따라 빛이 들어오고 들어오지 않는 것이 결정된다. 건강한 눈으로 빛이 들어오면 몸이 밝아지고 들어오지 못하면 몸이 어두워진다. 예수에 대한 반응에 따라 하나님의 통치로 빛과 같은 인생이 되거나 어두운 인생이 된다. 그러므로 '당신 안에 있는 빛이 어둡지 않도록' 점검해야 한다(35절). 이는 '신중하게 들어야 한다'(8:18)는 교훈과 같은 의미다. 온몸이 밝고 어두운 곳이 없다면 등불이 몸을 비춘 것과 같이 밝은 상태다(36절). 즉 영적으로 건강한 상태다. 빛으로 밝아진 몸은 하나님의 말씀을 지키고 순종하는 사람이다(28절). 밝게 빛나는 사람은 다른 사람들을 밝은 길로 인도하는 빛의 역할을 하게 된다.

바리새인들과 율법전문가들의 문제(11:37-54)

37 예수께서 말씀하고 계실 때 어떤 바리새인이 함께 식사를 하자고
예수를 초대했다. 예수께서 들어가 앉으셨다. 38 바리새인은
예수께서 식사 전에 씻지 않는 것을 보고 놀랐다. 39 주께서 그에게
말씀하셨다. "바리새인 여러분은 잔과 접시의 바깥을 깨끗이 하지만
여러분의 안쪽은 탐욕과 악으로 채워져 있습니다. 40 어리석은
자들이여, 바깥을 만든 자가 안쪽도 만들지 않으셨던가요?
41 안쪽에 있는 것들을 자선을 위해 사용하십시오. 그러면 모든 것이
여러분을 위해 깨끗할 것입니다."

바리새인들을 비판하는 예수(37-41절). 등불의 비유(33-36절)는 자연스럽게 바리새인들과 율법전문가들의 문제로 이어진다(37-54절). 예수의

말씀에 귀를 기울이지 않고 그를 비방하는 이들은 빛이 아니라 어둠으로 채워진 자들이다. 바리새인들은 종교적 예법에 치중했으나 이들의 눈은 하나님의 목적과 뜻을 파악하는 기능을 못하기 때문에 욕망과 악으로 채워지고 말았다.

예수가 말씀하고 있을 때 한 바리새인이 점심식사에 예수를 초대한다(37절). 지금까지 등장했던 바리새인들과 달리 그는 예수에게 호의적이다. 그런데 바리새인은 예수가 손을 씻지 않고 식사를 위해 앉는 모습을 보고 놀란다(38절). 식사 전 손을 씻는 정결 예식은 구약 율법에 근거한 것이 아니다. 율법은 유출병과 관련해 손을 씻도록 규정했다(레 15:11). 그러나 이스라엘 백성은 포로기를 겪으면서 일상에 제의적 정결을 적용했다. 바리새인들은 손 씻기와 같은 정결 예식을 기준으로 유대인들 사이를 구분하고 유대인과 이방인을 구분했다. 부정과 정결의 구분에 따라 사회 질서를 유지하던 유대인들에게 손 씻기와 같은 정결 예식은 공동체의 정체성을 지키는 데 있어 필수요소였다. 초대자는 손님이 식사예절을 지키지 않은 것을 언짢게 생각한다. 정결예법을 준수하지 않는 것은 손님과 집안 전체를 부정하게 만들고 만찬을 망치는 요인이다. 초대자는 예수가 손을 씻지 않은 것이 다른 손님들을 불편하게 만들고 자신의 명예를 실추시킨다고 생각했을 것이다. 무엇보다 백성들을 가르치는 예수가 기본적인 예법을 준수하지 않는 모습에 놀란다.

예수는 바리새인의 생각과 반응을 알고서 '너희 바리새인들'이라고 부르며 바리새인 전체의 문제를 지적하신다(39절). 바리새인들은 잔과 대접의 겉은 깨끗이 하나 속에는 탐욕과 악독이 가득하다. '악한 것들'(πονηρία 포네리아)은 앞 단락의 '악한 세대'(γενεὰ πονηρά 게네아 포네라)와 '악한(πονηρός 포네로스) 눈'을 떠올리는 표현이다(11:29, 34). '악한 것들로 가득하다'는 표현은 눈이 나쁘면 몸이 어둡게 된다는 내용과 비슷하다(34절). 악한 세대와 악한 눈은 하나님의 말씀을 향한 좋지 못한 태도를 지적하는 말이다. 눈앞에 펼쳐지는 하나님의 일을 인정하지 않고 하나님의 말씀에 순종하지 않는 태도를 취하는 사람들은 악한 눈을 가진 악한 세대이다. 바리새인들은 그릇을 씻는 것과 같은 제의적 정결을 핵심 가치로 여겼으나(참고. 레 11:32-33; 15:12) 본질적인 가치와 우선권이 어디에 있는지 알지 못했다. 무엇보다 바리새인들은 정결 예법을 생명처럼 여기면서 실제로는 탐욕과 악독으로 채워져 있다. '탐욕'은 다른 사람들의 소유를 탐하고 취하는 욕심이다. '악한 것들'은 악한 세대에 속하고 악한 눈을 가진 자들을 떠올리는 표현으로 하나님의 말씀에 순종하지 못하게 막는다(29, 34절). 정결 예식으로는 악함을 덮을 수 없다(40절). 실제를 겉모습으로 치장할 수 있다고 생각하는 태도는 어리석다. 이런 바리새인들에게는 희망이 없는가? 예수를 초대한 바리새인에게는 기회가 있는가? 궁핍한 자들을 구제하는 것이 내면의 더러움을 해결할 수 있는 길이다. 남몰래 숨겨둔 소유를 구제에 사용해야 깨끗하게 될 수 있다(41절). 구제는 탐욕과 악의 반대이고 하나님이 원하시는 공의이며 깨끗한 삶이다. 하나님을 위한 정결한 신앙은 이웃을 위한 긍휼로 나타나야 한다. 정결한 신앙은 하나님의 말씀과 뜻에 순종하는 것이고, 하나님의 뜻은 궁핍한 자들과 갇힌 자들을 회복하는 것이다(4:18-19).

42 "바리새인들에게 화가 있습니다! 여러분은 박하와 운향과
모든 채소의 십일조를 내지만 공의와 하나님의 사랑은 외면합니다.
이런 것들도 외면하지 말고 저런 것들도 행해야 합니다.
43 바리새인들에게 화가 있습니다! 여러분은 회당에서 명예의
자리에 앉는 것과 시장에서 인사받는 것을 사랑합니다.
44 여러분에게 화가 있습니다! 여러분은 표시 없는 무덤들과 같아서
그 위를 걷는 사람들이 그것을 알지 못하기 때문입니다."

바리새인들의 세 가지 화(42-44절). 예수는 세 번에 걸쳐 바리새인들에게 화가 있다고 선언한다(42-44절). 첫 번째와 두 번째 화는 바리새인들의 윤리적 문제를 지적하고 세 번째 화는 그들의 악한 영향력을 드러낸다. 첫째, 바리새인들은 박하와 운향과 모든 채소의 십일조를 드리지

만, 공의와 하나님에 대한 사랑을 잃어버렸다(42절). 이스라엘 백성에게 토지 생산물의 십일조는 의무였다(신 14:22). 십일조는 예배를 섬기는 사람들과 사회적 취약 계층(외국인, 고아, 과부)을 위한 용도였다(신 14:28-29). 바리새인들은 모든 채소의 십일조를 바치지만, 하나님의 공의와 사랑을 실천하지 않는다(참고. 미 6:8). 십일조의 본질과 용도를 망각한 채 종교 행위를 하는 것이다. 여기서 예수가 십일조를 반대하는 것이 아니다. 예수는 가난한 자들을 위해 부를 사용하지 않는 문제를 지적한다. 하나님 사랑과 이웃 사랑이 십일조 규례보다 본질적이고 중요하다. 중요하고 본질적인 것에 우선권을 둘 때 십일조가 의미 있다. 하나님의 뜻은 하나님이 정하신 십일조의 규범도 행하며 이웃을 향한 하나님의 사랑도 실천하는 것이다.

둘째, 바리새인들은 회당의 높은 자리와 시장에서 문안받는 것을 기뻐한다(43절). 바리새인들은 대중의 인정과 인기를 즐겼다. 더 많은 인기와 더 높은 지위를 누리기 위해 종교 시설인 회당과 사람들이 많이 모이는 시장을 들락거렸다. 하나님에게 집중해야 하는 자들이 철저히 사람들의 시선에 집중했다. 신앙을 사회적 지위와 명예를 충족시키는 도구로 이용한 것이다.

셋째, 바리새인들은 표시가 없는 무덤과 같아서 무덤 위를 밟은 사람이 부정한 무덤 위에 있다는 사실을 알지 못하는 것과 같다(44절). 세 번째 화는 바리새인들의 생활이 사회를 오염시키는 현실을 강조한다. 바리새인들은 품격 있게 겉을 단장했지만 죽은 자들의 뼈가 보관된 무덤과 같다. 바위를 파서 만든 무덤과 그 주변은 시체 때문에 부정하게 된다(민 19:11-22; 레 21:1-11).[13] 무덤에 표시가 없으면 지나가는 사람들이 무덤에 접촉해 부정하게 된다. 이것을 막기 위해 유대인들은 무덤을 식별할 수 있도록 매년 봄에 무덤을 희게 색칠을 했다. 이는 지형을 잘 알지 못하는 사람들이 몰려드는 유월절과 같은 절기를 앞두고 실행한 작업이었다(참고. 마 23:27-28).[14] 헬라어 아델로스(ἄδηλος 평토장한—개역개정)는 '보이지 않는', '식별하기 힘든'이라는 뜻이다(참고. 고전 14:8).[15] 바리새인들은 속이 부패한 무덤과 같은데도 불구하고 부정하다는 표시가 없기 때문에 사람들은 바리새인들을 찾아와서 하나님의 뜻을 배우고 그들의 삶을 따라 하고자 노력한다. 바리새인들을 만남으로 자신들이 부정하게 된다고 생각하는 사람은 없었을 것이다. 그러나 바리새인들은 사람들을 오염시킨다. 52절과 연결해보면 바리새인들의 가르침을 배우는 사람은 오염된 신앙과 지식을 습득하고 인생을 망치게 된다.

> 45 율법전문가들 중 한 명이 예수께 물었다. "선생님, 이런 것을
> 말씀하시면 우리를 모욕하는 것입니다." 46 예수께서 말씀하셨다.
> "율법전문가 여러분에게도 화가 있습니다. 여러분은 사람들에게
> 견디기 힘든 짐을 지우면서 손가락 하나를 짐에 대는 것조차
> 거부하기 때문입니다. 47 여러분에게 화가 있습니다. 여러분의
> 조상들이 죽인 선지자들의 무덤을 세우기 때문입니다. 48 그러므로
> 여러분은 조상들이 행한 행위를 증언하고 동의하고 있습니다.
> 여러분의 조상들은 선지자들을 죽였고 여러분은 그들의 무덤들을
> 세우기 때문입니다 49 이 때문에 하나님의 지혜도 말했습니다. '내가
> 그들에게 선지자들과 사도들을 보낼 것이며, 그들이 선지자들과
> 사도들 중 얼마를 죽이고 핍박할 것입니다. 50 그래서 이 세대는
> 세상이 세워진 이래로 모든 선지자들의 피에 대한 책임을 져야
> 할 것입니다. 51 아벨의 피에서부터 제단과 성소 사이에서 죽은
> 스가랴의 피까지입니다.' 그렇습니다. 나는 당신들에게 말합니다.
> 이 세대는 그들의 피에 책임을 져야 할 것입니다. 52 율법전문가
> 여러분에게 화가 있습니다. 여러분은 지식의 열쇠를 가져가서는
> 여러분도 들어가지 않고 들어가는 사람들도 막았기 때문입니다."
> 53 예수께서 밖으로 나가자 서기관들과 바리새인들이 격하게
> 몰아붙이며 많은 것을 따져 물었고 54 음모를 꾸미면서 예수의
> 입에서 나오는 말로 그를 잡고자 했다.

율법전문가들의 문제(45-54절). 예수의 신랄한 비판을 듣던 율법교사 한 명이 예수에게 그런 비판은 자신들을 모욕하는 것이라고 말한다(45절).

바리새인들에 대한 지적이 율법전문가들에게도 적용되기 때문이다. 이들은 율법을 연구하고 가르치는 학자들과 교사들이었다. 율법교사는 예수의 건방진 태도가 자신들을 모욕한 것이라고 지적한다. 이들은 예수가 사회의 근간인 정결과 부정의 기준을 뒤흔들고, 오히려 기준을 지키고 가르치기 위해 헌신하는 자신들을 폄훼하는 것으로 생각했다. 율법교사의 항의를 받은 예수는 율법교사들에게 임할 화를 세 가지로 선언한다(46-52절).

첫째, 율법전문가들은 지기 어려운 짐을 다른 사람들에게는 지우면서 자신들은 손가락 하나 짐을 지는 데 대지 않는다(46절). 그들은 정결과 부정의 규례를 세밀하게 설정함으로써 백성의 생활에 깊이 관여하며 엄청난 짐을 지웠다. 손가락은 신체에서 가장 움직이기 쉬운 부위인데도 불구하고 그들은 무거운 규례를 지키려고 애쓰는 백성을 전혀 도와주지 않았다.

둘째, 율법전문가들은 선지자들의 무덤을 만든다(47절). 율법전문가들의 조상들은 선지자들을 죽인 자들이다. 그들의 조상들은 선지자들을 죽였고 율법전문가들은 조상들의 증인이 되어 조상들의 행위를 옳게 여긴다(48절). 하나님의 지혜, 곧 성경은 말한다(49절). 하나님의 보냄을 받은 선지자와 사도들이 죽고 박해를 받는다. 예수뿐 아니라 성경 전체가 구원 역사를 박해의 역사로 규정한다. 하나님이 보내신 종들은 자기 백성에게 핍박받았다. 예수 당시의 이 세대 역시 하나님이 보내신 전령들을 배척하고 제거했다. 하나님의 목적과 뜻을 거부하기 때문에 하나님이 보내신 종들을 거부한 것이다. 이 세대는 창세 이후 모든 선지자들이 흘린 피의 책임을 지게 될 것이다(50절). 아벨의 피부터 제단과 성전 사이에서 죽은 사가랴의 피에 대한 책임이 이 세대에 돌아갈 것이다(51절).[16]

셋째, 율법교사들은 지식의 열쇠를 갖고서 자신들도 들어가지 않고 들어가려는 사람들도 가로막는다(52절). 지식의 건물에 들어가 지식을 얻기 위해서는 열쇠가 있어야 한다. 열쇠로 문을 열어주는 권한이 율법교사들에게 있다. 여기서 '지식'(γνῶσις 그노시스)은 건물을 가리키며 건물에 들어가는 것은 지식을 습득하는 것을 의미한다.[17] 본문의 지식은 회개, 하나님의 계획, 하나님의 뜻에 대한 지식일 수 있다.[18] 1:77은 '구원의 지식'('구원을 알게—개역개정)으로 표현한다. 그러나 율법전문가들은 하나님의 목적과 구원에 대한 지식을 알지도 못했고 그런 지식을 얻도록 도와주지도 않았다. 율법에 대한 독점적 지식을 근거로 수많은 규례를 만들고 강요하나 예수 그리스도를 통한 하나님의 구원 계획과 지식을 몰랐으며, 사람들에게 알려주지도 못했다. 이들은 성경이 필수적으로 요구하는 것보다, 모호하고 본질이 아닌 사항을 구체화해 목숨처럼 강요했다. 비본질적인 것을 강화할수록 그들의 기득권은 강화되고 전문가로서 지위는 높아졌다. 예수가 바리새인의 집에서 나오자 서기관들과 바리새인들이 예수에게 거세게 달려들어 여러 가지 질문을 던지며 항의했다(53절). 이는 예수의 말에서 꼬투리를 잡기 위함이었다(54절). 서기관들과 바리새인들은 극도로 적대적인 태도로 예수를 공격한다.

질문

1. 사람들은 예수님이 귀신을 쫓아낸 사건을 어떻게 이해합니까(11:14-16)? 예수님은 하나님 나라가 시작되고 확장되는 것을 어떤 그림으로 설명합니까(11:17-26)?
2. 예수님의 활동에 대해 당시 사람들은 어떻게 반응했습니까(11:27-36)? 예수님의 말씀에 귀를 기울이고 말씀에 순종하는 사람의 인생은 어떻게 될까요? 요나의 표적과 등불의 비유를 통해 생각해 보십시오.
3. 예수님은 예수의 활동에 부정적인 바리새인들과 율법전문가들의 문제가 무엇이라고 규정하십니까(11:37-54)? 예수님의 제자들이 이들의 문제와 운명을 피할 수 있는 방법은 무엇일까요?

묵상

예수님은 등불의 비유로 마음의 빛이 어둡지는 않은지 점검하도록 도전하십니다. 제자는 스스로 빛을 만들어 낼 수 없습니다. 빛이 밖에서 안으로 들어와야만 몸이 빛으로 채워집니다. 빛이 들어오지 않으면 몸은 어둡게 됩니다. 욕망과 이기심과 무관심으로 채워진 마음은 예수의 말씀에 귀를 닫고 예수의 시선에 눈을 감아버리게 만들기 쉽습니다. 이기적이고 냉정하고 염려 가운데 살게 됩니다. 이런 사람들이 살아가는 세상이 바로 29절의 악한 세대입니다. 바리새인들과 율법전문가들처럼 교리에 충실하다고 해도 빛은 생산되지 않습니다. 욕망과 염려뿐 아니라 영적인 무관심이나 긴장하지 않는 태도 역시 눈을 감게 만드는 요소입니다. 적극적으로 눈을 열지 않는 사람이 빛으로 채워질 수는 없습니다. 열린 눈에 들어온 빛은 제자의 인생을 채우고, 다시 다른 사람들을 비추는 빛의 인생이 되게 합니다. 그러므로 제자는 자신이 표적을 구하는 욕망으로 채워진 것은 아닌지, 예수의 말씀으로 빛나고 있는지 늘 점검해야 합니다.

18
두려워하지도 염려하지도 말라

12:1-34

누가복음 12:1-34은 '두려워하지 말라', '염려하지 말라'는 교훈을 중심으로 구성된다. 예수는 하나님이 누구시고 인생의 가치가 무엇이고 제자들의 신분이 무엇인지 강조함으로써 두려워하지도 염려하지도 않도록 제자들을 가르친다.

사람이 아니라 하나님을 두려워하라(12:1-8)

1 수만 명의 무리가 서로 밟힐 정도로 모였을 때 예수께서는 그의
제자들에게 먼저[1] 말씀하기 시작하셨다. "바리새인들의 누룩,
즉 위선을 조심해라. 2 감춰진 것은 드러날 것이고 비밀은 알려질
것이다.[2] 3 그러므로 너희가 골방에서 말한 것마다 밝은 데서 들릴
것이며, 골방에서 너희가 수군거린 것이 지붕에서 전파될 것이다."

서로 밟힐 정도로 수많은 무리가 예수에게 몰려왔다(1절). 무리가 몰려들었으나 예수의 관심은 제자들에게 있다. 다만 제자들을 가르치는 과

정을 무리가 엿들을 수 있도록 한다. 예수는 제자들에게 바리새인들의 누룩을 주의하도록 경고한다. 누룩을 위선의 비유어로 사용한다.[3] 누룩은 눈에 보이지 않지만, 반죽을 부풀어 오르게 할 만큼 강한 침투력을 지니고 있다. 바리새인들의 잘못된 태도는 누룩처럼 은밀하고 급속하게 공동체에 영향을 미친다. 이는 표시 없는 무덤의 비유와 비슷한 의미다(11:44). 내면이 부패한 바리새인들은 실제 모습을 숨긴 채 공동체를 나쁘게 전염시킨다. 그러나 누룩의 존재와 활동 여부가 겉으로 드러날 수밖에 없듯이 바리새인들의 위선도 알려질 수밖에 없다(2절). 4-11절이 제자들에게 다가올 핍박을 다루는 가르침이라면, 1-3절은 제자들이 핍박받는 상황에서 취해야 할 태도에 대한 예수의 가르침이라고 할 수 있다. 특히 8-11절은 제자들이 핍박 중에 인자를 시인할 것을 강조하기 때문에 제자들은 말과 관련된 위선을 주의해야 한다. 그래서 예수는 제자들에게 아무도 없는 곳에서 말한 것이 밝은 데서 들리고, 골방에서 귓속말로 나눈 대화도 지붕 위에서 모두가 알아듣도록 퍼질 것이라고 경고한다(3절). '골방'(ταμεῖον 타메이온) 또는 '내실'은 집에서 가장 깊숙이 있는 방을 가리킨다. 보화를 숨겨 두거나 귀한 손님과 친밀하게 교제하기 위해 마련된 비밀 공간이다(신 28:8; 잠 3:10; 24:4; 시 143 등). 3절에서 예수는 제자들을 지칭하는 '너희'를 사용하고 있으므로 이 말씀은 바리새인들이 아니라 제자들을 위한 교훈이다. 제자들은 복음을 전파하는 사명을 받았다. 제자들은 위협에도 불구하고 믿고 있는 진리를 전해야 한다. 복음인 줄 알면서 공개적으로 드러내지 못하는 태도는 위선이다. 이런 점에서 제자의 핵심적인 특성은 진실성이다. 하나님이 모든 것을 드러내실 때가 온다고 생각하면 진실하게 대처할 수 있다.

4 "나의 친구들이여, 나는 너희에게 말한다. 너희는 몸을 죽이고
그 후에는 더한 것을 실행하지 못하는 자들을 두려워하지 말라.
5 두려워해야 할 분을 너희에게 보여주겠다. 죽인 후에 지옥에
던질 권위를 지닌 분을 두려워해라. 너희에게 진정으로 말한다.

그분을 두려워하라. 6 참새 다섯 마리가 두 앗사리온에 팔리지
않느냐? 그러나 그것들 중 하나도 하나님은 잊지 않으신다. 7 심지어
너희 머리카락 수도 모두 세신다. 두려워하지 말라. 너희는 많은
참새들보다 더 소중하기 때문이다."

예수는 바리새인들의 위선을 배우지 않도록 경고하고 나서 핍박하는 자들을 두려워하지 않도록 권면한다(4-7절). 예수는 제자들을 '나의 친구들'로 표현한다(4절).[4] 친구는 믿고 비밀을 나눌 수 있는 관계다. 제자들은 예수의 길을 공유하는 친구이다. 예수는 제자들의 친구로서 몸만 죽일 수 있는 자들을 두려워하지 말아야 한다고 권면한다. 예수는 죽음 이후 내세가 있음을 전제한다. 몸만 죽이는 자들은 죽음 이후에 권한이 없다. 제자들이 참으로 두려워해야 할 분은 죽음 이후에 지옥에 던져 넣을 수 있는 하나님이다(5절). 지옥(게엔나)은 하나님을 믿지 않는 자들이 최후심판을 받고 던져질 장소다. 5절의 헬라어 문장은 하나님을 '두려워하라'(φοβήθητε 포베떼테)로 시작하고 끝난다. 목숨을 위협받는 핍박은 매우 두려운 일이다. 그러나 하나님은 핍박보다 강한 분이시다. 사람의 위협이 두려워 항복한다면 더 무서운 분의 재판을 받게 될 것이다.

하나님의 성품과 자신들의 신분을 명확하게 알고 있을 때 두려워하지 않을 수 있다(6-7절). 예수는 하나님의 성품을 묘사하기 위해 작은 것에서 큰 것으로의 논법을 활용한다. 당시 참새 다섯 마리는 두 앗사리온(ἀσσάριον)에 팔렸다. 로마의 동전인 앗사리온은 데나리온(하루치 품값)의 16분의 1 가치였다. 작은 참새를 기억하시는 하나님이 참새보다 훨씬 귀한 제자들을 어떻게 대하시겠는가? 한 명도 예외 없이 기억하신다. 하나님은 제자들의 머리카락 수도 알고 계신다. 그만큼 제자들의 가장 작은 부분까지도 지켜보고 개입하신다. 인간의 시선에는 보이지 않을지라도 말이다. 그러므로 제자들은 하나님의 시선이 언제나 자신에게 머물고 있음을 의식함으로써 사람보다 하나님을 두려워해야 한다. 비극적인 현실 가운데 돌봄의 손길이 머물고 있음을 신뢰해야 한

다. 이처럼 예수는 제자들이 어려움을 겪지 않을 것이라고 말씀하시지 않고, 어려움 가운데 섬세하게 돌보시고 개입하시는 하나님을 강조한다. 하나님은 예수가 전적으로 신뢰하는 대상이다.

배경설명 – 지옥

'지옥'으로 번역되는 헬라어 '게엔나'(γέεννα)는 히브리어 '게힌놈'을 가리키는 단어다. '게힌놈'은 예루살렘 남쪽과 남서쪽에 걸쳐 있었던 깊은 골짜기를 가리킨 지명이었으며, '힌놈의 골짜기'(수 15:8; 18:16; 느 11:30), '힌놈의 아들의 골짜기'(수 15:8; 18:16), '힌놈의 아들들의 골짜기'(왕하 23:10)의 축약어다. 바벨론 포로 전에 이곳은 우상숭배의 장소로(특히 유다 왕들인 아하스와 므낫세의 치하에서) 사용됐다. 자식을 몰렉에게 바치는 비극도 일어났다(왕하 16:3; 21:6; 대하 28:3; 33:6; 렘 19:6; 32:35). 요시야의 개혁 이후 힌놈의 골짜기는 동물 사체나 범죄자의 시체와 같이 온갖 부정한 것들을 버리는 스산한 곳으로 알려졌으며 무언가를 태우는 불이 꺼지지 않는 곳이었다(참조. 사 66:24; 막 9:43–48). 이곳은 하나님의 심판이 집행될 곳으로도 알려졌다(렘 7:30–33; 19:1–13; 32:34–35; 참조. 사 31:9; 66:24). 선지자들은 힌놈의 골짜기를 하나님이 미래에 심판을 집행할 장소로 사용했다. 공관복음에 사용되는 게엔나는 최후심판 이후 악인들이 던져질 형벌의 장소(지옥)였고, 청중은 이 지명을 잘 알고 있었다.

무엇을 말할지 염려하지 말라(12:8-12)

8 "나는 너희에게 말한다. 사람들 앞에서 나를 시인하는 자마다
인자도 하나님의 천사들 앞에서 시인할 것이다. 9 사람들 앞에서
나를 부정하는 자는 하나님의 천사들 앞에서 부정될 것이다.
10 인자를 대적하는 말을 하는 자마다 용서받을 수 있으나 성령을
모독하는 자는 용서받을 수 없을 것이다. 11 그들이 너희를 회당과
통치자들과 권위자들 앞에 끌고 갈 때 너희가 어떻게 또는 무엇을
변호해야 할 것인지 또는 너희가 무엇을 말해야 할 것인지 염려하지

말라. 12 왜냐하면 성령님이 그 순간에 너희가 무엇을 말해야 할 것인지 가르치실 것이기 때문이다."

핍박받는 상황에서 사람이 아니라 하나님을 두려워하도록 가르친 예수는 무엇을 말해야 할지 염려하지 않도록 하늘법정에서 벌어질 장면을 근거로 가르치신다(8-12절). 8-10절은 하늘법정과 땅의 법정을 대조한다. 누구든지 사람들 앞에서 인자를 시인하면 인자이신 예수님도 하나님의 천사들 앞에서 그 사람을 시인할 것이다(8절). 반대로 사람들 앞에서 인자를 부인하는 자는 하나님의 천사들 앞에서 부인될 것이다(9절). 8-9절은 전형적인 하늘법정 또는 천상회의를 배경으로 삼는다. '시인하다'(ὁμολογέω 호몰로게오)와 '부인하다'(ἀπαρνέομαι 아파르네오마이)는 법정 용어다. '사람들 앞에서'는 지상의 법정에서 심문받는 장면을 암시하는 반면, '하나님의 천사들 앞에서'는 하늘법정 천사들 앞에서 재판받는 장면을 묘사한다. 하나님은 천사들에게 판결을 지시하고 집행을 명령하는 재판장이시다. 재판은 종말에 열리고 집행될 것이다. 그리고 예수는 하늘의 재판정에서 고난 중에 신앙을 고백한 자를 변호하고 고백하지 않은 자를 변호하지 않을 것이다. 당장은 사람들 앞에서 예수를 시인하면 심한 고통을 겪을 수 있고 예수를 부인하면 고난을 피할 수도 있다. 그러나 이것으로 끝나지 않는다. 현재 기회주의적으로 행동한 것은 반드시 종말에 평가를 받는다. 그러므로 제자들은 종말의 시각에서 현재를 볼 수 있어야 한다. 무엇보다 핍박과 같은 암울한 현실에 놓일 때일수록 시선을 미래로 돌려야 한다. 사도행전에서 누가는 핍박을 견딘 스데반이 하늘법정에 서 계시는 예수를 본 모습을 묘사할 것이다(행 7:55-56).

그렇다면 한 번이라도 인자를 부정한 자에게는 기회가 없는 것인가? 누구든지 말로 인자를 거역해도 용서받을 수 있다. 시몬 베드로가 대표적인 예다. 그는 세 번이나 예수를 부인하고도 제자들을 굳게 세우는 사명을 수행한다(22:54-62). 그러나 성령을 모독하는 행위는 용서받을 수 없다. 성령 모독은 예수를 통해 일어나는 하나님 나라를 부정하고 사탄의 일로 규정하는 것이다. 성령을 통한 하나님의 구원 행위 자체를 부정하는 것이다. 이런 사람은 지속적으로 예수의 사역을 무시하고 거부한다. 이는 배교와 같아서 구원의 길로 돌이킬 수 없으므로 용서받지 못한다.[5] 성령을 언급하신 예수는 제자들과 성령의 관계를 이어간다(11-12절). 예수는 다가올 핍박을 구체적으로 예고한다. 제자들이 핍박을 받게 될 장소(회당)와 주체(위정자들과 권세 있는 자들)를 언급한다. 그들은 유대 지역뿐 아니라 이방 세계에서도 핍박을 받을 것이다. 본문의 제자들뿐 아니라 앞으로 예수를 따르게 될 모든 제자들은 적대적인 질문에 대답해야 하는 상황에 놓일 것이다. 그때 어떻게 대답할 것인지 염려하지 말아야 한다. 성령께서 필요한 말을 가르쳐 주실 것이기 때문이다. 이 말씀은 6-7절의 약속이 실현될 것을 예고한다. 예수를 따르면 고난을 받게 되지만 고난은 하나님의 기억에서 사라졌다는 증거가 아니다. 제자들이 어려움에 처하는 것은 지극히 당연한 일이고, 하나님은 어려움에 처한 제자들을 성령을 통해 보호하시고 대처하도록 도와주신다.

생명의 가치와 소유의 관계(12:13-21)

13 그때 무리 가운데서 누군가 예수께 말했다. "선생님, 저의 형제에게 유산을 저와 나누라고 가르쳐 주십시오." 14 예수께서는 그에게 말씀하셨다. "여보시오. 누가 나를 두 사람 사이의 재판관이나 중재자로 세웠단 말이오?" 15 예수께서 그들에게 말씀하셨다. "모든 탐심을 조심하고 주의하십시오. 사람의 생명이[6] 소유의 풍부함에 달려 있지 않기 때문입니다."

핍박과 배척에 의한 두려움의 주제는 돈의 주제로 이동한다(13-21절). 예수는 질문자와 무리를 보고 말하고 있으나 제자들을 염두하고 있다(참고. 22절). 예수가 무리를 가르치시는 중에 어떤 사람이 예수에게 유산 문제 해결을 요청했다(13절). 이 사람은 형제와 재산 분쟁 중에 있다.

형제의 재산 분쟁은 아버지가 죽었다는 것을 내포한다. 율법에 따르면 형은 유산의 3분의 2를, 동생은 3분의 1을 받는다(신 21:17). 아마 불만을 제기하는 점에서 동생일 가능성이 높다. 동생은 형이 정당하게 재산을 분배하지 않기 때문에 누군가 정당한 판결을 내려주길 바란다. 형보다 상대적으로 낮은 위치에 있는 동생이 분깃을 확보하려면 권위 있는 사람의 도움이 필요하다. 13절의 '분배하다'는 문자적으로 '중재하다'(μερίζω 메리조)이고 명사는 '중재자'(μεριστής 메리스테스–14절)이다. 당시 랍비들은 이런 문제를 해결할 수 있는 권위를 가지고 있었으므로 그는 예수를 '선생님'으로 부른다(참고. 출 2:11-15).[7] 그러나 예수는 중재자 되기를 거부하면서 그가 중재를 요청한 동기를 탐심으로 규정한다. 예수가 보기에 이 사람은 탐심에 근거해 자신에게 유리한 중재를 요구하러 왔다. 엄밀히 말해 그가 요구하는 재산은 부모의 것이다. 탐심은 더 가지기 위해 싸움을 촉발한다. 이런 문제는 당시의 랍비들이 맡아야 하는 일이다.[8] 탐심에 의한 형제의 분쟁을 중재하는 것은 그리스도의 일이 아니다. 예루살렘을 향하는 예수는 치유와 가르침을 통해 긴급하게 하나님 나라의 복음을 전파해야 한다.[9] 귀신을 쫓아내고 죄를 용서해야 한다. 그러나 이 사람은 영적인 눈을 뜨지 못해 예수가 무엇을 위해 예루살렘을 향하고 있는지 알지 못한다. 그의 생명을 구원하러 온 그리스도를 탐심을 정당화하고 재산 문제를 해결하는 자로 생각한다. 예수는 대답을 통해 사람들이 예수에게 무엇을 요구해야 하는지, 예수가 무엇을 해결하는 분인지 알린다. 탐심을 버리지 않는 한 형제간의 분쟁은 해결될 수 없다. 형제간의 분쟁은 생명의 가치가 소유에 달려 있다는 생각에서 비롯된다. 그래서 예수는 전체 무리에게 돈에 관한 교훈을 가르치신다.

예수는 물질로 생명을 만족시키는 시도를 하지 않도록 '주의하라'고 경고한다.[10] 생명(ζωή 조에)의 가치는 소유로 평가되지 않는다. 탐심의 배후에는 불안이 존재하고, 불안은 다른 사람들보다 많이 소유해야 한다는 잘못된 확신을 심어준다. 지금 예수의 초점은 제자들을 훈육하는 데 있으므로 예수는 제자들이 세상의 관점으로 재물에 대한 태도를 취하지 않도록 가르친다. 예수가 전하는 이상적인 관점은 제자들이 자신의 몫을 두고 다투는 것이 아니라 유업을 다른 이들과 나누는 것이다.[11] 다른 이들과 나누는 일은 분쟁을 일으키지 않고, 소유로 생명의 가치를 평가하지도 않는다.

> 16 예수께서 그들에게 비유를 하나 말씀하셨다. "어떤 부자의 땅에서
> 많은 소출이 났습니다. 17 부자는 스스로 말했습니다. '내 곡식을
> 쌓을 공간이 없으니 내가 무엇을 해야 할까?' 18 부자는 말했습니다.
> '이렇게 해야 하겠다. 창고를 부수어 더 큰 창고들을 짓고 거기다 내
> 곡식과 내 물건을 쌓을 것이다. 19 나는 내 영혼에게[12] 말할 것이다.
> '너는 많은 해 동안 많은 물건을 저장해 두었다. 쉬고 먹고 마시고
> 즐겨라.' 20 그러나 하나님께서 그에게 말씀하셨습니다. '어리석은
> 자여! 이 밤에 내가 네 목숨을[13] 요구할 것이다. 네 목숨을 요구받게
> 될 오늘 밤에 네가 너를 위해 준비한 것을 누가 차지하겠느냐?'
> 21 이처럼 그는 자신을 위해 부를 쌓았으나 하나님에 대해 부하지
> 않은 자입니다."

예수는 비유를 통해 인간의 존재 가치를 알지 못한 채 탐심에 이끌려 살아가는 사람의 어리석음을 강조한다(16-20절). 부자 농부는 풍성한 소출을 얻었다. 주체할 수 없을 정도로 잉여 곡식이 넘쳤다. 그는 탐심이 발동했다. 그래서 곳간을 헐고 더 큰 곳간에 곡식과 물건을 저장할 것을 계획한다. '평안히 쉬고 먹고 마시고 즐거워' 할 생각에 부풀어 올랐다(20절). 왜 부자는 토지를 구입하지 않고 곳간을 만들려고 할까? 잉여 농산물을 저장해서 적당한 시기에 더 높은 가격으로 판매할 의도였을 것이다.[14] 그는 농민이 아닌 농업 경영인의 시각에서 계획을 세운다. 독백을 하며 기쁨을 주체하지 못한다.[15] 곳간과 많은 소출은 그의 평안과 행복의 원천이었으며 미래를 안전하게 해줄 담보물이다. 그는 '나의'를 강조해 '내 곡식', '내 곳간', '내 물건', '내 영혼'(17-19절)이라고 환호한다. 그는 사람이 빵으로만 사는 줄 안다(4:3-4). 생명의 가치가

소유에 있다고 확신한다. 그러나 하나님이 그의 영혼을 데려가시자 그가 세운 계획과 재산은 그와 무관한 것이 된다. 부자는 지혜로운 계획을 세웠다고 확신했으나 하나님은 어리석은 자로 규정하신다 왜냐하면 하나님이 그의 생명을 거두실 때 어느 것 하나 '나의' 것은 없기 때문이다. 생명의 가치는 자신을 위해 쌓는 소유가 아니라(15절) 하나님과의 관계에 있다(21절). 어리석은 부자는 자기를 위하여 재물을 쌓아 두었으나 하나님께 대하여 쌓은 것이 없었다. 생명의 가치를 아는 사람은 하나님에 대해 부자가 되고자 한다. 하나님과의 관계가 부요해지는, 즉 깊어지는 것이 미래를 위한 최고의 준비다. 다른 사람을 위해 부를 사용하는 사람은 하나님에 대해 부요하고 생명은 더욱 풍성해진다(참고. 12:33-34).

궁핍함 가운데서도 염려하지 말라(12:22-34)

22 예수께서 그의 제자들에게 말씀하셨다. "그러므로[16] 너희에게
말한다. 너희 목숨에 대해서는 무엇을 먹을지 염려하지 말라. 너희
몸에 대해서는 무엇을 입을지 염려하지 말라." 23 "음식보다 목숨이
더 소중하고 옷보다 몸이 더 소중하다. 24 까마귀들을 생각해 보라.
그것들은 씨를 뿌리거나 수확하지 않고 골방이나 창고를 소유하지
않아도 하나님이 먹여주신다. 너희는 새들보다 훨씬 더 소중하다.
25 너희 중에 누가 염려해서 자신의 수명을 한 시간이라도 더 할 수
있겠느냐? 26 너희가 작은 것도 할 수 없는데 왜 나머지 것들에 대해
염려하느냐? 27 들꽃이[17] 어떻게 자라는지 생각해 보라. 그것들은
일하거나 길쌈을 하지 않는다. 그러나 나는 너희에게 말한다.
모든 영광을 누린 솔로몬도 이 꽃들 중 하나보다 못한 것으로 옷을
입었다. 28 믿음이 작은 자들아, 하나님이 오늘 여기 있다가 내일
아궁이에 던져지는 풀도 이렇게 옷을 입히신다면 너희에게는 얼마나
좋은 것으로 옷을 입히시겠느냐? 29 너희는 무엇을 먹을 것인지
무엇을 마실 것인지 추구하지 말고 염려하지 말라. 30 세상의 모든

> 나라들이 이런 것들을 추구한다. 너희의 아버지는 너희에게 이런
> 것들이 필요한 줄 아신다. 31 너희는 그의 나라를 추구하라. 그러면
> 이런 것들이 너희에게 주어질 것이다. 32 작은 양 무리여,[18] 두려워
> 말라. 너희의 아버지께서 너희에게 나라를 주시길 기뻐하시기
> 때문이다. 33 너희의 소유를 팔아서 가난한 자들에게 주어라. 닳지
> 않는 배낭, 하늘에 있는 줄지 않는 보고를 만들어라. 하늘은 도둑이
> 접근할 수 없고 좀이 피해줄 수도 없는 곳이다. 34 너희의 보화가
> 있는 곳에 너희의 마음도 있을 것이다."

염려하지 말라(22-30절). 22-34절은 가르침의 대상을 제자들로 좁힌다. 22-23절은 염려하지 말아야 할 이유로 제자들이 음식과 옷보다 더 소중하다는 것을 제시한다. 22절의 몇 가지 표현은 어리석은 부자의 비유와 본 단락을 자연스럽게 연결하고 있다. 물질로 안전망을 구축하고 평안과 행복을 누렸던 부자는 어리석었고 모든 것을 잃고 말았다. 제자들은 곳간이 넘치도록 많은 재산을 소유했던 부자에 비해 궁핍하기 때문에 염려하기 쉽다. 이런 염려는 하나님 나라보다 의식주를 추구하는 데서 생긴다. 의식주로 염려하지 말아야 한다. 미래를 준비하는 자세는 두말할 나위 없이 중요하지만 건강하지 않은 욕망과 열망은 염려로 이어진다. 예수님은 '목숨'(ψυχή 프쉬케)과 '몸'(σῶμα 소마)을 위해 염려하지 않도록 가르친다. 목숨과 몸은 동일한 대상을 지칭하는 다른 표현이다. 제자들의 목숨과 몸, 즉 제자들의 인생은 먹고 입는 문제보다 소중하다. 여기서 '목숨'(프쉬케)은 어리석은 부자의 비유를 떠올린다. 이 용어는 19, 20절의 '영혼'과 같은 단어다. 부자는 자신('내 영혼')을 대화 상대로 삼으며 자아도취에 빠졌으나 하나님은 부자의 목숨, 곧 영혼을 데리고 가셨다. 이런 점에서 '염려하지 말라'는 명령(22절)은 '탐심을 물리치라'는 명령(15절)과 비슷하고, '사람의 목숨이 먹고 입는 것보다 중요하다'는 사실(23절)은 '사람의 생명이 소유의 많은 것에 달려 있지 않다'는 교훈(15절)과 연결된다.

24절은 앞 구절들과 마찬가지로 제자들이 재물을 근거로 염

려하지 않도록 가르치는 내용이다.[19] 까마귀는 유대인들에게 탐욕스럽고 부정한 새다(레 11:13-20). 그리스 격언에서 까마귀는 쓰레기와 관련이 있었고 '까마귀들에게 가버려라'는 말은 '쓰레기 더미에 보내라'는 저주스런 표현이었다.[20] 탐욕스럽고 부정한 까마귀에게 하나님께서 관심을 두지 않으실 것 같은데도 하나님이 까마귀를 돌보신다. 씨 뿌리고 추수하는 수고를 하지 않고 곳간과 창고에 축적하지도 않는 까마귀를 그저 하나님께서 돌보신다. 하나님이 까마귀를 돌보신다면 존귀한 자녀를 돌보신다는 사실은 두말할 필요가 없다. 특히 창고에 저장하는 설명(24절)은 곳간에 재산을 쌓은 어리석은 부자를 떠올린다(12:18-19). 부자는 자신이 쌓은 재산으로 평안을 누릴 수 있다고 믿었으나 하나님은 쌓아 놓은 곳간과 창고가 없어도 자녀의 필요를 채워주신다. 이어서 예수는 염려가 현실적인 도움을 주지 못한다는 사실을 논증한다(25-26절). '키'로 번역된 헬리키아(ἡλικία)는 '생명의 길이'(나이) 혹은 '신체의 크기'를 가리킨다. '한 자'로 번역된 페퀴스(πῆχυς)는 한 큐빗(약 45cm)에 해당한다. 이는 희극적인 표현이다. 염려한다고 생명을 한 시간이라도 더할 수 없다. 이 말은 생명이 하나님의 뜻에 달려 있다는 의미다. 스트레스가 만병의 근원이듯이 염려는 생명을 단축시킬 뿐이다. 그러므로 제자는 자신의 나약한 능력을 의존하는 데서 오는 염려에 시달리지 말고 초월적인 능력으로 인생에 개입하시는 하나님께 의존해야 한다. 그것이 염려를 극복하는 길이다.

예수는 다시 한번 제자들의 존귀한 가치를 피조물과 비교해 강조한다(27-28절). 들꽃은 사람들이 정성껏 가꾸는 정원 식물이 아니다. 오늘 잠시 피었다가 내일 아궁이의 땔감으로 사용된다. 사람들이 보기에 하나님을 솔로몬 왕에게 특별한 관심을 두신 것 같다. 그러나 창조주 하나님은 돌봄을 받지 않아도 아름다움을 선사하는 들꽃, 하루를 생존하고 아궁이에 던져지는 들풀에도 관심을 두신다. 제자들에게 하나님은 창조주이실 뿐 아니라 아버지다. 자연의 미약한 풀에도 하나님의 마음이 향해 있다면, 당신의 자녀는 얼마나 아름답게 돌보시겠는가! 제자들은 세상으로부터 관심받지 못하는 것처럼 느껴져도 결코 좌절하지 말아야 한다. 하나님 아버지의 돌봄을 받는 대상이기 때문이다.

이제 예수는 자연을 통한 교훈을 요약한다(29-30절). 22-28절에 제시된 어록을 요약해보면 하나님은 제자들의 아버지로서 자녀의 필요를 아시므로 제자들은 근심 가운데 '이런 것들'을 구하지 말아야 한다. 그래서 예수는 무엇을 먹을 것인지 무엇을 마실 것인지 추구하지 말고 염려하지 말라고 가르친다(29절). '추구하다'와 '염려하다'는 평행을 이룬다.[21] 의식주 자체를 '추구'하면 '염려'하는 상태가 될 수밖에 없다. 예수는 물질적인 것이 필요 없다고 말하는 게 아니라 이런 것을 추구하는 것 때문에 생기는 염려를 지적한다. 염려는 하나님 아버지의 돌보심을 믿지 않는 데서 온다. 세상의 나라들, 즉 이방인들과 신자들의 가장 큰 차이는 하나님 아버지를 알고 있는지, 의지하고 있는지의 여부다. 제자들의 아버지는 '이런 것들'이 필요하다는 사실을 알고 계신다(30절). 자녀의 필요를 아시는 능력의 아버지가 계시다는 사실이 신자들에게는 은혜와 감사다. 염려는 하나님을 망각할 때 생기고, 감사는 하나님의 섭리를 믿을 때 생긴다. '이런 것들'의 원천이 하나님이신 것을 믿지 못하는 사람은 어리석다. 앞의 비유에 나온 부자는 하나님을 망각한 점에서 어리석다. 곳간이 부족할 정도의 부를 축적한 것이 미래를 가장 잘 준비한 것처럼 보였으나 그는 미래의 평안을 누리지 못하고 죽었다. 죽음 이후의 운명은 하늘의 보상 없이 끝나고 말았다. 하나님이 아니라 물질적 풍요에 소망을 둔 부자는 어리석었다. 부의 원천을 '나'로 생각했기에 어리석었다. 이처럼 재산을 추구하고 쌓는 것으로 염려가 사라질 것이라 생각하는 것은 사실상 무신론에 가깝다. 예수의 제자는 자신에게 필요한 것 이상을 축적하는 데서 오는 평안에 속지 말아야 한다. 그것은 탐심이 주는 오만일 뿐이다.

하나님의 나라를 구하라(31-32절). 제자들은 염려하는 것 대신 '그의 나라'를 구해야 한다. '그'는 30절의 '너희 아버지'를 가리키므로 '그의 나라'는 자녀의 필요를 알고 채워주시는 '아버지의 나라'다. 아버지의 나라를 추구하는 것은 아버지의 뜻과 은혜를 갈망하며 사는 것을 말한다. 제자들은 '작은 양 무리'(겔 34:11-24)다. 하나님은 제자들의 아버지이시며 양 무리를 돌보시는 목자시다. 작은 양 무리는 약해서 위험이 닥치면 희생되기 쉽다(참조. 15:4-6). 제자들은 큰 세상에 비해 작은 존재이고 맹수처럼 힘 있는 세력에 비해 약한 양 무리이므로 강한 자들이 살아가는 큰 세상을 염려하고 두려워할 수밖에 없다. 그러나 작은 양 무리는 하나님을 아버지로 부를 수 있는 자들이다. 세상의 관점으로는 크고 능력 있는 집단과 사람들이 하늘의 복을 경험하는 것 같다. 그러나 하늘 아버지께서는 힘없고 약해 보이는 작은 양 무리에게 그의 나라를 주실 선한 뜻을 갖고 계신다.[22]

닳지 않는 배낭을 만들어라(33-34절). 예수는 하나님이 돌보시는 제자들에게 소유를 팔아서 가난한 사람들을 도울 것을 명령하신다(33절). 구제는 '닳지 않는 배낭'을 만드는 행위다. 이 배낭은 하늘에 있어서 영원히 안전하다. '배낭'(10:4)으로 번역되는 발란티온(βαλλάντιον)은 보화가 들어 있는 보물 가방이다. 하나님은 긍휼을 베푸는 자녀를 위해 하늘에 보물 가방을 준비해 두셨다! 하나님 아버지는 나의 필요를 상세히 알고 계실 뿐 아니라 다른 사람을 향한 나의 작은 수고도 알고 계시고 보상하신다. 물론 하늘에서 벌어지는 실제 현상을 상세히 묘사하지는 않는다. 부활 이전을 살아가고 있는 제자들이 초자연적 세계를 이해할 수는 없기 때문이다. 또한 그런 설명이 제자들에게 실제적인 도움을 줄 수 없다는 것을 알기 때문이다. 분명한 사실은 이 땅에서의 구제에 따라서 하늘의 보상이 쌓인다는 것이다. 이는 모든 제자가 가난해야 한다고 가르치는 게 아니다. 자신의 소유를 나누며 살아가라는 의미다. 하나님을 아버지와 목자로 모시는 사람의 시선은 궁핍한 사람을 향해야 한다. 궁핍한 사람에게 긍휼한 마음으로 베푸는 행위는 하늘에 보물 가방을 만들고 거기에 보물을 채우는 것과 같다. 사람은 재산이 보관된 곳에 늘 마음이 가 있게 마련이므로 구제는 제자의 마음을 하늘로 향하게 만든다(34절). 예수는 제자들이 돈 때문에 냉담하고 무심한 영혼이 되지 않기를 원하며, 아버지의 마음을 배워 생명이 더욱 풍성해지도록 권고한다.

배경설명 – 의인들을 위한 하늘의 보상

의인들이 하늘의 보상을 받거나 그들의 보상이 하늘에 쌓이는 개념은 중간기 유대교 문헌에 일반적이었다(토비트 4:8–9; 시락서 29:8–13; 솔로몬 시편 9:5; 에스라4서 7:77). 하나님의 보상이 하늘에 있고(에녹1서 82:1–20; 103:3–4; 레위의 유언 3; 13:5) 하늘의 책에 기록된다(바룩2서 24:1). 하나님의 보상이 하늘의 창고에 저장된다(바룩2서 14:12–13; 24:1; 44:13; 44:14; 50:4–51:1; 52:5–7; 84:6). 종말에 있을 구제로 인한 하늘의 보상은 14:14에도 언급된다. 누가복음에서 예수는 신약의 다른 본문과 마찬가지로 하늘에 쌓인 보물이 구체적으로 어떤 것인지 설명하지는 않으신다. 인간은 하늘의 보화를 자세히, 아니 조금도 이해할 수 없을 뿐 아니라 자세히 안다고 해도 신앙생활에 도움이 되지 않는다. 그래서 예수는 분명히 하늘에 보화가 쌓이고 있다는 점과 땅의 보물과 하늘의 보물이 안정성에서 근본적으로 다르다는 것만 알려주신다. 독자는 하늘에 보물 가방이 있고 그곳에 보화가 쌓인다는 사실을 알 뿐 그 너머의 상황을 파악하려고 집착하지 말아야 한다.

질문

1. 제자들은 반대하는 사람들을 두려워하지 않을 수 있을까요(12:1-8)? 이러움에 처한 제자들은 어떻게 염려를 극복할 수 있을까요(12:8-12)? 제자들에게 하나님은 어떤 분입니까?
2. 곳간에 쌓을 곳이 없을 정도의 부를 소유한 부자는 어떤 점에서 어리석은 사람입니까(12:13-21)? 사람의 생명이 소유의 풍부함에 달려 있지 않다는 말씀은 무슨 뜻일까요(12:15)?
3. 예수님의 제자들은 왜 염려하지 말아야 합니까(12:22-32)? 염려하기보다 어떤 태도를 취해야 할까요(12:33-34)? 염려하기 쉬운 제자들이 기억해야 하는 하나님은 어떤 분이고 그들은 하나님과 어떤 관계입니까?

묵상

그리스도인은 섭리 가운데 있는 하나님 아버지의 자녀들이므로 염려하지 말고 두려워하지 말아야 합니다. 하나님은 작은 양 떼를 돌보시는 목자이시므로 우리는 안심할 수 있습니다. 아버지의 나라를 위해 살아갈 때 궁핍과 어려움을 겪을지라도 무서워하지 말아야 합니다. 언제나 아버지께서 목자처럼 자녀를 돌보고 계시기 때문입니다. 자본주의 사회에서는 부가 행복을 좌우하는 힘처럼 보여 예수님을 믿어도 돈을 추구하는 데 온통 마음을 빼앗길 수 있습니다. 하나님의 복으로 돈을 많이 물려받거나 벌었다고 자화자찬하는 사람들은 궁핍한 사람들을 쉽게 무시하고 조소합니다. 그러나 하나님의 자녀라면 모든 것이 주님에게서 왔음을 알기에 궁핍한 사람들에게 마음을 돌립니다.

19
깨어 있으라

12:35-13:9

본 단락에서 예수는 재림의 개념을 사용하여 제자들에게 깨어 있으라고 가르친다. 예수는 예고 없이 올 것이고 제자들의 행위를 평가하고 심판과 보상으로 반응할 것이다.

깨어 준비하는 종들은 복되다(12:35-40)

35 "허리띠를 하고 등불을 켜 놓아라. 36 혼인 잔치에서 돌아오는
주인을 위해 대기하는 사람들처럼 준비해라. 그래야 주인이 와서
문을 두드릴 때 주인을 위해 즉시 문을 열 수 있다. 37 주인이 돌아올
때 깨어 있는 모습을 보이는 종들은 복되다. 진정으로 나는 너희에게
말한다. 주인은 허리띠를 하고 종들을 식사 자리에 앉힐 것이며,
와서 그들을 섬길 것이다. 38 주인이 밤 두 시나 세 시에 와서 그렇게
하는 종들의 모습을 본다면 그 종들은 복되다. 39 이것을 알아야
한다. 만일 집 주인이 도둑이 오는 시간을 알았다면 자신의 집이
뚫리게 내버려 두지 않을 것이다. 40 너희도 준비해야 한다. 너희가

예상하지 못한 때 인자가 올 것이기 때문이다."

예수는 제자들의 경각심을 위해 청중이 잘 알고 있는 세 가지를 언급한다(35-36절). 첫째, 제자들은 허리를 동여매야 한다(35a절). 유대인들의 옷은 길게 늘어지는 모양이어서 급히 달리려면 단단히 옷을 묶어야 했다. 예를 들어 엘리야는 허리를 동여매고 달렸고(왕상 18:46), 유월절에 이스라엘 백성은 허리를 동여매고 신속히 떠날 준비를 했다(출 12:11). 그만큼 마음을 다잡고 일을 해야 한다. 둘째, 등불을 켜고 서 있어야 한다(35b절). 한밤중이라도 신속하게 출발하려면 등불을 켜야 하고, 앉거나 눕지 말고 서서 대기해야 한다. 셋째, 주인이 결혼식에 참석하고 돌아와 문을 두드리면 즉각 열어 줄 수 있도록 깨어 기다리고 있어야 한다(36절). 고대 사회 종들에게 업무 시간이 정해져 있었을 리 없다. 주인의 지시를 기다리며 대기 상태로 있어야 했다. 주인이 결혼 잔치에 참석하러 간 경우, 언제 돌아올지 모르는 주인을 위해 종들은 대기하고 있어야 한다.

주인이 돌아올 때 깨어 있는 종들은 복되다(37-38절). 37-38절의 헬라어 문장은 '복되다 그 종들은'으로 시작하고 '복되다 그들은'으로 마침으로써 깨어 있는 종들이 얼마나 복된 사람들인지 강조한다. 가장 피곤한 시간인 밤 두세 시(로마 시간으로는 밤 9-12시 또는 밤 12시-새벽 3시)에 주인이 오더라도 깨어 준비하는 종은 복되다.[1] 37절의 '깨어 있다'(γρηγορέω 그레오레오)는 사도행전에서 바울이 눈물로 3년 동안 교회를 목양한 일을 회고할 때 사용된다(20:31). 놀랍게도 주인은 종들과 함께 만찬을 즐길 것이다. 누가 식사를 섬기는가? 주인이 허리를 동여매고 종들의 식사를 섬긴다.[2] 깨어 있는 종들은 주인의 섬김을 받게 될 것이므로 참으로 복되다. 종들이 주인을 기다리는 것은 당연한 임무인데도 불구하고(예, 17:8) 주인은 종의 위치로 내려가 제자들을 보상할 것이다. 주인은 예수를 가리킨다. 예수는 마지막 만찬에서 '섬기는 자'로 제자들 가운데 있다고 말한다(22:27). 섬기는 종의 생애를 사신 예수는 다시 오실 때도 섬길 것이다. 왜 예수는 섬기는 종을 언급할까? 예수의 섬김의 삶을 모방하는 것이 깨어 준비하는 삶이기 때문이다. 제자들은 공생애 동안 섬겼고 종말에도 섬기실 예수의 섬김을 실천해야 한다. 섬기는 행위로 깨어 준비하는 삶은 다음 단락에서 청지기의 자세와 자연스럽게 연결된다. 39-40절에서 예수는 주인을 '인자'로 칭한다. 도둑이 예고하지 않고 도둑질을 하듯이 인자도 예고 없이 올 것이다. 시간은 알 수 없으나 반드시 예수는 다시 오신다. 그의 재림이 확실하므로 깨어 준비한 제자에 대한 보상도 확실하다.

지혜 있고 신실한 청지기(12:41-48)

41 베드로가 말했다. "주님, 이 비유를 우리에게, 아니면 모든
사람에게 말씀하십니까?" 42 주께서 대답하셨다. "신실하고
현명해서 주인이 집안 종들을 맡길 수 있고 적합한 때에 음식을
제공할 수 있는 청지기는 누구냐? 43 주인이 돌아올 때 일하고 있는
모습을 보이는 종은 복되다. 44 진정으로 나는 너희에게 말한다.
주인이 그의 모든 소유를 그 종에게 맡길 것이다. 45 그러나 그 종이
'내 주인의 도착이 지체되고 있다'고 말하고, 남종들과 여종들을
때리기 시작하고 먹고 마시고 술 취한다면 46 그 종이 예상하지
못하고 알지 못한 때 주인이 와서 그를 둘로 쪼개고 신실하지 않은
자들이 있는 곳에 던질 것이다. 47 주인의 뜻을 알고도 준비하지
않거나 주인의 뜻을 행하지 않는 종은 많이 맞을 것이다. 48 주인의
뜻을 알지 못해서 벌을 받을 짓을 한 자는 적게 맞을 것이다. 많이
받는 자는 많이 요구받으며 많이 맡은 자는 많은 것을 요청받는다.

베드로는 예수의 가르침이 누구를 대상으로 하는지 묻는다(41절).[3] 예수는 직접적인 대답을 하지 않고 두 부류의 청지기 비유를 전한다. 청지기 비유는 일차적으로는 성도들을 책임지고 있는 지도자들을 대상으로 한다. 나아가 하나님의 뜻을 알고 있는 모든 이들을 교훈의 대상으로 설정한다. 47-48절은 하나님의 뜻을 아는 사람들에게 주어질 예

수의 평가를 말하기 때문이다. 42-48절에서 예수는 주인이 없을 때 청지기가 보이는 두 종류의 행동과 그런 행동에 상응하는 주인의 평가를 또 다른 비유로 설명한다. 예수는 청지기의 역할을 맡은 종을 예로 든다. 청지기는 집안의 여러 일을 도맡아 하는 종들에게[4] 제때 음식을 제공하는 권위와 책임을 맡았다. 지혜 있고 진실한 청지기는 주인이 맡긴 집의 종들을 위해 때를 따라 양식을 나누어 준다(42절). 당시 청지기는 주인의 부재 시 집 전체를 관리하고 주인의 사업을 경영하는 책임을 맡기도 했다. 헬라어로 피스토스(πιστός)는 '신실한' 또는 '맡길 만한'을 의미한다. 프로니모스(φρόνιμος 현명한)는 '하나님이 맡기신 일을 현명하게 처리할 수 있는 사람의 자질'을 가리킨다. 주인이 올 때까지 맡은 청지기 임무를 수행하는 종은 복되다(43절). 주인은 신실하고 책임감 있는 청지기에게 모든 소유를 맡긴다(44절). 그러나 주인이 늦게 올 것으로 예상하고 종들을 학대하고 먹고 마시는 일에 빠져 사는 청지기는 주인이 징벌할 것이다(45-46절). '그의 마음에'는 마음속으로 말하는 것, 독백을 의미한다. 이 종은 맡은 직무를 성실히 수행하지 않을 목적으로 주인의 도착시간을 생각한다. 먹고 마시는 행위는 청지기가 신분과 책임을 망각한 채 동료 종들을 섬기지 않고 개인의 관심사에 몰입하는 태도를 가리킨다(45절). 예수는 46-47절에서 의도적으로 청지기를 '종'으로 칭한다. 청지기는 종의 역할을 망각하고 권위를 남용하며 직무를 수행하지 않는다. 주인은 종이 생각하지 않은 날 갑자기 와서 종을 엄하게 때리고, 신실하지 않은 자에게 내려지는 벌을 줄 것이다. 청지기가 주인의 신임을 얻어 중요한 책무를 맡았다고 해도 그는 자유민이 아니라 종의 신분이기 때문에 자유민과는 다른 방식의 징벌을 받아야 한다. 주인은 종이 '주인의 뜻'을 어느 정도 알고 있는지에 따라 징벌의 수위를 다르게 한다(47-48절). 주인의 뜻을 알고도 깨어 준비하지 않은 종은 많이 맞을 것이다(47절). 주인의 뜻을 알지 못해서 맞을 행위를 한 종은 적게 맞을 것이다(48a절). 주인은 많이 받은 자에게 많이 요구하고 많이 맡은 자에게 많이 요구한다(48b절). 예수 당시의 문화에서 청지기(관리인)는 주인의 재산을 관리하고 사업을 경영하는 역할을 맡았고, 맡은 재산과 사업 규모가 클수록 주인의 피해가 크기 때문에 주어지는 벌도 당연히 클 수밖에 없었다. 다시 말해서 역할의 크기에 따라 평가 기준이 차등하게 적용됐다.

심판의 위기와 분별력(12:49-59)

49 "나는 땅에 불을 던지러 왔다. 불이 이미 붙었으면 얼마나
좋았을까. 50 받아야 할 세례가 내게 있다. 세례가 이뤄지기까지 내가
얼마나 힘들겠느냐?"

불을 던지러 온 예수(49-50절). 예수는 앞 단락(46-48절)에서 심판이 예상하지 못한 알지 못한 때(46절) 임할 것을 예고했고, 이제는 '불을 땅에 던지러 왔다'고 선언한다(49절). 예수는 49절부터는 하나님 나라가 올 때를 1인칭 주어로 설명한다. 동사 '오다'는 예수가 사명을 위해 온 목적을 의미한다.[5] 예수가 온 목적은 불을 던지는 것이다. 이전 본문(3:9, 17; 9:54)에서 불은 심판의 의미로 사용됐고 구약의 여러 본문에서도 불은 심판과 관련 있다. 불은 심판과 정화를 이중으로 내포하는 은유다. 불이 땅에 던져지면 악인들과 의인들 간의 분리가 일어난다(3:16-17). 불이 던져지면 악인들은 심판에 이르는 반면 예수의 복음을 영접하는 사람들은 정화된다. 악인들에게서 분리된 의인들은 불로 정화된 자들이다. 이들은 예수가 전하는 복음에 긍정적 태도로 반응하며 예수를 받아들인다. 불이 온 땅을 태우는 것과 같은 현상은 아직은 일어나지 않았다. 이런 점에서 "불이 이미 붙었으면 얼마나 좋았을까"는 심판과 정화에 대한 소망을 뜻한다. 이 심판과 정화는 예수의 죽음을 통해 실현될 것이며(50절), 예수에게 긍정적으로 반응하는 사람들에게 정화는 곧 구원이다.

불의 이미지는 자연스럽게 50절의 '세례'로 이어진다. 세례 요한은 예수가 '성령과 불'로 세례를 줄 것이라고 예고했다(3:16). 불로 세례를 줄 예수는 먼저 죽음의 세례를 받을 것이다.[6] 예수가 받는 세례

는 십자가의 죽음이다. 이미 예수가 죽음을 목표로 예루살렘으로 향하고 있다고 예고했다. 누가는 예수의 변모 사건에서 예수의 목표가 예루살렘에서의 죽음인 것을 알렸다. 십지가 죽음은 그를 믿지 않는 자들에게는 심판, 그를 받아들이는 자들에게는 구원이라는 두 가지 결과로 이어진다. 예수는 죽음을 뜻하는 '세례'에 대해 '그것이 이뤄지기까지'(50절)에서 '목적'을 뜻하는 텔로스(τέλος)의 동사형 '이루다', '성취하다'를 사용한다. 이는 세례, 곧 십자가의 죽음이 하나님이 준비하신 목적으로 우연한 사건이 아님을 의미한다. 예수는 자신에게 주어진 목적, 죽음을 이루기 위해 예루살렘을 향해 걸어간다. 죽음을 향해 가는 예수의 고통은 말로 표현할 수 없다. 예수는 십자가의 고통을 알면서도 자신에게 맡겨진 하나님의 목표와 뜻에 집중한다. 죽음의 세례를 통해서만 하나님의 목표, 즉 구원의 목적이 성취되기 때문이다. 예수가 구원을 위해 십자가를 향하는 고난의 길을 걷고 목표를 완수했듯이, 예수를 따르는 사람들도 십자가 복음에 집중해야 한다.

> 51 "너희는 내가 땅에 평화를 주러 왔다고 생각하느냐? 아니다.
> 나는 너희에게 말한다. 분리하러 왔다. 52 지금부터 한 가정에 다섯
> 명이 있고 셋이 둘에 맞서고 둘이 셋에 맞설 것이다. 53 그들은
> 나눠질 것이다. 아버지가 아들에 맞서고 아들이 아버지에게 맞서며,
> 어머니가 딸에 맞서고 딸이 어머니에 맞서고, 시어머니가 며느리에
> 맞서고 며느리가 시어머니에 맞설 것이다."

분리를 일으키는 예수(51-53절). 51-53절은 하나님 나라 복음에 대한 태도에 따라 분리가 일어날 것을 설명한다. 예수는 세상의 평화가 아니라 분리를 위해 왔다(51절). 분리는 예수를 믿는 자들과 거부하는 자들의 분리를 말한다. 믿는 자들은 구원의 선물을 받고 믿지 않는 자들은 심판을 받는다. 시므온은 마리아에게 아들 예수의 사역으로 이스라엘에 분리가 일어날 것을 예고했다(2:34). 시므온은 주의 구원을 보았고, 예수를 배척하는 사람들과 자신처럼 구원의 빛을 보게 되는 사람들이

나눠질 것을 예언했다(2:30-32). 복음에 대한 태도에 따라 가족도 분리될 것이다(52-53절). 가족은 가장 끈끈한 결속력과 친밀함을 유지하는 공동체이나 예수에 대한 태도에 따라 가족도 양쪽으로 갈라진다(참고. 미 7:6). 예수는 숫자 다섯이 셋과 둘로 나뉘는 것을 표현한다. 다섯 손가락처럼 다섯은 가족 구성원의 결속력이 돋보이는 숫자다. 그러나 세 명과 두 명, 두 명과 세 명이 맞서는 식으로 결속력이 깨질 것이다. 결혼한 자녀를 포함하는 가족의 경우에는 부자, 모녀, 고부가 예수 때문에 갈등하게 될 것이다. 아무리 결속력이 굳건하더라도 예수에 대한 태도가 같지 않기 때문에 갈등이 생길 것이다. 분리가 일어나는 때와 관련해서 52절은 미래 시제 '분리될 것이다'와 '이제부터'를 사용한다. 누가복음에서 '이제부터'는 가까운 미래를 포함하고(1:48; 5:10; 22:18, 69) '세례'(50절)가 죽음을 의미하는 점을 고려하면, 본격적인 분리는 그리스도의 죽음과 부활 승천 이후에 이 땅에 일어날 것이다. 물론 예수의 사역 가운데서도 분리가 시작된 것은 사실이다. 예수가 평화를 위해 왔고(1:79; 2:14; 7:50; 8:48) 제자들의 주된 사명도 평화를 전하는 것이지만(10:5-6) 평화의 복음을 받아들이는 사람들에게만 예수의 평화가 임한다. 예수의 평화는 모두가 아니라 믿는 자들만 경험하는 것이므로 사람들 가운데 분리가 일어날 수밖에 없다.

54 예수께서 또한 무리에게 말씀하셨다. "여러분이 서쪽에서 구름이
올라오는 것을 볼 때 즉시 말합니다. '비가 내리겠군.' 실제로 그렇게
됩니다. 55 여러분은 남풍이 부는 것을 볼 때 말합니다. '더워지겠군.'
실제로 그렇게 됩니다. 56 위선자들이여, 여러분은 땅과 하늘의
모습은 해석할 줄 알면서도 어찌 현재 시간을 해석할 줄 모른단
말입니까? 57 왜 여러분은 무엇이 옳은지 판단하지 못합니까?
58 당신이 고소자와 함께 법관 앞에 갈 때 가는 도중에 그에게서
벗어날 수 있는 합의를 시도하십시오. 그래야 그가 당신을 법관
앞에 끌고 가지 않을 것이고 법관은 당신을 집행관에게 넘기질 않을
것이며 집행관은 당신을 감옥에 집어넣지 않을 것입니다. 59 나는

> 당신에게 말합니다. 동전 하나까지 지불하지 않고서는 그곳에서 결코 나올 수 없을 것입니다."

시대를 분간하지 못하는 무리(54-59절). 예수는 무리를 향해 가르치신다(54절). 갑자기 무리가 언급된 것은 예수가 앞서 표적을 구하는 문제로 무리를 질책한 장면을 떠오르게 한다(11:14, 15, 29). 사람들은 자신이 살고 있는 지역의 날씨를 안다. 팔레스타인 서풍은 지중해 지역의 습기를 싣고 오기 때문에 사람들은 서쪽에서 구름이 몰려오면 폭풍우나 소나기가[7] 내릴 것이라고 예상한다(54절). 또 남풍이 불어올 때면 남쪽에 위치한 네게브 사막의 뜨거운 열기(καύσων 카우손)로 고생하게 될 것을 예상한다(55절).[8] 이처럼 팔레스타인에 사는 사람이라면 전문가의 도움을 받지 않더라도 기상을 예측할 수 있다. 하지만 하나님 나라가 예수의 활동을 통해 나타나는 것은 해석하지 못한다. 이는 예수가 무리를 '위선자들'로 칭하는 부분에서 암시된다. 무리는 예수의 행위와 말씀으로 임한 나라를 날씨처럼 쉽게 분별할 수 있는데도 의도적으로 받아들이지 않을 수 있다. 또는 예수가 가지고 오신 나라를 목격하고도 그것보다 자신들의 욕망을 추구하므로 하나님 나라의 도래를 분별하지 못하는 것일 수도 있다. 심판의 책임은 하나님 나라의 도래를 분간하지 못하는 사람들에게 있다. 예수는 옳은 것을 판단하도록 촉구한다(57절). 결단을 내리도록 상식적인 사례를 언급한다. 누군가에게 해를 끼쳐 고발당한 경우, 재판을 받기 전에 합의해야 한다(58절).[9] 소송에서 패할 것이 예견될 땐 먼저 합의해야 한다. 소송에서 지게 되면 단 한 푼까지 갚기 전까지는 옥에서 나올 수 없다(59절). 이는 전문가의 도움을 받지 않아도 판단할 수 있는 상식이다. 하나님은 마지막 심판을 집행하실 재판관이시다. 따라서 무리는 형벌에 처하기 전 하나님과 화해하는 길을 선택해야 한다. 지금 하나님과 화해를 거부하면 영원히 화해할 기회를 얻지 못할 것이다.

최근에 일어난 비극적인 두 사건(13:1-5)

> 1 바로 그때 어떤 사람들이 예수께 와서 빌라도가 갈릴리인들의
> 피를 그들의 제물에 섞은 사건에 대해 물었다. 2 예수께서 그들에게
> 대답하셨다. "이 갈릴리인들이 고통을 겪었다고 해서 이들이 다른
> 갈릴리인들보다 더 심한 죄인들이라고 생각합니까? 3 아닙니다.
> 나는 여러분에게 말합니다. 여러분이 회개하지 않으면 전부 그와
> 같이 멸망할 것입니다. 4 또 실로암에 있는 탑이 무너져 열여덟 명이
> 죽었습니다. 그들이 예루살렘에 살고 있던 다른 사람들보다 더 심한
> 죄인들이라고 생각합니까? 아닙니다. 5 나는 여러분에게 말합니다.
> 여러분이 회개하지 않으면 전부 그와 같이 멸망할 것입니다."

1-9절은 회개의 기회라는 측면에서 앞 단락(12:49-59)과 연결된다. 1-5절은 최근에 일어난 비극적인 두 사건을 통해 회개를 강조한다. 어떤 사람들이 예수에게 와서 최근에 일어난 비극적인 사건에 대한 해석을 요청한다(1절).[10] 이 비극은 누가복음 외에는 신약의 다른 책과 유대 문헌에 기록되지 않은 것이다. 총독 빌라도가 어떤 갈릴리 사람들의 피를 그들의 제물에 섞는 일이 일어났다.[11] 로마 총독은 사마리아의 가이사랴에 머물다가 명절이 되면 치안을 위해 예루살렘의 안토니아 요새에 머물렀고 요새에서 성전 뜰을 감시할 수 있었다. 유월절을 맞아 성전 뜰에서 제물을 드리던 갈릴리 사람들을 빌라도가 군인들을 시켜 살해한 것으로 보인다. 희생자들은 유월절 희생 제물로 바쳐진 짐승들처럼 살육당했다. 갑작스런 살해가 일어났다. 다른 곳도 아니고 성전에서 제물을 드리던 중에 일어난 사건이므로 이는 사람들에게 엄청난 충격이었다. 예수에게 질문을 던진 사람들은 희생자들과 자신들을 명확히 구분하며 그들의 비극이 왜 일어난 것인지 해석을 요청한다. 그들은 희생자들이 다른 사람들보다 많은 죄를 지었기 때문에 비극을 맞았다고 생각했을 것이다.[12]

예수는 그들과 다르게 해석한다. 물론 자신의 잘못으로 비극

의 대상이 되는 경우가 적지 않은 것이 사실이다. 죄 때문에 살아 있는 동안 심판을 경험하기도 한다. 그러나 희생당한 갈릴리 사람들이 다른 갈릴리 사람들에 비해 죄를 많이 지었기 때문에 비극을 맞이한 것이 아니다(2절). 예수는 비극의 원인을 죽은 자들에게 돌리는 해석을 단호히 거부한다. 이 사건은 식민지 백성을 살육한 빌라도의 폭력에 의한 비극이다. 예수의 관심은 나머지 사람들의 회개다(3절). 예수는 예루살렘 사람들의 비극을 예로 들어 회개를 촉구한다(4-5절). 실로암에서 망대가 무너져 열여덟 명이 죽은 사건이 일어났다(4절).[13] 이 사건 역시 누가복음에만 기록된다. 실로암 연못 근처에 성벽이 있었고 벽이 만나는 곳에 망대가 있었던 것으로 보인다.[14] 이번 비극 역시 희생자들의 죄로 일어난 것이 아니다. 비극에 대한 예수의 해석은 단호하다. 비극의 원인을 희생자들에게서 찾는 작업을 중단해야 한다. 예수는 이 사건을 회개의 근거로 사용한다.

예수는 두 사건을 해석함으로써 비극과 심판에 대한 교훈을 가르치신다. 첫째, 비극은 더 많은 죄의 결과가 아니다. 인간은 본능적으로 비극의 첫 번째 원인으로 희생자의 죄를 탓하는 경향이 있다. 특히 성전과 같은 종교기관에서 일어난 비극을 하나님의 징벌로 해석하기 쉽다. 자연재해를 당한 경우도 죄가 비극을 초래한 것으로 단정하기 쉽다. 갈릴리 사람들과 예루살렘 사람들이 죽은 비극의 원인은 분명히 있겠지만 희생자들의 죄가 사고를 당하지 않은 사람들 또는 생존한 사람들의 죄보다 많았을 것으로 생각하지 말아야 한다. 두 사건에서 희생당한 사람들은 폭력과 인재에 의해 희생을 당했고, 그들의 유가족은 위로와 지원을 받아야 한다. 둘째, 죄를 회개하지 않으면 심판은 누구에게든지 임할 것이다. 희생자들이 비극을 겪은 것처럼 비극은 언제든지 닥칠 수 있다. 예수는 네 번에 걸쳐 '모두'(2, 3, 4, 5절)를 언급하심으로써 회개하지 않을 때 누구든지 심판을 받게 될 것을 알린다. 예수를 믿는다고 해서 징계를 뜻하는 심판이 비껴가는 것은 아니다. 심판이 내려지는 시기는 본문에 명시되지 않지만 두 비극이 갑자기 임한 것처럼 갑자기 심판이 다가오는 것은 분명하다. 심판은 개인의 생애 가운데, 사후에, 인자의 재림 때 집행되는데, 예수의 경고는 개인의 생애 가운데 갑자기 닥치는 심판에 초점을 맞춘다.

무화과나무의 비유(13:6-9)

6 예수께서 이 비유를 말씀하셨다. "어떤 사람이 그의 포도원에
무화과를 심었습니다. 그가 와서 열매를 원했으나 찾을 수
없었습니다. 7 그가 포도원지기에게 말했습니다. '이보게나. 삼 년
동안 내가 무화과나무에서 열매를 원했으나 하나도 찾지 못했네.
잘라내 버리게나. 무엇 때문에 이것이 땅을 허비해야 하겠는가?
8 포도원지기가 주인에게 말했습니다. '주인님, 올해만 지켜봐
주십시오. 그때까지 제가 둘레를 파고 거름을 주겠습니다. 9 만일
이것이 내년에 열매를 맺지 못하면 잘라내 버리십시오.'"

앞 단락에서 회개를 강조한 예수는 무화과나무의 비유를 통해 주어진 시간 동안 회개의 열매를 맺도록 경고한다.[15] 비유는 어떤 사람이 포도원에 무화과나무를 심은 사실로 시작된다(6절). 포도원에 무화과를 심는 것은 당시 팔레스타인에서 흔한 일이었다(참고. 신 22:9). 포도원에서 여러 과수를 재배했기 때문에 포도원지기는 과수 관리자를 가리킨다.[16] 구약 선지자들은 무화과나무를 심판의 상징으로 자주 사용했다.[17] 독자는 본문의 비유에 나타난 무화과나무를 예루살렘으로, 포도원을 이스라엘로, 포도원지기를 예수로 설정하지 않아도 비유의 의도를 파악할 수 있다. 안타깝게도 주인은 무화과나무에서 기대했던 열매를 얻지 못했다. 주인은 포도원지기에게 3년 동안이나 무화과나무 열매를 구했으나 얻지 못했다고 말한다(7절). 3년은 예수의 공생애 사역 기간이 아니라 충분한 기회를 상징한다. 주인은 인내할 만큼 인내했으니 나무를 제거하고 땅을 낭비할 필요가 없다고 말한다. 주인의 평가에 따르면 열매 맺지 못한 책임은 주인이나 포도원지기가 아니라 나무에 있다. 이 나무의 문제는 열매를 맺지 못하는 것과 토양을 망치는 것

이다. 무화과가 없는 무화과나무는 아무런 의미가 없다. 열매를 맺지 못하는 나무는 잘라내는 것이 농부의 자연스러운 판단이다. 포도원지기는 주인에게 올해 한 번만 더 기회를 줄 것을 부탁한다(8절). 3년에 비해 1년은 짧은 기간이다. 열매를 낼 수 있는 기회는 영원하지 않다. 포도원지기는 기간반 확보한 것이 아니라 나무 둘레의 땅을 파서 토질을 부드럽게 만들고 거름을 주며 나무가 열매를 맺도록 노력을 기울이겠다고 한다. 그렇게 관리를 했는데도 열매가 맺히지 않으면 그때 나무를 제거해 달라고 부탁한다(9절). 소망의 기회와 심판의 경고가 동시에 주어진다. 하나님은 일시적으로는 징벌을 억제하시지만 무한정 기회를 주시는 것은 아니다. 회개의 기회는 하나님의 관용과 인내를 대변한다. 기회를 얻고도 의도적으로 회개하지 않는 태도는 다른 사람들보다 더 큰 죄를 범하는 것이다. 누가복음의 윤리를 고려하면 회개의 열매는 하나님과 사랑의 관계를 회복하는 것이고 이웃을 향한 사랑을 실천하는 것이다. 회개는 예수가 보여주신 것처럼 자신과 타인의 회복을 위한 것이다.

질문

1. 깨어 준비하는 종들은 왜 복됩니까(12:35-40)? 지혜 있고 신실한 청지기는 왜 복됩니까(12:41-48)? 현재 깨어 있는 자세와 미래에 주어질 평가의 관계를 생각해 보십시오.
2. 현재와 미래에 분리가 일어나는 원인은 무엇입니까(12:49-59)? 미래의 심판을 받지 않으려면 현재 어떻게 해야 합니까?
3. 당시 예루살렘에서 어떤 비극이 일어났습니까(13:1-5)? 이런 비극과 관련해 예수님은 무엇을 가르치십니까? 무화과나무의 비유는 앞의 두 비극과 어떻게 연결되고 어떤 의미를 전합니까(13:6-9)?

묵상

청지기의 비유(12:41-48)에서 청지기는 직접적으로 제자들을 가리키지만 47-48절에서 하나님의 평가를 받을 대상에는 지도자들뿐 아니라 모든 신자가 포함됩니다. 즉 맡은 책임의 크기와 상관없이 주인의 뜻을 아는 사람은 그리스도인이고 청지기입니다. 책임을 많이 맡은 지도자들이 받을 평가 기준은 더 높습니다. 신앙 지도자들은 많은 임무를 맡았지만, 그들 역시 하나님의 종입니다. 하나님의 뜻을 책임감 있게 수행해야 하는 하나님의 종입니다. 하나님의 뜻을 실행하는 것에 따라 평가는 달라집니다. 구원을 얻는 조건에는 차이가 없으나 구원을 얻는 사람들에 대한 평가에는 차이가 있습니다. 맡은 책임이 클수록 평가 기준도 높아져 직무유기하면 더 많이 맞습니다.

20

하나님 나라로의 초대

13:10-14:35

누가복음 13:10-14:35은 '하나님 나라로의 초대'에 초점을 맞추고 비슷한 주제와 구조를 이루는 13:10-35과 14:1-35로 구성된다. 두 단락은 각각 안식일의 치유 사건으로 시작함으로(A-13:10-17; A′-14:1-6) 하나님 나라의 특징이 긍휼과 회복임을 강조한다. 누가는 안식일의 치유를 근거로 하나님 나라가 초대와 환대를 통해 확장되는 것을 설명하고(B-13:18-21; B′-14:7-24) 하나님 나라에 들어가는 것이 어렵다는 사실을 경고 한다(C-13:22-35; C′-14:25-35).

A 안식일의 치유(13:10-17)

B 초대와 환대: 겨자씨와 누룩처럼 확장되는 하나님 나라(13:18-21)

C 경고와 제자도: 누가 하나님 나라에 들어가는가?(13:22-35)

A′ 안식일의 치유(14:1-6)

B′ 초대와 환대: 환대를 통해 확장되는 하나님 나라(14:7-24)

C′ 경고와 제자도: 누가 하나님 나라에 들어가는가?(14:25-35)

안식일에 치유받은 여자(13:10-17)

10 예수께서 안식일에 회당들 중 한 곳에서 가르치고 계셨다.
11 그곳에 십팔 년 동안 귀신으로 병든 한 여자가 있었다. 그녀는
굽혀진 상태였고 곧게 펼 수 없었다. 12 예수께서 그녀를 보고서
앞으로 불러 말씀하셨다. "여자여, 당신의 병에서 벗어났습니다."
13 그리고 손을 그녀에게 얹으니 즉시 그녀가 곧게 폈고 하나님께
영광을 돌렸다. 14 예수께서 안식일에 치유하신 것에 분노한
회당장이 사람들에게 말했다. "일을 해야 하는 엿새가 있습니다.
그런 날에 불러 치유해야지 안식일에는 치유하지 말아야 합니다."
15 주께서 회당장에게 말씀하셨다. "위선자들이여! 여러분 중에
안식일에 나귀를 외양간에서 풀어 물을 먹이러 끌고 가지 않을
사람이 있습니까? 16 사탄이 십팔 년 동안 결박한 아브라함의 딸인
이 여자가 안식일에 이런 결박에서 풀려나야 하지 않겠습니까?"
17 예수께서 이런 것들에 대해 말씀하시자 그의 대적자들이 부끄럽게
되고 온 무리가 예수께서 행한 모든 영광스런 일로 기뻐했다.

예수가 안식일에 회당에서 가르치고 있을 때 한 여자가 그곳에 있었다(10절). 여자는 18년 동안 몸을 펴지 못했다(11절). 귀신이 그렇게 만들었기 때문이다. 여자는 사탄에게 매여 있었다(16절). 10절과 11절은 각각 문장의 맨 앞에 '보라 여자가 …'(10절)와 '보셨다 그녀를'(11절)을 배열함으로써 병든 여자에 초점을 맞춘다. 예수는 여자에게 병에서 벗어난 사실을 선언한다(12절). '풀려났다'는 완료형 동사로 여자가 이미 치유받은 것을 의미한다.[1] 예수는 여자를 치유하고 나서 여자의 몸에 안수한다(참고. 4:40; 5:13; 8:54). 나사렛 회당에서 예수는 가난한 자들에게 복음을 전하고 간힌 자들에게 자유를 선포하는 것을 사명으로 선언했

다(4:18-19). 예수는 사탄보다 '더 강한 자'(11:22)로서 사탄의 속박 가운데 있던 여자를 풀어주고 가난한 인생에게 기쁜 소식을 선사한다. 치유된 여자는 하나님께 영광을 돌린다(13절). 하나님께 영광 돌리고 하나님을 찬양하는 것은 누가복음의 중요한 주제다(13:13; 17:15; 18:43; 19:37).

이 광경을 목격한 회당장은 예수가 안식일에 병을 치유한 것 때문에 화를 낸다(14절). 예수는 공개적으로 하나님 나라의 복음을 보여주었고 회당장은 공개적으로 비판한다. 회당장은 자신이 회당의 책임자이고 율법의 해석과 적용의 권위자임을 강조하고 있다. '해야 한다'(δεῖ 데이)라는 표현으로 안식일에는 치유하지 않는 것이 하나님의 뜻이라는 당위성을 주장한다. 회당장의 논리에 따르면 여자는 18년 동안 죽지 않고 살아 있으므로 안식일에 치유해야 할 정도의 응급 환자가 아니다. 예수는 회당장의 말을 듣고는 위선자들을 향해 책망한다(15절).[2] 누가는 예수를 '주'로 표현한다. 예수는 안식일의 주로서 이날의 의미를 설명한다. 유대인들은 안식일에도 소나 나귀를 외양간에서 풀어내 끌고 가서 물을 먹였다.[3] 그들은 가축을 위해 노동하는 수고를 했으며, 그들의 노동은 가축에 대한 동정심에 기인했다. 그러면서도 아브라함의 귀한 딸을 풀어주는 것은 비판한다. 예수는 '안식일에 당장 가축이 갑갑해서 죽는 것도 아닌데 왜 풀어주느냐?'라는 식으로 반문한다. 그들은 짐승은 동정심으로 배려했지만 18년 동안 고통당한 병든 여성이 치유받은 것을 불법 취급하고 경고했다. 예수는 18년 동안 아브라함의 딸이 사탄의 속박 가운데 있다가 안식일에 매임에서 풀리는 것이 지극히 합당하지 않느냐고 반문한다(16절). 회당장이 '해야 한다'고 권위를 주장하자 예수도 '해야 되지 않느냐'라는 표현을 사용한다. 예수는 회당장과 당시 유대인들이 아브라함의 딸을 짐승보다 못한 가치로 취급하는 것을 심각한 것으로 지적한다. 예수는 그녀를 아브라함의 딸로 보았고 존엄성을 회복시켰다. 18년 동안 사탄에게 매여 몸을 펴보지도 못한 여자를 치유하기에는 안식일만큼 좋은 날이 없었다. 이처럼 예수는 안식일의 주로서 안식일의 참된 의미를 해석한다. 안식일의 치유를 반대한 자들은 부끄러워하고, 무리는 예수가 행하시는 영광스런 일을 기뻐했다(17절). 전통과 규례에 얽매여 귀한 영혼을 그림자 취급하는 사람들은 멸시받던 여자가 하나님께 영광을 돌리는 모습을 보며 부끄러워해야 한다(17절).

안식일은 생명의 회복에 초점을 맞춘다. 본질적으로 안식일은 즐거운 날이다(사 58:13-14; 참조. 56:2). 출애굽 백성에게 안식일은 이집트의 속박에서 해방된 사건을 기억하고 기념하는 날이다(출 20:8-11; 신 5:12-15). 안식일은 자유와 생명과 안식을 누리는 날이다(창 2:2). 예수는 생명을 창조하는 하나님의 일을 안식일에 성취한다. 이런 점에서 안식일은 움직이지 말아야 하는 날이 아니라 서로를 위한 봉사로 사랑을 나누는 잔치의 날이다. 이 사건은 하나님 나라의 속성을 반영한다.

겨자씨와 누룩 같은 하나님 나라(13:18-21)

18 그러므로 예수께서 말씀하셨다. "하나님 나라는 무엇과
같을까요? 내가 무엇으로 비교할까요? 19 그것은 어떤 사람이 그의
정원에 가져다 심은 겨자씨와 같습니다. 씨는 자라 나무가 됐고
하늘의 새들이 나뭇가지에 깃들어 살았습니다." 20 예수께서 다시
말씀하셨다. "내가 하나님 나라를 무엇과 비교할 수 있을까요?
21 그것은 어떤 여자가 가져다 밀가루 서 말 속에 숨겼고 발효된
누룩과 같습니다."

18절은 '그러므로'로 시작한다. 이 접속사는 18-21절의 두 비유가 회당에서 벌어진 치유 사건을 해석하고 있음을 내포한다. 두 비유는 각각 남자(19-20절)와 여자(21-22절)를 등장시킨다.[4] 예수는 하나님 나라가 무엇과 같고 무엇으로 비교될 수 있는지 질문한다(18절). 예수의 대답은 겨자씨 비유와 누룩 비유다. 하나님 나라는 마치 어떤 사람이 채소밭에 심은 겨자씨 한 알 같다(19절). 겨자씨가 자라 나무가 되고 하늘의 새들이 가지에 몰려든다(20절). 비유에는 밭 대신 정원이 나온다. 정원은 밭보다 더 수고해야 결실을 맺는 곳이다(참고. 13:6-9). 예수의 수고는

겨자씨가 나무가 되는 것처럼 결실로 나타날 것이다. 특히 예수의 사역으로 이방인들이 하나님의 백성 안에 포함될 것이라는 구약의 예고가 성취된다(참고. 겔 17:23; 31:6; 단 4:9-21). 겨자씨는 매우 작다. 하나님 나라가 대중의 관심 가운데 웅장하고 화려하게 시작하고 확장되는 나라일까? 만일 예수가 그런 번영의 나라를 의도했다면 능력(시 80:10; 92:12; 슥 11:2)과 웅장함(아 1:17; 렘 22:23)의 상징인 백향목을 비유의 소재로 사용했을 것이다. 또 하나님 나라는 어떤 여자가 가루 서 말 속에 넣어 부풀게 한 누룩과 같다(21절). 누룩은 적은 양으로 밀가루 반죽을 부풀어 오르게 한다. 하나님 나라는 작고 사람들의 이목을 끌지 못한 채 시작된다. 그러나 시간이 지나면서 상상을 초월하는 수준의 영향을 끼칠 것이다.

두 비유는 하나님 나라가 작게 시작했으나 크게 되는 속성과 처음부터 겸손을 특징으로 자라는 속성을 강조한다. 하나님 나라는 능력과 부를 가진 사람들의 영웅담을 만들어 주는 나라가 아니다. 18년 동안 사탄에 매여 고통당하다가 해방된 여자의 이야기처럼 하나님 나라는 가난한 자들이 회복되는 나라다. 놀랍게도 하나님 나라는 겨자씨와 누룩의 속성처럼 어느새 크게 성장한다. 겉보기에 보잘 것 없는 활동처럼 여겨져도 실제로는 비유의 가르침처럼 놀랍도록 확장된다. 하나님 나라는 은혜 없이는 살 수 없는 자들이 살아나 예수의 공동체에 참여하는 나라이며, 긍휼이 필요한 사람들의 변화를 통해 확장된다.

좁은 문으로 들어가기를 힘쓰라(13:22-24)

22 예수께서 성읍과 마을을 통과하고 예루살렘을 향해 가면서
가르치셨다. 23 누군가 예수께 말했다. "주님, 구원받는 사람들이
소수입니까?" 24 "좁은 문으로 들어가고자 노력하시오. 나는
여러분에게 말합니다. 많은 사람들이 들어가기를 원하지만 들어갈
수 없습니다."

【겨자씨】

예수는 각 도시와 마을을 순회하며 가르치시고 예루살렘을 향해 가고 있었다(22절). 예루살렘을 향한 여정을 시작한 이후 처음으로 예루살렘에 올라가는 내용이 언급된다. 길 위에서 어떤 사람이 예수에게 소수의 사람들만 구원을 받는지 질문한다(23절). 이 질문은 당시 사람들의 관심을 반영할 뿐 아니라 이전 내용과도 관련이 있다. 적은 수의 사람들이 구원받을 것이라는 내용은 당시 유대 문헌에 자주 등장한다.[5] 예수는 13:1-5에서 예루살렘에 일어난 두 사건과 관련해 회개하지 않으면 다 죽을 것이라고 경고했다(5절). 이어지는 포도원의 비유에서도 열매 맺지 못하는 무화과나무를 찍어내는 무서운 심판을 언급했다(6-9절). 10-21절에서는 안식일 사건과 겨자씨와 누룩 비유를 통해 긍휼로 확장되는 나라를 설명했는데 안식일 사건에는 긍휼을 외면하는 자들을 향한 경고성 메시지가 들어 있다. 어떤 점에서는 예수의 환대를 거부하는 사람들이 더 많았기 때문에 그의 가르침을 따르는 자들은 적을 수밖에 없다. 뿐만 아니라 예수는 높은 윤리와 심판의 때가 임박했음을 강조했다.[6] 그러므로 예수의 잠재적 대답은 구원을 받는 사람들의 수가 적다는 것이다. 좁은 문을 통과해 구원에 이르는 일이 너무 힘들기 때문이다. 예수는 좁은 문으로 들어가기를 힘쓰라고 대답한다. '힘쓰라'는 운동선수가 시합을 하거나 군인이 전쟁을 치를 때 사용되는 단어다.[7] 구원의 문에 들어가고 싶어도 들어가지 못하는 사람들이 많다(24절; 9:23; 12:33; 14:26-27). 구원의 문은 모두에게 열려 있고 제한이 없으나 예수가 제시하신 길을 따르는 자들만이 들어갈 수 있다. 많은 사람들이 구원의 문 안으로 들어가기를 원하나 예수의 뜻에 순종하지 않기 때문에 실패한다. 예수의 경고는 30절의 의미와도 비슷하다. 지금 구원의 문에 들어가 있다고 스스로 확신할지라도 이는 자기 확신일 수도 있다. 반면 지금 구원의 문에서 멀다고 생각하더라도 겸손히 주님의 말씀을 받아들이는 자는 이미 구원의 문 안에 들어가 있다.

악을 행하는 자들아 나를 떠나라(13:25-30)

25 "집 주인이 일어나 문을 닫아버리면 여러분은 바깥에 서서 문을
두드리며 말할 것입니다. '주인님, 우리에게 문을 열어주십시오.'
그때 주인이 여러분에게 대답할 것입니다. '나는 너희가 어디에서
왔는지 알지 못한다.' 26 여러분은 이렇게 말할 것입니다.
'우리는 당신 앞에서 먹고 마셨으며, 당신은 거리에서 우리를
가르치셨습니다.' 27 그러나 그가 말할 것입니다. '나는 너희에게
말한다. 나는 너희가 어디에서 왔는지 알지 못한다. 악을 행하는
모든 자들아 나를 떠나라.' 28 아브라함과 이삭과 야곱과 모든
선지자들이 하나님 나라에 있는 것을 보지만 여러분은 쫓겨나게
될 때 그곳에서 슬피 울고 이를 갈게 될 것입니다. 29 사람들이
동쪽과 서쪽과 북쪽과 남쪽에서 와서 하나님 나라의 식탁에 앉게 될
것입니다. 30 어떤 사람들은 첫째가 될 마지막이며, 어떤 사람들은
마지막이 될 첫째입니다."

구원의 문은 열려 있으나 언젠가는 닫힌다. 구원의 문은 좁을 뿐 아니라 무한한 기회가 주어지는 게 아니다. 닫히기 전에 지금 반응해야 한다. 내일로 연기해놓고 문이 닫힌 후에 열어달라고 간청하면 더 이상 기회를 얻지 못할 수도 있다. 문이 닫히면 억울해할 사람들이 있다. 문

안에 들어가 있는 줄 알았는데 문 밖에 있는 자신들의 모습을 확인하고는 주와 자신들의 관계에 대해 말할 것이다. 어떤 사람들은 주 앞에서 먹고 마시는 친밀한 관계였다고 호소하고 예수에게서 직접 배웠다고 증언할 것이다(26절). 그러나 예수는 모른다고 반응할 것이다. 예수와 같은 공동체에 속하고 말씀을 들었다는 것이 구원받은 증거는 아니다. 행위가 평가의 기준이다(27절). 구원의 문에 들어간 여부는 행위로 입증된다.

28-30절은 구원의 문이 특정 혈통을 위해 열리는 것이 아님을 강조한다. 심판의 때가 오면 아브라함과 이삭과 야곱과 모든 선지자는 하나님 나라에 있을 것이다(28a절). 여기서 하나님 나라는 최후심판 이후에 주어지는 종말을 가리킨다. 하나님 나라에 들어간 사람들의 기쁨은 잔치에 참여하는 것으로 표현된다. 하나님 나라에 들어가지 못하는 자들('오직 너희')은 밖으로 쫓겨나고 거기서 슬피 울며 이를 갈게 될 것이다(28절—마태 6회, 누가 1회). 이 표현은 지옥에 던져지는 자들의 고통을 반영한다. 누가 종말의 잔치에 참여하지 못하고 슬피 우는가? 유대인이라고 해서 자동으로 잔치에 참여할 수 있는 것이 아니다. 동서남북 열방에서 하나님 나라의 잔치에 참여하려고 올 것이다(29절). 선민의식으로 무장한 유대인들은 그들의 조상인 아브라함, 이삭, 야곱과 식사를 나눌 것이라고 생각할 수 있으나 아브라함은 더 이상 혈통의 조상이 아니다. 하나님 나라에 들어온 사람들의 조상이다. 이런 현상은 30절에서 표현된다. 먼저 된 자들이 나중되고 나중 된 자들이 먼저 되는 것을 보며 사람들은 놀라움을 경험할 것이다. 구원받는 사람의 수에 대한 예수의 대답은 이렇다. 유대인들이 생각하는 것보다 더 많은 사람들이 구원을 얻을 것이다. 그러나 하나님 나라에 들어간다고 확신하는 자들 중에 들어가지 못하는 자들이 있는 반면 구원받을 자격이 없는 것처럼 보이는 낮은 자들이 하나님 나라의 기쁨에 참여할 것이다.

예루살렘의 비극(13:31-35)

31 바로 그때 어떤 바리새인들이 와서 예수께 말했다. "여기서
떠나시오. 헤롯이 당신을 죽이고 싶어 하기 때문입니다."
32 예수께서 그들에게 말씀하셨다. "가서 여우에게 말하시오. '내가
오늘과 내일 귀신들을 쫓아내고 병을 치유하고 삼일 째 성취할
것입니다.' 33 오늘과 내일과 그다음 날은 나의 길을 가야 하오.
선지자가 예루살렘을 벗어나 죽을 수 없기 때문이오."
34 "예루살렘아 예루살렘아, 선지자들을 죽이고 그곳에 보냄받은
자들을 돌로 치는 도성이여! 암탉이 병아리를 자기 날개에 모으듯
내가 네 자녀를 모으기를 간절히 원했으나 너희가 원치 않았다.
35 네 집이 버림받을 것이다. 나는 너희에게 말한다. 너희가 '주의
이름으로 오시는 분을 찬송합니다'라고 말하기 전에는 나를 보지
못할 것이다."

예수가 하나님 나라에 대해 가르치는 동안 어떤 바리새인이 와서 헤롯이 죽이려고 찾는 중이기 때문에 이곳을 떠나야 한다는 구체적인 정보를 전달한다(31절). 바리새인이 예수를 위해 이런 정보를 제공하는 장면은 예수에 적대적이지 않은 바리새인들도 있었음을 의미한다. 예수는 '저 여우'(헤롯)에게 경고 메시지를 전한다(32절).[8] 여우는 잘 숨고 영리한 짐승이다. 이런 여우는 이중적인 특징을 가지고 있는데, 사자와 같은 맹수에 비해서는 위협적이지 않지만 자기보다 약한 상대에게는 공격적으로 돌변한다는 것이다.[9] 실제로 헤롯은 로마의 빌라도에 비해 약했으나 힘없이 끌려온 예수에게 폭력적으로 대할 것이다(23:6-16). 예수는 헤롯의 이중적인 속성을 꿰뚫고 있다. 헤롯은 여우처럼 하나님 나라 확장을 훼방 놓지만 성공하지 못한다. 예수는 '오늘과 내일'은 귀신을 쫓아내고 병을 고치다가 3일째 완전해질 것이다(32절). '오늘과 내일과 그 다음 날'은 매일의 활동 또는 짧은 기간을 뜻한다. 예수는 자신의 사역을 귀신을 쫓아내고 병을 고치는 일로 요약한다. 그는

위협이 심해져도 이런 일을 계속할 것이다. 예수는 3일째 완전하게 될 것이다. '3일째'는 예수의 부활을 암시하는 표현이다. '완전해질 것이다'(τελειοῦμαι 텔레이우마이)는 의도한 목표를 이룰 것이라는 뜻이다. 예수는 3일째, 즉 십자가의 죽음과 부활을 통해 구원의 목표를 성취할 것이다. 선지자는 예루살렘 밖에서 죽는 법이 없으므로(33b절) 예수는 예루살렘에서 죽음과 부활을 통해 선지자의 사명, 하나님의 목적을 이룰 것이다. 예수는 갈릴리를 통치하는 여우 헤롯에게 죽임 당하지 않고 예루살렘에서 죽게 될 것이다. 헤롯은 예수를 단칼에 죽일 수 있다고 자만하겠지만 예수의 운명은 하나님의 뜻에 따른다.

예수는 메시아를 거부하는 예루살렘의 운명을 2인칭을 사용해 탄식한다(34-35절). 예루살렘은 선지자들을 죽이고 파송된 자들을 돌로 치는 도시다. 구약에서 돌로 치는 행위는 신성모독(레 24:14, 16, 23)과 배교(레 20:2; 신 13:11)한 자들을 처형하는 방식이었다. 그러나 역설적으로 하나님이 보내신 사람들이 하나님을 모독하고 배교 행위를 한다는 죄목으로 처형당한다. 이는 이스라엘 백성, 특히 종교지도자들이 자신들의 목표와 열정을 근거로 하나님의 목표를 수행하는 자들을 배척하기 때문이다. 예수는 하나님의 파송을 받은 메시아다(3:15-16; 7:18, 22). 그는 하나님의 대리자로서 예루살렘을 향한 하나님의 계획과 뜻을 전한다. 예루살렘은 하나님의 대리자를 죽임으로써 하나님에 대항한다. 잘못된 확신과 목표로 하나님께 저항하는 예루살렘은 비극적 운명을 맞을 것이다. 예수는 암탉이 날개 아래에 새끼를 모으는 것 같이 예루살렘의 자녀들을 모으려고 노력했다(34절). 하지만 예루살렘은 예수가 내민 구원의 손길을 원치 않았다. 예루살렘의 운명은 어떻게 될 것인가? 예루살렘은 황폐하게 되고 버림받게 될 것이다(35a절).[10] 예수는 예레미야 선지자의 언어를 사용하여 하나님의 목적에 맞게 살지 않은 예루살렘이 무너질 것을 예고한다(렘 12:7; 22:5). 하나님의 뜻으로 세워진 예루살렘은 하나님의 뜻을 정면으로 반대하고 하나님의 대리자를 죽인 죄로 황폐하게 될 것이다. 예루살렘은 이스라엘을 대표하므로 예루살렘의 멸망은 이스라엘의 멸망을 의미한다. 선민의식으로 가득

차 있었던 예루살렘은 심판을 피할 수 없다. 그러나 심판의 경고가 전부는 아니다. 이스라엘 백성은 "주의 이름으로 오시는 분을 찬송합니다"라고 말할 때까지는 '오시는 이' 예수를 보지 못할 것이다. 이는 시편 118:26의 인용이다. 인자의 오심, 즉 재림을 염두에 둔 인용이다. 재림 전에 유대인들 중에서도 예수를 인정하고 찬송하는 사람들이 있을 것이다. 이스라엘은 곧 황폐하게 될 것이지만 미래에는 소망이 있다. 예수를 메시아로 고백하는 미래가 이스라엘에 열려 있다.

안식일에 치유받은 수종병 환자(14:1-6)

1 안식일에 예수께서 바리새인들의 지도자 집에 식사하러 가셨다.
그들은 예수를 면밀히 지켜보고 있었다. 2 예수 앞에는 수종병
환자가 있었다. 3 예수께서 율법전문가들과 바리새인들에게
말씀하셨다. "안식일에 병을 고치는 것이 합당한가요, 합당하지
않은가요?" 4 그들은 침묵했다. 예수께서는 환자를 붙잡고 치유해
보내셨다. 5 예수께서 그들에게 말씀하셨다. "여러분 중에 안식일에
우물에 빠진 아들이나 소가 있는데 곧바로 건져내지 않겠습니까?"
6 그들은 이에 대답하지 않았다.

1-6절은 누가복음에 기록된 안식일의 치유 사건 중 세 번째에 해당한다(6:6; 13:10). 예수는 안식일에 바리새인들의 지도자가 초대한 식사에 참석했다(1절). 바리새인들의 지도자는 예수에게 적대적이지 않다.[11] 바리새인의 집에는 예수 외에도 수종병 환자가 있었다. 수종병은 특정 병명이 아니라 질병 때문에 신체의 어떤 부위가 물로 채워지듯 팽창한 상태를 가리킨다. 복수가 찬 환자의 모습과 같다. 율법교사들과 바리새인들(3절)은 수종병 환자를 예수의 문제를 입증할 목적으로 이용하고 있다. 예수는 이들에게 안식일에 병을 고치는 것이 합당한지 묻는다(3절).[12] 이 장면은 예수가 안식일에 몸이 꼬부라진 여자를 치유했을 때와 비슷하다(13:10-16). 회당장은 다른 날에는 몰라도 안식일에는 치유하지 말

아야 한다고 강조했다(13:14). 본문의 율법교사들과 바리새인들 역시 안식일에 치유하는 행위를 반대할 것이다. 그러나 이들은 침묵한다. 이는 꼬부라진 여자가 치유받은 장면을 보고 반대하던 자들이 부끄러워했던 것과 비슷하다(13:17). 예수는 이들의 입을 닫게 만들고 나서 환자를 치유한다(4절). 예수는 환자를 안식일에 치유한 것이 왜 정당한지 꼬부라진 여자가 치유된 사건과 같은 논리로 논증한다(5절; 13:15-16). 그는 안식일에 우물에 빠진 아들이나 소가 있는데 곧바로 건져내지 않을 사람이 있는지 질문한다. 안식일이라고 해서 아들과 짐승이 죽는 것을 보고만 있을 사람은 없다. 율법교사들과 바리새인들도 살려낼 것이다. 그러나 이들은 예수의 질문에 대답하지 못한다. 현재 이들은 복수가 차서 몸이 부어오른 환자를 소보다 낮은 가치로 생각한다. 규례와 전통에 얽매여 냉정하고 차가운 사람이 되는 것은 율법전문가들의 비극적인 현주소다.

초대받는 자들을 위한 교훈(14:7-11)

7 예수께서는 초대받은 사람들이 상석을 선택하는 것을 보고
그들에게 비유를 말씀하셨다. 8 "당신이 누군가로부터 혼인
잔치에 초대를 받으면 상석에 앉지 말기 바랍니다. 당신을 초대한
사람이 당신보다 더 높은 사람을 초대할 때 9 당신과 그를 초대한
사람이 당신에게 와서 말할 것입니다. '당신의 자리를 이 사람에게
양보하십시오.' 그러면 당신은 수치심을 안고 말석으로 가야
합니다. 10 당신이 초대를 받으면 가서 말석에 앉으십시오. 그때
당신을 초대한 사람이 말할 것입니다. '친구여, 더 높은 곳으로
올라가십시오.' 그러면 함께 식탁에 앉은 모든 사람들 앞에서 당신은
영광을 얻게 될 것입니다. 11 자신을 높이는 자마다 낮아질 것이며,
자신을 낮추는 자마다 높아질 것입니다."

본문은 하나님 나라의 특징이 바리새인들과 율법전문가들과 같은 사

람들이 낮아지고, 그들이 무시하는 자들이 높아지는 것임을 알린다. 예수는 초대받은 사람들이 높은 자리를 선택하는 모습을 보고 비유로 가르치신다(7절). 당시 문화에서 식사나 연회는 손님들의 사회적 지위가 공개적으로 드러나는 자리였다. 식사 자리를 배열하는 것은 명예에 매우 중요했다. 주인과 얼마나 가까운 자리에 앉는지에 따라 사회적 지위가 드러나기 때문이다. 사람들이 부러워하는 자리는 주인과 가까운 자리였다. 주인과 멀리 떨어진 구석 자리는 손님들이 선호하는 자리가 아니었다. 그러나 예수는 혼인 잔치에 초대받을 때 높은 자리에 앉지 않도록 가르친다(8절). 첫째 자리에 앉는 위험성은 더 높은 사람이 도착할 때 생긴다. 만일 더 높은 지위의 사람이 들어오면 초대자는 자리를 양보하도록 요구할 것이다(9절). 양보하는 손님은 수치심을 안고 끝자리로 가야 한다. 그러므로 처음부터 끝자리에 앉는 것이 낫다(10절). 초대자가 와서 윗자리로 인도할 것이고 함께 앉은 모든 사람 앞에서 영광을 얻게 될 것이기 때문이다. 예수는 비유의 교훈을 자기를 높이는 자는 낮아지고 낮추는 자는 높아질 것이라고 요약한다(11절). 예수는 사회적 높음과 낮음에 대한 관례에 도전한다. 특히 예수가 비유를 통해 경고하는 대상은 바리새인들이다. 그들은 높은 곳에 앉아서 존중받는 것을 사랑했다. 하지만 하나님 나라는 사람의 가치를 새롭게 설정한다. 종교지도자들이 낮게 평가하는 사람들이 높아질 것이다. 탄생 예고 장면에서 마리아는 예수의 탄생과 사역으로 반전이 일어날 것을 예고했다(1:51-52). 11절의 낮은 자들은 이사야 61:1-2에 묘사된 사람들이다. 예수는 기름 부음 받은 종으로 낮은 자들을 해방하고 회복하는 사명을 수행한다(4:18-19).

초대자를 위한 교훈(14:12-14)

12 예수께서 그를 초대한 사람에게도 말씀하셨다. "당신이 점심
식사나 저녁 식사를 마련할 때 당신의 친구들이나 형제들이나
잘사는 이웃들을 초대하지 마십시오. 그들을 초대하면 그들도

당신에게 답례함으로 당신에게는 보상이 없을 것입니다. 13 당신이
잔치를 마련할 때 가난한 자들과 몸이 불편한 자들과 다리를 저는
자들과 맹인들을 초대하십시오. 14 그들이 당신에게 보답할 수 없기
때문에 당신은 복됩니다. 왜냐하면 의인들의 부활 시에 당신은
보상을 받게 될 것이기 때문입니다."

예수는 계속해서 하나님 나라의 특징을 비유로 설명한다. 앞 단락에서는 초대받는 자를 예로 들었고 본 단락에서는 초대하는 자를 예로 든다.[13] 본문은 식사와 관련된 당시의 가치관을 반영한다.[14] 첫째, 사람의 명예는 그 사람이 상대하는 사람들에 의해 결정됐다. 식사에 초대에 응한 사람이 높은 신분이면 초대자의 명예도 높아졌다. 둘째, 호의를 받은 자는 반드시 갚아야 하는 의무를 지게 된다. 이런 관계는 상호성의 개념을 반영한다. 식사에 초대받으면 다음 식사에 초대자를 초청해야 한다. 이 관례를 잘 아는 예수는 초대자에게 친구나 형제나 친척이나 부자 이웃을 초대하지 않도록 한다(12절).[15] 친구나 가족이나 친척은 초대에 대한 보답으로 초대자를 초대할 것이다. 부자 이웃은 자신의 명예를 위해 초대로 보답할 것이다. 부잣집에 초대받게 되면 바리새인 지도자의 지위와 명예는 더욱 높아질 것이다. 예수는 당신이 잔치를 마련할 때 가난한 자들과 몸이 불편한 자들과 다리를 저는 자들과 맹인들을 초대하라고 가르친다(13절). 자신에게 이득이 되지 않고 손해를 끼칠 사람들을 초대하라는 뜻이다. 소득과 자산과 사회적 계급을 고려할 때 이들은 답례를 할 수 있는 사람들이 아니다. 예수의 지시는 당시 윤리를 역행한다. 부자나 높은 지위인 사람이 궁핍한 사람을 초대하는 것은 부담과 수치였다. 사회적 약자를 초대하면 그런 사람과 가깝게 지낸다는 이유로 초대자의 명예가 손상되기 때문이다. 그들은 보답할 수 없기 때문에 초대자는 경제적 손실을 입는다. 그러나 예수는 이러한 사회적 약자를 초대하는 사람이 복되다고 평가한다. 그들이 호의를 갚을 수는 없지만 의인들이 부활할 때 호의에 대한 보상을 받게 될 것이기 때문이다. 이 생애에서 보상받지 못하면 종말에 하나님의 보상을 받게

될 것이다.[16] 여기에는 베푼 사람은 '갚음' 또는 '보상을 돌려받는다'는 '상호성의 원리'가 작동한다. 궁핍한 자들이 갚지 못하는 것을 하나님이 갚아주실 것이다. 하나님의 보답을 받으려면 갚을 수 없는 사람들을 환대해야 한다. 의인들의 부활은 바리새인들도 공유한 신앙이었다(행 23:6; 24:15; 단 12:2-3). 그들은 자신들이 의인으로서 당연히 종말의 만찬에 참여할 것으로 믿었다(14:15). 그러나 예수가 언급하는 의인은 희생적인 헌신으로 가난하고 낮은 자들을 섬기는 사람들이지 혈통과 조상에 근거하는 유대인들이 아니다. 예수는 사람의 가치를 차별하는 문화에 도전하고 이런 문화를 고착화하는 기득권 의식을 공격한다. 하나님 나라는 상호존중의 공동체를 지향한다.

큰 잔치를 위한 초대(14:15-24)

15 식탁에 앉은 자들 중 한 명이 이 말을 듣고 예수께 말했다. "하나님
나라에서 빵을 먹게 될 자마다 복됩니다." 16 예수께서 그에게
말씀하셨다. "어떤 사람이 성대한 만찬을 준비하고 많은 사람들을
초대했습니다. 17 만찬 시간에 그는 종을 보내 초대받은 자들에게
'오십시오. 모든 것이 이제 준비됐습니다'라고 말하게 했습니다.
18 그러나 초대받은 자들은 전부 양해를 구하기 시작했습니다. 첫
번째 사람이 종에게 말했습니다. '나는 밭을 샀다네. 가서 그것을
봐야 하네. 양해를 구하네.' 19 또 다른 사람이 말했습니다. '나는
다섯 마리의 소를 샀다네. 가서 소를 살펴보아야 하네. 양해를
구하네.' 20 또 다른 사람이 말했습니다. '나는 결혼을 했기 때문에
갈 수 없네.' 21 종은 와서 이 모든 것을 그의 주인에게 보고했습니다.
그때 집 주인은 화가 나서 종에게 말했습니다. '빨리 성읍의
길거리와 골목으로 나가서 가난한 자들과 몸이 불편한 자들과
맹인들과 다리를 저는 자들을 초대해라.' 22 종이 말했습니다.
'주인님, 분부하신 것을 실행했는데도 아직 자리가 있습니다.'
23 주인이 종에게 말했습니다. '큰길과 울타리로 나가 억지로라도

> 사람들을 들어오게 해서 내 집을 채우도록 해라.' 24 나는 여러분에게 말합니다. 초대를 받았던 사람들 중 누구도 나의 잔치를 맛보지 못할 것입니다."

본 단락도 계속해서 하나님 나라의 특징을 다루고 있다. 비유는 앞 단락과 마찬가지로 초대자의 행위에 초점을 맞추고 있다. 초대자는 처음에 자신의 사회적 수준에 적합한 사람들을 초대했지만, 그들은 자신들의 계획을 우선시함으로써 식사 초청을 거부한다(15-20절). 그래서 초대자는 가난하고 아프고 장애 있는 사람들, 마을 공동체에 포함될 수 없는 사람들을 초대한다(21-24절). 이 비유가 나오게 된 배경은 다음과 같다. 예수와 함께 식사하던 어떤 사람이 예수의 말씀을 듣고 나서 하나님의 나라에서 빵을 먹는 자가 복되다고 말한다(15절). 바리새인들의 지도자가 초대한 식사에 참석했으므로 익명의 질문자 역시 바리새인이거나 그에 상응하는 지위의 사람이었을 것이다. 그는 초대받은 자와 초대한 자에 대한 예수의 교훈을 들었다. 특히 의인들이 부활 시 얻게 될 복에 대한 말씀을 들었다(14절). 그가 생각하는 하나님 나라는 종말에 하나님이 통치하실 나라다. 유대인들은 종말에 하나님이 만찬을 준비하시고 의인들과 조상들이 함께 연회를 즐길 것을 고대했다(사 25:6-9). 그는 종말에 있을 잔치에 참석할 의인에 자신도 포함된다고 생각했을 것이다. 자기뿐 아니라 그곳에 모인 동료들 모두 하나님 나라의 잔치에 참여할 복된 자들이라고 생각했을 것이다. 그는 자신이 하나님 나라에 들어가고 부활을 하고 복을 누릴 지위에 있다고 확신했다. 그러나 예수는 비유를 통해 '누가' 하나님 나라의 만찬에 참석할 수 있는지 새로운 정의를 내린다. 질문을 던진 자와 같이 자기 확신에 가득 찬 사람이 만찬에 참여하는 자에서 제외될 수 있다.

비유는 16절부터 시작된다. 어떤 사람이 큰 잔치를 베풀고 많은 사람을 초대했다. 주인은 관례를 따라 종을 보낸다. 먼저 초대하고 그다음 최종적으로 식사가 준비된 것을 알리는 순서로 초청했다. 잔치의 규모가 컸기 때문에 주인은 많은 사람들을 초대했다. 큰 잔치를 준비할 정도로 부자인 초대자는 높은 지위의 사람이었을 것이다. 당연히 자기 명성에 부합하는 손님들을 초대했을 것이다. 초대자는 예상 인원을 생각해 많은 비용을 들여 만찬을 마련했고 손님들에게도 다른 약속을 잡지 않도록 넉넉한 시간을 주었다. 잔치를 열기 직전, 주인은 종들을 보내 식사 준비를 마쳤으니 잔치에 참석할 것을 요청한다(17절). 그런데 처음에 초대를 수락한 손님들 모두 참석할 수 없다고 알려온다. 사람들이 모두 참석하지 않는 예상밖의 일이 일어나고 말았다. 한 사람은 밭을 샀고 그 밭을 검사해야 하기 때문에 양해를 구한다(18절). 이 사람은 재산 때문에 참석하지 못한다. 다른 사람은 소 다섯 마리를 샀는데 시험을 해야 하기 때문에 양해를 구한다(19절). 이 경우도 재산이 주된 이유다. 또 다른 사람은 결혼을 했다는 이유로 올 수 없다고 말한다(20절). 이 사람은 자기가 마련한 결혼식 피로연을 초대자의 잔치보다 더 중요하게 여겼을 것이다. 세 사람 모두 소유와 관련된 일로 변명한다. 무례히 초대를 거절한 세 사람은 자신들의 계획과 욕망을 우선시했다. 자신들의 유익과 필요에 따라 결정을 내렸다.

종이 돌아와서 상황을 보고하자 주인은 단단히 화가 났다(21a절). 그들 모두가 초대를 거부한 것으로 초대자의 명예가 짓밟혔다. 그는 크게 분노했다. 주인은 집단적 저항을 받은 것 같은 수치와 분노로 가득 찼다. 분노와 슬픔 가운데 그는 손님에 대한 개념을 바꾸게 된다. 화가 나지만 잔치에 오지 않는 사람들에게 보복하지 않는다. 당장 시내의 거리와 골목에 나가서 가난한 자들과 몸 불편한 자들과 맹인들과 다리가 불편한 사람들을 데리고 오라고 지시한다(21b절). 이는 명예도 없고 돈도 없는 사람들, 즉 사회적 약자들을 초대하라는 지시다. 주인은 자신의 명예에 상응하는 지위의 사람들을 초대했던 방식과는 정반대로 명예가 손상되는 것에 신경 쓰지 않는 사람처럼 대상자를 정한다. 흥미롭게도 주인의 행동은 잔치를 준비할 때 가난한 자들과 몸과 다리가 불편하고 볼 수 없는 자들을 초대하라는 예수의 교훈과 일치한다(13절). 종이 아직도 빈자리가 있다고 보고하자 주인은 길과 산울타리로 나가서 손님들을 데리고 오라고 지시한다(22절). 동네 사람들뿐 아니라 외부인들도 초대한다. 길과 울타리는 포도원이나 밭을 둘러싸거나 마을의 범위를 정해주는 역할을 했다. 길과 울타리 주변에는 집 없는 사람들이나 거지들이 임시로 거주했을 것이다. 또는 길과 울타리 너머에는 마을 공동체에 들어올 수 없는 빈곤층이나 제의적으로 부정한 자들이 머물렀을 것이다. 이들은 주인의 높은 지위를 알기 때문에 참석하기를 꺼려했을지도 모른다. 그래서 주인은 이들을 강권해 데리고 와서 집을 채우라고 명령한다(23절). 24절에서 주인이 지시하고 말하는 상대인 '종'(단수형)이 '너희'(복수)로 바뀐다.[17] 앞서 잔치에 초대받은 자들은 한 명도 잔치를 즐길 수 없다(24절). 초대 범위를 아무리 넓혀도 전에 초대를 거부한 사람들은 제외되고 만다. 그들은 주인의 잔치에 참여해서 음식을 즐길 기회를 놓쳤다.

비유의 의미는 1-14절의 가르침과 연결된다.[18] 예수는 초대자에게 가난하고 병과 장애를 가진 사람들을 초대하도록 가르쳤다(12-13절). 처음에 초대자는 화려한 잔치를 준비하고 명예로운 지위를 자랑하고자 했다. 그러나 부자 친구들과 지인들은 자신들의 욕망과 계획을 우선시했다. 결국 초대자는 예수의 가르침 그대로 실천한다(21절). 마을 공동체에 들어올 수 없는 빈민과 부정한 계층으로 초대를 확대한다(23절). 사회적으로 높은 지위와 안정된 위치에서 자신들의 욕망을 우선시하는 사람들에게 미련을 두지 않는다(24절). 예수의 제자는 메시아의 잔치에 사람들을 초대하는 사람과 같다. 일반적으로 부를 즐기고 품격 있는 동료들로 인맥을 형성하고 싶은 마음을 가지기 쉽다. 그러나 제자는 내게 유익이 되기보다는 나의 환대가 필요한 사람들을 받아들여야 한다. 상호성의 윤리가 지배하는 세상에서 제자는 되받을 생각이나 명예욕을 채울 마음을 갖지 않고 자기희생적으로 섬겨야 한다. 예수는 사람의 가치를 등급화하는 사회의 관례에 끊임없이 도전함으로 상호존중의 공동체를 지향했다. 예수는 초대자의 자세를 가르치면서 식사자리에 부한 이웃을 초대하지 않도록 했다. 당시 문화에서 가난한 사람은 다른 가정의 식사에 초대를 받으면 갚아야 하는 의무를 짊어지고 돌아왔다. 가난한 손님을 대접한 주인은 경제적 손실을 입을 뿐만 아니라 낮은 계층의 손님을 초대한 이유로 명예에도 타격을 입는다. 이런 문화에서 예수는 가난한 사람들과 장애가 있는 사람들과 다리 저는 사람들과 눈먼 사람들을 초대하라고 가르치신다. 자신에게 득이 되지 않고 손해를 끼치는 사람들을 초대하라고 가르치신다. 소득과 자산과 사회적 계급을 고려하면 이들은 답례할 수 있는 사람들이 아니었다. 그러나 예수는 이들이 갚지 못하기 때문에 하나님께서 초대자의 호의를 갚아주실 것을 약속한다. 하나님의 보답을 받으려면 갚아줄 수 없는 사람을 환대하라는 뜻이다.

제자의 길(14:25-27)

25 큰 무리가 예수를 따랐다. 예수께서 돌아보며 그들에게
말씀하셨다. 26 "누구든지 내게 와서 자신의 아버지와 어머니와
아내와 자녀들과 형제들과 자매들과 심지어 자신의 목숨을
미워하지 않는다면 나의 제자가 될 수 없습니다. 27 자기 십자가를
지고 나를 따르지 않는 자는 나의 제자가 될 수 없습니다."

큰 무리가 예루살렘을 향하는 예수의 길에 함께했다(25절). 무리의 정체는 아직 모호하다. 이들은 아직은 예수를 반대하는 것도 아니고 제자로 따르는 것도 아니다. 예수의 제자가 되는 길과 예수를 비판하는 길 사이에 서 있다. 긍정적으로 보면 무리에게 제자의 길이 열려 있으나 예수와 함께 길을 걷는다고 예수의 제자가 되는 것은 아니다. 예수의 제자가 되고자 하는 사람은 부모와 자녀와 형제와 자매와 심지어 자기 목숨까지 미워해야 한다(26절). '미워하다'는 감정의 표현이 아니라 둘 중 선택하지 않는 쪽에 대한 태도를 의미한다(창 29:30-33; 신 21:15-17; 삿 15:2; 말 1:2-3; 롬 9:13). 제자는 지금까지 소중하게 생각했고 자기의 인생에 영향을 끼치는 대상마저도 예수보다 낮은 가치로 여겨야 한다. 절대적 가치인 예수 앞에서 세상의 모든 것은 상대화된다. 가족의 가치를 무시해야 한다는 뜻이 아니라 예수의 가치가 절대적이기 때문에 소

중한 가족마저 상대화되는 것이다. 자기 십자가를 지고 소유를 버리는 삶을 살지 못하면 제자가 아니다(27절). 예수가 예루살렘으로 여행하는 목적은 십자가에서 죽기 위한 것이다. 예수의 길은 십자가, 즉 고난이 수반되는 길이므로 제자의 길은 좁은 문으로 들어가는 것과 같다(13:24). 예수의 고난이 다른 사람들의 생명을 회복하는 길인 것과 같이 제자들의 고난도 다른 사람들을 회복하는 목적으로 사용된다.

비용을 계산하라(14:28-32)

28 "여러분 중에 누가 망대를 세우기 원하면 공사를 완성할 수 있을
것인지 앉아서 비용을 계산하지 않겠습니까? 29 그렇게 하지 않으면
그 사람은 기초를 놓고도 끝내지 못하고 그 모습을 본 사람들이
모두 비웃으며 30 말합니다. '이 사람이 공사를 시작하고도 끝내지
못했구나.' 31 전쟁 중에 상대 왕을 만나러 나가는 왕이 만 명으로
이만 명을 데리고 오는 왕에 맞서 싸울 수 있을 것인지 먼저 앉아서
심사숙고하지 않겠습니까? 32 자신이 없으면 상대 왕이 아직 멀리
있을 때 사절을 보내 평화를 요청할 것입니다."

무리가 제자의 길을 오해할 수 있기 때문에, 예수는 제자의 길을 심사숙고하도록 두 개의 비유를 전달한다(28-30, 31-32절). 망대를 세우려고 계획하는 사람은 완공할 때까지 필요한 비용을 먼저 계산해야 한다(28-30절). 미리 계산하지 않으면 기초만 쌓고 건축물을 올릴 수 없다(29절). 방어용이든 감시용이든 망대는 높게 올라가는 구조물이므로 기초를 튼튼히 놓아야 한다. 기초를 쌓는 데는 많은 비용이 들어간다. 비용을 계산하지 못하면 목표하는 높이까지 망대를 올려 보지도 못한 채 건축이 중단될 수도 있다. 중도에 포기하면 사람들은 공사를 시작하고도 완공하지 못했다고 비웃을 것이다(30절). 사람들의 비웃음으로 건축자는 수치스럽게 된다. 두 번째 비유(31-32절)는 전쟁을 준비하는 왕에 대한 이야기다. 어떤 왕이 다른 왕과 전쟁을 하러 갈 때 만 명으로 이만

명을 이길 수 있는지 먼저 따져본다(31절). 승산이 없다고 판단되면 사신을 보내 화친을 요청해야 한다(32절). 제대로 계산하지 못하면 수많은 목숨을 잃고 참혹한 패배의 고통을 겪어야 한다. 제자의 길이 어떤 것인지 예측하지 않은 채 무모하게 예수를 따르면 전쟁에서 참패하듯이 인생이 파산할 것이다. 제자가 되려는 사람은 지혜로운 판단을 내려야 한다. 지혜로운 사람은 행동하기 전에 심사숙고한다. 심사숙고하지 않으면 도중에 따르기를 포기함으로 수치스럽게 되기 때문이다. 그만큼 제자가 되는 것은 어렵다. 끝까지 자기 십자가를 질 각오가 됐는지, 개인적인 희생을 감수할 준비가 됐는지 따져야 한다.

소유를 포기하라(14:33)

33 "그러므로 여러분 중에 누구라도 소유하고 있는 모든 것을 포기하지 않고는 나의 제자가 될 수 없습니다."

예수의 제자가 되기 위해서는 가족과 자신을 미워하고 자기 십자가를 지고 소유를 포기해야 한다. 누구든지 자신의 모든 소유를 버리지 않으면 예수의 제자가 될 수 없다(33절). 예수는 제자의 길을 재산을 포기하는 것으로 정의한다. 소유는 땅에서 처분할 수 있는 재화를 가리킨다(8:3; 11:21; 12:15, 33, 44; 16:1; 19:8; 행 4:3). 예수는 실제로 제자를 부를 때 소유를 버리고 따르도록 명령한다(5:11, 28; 18:28). 예수의 제자로 출발할 때뿐 아니라 제자의 길을 걷는 도중에도 재화에 작별을 고해야 한다. 재화가 의지할 대상으로 힘을 발휘할 것이기 때문이다. 예수를 위해 소유를 버리지 않으면 자신의 유익과 염려 때문에 예수를 버리게 될 것이다. 이처럼 예수와 함께하는 여행에서는 무거운 짐을 버려야 한다. 예수를 따르는 정도는 얼만큼 희생했는지로 평가될 것이다. 소유를 버리는 것은 예수를 전적으로 의존하고 최고의 가치로 여긴다는 고백일 뿐 아니라 궁핍하고 힘든 사람들의 회복을 위해 헌신한다는 의미를 포함한다. 예수는 12:33에서 파송받는 제자들에게 소유를 팔아 가난한 사람들을 구제하도록 명령했다. 예수의 희생이 언제나 사람들의 유익을 위한 목적이었듯이 제자들이 소유를 버리는 것도 궁핍하고 재정이 필요한 사람을 위한 희생이다. 그렇다면 예수를 믿는 사람은 문자적으로 소유를 전부 버려야 하는가? 예수는 하나님 외의 힘을 의존하지 않겠다는 결심과 고백을 강조한다. 모든 제자가 문자적으로 모든 재화를 처분하는 것으로 적용할 필요는 없다. 소유를 의존하지 않고 소유로 궁핍한 사람들을 도우며 가난하고 겸손한 자세로 예수를 따른다면 "소유를 버리고 나를 따르라"는 명령에 부합하는 삶이다.

소금 맛을 잃으면(14:34-35)

34 "소금은 좋은 것이지만 맛을 잃게 되면 어떻게 소금 맛을 낼
수 있겠습니까? 35 땅에도 거름에도 쓸모없게 됩니다. 그것은
버려집니다. 귀가 있는 사람은 들으십시오."

'그러므로'로 시작하는 34-35절은 25-35절의 결론이다. 앞에서 제자가 되기 위한 조건을 강조했다면 34-35절은 제자의 도를 실천할 것을 강조한다. 제자는 예수가 가르치는 삶을 지속적으로 실천해야 한다. 예수는 제자도의 실천이 유익하고 소중한 것임을 설명하기 위해 소금을 비유로 사용한다. 소금은 제자 또는 제자의 삶을 의미한다. 소금은 좋은 것이다. 형용사 '좋다'(καλός 칼로스)는 '유용한', '유익한'의 뜻도 지닌다. 1세기 팔레스타인에서는 소금을 여러 용도로 사용했다. 소금이 없는 생활은 상상할 수 없었다. 소금은 성전의 제사에서 언약을 상징했고(민 18:19) 이스라엘의 모든 제사에 요구됐다(레 2:13). 소금은 부패하지 않도록 음식을 보존하고 음식의 맛을 낸다. 따라서 반드시 있어야 하는 것이므로 소금은 유익하다. 소중한 것을 뒤로 하고 희생하는 제자와 그들의 삶은 소금과 같이 유익하다. 그러나 소금은 짠맛을 잃어버리면 쓸모없어진다(34절). 땅에도 쓸모없고 거름으로도 사용할 수 없다. '맛을 잃다'(μωραίνω 모라이노)는 문자적으로는 '밋밋하다', '아무 맛이 없

다' 등의 뜻이다. '어리석게 되다'를 의미하는 은유적 표현이다.[19] 땅과 거름에 쓸 데 없다는 표현에 사용된 유떼토스(εὔθετος)는 '적합한', '유용한'의 뜻이다(35절; 9:62).[20] 제 기능을 하지 못하는 소금은 어디에도 유용하지 않다. 유익하지 않은 소금은 버려지고 만다. 소금이 뿌려진 땅은 저주를 받는다. "아비멜렉이 그 날 종일토록 그 성을 쳐서 마침내는 점령하고 거기 있는 백성을 죽이며 그 성을 헐고 소금을 뿌리니라"(삿 9:45). 제자의 길을 실천하지 않는 제자는 맛을 잃어버린 소금과 같다. 맛을 잃어버린 소금과 같은 제자는 공동체와 사회의 골칫거리가 된다. 제자가 아닌 사람보다 제자도를 실천하지 않는 제자가 공동체와 사회를 더 혼란스럽게 만들 수 있다. 계속해서 땅에 문제를 일으키는 제자는 처음부터 제자가 아니었음을 스스로 입증하는 것이다. 마지막으로 예수는 '들을 귀 있는 자는 들으라'는 경고로 비유를 마친다. 이 표현은 말씀을 대하는 태도를 강조하는 씨 뿌리는 자의 비유에 등장했다(8:8). 예수의 제자가 되고 제자의 맛을 내는 길은 예수의 말씀에 순종하는 것이다.

질문

1. 안식일에 예수님은 어떤 여자를 고쳐주셨습니까(13:10-17)? 이 사건은 하나님 나라의 속성을 어떻게 소개합니까? 겨자씨와 누룩의 비유는 어떤 의미를 전하고 앞 사건과 어떻게 연결됩니까(13:18-21)?
2. 하나님 나라에 들어가지 못하는 사람은 어떤 사람들이며 그들은 어떻게 됩니까(13:22-35)? 본문에 나타난 예수님의 비유와 말씀은 어떤 점에서 우리에게 경각심을 던져 줍니까?
3. 안식일의 치유를 설명해 보십시오(14:1-6). 예수님은 초대와 관련된 교훈과 큰 잔치의 비유를 통해 무엇을 강조하십니까(14:7-24)? 하나님 나라에는 어떤 사람들이 들어갈 수 있을까요?
4. 예수님은 제자의 길을 어떻게 가르치십니까(14:25-35)? 본문에서 예수님의 제자에게 필요한 자세가 무엇인지 생각해 보십시오.

묵상

1. 18년 동안 펴지 못한 채 땅만 보고 살던 여자가 안식일에 회복된 사건은 하나님 나라가 가난하고 갇힌 자들이 회복되고 그들을 통해 하나님이 영광 받으시는 나라임을 보여줍니다. 약하고 작은 사람을 아브라함의 자녀로 귀하게 대하는 나라입니다.
2. 예수님은 효용 가치로 사람을 분류하고 대하는 태도를 바꾸도록 요구하십니다. 궁핍하고 질병과 장애가 있는 사람들이 호의를 갚을 능력이 없다고 해서 가치가 낮은 사람들인 것은 아닙니다. 그들을 존중한 대가가 유익으로 돌아오지 않습니다. 그러나 예수님의 윤리에 따르면 순수한 선행은 보상을 받게 되고 그 보상은 하나님에게서 옵니다. 어떤 사람이 답례로 갚을 것이 없는 처지에 있어도 하나님이 그 사람을 대신해 답례를 하신다는 사실은 중요한 교훈입니다. 어려운 처지에 놓인 나를 존중하는 사람이 하나님의 환대를 받게 되므로 나의 처지와 상관없이 나는 존중받을 가치가 있는 사람입니다. 나보다 더 힘든 상황에 놓인 사람을 존중할 때 하나님의 답례를 받게 됩니다. 사람의 가치를 포장된 모습으로 평가하지 않는 사람이 진정으로 복됩니다.

21
잃은 것을 찾는 사람들

15:1-32

누가복음 15장에서 예수는 죄인들과 세리들을 환대하고 기뻐하는 이유를 논증한다. 누가는 '누가 하나님 나라에 들어가는가?', 즉 하나님 나라로의 초대를 중심으로 하나님 나라의 속성을 설명한 앞 단락(13:10-14:35)의 흐름을 이어간다. 찾는 마음과 찾은 기쁨을 강조하는 세 비유(15:4-7, 8-10, 11-32)는 잃어버린 상태(15:4, 6, 8, 9, 17, 24, 32), 죄인(15:1, 2, 7, 10), 기쁨(15:5, 6, 7, 9, 10, 32), 초대(15:6, 9) 등의 용어를 공유한다.

비판하는 바리새인들과 서기관들(15:1-2)

1 모든 세리들과 죄인들이 예수의 말씀을 듣기 위해 가까이 왔다.
2 바리새인들과 서기관들이 수군거리며 말했다. "이자가 죄인들을
환대하고 그들과 함께 먹다니."

1-2절은 예수가 세 개의 비유를 전하게 된 배경이다. 모든 세리들과 죄인들이 말씀을 듣기 위해 가까이 왔다(1절). 이 장면을 본 바리새인들

과 서기관들이 수군거리며 죄인들을 환대하는 그의 행위를 비판한다(2절). '환대하다'와[1] '같이 먹다'가[2] 함께 사용된 것은 예수의 식사가 식사를 나누는 환대의 자리였음을 의미한다. 죄인들은 1절의 '세리들과 죄인들'을 가리킨다. 바리새인들과 서기관들의 주된 관심은 의인들과 죄인들을 엄격히 분리시켜 이스라엘이 부정한 자들에 의해 오염되지 않도록 막는 것이었다. 그들은 이스라엘의 정체성을 위해 설정한 경계선(예, 안식일 규례, 정결 규례 등)을 철저히 지켰으며, 부정한 자들과 함께 식사하는 예수를 민족의 정체성과 안위를 위협하는 사람으로 생각했다(예, 5:29-32; 7:36-50; 19:1-10). 그래서 바리새인들과 서기관들은 예수에 대해 수군거렸다. 누가복음에서 '수군거리다', '불평하다'는 세리와 식사하는 장면에 사용된다(5:30; 15:2; 19:7).[3] 바리새인들과 서기관들은 예수가 세리 레위와 식사를 할 때도 '당신들은 왜 세리들과 죄인들과 같이 먹고 마시는 것이오?'라고 수군거리고 비판했었다. 구약에서 '수군거리다'(디아공기조)는 하나님의 은혜를 잊어버린 이스라엘 광야 세대가 감사하지 않고 불평하는 모습을 표현할 때 반복해서 사용된 동사다.[4] 하나님 나라의 성격을 알지 못하는 바리새인들과 서기관들의 불평은 하나님이 행하시는 구원 방식에 불만을 제기하는 것과 같다. 바리새인들과 서기관들의 관점에서 죄인들은 의인들로부터 멀어져야 할 대상이지 긍휼과 환대의 대상이 아니다. 그러나 예수는 죄인들을 환대함으로써 이스라엘을 향한 하나님의 은혜와 긍휼을 실현한다. 예수는 연속되는 세 개의 비유를 통해 바리새인들과 서기관들뿐 아니라 독자에게도 하나님의 마음을 깨닫는 기회를 제공한다.

잃어버린 양을 찾은 목자의 비유(15:3-7)

3 그때 예수께서 그들에게 이 비유를 말씀하셨다. 4 "여러분
중에 어떤 사람이 백 마리의 양을 소유하고 있는데 한 마리를
잃어버렸다면 들판에 아흔아홉 마리를 두고 잃어버린 한 마리를
찾을 때까지 찾지 않겠습니까? 5 그가 양을 찾을 때는 어깨에 양을

메고 기뻐합니다. 6 그는 집에 와서 친구들과 이웃들을 불러 모으고
말합니다. '나와 함께 기뻐해 주십시오. 내가 잃은 나의 양을 찾았기
때문입니다.' 7 나는 여러분에게 말합니다. 이처럼 하늘에서도
회개할 필요가 없는 의인 아흔아홉보다 회개하는 죄인 한 명으로 더
기뻐할 것입니다."

3-7절은 잃어버린 양을 찾는 목자의 비유(4-7절)와 해설(7절)로 구성된다. 어떤 사람에게 양 백 마리가 있었다. 목자는 광야에서 양 무리를 돌보던 중 한 마리가 무리에서 이탈한 것을 발견했다. 한 마리를 잃어버렸다(4절). 양은 무리 지어 생활하는 짐승으로 무리를 이탈한 양은 생존하기 어렵다. 더군다나 광야에서 잃어버린 양을 찾는 것은 어려울 수밖에 없다. 그곳이 유대 광야라면 찾는 일은 사실상 불가능하고 목자는 큰 위험에 처할 것이다. 이런 상황을 잘 아는 목자는 그럼에도 잃어버린 한 마리를 찾기 위해 아흔아홉 마리 양 무리를 광야에 두고 나선다. 나머지 양 떼를 광야에 둔 채 급히 나서는 목자는 어리석은 사람처럼 보인다. 그만큼 잃어버린 한 마리 양에 대한 마음이 간절하다. 양 떼를 돌보는 목자는 구약에 자주 등장한다. 하나님은 이스라엘의 선한 목자이시다(시 23; 80:1; 사 40:11). 비유의 목자는 목자의 마음을 갖지 못한 이스라엘 지도자들과 다르다(참고. 겔 34:1-10; 요 10:1-16). 비유를 듣고 있는 바리새인들과 서기관들은 백성을 인도해야 하는 목자들이다. 그들은 안식일에 가축은 배려하면서도 18년 동안 몸을 펴지 못한 여자(13:10-17)와 복수가 차 온몸이 부어오른 남자(14:1-6)가 안식일에 낫는 것은 격렬히 반대했다. 죄인들을 환대한 예수도 비난했다. 잃어버린 영혼들이 의인들의 공동체에 들어오는 것을 가로막고 반대했다. 이들과 달리 비유의 목자는 잃어버린 한 마리의 양에게만 집중한다. 양을 찾은 목자는 즐거워하며 양을 어깨에 메고 집으로 돌아온다(5절). 길을 잃은 양은 겁에 질리고 방향 감각을 상실해 걷기 힘들었을 것이다. 목자는 양을 편안하고 안전하게 옮길 목적으로 어깨에 멘 것으로 보인다. 이 모습은 이사야 40:11에서 목자가 양을 품에 안는 장면과 비슷하다.

집에 돌아온 목자는 친구들과 이웃을 불러 모으고 잔치를 벌인다(6절). 목자는 찾은 자의 기쁨을 다른 사람들과 잔치로 나눈다. 6절의 '불러 모으다', '함께 기뻐하다'에는 접두어 '함께'(σύν 쉰)가 사용된다. 같은 동사들이 한 드라크마를 찾은 여자의 말에도 사용된다(9절). 목자는 자신의 기쁨에 다른 사람들이 함께 참여하기를 바란다.

예수는 비유의 의미를 설명한다(7절). 죄인 한 명이 회개하면 하늘에서는 회개할 것 없는 의인 아흔아홉 명으로 기뻐하는 것보다 더 기뻐한다.[5] 여기서 예수는 잃어버린 자를 죄인과 동일시한다. 바리새인들과 서기관들이 부정하다고 정죄한 세리들과 죄인들이 잃어버린 자들이다. 그들과의 식사는 찾은 자의 기쁨을 나누는 자리였다. 죄인들의 회개는 목자가 잃은 양을 찾은 것과 같다. 목자가 먼저 죄인을 찾아 나섰고 죄인은 회개로 돌아왔다. 그렇다면 하나님의 잔치를 망친 쪽은 예수가 아니라 바리새인들과 서기관들이다.

잃어버린 드라크마를 찾은 여자의 비유(15:8-10)

8 "어떤 여자가 열 드라크마를 소유하고 있었습니다. 그녀가
그중에서 하나를 잃어버리면 찾을 때까지 등불을 켜고 집을 쓸고
열심히 찾지 않겠습니까? 9 그녀가 그것을 찾았을 때 친구들과
이웃들을 불러 모으고 말합니다. '나와 함께 기뻐해주세요. 내가
잃어버린 동전을 찾았기 때문입니다.' 10 나는 여러분에게 말합니다.
이처럼 하나님의 천사들 앞에서는 회개하는 죄인 하나에 대한
기쁨이 있습니다."

본문도 비유(8-9절)와 해설(10절)로 구성된다. 어떤 여자가 열 드라크마 중 하나를 잃어버리고 말았다(8절). 드라크마는 그리스 은전으로 시대와 장소에 따라 무게와 가치가 다르긴 했으나, 한 데나리온 또는 4분의 1세겔과 같은 가치로 하루 치 품삯이었다. 팔레스타인의 주택은 돌과 진흙 벽돌로 지어졌고 창문이 없어 실내가 어두웠다. 어두운 흙바

닥에서 동전을 찾는 일은 대단히 힘든 일이다. 그래도 여자는 등불을 켜고 열심히 바닥을 살폈다. 드디어 잃어버린 드라크마를 찾았다. 여자는 잔치를 준비하고 이웃을 불러 모은다(9절). 잔치에 사람들을 초대하기 위해선 잃었다가 찾은 돈보다 너 많은 수고와 비용이 들 것이다. 경제적 측면에서 여자의 행동은 어리석다. 낭비처럼 보이는데도 여자가 잔치를 준비한 이유는 무엇인가? "나와 함께 즐기자!" 찾은 기쁨이 컸기 때문이다. 잃어버린 양을 찾은 목자처럼 혼자 기뻐하기에는 기쁨이 너무 컸다.

예수는 비유의 의미를 해설한다. 한 사람이 땅에서 회개하면 하나님의 천사들 앞에 기쁨이 된다(10절). '천사들 앞'은 하늘회의, 하늘 궁정을 가리키는 표현이다. 이 장면은 하나님이 천사들의 보고를 듣고 그들이 보는 데서 기뻐하시는 장면일 수 있다. 잃어버린 동전을 찾는 것은 회개를 촉구하는 작업과 같고, 잃어버린 동전을 찾은 것은 한 사람이 회개하고 돌아오는 것과 같다. 이 비유를 10절과 연결하면 한 사람의 회개는 찾는 작업에 따른 결과다. 회개는 하나님께서 예수를 통해 열심히 찾은 결과로 죄인들이 돌아오는 것이다. 예수가 비난을 감수하고 목숨을 잃으면서 찾은 한 영혼을 하늘의 존재들이 기뻐한다. 바리새인들과 서기관들은 죄인들을 회복시키는 행위를 헛된 사랑의 낭비로 생각했으나 예수는 회복된 한 영혼을 값으로 매길 수 없는 가치로 생각했다.

배경설명 – 복음서에 등장하는 주화

데나리온 (은전) δηνάριον	드라크마 (은전) δραχμή	앗사리온 (동전) ἀσσάριον	코드란테스 (동전) κοδράντης	반-세겔 (은전) / 세겔 (은전) δίδραχμον	렙돈(동전) λεπτόν * 프루타 (동전)
로마 주화 (denarius)	그리스 주화	로마 주화 (as 또는 assarius)	로마 주화 (quadrans)	유대 주화	

1/4 세겔 (요세푸스, 《고대사》, 3.8.2)	1데나리온	1/16 데나리온	앗사리온의 1/4 (quadrans는 1/4의 의미) 1/64데나리온= 2 렙돈	반-세겔 = 2 데나리온 / 드라크마	1/128 데나리온 1/2 프루타

* 데나리온은 노동자의 하루치 임금이었다(눅 7:41; 10:35; 20:24; 참고. 마 18:28; 20:2, 9, 10, 13; 22:19; 막 6:37; 12:15; 7:41; 요 6:7; 12:5; 계 6:6).
* 드라크마는 시대와 장소마다 다른 가치였고 예수 당시에는 데니리온의 가치와 같았다(눅 15:8, 9). 네로 황제의 재위 기간에 데나리온이 드라크마를 대체했다.
* 앗사리온(라틴어 assarius의 차용어; 눅 12:6; 마 10:29). "참새 다섯 마리가 두 앗사리온에 팔리는 것이 아니냐"(눅 12:6).
* 코드란테스(라틴어 quadrans의 차용어)는 로마의 가장 작은 단위 주화다. "진실로 네게 이르노니 네가 한 푼(κοδράντην)이라도 남김이 없이 다 갚기 전에는 결단코 거기서 나오지 못하리라"(마 5:26); "한 가난한 과부는 와서 두 렙돈(λεπτὰ δύο 렙타 뒤오) 곧 한 고드란트(κοδράντης 코드란테스)를 넣는지라"(막 12:42).
* 반 세겔은 성인 유대인의 성전세로 세겔로만 성전세를 지불할 수 있었다(예, 마 17:24).
* 렙톤은 고대 팔레스타인에서 가장 낮은 가치의 동전이었다. "한 푼(렙돈)이라도 남김이 없이 갚지 아니하고서는 결코 거기서 나오지 못하리라"(눅 12:59).

잃어버린 아들을 찾는 아버지의 비유(15:11-32)

11 예수께서 말씀하셨다. "어떤 사람에게 두 아들이 있었습니다.
12 작은아들이 아버지에게 말했습니다. '아버지, 제게 돌아올 재산의
몫을 주십시오.' 아버지는 그의 재산을 그들에게 배분했습니다.
13 얼마 지나지 않아 작은아들이 모든 것을 모아 먼 나라에 갔습니다.
거기서 그는 방탕한 생활로 그의 재산을 낭비했습니다. 14 그가
모든 것을 써버렸을 때 그 나라에 심각한 기근이 들었습니다. 그는
궁핍해졌습니다. 15 그래서 작은아들은 그 지방의 사람들 중 한
명에게 가서 일자리를 얻었습니다. 주인은 그를 들로 보내 돼지들을
먹이도록 했습니다. 16 그는 돼지들이 먹고 있던 쥐엄 열매로 허기를
채우고자 했으나 주는 사람이 없었습니다."

세 번째 비유 역시 앞의 두 비유와 마찬가지로 세리들과 죄인들을 환

【데나리온(티베리우스 AD 14-37)】

【반-세겔(BC 125-AD 66)】

【렙톤】

【드라크마(로마 시대)】

대하고 식사에 초대하는 이유를 논증하기 위함이다. 두 비유와 달리 잃어버린 존재는 양이나 동전이 아니라 사람이기 때문에 잃어버린 자의 실존과 잃어버린 자를 찾은 기쁨이 극적으로 묘사된다. 비유는 아버지의 반응에 초점을 맞추고, 집을 떠났다 돌아온 둘째 아들과 집 밖에서 돌아오지 않는 첫째 아들을 비교하는 식으로 전개된다.

12-16절은 아버지의 집을 떠난 둘째 아들이 비참한 지경에 이른 과정을 설명한다. 어떤 사람에게 두 아들이 있었다(11절). 둘째 아들이 아버지에게 유산을 요구한다(12절). 아버지가 사망한 뒤 유산을 나누는 것이 당시 문화였다(민 27:8-11). 아버지가 살아 있는데 유산을 요구하는 행위는 용인될 수 없는 가문의 수치다. 이는 더 이상 가족과 살지 않겠다고 공언하는 것과 같다. 아버지는 재산을 두 아들에게 각각 상속한다. 당시 문화에서 장남은 나머지 아들(들)이 받을 유산의 두 배를 상속받았다(신 21:17). 아들이 두 명이라면 둘째 아들은 재산의 3분의 1을 받았을 것이다. '재산'으로 번역되는 우시아(οὐσία)는 일반적인 재산을 가리키는 반면 아버지가 두 아들에게 준 '살림'의 헬라어 단어는 '생명'을 의미하는 비오스(βίος)이다. 아버지는 자신의 생명을 주었다![6] 둘째 아들은 며칠 만에 먼 나라로[7] 가버렸다. 멀리 가려면 재산

을 매각해야 한다. 그는 아버지의 생명 같은 재산을 한순간에 팔아버렸을 것이다. 이는 아버지와 가족에게 씻을 수 없는 수치심이었을 것이다. 먼 나라로 갔다는 것은 이방인의 나라에 갔다는 뜻이다. 그는 그곳에서 재산을 낭비해버렸다. 무일푼이 되고 말았다. 설상가상으로 흉년이 들었다. 생존 자체가 어렵게 된 그는 어느 농가에서 돼지 치는 일을 했다(15절). 유대인들에게 돼지는 부정한 동물이었다(레 11:7; 신 14:8). 너무 배가 고픈 그는 돼지의 식량인 쥐엄 열매로 배를 채우려 했으나 누구도 허락하지 않았다.

> 17 "작은아들은 제정신이 들어 말했습니다. '내 아버지에게는
> 남아도는 음식으로 살아가는 품꾼들이 그렇게나 많이 있는데 나는
> 여기서 굶어 죽어가고 있구나. 18 일어나 내 아버지에게 가서 이렇게
> 말해야겠다. 아버지, 제가 하늘과 아버지 앞에 죄를 지었습니다.
> 19 저는 더 이상 아들로 불릴 자격이 없으니 품꾼들 중 하나로 대해
> 주십시오.' 20 작은아들은 일어나 그의 아버지에게 갔습니다.
> 작은아들이 여전히 멀리 떨어져 있었는데도 그의 아버지는 아들을
> 보았고 불쌍히 여겼습니다. 아버지는 달려가 아들을 얼싸안고
> 입을 맞추었습니다. 21 그러나 아들이 아버지에게 말했습니다.
> '아버지, 제가 하늘과 아버지 앞에 죄를 지었습니다. 저는 더 이상
> 아들로 불릴 자격이 없습니다.' 22 그러나 아버지는 그의 종들에게
> 말했습니다. '너희는 어서 최고의 옷을 가져다가 아들에게 입혀라.
> 아들의 손가락에 가락지를 끼우고 그의 발에 신발을 신겨라. 23 살진
> 송아지를 잡아서 먹고 즐기자. 24 내 아들이 죽었으나 살아났고
> 잃어버렸으나 발견됐기 때문이다.' 그들은 즐거워했습니다."

이어지는 내용은 둘째 아들이 집으로 돌아오는 과정과 그 결과다(17-22절). 둘째 아들은 비참하게 굶어 죽어가고 있음을 자각한다. '죽는다'를 뜻하는 아폴뤼미(ἀπόλλυμι)는 앞의 두 비유에서 '잃다'의 의미로 사용됐다. 아들은 자신이 죽어간다고 생각했고, 아버지의 관점에서 아들은 잃

어버린 상태다. 실제로 아버지는 잃었다가 찾은 아들이라고 말한다(24절). 하나님을 떠난 인간의 실존은 죽어가는 것으로 표현될 수 있다. 죽어가는 둘째 아들은 잃어버린 양과 동전 같은 신세다. 도와줄 사람이 없다. 둘째 아들은 배가 고프고 나서야 아버지의 집을 생각한다. 아버지의 집에서는 종들도 풍족하게 지내고 있으나 아들인 자신은 이방 나라에서 굶어 죽는 신세다(17절). 아들은 아버지의 집으로 돌아가는 것이 유일한 생존의 길임을 깨닫는다. 그는 일어나 아버지께 가서 할 말을 연습한다. "아버지, 제가 하늘과 아버지 앞에 죄를 지었습니다"(18절). 아들은 집을 떠나올 때의 죄가 얼마나 큰지 인정한다. 아버지에게 지은 죄는 하나님께 지은 죄다. 엄청난 죄를 지었으니 지금부터 아들이 아니라 품꾼으로 여겨 주시도록 부탁하고자 한다(19절). 아버지와 아들의 관계가 아니라 주인과 종의 관계로 낮아질 것을 각오한다. 종이 되는 것도 아버지가 호의를 베풀 때 가능한 일이다. 아들은 진심으로 뉘우치고 돌아오는 것일까? 아니면 생존을 위해 연극을 하는 것일까? 아들이 정신을 차리게 된 것 자체가 반성(회개)을 의미하는 것은 아니지만 뉘우친 것은 분명하다(1-2, 7, 10절). 비유는 아들의 진심에 관심을 두지 않고 아버지의 아들을 찾는 마음과 찾은 기쁨에 집중한다.

드디어 아들이 아버지에게 돌아간다(20절). 아버지는 멀리서 아들을 보았고 불쌍하게 생각했다. 달려가 목을 안고 입을 맞추며 환영했다. 이는 공적으로 아들을 받아들이는 표시다. 당시 거리에서 일어나는 일은 마을 사람들 전체가 보고 들을 수 있었다. 아들은 가족과 마을과 결별했기 때문에 공식적인 수용이 필요했다. 아들은 오기 전에 연습했던 대로 말을 한다(21절). 그러나 '품꾼들 중 하나로 대해 주십시오'라는 말을 잇지 못한다. 아버지가 아들이 말하는 도중에 종들에게 지시를 내렸기 때문이다(22절). 아버지는 아들에게 가장 좋은 옷을 입히고 손가락에 반지를 끼우고 신을 제공하도록 명령했다. 이는 아들의 명예가 회복되는 것을 상징한다. 아버지는 살진 송아지를 잡아서 먹고 즐기자고 말한다(23절). 죽었던 아들이 다시 살아났고 잃었다가 다시 얻었기 때문이다(24절). 송아지를 잡는 것은 아들의 귀환이 한 가족만을 위한 잔치가 아님을 뜻한다(23절). 주인의 말을 들은 집안사람들 모두가 즐거워한다.

앞 단락의 두 비유처럼 여기서도 찾은 자의 기쁨이 강조된다. 찾은 자는 기쁨을 주체할 수 없어서 즉각 성대한 잔치를 준비하고 많은 돈을 쓴다. 아버지가 아들의 문제를 지적하지 않고 아들의 지위를 회복하고 성대한 잔치를 여는 것은 마을의 기강을 무시하는 처사로 비쳤을 것이다. 추후에 큰아들이 지적하는 것처럼 아버지는 환대와 사랑을 낭비한다(27, 30절). 둘째 아들도 재산을 낭비했고 아버지도 재산을 낭비한다. 둘째 아들은 탕자이고 아버지는 탕부와 같다. 큰아들은 도저히 이해할 수 없는 사랑의 낭비가 둘째 아들을 회복하는 길이다. 낭비와 같은 사랑이 아들의 신분을 회복한다. 낭비처럼 보일 정도로 잃어버린 자를 찾은 아버지의 기쁨은 크다. 비유 속 아버지는 하나님 아버지의 마음을 보여준다. 하나님의 아들이 세상에 와서 죄인들을 위해 십자가에 죽기까지 목숨을 아끼지 않은 것은 사랑의 낭비로 보일 수 있다. 이런 사랑으로 예수는 죄인들을 찾고 환대했다. 비유에서는 아들이 스스로 아버지를 찾아 온 것처럼 보이지만 아버지가 잃어버린 아들을 찾고 있었다. 잃어버린 자와 잃어버린 것을 찾을 때 사용되는 동사 '찾다'가 연속되는 세 비유에 반복된다.[8] 목자는 잃어버린 양을 찾았고(15:4, 5, 6절), 여자는 잃어버린 드라크마를 찾았고(8, 9[2회]), 아버지는 잃어버린 아들을 찾았다(24, 32절). 아들이 마음을 돌이켰기 때문에 아버지의 마음이 긍휼로 변화된 것이 아니다. 아버지의 환대하는 마음이 있기에 아들은 돌아갈 용기를 낼 수 있었다. 따라서 이 비유는 아들을 찾은 아버지의 이야기다.

> 25 "그때 큰아들은 들에 있었습니다. 그가 집에 가까이 이르렀을 때 음악과 춤 소리를 들었습니다. 26 큰아들은 종들 중 한 명을 불러 무슨 일인지 물었습니다. 27 종이 답했습니다. '당신의 동생이 왔습니다. 당신의 아버지가 살진 송아지를 잡았습니다. 아버지가 작은아들을 건강하게 돌려받았기 때문입니다.' 28 큰아들은 화를

내며 들어가기를 거부했습니다. 그의 아버지가 나와서 부탁하기
시작했습니다. 29 그러나 큰아들은 아버지에게 대답했습니다.
'보세요. 저는 오랜 세월 동안 당신을 섬겼고 당신의 명령을 거역한
적이 없습니다. 그러나 제게는 친구들과 즐길 수 있도록 염소
새끼 한 마리도 잡아주지 않았습니다. 30 이제 매춘부들과 당신의
재산을 낭비한 당신의 저 아들이 돌아오니 그를 위해 살진 송아지를
잡으셨네요.' 31 그러자 아버지가 큰아들에게 말했습니다. '아들아,
너는 언제나 나와 함께 있으며, 내게 있는 모든 것이 너의 것이다.
32 네 동생이 죽었으나 살았고 잃어버렸으나 발견됐기에 우리가
즐거워하고 기뻐해야 한다.'"

맏아들은 열심히 일을 하고 돌아왔다. 집 근처에 이른 그는 잔치 소리를 듣고 무슨 일인지 종에게 묻는다(25절). 종은 당신의 동생이 돌아와서 당신의 아버지가 그를 다시 맞이했고 살진 송아지를 잡았다고 말한다(27절). 그러자 첫째 아들은 화가 나서 집에 들어가지 않는다(28절). 아버지가 밖으로 나와 첫째 아들에게 간청한다. 아버지의 모습은 집 나간 탕자에게 찾아가 간청하는 것과 같다. 첫째 아들은 아버지에게 불만을 토로한다. 여러 해 동안 아버지를 섬겼고 명령을 어긴 적이 없었는데도 아버지는 맏아들에게 친구들과 즐길 수 있는 염소 새끼 한 마리 잡아주지 않았다(29절). 그런데도 재산을 창녀들과 낭비해버린 이 아들이 돌아오니 살진 송아지를 잡았다(30절).[9] 형은 동생과 자신의 관계를 전혀 거론하지 않는다. '당신의 이 아들'이라고 표현한다.[10] 이는 아버지의 기쁨을 표현한 '나의 아들'과 대조되는 표현이다(24절). 큰아들의 관점에서 아버지는 심각한 불명예를 안기고 떠난 탕자를 책임도 묻지 않고 환대하는 어리석은 사람이다.

아버지는 첫째 아들에게 이 잔치가 정당한 이유를 설명한다. 첫째 아들은 항상 아버지와 함께 있고, 아버지의 재산은 모두 그의 것이다(31절). 그러나 동생은 죽었다가 다시 살아났고 아버지가 잃었다가 다시 얻었으므로 '우리'가 즐거워하고 기뻐하는 것이 당연하다(32절).

첫째 아들이 '당신의 아들'이라고 했으나 아버지는 '네 동생'이라고 표현한다. 아버지와 첫째 아들 중 누구의 말과 행동이 합리적인가? 큰아들의 논지가 더 탄탄하다. 아버지는 큰아들에게 반론하거나 반박하지 않는다. 단지 한 가지 이유만 설명한다. "잃어버렸으나 발견됐기에 우리가 즐거워하고 기뻐해야 한다"(32절). 아버지의 입장은 단호하다. 잃어버린 아들을 찾은 기쁨을 가로막을 자는 없다. 큰아들도 아버지의 기쁨에 참여해야 한다. 이처럼 아버지는 호소하는 동시에 당위성을 강조한다. 첫째 아들은 집 밖에서 아버지를 불평하는 탕자다. 아버지와 논쟁하고 형제 관계를 부정해버린다. 첫째 아들은 아버지의 낭비하는 사랑을 비판했지만, 자신이 그 사랑은 입은 사실을 알지 못한다. 그는 아버지의 재산을 상속받았고(12절) 현재 재산은 자신의 것이며 사회적으로 아버지의 보호 아래서 평안을 누리고 있다(31절). 이제 아버지의 마음으로 동생의 회복을 기뻐하는 일에 동참해야 한다. 첫째 아들은 바리새인들과 서기관들처럼 하나님을 위해 헌신하고 상황을 분별할 수 있다고 생각하는 사람들의 모습을 반영한다. 큰아들처럼 자신을 의롭다고 생각하며 재판장 입장에 서 있는 사람들의 비판은 대게 논리적이다. 그러나 그들은 하나님 아버지와 자녀의 관계를 알지 못한다. 하나님 아버지의 자녀는 낭비하는 사랑으로 낮은 자들을 환대하는 예수의 기쁨에 동참할 수 있어야 한다.

흥미롭게도 앞의 두 비유와 본 비유에는 결론이나 해설이 없다. 첫째 아들은 아버지의 마음을 알고 아버지의 기쁨에 동참할까? 오랜 시간 모범적으로 살아온 신자들은 아버지의 낭비하는 사랑과 호소에 어떻게 반응할까? 비유는 의도적으로 열린 결말을 사용해 첫째 아들이 어떻게 행동할지 상상하게 만든다. 열린 결말은 누가복음에 등장하는 사건과 비유의 특징이다. 바리새인 시몬(7:36-50), 무화과나무 비유(13:6-9), 예수를 초대한 바리새인(14:1-6) 이야기가 예다. 열린 결말은 주로 바리새인들과 유대지도자를 대화 상대로 삼을 경우에 사용된다. 사도행전이 묘사하는 바울의 회심은 하나님의 낭비하는 사랑으로 변화되고 아버지의 기쁨에 참여하는 바리새인의 모습이 아닐까?[11]

질문

1. 바리새인들과 서기관들은 왜 예수님에 대해 수군거립니까(15:1-2)? 백 마리 양을 사육하는 목자는 한 마리 양을 잃어버렸을 때와 찾았을 때 어떻게 행동합니까(15:3-7)? 왜 하나님은 죄인이 회개하는 것을 기뻐하실까요?
2. 여자가 잃어버린 드라크마를 찾는 모습과 찾았을 때의 행동을 설명해 보십시오(15:8-10). 여자는 왜 찾은 돈보다 더 많은 비용을 들여 사람들을 초대했을까요?
3. 아버지, 첫째 아들, 둘째 아들의 행동에 초점을 맞추어 비유를 설명해 보십시오(15:11-32절). 아버지는 첫째 아들과 둘째 아들을 어떻게 대하고 있습니까? 아버지가 큰아들에게 호소하는 내용은 질문을 던진 바리새인들과 서기관들 그리고 이 비유를 읽는 독자들에게 어떤 메시지를 전할까요?

묵상

연속되는 세 비유는 예수님이 세리와 죄인을 환대하고 그들과 식사하는 이유를 설명합니다. 목자와 여자와 아버지는 다른 사람들과 함께, 더 많은 비용을 지불하면서까지 기뻐합니다. 종교적 오만과 편협심으로 가득 찬 사람들은 잃어버린 자를 찾는 노력을 어리석은 낭비로 생각합니다. 아흔아홉 마리 양을 두고 길 잃은 양 한 마리를 찾으러 간 목자는 양을 찾아 어깨에 메고 기쁨으로 돌아옵니다. 한 마리에 모든 것을 쏟아부은 목자의 희생은 낭비처럼 보입니다. 잃어버린 동전 하나를 찾은 여인은 기쁨을 이기지 못해 큰 잔치를 엽니다. 찾은 것보다 훨씬 많은 금액을 잔치에 써버린 여인의 행동은 낭비가 분명합니다. 아버지의 유산을 방탕하게 써 버린 탕자가 돌아오자 아버지는 얼싸안고 기뻐하면서 큰 잔치를 엽니다. 첫째 아들 눈에는 아버지가 쓸모없는 자식을 위해 사랑을 낭비한 것처럼 보입니다. 잃어버린 자를 회복하는 하나님의 사랑과 은혜는 경제적인 측면에서 낭비가 맞습니다. 영혼의 회복은 낭비처럼 보이는 누군가의 희생으로 가능합니다. 찾는 자가 없으면 잃어버린 것이 발견되는 일은 없습니다. 예수님이 목숨을 드리기까지 찾는 희생을 보여주었기에 죄인들을 위한 회개의 길이 열렸습니다. 그러므로 하나님의 공동체는 잃어버린 자가 돌아오는 것을 가장 큰 기쁨으로 생각해야 합니다. 사회적 약자들, 궁핍한 자들, 허물 많은 자들이 하나님께로 돌아오는 기쁨에 교회는 참여해야 합니다.

22
하나님 나라와 소유

16:1-31

누가복음 16장은 부와 제자도의 관계를 다룬다. 구체적으로 16장의 시작과 끝은 부에 대한 비유이고 중간은 부에 대한 교훈(16:10-13, 14-18)으로 채워진다. 또한 16장은 소외된 사람들을 위한 환대를 강조한 앞의 두 단락(13:10-14:35; 15:1-32)과 주제에 있어 연결된다.

불의한 청지기의 비유(16:1-9)

1 예수께서 제자들에게 말씀하셨다. "어떤 부자가 그의 청지기가
자신의 재산을 낭비한다는 보고를 받았다. 2 부자는 청지기를 불러
말했다. '내가 너에 대해 듣고 있는 이것이 무슨 말이냐? 너는 더 이상
청지기직을 수행할 수 없으니 너의 업무를 보고해라.' 3 청지기가
속으로 말했다. '내 주인이 내게서 청지기 자리를 뺏을 것이니 나는
이제 무엇을 해야 하나? 땅을 팔 정도로 강하지도 못하고 구걸을
하자니 부끄럽다. 4 드디어 무엇을 해야 할지 알겠다. 내가 청지기
자리에서 쫓겨날 때 사람들이 나를 그들의 집으로 환영하도록 해야

하겠다.' 5 청지기는 주인의 채무자들을 한 명씩 불렀다. 첫 번째
채무자에게 말했다. '당신은 나의 주인에게 얼마만큼 빚을 졌소?'
6 그가 대답했다. '백 말의 올리브 기름을 빚졌습니다.' 청지기가
그에게 말했다. '여기 당신의 빚 문서가 있소. 앉아서 쉰 말이라고
쓰시오.' 7 청지기는 또 다른 채무자에게 말했다. '당신은 얼마나
빚을 졌소?' 그가 대답했다. '밀 백 가마니입니다.' 청지기가 그에게
말했다. '여기 당신의 빚 문서가 있소. 여든 가마니로 쓰시오.'
8 주인은 불의한 청지기의 영민한 대처를 칭찬했다. 시대를 살아가는
데 있어서는 이 세상의 자녀들이 빛의 자녀들보다 더 영민하다.
9 나는 너희에게 말한다. 불의한 재물로 친구들을 만들어라. 그래야
재물이 없어질 때 너희는 영원한 장막들로 환영받게 될 것이다."

예수의 대화 상대가 바리새인들(15장)에서 제자들(16:1)로 바뀐다. 예수는 제자들에게 소유의 의미를 가르치기 위해 불의한 청지기의 비유를 소개한다. 주요 등장인물은 부자와 청지기이다. 비유에는 청지기(1, 3, 8절)와 그의 직무(2, 3, 4절)가 반복된다. 부자 주인은 핵심 등장인물이 아니고 하나님을 가리키는 비유어도 아니다. 로마 문화에서 '청지기'(오이코노모스)는 주인의 재산을 관리할 뿐 아니라 주인을 대리해 행정을 책임지고 다른 종들을 관리하고 감독했다. 재산을 관리하는 능력을 인정받은 노예나 자유인은 청지기 역할을 의뢰받기도 했다. 비유의 청지기는 부자의 재산을 관리할 정도로 능력을 인정받았다. 그런데 어느 날 주인은 청지기가 자신의 소유를 낭비하고 있다는 소문을 들었다(1절). 주인은 청지기를 불러 해명을 요구한다. 청지기는 해고될 것을 알고 있다. 살아갈 일이 막막하다. 책임감과 신뢰성이 청지기의 기본 자질이기 때문에 비리로 직장을 잃은 그를 채용할 사람은 없을 것이다. 그는 노동으로 먹고살 만큼 신체가 튼튼하지 않고 구걸하기도 부끄럽다. 혼자 생각하던 청지기는 위기를 돌파할 방법을 알아냈다(4절). 청지기는 주인의 채무자들에게 정확한 빚을 묻는다(5절). 청지기는 빚 문서를 조작해 채무자들의 빚 일부를 탕감해준다. 기름 백 말은 노동자의

500-600일치 임금에 해당했다. 청지기는 절반으로 빚을 줄여준다. 당시 밀 한 석은 25-30데나리온(노동자의 하루치 품삯)이었으므로 백 석은 2,500-3,000일치 임금이다. 청지기가 문서 조작으로 삭감해 준 5분의 1은 약 500일치 임금 가치다. 부자 주인이 채무자들에게 과도한 이자를 요구했을 가능성도 있고, 채무자들은 높은 이자로 불만이 많았을지도 모른다. 그들은 주인의 재산을 관리하는 청지기의 호의로 예상하지 못한 혜택을 얻었다. 당시 문화에서 호의 또는 호혜를 받은 수혜자(피보호자)는 은혜를 갚아야 하는 의무를 지니게 된다.[1] 채무자들이 호혜에 대한 의무를 실행하기 때문에 청지기는 미래를 보장받을 수 있다. 그의 계획은 주인을 위한 것이 아니라 자신을 위한 것이다. 그는 남의 부로 자신의 미래를 완벽하게 준비했다.

주인은 이 '옳지 않은 청지기'를 칭찬한다(8a절). 주인은 청지기의 행위를 분명하게 불의하다고 평가한다. 아디키아(ἀδικία—8a절)는 '부정직한' 또는 '불의한'이라는 뜻이다. 청지기는 주인의 재산을 마음대로 사용했을 뿐 아니라 문서를 조작했기 때문에 부정직하다. 그럼에도 불구하고 주인은 왜 칭찬하는가? 청지기가 자신의 미래를 준비하는 점에서만큼은 영민했기 때문이다.[2] 청지기는 도덕적으로 악했으나 내일의 안전을 위해 어떻게 부를 사용해야 하는지 알고 있었다. 주인은 청지기의 도덕성이나 인생관을 칭찬한 것이 아니라 미래를 준비하는 영민함과 민첩성을 인정해주었다. 그러나 10-13절의 교훈에 따르면 그는 '불의한 재물'에 대해 신실하지 못하고 '다른 사람의 것'에 신실하지 못했다.

8b절과 9절은 비유에 대한 예수의 해설이다. 예수는 '이 시대의 아들들'과 '빛의 아들들'을 대조함으로 불의한 청지기의 영민함을 이 시대의 자녀들의 특징으로 이해한다.[3] 청지기는 자신의 미래를 준비하는 것에는 영민했으나 진실하지 못했다. 윤리의 결여는 청지기 정신이 아니다. 다만 이 시대의 자녀들은 미래를 준비하는 점에 있어서 빛의 자녀들보다 영민하다. 자신들의 미래를 위해 부를 영민하게 사용한다. 9절의 시간은 하나님이 최후의 심판을 집행하시는 때, 곧 예수의

재림을 가리킨다. 이차적으로는 의인들이 죽은 후 하늘에 들어가 존재하는 시간도 포함한다. 빛의 자녀들은 불의한 재물로 영원한 장막에 인도할 친구들을 만들어야 한다(9절). '불의의 재물'의 소유격 '불의의'는 재물의 속성이 불의하다는 뜻이다. 예수는 '재물'(μαμωνᾶς 마모나스)을 인격체로 묘사한다(9, 11, 13절).[4] 부는 사람들의 숭배의 대상으로 하나님과 경쟁 관계에 있다. 사람들에게 거짓 확신을 심어주고 숭배를 유도한다. 이런 점에서 부는 불의한 속성을 가지고 있다. 부의 속성은 불의하나 선하게 사용하는 사람은 미래에 친구들의 환영을 받고 '영원한 장막들'로[5] 인도받는다. 영원한 장막은 4절의 집에 상응하는 하늘의 장막이다. 신자들이 죽어서 가는 장소 또는 재림 때 주어지는 처소다(참고. 요 14:2). 이곳은 거지 나사로가 '천사들'의 인도로 들어가는 '아브라함의 품'과 비슷하며, 부자가 던져진 음부의 반대쪽이다(16:23). 지상의 집은 임시적이지만 하늘의 집은 영원하다.[6] 본문의 '친구들'은 천상의 존재들, 곧 천사들이다. 천사들은 궁핍한 이들을 위해 부를 영민하게 사용한 사람을 환대하고 영원한 장막으로 인도할 것이다. 환대하는 사람은 환대를 받게 될 것이다.

예수는 임시성과 영원성을 대조한다. '재물이 없어질 때'는 재물의 유한성을 의미한다. 부는 불의할 뿐 아니라 영원한 가치가 될 수 없다. 장막이 영원한 것은 '이 세대'의 특징과 대조된다. 부는 영원할 것 같지만 영원한 장막에서 가치를 지니지 못한다(참고. 12:33). 짧은 인생에서 짧은 기간 부를 소유할 뿐이다. 선을 위해 부를 사용한 빛의 자녀들이 천사들의 환영을 받게 되는 장면은 '상호성의 원리'를 배경으로 한다. 당시 문화에서 친구에게 경제적 혜택을 베푼 경우, 그 호혜는 친구가 내게 갚아야 할 의무였다. 빛의 자녀들은 궁핍한 사람을 위해 호의를 베풀 때 받을 생각을 하지 않는다. 그러나 하나님은 그런 호의를 기억하시고 '상호성의 원리'에 따라 죽음 이후 또는 재림 때 친구들(천사들)을 통해 보답하신다. 이처럼 영민하고 지혜로운 제자는 불의하고 유한한 재물로 재림을 준비한다. 가난하고 어려운 사람들을 위해 부를 사용하는 것이 미래를 준비하는 최고의 길이다.

부에 대한 교훈(16:10-13)

10 "아주 작은 일에 신실한 사람은 큰 것에도 신실한 법이다. 대단히
작은 일에 불의한 사람은 큰 일에도 불의한 법이다. 11 만일 너희가
불의한 재물에 대해 신실하지 못하다면 누가 너희에게 참된 재물을
맡기겠느냐? 12 만일 너희가 다른 사람의 것에 신실하지 못하다면
누가 너희의 것을 너희에게 맡기겠느냐? 13 종은 두 주인을 섬길
수 없다. 그가 이쪽을 미워하고 다른 쪽을 사랑하거나 이 쪽에게
헌신하고 다른 쪽을 멸시할 것이다. 너는 하나님과 재물을 섬길 수
없다."

예수는 옳지 못한 청지기의 비유(1-8a절)와 해설(8b-9절)을 근거로 제자들에게 부에 대한 교훈을 전한다. '작은 것'에 신실한 자는 '큰 것'에도 신실하고 '작은 것'에 불의한 자는 '큰 것'에도 불의하다(10절).[7] 11절은 비슷한 용어로 10절의 의미를 강화한다. 제자들이 불의한 재물에 신실하지 않으면 누구도 그들에게 '참된 것'을 맡기지 않는다. '참된 것'은 참되신 하나님에게 속한 것이다. 10절과 11절의 평행 관계를 고려하면 '작은 것'(10절)은 '불의한 재물'(11절)을 가리키고 '큰 것'(10절)은 '참된 것'(11절)을 가리킨다. 세상을 살아가는 인간의 눈에는 재물이 가장 크게 보이지만 예수는 '작은 것'으로 평가한다. 미래에 하나님이 준비하신 부가 '큰 것'이고 '참된 것'이다. 다시 말해서 '참된 것'은 다가올 시대의 영원한 것이다. 오늘 있다가 내일 사라지는 재물은 참된 것이 아니다. 10-11절과 평행 관계를 이루는 12절에서 예수는 제자들이 '남의 것'에 신실하지 않으면 '너희의 것'을 제자들에게 맡기지 않는다고 경고한다. 제자들을 위해 하나님이 오는 세상에 준비하신 '너희의 것'(12절)은 '큰 것'과 '참된 것'(10절)이다. '남의 것'(12절)은 '작은 것'(10절)과 '불의한 재물'(11절)이며, 다른 사람의 재산이며, 앞의 비유의 불의한 재물(부)이다.

정리해 보면, 10-12절은 대조의 방식으로 부에 대한 두 가지

태도와 교훈을 설명한다. 부에 신실하지 않은 태도는 이기적으로 부를 사용하는 것이다. 부에 대해 신실한 사람은 궁핍한 사람들을 도우며 되받을 생각을 하지 않고 섬긴다. '작은 것'(10절)과 '불의한 재물'(11절)과 '남의 것'(12절)에 신실한 삶은 앞의 비유에 묘사된 것처럼, 빛의 자녀들이 행해야 하는 삶이고 영주할 장막에서 친구들의 환대를 받는다(9절). 이는 '낡아지지 아니하는 배낭'을 준비하는 삶이다(12:33). 예수는 부에 대한 태도를 하나님에 대한 태도에 연결한다(13절). 부와 하나님은 헌신을 요구하기 때문에 제자들은 부와 하나님을 동시에 주인으로 섬길 수 없다(13b절). 이쪽 주인을 싫어하면 저쪽 주인을 좋아하게 되기 때문이다. 사랑한다는 것은 더 선호하거나 우선권을 두는 것을 의미한다. 이쪽 주인을 가볍게 여기면 저쪽 주인을 소중히 여기게 된다. 부를 가난하고 어려운 사람들을 위해 사용하는 사람은 부가 아니라 하나님을 사랑하는 사람이다. 인간을 청지기로 삼고자 하는 강한 힘을 소유한 부는 끊임없이 주인의 위치에 서려고 한다. 부의 종이 되어 비극적 결말을 맞지 않으려면 하나님을 위해 부를 사용해야 한다. 궁핍하고 힘든 사람들을 위해 부를 사용해야 한다. 이런 사람이 바로 하나님을 주인으로 섬기는 청지기다.

돈을 사랑하는 바리새인들(16:14-18)

14 돈을 사랑하는 자들인 바리새인들이 이 모든 말을 듣고 예수를
비웃었다. 15 예수께서 그들에게 말씀하셨다. "당신들은 사람들
앞에서 스스로 의롭다고 하는 자들이지만 하나님은 당신들의
마음을 아십니다. 사람들 앞에서 높아지는 것이 하나님 앞에서는
가증한 것입니다." 16 "율법과 선지자들은 요한까지입니다. 그때
이후로 하나님 나라의 복음이 전해지고[8] 모두 그 안으로 강하게 밀려
들어갑니다. 17 하늘과 땅이 지나가는 것이 율법의 한 획이 빠지는
것보다 더 쉽습니다." 18 "아내와 이혼하고 다른 여자와 결혼하는
자마다 간음을 범하는 것입니다. 남편과 이혼한 여자와 결혼하는

사람은 간음을 범하는 것입니다."

14절부터 청중이 예수의 말씀을 듣고 있던 바리새인들로 바뀐다. 바리새인들은 10-13절의 부와 하나님을 동시에 섬기려고 하는 자들이다. 바리새인들의 문제는 다음과 같다. 첫째, 바리새인들은 '돈을 사랑하는 자들'이다(14절). 이들은 다른 사람의 것에 신실하지 못하고(12절) 맘몬을 섬기는 자들이다(13절). 외적으로 경건한 모습을 보이나 내면은 탐심으로 가득하다. 둘째, 바리새인들은 예수의 지위와 가르침을 조소했다. 조롱과 멸시는 오만과 교만에 근거한다. 그들은 배경도 좋지 않고 가난한 예수를 조롱했을 것이다.[9] 이런 조소는 경건한 신앙생활의 보상으로 부를 얻었다고 생각하는 사람들에게서 자주 드러나는 모습이다. 셋째, 바리새인들은 스스로 의롭다고 생각한다(15절). 긍정적 의미의 '의'(1:6; 7:29; 23:47; 행 13:38-39)와 달리 '자칭 의'는 바리새인과 율법교사에게 발견된다(10:29; 18:9; 20:20). '자칭 의'는 큰아들이 화를 낸 이유이기도 했다(15:11-32). '자칭 의'는 교만이며, 교만은 부에 대한 예수의 비유와 해설을 듣고 나서 비웃는 표정(14절)으로 나타났다. 사람들 앞에서 스스로 의롭다고 하는 것은 바리새인들의 오만이다(15절). 오만은 자기의 진짜 모습을 하나님 앞에서 보지 못하기 때문에 생기는 태도다. 하나님은 그것을 아신다. '자칭 의' 는 우상숭배의 죄로 이어진다. 구약과 신약에서 '가증한 것'(βδέλυγμα 브델뤼그마)은[10] 우상숭배를 뜻하는 용어로도 사용된다(예, 신 9:27; 마 24:15; 막 13:14).[11] 특히 '하나님 앞에서 가증한 것'은 하나님 앞에 드려진 가증스런 제물을 상기시킨다. 바리새인들의 오만은 하나님 보시기에 우상숭배와 같은 가증한 행위다. 바리새인들은 지극히 높으신 하나님(1:32)께 영광을 돌리지 않고 자신들을 하나님의 위치로 올린다. 이것이 바로 하나님께 드려져야 하는 영광을 취하는 우상숭배, 가증스런 행위다. 역설적으로 바리새인들은 자신들을 높였으나 부의 지배 아래 굴복함으로써 돈을 우상으로 섬기는 우상숭배자들이다.

16-17절에서 예수는 비웃는 바리새인들에게 자신의 행위가

'율법과 선지자들'의 관점에서 타당하다는 것을 입증한다. 이를 위해 율법과 선지자들, 즉 구약의 불연속성(16절)과 연속성(17-18절)을 전제로 삼는다. 구약은 하나님 나라의 도래를 예고하고 전한 요한까지 중심 역할을 했다(16절). 요한의 활동 이후부터, 즉 예수가 활동하기 시작하면서부터는 하나님 나라가 전해지므로 누구든지 하나님 나라에 들어갈 수 있다. '들어가다' 또는 '침입하다'를 뜻하는 헬라어 동사 비아제타이(βιάζεται)는 중간태와 수동태 중 어느 쪽으로 이해하느냐에 따라 의미가 달라진다. 중간태라면 사람들이 강력하게 또는 강제로 하나님 나라에 들어가는 의미가 된다. 수동태라면 사람들이 하나님 나라 안으로 초대를 받고 강하게 밀려 들어가게 되는 것을 의미한다. 따라서 수동태가 맞다.[12] 예수의 말씀과 행위에 긍정적으로 반응하는 자마다 긍휼과 사랑의 나라에 이끌려 들어가게 된다. 오만과 자기 의로 가득 찬 바리새인들은 예수님과 복음을 조롱함으로써 하나님 나라에 들어가지 못하는 비극에 처한다. 예수의 활동으로 하나님 나라의 복음이 시작됐다면 구약은 권위와 효력을 상실하는가? 그렇지 않다. 율법의 한 획이라도 없어지는 것은 불가능하다(17절). 율법은 하나님 나라가 도래한 이후에도 권위를 갖고 있다. 예수는 이혼과 간음의 규례를 예로 재혼을 반대함으로써 율법의 권위와 효력을 얼마나 엄격하게 적용하는지 제시한다(신 24:1-4; 참고. 창 2:24). 흥미롭게도 이혼과 재혼을 금한 신명기 24:4의 '너의 주 하나님 앞에 가증한 것'(브델뤼그마)은 15절의 '하나님 앞의 가증한 것'(브델뤼그마)과 비슷한 표현이다. 예수는 바리새인들의 음행을 또 하나의 우상숭배 행위로 지적했을 가능성이 있다(참고. 18:9-14).

부자와 나사로의 비유(16:19-31)

19 "어떤 부자가 있었습니다. 그는 자주색 옷과 고운 베옷을 입고
매일 화려하게 즐겼습니다. 20 나사로라는 이름의 거지가 종기로
뒤덮인 채 부자의 대문 앞에 내버려져 있었습니다. 21 거지는 부자의
식탁에서 떨어지는 것이라도 먹기를 갈망했습니다. 개들이 와서

거지의 종기를 핥고 있었습니다. 22 거지가 죽자 천사들이 그를
아브라함의 품으로 데려갔습니다. 부자도 죽어 매장됐습니다.[13]
23 부자는 음부에서[14] 고통 가운데 눈을 들어 저 멀리 있는
아브라함과 그 품에 있는 나사로를 보았습니다. 24 부자가 소리를
지르며 말했습니다. '아버지 아브라함이여, 저를 불쌍히 여기시고
나사로가 손가락으로 물을 찍어 제 혀를 축여주도록 보내주세요.
제가 불꽃 가운데서 고통을 당하고 있기 때문입니다.' 25 아브라함이
대답했습니다. '아이야, 네가 살아 있을 때 좋은 것들을 받았고
나사로는 나쁜 것들을 받았던 것을 기억해라. 이제 나사로는 여기서
위로를 받고 너는 고통을 받고 있구나. 26 이 외에도 우리와
너 사이에는 큰 간극이 있어서 우리 쪽에서 네 쪽으로 넘어갈
수 없고 네 쪽에서 우리 쪽으로 넘어올 수 없단다.' 27 부자가
말했습니다. '아버지여 제가 이렇게 간청합니다. 나사로를 내 아버지
집에 보내주세요. 28 제게는 다섯 형제가 있으니 고통의 장소에
오지 못하도록 그들에게 알리게 해주세요.' 29 그러나 아브라함이
대답했습니다. '그들에게는 모세와 선지자들이 있다. 그들의
말을 들어야 한다.' 30 부자가 말했습니다. '안 됩니다. 아버지
아브라함이여! 누군가 죽은 자들이 그들에게 가면 그들이 회개할
것입니다.' 31 아브라함이 말했습니다. '그들이 모세와 선지자들의
말을 듣지 않으면 죽은 자들 중 누가 가더라도 그들은 설득되지 않을
것이다.'"

부자와 나사로의 비유는 부자와 거지의 옷과 음식과 거처를 대조하는 것으로 시작된다(19-21절). 이 세 가지는 고대 사회에서 사회적 신분을 알리는 기능을 했다. 부자는 자색 옷과 고운 속옷을 입었다. 두로 지역의 자색으로 염색한 옷감은 대단히 사치스러운 것이었다. 이는 랍비 문헌에서 왕들의 색깔, 로마 제국에서는 황제의 색깔이었다. 흰색 옷은 높은 지위에 속했음을 알린다. 대문 있는 집은 대지를 소유했거나 대문을 설치할 정도로 큰 저택에서 지냈음을 내포한다. 부자는 이런 옷

을 입고 저택의 식탁에서 날마다 사치스럽게 연회를 즐겼다. 상처투성이 거지는 부자의 대문 앞에 던져져 구걸하며 지냈다. 나사로에게는 집이 없었다. 예수는 인간의 무관심과 하나님의 긍휼을 대조하기 위해 의도적으로 '거지'라는 이름을 붙였을 것이다.[15] 거지 나사로는 옷 대신 상처를 입고 있었다. 병에 걸려 상처투성인 채로 버려졌을지도 모른다. 버려진 거지의 상처를 개들이 핥는다. 이 개들은 들개나 유기견이었을 것이다. '하나님이 도우신다'는 뜻의 이름을 가진 나사로는 누구의 도움도 받지 못한 채 개보다 못한 생활을 하고 있다.

22-24절은 죽음으로 거지와 부자의 운명이 반전되는 모습을 묘사한다.[16] 죽는 순간에도 부자와 거지가 대조된다. 부자는 매장되지만, 거지는 죽은 것으로만 묘사될 뿐이다. 거지는 천사들에게 받들려 아브라함의 품에 안긴다. 내세에 하나님의 위로를 받는다. 부자는 음부에서 고통당한다. 부자는 눈을 들어 아브라함과 그의 품에 있는 나사로를 본다. 그리고 아브라함에게 불쌍히 여겨 달라고 한다. 죽은 부자는 세 차례에 걸쳐 아브라함을 '아버지'(24, 27, 30절)로 부르지만 그는 아브라함의 자녀가 아니다. 아브라함이 창세기에서 나그네를 환대했던 것처럼 그의 자녀라면 긍휼과 환대를 보여야 하나 부자에게는 전혀 그런 모습이 보이지 않기 때문이다.[17] 세례 요한의 경고대로 궁핍한 자에게 긍휼을 베풀지 않는 부자(3:11)는 하나님의 진노를 피할 수 없는 독사의 자식으로 불 가운데 고통당한다(3:7-9). 부자는 아브라함에게 나사로를 보내 손가락 끝에 물을 찍어 자기 혀를 시원하게 해 달라고 간청한다. 부자는 아직도 심부름을 시킨다. 한때 나사로에게 절실했던 긍휼을 부자가 간청한다. 아브라함은 부자를 도와줄 수 없는 이유를 두 가지로 설명한다. 첫째, 부자는 살아 있을 때 좋은 것을 받았지만 나사로는 고난을 받았기 때문이다. 운명이 반전된 상황에서 거지는 위로를 받고 부자는 괴로움을 받는다. 둘째, 낙원과 음부의 간극 때문이다. 한번 운명이 결정되면 서로 다른 영역으로 넘어갈 수 없다. 회개의 기회는 죽음 이후에 주어지지 않는다. 결국 부자는 미래를 영민하게 준비하지 못한 사람이었다(16:1-9). 부자는 아브라함에게 나사로를 '내 아버지

집', 곧 다섯 형제에게 보내 고통 받는 이곳에 오지 않도록 해 달라고 간청한다(27-28절). 아브라함은 모세와 선지자들, 곧 성경이 그들에게 기회를 주고 있다는 사실을 말한다(29-31절). 29절과 31절에 나오는 '모세와 선지자들'은 구약을 가리킨다. 이는 예수가 비웃는 바리새인들에게 언급한 '율법과 선지자들'과 동일한 표현이다. 29-31절은 구약의 권위와 효력을 강조하는 점에서 14-17절과 관련이 있다. 예수가 실현하는 하나님 나라는 구약의 핵심 가르침인 긍휼을 가치로 삼는다. 부자는 죽은 자를 가족에게 보내야 그들이 회개할 것이라고 주장하지만 아브라함은 그들이 모세와 선지자들의 가르침을 듣지 않는다면 죽은 자가 가서 말을 해도 듣지 않을 것이라고 대답한다.

질문

1. 불의한 청지기의 비유에서 주인은 청지기의 어떤 점을 칭찬합니까(16:1-9)? 빛의 자녀들이 재물을 영민하게 사용하는 방법은 무엇이고 영민한 태도에 대한 미래의 약속은 무엇입니까?
2. 제자들은 부를 어떻게 생각해야 하고 사용해야 할까요(16:10-13)? 돈을 사랑하는 바리새인들의 태도가 왜 하나님 앞에 가증한 일이 될까요(16:14-18)? 예수님의 제자는 돈에 대해 어떤 자세를 취해야 할까요?
3. 부자와 나사로의 비유에서 부자가 음부에서 고통당하게 된 이유는 무엇입니까(16:19-31)? 이 비유에서 예수님은 제자들이 돈을 어떻게 사용하기를 원하실까요?

묵상

1. 돈을 사랑하는 바리새인들은 종교적 위치를 이용해 부를 쌓으며 살았습니다(16:14-18). 바리새인들은 스스로 의롭다고 생각했고 사람들의 존경과 칭찬을 먹고 살았습니다. 누구든지 신앙의 거짓 확신에 번영이 합쳐지면 하나님의 자리에 앉아 영광을 취하는 우상숭배자가 될 수 있습니다. 영광을 누린 만큼 하나님은 무섭게 반응하실 것입니다.
2. 거지와 부자의 비유(16:19-31)는 긍휼과 무관심의 문제를 강조합니다. 부자는 문 앞에서 비참한 상태로 구걸하는 나사로에게 어떤 관심도 보이지 않았습니다. 예수님은 무관심을 심각한 죄로 보십니다. 부자의 무관심에 상응하는 결과는 음부의 고통이었습니다. 관심과 긍휼은 구약(모세와 선지자들)의 가르침이었습니다. 예수님의 제자는 환대의 모본인 아브라함의 자녀이므로 긍휼을 행하는 것으로 신분을 입증받습니다.

23
제자도: 용서, 겸손, 감사

17:1-19

본 단락에서 예수는 제자들에게 필요한 세 가지 덕목, '용서'(1-6절), 겸손(7-10절), 감사(11-19절)를 가르친다. 제자는 겨자씨만 한 믿음으로도 용서의 명령을 실천할 수 있으며, 용서와 같은 선한 일을 실천했다고 자랑하거나 보상을 기대하지 말고 먼저 하나님께 영광을 돌려야 한다.

실족시키지 말고 용서하라(17:1-6)

1 예수께서 그의 제자들에게 말씀하셨다. "실족시키는 일은 피할 수
없으나 그렇게 행하는 자에게 화가 있다. 2 연자 맷돌이 목에 걸린
채 바다에 던져지는 것이 작은 자들 중 하나를 실족시키는 것보다
낫다. 3 스스로 조심해야 한다. 네 형제가 죄를 지으면 그를 꾸짖어라.
형제가 회개하면 용서해라. 4 형제가 네게 하루에 일곱 번 죄를
저지르고 일곱 번 돌아와서 '제가 회개합니다'라고 말하면 너는 그를
용서해야 한다."

예수는 제자들에게 실족시키지 않도록 가르친다(1절). '실족'은 걸려 넘어지게 하거나 가두어버리는 덫 또는 함정을 말한다. 예수의 제자로 부름 받아도 실족시키는 가해자가 될 수 있다. 불가피하게 다른 사람에게 피해를 주기도 한다. 불가피성이 인정되더라도 책임이 면제되는 것은 아니다. 실족시키는 사람에게는 화가 있다(1절). 하나님이 책임을 물으시기 때문이다. 모든 행위에는 책임이 따른다는 논리는 제자들에게 더 엄격하게 적용된다. 작은 자 한 명을 실족시키면 연자 맷돌에 목이 매달린 채 바다에 던져지는 것이 나을 정도로 하나님의 반응은 무섭다(2절). 연자 맷돌은 밀을 갈기 위해 노새나 나귀로 돌리는 거대한 맷돌에 사용되는 덮개돌을 가리킨다. '작은 자들'은 사회적 개념으로서 약자 전체를 가리킨다. 이들은 사회와 공동체에서 무시받기 쉬운 사람들이다. 앞 단락에 나온 거지 나사로도 작은 자에 해당하며(16:19-31), 청중은 예수의 말씀을 들으며 나사로를 떠올렸을 수도 있다. '이들'이라는 지시 대명사가 붙어 있으므로 작은 자들은 현재 예수 주변에 있을 것이다. 사회적 약자는 어디에나 존재한다. 제자 공동체 안에도 있기 마련이다. 강한 자는 작은 자를 실족시키는 일을 대수롭지 않게 여기기 쉽다. 그러나 예수의 관점에서 작은 자를 실족시킨 행위는 매우 큰 죄다. 유대인들은 바다 아래 심연(무저갱)이 있다고 생각했으므로 바다 아래로 급속히 빨려 들어가는 모습은 상상하는 것만으로도 끔찍했을 것이다.

한편 제자들은 직접 가해를 입힌 경우 외에도 무관심이나 무정함 때문에 작은 자가 실족하는 경우를 생각해야 한다. 공동체와 사회의 무관심, 특히 예수를 따르는 제자들의 무정함 때문에 작은 자들이 실족한다. 손을 내밀어주어야 할 사람이 궁핍하거나 소외된 상태에 있는 작은 자를 긍휼히 여기는 마음으로 개입하지 않으면 작은 자들이 실족할 수 있다. 1-2절이 작은 자를 실족시킬 위험성을 경고한 반면 3-4절은 타인에게 피해를 입은 상황을 다룬다.[1] 만일 형제가 자신에게 죄를 범하고 회개하면 용서해야 한다(3절). '네 형제'는 공동체에 속한 사람이다. 이 사람은 공동체의 누군가에게 또는 공동체 전체에 해

【이스라엘의 맷돌】

가 되는 행동을 했을 것이다. 이때 제자는 두 가지로 반응해야 한다. 첫째, 행동을 바로 잡고 돌이키도록 꾸짖어야 한다. 둘째, 그가 책망을 듣고 회개하면 용서해야 한다. 직접 피해를 입은 경우에도 제자는 용서해야 한다(4절). 하루에 일곱 번 죄를 짓고 일곱 번 회개하더라도 용서에 제한을 두지 말아야 한다.

> 5 사도들이 주께 말했다. "우리에게 믿음을 더해 주십시오." 6 주께서 말씀하셨다. "너희가 겨자씨 한 알만큼의 믿음을 가지고 있다면 이 뽕나무에게 '뽑혀져 바다에 심겨라'라고 말해라. 그러면 뽕나무가 너희에게 순종할 것이다."

예수의 말씀을 들은 사도들은 믿음을 더해달라고 예수에게 간청한다(5절). 현재 자신들의 믿음으로는 1-4절의 가르침을 실천할 수 없다고 생각하기 때문이다. 실족시키지 않는 것이나 죄를 꾸짖는 것이나 회개한 사람을 무한대로 용서하는 일은 어느 것도 쉽지 않다. 사도들은 죄를 꾸짖고 죄인을 용서하기 위해서는 지금의 믿음 외에 추가적인 믿음이 필요하다고 생각한다. '사도들'이라는 용어가 갑자기 등장하는 것은 의미가 있다.[2] 사도와 같이 신앙 공동체를 섬기는 위치의 지도자에게는 이런 믿음이 필요하다. 그러나 예수는 사도들에게 겨자씨 한 알만 한 믿음만 있어도 뽕나무를 명령해 바다에 던질 수 있다고 말한다.[3] 겨자씨는 점이나 먼지처럼 아주 작아서 씨가 있는지조차 식별하기 어렵다. 반면 '뽕나무'(συκάμινος 카미노스)는 뿌리가 깊고 넓게 뻗어 있어 뿌리를 뽑기 어렵다. 예수의 논리는 이렇다. 제자들에게는 '믿음'이 있다. 뽕나무 뿌리를 뽑을 정도의 힘으로 사용하지 못할 뿐이다. 제자들에게 필요한 것은 믿음을 추가로 부여받는 것이 아니라 믿음을 실천하는 것이다. 실족시키거나 용서하지 못하는 것은 믿음이 부족하기 때문도 아니고 하나님이 그만 한 믿음을 주지 않았기 때문도 아니다. 작은 겨자씨와 같은 신앙만 있으면 명령을 실천할 수 있다. 해결책은 실천의 여부에 달려 있다. 사도들처럼 예수를 따르는 초기 단계에서도 급진적인 수준의 윤리를 실천할 수 있다.

무가치한 종입니다(17:7-10)

7 "밭일을 하거나 양을 치고 돌아오는 종에게 너희 중 누가 '즉시
와서 식탁에 앉으라'고 말할 사람이 있겠느냐? 8 종에게 이렇게
말하지 않겠느냐? '나를 위해 식사를 준비해라. 내가 먹고 마시는
동안 앞치마를 두르고 나에게 시중을 들어라. 그런 다음에 먹고
마시도록 해라.' 9 명령받은 것들을 실행했다고 주인이 종에게
고맙다고 하겠느냐? 10 너희도 명령받은 모든 것을 실행했을 때
이렇게 말해라. '우리는 무가치한 종들입니다. 우리의 의무를 행했을
뿐입니다.'"

사도들이 믿음으로 1-4절의 일을 실천한다면 칭찬받아야 하지만 예수는 그들에게 겸손한 태도를 요구한다. 이를 위해 예수는 주인을 섬기는 종의 비유를 전한다. 비유에는 종과 주인이 등장한다. 주인은 토지와 가축을 소유하고 있다. 종은 바깥일과 집안일을 한다. 종일 밭을 갈거나 양을 관리하고 돌아온다고 해서 주인이 앉아서 먹으라고 하지 않는다(7절). 종은 주인이 먹을 것을 준비해야 하고 주인이 먹는 동안 섬겨야 한다(8절). 주인은 고마움을 표하거나 종의 수고를 격려하기보다

"앞치마를 두르고 나에게 시중을 들어라"라고 지시한다. 이 모든 일을 섬기고 나서 종은 먹고 마실 수 있다. 인권을 중요하게 생각하는 현대인은 종의 모습을 불편하게 느낄 수 있지만, 이는 고대 사회에서 전혀 이상한 모습이 아니었다. 당시 종들은 신분이 종이었기 때문에 모든 관심을 주인의 일을 행하는 데 쏟아야 했다. 비유에 등장하는 종 역시 주인을 섬기는 것을 당연한 의무로 생각하고 주인의 보상을 기대하지 않는다. 사도들 역시 무가치한 종이고 의무를 행했을 뿐이라고 말해야 한다(10절). '무가치한'(ἀχρεῖος 아크레이오스)은 '쓸모없는', '가치가 없는' 등을 뜻한다. 종은 주인에게 없어서는 안 되는 존재이고, 모든 일 처리를 성실히 수행했음에도 자신을 가치 없는 존재로 낮춘다.

하나님께 영광을 돌리는 사마리아인(17:11-19)

> 11 예루살렘으로 가는 길에 예수께서 사마리아와 갈릴리 사이를
> 통과하고 계셨다. 12 예수께서 어떤 마을에 들어가셨을 때 열 명의
> 나병환자들이 다가왔고 멀리 서 있었다. 13 그들은 목소리를 높여
> 말했다. "예수 선생님 우리를 불쌍히 여겨 주십시오." 14 예수께서
> 보시고 그들에게 말씀하셨다. "가서 여러분을 제사장들에게
> 보이시오." 그들이 가던 중에 깨끗하게 됐다.

예수가 사마리아와 갈릴리의 경계를 통과할 때 일어난 일이다(11절). 누가는 예수가 예루살렘을 향해 가고 계심을 독자들에게 다시 한번 상기시킨다(9:31, 51, 53; 13:22, 33; 17:11). 누가는 9:51부터 시작된 예루살렘 여정에서 예수님과 제자들의 이동 경로를 거의 언급하지 않았으나 17:11 이후에는 이동 경로를 자주 밝힌다(17:11; 18:31, 35; 19:1, 11). 본 단락(17:11-19) 이후 예루살렘을 향하는 속도가 빨라진다. 예수는 사마리아와 갈릴리를 지나 빠른 속도로 여리고와 예루살렘 근처에 이를 것이다. 갈릴리와 사마리아의 중간지대는 갈릴리의 유대인들이 예루살렘에 갈 때 부정한 사마리아 지역을 밟지 않으려고 사용한 우회로에 해

당한다. 우회로는 두 지역을 구분하는 경계선이었다. 갈릴리도 아니고 사마리아도 아니다. 우회로는 나병환자들이 사람들의 눈을 피해 다니던 길이었을 것이다. 예수가 한 마을에 들어갔을 때 나병환자 열 명이 멀리서 예수를 만났다. 이들은 예배와 공동체 생활에서 제외됐다. 갈릴리와 사마리아 중 어느 곳에도 갈 수 없는 주변인들이다. 제의적으로 부정한 나병환자들은 다른 사람들이 자신들 때문에 부정하게 되지 않도록 멀리 떨어져 있어야 했다(레 13:45-46). 그들은 큰소리로 외치며 예수에게 긍휼을 구한다. "예수 선생님 우리를 불쌍히 여겨주소서"(13절). 긍휼을 구하는 것은 치유를 간구하는 것과 같다. "여호와여 내게 은혜를 베푸소서 … 나를 고치소서"(시 41:4). "하나님이여 … 내게 은혜(긍휼)를 베푸시며 … 나의 죄를 깨끗이 제하소서"(시 51:1-2). 구약에서 나병은 하나님만 고치실 수 있는 불치병인데 이들은 예수에게 긍휼을 구한다. 이들은 예수가 하나님의 능력을 행할 수 있음을 믿는다. 누가복음에서 이러한 믿음은 뜻밖의 사람들에게 나타난다(예, 7:1-10, 36-50; 19:1-10; 23:39-43).

예수는 그들에게 제사장에게 가서 그들의 몸을 보이라고 지시한다(14절). 병이 나을 것을 전제로 치유를 검증받도록 명령한 것이다. 레위기 13-14장의 규정에 따라 나병환자들은 질병이 사라지면 제사장에게 검사를 받고 적어도 두 마리의 비둘기를 예물로 드리는 정결예식을 거쳐서 정결한 사람으로 인정받는다. 제사장들 대부분은 이스라엘의 여러 마을에 거주했고 매년 두 차례 예루살렘에서 한 주 동안 직무를 수행했다. 나병환자들은 제사장들이 있는 마을에 가서 치유를 확인받아야 했다. 제사는 성전에서 드려야 하지만 치유를 검증받는 절차는 지역 제사장으로 가능했다. 검증을 받은 후 치유받은 자들은 공동체에 들어가는 것을 허락받는다. 예수는 치유받는 과정보다 제사장들의 검증에 초점을 맞춤으로써 나병환자들이 공동체로 회복되는 사실을 중시한다. 놀랍게도 나병환자들이 제사장들에게 가는 도중에 나병이 깨끗해졌다. 나병은 다른 질병과 달리 제의적으로 부정한 병이었기에 치유를 깨끗하게 된 것으로 표현한다(4:27; 5:12-13; 7:22; 17:14, 17).

예수의 능력이 그와 거리가 떨어진 곳에서 치유로 나타났다. 이 장면은 예수의 말씀으로 먼 곳에 있던 백부장의 종이 나은 사건과 비슷하다(7:10). 15절에서 치유받은 자가 자기가 나은 것을 보고 하나님께 영광 돌리는 모습은 그들이 눈으로 치유를 확인할 수 있었음을 의미한다. 몸을 뒤덮었던 나병이 사라지는 것을 눈으로 보는 충격과 감격은 무엇으로도 표현할 수 없을 정도였다.

> 15 나병환자들 중 한 명은 자신이 치유받은 것을 알고 돌아와 큰
> 소리로 하나님께 영광을 돌리고 16 예수의 발 앞에 엎드려 감사했다.
> 그는 사마리아인이었다. 17 예수께서 대답하며 말씀하셨다. "열 명이
> 깨끗하게 되지 않았소? 나머지 아홉 명은 어디 있소?" 18 "돌아와
> 하나님께 영광을 돌리는 자가 이 외국인 외에는 아무도 없는가?"
> 19 예수께서 그에게 말씀하셨다. "일어나 가시오. 당신의 믿음이
> 당신을 구원했소."

나병에서 깨끗하게 된 열 명 중에 한 사람이 큰 소리로 하나님께 영광을 돌린다(15절; 5:25; 18:43). 그는 예수를 통해 긍휼과 능력의 기적을 선물로 주신 하나님을 찬양한다. 치유받은 자의 태도는 이방인 나아만이 나병에서 치유받은 장면을 떠올린다(왕하 5:1-19). 엘리야 시대에 많은 나병환자들이 있었고 시리아의 사령관이었던 나아만은 엘리사의 명령에 순종해 하나님의 능력으로 치유받았다. 나아만은 엘리사에게 돌아가 이스라엘의 하나님만이 유일한 하나님이신 것을 인정했다. 본문의 나병환자는 제사장에게 가는 도중 치유받았고 제사장에게 가던 발걸음을 돌려 예수에게로 향한다. 여기서 치유받은 사마리아 사람이 보인 중요한 행동은 돌아온 것이다. '돌아오다'(ὑποστρέφω 휘포스트레포)는 이 사람과 치유받은 나머지 아홉 명의 태도를 구분한다. 그는 예수의 발아래 엎드려 감사한다(16절). 하나님께 영광 돌리는 것은 예수님께 감사하는 행위로 표현된다. 예수는 자신에게 돌아온 것을 하나님께 영광 돌리는 행위로 이해한다(18절). 하나님께 영광 돌리는 것은 유대인의 전

형적인 모습인데, 감사를 표하는 사람은 유대인이 아니라 사마리아인이다. 사마리아 사람이 성부와 성자를 향해 보여준 모습은 부활 이후 교회가 행하는 예배의 전형이다(24:52). 예수는 사마리아 사람이 하나님께 영광 돌리는 모습으로 하나님을 예배하는 유일한 민족이라는 우월감에 빠진 유대인들을 도전한다. 16절의 헬라어 문장에서 '그는 사마리아인이다'가 맨 뒤에 나오는데 이는 충격을 극대화하려는 의도이다(참고. 10:29-37). 혐오와 배제의 대상인 사마리아 사람, 그것도 부정한 나병을 안고 살았던 자가 예배의 모본을 보여줌으로써 예수를 정확히 알지 못한 채 특권 의식에 사로잡혀 있는 엘리트 신자들(9:49-50의 요한)을 도전한다.

예수는 열 명이 깨끗해졌는데 나머지 아홉 명은 어디 있는지 묻는다(17절). 돌아온 '이방인 외에는' 하나님께 영광을 돌린 자가 없는지 묻는다(18절). '사마리아인'이라는 표현도 충격적이지만 '이방인'은 더 충격적이다. '이방인'(ἀλλογενής 알로게네스)은 신약에서 이곳에만 유일하게 등장하는 용어로 비유대인을 가리킨다. 이 단어는 이방인들이 유대인들만 들어갈 수 있는 성전 안뜰에 들어오지 못하도록[4] 써놓은 경고문에 사용됐다.[5] 유대인들은 사마리아 사람들을 제의적으로 부정한 이방인 부류로 폄훼했다. 아홉 명은 몸이 치유되는 것을 경험하고 제사장을 찾아갔을 것이다. 공동체로 복귀해 정상적인 사회생활을 하고 가족과 친척을 만날 수 있었을 것이다. 기대하지 못한 선물을 누리면서 예수에게 돌아가는 수고를 할 생각은 하지 못했다. 아홉 명의 출신이 어딘지, 그들 전부가 유대인인지 아닌지 독자는 알 수는 없다. 분명한 사실은 한 명을 제외한 모두가 돌아오지 않았다는 사실이다. 예수에게 돌아오지 않은 그들은 인생에서 가장 중요한 분, 예수를 놓치고 말았다. 예수는 돌아와 하나님께 영광을 돌린 사마리아인의 믿음을 칭찬한다. 그의 믿음으로 구원을 얻었다고 칭찬한다. 이 칭찬은 누가복음에 기록된 복의 선언으로 죄 많은 여자(7:50), 혈루증 여인(8:48), 사마리아인(17:19), 거지 맹인(18:42)과 같이 주변부의 사람들에게 주어진다. 예수는 육신의 치유 이상의 의미로 구원을 언급한다. 사마리아인은 믿음으로 영혼의 구원을 얻었다. 전인적인 구원을 받았다. 누가복음에서 회개의 의미로 자주 사용되는 '돌아오다'(ὑποστρέφω 휘포스트레포)는 지리적 이동을 의미할 뿐 아니라 영적인 변화도 의미한다.[6] 믿음은 치유받기 전에 있던 믿음이 아니라 돌아온 것, 감사로 엎드린 것, 하나님께 영광을 돌려드린 것으로 인한 것이다.[7]

질문

1. 제자는 약한 형제를 어떻게 대해야 하고 피해자는 상대방을 어떻게 생각해야 할까요(17:1-6)? 실족시키지 않는 것과 용서하는 것은 믿음과 무슨 관계일까요(17:5-6)? 예수님은 왜 겨자씨 한 알만큼의 믿음을 강조하실까요?
2. 고대 사회에서 종은 아무리 수고해도 주인 앞에서 어떤 자세를 취했습니까(17:7-10)? 이 비유는 하나님 나라의 일을 위해 수고하는 신자들에게는 어떤 교훈이 될까요?
3. 예수님의 능력으로 나병에서 깨끗해진 환자들은 어떻게 반응합니까(17:11-19)? 사마리아인의 반응과 예수님의 칭찬은 그리스도인들에게 어떤 의미가 있을까요?

묵상

1. 죽도록 충성하고도 자신을 무가치하다고 생각하는 종의 모습은 많은 일을 맡아 수고한 것으로 존경과 영광을 받고자 하는 태도를 경계합니다(17:7-10). 앞치마를 두르고 사람들을 섬기는 종처럼 사람들을 섬기는 것은 제자들이 마땅히 실행해야 할 의무입니다. 예수님은 제자들을 참으로 존귀하게 여기시는 동시에 그들이 공동체에서 명예가 높아지길 바라고 보상을 기대하는 자세로 섬기지 않도록 하십니다.
2. 예수님은 치유를 받고 나서 하나님께 영광을 돌린 사람을 '이방'으로 부르심으로써 은혜를 특권으로 여기며 교만하기 쉬운 사람들의 경각심을 높이십니다(17:11-19). 인생의 시급한 문제를 해결 받는 단계에 머물지 않고 예수님께 돌아와 하나님을 찬송하는 것이 신자의 자연스러운 모습이어야 합니다. 예수님이 주시는 선물보다 더 중요한 것은 예수님을 구원의 주로 감사하고 그분을 찬송하는 것입니다.

24
하나님 나라의 시간과 장소

17:20-18:8

누가복음 17:20-18:8은 하나님 나라가 임하는 시간에 대한 바리새인들의 질문으로 시작되고(17:20) 하나님 나라의 시간과 장소에 초점을 맞춘다. 예수는 이 질문을 계기로 제자들에게 '인자의 오심'에 대해 가르친다. 인자의 오심을 확신할 때 제자들은 '이미 그러나 아직'의 기간을 신실하게 견딜 수 있다.

하나님 나라의 시간과 장소(17:20-25)

20 바리새인들이 하나님 나라가 언제 올 것인지 묻자 예수께서
그들에게 말씀하셨다. "하나님 나라는 관찰할 수 있게 오지
않습니다. 21 '보라, 여기 있다' 또는 '저기 있다'라고 말할
수 없습니다. 왜냐하면 하나님 나라는 여러분 가운데 있기
때문입니다."

바리새인들은 하나님 나라가 언제 임하는지 예수에게 질문한다(20절).

바리새인들에게 하나님 나라는 하나님이 통치하시는 나라로 민족의 해방으로 실현된다. 그들은 하나님이 이스라엘을 구원하기 위해 개입하시는 때를 하나님 나라가 임하는 때로 생각했다. 그들이 악의적 의도로 질문을 던진 것처럼 보이지는 않는다. 그들은 자신들이 기대하는 나라를 예수가 어떻게 이해하는지 질문했을 것이다(10:9; 참고. 마 4:17; 막 1:15). 예수는 하나님 나라는 관찰할 수 있게 임하지 않는다고 대답한다(21절). '관찰'(παρατήρησις 파라테레시스)은 신약에 유일하게 사용된 단어로 교육을 받거나 전문 지식을 갖춘 사람들(예, 점성술사)이 천체의 변화, 징조, 질병의 조짐을 관찰한 것을 말한다.[1] 사람들은 이런 관찰을 통해 미래를 예견하고 대비하려고 했다. 유대인들은 하늘에 나타나는 표징이나 종말을 알리는 묵시적 표징을 관찰함으로 하나님 나라의 도래를 확인하고자 했을 것이다. 바리새인들은 하나님 나라가 확실한 표징을 동반하며 임할 것으로 생각했다. 그들은 자신들이 정해 놓은 기준에 따라 확연히 관찰되고 입증될 수 있는 나라, 즉 로마 제국으로부터 해방되는 나라를 기다렸다. 그러나 물리적 현상이나 신비한 표적들로 하나님 나라의 전조나 시작을 관찰하는 시도는 옳지 않다. 아무리 기다리고 찾아도 표징을 관찰할 수 없다. 예수가 말하는 하나님 나라는 현재 임해 있기 때문이다. 이미 도래한 하나님 나라의 전조를 기다리는 것은 헛수고다. 그래서 예수는 어떤 표징이 '여기 있다', '저기 있다'라고 말할 수 없다고 설명한다. 하나님 나라는 오지 않은 미래의 나라가 아니라 이미 그들 가운데 임해 있다(21절). '너희 가운데'(ἐντὸς ὑμῶν 엔토스 휘몬)는 청중의 마음속이 아니라 청중 속의 예수 자신을 가리키는 표현이다. 예수를 부정하는 바리새인들의 마음에 하나님 나라가 임했다는 논리는 성립되지 않는다. 예수는 사람들이 하나님 나라에 들어가는 것이지 하나님 나라가 사람들 마음속에 들어간다는 표현을 사용하지 않았다.[2] 하나님 나라는 바리새인들 가운데 활동하는 예수를 통해 임해 있다. 바리새인들은 예수의 치유와 가르침을 통해 하나님 나라가 실현되고 있음에도 불구하고 그것을 인지하지 못한다. 예수는 바리새인들의 관점이 잘못된 것을 지적한다. 하나님 나라는 예수의 활동과 직결된다.

예수가 현재 활동하기 때문에 하나님 나라는 임했다.

> 22 예수께서 제자들에게 말씀하셨다. "너희가 인자의 날들 중
> 하루를 보고 싶어도 볼 수 없는 날이 올 것이다. 23 사람들이 '보라
> 저기 있다' 또는 '저기 있다'라고 너희에게 말할 것이다. 나가지도
> 말고 추적하지도 말라. 24 번개가 번쩍이고 이쪽 하늘에서 저쪽
> 하늘을 밝히는 것처럼 인자도 그의 날에 그렇게 될 것이다. 25 그러나
> 먼저 인자가 고난을 심하게 받아야 하고 이 세대에게 배척당해야
> 한다."

바리새인들의 질문에 대답한 예수는 제자들을 향해 하나님 나라에 대해 가르친다. 제자들은 '인자의 날들' 중 첫날을 보고자 하지만 보지 못할 것이다(22절). '인자의 날들'(22, 26)은 단수형인 '인자의 날'(30절), '그의 날'(24절)과 동의어다. 예수는 '노아의 날들'(26절), '롯의 날들'(28절)도 복수형으로 표현한다. 복수형 '인자의 날들'은 인자가 영광으로 와서 다스리는 기간, '노아의 날들'과 '롯의 날들'은 노아와 롯의 생애를 가리킨다. '인자의 날들의 하나'에서 '하나'로 번역되는 헤이스(εἷς)는 '첫 번째'(πρῶτος 프로토스)를 의미한다.[3] 즉 '인자의 날들'은 재림으로 시작되는 영광스런 시대와 기간이고, '하루'는 인자의 시대 중 첫째 날, 즉 새로운 시대의 첫날을 의미한다(참고. 행 20:7). 지금 예수는 제자들(과 교회)의 미래를 염두하고 있다. 예수의 죽음과 부활과 승천 이후 제자들(과 교회)은 시련을 겪게 될 것이다. 고난의 시간이 예상보다 길어지면 예수의 재림으로 새로운 시대가 하루속히 시작되길 원하게 된다. 하지만 그런 소망을 만족시킬 낙원을 제자들은 보지 못할 것이다. 기다림에 지친 제자들은 예수가 이미 특정 지역에 재림했다는 말에 현혹되기 쉽다. 고난을 피하고 싶은 마음이 간절해질수록 미혹되기도 쉽다. 그러나 사람들이 저기 있다 여기 있다고 해도 가지도 말고 따르지도 말아야 한다(23절). 번개가 이쪽에서 저쪽으로 번쩍이듯이 인자의 날도 그렇게 될 것이기 때문이다(24절). 23-24절은 재림에 대한 전형적인 가르침이다.

인자인 예수의 성육신은 이스라엘이라는 특정 지역에 일어난 사건이지만 재림은 지상의 모든 사람들이 목격할 수 있는 사건이 될 것이다. 이는 마치 번개가 번쩍이면 이쪽과 저쪽 지역 사람들이 볼 수 있는 것과 같다. 그만큼 인자의 날은 우주적인 현상이다. 또한 번개가 갑자기 번쩍이는 것처럼 인자도 생각하지 못한 때 갑자기 오실 것이다. 잘못된 소망과 관점을 갖고 있으면 미래에 완성될 하나님 나라를 오해할 수 있다. 인자의 날을 오해하지 않으려면 인자인 예수의 운명을 정확하게 이해해야 하므로 예수는 인자의 길을 가르친다. 인자는 많은 고난을 받고 이 세대에게 배척당할 것이다(25절). 예수는 다시 한번 '해야 한다'(δεῖ 데이)를 사용해 인자의 고난과 죽음이 하나님의 계획임을 강조한다(예, 9:22). '이 세대'는 하나님의 뜻을 깨닫지 못하는 완악한 이스라엘 백성을 지칭하는 용어다. 욕망을 추구하고 자신들의 목표를 하나님의 목표보다 우선시하는 이 세대는 고난의 길을 가는 메시아에 만족할 수 없다. 그런 메시아는 이 세대의 마음을 사로잡지 못한다. 그러나 제자들은 인자의 고난과 십자가가 하나님의 목적을 성취하고 완성하는 길임을 믿어야 한다. 그래야만 고난이 와도 미혹되지 않는다. 인자의 재림은 우주적인 사건인데도 불구하고 특정 지역과 시점에 메시아가 올 것으로 믿는 사람들이 있다. 특히 고난을 통해 영광의 나라에 들어간다는 사실을 인정하지 않고 기복적인 관점으로 종말을 기다리는 사람은 미혹되기 쉽다. 그리스도인으로 종말을 기다린다는 것은 고난과 수치를 인내하면서 주님의 오심을 소망하는 것을 의미한다.

인자의 날에 분리되는 운명(17:26-37)

26 "노아의 날처럼 인자의 날에도 그렇게 될 것이다. 27 노아가 방주에
들어갈 때까지 사람들은 먹고 마시고 장가가고 시집가고 있었으며,
홍수가 와서 모든 것을 파괴하고 말았다. 28 롯의 날에도 그와
같았다. 그들은 먹고 마시고 사고팔고 심고 짓고 있었다. 29 롯이
소돔을 떠난 날에 불과 유황이 하늘에서 비처럼 내려 모든 것을

불살랐다. 30 인자가 나타나는 날에도 그와 같을 것이다. 31 그날에
지붕 위에 있는 자는 집에 있는 물품을 가지러 내려가지 말라. 들에
있는 자도 돌아가지 말라. 32 롯의 아내를 기억해라. 33 자기 목숨을
보존하고자 하는 자마다 잃을 것이지만 자기 목숨을 잃는 자는
지킬 것이다. 34 나는 너희에게 말한다. 그날 밤에 한 침상에 두 명이
있을 것인데, 한 사람은 데려가지고 다른 한 사람은 남게 될 것이다.
35 두 여자가 같이 맷돌을 갈 것인데, 한 명은 데려가지고 다른 한
명은 남게 될 것이다." 36 〔없음〕[4] 37 그들이 예수께 말했다. "주님
어디입니까?" "사체가 있는 곳에 독수리들이 모일 것이다."

예수는 노아의 날과 롯의 날에 벌어진 모습을 근거로 인자의 재림 때 일어날 상황을 예고한다(26-37절). 인자의 날에는 노아의 날에 일어난 것과 같은 현상이 벌어질 것이다(26절). 노아가 방주에 들어갈 때까지 사람들은 먹고 마시고 장가가고 시집가는 생활에 집중했다. 일상은 중요하다. 하지만 일상에 몰두하다가 영원의 가치에 무관심할 때 비극이 찾아왔다. 일상에 휩쓸려 살아갈 때 홍수에 휩쓸려가고 말았다(27절). 인자의 때는 롯의 때와도 같다. 롯의 시대에 사람들은 먹고 마시고 사고팔고 심고 집을 지었다(28절). 식생활과 상업과 거주지를 마련하는 일은 필수적이고 기본적인 인간의 활동이다. 그러나 바쁘고 필수적인 일상이 하나님의 경고를 삼켜버리고 긴장감을 놓치게 만들 수 있다. 롯이 소돔에서 나갈 때 하늘에서 불과 유황이 비처럼 내려 그들을 멸망시켰다(29절). 미래에 임할 인자의 날에도 그런 현상이 벌어질 것이다(30절).

26-30절은 인자의 날에 대한 무관심을 경고한 반면 31-33절은 인자의 날에 취해야 할 행동 지침을 강조한다. 인자의 날에 지붕에 있는 사람은 세간을 가지러 집안으로 내려가지 말아야 하고, 밭에 있는 사람은 뒤돌아서지 말고 도망해야 한다(31절). 뒤를 돌아보는 것은 롯의 아내가 소금기둥이 된 원인이었다. '롯의 아내를 기억하라'(μνημονεύετε 므네모뉴에테)는 창세기 19:26에 기록된 비극을 기억하라는 의미다. "롯의 아내는 뒤를 돌아보았으므로 소금기둥이 되었더라."

흥미롭게도 유대 전승에서 노아의 홍수와 롯의 심판은 지혜를 알지 못하고 악을 행한 사람의 비극을 가르치는 교훈이었다.[5] 롯의 아내가 지혜가 없어서 비극을 맞이한 사건은 인자의 날을 기다리는 신자들에게 바른 지혜가 필수임을 보여준다. 롯의 아내처럼 소유에 집착하는 사람은 지혜가 결핍된 사람이다. 이런 사람은 진정으로 가치 있고 중요한 영생에는 냉담하여 인자의 날에 임할 심판을 피할 수 없고, 결국 목숨을 잃고 만다(33절; 9:24; 14:26-27). 제자들은 롯의 아내가 겪은 비극을 기억함으로 예수의 경고를 심각하게 받아들여야 한다.

예수는 인자의 날, 즉 심판의 날에 가장 가까운 관계의 사람들이 서로 다른 운명을 맞이하게 될 것이라고 경고한다(34-36절). 미래의 경고를 인식하지 못하는 점을 강조하기 위해 남자 두 명과 여자 두 명을 예로 소개한다. 남자와 여자를 평행으로 배열하는 것은 누가복음의 특징이다. 함께 자는 두 남자 중 한 명은 올라가고 한 명은 그대로 있게 된다(34절). 당시 팔레스타인에서는 한 침대에서 아버지와 아들 또는 형제들이 잠을 잤다. 두 남자가 함께 자는 모습은 당시 일반적이었다. 두 여자가 함께 맷돌을 갈다가 한 명은 올라가고 한 명은 남게 된다(35절). 같은 집에 살고 같은 일을 해도 인자에 대한 이해에 따라 운명이 달라진다. 제자들이 "주여 어디입니까?"라며 인자가 임할 장소에 대해 질문한다. 예수는 썩은 고기를 먹는 독수리가 주검이 있는 곳을 찾아내는 그림으로 대답하신다(37절). 주검을 찾는 독수리의 눈을 피할 수 없다. 이는 모든 사람의 눈을 피할 수 없게 인자가 오실 것을 의미한다.

끈질기게 간청하는 과부의 비유(18:1-8)

1 항상 기도해야 하고 낙담하지 말아야 할 것에 대한 비유를
예수께서 그들에게 말씀하셨다. 2 "어떤 성읍에 하나님을
두려워하지 않고 사람들도 존중하지 않는 재판관이 있었다.
3 그 성읍에 어떤 과부가 있었다. 그녀는 재판관을 계속 찾아가

> 말했다. '내 원수에게 공의를 실행해 주십시오.' 4 한동안 재판관은
> 거절했으나 이후 속으로 말했다. '내가 하나님을 두려워하지도
> 사람들을 존중하지도 않지만 5 이 과부가 지속적으로 나를 귀찮게
> 하므로 그녀의 공의를 실행해야 하겠다. 그렇지 않으면 끝없이
> 찾아와서 나를 때릴 것이다.'" 6 주께서 말씀하셨다. "불의한
> 재판관이 말하는 것을 들으라. 7 하나님이 낮과 밤에 부르짖는
> 택하신 자들에게 공의를 실행하시지 않겠느냐? 그들을 도와주기를
> 오래 지체하시겠느냐? 8 나는 너희에게 말한다. 하나님은 그들에게
> 공의를 속히 실행하실 것이다. 그러나 인자가 올 때 그가 땅에서
> 믿음을 볼 수 있겠느냐?"

인자의 오심(18:8)에 대한 주제는 과부의 비유에도 등장한다(18:1-8). 비유와 해설은 '인자의 날들 중 첫 번째 날'(17:22절), '인자가 나타나는 날'(17:30절)이 오기까지 신자들이 소망과 믿음에 근거해서 살아야 할 것을 강조한다. 누가는 예수가 항상 기도하고 낙심하지 말아야 하는 자세를 가르치기 위해 비유를 전했다고 소개한다(1절). 어떤 도시에 하나님을 두려워하지 않고 사람을 무시하는 재판관이 있었다(2절). 비유의 재판장은 공의로운 판결로 사람들의 억울함을 해결해야 하지만 사람에게 관심이 없고 억울한 사람의 마음에 아랑곳하지 않는다. 하나님을 경외하지 않는 재판관의 태도는 신분이 낮은 사람을 무시하고 공의를 실행하지 않는 것으로 나타났다. 재판장은 도시에서 가장 높은 지위와 권위를 가진 사람인 반면 과부는 가장 낮은 신분의 사람이다. 당시 여성은 가족의 남자와 연결된 지위였다. 아내는 남편을 의지하고 딸은 아버지를 의지하고 과부는 아들을 의지해야 생존할 수 있었다. 과부가 직접 재판관을 찾아온 것은 집안에 남자가 없음을 암시한다. 과부는 재판관을 자주 찾아가서 '나의 원한'을 풀어달라고 간청했다(3절). '원한을 풀다'와 '원한'으로 번역되는 동사 에크디케오(ἐκδικέω, 3, 5절)와 명사 에크디케시스(ἐκδίκησις, 7, 8절)는 '공의를 실현하다', '정의'와 '공의'의 의미를 포함한다.[6]

재판장은 오랫동안 과부의 호소에 응답하지 않았다. 원래 사람을 무시하는 그가 사회적 약자인 과부의 요청에 관심을 둘 리 없다. 그러나 과부는 포기하지 않는다. 끊임없이 재판관을 찾아간다. 재판관은 하나님을 두려워하지 않고 인권이나 정의에 관심을 두지 않았지만, 과부의 요청을 더 이상 모른 척할 수 없다. 여자의 끈질김 때문이다. '나를 귀찮게 한다'(παρέχειν μοι κόπον 파레케인 모이 코폰)의[7] 코포스(κόπος)는 '때림', '괴롭힘', '지침' 등을 뜻한다. 밤에 찾아와 떡을 요구하는 내용을 묘사하는 11:7에도 동일한 숙어가 등장했다. '나를 괴롭게 한다'(개역개정)로 번역되는 휘포피아조(ὑπωπιάζω)는 권투 시합에 사용되는 용어로 '눈을 때리다', '눈 밑을 때리다'를 의미한다.[8] 눈을 때리는 것은 모욕하는 행위이며 눈을 얻어맞아 멍이 들면 남 보기에 부끄럽다.[9] 재판장은 과부의 끈질긴 타격에 지쳐버렸다. 여자의 부탁을 들어주지 않으면 앞으로도 괴로움을 당할 것이 뻔하다. 무엇보다 명예를 목숨처럼 생각한 시대에 재판장은 사람들의 시선을 신경 쓰지 않을 수 없다. 사람들은 과부에게 공의를 실현하지 않는다는 이유로 재판관을 비난할 것이다. 그들은 재판관이 힘없는 과부에게 얻어맞아 눈에 피멍이 들었다고 비웃을 것이다. 그는 괴로움과 수치에서 벗어나기 위해 과부의 원한을 풀어주기로 결정한다(5절).

예수는 비유의 의미를 불의한 재판관이 말한 내용을 토대로 설명한다(6-8절). 불의한 재판관은 공의를 실현할 목적이 아니라 여자의 끈질김 때문에 공의를 실현했다. 그러나 하나님은 불의한 재판관과는 전혀 다른 성품을 갖고 계신다. 하나님은 자비로운 분이시고(6:35-36), 가장 좋은 선물을 주시며(11:1-13; 12:32), 공의를 실행하시는 분이다. 뿐만 아니라 비유는 간청하는 자와 듣는 자의 관계를 강조한다. 과부는 재판관에게 무시 받은 처지였으나 하나님이 택하신 자들은 하나님의 자녀들과 백성이다. 불의한 재판관도 원한을 풀어주었는데 공의와 자비의 하나님께서 택하신 자들의 원한을 해결해주시지 않겠는가! 하나님의 자녀가 간절한 마음으로 기도하는 것을 하나님이 외면하실 리 없다. 하나님은 이들의 문제를 속히 해결해 주신다(8a절). '속히'(ἐν τάχει

엔 타케이)는 '확실히', '갑자기', '뜻밖에' 등을 의미한다. 택하신 자들의 눈에는 기도가 늦게 응답되는 것처럼 보여도 하나님은 기도를 잊거나 무관심으로 내버려 두지 않으신다. 비유에 대한 예수의 해설은 "인자가 올 때 그가 땅에서 믿음을 볼 수 있겠느냐?"(8b절)로 끝난다. 예수의 질문은 앞 단락의 가르침을 배경으로 한다(17:23-37). '이미 그러나 아직'의 기간에 기도의 응답이 늦다고 생각하는 사람은 하나님이 과연 고난에 관심을 두고 계시는지 의심을 품을 수 있다. 그러나 예수는 하나님에게 의문을 제기하는 사람의 믿음에 의문을 제기한다. 과연 인간은 하나님의 응답을 끝까지 신뢰할 수 있는가?

질문

1. 하나님 나라는 언제, 어떻게 옵니까(17:20-25)? 왜 제자들은 '인자의 날들 중 하루'를 보고 싶어 할까요? 그리스도인은 인자의 날에 대해 어떤 태도를 취해야 할까요?
2. 인자가 오기까지 사람들은 어디에 관심을 둡니까? 그들의 운명은 어떻게 될까요(17:26-37)? 역사의 끝에 인자는 어디에, 어떻게 올까요? 인자의 오심을 준비하는 생활에 대해 생각해 보십시오.
3. 예수님의 비유에서 재판관이 과부의 간청을 들어줄 수밖에 없었던 이유는 무엇입니까(18:1-8)? 하나님은 택하신 자녀들에게 어떤 분이십니까? 예수님은 왜 "인자가 올 때 그가 땅에서 믿음을 볼 수 있겠느냐?"라고 말씀하실까요?

묵상

하나님 나라는 예수님의 오심으로 왔고 예수님의 재림으로 올 것입니다. 하나님의 자녀는 '이미 그러나 아직'의 기간에 살고 있습니다. 이 기간에는 어려움과 시련이 닥쳐옵니다. 하나님의 자녀는 예수님이 빨리 오셔서 공의를 실현하지 않는 것으로 낙심하기 쉽습니다. 시련의 시기일수록 하나님의 성품을 기억해야 하고 하나님과 자녀의 관계를 잊지 말아야 합니다. 하나님은 자녀들의 탄식에 귀를 기울이시고 가장 좋은 것으로 반응하시는 아버지이십니다. 탄식 소리가 허공을 맴돌고 기도의 응답은 요원해 보일지라도 하나님은 아버지로서 확실히 반응하십니다. 그러므로 하나님의 자녀는 낙심하지 말고 끈질기게 기도해야 합니다. 특히 자신이 사회, 경제, 종교적으로 낮은 위치에 있다고 생각하는 사람일수록 하나님 아버지와의 관계를 기억해야 합니다.

25
하나님 나라에 들어가는 사람들

18:9-19:10

누가복음 18:9-19:10은 하나님 나라에 반응하고 들어가는 사람들의 이야기다. 하나님 나라는 세리, 어린아이, 제자들, 맹인, 삭개오처럼 낮아진 자들이 은혜로 들어가는 나라다.

바리새인과 세리의 비유(18:9-14)

9 예수께서 이 비유를 의롭다고 확신하고 모든 사람을 무시하는
어떤 사람들에게 말씀하셨다. 10 "두 남자가 성전에 기도하러
올라갔습니다. 한 명은 바리새인이고 다른 한 명은 세리였습니다.
11 바리새인은 서서 이렇게 기도했습니다. '하나님, 제가 다른
사람들, 즉 강탈하는 자들, 불의한 사람들, 간음하는 자들,
이 세리와 다른 것으로 감사합니다. 12 저는 한 주에 두 차례
금식합니다. 제가 가진 모든 것의 십일조를 드립니다.' 13 그러나
세리는 멀리 서서 하늘을 쳐다보지도 못하고 가슴을 치면서
말했습니다. '하나님, 죄인인 저를 불쌍히 여겨 주십시오.' 14 나는

> 여러분에게 말합니다. 세리가 저쪽에 비해 의롭게 되었고 그의 집으로 내려갔습니다. 자신을 높이는 자마다 낮아질 것이고 자신을 낮추는 자는 높아질 것입니다."

바리새인과 세리가 기도하러 성전에 올라갔다(10절). 구약과 신약에서 기도는 예배의 행위다(예, 눅 1:9-10). 또한 기도는 하나님 앞에 단독자로 서는 순간이므로 인간을 가장 겸허하게 만드는 시간이다. 기도는 자신의 업적이나 성과가 아니라 하나님의 긍휼을 구하는 것으로 시작하는 것이다(사 8:17; 고후 1:9; 히 2:13). 그러나 바리새인의 기도는 자아도취의 시간이다. 그에게 기도의 대상은 자신과 그의 소리를 듣는 관객들이다. 그는 다른 사람들, 특히 세리 같은 죄인과는 분리된 것으로 자긍심을 가졌기 때문에 그들과 떨어져 기도한다. 바리새인은 자신이 행하는 경건 행위를 하지 않는 다른 사람들을 토색, 불의, 간음을 행하는 사람들로 규정하고 그들을 죄인 취급해버린다(11절). 그는 남의 것을 탐내거나 타인에게 불의를 행하거나 남의 여자를 간음하는 것으로 피해를 준 적이 없다고 자랑한다. 특히 기도하는 세리를 흘깃 쳐다보며 '이 세리'와 같지 않은 것으로 감사한다. 그는 한 주에 두 번 금식했다. 자신이 생산한 소산의 십일조뿐 아니라 시장에서 구입한 것과 모든 생산물의 십일조를 냈다(12절; 참고. 레 27:30-33; 민 18:21-32; 신 14:22-27). 한 주 두 번의 금식과 모든 생산물의 십일조는 다른 사람들과 자신을 구분하는 기준이었다. 또한 바리새인은 자신의 행위를 자랑하고 다른 사람에게 피해를 주지 않은 것으로 자랑한다.

세리도 바리새인처럼 다른 사람들로부터 떨어져 기도한다(13절). 세리는 부정한 자로 공인된 사람이었기 때문에 다른 사람들을 오염시키지 않도록 떨어져 있다. 바리새인의 눈에 세리는 사람들에게 피해를 주는 강도와 같고 사회를 오염시키는 바이러스와 같다. 세리는 로마 제국의 권위에 의존해 유대인들의 혈세를 거둬 로마에 바치고 상당한 이윤을 챙기는 사람으로 매국노와 다를 바 없었다. 세리가 손을 댄 물건에 닿기만 해도 부정해졌고, 세리는 법정 증인으로 인정받지도 못했다. 세리는 멀리 선 채로 감히 눈을 들어 하늘을 쳐다보지도 못한다(13절). 가슴을 치며 죄인인 자신을 용서해주시고 긍휼을 베풀어주시도록 기도한다. 그는 죄에 대한 깊은 자각으로 탄식하고 회개한다. 직업상 다른 사람들에게 끼친 피해를 생각하면서 통곡했을 것이다. 헬라어 단어 수를 세어보면 바리새인은 29개의 단어(11-12절)로 자랑했고 세리는 6개의 단어(13절)로 회개했다. 세리는 말보다는 눈을 들지 못하고 가슴을 치는 동작으로 하나님을 향한 마음을 표현했다. 특히 세리는 긍휼을 뜻하는 일반적인 용어인 '엘레오오'(ἐλεέω, 38절)가 아니라 대속죄일의 제의 행위와 관련된 '힐라스코마이'(ἱλάσκομαι 속량하다, [진노를] 누그러뜨리다)를 사용한다(출 25:17-22; 37:6-8; 레 16).[1] 이 용어는 용서를 통해 하나님과의 관계가 회복되는 은혜를 얻는 것을 의미한다.[2] 이는 세리가 긍휼 이상의 것을 구하고 있음을 의미한다. 신약에서 '힐라스코마이'는 본문과 히브리서 2:17에만 사용된다. 구약에서 이 동사의 수동태형은 '화해하게 되다', '자비를 입다', '은혜를 입다'를 의미한다(예, 왕하 5:18).[3] 하나님만이 죄를 제거하실 수 있으므로(시 25:11; 65:3; 78:38; 79:9) 오직 하나님의 은혜로 하나님과의 화해를 경험할 수 있고 긍휼을 얻게 된다. 세리는 자신을 죄인으로 칭함으로써 하나님의 용서로 관계가 회복되기를 소원한다. 세리의 기도는 시편 기자의 탄식을 떠올린다. "하나님이여 주의 인자를 따라 내게 은혜를 베푸시며 주의 많은 긍휼을 따라 내 죄악을 지워 주소서"(시 51:1).

예수는 바리새인과 세리를 평가하신다(14절). '의롭게 하다'(δικαιόω 디카이오오)라는 용어를 사용함으로써 죄 용서와 긍휼을 구한 세리가 의롭게 된 사실을 선언하신다. 자기를 자랑하러 온 바리새인은 허탈감으로 또는 우쭐함으로 돌아가고, 겸손히 머리 숙인 세리는 긍휼과 회복을 선물로 받는다. 세리는 의인으로 높아지고 바리새인은 죄인으로 낮아진다. 나중 된 자가 먼저 되고 먼저 된 자가 나중 된다. 예수는 죄인들을 찾으러 왔으므로 하나님 나라에 합당한 사람은 죄인으로 예수에게 나아간다. 하나님의 자녀는 끈질기게 기도할 정도로 하나님을 신뢰하는(18:1-8) 동시에 긍휼을 구하는 죄인으로서 하나님께 긍휼과 은혜를 간구해야 한다.

어린아이 같은 사람이 들어가는 나라(18:15-17)

15 사람들이 예수께서 만져주시기를 바라며 그들의 어린아이들을
데리고 왔다. 제자들이 이를 보고 어린아이들을 데리고 온 사람들을
질책하기 시작했다. 16 예수께서 아이들을 불러 모으며 말씀하셨다.
"어린아이들이 내게 오게 하고 막지 말라. 하나님 나라는 이들과
같은 자에게 속하기 때문이다. 17 진정으로 나는 너희에게 말한다.
어린아이처럼 하나님 나라를 영접하지 않는 자는 결코 그 나라에[4]
들어가지 못할 것이다."

사람들이 어린아이들을 예수께 데려와 안수해 주시길 원했다(15절). 본문의 어린아이는 '어린이'(παιδίον 파이디온—막 10:13)보다 '갓난아이'(βρέφη 브레페)에 가깝다. 어린아이들을 데리고 예수에게 온 사람들은 그들의 부모들일 것이다. 부모들은 예수의 축복을 소망했을 것이다. 당시에는 유아 사망률이 대단히 높았기 때문에 치유의 능력을 가진 예수의 축복은 중요했다. 제자들은 부모들을 꾸짖었다(15절). 예수가 귀신을 쫓을 때 줄곧 사용된 '꾸짖다'(ἐπιτιμάω 에피티마오)는 매우 강한 어조의 책망이다(4:35, 39, 41; 8:24; 9:42). 제자들은 어린아이들을 낮게 평가했고 예수의 사역에 방해 대상으로 여겼다. 예수는 어린아이들을 가까이 부른다. 자신에게 오는 것을 금하지 않도록 제자들에게 지시한다(16절). 누구든지 어린아이처럼 하나님 나라를 받아들이지 않으면 그 나라에 결코 들어갈 수 없다(17절). 하나님 나라는 어린아이와 같은 사람들의 것이다. 어린아이의 특징은 낮은 지위와 의존성이다. 예나 지금이나 어린아이는 어른에게 의존해야 생존할 수 있다. 하나님 나라는 하나님의 구원에 의존함으로 들어갈 수 있고 낮은 자세로 살아가야 하는 나라다. 앞 단락의 세리처럼 오직 하나님의 긍휼에 의지하는 태도가 어린아이

의 속성에 가깝다(18:9-14; 참고. 마 18:4). 하나님 나라는 하나님의 소유이므로 사람은 자신의 능력이나 소유나 지위가 아니라 거저 받는 은혜와 선물로 하나님 나라를 상속받는다. 겸손하게 하나님의 뜻에 반응하는 사람이 하나님 나라에 합당하다.

부자 관리와 제자들의 선택(18:18-30)

18 어떤 관원이 예수께 물었다. "선한 선생님, 영생을 얻으려면 제가
무엇을 해야 합니까?" 19 예수께서 그에게 말씀하셨다. "왜 당신은
나를 선하다고 부르시나요? 하나님 한 분 외에는 누구도 선하지
않습니다. 20 당신은 이 계명들을 알고 있습니다. '간음하지 말라.
살인하지 말라. 도둑질하지 말라. 거짓 증언하지 말라. 네 아버지와
어머니를 공경하라.'" 21 그가 대답했다. "저는 어릴 때부터 이 모든
계명을 지켰습니다." 22 예수께서 이 말을 듣고 그에게 말씀하셨다.
"당신에게는 한 가지 부족한 것이 있소. 당신이 소유한 모든 것을
팔아 가난한 자들에게 주시오. 그러면 하늘에 있는 보화를 얻게
될 것이오. 그때 와서 나를 따르시오." 23 관원이 이 말을 듣고 매우
슬퍼했다. 그에게는 엄청난 재산이 있었기 때문이다. 24 예수께서
이를 알고 말씀하셨다. "부자가 하나님 나라에 들어가는 것이
너무나 어렵습니다. 25 낙타가 바늘귀를 통과하는 것이 부자가
하나님 나라에 들어가는 것보다 더 쉽습니다." 26 이 말을 들은
사람들이 말했다. "도대체 누가 구원을 얻을 수 있단 말입니까?"
27 예수께서 대답하셨다. "사람에게는 불가능한 것이 하나님에게는
가능합니다." 28 베드로가 말했다. "우리는 당신을 따르기 위해 모든
것을 버렸습니다." 29 예수께서 그들에게 말씀하셨다. "진정으로
나는 너희에게 말한다. 하나님 나라를 위해 집이나 아내나 형제나
부모나 자녀를 버린 자는 30 이 시대에 많이 받고 오는 시대에 영생을
얻을 것이다."

어린아이의 특징과 상반되는 모습의 부자 관리가 등장한다. 그는 사회적으로 존경받는 위치에 있고 엄청난 부자다(23절).[5] 관리는 예수의 가르침에 자극을 받고 "선한 선생님, 영생을 얻으려면 제가 무엇을 해야 합니까?"라고 묻는다(18절). 18-30절에는 구원을 의미하는 몇 가지 표현인 '영생'(18, 30절), '하늘에 있는 보화'(22절), '하나님 나라에 들어가는 것'(24, 29절), '구원'(26절)이 연이어 사용된다. 예수의 말씀을 듣고 나서 그가 매우 슬퍼하는 모습은 영생을 얻고자 하는 그의 질문이 진심이었음을 의미한다. 관리는 행위와 지위를 근거로 영생과 복을 확보할 수 있다고 믿었다. 그는 어린아이처럼 낮아져야 하나님 나라에 들어갈 수 있다는 말씀을 듣고 나서 자신처럼 많은 재산으로 높은 위치에 있는 사람이 과연 영생을 얻을 수 있는지, 즉 하나님 나라에 들어갈 수 있는지 고민한 것인지도 모른다. 높은 지위와 부를 확보한 부자 관리는 영생의 길에 대한 예수의 답변도 듣고 싶고 동시에 자신의 경건과 업적을 드러내고 싶다. 예수를 선하다고 칭찬한다. 자신 역시 상응하는 칭찬과 평가를 받는 것에 익숙한 사람이다.

예수는 먼저 예수를 선하다고 평가하는 것을 문제 삼는다(19절). 하나님 한 분 외에는 선한 이가 없다(19절; 신 6:4). '하나님 한 분'(εἷς ὁ θεός 헤이스 호 떼오스)은 하나님의 유일성을 의미한다(신 6:4). 하나님의 선하심은 구약에 자주 거론된다(대상 16:34; 대하 5:13; 시 34:8; 106:1; 118:1, 29; 136:1). 예수는 하나님 한 분만 선하시다고 언급함으로써 인간의 신분(예, '선한 선생님')에 근거해 칭찬을 주고받으려는 관리의 의도를 거부한다. 예수는 구원을 주실 수 있는 하나님에게로 부자 관리의 시선을 돌린다. 이어서 예수는 부자의 영적 상태를 평가한다. 예수는 계명의 일부를 언급하는 것으로 부자 관리의 문제를 드러내기 시작한다. 간음하지 말고, 살인하지 말고, 도둑질하지 말고, 거짓 증언하지 말고, 부모를 공경하라는 계명(20절)은 십계명 중 사람과 관련된 계명이다. 사람에 대한 여섯 계명 중에서 탐하지 말라는 열 번째를 제외한 다섯 계명이 언급된다. 다섯 계명 중 도둑질하지 말라는 계명이 중앙에 위치한다. 도둑질을 강조한 것은 아마도 부자 관리의 부가 다른 사람들의 희생을 훔친 결과임을 드러내는 것일 수 있다. 관리는 어릴 때부터 이런 계명을 모두 지켰다고 자부한다(21절). 그러나 다섯 개의 계명은 영생의 조건이 아니다. 예수는 지금까지 부자 관리가 걸어온 가치관과 삶의 방식으로는 영생에 이를 수 없음을 말한다. 부자 관리는 계명을 성실히 지킨 결과, 부와 관리의 복을 누린다고 생각했을 수도 있다. 그러나 예수는 아직 한 가지 부족한 것이 있다고 지적한다(22절). 부자가 행하지 못하는 한 가지는 모든 소유를 처분하는 것이다. 소유를 처분하면 그를 위한 보화가 하늘에 준비된다. 하늘의 보화는 영생을 얻은 자에게 약속된 선물이다. 예수는 소유를 모두 팔고 나서 "나를 따르라"고 명령한다. "나를 따르라"는 영생을 얻는 길이다. 소유를 버리는 것은 예수를 따르기 위한 결단이며 이는 영생의 길을 선택했음을 고백하는 행위다. 소유를 움켜쥔 상태로는 예수를 따를 수 없다. 맘몬과 하나님이 대립하듯 부자 관리에게는 소유와 예수가 대립한다. 관리는 큰 부자이기 때문에 매우 슬퍼한다(23절). 부자 관리는 계명에 순종한 결과로 소유와 권력도 확보하고 자신이 영생에 가깝다고 생각했을지 모르나 그에게는 영생도, 내세의 복도 없다. 한편, 부자의 슬퍼하는 모습이 반드시 부정적인 결말을 예고하는 것은 아니다. 부자 관리의 결정은 열린 상태로 남아 있다. 둘째 아들이 아버지의 집으로 돌아오고(15:17, 20), 베드로가 돌이켜 초기 교회를 회복하는 역할을 한 것처럼(22:32, 62), 부자 관리에게도 기회는 열려 있다.

예수는 슬퍼하는 부자의 모습을 보면서 하나님 나라에 들어가는 것이 매우 어렵다고 평가한다(24절). 낙타가 바늘귀로 들어가는 것이 부자가 하나님 나라에 들어가는 것보다 더 쉽다(25절).[6] 과장법을 사용하는 예수의 비유를 독자들은 심각하게 받아들여야 한다. 많은 부를 하나님 나라에 들어간 증거 혹은 하나님이 주신 진정한 복으로 여긴다면 심각한 오판이다. 안전을 보장하는 견고한 수단인 재물을 소유한 사람이 예수를 의존하기란 쉽지 않다. 예수를 따르기 어렵다. 얼마나 돈에 종속된 상태인가는 가난한 자들을 위해 가진 소유를 나누는 정도를 보면 알 수 있다. 예수의 말씀을 듣던 사람들은 부자 관리가 영생을 얻지 못한다면 도대체 누가 구원을 얻을 수 있는지 묻는다(26절). 이들은 현재의 소유와 지위를 영생과 복으로 이해한다. 이들의 질문은 영생과 부에 대한 당시 유대인들의 관점을 반영한다. 예수는 사람이 할 수 없는 것을 하나님은 하실 수 있다고 반응한다(27절). 예수는 구원을 얻는 데 있어서 인간의 능력과 하나님의 능력을 대조한다. 인간은 계명을 완전하게 지킬 수 없을 뿐 아니라 완전하게 지킨다고 해도 그런 행위로는 구원에 이를 수 없다. 최고의 부와 권력을 하나님의 복이라고 자랑해도 그것으로는 영생에 이를 수 없다. 구원은 하나님의 능력으로 주어지는 선물이다. 어린아이처럼 하나님의 능력에 의존해야만 구원을 얻는다. 부자도 하나님의 능력으로 구원을 얻을 수 있으며, 부자 삭개오는 예수를 영접함으로 구원을 얻는다(19:1-10).

베드로는 제자들이 모든 것을 버리고 주를 따랐다고 말한다(28절). 베드로는 모든 것을 팔고 "나를 따르라"(22절)는 예수의 명령을 실천했다. 예수는 '하나님 나라를 위해 집이나 아내나 형제나 부모나 자녀를 버린 자는 현세에 여러 배를 받고 내세에 영생을 얻지 못할 자가 없다'고 선언한다(29-30절). 이 시대에서 받게 되는 '여러 배'는 하나님 나라를 위해 버린 것에 대한 보상, 즉 영적인 가족을 더 많이 얻게 된다는 의미다(참고. 8:21). 유대교에서 '오는 시대'는 미래의 영생을 누리는 시대를 가리킨다. 부자 관리의 이야기에서 영생은 18절 부자 관리의 질문과 30절의 제자들의 행위에 대한 예수의 답변으로 언급된다. 예수를 따르는 것이 영생을 얻는 길이며, 제자들은 예수를 따르기 위해 가장 소중한 것들을 버린 점에서 영생을 얻는 사람들이다. 또 예수를 따르는 여부에 따라 오는 시대에 반전이 일어날 것이다. 구원의 속성은 '반전'과 '역전'이다. 세상에서의 소유를 선택해 명예와 복을 누린 자들은 내세에 얻을 것이 없지만, 예수를 위해 낮아진 자들은 영생을 누릴 것이다. 제자들은 돈이 아니라 예수에게 의존한 생애를 살았다. 이런 선택과 삶이 구원과 영생의 증거다. 초기 교회는 구원의 공동체로서 예수를 굳게 의존하고 따르는 증거로 소유를 나누며 살았다(행 4:32-35). 초기 교회는 하나님 나라의 가치를 최고로 여긴다는 이유로 가족의 배척을 받았다. 세상에서 가장 가까운 관계인 가족의 반대에도 불구하고 하나님 나라를 위해 소중한 집과 가족을 버린 사람은 여러 배의 가족을 얻고 내세에는 영생을 얻게 된다.

수난과 부활의 예고(18:31-34)

31 예수께서 열두 제자를 데리고 그들에게 말씀하셨다. "우리는
예루살렘에 올라가고 있다. 선지자들이 인자에 대해 기록한 모든
것이 이루어질 것이다.[7] 32 인자는 이방인들에게 넘겨져 조롱당하고
부당하게 대우받고 침 뱉음을 당할 것이다. 33 그들은 인자를 심하게
채찍질하고 죽일 것이다. 그러나 세 번째 날에 인자는 다시 일어날
것이다." 34 열두 제자는 이 말을 전혀 이해하지 못했다. 이 말씀은
그들에게 감추어졌으며, 그들은 예수께서 말씀하신 것을 파악하지
못했다.

예수는 열두 제자를 데리고 예루살렘을 향해 올라간다.[8] 변모 사건(9:31)과 여정을 출발한 장면(9:51, 53)에서 언급된 것같이 예루살렘은 하나님의 목적이 성취될 곳이다. 이제 예루살렘에 가까이 이른 예수는 예루살렘으로 가는 목적을 제자들에게 더 구체적으로 알린다. 하나님이 선지자들을 통해 예고하신 모든 것이 인자를 통해 성취될 것이다(31절; 참고. 24:25, 27). '이루다', '성취하다', '완료하다'(τελέω 텔레오)의 동사는 누가복음에서 한 번을 제외하고는(12:50) 성경의 성취를 강조하기 위해 사용된다(2:39; 18:31; 22:37; 행 13:29). 31절의 이 동사는 수동태로 하나님이 구원 역사의 목표를 이루시는 것을 의미한다. '모든 것'(30절)은 예수의 생애를 통해 성취될 하나님의 목적과 관련된 모든 사건들을 가리킨다(참고. 9:31, 51; 24:26). 예수의 고난과 십자가를 통해 하나님이 목적을 이루시는 것은 구약 전체의 계획이다. 부활한 예수는 제자들에게 그의 죽음과 부활을 모세의 율법과 선지자들의 글과 시편에 자신을 가리켜 기록한 '모든 것'(24:44)이 성취된 사건으로 설명할 것이다. '선지자들'은 구

약 전체를 가리킨다(참고. 24:25, 27, 32). 율법과 시편의 기록자인 모세와 다윗도 선지자에 포함된다.

이어지는 32-34절은 누가복음의 마지막 수난 예고다(참고. 마 20:17-19; 막 10:32-34). 인자는 이방인들에게 넘겨져 조롱당하고 능욕당하고 침 뱉음을 받게 될 것이다(32절). '이방인들'은 십자가 처형을 판결하고 집행하고 처리한 로마인들을 가리킨다. 누가복음에서 예수의 수난과 죽음에 관여한 자들을 지칭하는 표현은 '장로들, 대제사장들, 서기관들'(=산헤드린 공회; 9:22), '사람들의 손'(9:44), '이 세대'(17:25), '이방인들'(18:32)이다. 이는 모든 사람이 예수의 죽음에 책임이 있다는 사실을 내포한다. 유대지도자들은 예수를 이방인들에게 넘길 것이다. 이방인들은 예수의 죽음을 집행할 것이다. 조롱과 능욕과 침 뱉음은 십자가 형벌의 목적이 당사자에게 수치의 고통을 안기는 것임을 암시한다. 모욕하는 자들은 예수를 채찍질하고 죽일 것이다(33절). 수치와 고통은 여호와의 종이 겪는 운명이다(사 50:6). 그러나 수난을 받은 인자는 삼일 만에 살아날 것이다(33절). 종의 운명은 고난으로 끝나는 것이 아니라 하나님의 인정을 받는 것이다.

제자들은 예수의 예고를 전혀 깨닫지 못한다(34절). 그들은 예수가 성취할 하나님의 목적이 무엇이고 그가 어떻게 목적을 성취할 것인지 이해하지 못한다. 예루살렘을 향하고 있으나 예수님과 제자들의 목표는 서로 다르다. 누가는 제자들이 깨닫지 못하는 이유에 대해 '그 말씀이 감추어졌다'로 표현한다. 메시아가 고난과 죽음을 통해 하나님 나라를 성취하는 관점은 당시 유대인들에게는 생소했다. 그런 세계관에서 살았던 제자들 역시 예수를 메시아로 고백했지만 그의 죽음과 부활을 인정하기는 어려웠다. 뿐만 아니라 예루살렘에 세워질 영광의 나라를 고대한 제자들은 예수의 수난 예고를 이해하고 싶지 않았다. 제자들은 예수가 죽고 부활하신 후에 그의 고난과 부활이 성경에 예고된 진리임을 깨닫게 될 것이다(24:45; 행 2:1-4).

맹인의 치유(18:35-43)

35 예수께서 여리고로 가실 때 어떤 맹인이 길가에 앉아 구걸하고
있었다. 36 무리가 지나가는 소리를 듣고 맹인이 무슨 일이 일어나고
있는지 물었다. 37 사람들이 맹인에게 말했다. "나사렛 예수께서
지나가고 있답니다." 38 그러자 맹인이 소리쳤다. "예수님, 다윗의
아들이여, 저를 불쌍히 여겨주십시오." 39 앞에 있던 사람들이
조용히 하도록 맹인을 꾸짖었다. 그러나 맹인은 더 크게 외쳤다.
"다윗의 아들이여, 저를 불쌍히 여겨주십시오." 40 예수께서 멈춰
서서 앞으로 나오도록 거지에게 지시하셨다. 맹인이 가까이 오자
예수께서 그에게 물으셨다. 41 "내가 당신을 위해 무엇을 해주기를
원하오?" 맹인이 대답했다. "주여, 다시 볼 수 있게 해주소서."
42 예수께서 그에게 말씀하셨다. "시력을 얻으시오. 당신의 믿음이
당신을 치유했소." 43 그러자 즉시 맹인이 시력을 회복하고 예수를
따르며 하나님께 영광을 돌렸다. 모든 무리가 이를 보고 하나님을
찬송했다.

본문은 예수가 여리고에 가까이 이르렀을 때 일어난 사건이다. 예수의 일행은 여리고(18:35), 벳바게와 베다니(19:29), 올리브 산 아래(19:37), 예루살렘(19:41)의 경로로 이동한다. 유대인들이 통과하기를 꺼려한 사마리아를 제외하면 갈릴리에서 여리고로 가는 길은 북쪽 갈릴리에서 내려와 요단 강 동편에 위치한 베레아 지역을 통과하고, 요단 강을 건너 여리고에 이르게 된다. 여리고는 예루살렘에서 약 20-30킬로미터 정도 떨어진 곳이었으므로 예수의 일행은 곧 목적지 예루살렘에 도착하기 직전이다. 예수 일행이 여리고에 도착했을 때 맹인 한 명이 길가에 앉아서 구걸을 하고 있었다(35절). 그는 스스로 힘으로는 생존할 수 없어 타인의 자비에 기대어 살고 있다. 맹인은 무리가 지나가는 소리를 듣고 무슨 일이 있는지 묻는다(36절). 무리가 맹인에게 나사렛 예수가 지나가신다고 알려준다. 그 말을 듣자마자 맹인은 "예수님, 다윗의 아

들"을 부르며 자신을 불쌍히 여겨달라고 외친다(38절). 놀랍게도 맹인은 예수를 왕을 뜻하는 '다윗의 아들'로 부른다. 맹인의 관점에서 다윗의 아들은 하나님 나라의 왕이므로 왕의 도성인 예루살렘에 올라가야 한다.[9] 맹인은 가난한 자들 중에서도 가장 가난한 자로서 예수의 긍휼에 전적으로 의존한다. 그는 예수가 나사렛 회당에서 선언한 희년의 복음(4:18-10; 사 61:1-2)이 가난하고 볼 수 없는 자신에게 실현될 수 있음을 믿었다. 다윗의 아들은 무자비한 폭력이 아니라 긍휼로 통치하는 왕이다. 다윗의 아들이 통치할 나라는 맹인이 눈을 뜨는 긍휼의 나라다. 지혜와 지식을 갖추었다고 자부하는 바리새인들과 서기관들은 영적인 눈이 멀었지만, 거지 맹인은 예수의 정체를 정확히 보고 있다.

앞서 가는 사람들이 조용히 하도록 맹인을 꾸짖는다(39절). 이들은 맹인의 간청을 새로운 나라의 건설을 위한 행진을 가로막는 것으로 여겼다. 꾸짖는 행위는 어린아이들을 예수께 데리고 오는 것을 제자들이 막고 꾸짖을 때 사용된 단어다(18:15). 제자들과 사람들은 사회에서 가장 낮은 신분이었던 어린아이처럼 맹인을 무시한다. 사람들의 책망에도 불구하고 맹인은 자신을 불쌍히 여겨 달라고 더 크게 외친다(39-40절). 맹인은 예수의 비유에서 끈질기게 간청한 과부처럼 물러서지 않고 외친다(18:1-8). 맹인의 소리를 들은 예수는 멈춰 서서 그를 데리고 오도록 지시한다(40절). 곤궁에 처한 자의 간청을 외면하지 않으신다. 예수는 거지 맹인처럼 외면당하고 무시 받는 사람을 위해 왔다. 예수는 맹인에게 원하는 것이 무엇인지 묻는다(40-41a절). '다윗의 아들'로 예수를 불렀던 맹인은 이제 더 강한 권위를 의미하는 칭호인 '주'로 부른다. "주여, 다시 볼 수 있게 해주소서"(41b절). 맹인은 부와 명예가 아니라 보기를 원한다. 주의 긍휼로 자신을 비참하게 만든 원인을 해결할 수 있음을 믿는다.

예수는 맹인의 믿음이 그를 구원했다고 선언한다(42절). 맹인은 종교적 업적과 복을 자랑한 바리새인(18:11-12)과 부자 관리(18:18-30)가 얻지 못한 구원을 얻었다. 예수의 능력에 대한 믿음은 간청한 과부처럼(18:8) 포기하지 않고 긍휼을 구하는 태도로 드러났다. 여기서 예수는 '치유하다'가 아니라 '구원하다'라는 동사를 사용한다(7:50; 8:48; 17:19). 부자 관리가 구원 받지 못한다는 사실에 당황한 사람들은 "누가 구원을 얻을 수 있습니까?"(18:26)라고 물었다. 맹인처럼 예수의 긍휼을 구하는 자, 그의 능력에 의존하는 자가 구원을 얻는다. 구원의 특징은 반전이다. 맹인은 하나님의 영광과 전혀 상관이 없었으나 예수의 긍휼을 얻어 하나님께 영광을 돌리게 된다(43a절; 2:20; 5:25, 26; 7:16; 13:13; 17:15; 18:43; 23:47). 누가복음에는 맹인과 같이 사회적으로 낮은 자들이 반전을 통해 하나님께 영광을 드리는 장면이 자주 등장한다(5:25; 13:13; 17:15; 참고. 2:20; 5:26; 7:16). 사람들은 낮은 자의 역전된 운명을 보고 하나님을 찬양한다(43b절).[10] 한편 맹인이 치유 받는 장면은 18장의 앞선 네 이야기들과 밀접하게 연관된다. 누가는 이와 같은 배열을 통해 네 이야기의 언어와 의미를 공유함으로 예수가 실현하실 나라의 속성을 드러낸다. 즉 맹인은 간청하는 기도, 긍휼을 구하는 기도, 어린아이처럼 낮아져 의존하는 태도, 믿음으로 구원받는 모습을 보여준다.

간청하는 과부 (18:1-8)	세리와 바리새인 (18:9-14)	어린아이 (18:15-17)	부자 관리 (18:18-30)	예루살렘으로 올라가는 예수 (18:31-34)
"세상에서 믿음을 보겠느냐?"(8절)	"하나님이여 불쌍히 여기소서"(13절)	"제자들이 보고 꾸짖었다"(15절)	"누가 구원을 받을 수 있는가?"(26절)	"제자들이 이것을 하나도 깨닫지 못했다"(34절)
예수와 맹인(18:35-43)				
"네 믿음이 너를 구원했다"(42절).	"다윗의 아들 예수여 저를 불쌍히 여기소서" (38, 39절).	"앞서 가는 자들이 조용히 하라고 그를 꾸짖었다"(39절)	"네 믿음이 너를 구원했다"(42절).	"다윗의 자손 예수여"(38, 39절).

삭개오의 집에 임한 구원(19:1-10)

1 예수께서 여리고에 들어가 그곳을 통과하는 중이었다. 2 삭개오라는

이름의 사람이 그곳에 있었다. 그는 세리장이었고 부자였다.
3 삭개오는 예수를 보려고 했으나 키가 작아 무리 너머를 볼 수
없었다. 4 예수께서 그 길로 지나갈 예정이었으므로 삭개오는 먼지
가서 돌무화과나무 위에 올라갔다. 5 예수께서 그곳에 이르러
위쪽을 보고 삭개오에게 말씀하셨다. "삭개오, 어서 내려오시오.
내가 오늘 당신의 집에 머물러야 하겠소." 6 삭개오가 급히 내려와
기쁨으로 예수를 환대했다. 7 사람들이 이를 보고 모두 수군거렸다.
"그가 죄인의 집에 숙박하러 가는군." 8 삭개오는 멈추어 서서 주께
말했다. "주님, 제가 소유의 절반을 가난한 자들에게 주겠습니다.
만일 제가 누군가를 속이게 된다면 네 배를 갚겠습니다." 9 예수께서
그에게 말씀하셨다. "오늘 구원이 이 집에 이르렀습니다. 왜냐하면
그도 아브라함의 아들이기 때문입니다. 10 인자는 잃어버린 자들을
찾아 구원하러 왔습니다."

본 단락은 여리고를 향하던(18:35) 예수와 제자들이 그곳을 통과할 때 일어난 사건이다(1절). 여리고는 순례자들이 예루살렘에 입성하기 직전에 통과하는 도시였다. 세리장이고 부자인 삭개오가 여리고에 있었다. 삭개오는 이스라엘 백성을 상대로 세금을 거두어 부를 쌓았다. 본문은 삭개오가 불의한 사람이라는 단서를 제공하지 않으나 그에 대한 사회의 시선은 차가웠다. 사람들은 삭개오를 죄인으로 낙인찍는다(7절). 사회에서 존중받지 못하는 신분이라는 점에서 그는 18장의 과부, 세리, 어린이, 맹인과 비슷하다. 삭개오의 또 다른 특징은 작은 신체였다. 세리라는 직업과 작은 키는[11] 사람들이 무시하기 쉬운 조건이었다. 여러 가지 불리한 조건에도 불구하고 삭개오는 예수를 만나야 한다는 열망을 포기하지 않는다. 누가는 '보다'[12]라는 동사를 반복함으로써 예수를 보기 원하는 삭개오의 마음을 강조한다(3, 4절). 또한 '원하다' 또는 '찾다'의 동사를[13] 사용해 삭개오가 '보기 원했다'(3절)고 표현한다. 삭개오는 예수를 보기 열망하지만 사람들은 혐오의 대상인 그에게 길을 터 주지 않는다. 그는 대로변에 있는 돌무화과나무(시카모어 나무)에 재빨리

【여리고의 시카모어 나무】

올라갔다. 돌무화과나무는 잎이 무성하고 몸통이 굵고 가지가 옆으로 뻗어 있어 키 작은 삭개오가 몸을 숨기기에 안성맞춤이었다. 삭개오는 나무 위에서 그곳을 지나가는 예수를 보기 위해 기다렸다(4절). 삭개오의 진심어린 열망은 예수를 만나기 원했던 헤롯 안티파스와 부자 관리와 비교된다. 누가는 헤롯이 '그를 보기 원하고 있었다'로 표현했다(9:9). 헤롯은 자기 앞에 끌려 온 예수를 보고 기뻐했으나(23:8) 예수를 통해 욕망을 채울 방법을 얻지 못하자 그를 모욕하고 조롱한 뒤 빌라도에게 보내고 만다(23:11-12). 부자 관리도 영생을 얻기 위해 예수를 찾아왔으나 돈을 더 의존했기에 예수를 환대하지 못했다(18:18, 23). 반면 거지 맹인은 사람의 장벽에도 불구하고 예수를 통해 보기 원했고 구원을 얻었다. 삭개오는 돌무화과나무에 몸을 숨긴 채 길을 보고 있었을 것이다. 예수는 나무 위를 올려다보면서 삭개오에게 어서 나무에서 내려오라고 지시한다. 그리고 오늘 삭개오의 집에 머물고자 한다(5절). 예수는 이미 삭개오를 알고 있고 그의 이름을 부른다. '오늘'과 '해야 한다'는 표현은 지금 당장 잃은 자를 찾아서 구원하려는 예수의 강한 의지를 대변한다. 사람을 찾고 있는 쪽은 삭개오가 아니라 예수다(9절). 삭개오는 즉시 내려와 즐거워하며 예수를 환대한다. '환대하다'는[14] 누가가 자주 사용하는 용어다(10:38; 19:6; 행 17:7). '기뻐하다'는 구원의 주를 영접한 사람의 자연스런 반응이다. 앞 단락의 부자 관리는 예수의 말씀을 듣고 매우 근심하고 떠났지만(18:23) 삭개오는 예수의 명령에 즉시 기쁨으로 반응한다.

사람들은 예수가 죄인의 집에 숙박하러 들어간 것으로 수군거린다(7절). 수군거림은 바리새인들과 사두개인들이 예수를 비난하는 것을 표현하는 용어다(5:30; 15:2). 그들은 예수가 규범에 벗어난 행동을 한다고 비난한다. 예수가 죄인의 집에서 숙박하는 행위는 유대 공동체의 정결과 결속력을 훼손하는 문제였다. 사람들은 삭개오를 죄인으로 여긴다. 죄인은 도덕적으로 일탈한 사람과 공동체가 정한 종교적 기준에서 벗어난 사람에게 붙여지는 개념이다. 사람들은 삭개오가 유대 공동체의 관습이나 규범에서 벗어나는 일을 한다는 이유로 그를 죄인으로 정죄했을 것이다. 그러나 삭개오가 도덕적으로 잘못된 행동을 했는지는 본문에 드러나지 않는다. 삭개오는 소유의 절반을 가난한 자들에게 주겠다고 약속한다. 소유는 삭개오의 재산을 가리킨다. 다른 사람의 것을 빼앗는 일이 생기면 네 배를 갚겠다고 약속한다. 가난한 자들을 위해 부를 분배하고 약자들을 착취하지 않는 태도는 갚을 것이 없는 자들을 환대하라는 예수의 명령을 실천하는 것이다(14:13-14). 요한은 회개하는 세리에게 '부과된 것 외에는 거두지 말라'(3:13)고 지시했는데, 삭개오는 요한의 요구를 훨씬 뛰어넘는 결단을 내렸다. 9절과 연결해보면 삭개오는 구원에 대한 반응으로 긍휼을 베풀고 있다. 예수를 만나고 나서 보이는 이러한 반응은 회개의 증거다. 5절과 9절의 병행 관계와 예수가 잃어버린 자를 찾으러 왔다고 선언한 내용(10절)을 고려하면, 삭개오는 예수의 은혜에 대한 반응으로 선행과 공의를 실행한다.[15] 삭개오의 말을 들은 예수는 "오늘 구원이 이 집에 왔습니다"라고 선언한다. 이는 "내가 오늘 당신의 집에 머물러야 하겠소"(5절)와 병행 관계다. 예수가 삭개오의 집에 머문 것은 구원이 그의 집에 임한 것과 같은 의미다. 종말에 주어질 구원이 '오늘' 예수가 유숙하는 것으로 실현되고 경험된다. 삭개오는 오늘 성육신의 은혜를 경험했다. 삭개오는 지금 예수의 방문으로 하나님 나라의 복음을 경험한다. 삭개오의 선한

【"나무 위에서 예수를 기다리는 삭개오" 제임스 티소James Tissot 작】

행위는 구원의 방문에 대한 반응이다. 예수의 방문이 사람을 변화시켰다. 예수의 환대가 삭개오의 환대를 불러일으켰다.

예수는 삭개오를 '아브라함의 아들'로 부른다. 세례 요한은 '회개에 합당한 열매'를 맺는 사람을 아브라함의 자녀로 정의했다(3:8). 바리새인들과 율법교사들은 자신들을 아브라함의 아들로 믿고 삭개오를 비판했으나 예수의 시각에서는 삭개오가 아브라함의 아들이다. 구약과 유대교에서 아브라함이 환대의 인물로 평가받은 것처럼[16] 사회적 약자들을 환대하는 삭개오는 아브라함의 아들로 인정받는다. 삭개오는 예수를 만남으로 아브라함의 아들이라 불리는 은혜를 얻었다. 예수는 죄인에 집에 유숙한다는 비판에 자신의 사명으로 답변한다. 예수는 잃어버린 자를 찾기 위해 온 인자이기 때문에 죄인의 집에 머물고 있다(10절). 얼핏 보면 삭개오가 예수를 보기 위해 나무에 올라간 것 같으나 실제로는 예수가 나무에 숨은 삭개오를 찾아왔다. 삭개오의 집에 머물고 그를 아브라함의 아들로 회복시켰다. 예수는 잃어버린 양을 찾고 모으는 목자다(15:1-7). 에스겔 34장에서 예고한 다윗의 아들, 곧 약속된 목자다(34:15-16, 23-24). 예수는 잃어버린 자를 찾아다니는 인자로서 나무에 몸을 숨기고 있는 한 영혼을 발견하고 구원했다.

부자 삭개오 이야기는 부자 관리 이야기(18:20-30)와 비교된다. 둘 다 부자다. 부자 관리는 의인으로 공인된 반면 삭개오는 죄인으로 공인된 인물이다. 예수를 만나는 장벽이 부자 관리에게는 돈이었지만 삭개오에게는 사람들이었다. 부자 관리는 돈이 많아서 예수를 따르지 못했다(18:23). 예수는 부자에게 "낙타가 바늘귀로 들어가는 것이 부자가 하나님 나라에 들어가는 것보다 더 쉽다"고 말했다(24-25절). "누가 구원을 얻을 수 있겠습니까?"(18:26)라는 질문은 "오늘 구원이 이 집에 이르렀다"(19:9)는 대답으로 해결된다. 부자 관리는 가난한 자들을 위해 돈을 쓰지 못했으나 부자 삭개오는 재산을 분배한다. 또한 맹인과 삭개오는 예수를 보기 원했고(18:41; 19:3) 보았다. 둘 다 구원을 얻었다. 각각 다윗의 아들과 인자를 만난다. 하나님 나라의 복을 얻는 과정에는 장벽이 있기 마련이지만 겸손히 예수를 보고자 하는 사람은 예수를 만나 구원을 얻고 인생의 변화를 경험한다.

질문

1. 바리새인과 세리는 각각 어떻게 기도하고 기도의 결과는 어떻습니까(18:9-14)? 하나님은 어떤 사람을 의롭다고 하십니까?
2. 어떤 사람이 하나님 나라에 들어갑니까(18:15-17)? 부자 관리는 왜 영생을 얻지 못합니까(18:18-30)? 두 이야기에서 어떤 사람이 하나님 나라에 들어갈 수 있습니까?
3. 예수님이 예루살렘에 올라가시는 목적은 무엇입니까(18:31-34)? 맹인은 무엇을, 어떻게 원하고 있으며 예수님의 반응은 무엇입니까(18:35-43)? 어떤 사람이 구원을 얻습니까?
4. 삭개오가 구원을 얻고 결단을 내리는 과정을 설명해 보십시오(19:1-10). 잃어버린 자를 구원하러 오신 예수님에 대해 생각해 봅시다.

묵상

1. 하나님 나라는 하나님의 소유이므로 능력이나 소유나 지위가 아니라 은혜와 긍휼로 상속받습니다(18:15-17). 자신에게 내세울 것이 없음을 인정하고 하나님의 뜻에 반응하는 사람이 하나님 나라에 들어갈 수 있습니다. 이런 자세는 한순간에만 필요한 것이 아니라 하나님 나라의 백성으로 살아가는 여정에 줄곧 나타나야 하는 것입니다.
2. 누가복음에는 거지 맹인과 같이 사회적으로 낮은 자들이 신앙의 모본으로 자주 등장합니다(18:31-43). 성공한 사람의 성공담이 아니라 실패하고 외면당하는 사람들의 회복이 사람들의 마음에 감동을 주고 하나님께 영광을 돌립니다.

26

왕의 도착

19:11-48

누가복음 19:11-48은 므나의 비유와 예수의 예루살렘 입성 장면을 묘사하며, '왕의 도착'이라는 소재를 중심으로 전개된다. 신자들은 왕의 귀환을 준비해야 한다. 왕의 도착을 거부한 예루살렘은 심판을 피할 수 없다.

왕위를 받고 돌아오는 귀인(19:11-27)

11 사람들이 이것들을 듣고 있는 동안 예수께서 비유를 말씀하기
시작했다. 이는 예수께서 예루살렘 가까이 이르셨기 때문이며,
그들이 즉시 하나님 나라가 임하는 줄로 생각했기 때문이다.
12 예수께서 말씀하셨다. "어떤 귀인이 왕위를 받으려고 먼 나라로
갔습니다. 13 그는 종들을 불러 열 므나를 주면서 말했습니다. '내가
돌아올 때까지 장사를 해라.' 14 그러나 그의 시민들이 그를 미워해서
뒤로 사절을 보내며 말했습니다. '우리는 이 사람이 우리의 왕이
되는 것을 원치 않습니다.'"

므나의 비유는 하나님 나라가 곧 임할 줄로 생각하는 사람들에게 주어졌다(19:11). 비유를 전하게 된 배경은 두 가지다. 첫째, 예수가 예루살렘에 가까이 이르렀기 때문이다. 예루살렘은 왕의 도성으로 하나님 나라를 실현할 메시아가 왕으로 도착할 곳이다. 유대인들은 메시아가 예루살렘의 올리브 산에 임하고 새로운 나라를 건설할 것을 소망했다. 과거 다윗은 예루살렘에 입성해 그곳을 왕의 도시로 만들었다(삼상 5). 헤롯 대왕도 예루살렘을 확보함으로 자신의 통치권을 주장했다(요세푸스, 《유대전쟁사》, 1.335-60; 《고대사》, 14.459-91). 예수가 예루살렘을 향해 올라갈 때 사람들의 소망은 절정에 이르기 시작한다. 예수는 하나님 나라가 현재 임했다는 사실을 17:20-21에서 이미 언급했다. 맹인은 예수를 이스라엘의 왕을 가리키는 다윗의 아들로 불렀고 예수는 그 칭호를 거부하지 않았다(18:38-39). 둘째, 사람들이 하나님 나라가 곧 임할 줄로 생각했기 때문이다. 이 사실은 예수가 비유를 전한 장소가 삭개오의 집이라는 점과 연결된다(11절). 삭개오의 집에서 예수는 구원이 그의 집에 이르렀고(19:9) 자신을 잃어버린(또는 흩어진) 양 무리를 회복하러 온 인자로 소개했다(10절). 이런 장면들을 목격한 제자들과 무리는 예수가 예루살렘에 입성하는 것을 왕권을 얻어 하나님 나라를 시작하는 것으로 이해했을 수도 있다. 그들은 예수가 입성하는 예루살렘에서 구원의 나라가 실현될 것으로 예상했을 것이다. 그러나 하나님 나라는 예수의 활동과 말씀을 통해 이미 확장되고 있고 완성의 때를 남겨 두고 있다. 하나님 나라는 제자들이 기대한 정치적인 나라 또는 유대 민족을 위한 국가가 아니라 온 세상에 기쁨이 되는 나라이며, 사도행전은 하나님 나라가 땅끝을 향해 확장되는 이야기를 기록하고 있다.

비유는 다음과 같다. 어떤 귀인이 왕위를 받으려고 멀리 떠나면서 은화 열 므나를 열 명의 종들에게 균등하게 맡기며 자신이 돌아올 때까지 사업을 하도록 지시했다(12-13절). '종'(둘로스)은 노예를 지칭하기도 하지만 본문에서는 주인의 지시에 복종하는 사람을 가리킨다. 당시 종은 주인의 부재 시 주인이 위임한 권한으로 주인을 대신해 집안의 일을 처리할 수 있었다. 귀인이 왕위를 받으러 로마에 가는 것은 당시 청중에게 잘 알려진 이야기다. 분봉 왕은 로마로부터 권한을 얻어야 했다. 실제로 헤롯 왕가의 헤롯 대왕, 그의 아들 헤롯 아켈라우스와 헤롯 안티파스는 통치권을 얻을 목적으로 로마에 갔다. 므나는 백 드라크마의 가치였고 백 일치 임금에 해당했다. 데나리온(로마의 은전, 노동자의 하루치 품삯)과 같은 가치인 드라크마(그리스 은전) 하나로는 양 한 마리를 살 수 있었다. 달란트에 비하면 큰돈은 아니다. 귀인은 큰돈을 남기는 것보다 종들이 신실하게 주인의 지시를 따르는지 시험하고자 했다. 모두에게 같은 금액을 맡겼으므로 성실함을 객관적으로 평가할 수 있다. 이 시험을 통과하면 주인은 종에게 큰돈과 책임을 맡길 것이다.

그런데 귀인을 미워한 시민들이 몰래 로마로 사자를 보내 그가 왕이 되는 것을 원치 않는다는 입장을 전했다(14절). 백성은 그를 미워했다. 그가 왕이 되는 것을 용인하기 힘들었다. 이 장면은 헤롯 아켈라우스가 로마에 갔을 때와 비슷하다. 아버지 헤롯 대왕 사망(BC 4년) 이후 아켈라우스는 황제 아우구스투스를 만나러 로마에 갔다. 유대인들은 아켈라우스를 미워했고 그의 통치를 반대했다(《고대사》, 17.224-227). 요세푸스는 14절의 용어처럼 '미워하다'(《고대사》, 17.302), '사절을 보내다'(요세푸스, 《고대사》 17.300) 등을 사용해 헤롯 아켈라우스가 로마에 갔을 때 유대 백성들이 반대한 사건을 설명한다. 이에 분노한 아켈라우스는 로마에서 돌아와 3천 명의 유대인을 살육했다. "그는 성전에서 그의 동포 3천 명을 살육했다. 그들이 어찌 그의 미움을 피할 수 있었겠는가"(《고대사》, 17.313). 지금 예수는 청중이 알고 있는 배경을 활용해 예수께서 왕으로 통치하는 것을 싫어하는 사람들이 있다는 것을 알린다.

귀인은 예수를 지칭하는 비유어다. 물론 비유 속 귀인의 성품이 예수와 일치하는 것은 아니다. 예수는 귀인이 먼 나라로 왕위를 받으러 가서 '돌아올 것'이라는 사실을 활용한다. 귀인이 먼 나라로 간 것은 예수가 승천하여 왕권을 얻고 하나님 보좌 우편에서 통치하는 것을 의미한다(9:51; 행 1:11). 예수는 승천 후 하나님의 보좌 우편에 앉아 통치권 혹은 나라를 받아 우주를 다스릴 것이다(20:41-44; 22:69; 행 1:11;

2:30-36). 예수가 왕으로 하나님의 보좌 우편에 앉는 것은 시편 110:1의 성취이고 나라를 얻는 것은 다니엘 7:13-14의 성취다(예, 눅 20:43; 22:69). 왕위를 받아서 '다시 오는 것'은 재림을 의미한다(예, 행 3:20-21). 그래서 비유는 예수의 승천과 재림 사이에 살고 있는 제자들(또는 독자들)에게 신실하게 재림을 준비할 것을 강조한다. 독자는 사람들이 귀인의 왕위를 반대하는 이유가 귀인에 기인한다고 단정할 필요는 없다. 비유를 예수의 생애와 연결해보면 유대지도자들은 왕으로 입성하신 예수를 반대했고 그의 통치권을 인정하지 않았다. 시민들도 유대지도자들의 뜻에 동조했다(13:34). 예수의 승천과 재림 사이에도 많은 사람들이 그의 왕권을 원하지 않는다. 반대하는 사람들은 심판을 받는 대상으로 다시 언급될 것이다(27절).

> 15 "귀인은 왕위를 받고 돌아와서 돈을 맡겼던 종들을 불렀습니다.
> 귀인은 그들이 장사로 얼마를 벌었는지 알고 싶었습니다. 16 첫
> 번째 종이 앞으로 나와 말했습니다. '주인님, 당신의 므나가 열
> 므나가 됐습니다.' 17 왕이 그에게 말했습니다. '잘했다 선한 종아!
> 네가 매우 작은 일에 신실했기 때문에 열 성읍을 다스리는 권위를
> 얻을 것이다.' 18 두 번째 종이 와서 말했습니다. '주인님, 당신의
> 므나가 다섯 므나가 됐습니다.' 19 왕이 종에게 말했습니다. '너는
> 다섯 성읍을 맡게 될 것이다.' 20 또 다른 종이 와서 말했습니다.
> '주인님, 여기 당신의 므나가 있습니다. 제가 이것을 옷 주머니에
> 싸서 보관해 두었습니다. 21 당신은 엄한 사람이므로 저는 당신을
> 두려워했습니다. 당신은 맡기지 않은 것을 가져가고 심지 않은 것을
> 거두어 가십니다.' 22 왕이 그에게 말했습니다. '악한 종아, 나는 네
> 말로 너를 심판하겠다. 너는 내가 엄한 사람이고 맡기지 않은 것을
> 가져가고 심지 않은 것을 거두는 줄로 알고 있지? 23 그렇다면 왜 내
> 돈을 은행에 넣어 내가 이자와 함께 돈을 찾도록 하지 않았느냐?'
> 24 왕은 옆에 있는 자들에게 말했습니다. '그에게서 므나를 빼앗아
> 열 므나를 가진 종에게 주도록 해라.' 25 그들은 왕에게 말했습니다.

'주인님, 그에게는 이미 열 므나가 있습니다.' 26 '나는 너희에게
말한다. 가지고 있는 자는 더 많이 받게 될 것이지만 가지고 있지
않은 자는 가지고 있는 것마저 빼앗길 것이다. 27 내가 왕이 되는
것을 원치 않는 내 원수들을 여기로 끌고 와 내 앞에서 죽여라.'"

백성의 반대에도 불구하고 귀인은 왕위를 받아 돌아왔다(15절). 주인은 종들이 장사에 열심을 보였는지 알아보려고 그들을 불렀다. 주인은 종들이 성실하게 장사를 했는지에 관심이 있다. 비유에는 세 명의 종에 대한 평가가 나온다. 세 명은 주인에 대한 신실함의 정도를 보여주는 표본과 같다. 첫 번째 종은 한 므나로 열 므나를 남겼다(16절). 주인은 그를 착한 종으로 부르고 지극히 작은 일에 신실했다고[1] 칭찬한다(17절). '매우 작은 일'은 매우 작은 일에 신실한 자는 큰일에도 신실하다는 교훈(16:10)을 떠올린다. 주인은 자신의 나라에 속한 열 성읍(πόλις 폴리스, '도시')을 다스리는 권세를 맡기는 것으로 종의 수고에 보상한다. 열 개의 성읍은 귀인이 왕으로 다스리는 나라에 속해 있다. 이런 보상은 예수가 제자들에게 약속하게 될 특권과 비슷하다(22:30). 두 번째 종은 한 므나로 다섯 므나를 남겼다(18절). 주인은 종에게 다섯 성읍을 맡긴다(19절). 한 므나의 가치와 견주었을 때 열 성읍과 다섯 성읍을 통치하는 권위를 얻는 것은 큰 보상이다. 이는 주인이 돈이나 이윤이 아니라 주인에 대한 신실한 태도를 중요시했음을 의미한다. 종들의 신실함을 평가하는 데는 한 므나를 맡기는 것으로 충분했다. 세 번째 종은 한 므나를 옷 주머니에 보관해 두었다가 그대로 가져왔다(20절).[2] 종은 주인을 '주'라고 부르지만 실제로는 주인에게 충성하지도, 주인의 뜻에 순종하지도 않았다. 종은 이윤을 남기지 않은 원인을 주인의 성품 탓으로 돌린다. 주인의 엄한 성격 때문에 장사를 하지 않았다고 변명한다(21절). 종의 평가에 따르면 주인은 유연성이 없고 엄격하다.[3] 지금 종은 거짓말을 하고 있다. 주인이 엄한 줄 알았으면 마땅히 긴장감으로 일을 더 열심히 해야 했다. 이런 점에서 주인을 무섭고 엄하다고 평가하는 것은 반역과 저항의 감정을 표출하는 것이다. 그래서 주인은 그를 '악한 종'

으로 평가한다(22절). 종의 모순된 말에서 그의 반역과 거짓말을 파악한다. 만일 종이 주인을 정말로 그렇게 생각했다면 주인이 돌아와서 원금과 이자를 찾을 수 있도록 돈을 은행에 맡겨야 했다(23절). 종은 자신의 임무에 전혀 신실하지 않았음을 보여줄 뿐이다. 이 종은 주인이 왕으로 귀환하는 것을 인정하지 않고 반역을 도모한 사람이다. 따라서 그는 심판을 받는 대상에 포함된다(27절).

주인은 옆에 선 자들에게 악한 종에게서 한 므나를 빼앗아 열 므나를 맡은 종에게 주도록 지시한다(24절). 지시를 받은 자들은 첫 번째 종에게는 이미 열 므나가 있다고 말한다(25절). 주인은 있는 자는 받게 되고 없는 자는 있는 것도 빼앗기는 이치에 근거해 지시를 그대로 집행하도록 한다(26절). 주인은 왕이 되는 것을 원치 않던 원수들을 끌고 와 죽이도록 명령한다(27절). 이는 헤롯 아켈라우스가 귀환 후 반대자들의 편에 섰던 대제사장을 퇴위시킨 사건을 떠올린다(요세푸스, 《고대사》, 17.339). 이들은 예수가 왕이 되는 것을 원하지 않는 사람들을 의미한다. 본문은 사람들이 예수가 왕이 되는 것을 반대하는 이유를 설명하지는 않는다. 반대에는 수많은 이유가 있고 이들에게는 무서운 심판이 내려진다. 예수가 말하는 심판은 재림과 최후심판에 일어날 것이다.[4]

예수의 재림 전 사명을 맡은 신자들은 두 부류로 나뉜다. 예수가 맡긴 작은 일에 신실한 사람과 그렇지 않은 사람이다. 예수의 재림 때 신자들의 신실함이 판명난다. 신자들에게는 한 므나와 같이 작은 일을 맡게 될 기회가 여러 차례 찾아온다. 예수가 맡긴 작은 사명에 신실한 사람은 열매를 맺는 좋은 땅과 같다.

예루살렘에 입성하는 왕(19:28-44)

28 예수께서는 이것을 말하고 나서 예루살렘을 향해 계속
올라가셨다. 29 올리브 산으로 불리는 곳인 벳바게와 베다니에
이르러 제자 두 명을 보내며 말씀하셨다. 30 "너희는 맞은편 마을에

가라. 그곳에 들어가면 한 번도 타지 않은 나귀 한 마리가 묶여
있는 것을 볼 것이다. 나귀를 풀어 이리로 끌고 오너라. 31 만일
누가 너희에게 '왜 나귀를 풀고 있소?'라고 물으면 이렇게 말해라.
'주께서 필요로 하십니다.' 32 보냄받은 제자들은 예수께서 말씀하신
그대로인 것을 보았다. 33 그들이 나귀를 풀고 있을 때 주인들이
그들에게 물었다. '왜 나귀를 풀고 있소?' 34 그들이 대답했다.
'주께서 필요로 하십니다.' 35 제자들은 나귀를 예수께 끌고 왔다.
나귀 위에 그들의 옷을 깔아 예수께서 그 위에 타도록 했다.
36 예수께서 나귀를 타고 가시자 그들은 길 위에 그들의 옷을 폈다.
37 예수께서 올리브 산에서 내리막길에 이르자 제자들의 온 무리가
위대한 일을 큰 소리로 기뻐하고 하나님을 찬송하기 시작했다.
38 '주의 이름으로 오는 왕은 복되다. 하늘에는 평화, 가장 높은
곳에는 영광이다.'"

예수는 므나의 비유를 전하고 나서 계속해서 예루살렘을 향해 간다(28절). 본문은 예수께서 나귀를 타고 올리브 산에서 예루살렘 도성에 이르는 짧은 거리를 이동하는 장면을 상세히 설명한다(28-40절). 예를 들어 이동 경로인 올리브 산, 벳바게, 베다니를 언급한다. 올리브 산은 기드론 골짜기를 지나 예루살렘 동쪽에 위치했고, 구약에서 종말에 메시아가 이르는 장소로 예고된 곳이다. "그날에 그의 발이 예루살렘 앞 곧 동쪽 올리브 산에 서실 것이요 …"(슥 14:4). 예수는 올리브 산 근처에 있는 벳바게와 베다니에 도착했을 때 두 명의 제자를 보내 나귀를 풀어 오도록 보낸다(29절). 나귀는 맞은편 마을에 있고 아무도 타지 않은 새끼 나귀다(30절). '아직 아무도 탄 적 없는' 새끼 나귀는 스가랴 9:9에 묘사된 '새 나귀'(πῶλον νέον 폴론 네온)의 의미를 설명한다(70인역). 누가의 설명에 따르면 스가랴 9:9의 새 나귀는 아무도 타지 않은 나귀이고 왕을 위해 특별히 준비된 나귀이므로 다른 사람이 탈 수 없는 나귀였다. 누군가 제자들에게 나귀를 풀어가는 이유를 물으면 그들은 "주가 쓰실 것입니다"라고 말하면 된다(31절). 제자들은 예수의 지시로 새끼 나

【예수의 예루살렘 입성 경로: 베다니—벳바게—예루살렘(1931년의 항공사진)】

귀를 풀어 왔다. 나귀의 주인들이 새끼 나귀를 풀어가는 이유를 물었고 제자들은 "주께서 쓰실 것입니다"라고 대답했다(33-34절).

왜 누가는 예수가 나귀를 준비시키는 장면을 자세히 서술할까? 이는 나귀를 데리고 오는 것이 예수의 정체와 밀접하게 연관되기 때문이다. 예수는 왕의 지위로 예루살렘에 입성한다. 나귀를 풀어 오는 내용은 예수를 통치자(왕)로 암시한다. 누가는 다섯 차례에 걸쳐 나귀를 풀어 오는 것을 언급한다. 창세기 49:10-11은 통치자의 나귀가 묶여 있다고 묘사한다. "규가 유다를 떠나지 아니하며 통치자의 지팡이가 … 그의 나귀를 포도나무에 매며 그의 암나귀 새끼를 아름다운 포도나무에 맬 것이며 …"(창 49:10-11). 왕으로 등장한 이는 왕의 교통수단으로 나귀를 이용해야 한다. 나무에 묶여 있는 나귀를 풀어 와야 한다. 또한 예수가 '주'(κύριος 퀴리오스—31, 34절)로서 나귀 '주인들'(κύριοι 퀴리오이, 33절)에게 나귀를 요구하는 것은 왕의 소유권을 의미한다. 예수가 제자들에게 주인들의 질문과 행동을 예고한 내용은 그의 초자연적인 지식을 강조한다. 마지막으로 예수가 새끼 나귀를 탄 모습은 스가랴 9:9에서 예고한 왕을 연상시킨다. 스가랴는 시온(예루살렘)에 오는 왕이 겸손하여 나귀를 탄다고 선언했다. "… 네 왕이 네게 임하시나니 그는 공의로우시며 구원을 베푸시며 겸손하여서 나귀를 타시나니 나귀의 작은 것 곧 나귀새끼니라"(슥 9:9). 짐승을 타고 가는 모습은 다윗의 아들(솔로몬)이 왕으로 세움받기 위해 노새를 타고 간 장면을 떠올린다(왕상 1:33).

제자들은 안장을 대신해 겉옷을 새끼 나귀 위에 깔고 예수를 존귀하게 섬긴다(35절). 예후가 왕으로 입성하는 모습(왕하 9:13)처럼 겉옷을 펼치는 행위도 왕을 맞이하는 행동이다(36절). 예수는 걸어서 예루살렘에 왔으나 이 순간만큼은 나귀를 타고 입성함으로 왕의 모습을 암시한다. 나귀를 탄 예수는 올리브 산 아래로 내려가는 길에 이르렀다(37절). 그만큼 예루살렘 도성과 성전에 가까이 이르렀다. 하나님은 예수를 통해 능력 있는 일을 행하셨기 때문에[5] 제자들의 무리는 예수가 행한 위대한 일을 근거로 기뻐하며 큰 소리로 하나님을 찬양한다. '주의 이름으로 오시는 왕'을 복되다고 외친다(38절). 이 노래는 시편 118:26의 인용이다. "여호와의 이름으로 오는 자가 복이 있음이여 우리가 여호와의 집에서 너희를 축복하였도다." 이 시편은 유월절, 장막절, 오순절과 같은 큰 절기를 맞아 성전에서 예배하기 위해 예루살렘으로 오는 순례자들을 환영할 때 부른 노래였다. 제자들의 무리는 예루살렘 성전으로 향하는 예수에게 '왕'의 칭호를 붙인다(삼상 17:45). 2:14에서는 천사들이 하늘의 영광과 땅의 평화를 노래했는데, 본문에서는 땅 위의 제자들이 "하늘에는 평화, 가장 높은 곳에는 영광!"을 노래한다. 평화는 왕이 주는 선물이다. '하늘의 평화'는 십자가에서 죽고 부활하신 예수가 하늘의 보좌 우편에 앉아 우주를 통치하실 것을 예고하는 하늘의 대관식을 알리는 표현이다(참고. 엡 2:14-18). 예수의 십자가와 부활로 하나님은 영광 받으실 것이다.

> 39 그러나 무리 중에 있던 어떤 바리새인들이 예수께 말했다.
> "선생님, 당신의 제자들을 꾸짖어 주십시오." 40 예수께서
> 대답하셨다. "나는 여러분에게 말합니다. 만일 그들이 침묵하면 이
> 돌들이 소리칠 것입니다."

환호 소리를 들은 어떤 바리새인들은 제자들을 꾸짖어달라고 예수에게 요청한다(39절).[6] 제자들의 환호성이 하나님을 모욕하고 하나님 뜻에서 멀다고 생각하기 때문이다. 바리새인들은 하나님이 예수를 통해 일하고 계시다는 사실을 전혀 깨닫지 못하고 있다(참고. 19:14). 예수는 제자들이 침묵하면 돌들이 소리를 지를 것이라고 대답한다(40절). 이는 사람이 진실을 알지 못하면 돌과 같은 자연이 진리를 외친다는 뜻이다. "담에서 돌이 부르짖고 집에서 들보가 응답하리라"(합 2:11). 바리새인들이 제자들의 입을 막더라도 생명이 없는 돌들이 예수의 정체와 하나님의 계획을 알릴 것이다. 예수의 정체는 드러날 수밖에 없다. 예수는 제자들의 무리가 외친 내용이 그의 정체를 정확히 드러내고 있음을 인정한다.

> 41 예수께서 오셔서 도성을 보고 우시며 42 말씀하셨다. "만일 오늘 네가 평화를 위한 것들을 알았다면 좋았을 것이다. 그러나 너의 눈이 그런 것들을 보지 못한다. 43 네 원수들이 토성을 쌓고 너를 포위하고 사방에서 공격하는 날이 올 것이다. 44 원수들이 너와 네 안에 있는 네 자녀들을 짓밟아버릴 것이며, 돌 위에 돌 하나도 얹히지 않게 할 것이다. 왜냐하면 네가 너를 위한 방문의 때를[7] 알지 못했기 때문이다."

예수가 예루살렘에 왕으로 오지만 백성은 그의 정체를 알지 못한다. 왕을 알지 못하고 하나님의 목적을 이해하지 못하는 예루살렘의 운명을 생각하며 예수는 눈물을 흘린다(41절).[8] 하나님의 방문을 거부한 예루살렘은 긍휼 없는 심판을 맞이할 뿐이다. 탄식하며 우는 예수는 이스라엘의 운명을 슬퍼한 구약의 선지자들(예, 이사야, 예레미야, 호세아)의 고통에 참여한다. 예수의 탄식은 예루살렘에 닥칠 비극에 대한 탄식이며, 그의 눈물은 예루살렘과 이스라엘이 받을 심판에 대한 눈물이다(참고. 왕하 8:11; 렘 9:1; 13:17; 14:17). 예루살렘은 두 가지를 알지 못한다. 첫째, 예루살렘은 '오늘 평화에 대한 일'을 알지 못한다. 예수는 진정한 왕으로 이스라엘에 평화를 선사할 수 있다. 평화는 예루살렘에 입성하는 예수를 통해 주어지는 구원의 선물이지만 백성은 구원자를 곁에 두고도 깨닫지 못한다. 둘째, 예루살렘은 하나님이 방문하시는 때를 알지 못한다. 구약에서 하나님의 방문은[9] 은혜(시 8:5)나 심판(렘 44:13)이 목적이다. 특히 하나님은 그의 백성을 구원하러 방문하신다.[10] 하나님은 예수를 통해 예루살렘, 즉 이스라엘 백성을 방문하지만(눅 1:68-69, 79; 7:16; 행 15:14) 예루살렘은 이 사실을 깨닫지 못한다. 하나님의 개입을 알지 못하는 예루살렘에게는 평화가 아니라 심판의 비극이 닥칠 것이다. 43절의 '날들이 올 것이다'는 하나님의 개입과 하나님의 심판을 의미하는 전형적인 표현으로[11] 예레미야서에 14회나 사용된다. 심판의 날이 이르러 원수들이 토성을 쌓고, 도성을 둘러싸고, 포위할 것이다(43절). '토성'(χάραξ 카락스)은 성을 공격하기 위해 성 둘레에 견고하게 쌓는 성벽이나 성체 등을 말한다. 이는 이사야 29:3과 에스겔 4:1-4의 언어를 떠올린다. 에스겔 4:2은 43절의 세 용어를 모두 사용해 예루살렘을 에워싸는 모습을 상세히 묘사했다. 43절의 '쌓다'와[12] '둘러 가두다'는[13] 성을 공격할 때 사용된 용어들이다. "내가 너를 사면으로 둘러 진을 치며('둘러 가두다')[14] 너를 에워 대를 쌓아('쌓다')[15] 너를 치리니"(사 29:3). 원수들은 예루살렘과 그곳에 있는 자녀들을 땅에 메어칠 것이다(44절). 도성은 돌 위에 돌 하나도 남지 않고 무너질 것이다. 이런 비극적인 장면을 요세푸스는 기록으로 남겼다. "티투스는 안토니아 요새로 돌아갔고, 다음 날 이른 아침에 군대 전체를 동원해 성전을 공격하고 거룩한 집을 포위하기로 결정했다"(요세푸스, 《유대전쟁사》, 6.249-250).

성전을 정화하는 예수(19:45-48)

45 예수께서 성전 뜰에 들어가 그곳에서 팔고 있는 자들을 쫓아내기 시작하셨다. 46 그들에게 말씀하셨다. "이렇게 기록돼 있소. '내 집은 기도의 집이 될 것이다.' 그러나 당신들은 이곳을 강도들의 소굴로 만들어버렸소." 47 예수께서는 성전 뜰에서 매일 가르치고 계셨다.

> 대제사장들과 율법전문가들과 백성의 지도자들이 그를 죽일 궁리를 하고 있었지만 48 실행할 방안을 찾지 못했다. 모든 백성이 그의 말을 귀담아듣고 있었기 때문이다.

예루살렘에 입성한 예수는 곧바로 성전에 들어가서 장사하는 자들을 내쫓는다(45절). 이스라엘의 왕은 예루살렘 도성뿐 아니라 예루살렘과 우주의 중심인 성전에 들어간다. 특히 하나님의 아들인 예수에게 성전은 아버지의 집이다(2:41-51). 하나님은 '내 집'이 '기도하는 집이어야 한다'고 말씀하셨으나(사 56:7) 예루살렘 성전은 강도의 소굴(렘 7:11)이 되고 말았다(46절). '강도들'은 성전에서 이득을 챙기고 부를 쌓는 유대지도자들을 지칭하는 용어다. 성전을 중심으로 기득권을 구축한 자들은 하나님의 집을 보물 저장소로 삼은 종교 강도들이다. 본디 성전은 하나님의 뜻이 선포되는 곳이기에 예수는 매일 성전에서 하나님의 뜻을 가르치신다(47절; 21:37; 22:53). 성전은 종교 기득권자들의 소득원도, 안전지대도 아니다. 가난하고 곤궁한 자들의 피난처여야 한다. 위기를 느낀 종교, 정치적 기득권 세력인 대제사장들과 서기관들과 백성의 지도자들은 예수를 죽일 음모를 꾸민다. 그러나 백성이 예수의 말씀에 귀를 기울이기 때문에 그를 죽일 방법을 찾지 못했다(19:48).

질문

1. 왕위를 받으러 먼 나라에 가는 귀인이 종들에게 므나를 준 이유는 무엇입니까(19:11-27)? 예수께서 '하나님 나라가 즉시 임하는 줄로'(11절) 생각하는 사람들에게 이 비유를 주신 이유가 무엇일까요? 예수님은 '이미 그러나 아직'의 기간에 신자들이 어떤 자세로 살기를 원하십니까?
2. 예수님은 왜 나귀를 타고 예루살렘에 입성하셨습니까(19:28-44)? 예수님이 예루살렘을 보고 우시는 이유가 무엇일까요(19:39-44)?
3. 예수님은 왜 성전을 정화시키셨습니까(19:45-48)? 하나님이 의도하신 성전의 목적은 무엇입니까?

묵상

1. 므나의 비유는 예수님이 다시 오실 때 신실한 신자들과 신실하지 않은 신자들이 분리될 것을 예고합니다(19:11-27). 신실하지 않은 사람은 예수의 마음을 알지 못하고 예수의 일에 관심을 두지 않습니다. 이런 사람은 명목상 신자일 뿐 예수님과 아무런 관계가 없습니다. 예수님은 가장 좋은 것을 주시는 분이며 신실하게 미래를 준비하는 신자에게 놀라운 보상을 주시는 분입니다.
2. 예수님을 왕으로 영접하지 않는 종교지도자들은 하나님의 집을 이득의 수단으로 사용하고, 백성들은 평화를 얻지 못합니다(19:45-48). 신앙의 지도자들이 예수님의 왕 되심을 인정하고 교회가 그분의 가르침을 받을 때 공동체는 평화를 누릴 수 있습니다.

5

예루살렘에서

27
예루살렘 성전에서 가르치는 메시아

20:1-47

누가복음 20:1-47은 성전에서 종교지도자들(대제사장들, 서기관들, 장로들, 사두개인들)과 예수가 주고받는 대화와 논쟁을 중심으로 전개된다. 예수는 하나님의 아들의 권위, 성경을 해석하는 권위, 하나님의 우편에 앉는 메시아의 권위를 보여줄 것이다.

예수의 권위에 대해 질문(20:1-8)

1 어느 날 예수께서 성전에서 백성을 가르치며 복음을 전하고 계셨을
때 대제사장들과 서기관들이 장로들과 함께 와서 2 그에게 말했다.
"무슨 권위로 당신이 이런 일들을 행하는지, 누가 이런 권위를
당신에게 주었는지 우리에게 말하시오." 3 예수께서 그들에게
대답하셨다. "나도 당신들에게 묻겠소. 내게 말해 보시오. 4 요한의
세례가 하늘에서 온 것이오? 사람에게서 온 것이오?" 5 그들이 서로
논의하면서 말했다. "만일 우리가 '하늘에서'라고 말한다면 그가
'왜 당신들은 그를 믿지 않았소?'라고 말할 겁니다. 6 만일 우리가

'사람에게서'라고 말한다면 모든 백성이 요한을 선지자로 확신하고
있어서 우리에게 돌을 던져 죽일 것이오." 7 그래서 그들은 요한의
세례가 어디서 왔는지 알지 못한다고 대답했다. 8 예수께서 그들에게
말씀하셨다. "나도 당신들에게 무슨 권위로 내가 이런 일들을
행하는지 말하지 않겠소."

어느 날 예수가 성전에서 백성을 가르치고 복음을 전할 때 대제사장들과 서기관들이 장로들과 함께 왔다(1절). 그들은 예수가 성전을 정화하고 가르치는 모습을 보고서 예수를 죽일 음모를 꾸미기 시작했다(19:47). 그들은 악의적인 목적으로 예수를 찾아왔다. 그들은 예수가 무슨 권위로 '이것들을 행하고 누가 이러한 권위를 주었는지 말하라'고 요구한다(2절). '이것들'은 직접적으로는 앞 단락의 성전 정화 사건을 가리키고(19:45-46), 이차적으로는 그들이 목격하거나 보고받은 다른 사건들을 포함한다. 백성들의 환영을 받고(19:36-40), 성전의 운명을 경고하고(41-44절), 성전을 정화하고(45-46절), 가르치는(47a절) 장면은 종교지도자들의 기득권을 위협하기에 충분했다. 당시 문화에서 누구나 예수처럼 행동할 수 있는 것이 아니었으므로 그들은 누구의 권위에 기대어 이런 일을 행하고 말하는지 예수에게 질문한다. 만일 예수가 하나님에게 권위를 부여받았다고 주장한다면 산헤드린 공회가 진위 여부를 조사할 것이다. 그러나 지금은 체포당할 시점이 아니기 때문에 예수는 우회적으로 답변한다. 예수는 종교지도자들의 질문에 직접 대답하지 않고 질문을 던진다(3절). 요한의 세례가 하늘에서 온 것인지 사람에게서 온 것인지 요한의 권위에 대해 묻는다(4절). 요한과 예수의 권위와 사명은 밀접하게 연결된다. 요한의 세례가 하늘, 즉 하나님에게서 온 것이라면 예수의 권위 역시 하나님에게서 왔다는 논리가 성립된다. 예수는 종교지도자들의 함정에 빠지지 않는다.

예수의 질문에 그들은 긴급히 논의한다. 만약 요한의 세례가 하늘로부터 온 것이라고 하면 그를 믿지 않은 문제를 지적받게 될 것이다(5절). 만약 요한의 세례가 사람으로부터 온 것이라고 대답하면 그를

선지자로 믿는 백성들이 돌로 칠 것이다(6절). 백성들은 요한을 하나님이 보내신 선지자로 믿었기 때문에 그를 만나러 광야로 나갔었다(7:24-26). 1세기 팔레스타인에서 세례 요한의 권위는 대단히 높았다. 요세푸스의 기록에 따르면 헤롯 안티파스는 요한을 향한 백성의 충성심이 폭동으로 번질 것을 우려했다(요세푸스, 《고대사》, 18.118). 결국 종교지도자들은 요한의 세례가 어디서 온 것인지 알지 못한다고 대답한다(7절). 그러자 예수님도 자신이 무슨 권위로 '이것들'을 행했는지 말하지 않겠다고 한다(8절). 예수는 하나님의 아들이라는 사실을 이어지는 비유에서 암시할 것이다. 예수는 자신의 권위를 명시적으로 알리지는 않지만 이어지는 비유와 성전 강화의 마지막 부분(41-44절)에서 간접적으로 제시할 것이다. 예수는 하나님 보좌 우편에 앉는 주의 권위, 즉 하늘로부터 온 권위를 지니고 있다(41-44절). 예수는 하나님 우편에 앉는 아들의 권위로 아버지의 집을 청소했고 그곳에서 아버지의 뜻을 가르쳤다.

기득권을 향한 종교지도자들의 탐욕은 치명적인 병이다. 예루살렘의 지도자들인 대제사장들과 서기관들과 장로들은 성전을 중심으로 기득권을 형성해 왔다. 그들은 예수처럼 성전의 관습을 뒤흔들고 자신들의 견고한 지위에 도전하는 유대인을 만나본 적이 없다. 그들이 영적으로 깨어 있었다면 예수의 행위가 구약에 예고된 하나님의 경고와 심판과 관련이 있음을 파악했을 것이다. 그러나 기득권에 집착하는 마음이 그들의 눈을 가렸다. 자신들의 권위를 위협하는 잠재적 권위를 제거하는 데 혈안이 되고 말았다. 기득권은 이권과 소유권에 대한 특권 의식이다. 하나님을 섬기도록 부름받은 자들이 하나님의 일을 통해 이익을 추구하고 소유권을 빼앗기지 않으려고 할 때, 하나님을 정면으로 맞서는 비극이 일어난다. 하나님의 일에 부름받은 사람일수록 예수의 가르침에 순종하고 그의 권위에 복종해야 한다.

포도원 소작인들의 비유(20:9-18)

9 예수께서 백성에게 비유로 말씀하기 시작하셨다. "어떤 사람이

포도원을 세우고 그곳을 소작인들에게 세를 주고 오랫동안 다른
나라에 갔습니다. 10 시간이 되자 주인은 소작인들이 포도원의
소출 중 얼마를 내도록 그들에게 종을 보냈습니다. 소작인들은
종을 때리고 빈손으로 돌려보냈습니다. 11 주인은 또 다른 종을
보냈습니다. 소작인들은 이번에도 종을 모욕하고 빈손으로
돌려보냈습니다. 12 주인은 세 번째 종을 보냈습니다. 그들은 이
종에게도 상처를 입히고 그를 쫓아 보냈습니다. 13 포도원 주인이
말했습니다. '내가 어떻게 해야 할까? 나의 사랑하는 아들을 보낼
것이다. 그들이 아들은 존중할 것이다.' 14 그러나 소작인들은
아들을 보고 자기들끼리 말했습니다. '이는 상속자다. 그를 죽여서
우리가 유업을 차지하자.' 15 그들은 포도원 밖으로 아들을 던져서
죽이고 말았습니다. 포도원 주인이 소작인들을 어떻게 하겠습니까?
16 주인이 와서 소작인들을 죽이고 포도원을 다른 사람들에게 줄
것입니다." 그들은 이 비유를 듣고는 말했다. "절대로 그렇게 되지
말아야 합니다." 17 예수께서 그들을 쳐다보며 말씀하셨다. "이렇게
기록된 뜻이 무엇입니까? '건축자들이 버린 돌이 모퉁잇돌이 됐다.'
18 그 돌 위에 떨어지는 자마다 산산조각나고 그 돌이 떨어지는
자마다 박살날 것입니다."

예수는 자신의 권위에 대해 질문한 예루살렘의 지도자들을 겨냥한 비유를 전한다. 앞 단락(1-8절)이 권위를 소재로 다루었다면 포도원 소작인들의 비유는 소유권에 초점을 맞춘다. 예루살렘 지도자들은 자신들의 절대적인 권위를 근거로 나라와 백성이 자신들의 소유권 안에 있는 줄 착각하고 있다. 비유는 다음과 같다. 어떤 사람이 포도원을 소작인들에게 맡기고 타국에 가 오래 머물렀다(9절). 주인은 포도원을 준 것이 아니라 포도원 경작을 맡겼다. 소작인들은 계약에 따라 세를 내야 한다. 당시 팔레스타인에는 부재 지주들이 있었다. 그들은 타지에 거하면서 소출로 세를 받았다. 추수를 마치는 시기에 주인은 포도원의 소출을 받으려고 종을 보냈다(10절). 그런데 농부들이 종을 심하게 때리고

빈손으로 보냈다. 주인이 다른 종을 보내자 이번에도 종을 심하게 때리고 모욕하고 빈손으로 돌려보냈다(11절). 주인이 세 번째 종을 보냈으나 농부들은 미친기지로 종을 상하게 해서 내쫓았다(12절).[1] 종을 대하는 소작인들의 태도가 더욱 심해진다. 그들은 포도원을 소유했다고 착각하고 주인의 대리자를 포도원 밖으로 내쫓았다. 세 명의 종들이 겪은 것은 구약의 선지자들이 겪은 거절과 치욕과 고통을 의미한다. 구약의 선지자는 실제로 '종'으로 표현된다.[2]

포도원 주인은 소작인들이 '내 사랑하는 아들'은 존중할 것으로 생각한다(13절). 포도원의 소유권은 주인에게 있고 아들은 상속자의 법적 권한을 갖고 있다. 살기가 등등한 굶주린 늑대 같은 소작농들에게 소중한 아들을 보내는 것은 상식적이지도, 합리적이지도 않다. 그만큼 주인은 소작인들에게 돌이킬 기회를 주려고 최선을 다한다. 그러나 소작농들은 주인의 아들을 보고서 그가 상속자이기 때문에 죽여서 유업을 가로채자고 논의한다(14절). 드디어 소작농들의 숨은 의도가 드러난다. 그들이 원하는 것은 포도원에 대한 소유권이다. 법적 권한이 없는 소작인들은 상속자만 없애면 자기들이 소유권을 확보할 줄로 생각한다. 참으로 어리석은 판단임에도 불구하고 탐욕에 집착하면 이런 결정을 내리게 된다. 그들은 아들을 포도원 밖으로 내쫓아 죽인다(15a절). 독자들은 현실을 전혀 파악하지 못하는 소작인들을 이해할 수 없을 것이다. 그들의 작전은 결코 성공할 수 없고 주인이 어떻게 반응할지 너무 뻔하기 때문이다. 그만큼 유대지도자들의 행위는 어리석다.

"포도원 주인이 소작인들을 어떻게 하겠습니까?"(15b절). 예수는 질문하고 대답한다. 주인은 돌아와서 농부들을 진멸하고 포도원을 다른 사람들에게 맡길 것이다(16절). 주인은 소작인들을 징벌한다. 이는 소유권에 눈이 멀어 주인의 사랑하는 아들을 죽인 대가다. 그러나 주인은 포도원은 그대로 유지한다. 포도원이 이스라엘 또는 이스라엘의 백성을 가리키는 비유어라면 비유는 이스라엘 지도자들이 징벌받는 이유를 설명한다. 포도원 소작인들의 비유는 유대인들에게 잘 알려진 이사야 5:1-7의 비유와 비슷하다. 두 비유는 '사랑하는'(13절; 사 5:1), '어떻게 하겠습니까?'(15절; 사 5:5), '포도원 주인'(15절; 사 5:7)을 공유한다. 두 본문에서 하나님은 포도원의 주인이고 포도원은 이스라엘 또는 하나님의 백성을 상징한다. 그러나 두 비유는 여러 면에서 차이점을 보인다. 이사야 5장에서는 포도나무가 좋은 열매를 맺지 못한 것이 문제인 반면 본 단락에는 소작인들이 포도원의 소유권을 주장하는 것이 문제이다. 이사야 5장에서 포도원 주인은 포도원에 대한 심판을 선언하는 반면 예수의 비유에서는 소작인들이 심판을 받고 포도원은 계속 보존된다. 전자는 포도원의 결실에 대한 책임을 묻고, 후자는 포도원을 관리하는 자들의 충성심에 책임을 묻는다. 그래서 전자에서는 포도원이 심판을 받지만 후자의 포도원은 관리 권한이 다른 사람들에게로 넘겨진다. 예수는 성전의 소유권을 주장하는 자들이 심판을 받을 것과 자신이 모퉁잇돌로 연결할 새로운 성전이 세워질 것을 암시하신다.

예수의 답을 듣던 사람들은 그렇게 되지 말아야 한다고 말한다(16b절). "절대로 그렇게 되지 말아야 합니다!"[3] 이는 강력한 부정과 거부를 의미한다. 비유의 의미를 파악한 자들은 농부들을 벌하고 포도원을 다른 사람에게 넘기는 것에 반대한다. 종교지도자들은 기득권을 빼앗기고, 그들에게 벌이 내려지는 것을 거부한다. 예수는 그들에게 시편 118:22을 인용한다.[4] "건축자들의 버린 돌이 모퉁이의 머릿돌이 되었느니라." 본문의 돌은 두 벽을 연결하는 모퉁잇돌이다. 모퉁잇돌 위에 떨어지는 자는 박살난다. 이 돌이 사람 위에 떨어지면 그 사람은 가루로 흩어지고 말 것이다(18절). 일반적으로 모퉁잇돌은 견고하게 건물을 지탱하고 있어서 사람들에게 떨어지지 않지만, 예수는 모퉁잇돌이 상징하는 자신의 역할을 설명하기 위해 돌과 관련된 두 가지 격언을 사용한다. 첫째, 사람들이 돌 위에 떨어져 멸망하는 것은 이사야 8:14의 암시다. 예수 때문에 종교지도자들과 반대하는 자들이 걸려 넘어지게 되는 운명을 의미한다(벧전 2:8에는 시 118:22과 사 8:14이 사용됨). 둘째, 돌이 사람들 위에 떨어지는 것은 산에서 떨어진 돌이 여러 신상을 파괴하는 장면을 설명하는 다니엘 2:34-35, 44-45의 암시다. 이는 예수가 심판자로 와서 행위에 따라 인간을 판결할 것을 상징한다. 어쨌든

18절은 예수를 대하는 태도에 따라 운명이 양분된다는 사실을 말해준다. 탄생 이야기에서 이미 시므온은 이와 같은 대조적 운명을 예고했다(2:34). 사람들은 예수를 죽이고 그를 따르는 자들을 배척할 것이지만, 아들은 건축물의 기초석이 되고 아들을 거부한 자들은 벌을 받는 반전의 결과가 나타날 것이다.

독자들은 이 비유를 통해 예수가 유대인들에게 배척받고 죽음에 넘겨지게 된 이유를 짐작할 수 있다. 하나님이 아들을 보낸 사건은 인간의 시각에서 낭비와 어리석음이다. 기득권을 주장하는 자들은 하나님의 사랑을 무시하고 자신들의 특권을 놓지 않는다. 그러나 아들의 죽음은 새롭게 건설될 공동체의 기초, 모퉁잇돌이 된다. 소유권을 통해 기득권을 영구화하려던 종교지도자들은 아들을 죽인 대가로 진멸 당할 것이다. 하나님은 유대인과 이방인으로 구성된 새로운 종들에게 하나님의 백성을 맡기신다. 신앙의 지도자들은 하나님의 백성을 돌보는 역할을 수행하는 것이지 소유권을 얻은 것이 아니다. 하나님의 백성을 돌보는 일을 맡았다고 해서 심판을 면제받는 것도 아니다. 기득권을 유지하고 강화하기 위해 소유권을 주장하는 것의 결과는 심판이라는 사실을 기억해야 한다.

세금에 대한 질문과 대답(20:19-26)

19 서기관들과 대제사장들은 이 비유가 자신들을 겨냥한 말씀인 줄
알았기 때문에 바로 예수를 처리하려고 했으나 백성을 두려워했다.
20 그들은 예수를 감시했고 신실한 척하는 정탐꾼들을 보냈다.
그들은 예수께서 말씀하시는 것을 책잡아서 총독의 권위와 재판에
넘기려고 21 예수께 물었다. "선생님, 우리는 당신이 옳게 말씀하고
가르치며, 차별하지 않으시며, 하나님의 도를 곧게[5] 가르치시는
것을 알고 있습니다. 22 카이사르에게 세금을 내는 것이 적법합니까,
그렇지 않습니까?" 23 예수께서 그들의 속셈을 알고 말씀하셨다.
24 "내게 데나리온을 보여주시오. 누구의 모양과 글귀가 있나요?"

그들이 말했다. "카이사르의 것입니다." 25 예수께서 그들에게
말씀하셨다. "카이사르의 것들은 카이사르에게, 하나님의 것들은
하나님께 드리시오." 26 그들은 사람들 앞에서 예수께서 말씀하신
것을 책잡을 수 없었고 그의 대답에 놀라 침묵했다.

서기관들과 대제사장들은 악한 소작인들의 비유가 자신들을 겨냥하고 있음을 인지하고 예수를 즉시 체포하려고 했다(19절). 그러나 백성의 눈이 무서워 그렇게 하지 못했다. 그들은 기회를 엿보던 중 로마 총독에게 예수를 넘길 계획을 세운다(20절). 이를 위해 정탐꾼들을 보낸다. 정탐꾼들은 말의 함정에 예수를 빠뜨리고자 한다. 예수를 '선생'으로 부른다. 예수가 곧게 말하고 사람을 외모로 평가하지 않으며 오직 진리로 하나님의 도를 가르친다고 치켜세운다(21절). 그들은 예수의 타협하지 않고 두려워하지 않는 성품을 강조함으로써 소신껏 견해를 밝혀보라며, 세금[6] 징수에 관한 로마의 정책에 맞서는 말을 하도록 유도한다(22절). 세금 징수에 대한 질문은 예수를 로마 총독에게 넘기기 위한 수작이다. 로마 황제 카이사르에게[7] 납세를 거부하면 백성을 선동하고 반란을 도모한 죄로 총독에게 넘겨질 수 있다. 어느 누구도 체제 전복을 시도한 반란죄에 대한 로마의 처벌을 막아낼 수는 없었다.

예수는 그들의 악한 책략을 알고 있다(23절). 예수는 그들의 위선에 감춰진 악한 작전을 간파하기에 함정에 빠지지 않는다.[8] 데나리온 하나를 가지고 오도록 하고 누구의 형상과 어떤 글귀가 새겨져 있는지 질문한다(24절). 데나리온은 로마 제국의 표준 은전이었고, 로마 제국의 군인과 행정 관료들은 데나리온으로 급료를 지급받았다.[9] BC 44년부터 카이사르(황제)의 형상이 앞면에 새겨졌기 때문에 데나리온은 황제가 돈의 소유자이자 돈을 사용하는 백성의 통치자라는 사실을 상징했다.[10] 예수의 질문에 그들은 카이사르의 형상과 글귀라고 대답한다. 예수 당시 데나리온의 한 쪽에는 티베리우스의 형상과 '티베리우스 카이사르, 신적 존엄자의 아들, 존엄자'(TI CAESAR DIVI AVG F AVGVSTVS)라는 글귀가,[11] 반대쪽에는 평화(Pax)를 상징하는 리비아가 왕좌에 앉

아 있는 형상과 황제를 지칭한 '대신관'(PONTIF MAXIM)의 글귀가 새겨져 있었다. 예수는 '카이사르의 것들'은 카이사르에게, '하나님의 것들'은 하나님께 돌려주라고 명령한다(25절). '카이사르의 것들'과 '하나님의 것들'에서 '것들'은 수식하는 명사에게서 빌리거나 받은 것들을 가리킨다. '형상'(εἰκών 에이콘)은 창세기 1:26에 처음 등장했다. 모든 인간은 하나님의 형상이다. "카이사르에게 … 그리고(καί) … 하나님에게"에서 접속사 '카이'(καί)는 '그러나'에 해당한다. '아포디도미'(ἀποδίδωμι 돌려주다)는 빌린 것이나 받은 것을 갚거나 돌려주는 의미에 가깝다. 이는 세금이 통치자의 보호와 혜택에 대한 보답으로 갚아야 하는 의무임을 내포한다. 누구에게 돌려주느냐에 따라 충성의 대상이 드러난다. 카이사르와 하나님은 사람들의 충성을 받는 데 있어서 대립 관계에 놓인다. 주화의 주인은 황제이므로 이 주화를 사용하는 사람은 황제에게 받은 것을 황제에게 돌려주어야 한다. 그러나 하나님은 창조주이고 인간은 하나님의 형상이므로 모든 사람은 하나님께 충성해야 한다. 카이사르의 통치 아래 있는 사람들은 카이사르에게 충성해야 하지만 카이사르를 포함한 모든 인간은 하나님의 형상이므로 하나님께 충성해야 한다. 예수의 가르침에 따르면 카이사르도 하나님의 형상이므로 하나님의 것이요, 하나님의 권위에 복종해야 하는 대상이다. 예수의 명령은 십계명의 첫 번째 계명을 상기시킨다. 정탐꾼들은 예수의 말에서 어떤 문제도 발견하지 못한 채 예수의 대답에 놀라고 침묵해버린다(26절). 그들은 예수가 이렇게 대답할 줄 전혀 예상하지 못했다.

정탐꾼들은 대제사장들과 유대지도층이 장악하고 있는 성전에 예수가 영향력을 행사하지 못하도록 하려고 한다. 당시 정치 지형에서 대제사장들과 서기관들은 성전을 중심으로 기득권을 형성했고 성전은 로마 제국의 보호 아래 있었으므로 사실상 그들은 카이사르 편에 서 있었다. 악한 소작인들의 비유에 드러난 것처럼 그들은 하나님의 것들을 하나님께 돌려드리지 않았다. 우리에게 있는 것은 하나님의 선물이므로 하나님께 영예와 감사를 돌려드려야 한다.

부활에 대한 사두개인들의 질문과 예수의 대답(20:27-40)

27 부활을 부정하는 사두개인들 중 몇 명이 예수께 왔다. 28 그들은
예수께 질문을 던지며 말했다. "선생님, 모세는 어떤 남자의 형제가
자녀 없이 아내를 두고 죽으면 그 남자는 과부를 취하고 그의 형제를
위해 후손을 일으켜야 한다고 우리에게 가르쳤습니다. 29 형제
일곱 명이 있었습니다. 첫째 형제가 아내를 취하고 자녀 없이 죽고
말았습니다. 30 둘째와 셋째가 과부를 취했습니다. 31 일곱 명이 모두
자녀를 두지 못하고 죽었습니다. 32 그 후에 여자도 죽었습니다. 33
부활 시 여자는 누구의 아내가 됩니까? 일곱 형제가 그녀를 아내로
두었기 때문입니다." 34 예수께서 그들에게 말씀하셨다. "이 시대의
사람들은 장가가고 시집가지만 35 저 시대를 살아갈 수 있고 죽은
자들 가운데서 부활할 수 있는 자들은 장가도 가지 않고 결혼도 하지
않습니다. 36 그들은 더 이상 죽을 수 없습니다. 왜냐하면 그들은
천사들과 같으므로 죽을 수 없으며 부활의 자녀들로서 하나님의
자녀들이기 때문입니다. 37 모세도 가시떨기에 대한 본문에서
죽은 자들이 살아나는 것을 보여주었습니다. 그 본문에서 모세는
주님을 아브라함의 하나님, 이삭의 하나님, 야곱의 하나님으로
부릅니다. 38 그분은 죽은 자들의 하나님이 아니라 살아 있는 자들의
하나님이십니다. 하나님에게는 모두가 살아 있습니다." 39 서기관들
중 몇 명이 대답했다. "선생님, 말씀을 잘 하셨습니다." 40 그들은
감히 더 이상 질문을 던질 수 없었다.

이번에는 부활을 부정하는 사두개인들 몇 명이 예수를 찾아왔다(27절). 사두개인들은 모세의 법을 근거로 부활이 있을 수 없음을 논증한다. 모세의 법에 따르면 어떤 사람이 상속자 없이 죽은 경우 동생이 형의 아내를 취해 상속자를 낳고 세워야 한다(28절). 사두개인들은 어느 가정에 일곱 명의 형제가 있었다고 가정한다. 첫째 아들이 자식 없이 죽

었다(29절). 둘째와 셋째가 각각 그녀를 아내로 취했으나 마찬가지로 자식 없이 죽었다(30절). 일곱 형제 모두 자식 없이 죽고 여자도 죽었다(31-32절). 사두개인들은 부활 때 그녀는 누구의 아내가 되는지 질문한다(33절). 부활을 인정하지 않는 그들의 관점에서 부활은 현재 생애와 연속되는 것이다. 따라서 부활이 있고 내세가 있다면 일곱 명의 남편과 한 명의 아내의 경우 기괴한 일이 벌어지고 말 것이다. 사두개인들은 죽은 사람이 다시 살아날 수 있다는 논리를 인정하지 않는다.

34-38절은 예수의 대답이다. 이 시대 사람들은 장가가고 시집가지만, 저 시대에서 부활하는 자들은 장가가고 시집가지 않는다(34-35절). 이들은 하나님의 능력으로 저 세상을 살아갈 수 있고 부활할 것이다(35절). 새로운 시대를 부활한 몸으로 사는 사람들은 다시 죽을 수 없다(36절). 천사들과 같이 되기 때문이다. 사람이 천사처럼 된다는 것은 존재 방식의 변화를 의미한다. '이 시대'와 '저 시대'에 사는 사람들은 각 시대 환경에 맞는 존재 방식을 유지한다. 이 시대의 인간은 지금의 지상 환경에 적합한 존재 방식을 취하고 있으나 새로운 세상은 지금과 전혀 다른 환경으로 변할 것이므로 그곳에서 살아갈 사람은 지금과는 다른 존재 방식으로 살아갈 것이다. 천사가 시공간을 자유롭게 오가는 것처럼 부활한 인간도 그렇게 변할 것이다. 인간이 새로운 세계의 존재 방식을 이해하는 것은 불가하기 때문에 예수는 단지 천사들과 같다는 정도에서 그친다. 또한 죽은 신자들은 부활의 자녀, 즉 하나님의 자녀이기 때문에 죽지 않는다. 하나님의 자녀는 하나님의 은혜로 부활의 자녀가 된다.

사두개인들이 모세의 권위에 근거해 논리를 전개하자(28절) 예수도 부활의 근거로 모세의 글을 사용한다. 부활 사상은 출애굽기 3:6, 즉 모세의 가시떨기나무 사건에 이미 나온 것이다(37절). 하나님은 아브라함의 하나님, 이삭의 하나님, 야곱의 하나님이다. 그들은 현재 살아 있고 하나님은 죽은 자의 하나님이 아니라 살아 있는 자들의 하나님이시다(38절). 하나님이 모세에게 말씀하실 때는 아브라함과 이삭과 야곱이 죽은 이후이지만 예수는 그들이 하나님과 함께 살아 있었다고 말한다. 이 시대에는 죽고 없지만 하나님과 함께 살아 있다. 그들은 지금도 여전히 살아 있으므로 하나님은 '살아 있는 자들의 하나님'이시다. 예수의 대답 중 마지막 부분인 "모든 사람이 살았다"는 이 시대에 살다가 죽은 자들과 지금 이 시대에 살아 있는 자들이 사람의 시각에는 죽었고 죽게 될지라도 하나님의 관점에서는 살아 있다는 의미에 가깝다. 예수의 대답을 들은 어떤 서기관들은 예수가 바르게 말씀하셨다고 평가한다(39절). 이들은 바리새파에 속해 있기 때문에 부활에 대한 예수의 주장을 지지한다. 반면 사두개인들은 더 이상 질문하지 못했다(40절).

배경설명 – 사두개파

제사장 직분의 성직자들과 평신도 귀족들로 구성된 사두개파는 성전을 중심으로 기득권을 형성했다. 사두개인들은 제사장들과 연대하면서 성전을 중심으로 권위를 행사했다. 그들은 로마의 보호 아래 권력과 부를 쌓았다. 바리새파가 기록된 전통(오경, 성문서, 선지서)과 구두 전통의 권위를 인정한 것과 달리 사두개파는 기록된 토라의 권위만 인정했다. 사두개파는 부활과 내세 또는 천사들과 귀신들의 존재를 믿지 않았다(행 23:8). "또한 영혼의 불멸 기간을 믿지 않으며, 음부에서 받을 형벌과 대가를 믿지 않는다"(요세푸스, 《유대전쟁사》, 2.165). "사두개인들의 교리는 이것이다. 영혼은 육체와 함께 죽는다…"(요세푸스, 《고대사》, 18.16). 사두개파는 부활이 성경에 근거하지 않을 뿐 아니라 합리적으로 성립될 수 없는 교리라고 생각했다. 그들은 급진적인 변화를 기대한 바리새파나 에세네파와 달리 현재의 질서에 만족했다. 다른 분파의 유대인들이 내세의 보상과 심판을 포함하는 부활 신앙을 혁명과 변혁의 근거로 삼은 것과 대조적으로 기득권 세력이었던 사두개파는 부활과 내세 신앙에 근거해 혁명을 시도하는 자들과 대립각을 세웠다.

메시아의 권위(20:41-44)

41 예수께서 그들에게 말씀하셨다. "사람들은 어떻게 그리스도가
다윗의 아들이라고 말할 수 있습니까? 42 다윗이 시편에서 말합니다.

'주께서 내 주께 말씀하셨다. 43 내가 네 원수들을 네 발 아래 둘
때까지 내 우편에 앉으라.' 44 이처럼 다윗은 그를 주로 부르는데,
어떻게 그가 다윗의 아들이 될 수 있습니까?"

이제까지 질문을 받던 예수는 종교지도자들에게 어떻게 그리스도를 다윗의 아들로 부를 수 있는지 질문한다(41절). 문단의 처음과 끝(41, 44절)에 '왜'가 아니라 '어떻게'라는 의문사가 사용된다. 예수는 어떻게 그런 논리가 성립될 수 있는지 묻는다(41, 44절). 어떻게 그리스도가 다윗의 아들이 될 수 있는가(41절)? 다윗의 '주'(χριστός 퀴리오스)가 되는 그리스도가 어떻게 다윗의 후손이 될 수 있는가(44절)? 예수가 인용한 성경은 시편 110:1이다.[12] 예수는 시편 110편을 다윗의 시로 확인하기 위해 "다윗이 시편에서 말합니다"라고 표현한다. 다윗은 "주(여호와)께서 내 주(메시아, 그리스도)께 원수를 네 발의 발등상으로 삼기까지 내 우편에 앉으라고 하셨다"라고 말했다(43절). 다윗이 지칭한 '내 주'는 '그리스도'다. 당시 유대인들은 구약의 나단 언약에 근거해 '다윗의 아들'(18:38)이 이스라엘의 왕과 구원자로 등장할 것을 기대했다.[13] 그리스도가 다윗의 아들인데 다윗이 어떻게 후손(그리스도)을 '내 주'로 부를 수 있는가? 사람인 다윗의 아들(또는 메시아)이 은유가 아니라 실제로 하나님의 보좌 우편에 앉는다는 것은 충격적인 사실이다. 이는 다윗의 아들이 '주'의 신분과 '그리스도'의 신분을 동시에 갖고 있을 때만 가능한 논리다. 예수는 다윗의 후손으로 태어났고(1:27, 32, 69; 2:4; 3:23, 31) 백성을 구원하기 때문에 그리스도다. '주'로서 성육신했고 부활과 승천으로 하나님의 우편에 앉을 것이기 때문에 예수는 '주'다. 다윗의 아들이자 그리스도인 예수는 사람으로 왔을 뿐 아니라 신적 존재, 즉 하나님이다. 그러므로 예수는 다윗의 아들이지만 그가 섬겨야 하는 '주'(42, 44절), 곧 하나님의 권위를 가지고 있다. 본문은 대제사장들과 서기관들과 장로들이 예수의 권위가 어디에 근거하는지 던진 질문(20:2)에 대한 답이다. 예수는 하나님의 보좌 우편에 앉는 '주'의 권위로 성전을 청소했다. 누가는 예수의 말씀에 대한 종교지도자들의 반응을 언급하지 않는다. 독

자들은 예수의 말씀에 대한 반응을 요청받는다. 어떻게 예수 그리스도가 '주'(=하나님)와 다윗의 아들(=인간)이 될 수 있는가? 다윗의 아들로 태어나신 예수 그리스도가 하나님이라면 예수를 믿고 따르는 자들은 예수를 어떤 태도로 대해야 하는가? 신자들은 하나님 보좌 우편에 앉으신 주의 권위에 복종하고 하나님이 성육신의 사랑으로 십자가에서 죽으신 은혜를 기억해야 한다.

서기관들의 문제(20:45-47)

45 모든 사람들이 듣고 있는 데서 예수께서 제자들에게 말씀하셨다.
46 "서기관들을 주의해라. 그들은 긴 옷을 입고 걸어 다니는 것을
좋아한다. 시장에서 인사받는 것과 회당에서 최고의 자리에 앉는
것과 잔치에서 존경의 자리에 앉는 것을 사랑한다. 47 그들은
과부들의 집을 삼키고 길게 기도하는 척한다. 그들은 더 큰 심판을
받게 될 것이다."

모든 백성이 예수의 말씀을 듣고 있을 때 예수는 제자들에게 서기관들(율법교사들)을 주의하도록 경고한다(45-47절). '조심하다', '경계하다'는 제자들에게 서기관들의 행위를 배우지 말라는 경고를 하기 위해 사용된 동사다(예, 12:1; 참고. 17:3; 21:34). 서기관들은 네 가지를 사랑했다. 첫째, 서기관들은 정복을 입고 다니는 것에 신경을 쓴다.[14] 서기관들의 정복은 긴 옷으로 명예와 권위와 신앙을 드러내는 역할을 했다. 서기관들의 정복은 길게 늘어진 형태의 옷으로 명예와 고귀함을 상징했으며, 그들은 이런 복장으로 사람들 앞에서 과시하기를 즐겼다. 둘째, 서기관들은 시장에서 인사 받는 것을 좋아한다. '인사'는[15] 아부하는 자들의 과장된 칭송이 담긴 말이다. 서기관들이 길을 걷거나 시장에 등장하면 사람들은 일어나 경의를 표했다. 셋째, 서기관들은 회당에서 으뜸 자리에 앉는 것을 좋아한다. 이 자리는 사람들이 볼 수 있도록 앞 쪽에 배열된 높은 위치의 자리를 가리킨다. 예수는 14장에서 높은 자리를 선

택한 사람이 낮아질 것을 경고했다(14:7, 11). 마지막으로 서기관들은 잔치의 첫 번째 자리를 좋아한다. 식사 초대자는 서기관을 위해 가장 중요하고 영예로운 자리를 제공한다. 그들이 좋아한 네 가지는 그들의 오만함을 드러낸다. 그들은 철저히 계산된 방식으로 사람들이 많이 모이는 곳에 나서는 것을 선호했다.

예수는 서기관들이 보여주는 전형적인 네 가지 행위 외에 그들의 일상에 나타나는 탐욕과 보여주기 식의 문제를 추가한다. 그들은 율법전문가로서 긍휼한 마음으로 율법의 정신인 이웃 사랑을 실천해야 하는데도 불구하고 과부의 재산을 삼켰다.[16] 남성 중심 사회에서 남편을 잃은 과부는 공동체와 종교지도자들의 보호 없이 생존이 어려웠다. 서기관들은 가장 약한 대상을 먹잇감으로 삼았다. 또한 서기관들은 신앙심을 드러내기 위해 길게 기도하는 것을 즐겼다. 하나님을 두려워하지 않으니 사람들에게 고귀한 모습을 드러내며 이웃 사랑과는 정반대의 행위를 일삼았다(참고. 18:9-14). 대중에게 드러나는 모습과 숨겨진 의도가 다르기 때문에 서기관은 위선자이다. 이처럼 서기관들은 신앙과 하나님을 이득을 챙기는 도구로 사용했다. 높은 명예, 전문 지식과 높은 신분을 부를 축적하기 위해 활용했다. 기도하는 손을 높이 올리고 기도 소리를 크게 할수록 과부는 더욱 심하게 속고 착취당했다. 서기관들이 길게 기도하고 재산을 많이 삼킬수록 그들이 받게 될 심판도 엄중하다(참고. 11:37-52). 심판은 종말에 확실히 주어질 것이지만 심판의 시기가 종말에만 고정된 것은 아니다.

제자들은 명예에 중독되고 경제적 이득을 챙기는 수단으로 성직을 사용하는 서기관들의 태도를 닮지 않도록 주의해야 한다. 누가는 서기관들과 같은 부류인 바리새인들을 '돈을 좋아하는 자들'로 평가했다(16:14). 지도자들이 가난한 자들을 보호하고 북돋아주기보다 경제적 이득에 초점을 맞추어 사람들을 대하는 것은 스스로 심판을 초래하는 지름길이다.

질문

1. 대제사장들과 서기관들은 왜 예수님의 권위에 대해 질문했고 예수님은 어떻게 대답하십니까(20:1-8)? 포도원 소작인들이 주인이 보낸 종들과 아들을 죽인 이유는 무엇입니까(20:9-18)? 두 본문은 기득권과 소유권에 대한 어떤 관점을 보여줍니까?
2. 서기관들과 대제사장들이 보낸 정탐꾼들이 예수님에게 세금 징수에 관한 질문을 던지는 목적이 무엇입니까(20:19-26)? 예수님의 답변은 무엇을 의미합니까?
3. 사두개인들은 부활에 대해 무엇을 질문하고 예수님은 어떻게 대답하십니까(20:27-40)? 부활에 대한 예수님의 말씀은 우리에게 어떤 의미가 있을까요?
4. 예수님은 메시아의 권위를 어떻게 설명하십니까(20:41-44)? 서기관들의 문제는 무엇이고 하나님은 그들에게 어떻게 반응하십니까(20:45-47)? 예수님은 어떤 메시아이시며, 그분을 따르는 신자들의 삶은 서기관들과 비교해 어떠해야 할까요?

묵상

사두개인들은 시대가 제공하는 기득권을 즐기는 사람들이었습니다(20:27-40). 그들은 부활을 교리적으로 거부할 뿐 아니라 현실적으로도 필요해 하지 않았습니다. 반면 예수님은 부활을 인정하며 부활 신앙을 현재의 삶에 영향을 끼치는 중요한 것으로 이해하십니다. 언약에 신실하신 하나님은 조상들(아브라함, 이삭, 야곱)의 육체가 썩어 뼈로 남아 있을지라도 계속해서 살아 있는 그들과 함께 계십니다. 예수님의 제자들과 신자들은 하나님과 언약을 맺은 자녀들로서 다가올 시대에 부활체로 하나님과 함께할 것입니다. 부활을 소망하는 사람들은 이 시대의 기득권을 안전의 토대로 삼지 않습니다. 하나님과 언약 관계를 맺고 있는 하나님의 자녀들은 이 시대에도 살아 있고 새로운 시대에도 살아 계신 하나님과 영원히 사는 특권을 누릴 것입니다.

28
성전의 운명과 종말 강화

21:1-38

성전을 소재로 이야기가 구성되는 21장은 예수가 성전에서 가르치는 장면으로 시작하고(21:1-4) 마무리된다(21:37-38). 예수는 예루살렘 멸망과 종말의 표징들을 선지자의 시각으로 겹쳐서 설명하고 재림을 어떻게 준비할 것인지 가르친다(21:29-36). 본 단락의 구조는 다음과 같다.

A 성전에서 가르친 예수(21:1-4)
　B1 종말 강화의 배경(21:5-7)
　B2 종말 강화(21:8-36)
A′ 성전에서 가르친 예수(21:37-38)

과부의 헌금(21:1-4)

1 예수께서 부자들이 그들의 헌금을 헌금함에 넣는 모습을 눈을
들어 보셨다. 2 한 가난한 과부가 렙돈 두 개를 넣는 모습을 보셨다.
3 예수께서 말씀하셨다. "진정으로 나는 여러분에게 말합니다.

가난한 과부가 그들보다 더 많이 넣었습니다. 4 그들은 모두 풍족한 가운데서 헌금을 냈지만 과부는 궁핍한 가운데서도 가지고 있는 생계비 전부를 넣었습니다."

서기관들의 죄와 운명을 언급한 예수는 제자들에게 부자들과 가난한 과부의 헌금을 비교한다. 과부에 대한 칭찬은 서기관들에 대한 비판과 대조된다. 본 장면은 헌금함과 관련해서 전개된다. 예수는 부자들이 성전 건물의 여인들의 뜰에 놓인 헌금함에 헌금을 넣는 모습을 보았다(1절). 가난한 과부가 두 렙돈을 헌금함에 넣는 모습도 보았다(2절). 여인의 뜰은 성전에 들어가면 보게 되는 첫 번째 공간으로 유대 여성들과 자녀들의 예배를 위한 공간이었다. 이곳에는 열세 개의 헌금함(보고)이 있었던 것으로 보인다. 헌금함은 황소 뿔 또는 나팔 모양의 모양으로 돈을 빼낼 수 없는 모양이었다.[1] 본문은 예수가 과부가 낸 금액을 어떻게 알았는지에 관한 정보를 주지 않는다. 헌금함 앞에서 헌물을 검사하고 금액을 기록하는 사람이 큰소리로 말을 했을 것이라는 견해도 있고, 동전을 넣는 소리가 들렸을 것이라는 견해도 있다. 과부가 넣은 렙돈(λέπτον 렙톤)은 당시 가장 작은 가치의 동전이었다. 학자들에 따라 노동자의 하루 치 품삯(데나리온)의 약 100분의 1 또는 132분의 1의 가치로 평가한다. 일당을 십만 원으로 설정하면 두 렙돈은 천오백 원-이천 원에 해당한다. 부자의 돈에 비해 보잘 것 없는 액수다. 하지만 예수는 가난한 과부가 모든 사람보다 더 많이 넣었다고 평가한다. 부자들은 풍족한 가운데 헌금을 넣었지만 가난한 과부는 궁핍한 가운데 소유한 생활비 전부를 넣었기 때문이다. 생활비로 번역되는 비오스(βίος)는 생명을 가리키기도 한다. 즉 과부는 생명을 드렸다. 생활에 필요한 모든 것을 드렸기에 어떻게 생활할 것인지 계산하지 않았다. 그녀는 한 렙돈을 드릴 수도 있었지만 가진 전부인 두 렙돈을 드렸다. 그녀의 헌신은 하나님을 향한 믿음을 대변한다.

가난한 과부의 헌금하는 태도가 아니라 그녀의 헌신을 요구하고 갈취하는 악행에 대한 예수의 탄식에 초점을 맞춰서 본문을 해석하기도 한다. 그러나 본문은 과부가 강도와 같은 부자들과 종교지도자들에게 이용당하는 사실을 강조하기보다 과부의 행위를 제자들이 배워야 할 모본으로 제시한다. 명예를 중요하게 여긴 부자들에게 예배는 명예를 확인받고 하나님의 복을 자랑하는 시간이었다. 그러나 예수는 헌물의 가치를 금액이 아니라 헌신으로 평가한다. 경제적인 면에서 과부가 낸 헌금은 하찮다. 그러나 예수의 평가에 따르면 액수는 중요하지 않다. 만일 본문의 부자들이 앞 단락(20:45-47)의 서기관들을 포함한다면, 백성의 존경과 부러움을 받은 종교지도자들은 경계의 대상인 반면 모든 것을 드린 가난한 과부의 헌신은 제자도의 모본이다.

성전의 운명에 대한 경고와 질문(21:5-7)

5 어떤 사람들이 성전에 대해 아름다운 돌들과 헌물들로 장식된
것을 말하자 예수께서 말씀하셨다. 6 "너희가 보고 있는 이것들의
경우 돌 위에 돌 하나가 남지 않고 무너지는 날이 올 것이다."
7 그들이 그에게 말했다. "선생님, 언제 이런 일들이 일어나고 이런
일들이 일어날 때의 징조는 무엇입니까?"

어떤 사람들이 예수에게 성전에 대해 질문한다(5절). '어떤 사람들'은 성전에서 예수의 가르침을 듣는 사람들에 속해 있으며, 9-11절의 청중인 '너희'를 고려하면 제자들도 '어떤 사람들'에 포함된다. 8절부터는 제자들이 청중으로 구체화된다. 이들은 성전 건축에 사용된 아름다운 돌들과 헌물 장식에 대해 질문한다. '성전'으로 번역되는 히에론(ἱερόν)은 나오스(ναός 성소)가 아니라 '성전이 위치한 전체 영역'을 지칭하는 용어다. 성전은 헤롯 대왕이 BC 20-19년에 건설하기 시작했고 AD 약 63년까지도 건설 중이었다. 예수 당시에는 거의 완공을 앞둔 시점이었을 것이다(요세푸스, 《고대사》, 20.9.7; 참고. 요 2:20). 순례객들은 성전의 웅장함과 찬란한 모습을 보면서 감탄하지 않을 수 없었다.[2] 요세푸스는 "각 기둥의 두께는 세 장정이 팔을 뻗어야 감싸 안을 정도로 컸다"(《고대사》, 15.413)

고 기록하며 성소를 만들 때 사용된 돌의 크기가 기초에 놓인 돌의 크기를 능가할 정도였다고 설명했다(《유대전쟁사》, 5.222-24). 요세푸스는 성전의 문을 다음과 같이 묘사했다. "[성전] 안으로 열린 문은 완전히 금으로 덮어 씌어졌고 둘러싸고 있는 전체 벽도 마찬가지였다. 문 위에는 금으로 만든 포도나무가 있었고, 포도나무에 달린 포도송이는 성인 남자의 키 높이였다. 문에는 금으로 만든 55큐빗 높이와 16큐빗 너비의 문들이 있었다. 이 문들 앞에는 바벨론의 직물로 만든 휘장들이 동일한 높이로 달려 있었다. 휘장은 파랗고 가는 세마포로, 또한 주홍색과 자주색으로 수놓아져 있었고 놀라운 기술로 뽐냈다"(《유대전쟁사》, 5.210-11).

특히 사람들은 돌과 헌물에 감탄했다. '헌물'로 번역되는 아나떼마(ἀνάθημα)는 신약에서 이곳에만 사용되는 용어로 유대 자료에서는 성전에 드려진 예물을 지칭하는 용어다.[3] 헌물은 웅장하고 아름다운 성전에 설치된 장식품이다.[4] 누가는 부자들과 가난한 과부의 헌금(21:1-4)을 비교하고 나서 '헌물'로 장식된 성전의 모습을 서술한다. 부자들이 사람들의 헌물로 성전을 아름답게 만들었으나 돌 위에 돌 하나 남지 않고 성전은 무너질 것이다. 과부와 같은 가난한 자를 외면하고, 성전의 외형을 헌물로 장식함으로써 백성의 신앙심을 불러일으키는 도구로 전락한 화려한 성전은 하나님의 심판 아래 놓이게 된다(참고. 렘 7:4). 하나님은 가난한 자들의 '헌물'(아나떼마)을 '저주'(아나떼마)로 돌려주실 것이다.[5] 성전의 웅장함과 아름다움에 놀라는 사람들에게 예수는 성전이 무너질 것을 예고한다(6절; 13:35; 19:43-44). 6절은 솔로몬 성전의 파괴를 경고한 대표적인 본문인 예레미야 7장의 언어를 상기시킨다(참고. 렘 22:5; 미 3:12). 두 본문에는 '날들이 오고 있다'는 표현이 등장한다.[6] 날이 이르는 것은 하나님의 개입을 의미하는 전형적인 표현이다(눅 5:35; 17:22; 19:43; 23:29). 요세푸스는 헤롯 성전과 솔로몬 성전이[7] 각각 로마 군대와 바벨론 왕에 의해 같은 날에 불탄 사실을 언급했다(《유대전쟁사》, 6.249-250).[8] 예수는 두 성전의 운명을 연결하면서도 솔로몬 성전이 무너진 사건(렘 7)보다 훨씬 더 비극적인 어조로 헤롯 성전의 파괴

【1세기 예루살렘 성전의 모형(남쪽 방향에서 촬영)】
【1세기 예루살렘 성전(이방인의 뜰, 여인의 뜰)】

를 예고한다. 옛 백성의 죄가 반복되고 성전에 대한 하나님의 심판도 재현될 것이다. 여호아김의 재위 시작 시점(BC 609)에 예레미야는 하나님의 명령에 따라 성전에서 하나님의 말씀을 전했다. 성전 설교를 하게 된 배경은 장막절을 기념하여 예배하기 위해 순례자들이 여러 곳에서 모인 때로 보인다.[9] 선지자를 통해 하나님은 제사장들과 국가지도자들(렘 2:6, 8, 26)의 성전 신학(7:4)을 비판하셨다. 특히 예레미야 7장에서 성전의 운명은 과부에 대한 사람들의 태도와 직결된다. 이방인과 고아와 과부를 압제한 행위도 심판의 원인이다.[10] 종교지도자들은 하나님이 시온을 처소로 선택하셨다는 약속에 근거해 하나님의 처소가 피해를 입지 않을 것으로 확신했다(렘 7:4; 참고. 시 132:13-14). 그들은 하나님의 소유인 성전을 자신들의 부를 쌓기 위한 강도의 소굴로 사용했다(렘 7:10-11). 그러나 하나님은 공의를 실현하지 않는 자들의 성전을 무너뜨리고 백성을 흩으실 것이다(렘 7:14-15; 참고. 출 20; 신 5). 예레미야 7장뿐 아니라 구약의 여러 본문도 공의(미쉬파트)를 실현하지 않는 백성이 드리는 제물은 헛되고, 하나님의 심판이 그들을 기다린다는 사실을 강조한다. 약자들의 재판관이신 여호와는 약자들을 돌보지 않고 시온에 우뚝 선 건물을 안전 기반으로 삼는 자들을 성전의 파괴로 징벌하신다(시 68:5). 헤롯 대왕은 정치적 야망으로 성전을 웅장하고 화려하게 건축했으며, 이 성전을 보는 사람들은 종교심이 상승하는 것을 경험했다.

질문을 던진 자들은 예루살렘 성전의 파괴와 관련해 '시기'와 '표징'을 묻는다(7절). 예수는 먼저 표징을 예고하신다. '이런 일들'이 일어날 때 나타날 표징은 '증거'(참고. 1:18; 11:29) 보다는 '전조'나 '흉조'에 가깝다.[11] 표징은 재앙을 피하거나 예상할 수 있게 할 뿐 아니라 성전의 멸망이 하나님의 뜻임을 입증한다.[12] 표징은 일차적으로 성전 파괴와 관련된 사건들을 의미한다. 그러나 제자들이 던지는 질문의 초점은 성전 파괴이지만 예수의 강화 후반부는 역사의 종말을 포함한다. 예수는 성전의 운명을 종말론적 문맥에 포함시켜 성전 파괴와 역사의 종말을 연결하고, 성전 파괴가 역사의 종말은 아님을 가르치실 것이다.[13] 따라서 우리는 예수가 일차적으로는 성전 파괴를 말하고 있으며 독자들에게는 성전 파괴가 종말을 떠올리게 하는 것으로 정리할 수 있다.

예루살렘과 시대의 끝을 알리는 표징들(21:8-11)

8 예수께서 말씀하셨다. "헤매지 않도록 주의하라. 많은 이들이 나의
이름으로 와서 '나다', '때가 이르렀다'라고 말할 것이기 때문이다.
그들을 따르지 말라. 9 전쟁과 내전을 들을 때 놀라지 말라. 두려워
말라. 이런 일들이 먼저 일어나야 하지만 끝이 곧바로 이르지는 않을
것이기 때문이다." 10 그때 예수께서 그들에게 말씀하셨다. "민족이

민족을 대항해, 나라가 나라를 대항해 일어날 것이다. 11 큰 지진들과 도처에 기근과 전염병이 있을 것이다. 끔찍한 일들과 하늘로부터 큰 징조들이 있을 것이다."

8-11절은 7절의 표징을 종교적(8절), 정치적(9-10절), 자연재해(11절)의 표징으로 구체화한다. 예수는 거짓 선지자들(또는 메시아들)을 조심하도록 경고하며(8절), 예루살렘의 멸망과 관련된 사건들(9-10절)과 자연과 우주의 재앙(11절)을 잘못 해석하지 않도록 경고한다. 제자들은 거짓 선지자를 경계해야 한다. 예루살렘 성전이 파괴되기 전에 많은 이들이 예수의 이름으로 와서 '나다'라고 주장할 것이다. '나다'는 '내가 메시아다!'라는 주장에 가깝다. 예루살렘 성전이 파괴되기 전에 스스로 선지자 또는 메시아라고 주장하는 자들이 등장했다. 메시아라 주장한 지도자들은 로마에 대항하는 혁명 세력을 소집했다. 요세푸스는 수많은 거짓 선지자들이 하나님의 해방을 기다리도록 속였다고 기록한다(《유대전쟁사》, 6.285-87). 또 거짓 선지자들은 때가 이르렀다고 주장할 것이다. '나다'는 주장과 '때가 이르렀다'는 주장은 연결된다. 거짓 선지자들은 종말의 때가 이르렀다고 주장하면서 로마와의 전쟁에 참여할 것을 촉구할 것이다.[14] 그리스도인들은 메시아의 전쟁에 참여해 성전을 무너뜨리거나 로마에 저항함으로써 하나님 나라를 건설하라는 지도자들의 소리에 넘어가지 말아야 한다. 그리스도인들은 거짓 메시아들 또는 선지자들의 주장이 하나님의 계획과 아무런 상관이 없음을 분별해야만 미혹되지 않는다.

예수는 거짓 선지자들에 대한 경고에 이어서 정치적 혼란을 예고한다(9절). 제자들은 전쟁(참고. 14:31)과 소요(참고. 약 3:16; 고전 14:33)의 소문을 듣게 될 것이다. 전쟁은 대표적인 묵시 언어다(참고. 사 19:2; 대하 15:6; 단 11:44; 계 6:8; 11:13; 에즈라4서 13:31). 당시 1세기 상황에서 이런 소문은 적지 않았다.[15] 전쟁과 내전은 정치적으로 악의 극대화를 뜻하므로 사람들은 그런 소문을 들을 때 극도의 두려움에 휩싸일 수밖에 없다. 그때 제자들은 놀라지 말고 두려워하지 말아야 한다. 먼저 이런 일들이 일어나야 하지만 곧바로 끝이 이르지는 않을 것이기 때문이다. '끝'(τὸ τελος 토 텔로스)은 예루살렘 성전의 파괴가 아니라 종말 또는 역사의 끝을 가리킨다.[16] 이런 전쟁들과 내전들이 '일어나야 한다'는 말은 이 모든 사건들이 하나님의 계획 안에 있다는 뜻이다(13:33; 17:25; 19:5; 24:7, 26, 44). 전쟁과 내전의 소문은 종말을 예고하는 표징들이지 역사의 끝 또는 종말의 징조가 아니다.[17] 전쟁의 영역이 확장될 것이다(10절). '민족이 민족을'(대하 15:6), '나라가 나라를'(사 19:2) 대항해 싸우는 언어는 구약(예, 대하 15:6; 사 19:2)에 근거한 것으로, 역사에 일어나는 일반적인 전쟁들을 포함한다. 예수는 전형적인 묵시 언어인 지진과 기근과 전염병을 언급한다(11절). 10-11절은 마지막 종말을 묘사하는 25-27절과 비슷하고, 예루살렘의 멸망에서 인자가 영광으로 다시 오는 미래로 시선을 돌린다. 제2성전기 유대문헌에도 민족 간의 전쟁, 지진, 전염병이 종말과 최후심판을 전조하는 징조로 언급된다. 전쟁, 지진, 기근, 전염병은 1세기뿐 아니라 이후의 역사에서도 일반적으로 일어나는 비극적 사건들을 대표한다. 이런 비극은 1세기에만 제한되지 않는다. 하늘에도 큰 표징들이 있을 것이다(11b절). 예수는 역사의 종말에 나타날 우주적 표징, 인자가 다시 올 때 나타날 현상을 의도한 것으로 보인다. 예수는 25-28절에서 역사의 끝에 일어날 우주적 사건을 거론하기 위해 11절의 우주적 표징들을 확장할 것이다.

배경설명 – 유대전쟁 시기에 등장한 자칭 메시아들

유대전쟁 시기(AD 66-70)에 므나헴과 시몬은 기름 부음 받은 자(메시아)로 주장하고 백성에게 이스라엘의 회복을 약속했다. 므나헴(《유대전쟁사》, 2.433-448)의 추종자들은 마사다에서 헤롯 왕의 무기로 무장하고 예루살렘에 왕처럼 입성한 뒤, 로마 병영을 파괴하고(438-439) 대제사장 아나니아스를 살해했다(441-442). 대제사장의 아들에 충성한 자들의 공격을 받기 전, 므나헴은 성전에서 왕의 복장으로 예배했고 추종자들은 무장했다(444). 갈릴리인 유다는 기름 부음 받은 왕으로 여겨졌으므로, 유다의 아들인 므나헴은 왕적 메시아로 행동했다고 볼 수 있다. 시몬은 노예들의 자유, 자유자들의 보상, 시온의 구속을 약속했다(《유대전쟁사》, 4.353; 4.514-20). 시몬은 4천 명의 추종자들을 거느렸고(《유대전쟁사》, 4.9.7 §534) 이들은 군대로서 시몬의 명령을 왕의 명령으로 받아들였다(《유대전쟁사》, 4.510). 시몬은 체포될 당시 로마군을 압도하고 착각하게 만들려고 세사징과 왕처럼 흰색 세마포와 자주색 망토를 걸치고 있었다(《유대전쟁사》, 7.29). 시몬이 로마에 끌려가서 수치스럽게 전시되다가 사형된 것도 당시 메시아의 왕적 역할을 보여준다(7.153-55). 유대전쟁 과정에서는 나라가 기적으로 해방되고 하나님 나라가 이를 것이라고 약속하는 자도 등장했다. 요세푸스에 따르면 예루살렘이 포위되기 전에 수많은 '속이는 자들과 사기꾼들'이 등장했다(《유대전쟁사》, 2.259). 드다는 선지자로 4백 명의 추종자들을 모았다(44-46년). 그는 추종자들에게 요단 강을 건너게 할 수 있다고 약속했다(《고대사》, 20.97-99). 펠릭스 총독(52-60년) 치하에서 요세푸스가 거짓 선지자로 비난한 한 이집트인은 올리브 산에서 예루살렘을 공격하기 위해 매우 큰 군대(행 21:38에는 4천 명, 요세푸스에 따르면 3천 명)를 모았다(《유대전쟁사》, 2.261).

제자들의 운명(21:12-19)

12 "그러나 이 모든 일 전에 그들이 너희를 사로잡고 핍박할 것이다.
회당들과 감옥들에 너희를 넘겨줄 것이며, 너희는 내 이름 때문에
왕들과 지도자들에게 끌려갈 것이다." 13 "이는 너희에게 증언을
위한 기회가 될 것이다. 14 어떻게 방어할 것인지 너희의 마음속에
미리 준비하지 말라. 15 왜냐하면 너희를 반대하는 누구도
반박하거나 반대할 수 없는 입과 지혜를 내가 너희에게 줄 것이기
때문이다. 16 그러나 심지어 부모와 형제들과 친척들에 의해 너희가
넘겨질 것이다. 그들이 너희 중 얼마를 죽일 것이다. 17 너희는 내
이름 때문에 많은 이들의 미움을 받게 될 것이다. 18 그러나 너희의
머리털 하나도 상하지 않게 될 것이다. 19 너희는 너희의 인내로
너희의 목숨을 얻을 것이다."

예수는 12-19절에서 제자들에게 닥칠 핍박에 초점을 맞추어 가르친

다. 12-15절은 제자들이 체포되고 재판받게 될 상황, 16-19절은 가족과 친척과 사람들에게 미움을 받거나 죽을 수도 있는 점을 예고한다. 12절의 '너희'는 일차적으로는 제자들을 지칭하며, 예수를 위해 어려움을 겪는 누가의 독자들 또는 청중들을 포함한다.[18] 제자들은 예수와 동일시되는 길을 걷기 때문에 예수의 경험을 체현하게 된다. 제자들은 핍박이 하나님의 계획에 따른 과정임을 인지해야 한다. 12절의 핍박은 증언의 기회가 된다. 사도들과 초기 교회는 예수가 선언하신 것처럼 복음(행 5:42; 11:20; 17:18)과 죄 용서와 하나님의 나라(행 8:12)를 전하고 그를 십자가에서 죽고 부활하신 존귀하신 주로 선언할 것인데(행 2:22-36; 3:13-15; 4:2, 10, 33; 5:30, 32; 13:26-37), 이런 과정에서 핍박을 받게 된다.[19] 핍박이 하나님의 계획에 따른 것이라면 핍박 받는 과정에 하나님이 개입하시는 것은 당연하다. 하나님은 예수로 인한 핍박 가운데 있는 자들을 지켜주시고 이끌어주시는 분이다. 그러므로 제자들은 핍박 가운데서 어떻게 방어할 것인지 마음속에 미리 준비하지 말아야 한다(14-15절).[20] 예수는 15절에서 제자들이 준비하지 말아야 하는 이유를 설명한다. 그리스도가 개입할 것이기 때문이다. 신자들이 핍박 가운데 증언의 기회를 얻었다고 해서 자력으로 증언할 수 있는 것은 아니다. 그리스도가 말과 지혜를 줄 것이다. 그러므로 핍박 중에 있는 그리스도인들에게 최고의 준비는 그리스도를 의지하는 것이다.[21] 스데반은 핍박 가운데 명료한 말과 지혜를 얻은 사람의 예다(행 6:10).

예수는 계속해서 제자들이 부딪히게 될 반대를 설명한다(16절). 이번에는 더 심각한 핍박, 곧 가족과 친구에 의한 핍박을 예고한다. 가장 비극적인 현실 중 하나는 혈육에 의해 제자들 중 일부가 죽음에 던져지는 것이다(12:53; 참고. 마 10:35). 가족과 친척의 반대에 제자들은 예수를 따르는 여정을 심각하게 고민할 수밖에 없고 물러서고 싶을 수도 있다. 그래서 예수는 혈육으로 인한 반대를 예상하고 대비하도록 주의시킨다. 자신의 이름 때문에 제자들이 모든 사람들에게 미움 받게 될 것이라고 예고한다(17절). 12절과 연결해보면 17절(막 13:13a; 행 28:22)은 예수에 대한 신앙고백 때문에 생기는 세상의 미움을 가리킨다. 제자들이 모두의 미움을 받는다는 표현은 과장법이다(참고. 막 13:13). 예수는 과장법을 사용해 자신을 따르는 자들이 핍박받는 것을 당연하게 생각할 것을 강조한다. 예수는 제자들의 머리카락조차 상하지 않을 것이라고 약속한다(18절). 죽음에 처하게 되는데도 머리털 하나 상하지 않는 것이 가능한가? 이것은 예수가 고난 중에 있는 제자들을 보호하신다는 확신을 주는 표현으로 이해할 필요가 있다.[22] 예수가 12:4-5에서 가르친 교훈에 따르면 인간은 몸을 죽일 수는 있으나 그 이상을 행할 수는 없으므로 제자들은 사람이 아니라 하나님을 두려워해야 한다. 예수를 따르는 자들은 영생을 얻었기 때문에(18:30) 어떤 핍박도 그들을 궁극적으로 해할 수 없다. 힘든 상황에 놓인 제자들은 하나님의 보호를 의심하지 말고 인내해야 한다.

예루살렘의 운명(21:20-24)

20 "예루살렘이 군대에 둘러싸이는 것을 볼 때 그것의 파멸이 가까이
온 것을 알라." 21 "그때 유대에 있는 자들은 산들로 도망해야 하며,
도성 안에 있는 자들은 떠나야 하며, 지역 밖에 있는 자들은 그곳에
들어가지 말아야 한다. 22 왜냐하면 이는 기록된 모든 것을 성취하기
위한 보복의 날들이기 때문이다. 23 그날에 임신한 자들과 양육하는
자들에게는 화로다. 왜냐하면 땅에는 큰 고통과 이 백성에게는
진노가 있을 것이기 때문이다. 24 그들은 칼날에 쓰러질 것이고 모든
나라들 가운데 잡혀갈 것이며, 이방인들의 시간이 성취되기까지
예루살렘은 이방인들에 의해 짓밟히게 될 것이다."

본문은 예수의 승천과 성전의 멸망 사이에 일어날 일을 다룬다. 예루살렘 도성과 거주민들에게 닥칠 비극을 서술한다.[23] 군대가 예루살렘을 둘러쌀 때 도성이 파괴되는 줄 알아야 한다(20절). 5-6절이 성전에 초점을 맞춘 반면, 20절은 예루살렘 전체의 멸망에 초점을 맞춘다. 예루살렘이 포위되는 표현은 이미 19:43에 나왔고, 이는 구약에서 예루

살렘의 멸망을 묘사한 내용을 떠올린다(사 29:3; 렘 34:1; 44:6, 22). 예루살렘 도성을 포위한 공격은 예수살렘 위치와 관련이 있었고 바벨론 군대에 의해 경험한 비극이었다. 예루살렘 도성은 튼튼한 성벽을 방어벽으로 삼고 있었기 때문에 바벨론 군대는 직접 도성을 공격하기보다 포위하고 보급로를 차단하는 전략을 택했다(참고. 애 2:11-12; 4:2-10). 실제로 예루살렘은 함락되기 직전에 로마의 장군 티투스의 지휘 아래 포위된다(요세푸스, 《유대전쟁사》, 5.47-97; 6.93; 6.149-156).[24]

예수는 21-22절에서 예루살렘이 멸망할 때의 상황이 얼마나 비극적인지 예고하신다. 예루살렘에 일어날 끔찍한 일을 겪지 않으려면 예루살렘 도성 안에 있는 자들은 즉시 그곳을 떠나야 한다. 밖에 있는 자들은 그곳에 들어가지 말아야 한다. 21절은 예루살렘 도성을 탈출하도록 세 번에 걸쳐서 명령한다. 이런 현상은 예레미야서에 기록된 예루살렘의 포위 장면과도 유사하고, 탈출의 언어도 예레미야 51:45에 근거한다. 유대전쟁 기록에 따르면 로마 군대가 예루살렘을 포위했을 때 황제 네로가 죽는 사건이 일어났다. 그 후 전쟁이 일시적 소강상태에 접어든 적이 있기 때문에(《유대전쟁사》, 4:497-98, 501-576) 사람들은 전쟁이 중단된다고 생각하고 도성으로 들어가는 것을 고민할 수도 있었을 것이다.[25] 22절은 청중으로 하여금 비극의 순간에 조국을 위해 싸우지도 말고, 전쟁이 잠시 소강상태에 빠진 것 같이 보여도 머뭇거리지 말고, 예루살렘을 떠나야 하는 이유를 설명한다. 예루살렘에 임할 비극은 하나님의 보복에 의한 징벌이기 때문에 인간의 노력으로 벗어날 수 없다. 예루살렘은 하나님의 '방문의 날'을 알지 못했기 때문에 '보복의 날들'을[26] 피할 수 없다. '보복의 날'은 구약에 근거한 언어다. 특히 호세아 9:7(70인역)을 떠올린다. "형벌의 날(보복의 날)이[27] 이르렀고 보응의 날이 온 것을 이스라엘이 알지라 선지자가 어리석었고 신에 감동하는 자가 미쳤나니 이는 네 죄악이 많고 네 원한이 큼이니라"(호 9:7).[28] '기록된 모든 것이 성취되기 위한'은 보복의 날을 해석하는 역할을 한다. '기록된 모든 것'은 구약에서 불순종한 이스라엘 백성을 하나님이 벌하시는 내용을 가리킨다.[29] 구약의 선지자들은 오만한 예루살렘의 멸망을 예고했고,[30] 예수 역시 하나님이 보내신 선지자를 거부한 예루살렘이 맞이할 비극적 운명을 탄식하셨다(눅 13:34). 예루살렘의 멸망이 영원한지 일시적인지의 논의를 떠나 하나님의 계획안에 있다는 사실은 분명하다.

23-24절은 '그날에', 즉 22절의 '보복의 날들'에 예루살렘이 맞이할 비극이 어느 정도인지 보여준다. 헬라어 문장을 시작하는 "화로다!"는 비극을 극대화하고 6:24-26의 용례를 반복한다(11:42, 43, 44, 46, 52; 17:1). 임신한 여자들과 젖먹이 아이들을 돌봐야 하는 여자들은 아이의 울음소리 때문에 노출되기 쉽고 갓난아이를 안고 도피하는 어려움을 겪을 수밖에 없다. 무엇보다 어린 생명을 지켜줄 수 없는 어머니의 비통함은 말로 형용할 수 없는 비탄이다.[31] 예수는 '땅에는 큰 고통과 이 백성에게는 진노가 있을 것'을 말함으로써 땅에 임하는 고통과 백성에게 임하는 진노를 평행으로 배열한다. 여기서 땅은 약속의 땅을, 백성은 이스라엘을 가리키는 표현이다(신 1:8, 21; 슥 12:12). 세상 전체가 아니라 유대 지역을 지칭한다. 하나님의 보복이 '이 백성', 곧 하나님의 백성에게 임하는 것은 충격이고 비극이다. 이런 점에서 23절은 호세아 9:14과 비슷한 언어를 사용하고 선지자적 메시지를 떠올린다(신 32:35; 렘 5:29; 46:10). 고통의 원인이 하나님의 진노라는 사실은 이스라엘 백성이 이방인들의 칼날에 의해 쓰러지고 잡혀갈 것이라는 예고로 강화된다(24절). 칼날에 죽게 되는 표현은 예레미야 21:7을 떠올린다. 느부갓네살 왕의 바벨론이 옛 백성을 심판하기 위한 칼날로 사용된 것처럼 로마 제국은 예수 당시의 백성을 심판하기 위한 칼날로 사용될 것이다. 그러나 이방인들에 의해 예루살렘이 짓밟히는 기간은 이방인들의 시간이 성취되기까지다. 이방인의 때는 이방인들에 의해 예루살렘에 심판이 내려지는 때다. 구약에서는 예루살렘(과 유대와 이스라엘)의 심판을 위해 이방인들이 도구로 사용되기도 했다.[32] 본문에는 이방인들의 시간이 이중적 의미를 내포한다. 첫째, 하나님이 정하신 기간에 이스라엘은 멸망하고 이방인들이 복음을 받아들일 것이므로(참고. 롬 11:11-32) 이방인의 때는 이방인 선교로 암시된다(행 28:25-28).[33] 예루

살렘이 심판을 받은 이후 복음은 이방인들에게로 확장될 것이다(24:47; 행 1:8). 따라서 이방인들의 시간은 교회의 시대와 같은 의미다(행 28:28; 막 13:10).[34] 둘째, 이방인들의 기간이 제한적이라는 사실은 예루살렘이 겪는 고통의 시간이 제한적인 것을 의미하고(렘 27:7; 토비트 14:5), 이방인의 때는 이방인들이 이스라엘을 지배하는 것으로 끝나는게 아니다.[35] 이스라엘을 위한 기간 또는 이스라엘을 위한 소망의 순간이 올 것이다(겔 39:24-29; 슥 12:4-9).[36]

온 땅에 나타날 징조와 인자의 오심(21:25-28)

25 "해와 달과 별들에는 징조들이 있을 것이며, 땅에는 바다와
파도의 소음에 의한 당혹감 때문에 나라들의 고통이 있을 것이다.
26 사람들은 거주 세계에 일어날 일에 대한 두려움과 전조 때문에
혼절할 것이다. 하늘들의 권능들이 흔들릴 것이기 때문이다.
27 그때 그들은 큰 능력과 영광과 함께 구름으로 오는 인자를 볼
것이다. 28 이런 일들이 일어나기 시작할 때 너희의 고개들을 들어라.
너희의 속량이 가까워지기 때문이다."

25-28절은 예수가 설명한 역사의 끝에 일어날 징조를 구체화하는 내용이다. 11b절에 묘사된 우주적 징조의 확장이라고 할 수 있다. 예수는 역사의 끝에서 팔레스타인을 넘어 온 땅에 임하게 될 사건을 서술한다. 여기서 예수는 예루살렘의 멸망과 인자의 재림을 구분한다. 25-26절은 하늘(25a)-땅(25b)-땅(26a)-하늘(26b)의 구조다. 하늘과 땅에 일어날 현상, 즉 천체의 변화(예, 사 13:10, 13; 겔 32:7-8; 욜 2:10, 30-31.), 나라들의 고통(예, 사 8:22; 13:4), 파도의 성난 소리(예, 사 5:30; 17:12;), 하늘의 권능들이 흔들리는 내용(예, 사 13:6-11)은 구약의 언어에 의존한다.[37] 재앙은 예루살렘과 유대에 국한되지 않고 우주적 범위로 확장될 것이다. 땅에서 일어나는 현상으로 사람들이 고통받고 두려워하고 혼절할 것이며(25b, 26a절) 하늘에서는 우주적 현상이 일어날 것이다(25a, 26b

절). 26b절에서 '하늘의 권능들'이 흔들리는 모습은 이사야 34:4의 인유다. 천체가 흔들리는 것은 인자가 하늘에서 올 때 일어나는 현상이다.[38] 보이지 않는 권능들이 인자가 오기 전에 흔들릴 것이다. 이를 본 땅의 사람들은 두려워할 것이다(25b/26a절).

사람들은 구름으로 오는 큰 능력과 영광의 인자를 볼 것이다(27절). 인자가 오는 때는 언제인가? 이방인들의 때가 이방인들이 회심하는 시기를 의미한다면 선교의 확장을 위한 시간이 필요하다. 즉 복음이 세상에 전파된 후에 인자가 온다. 능력과 영광은 하나님의 고유 속성이다(예, 시 63:2). 부활의 예수는 영광에 들어가고(24:26) 권능의 우편에 앉아 있다(22:69). 예수는 지상에서 낮아진 모습을 보였으나 다시 오실 때는 권능과 영광으로 나타날 것이다. 인자의 오심을 사람들이 보는 개념은 스가랴 12:10(참고. 계 1:7; 요 19:37)에 나오며, 인자 같은 이가 등장하는 다니엘 7:13에서는 구름 타고 오는 인자를 보는 장면이 묘사된다. 27절에 3인칭 복수형인 '보다'의 주어가 나오지는 않지만 사람들 전체를 지칭하는 것으로 보인다. 인자는 사람들이 볼 수 있도록 등장할 것이다. 인자를 보는 주체가 사람들이기 때문에 인자가 구름을 타고 오는 방향은 그를 보고 있는 사람들 방향이다.

이어서 예수는 제자들에게 고개를 들어야 한다고 명령한다. '이런 일들'은 피조세계 전체에 일어날 표징들(25-26절)과 인자의 오심(27절)을 가리킨다. '너희의 머리를'의 '너희'는 기독교 공동체를 가리키고 이는 26절의 '사람들'과 대조된다. 사람들은 징조가 나타나면 공포에 질릴 것이지만(26절) 신자들은 머리를 들어야 한다. 여기서 '머리를 들다'는[39] 소망의 표현이다(참고. 삿 8:28; 시 24:7; 83:2; 욥 10:15).[40] 이 동사는 '접다', '굽히다'를 뜻하는 슁큅토(συγκύπτω)의 반의어다(13:11).[41] 제자들은 인자와 관련된 표징들이 일어나기 시작할 때 두려움이나 당혹감이 아니라 기대감을 가져야 한다. 하나님 나라의 복에 참여할 것을 기대해야 한다. 한편 예루살렘 성전의 파괴가 인자가 다시 오는 증거는 아니다. AD 70년의 성전의 파괴가 머리를 들고 구속이 가까운 것을 알리는 희망의 계기가 될 수는 없다.[42] 예루살렘이 포위될 때 도망하라는 명령이 문자적, 실제적 의미를 담고 있듯이 인자의 오심도 실제적 현상이어야 한다.[43] 즉 예루살렘(성전)의 붕괴와 인자의 오심은 다른 사건이고 두 사건 간에는 시간 차가 존재한다. 예수를 따르는 자들이 고개를 들어야 하는 이유는 그들의 속량 또는 해방이 가까워지기 때문이다(28절). '속량'은 죄에서 구원받는 의미를 넘어서 타락한 세상으로부터 구원받는 것을 의미한다.[44] 인자의 재림은 하나님의 백성에게 해방을 선사한다.[45] 예수는 "가까이 왔다"를[46] 현재형으로 사용함으로써 인자가 오는 시간의 임박함을 강조한다.

종말의 때와 준비(21:29-36)

29 예수께서 그들에게 비유로 말씀하셨다. "무화과나무와 모든
나무들을 보라. 30 싹이 이미 돋아날 때 너희는 이미 여름이 가까운
것을 안다. 31 이와 같이 이 모든 일들이 일어나는 것을 보게 될 때
너희는 하나님의 나라가[47] 가까이 이른 줄 안다.[48] 32 진정으로 나는
너희에게 말한다. 모든 것이 일어나기 전에는 이 세대가 지나가지
않을 것이다. 33 하늘과 땅은 지나갈 것이지만 나의 말들은 지나가지
않을 것이다. 34 폭음과 술 취함과 생활의 염려로 너희의 마음이
둔감해지지 않도록, 그날이 너희에게 덫처럼[49] 갑자기 다가오지
않도록 주의하라. 35 왜냐하면 그날이 온 땅 위에 거하는 모든
이들에게 닥칠 것이기 때문이다. 36 그러나 항상 깨어서 일어나게
될 이 모든 일들을 너희가 벗어날 수 있도록, 그리고 인자 앞에 설 수
있도록 기도하라."

전 단락에서 때와 징조에 대한 사람들의 질문 중 징조에 대해 설명한 예수는 이어서 때와 관련된 교훈을 가르치신다. 예수는 종말의 구체적인 시간을 알리지 않고 종말의 확실성, 즉 인자가 확실히 온다는 사실을 강조하고(21:29-33) 인자의 재림에 합당한 준비가 어떤 것인지 가르치신다(21:34-36). 종말의 때에 초점을 맞추는 29-33절은 종말의 확실

성을 비유(29-30절)와 교훈(31-33절)으로 구성한다. 예수는 29-31절에서 무화과나무의 비유와 나무들의 생리를 예로 종말의 시간과 표징들을 거론하신다. 29-31절은 성전의 멸망이 아니라 25-28절에 묘사된 사건들을 가리킨다.[50] 이어서 예수는 자신이 전한 말의 권위를 강조함으로써 종말과 관련된 현상이 분명히 일어날 것을 다시 한번 확언하신다. 예수는 무화과나무와 나무들의 비유를 들어 당시의 상식을 활용해 설명하신다(29-31절). 무화과나무는 팔레스타인에서 흔히 볼 수 있는 나무로 특히 올리브 산 주변에 많았다. 무화과나무에서 '모든 나무들'로 확장한 것은 무화과나무뿐 아니라 모든 식물, 곧 보편적 자연을 제시하기 위함이다. 무화과나무는 겨울에 잎이 떨어지고 늦은 봄에 잎이 돋아난다. 무화과나무에 새로운 가지와 잎이 생기면 여름이 가까이 이른 것이고 잎이 떨어지고 가지만 남으면 겨울이 이른 것이다. 30절에 두 차례 사용된 '이미'는 묵시 문맥에서 구원 역사의 종말에 나타날 징조에 초점을 맞추기 위해 사용된다. 28절과 연결해보면 29-30절에서 여름이 이미 가까이 이른 것은 최후심판 또는 (속량에 의한) 기쁨의 시간이 가까이 온 것을 의미한다.[51]

제자들은 인자의 오심과 관련된 모든 일들이 일어나는 것을 볼 때 하나님 나라가 가까이 이른 줄 알아야 한다(31절). 예수는 '이와 같이'로 문장을 시작하면서(예, 14:11; 17:1; 참고. 마 23:28; 롬 6:11; 고전 14:9, 12; 골 3:13) 29-30절에 사용된 몇 가지 표현을 그대로 사용한다('볼 때', '가까이', '안다' 등). 이는 31절이 29-30절의 표현과 의미를 반복하고 있음을 보여준다. 31절의 '이 모든 일들이 일어나는 것'은 나무에서 싹이 나는 것(30절)의 다른 표현이고 25-28절의 사건들을 가리킨다.[52] 마찬가지로 하나님 나라(31절)는 30절의 여름을 대체하는 표현이다. 하나님 나라가 가까이 이른 것은 인자의 재림이 가까이 임한 것과 같은 의미다(21:27). 여기서 하나님 나라는 예수의 초림으로 시작된 나라가 아니라 예수의 재림으로 완성될 나라를 가리킨다. 이미 하나님 나라를 경험한 신자들은 핍박과 고난에서 '해방' 또는 '구출'을 선사하는 완성의 나라에 들어갈 것이다. 28절과 연결해보면 하나님 나라가 임하는 때는 신자들이 구원과 해방을 얻는 때다. 즉 28절과 31절에 묘사된 인자의 오심(두 번째 오심)과 하나님 나라의 도래(완성)는 동일한 종말론적 사건의 다른 표현이자 강조다.

예수는 '아멘'을 넣어 이 세대가 지나고 나서야 모든 것이 일어날 것이라고 확신 있게 말한다(32절). 32절의 '이 세대'(ἡ γενεά 헤 게네아)는 누가복음과 공관복음의 평행 본문에 있는 종말 강화에서 가장 난해한 개념이다. 이 표현은 예루살렘 성전의 붕괴를 목격할 세대 혹은 인자의 재림을 목격할 세대를 의미할 수 있다. '모든 일'이 예루살렘 성전 파괴와 관련이 있다면 '이 세대'(ἡ γενεά 헤 게네아)는 '예수 당시 세대'(generation)를 가리키게 된다(7:31; 11:29, 30, 31, 32, 50, 51; 행 2:40).[53] '모든 일'이 종말론적 사건들을 가리킨다면 이 표현은 '이 시대'(this age)가 된다.[54] 32절이 인자의 오심(25-28절)과 하나님 나라의 도래(29-31절)를 언급한 이후에 배열되는 점은 '이 세대'가 예수 당시가 아니라 재림과 관련이 있음을 암시한다.[55] '이 세대'는 25-31절에 묘사된 징조들을 목격할 것이다. 그러나 '이 세대'를 예루살렘 성전의 붕괴를 목격할 청중으로 가정할 경우에도 본문의 의도가 예수의 말씀이 분명하게 실행될 것을 강조하고 있음을 기억해야 한다. 33절에서 예수는 자신의 주장이 절대적인 권위를 갖고 있음을 강조하기 위해 하늘과 땅이 지나가더라도 예수의 말씀은 지나가지 않을 것이라고 선언하신다. 이 내용은 마태복음 5:18과 같은 의미이며, 하나님의 말씀이 확실히 이뤄지는 것을 나타내는 표현이다(시 102:25-27; 119:89, 160; 사 40:8; 55:10).

34-36절은 어떻게 종말을 준비할 것인지에 대한 내용이다. 누가복음의 종말 강화는 34-36절로 끝난다. 예수는 예루살렘과 역사의 끝에 일어날 표징들을 예고하고 나서 어떻게 마지막을 준비할 것인지 가르치신다. 종말론적 초점을 강조하기 위해 예수는 '그날'(34절), '갑자기' 또는 '예고 없이'(34절)라는 표현을 사용하고 하나님의 권능이 모든 이들에게 나타나게 될 것(35절)과 심판의 두려움('이 모든 일들을 너희가 벗어날 수 있도록', 36절), 최후심판의 실재(인자 앞에 설 수 있도록, 36절)를 서술하신다.[56] 이에 대한 준비는 윤리적인 삶을 사는 것이다. 또한 34절의

"주의하라"와 36절의 "깨어 있어라"는 34-36절의 수미상관으로 재림을 준비하는 것에 대해 요약한다. 인자의 오심을 준비하는 것은 일상에 나타나야 한다(34-35절). 예수를 따르는 자들은 무절제(8:14; 12:45-46)와 삶의 염려(8:14; 14:15-24; 17:26-27, 28-30) 두 가지를 주의해야 한다. '둔감해지다'는 술을 마셔서 정신이 혼미하고 깨어 있지 못하는 상태에 가깝다.[57] 이는 이어서 나오는 음주와 관련된 두 용어와 자연스럽게 연결된다. '폭음'은 뇌의 기능을 마비시킬 정도로 술에 취한 상태를 뜻한다.[58] '술 취함'도 몸을 가누기 힘들 정도로 취한 상태를 가리킨다(참고. 롬 13:13; 갈 5:21).[59] 술에 취한 상태를 나타낼 때 후자가 전자보다 일반적으로 사용되는 용어다.[60] 은유적으로 폭음과 술 취함은 사치와 방탕과 무절제의 태도를 의미한다(예, 16:19). 이와 같은 태도를 가진 사람은 마음의 초점이 진리를 향하지 않은 채 과도한 욕망에 이끌려 살면서 잘못된 길을 가게 된다. 특히 이런 태도는 물질주의적 가치관에 물든 삶과 관련이 있다. 과음한 사람이 목표점을 정확히 보지도 못하고 목표를 향해 똑바로 걷지 못하는 것처럼 물질을 탐닉해 절제되지 않은 욕망을 따라 살아가게 되면 분별력을 잃고 만다. 술 취함과 더불어 마음을 둔감하게 만드는 또 다른 원인은 생활에 대한 염려다. 일상의 염려는 누가복음 가시떨기에 떨어진 씨(8:14; 참고. 10:41; 12:22, 25, 26), 돈과 관련된 염려를 떠올린다(예, 6:30; 12:13-21; 12:33; 16:19-31). 과도한 욕망에 마음을 빼앗기고 생활의 염려로 마음을 빼앗긴 사람에게 '그날'은 덫처럼 갑자기 임한다. '그날'은 종말을 가리키는 전형적인 표현으로(렘 3:17, 18; 31:29; 33:15; 욜 3:1) 본문에서는 인자가 다시 오는 날(21:27; 참고. 17:24, 30)을 말한다. 탐욕과 염려로 감각을 잃어버린 자들은 인자의 날에 징벌을 대가로 받게 될 것이다. '갑자기'와 예고 없이 덮치는 '덫'의 이미지가 적절히 연결된다(시 34:7-8; 69:23, 잠 12:13; 지혜서 14:11; 사 24:17-23). 이는 인자가 도적 같이 임한다는 의미다(눅 12:39; 마 24:43-44; 살전 5:2; 벧후 3:10). 34절의 경고를 귀담아듣지 않는 자들은 창세기의 홍수 세대와 소돔 사람들과 동일한 운명에 처하게 될 것이다(살전 5:7). 항상 깨어 있는 태도는 간구하는 생활과 평행을 이룬다(36절). 벗어나거나 탈출하는 것은 겁을 먹고 도망하는 것이 아니라 깨어 있다가 성공적으로 탈출하는 모습을 뜻하는 단어다.[61] 어디로 탈출하는가? 신자들은 유혹과 시험을 피하고 견뎌서 인자 앞에 서서 그들의 주를 영광중에 만날 것이다. 인자 앞에 서는 것, 깨어 있는 삶은 욕망과 물질에 사로잡히는 길에서 벗어나 인자 앞에서 얻게 될 자유와 해방을 준비하는 것이다.

독자들은 종말 강화가 경각심을 위해 구성된 것과 특정 지역과 시간에 제한되지 않음을 기억해야 한다. 예를 들어 예수는 강화를 "미혹을 받지 않도록 주의하라"(8절)로 시작하고 "기도하고 깨어 있어라"(36절)로 맺는다. 8절과 36절의 수미상관 구조를 보면 미혹을 주의하라는 8절은 1세기에만 국한되지 않으며, 36절 역시 역사의 끝에 일어날 인자의 오심을 준비하라는 교훈이다. 12-19절은 예수를 따르는 제자들의 운명을 예수가 가르치신 현장의 청중에 제한시키지 않고, 시대를 막론하고 핍박을 경험하는 기독 공동체를 대상으로 삼는다. 누가는 예루살렘 성전이 무너지는 사건과 인자가 다시 와서 신자들을 해방시키는 사건을 구분한다. 전자는 후자를 예고하는 역할을 한다. '이방인들의 시간'(24절)은 예루살렘 멸망 이후 죄사함을 얻게 하는 회개가 모든 민족에게 전파되는 기간으로서(24:47) 성전 파괴와 인자의 재림을 다른 시기에 일어날 구분된 사건으로 이해한다. 그러므로 독자는 일차적으로 역사적 문맥 안에서 예수의 첫 번째 청중을 고려하면서도 종말 강화에 다른 시대가 청중으로 내포되는 점을 인지함으로 '징조'와 '때'가 가리키는 시기를 성전이 무너진 1세기에 제한하는 접근에 신중해야 한다.

성전에서 가르치시는 예수(21:37-38)

37 예수께서는 낮에는 성전에서 가르치셨고 밤에는 올리브 산에
가서 지내셨다. 38 모든 백성이 예수의 말씀을 들으려고 이른
아침부터 성전에 왔다.

37-38절은 19:47-48의 내용을 다시 사용함으로써 종말 강화를 성전으로 강조하며 동시에 20:1과 수미상관을 이룬다. 이런 점에서 37-38절은 종말 강화의 결어이자 성전에서 가르치신 예수의 말씀을 매듭짓는 역할이다. 예수는 낮에는 성전에서 가르치고(참고. 막 11:15, 19, 27; 마 21:12, 17, 23; 요 8:1-2) 밤에는 올리브 산에서 숙박했다. '숙박하다'는 예수의 일행이 기드론 골짜기 혹은 올리브 산 비탈에서 야영했음을 내포한다. 누가는 올리브 산을 언급해서 예수와 순례객들이 예루살렘 안에 있는 점을 암시한다. 예수는 선지자들이 죽은 장소인 예루살렘에서(13:33) 선지자적 정체성으로 성전의 운명을 선포했다. 또한 누가는 가르침의 장소인 성전을 37-38절에서 두 번 언급함으로써 예수께서 생애의 마지막에 가르침에 집중한 것을 부각한다. 모든 백성이 예수의 말씀을 듣기 위해 이른 아침부터 성전에 나온 것은 사람들이 예수의 말씀에 관심을 보였음을 뜻한다.

질문

1. 예수님은 부자들과 과부의 헌금 행위를 어떻게 평가하십니까(21:1-4)? 어떤 점에서 과부의 행위가 제자도의 모본이 될까요?
2. 예루살렘과 시대의 끝을 알리는 표징들에 대해 설명해 보십시오(21:5-11). 예수님이 재림하시기 전까지 제자들에게 어떤 어려움이 닥치게 됩니까(21:12-19)? 제자들은 어떻게 시련을 극복할 수 있을까요?
3. 예루살렘은 어떤 운명을 맞이하게 됩니까(21:20-24)? 역사의 끝에는 어떤 징조들이 나타납니까(21:25-28)? 이런 일이 일어날 때 그리스도인들은 왜 고개를 들어야 할까요?
4. 예수님은 종말의 시기를 어떻게 설명하십니까(21:29-36)? 어떤 자세로 종말을 준비해야 하는지 설명해 보십시오.

묵상

종말 강화(21:8-36)는 제자들에게 경각심을 심는 것으로 시작하고 맺습니다. 종말 강화는 '주의하라'(8절)와 '깨어 있어라'(36절)는 명령으로 수미상관을 이룹니다. 따라서 종말 강화가 주어진 목적은 교회로 하여금 긴장하고 분별력을 잃지 않도록 하는 데 있습니다. 독자들은 누가가 청중을 특정 시기의 사람들에게 국한시키지 않도록 본문을 구성하고 있음을 유의해야 합니다. 예수의 경고 이후 2천 년의 시간이 흐르면서 인자의 재림에 대한 경각심은 약해져 갑니다. 과학 기술이 진보하면서 재림과 같은 초자연적 실재를 믿지 않는 사람들이 많아집니다. 교회가 사회의 신뢰를 잃어갈수록 교회가 전해 온 재림과 같은 메시지의 권위도 약해집니다. 그럼에도 불구하고 재림에 대한 예수의 약속은 반드시 성취됩니다. 재림은 신자들이 해방되는 감격의 순간입니다. 신자들은 재림이 있기에 긴장할 뿐 아니라 미래를 소망하며 살 수 있습니다.

29
유월절 만찬

22:1-38

서사의 무대가 성전에서 예루살렘 도성으로 이동한다. 말로 예수를 공격하던 유대지도자들은 본격적으로 예수를 죽일 계획을 세우고 실행한다. 사탄이 배후에서 적극적으로 움직인다. 누가는 예수의 죽음과 유월절의 의미를 연결하기 위해 만찬의 준비와 진행을 길게 묘사한다.

예수를 팔기로 거래하는 유다(22:1-6)

1 유월절로 불리는 무교절이 다가오고 있었다. 2 대제사장들과
서기관들은 예수를 죽일 방법을 찾고 있었다. 그들이 백성을
두려워했기 때문이다. 3 그때 사탄이 가룟인으로 불린 유다에게
들어갔다. 그는 열두 제자 중 하나였다. 4 유다는 나가서 어떻게
예수를 배반할 것인지 대제사장들과 성전 경비대장들과 논의했다.
5 그들은 기뻐하며 그에게 돈을 주기로 합의했다. 6 유다는 동의하고
무리가 없을 때 예수를 배반할 기회를 찾기 시작했다.

유월절로도 불리는 무교절이 다가왔다(1절). 유월절은 한 주간의 절기인 무교절의 첫날이었다. 대제사장들과 서기관들이 예수를 죽일 방법을 찾기 위해 골몰하고 있었다(2절). 예수는 이미 장로들과 대제사장들과 서기관들에게 배척받을 것을 예고했다(9:22; 19:47; 20:19). 대제사장들은 성전의 도시에서 최고의 권위와 기득권을 행사했고 서기관들은 율법전문가들로 이미 예수와 여러 차례 충돌했다. 누가는 이스라엘의 최고 지도자들이 예수의 죽음을 계획하고 주도한 세력임을 밝힌다. 이들은 예수를 지지하는 백성의 눈을 두려워했기 때문에 예수를 죽일 방법을 고민할 수밖에 없었다. 유월절과 무교절에는 예루살렘 인구보다 더 많은 유대인들이 예루살렘에 몰려왔기 때문에 예수를 은밀하게 체포하고 죽일 방법을 찾기가 쉽지 않았다. 특히 민족 해방을 기념하는 절기인 유월절과 무교절에는 순례자들이 혁명 세력으로 돌변할 수 있기 때문에 메시아로 기대받는 예수를 공격하는 것에 신중을 기해야만 했다. 사탄이[1] 열두 제자 중 한 명인 가룟 유다에게 들어갔다(3절). 겉보기에는 유대지도자들과 유다가 음모를 꾸미는 것 같지만 심층에서는 사탄이 그들을 대리자로 사용한다. 유다가 '열둘 중의 하나'라는 사실은 예수의 친밀한 공동체에 배반자가 숨어 있음을 의미한다. 광야에서 예수를 이기지 못한 사탄(4:1-13)은 예수와 가장 가까이 있는 제자를 통해 자신의 계획을 실현할 기회를 만든다. 사탄은 유다를 이용함으로써 유대지도자들의 고민을 해결해준다. 이런 점에서 유대지도자들은 바알세불(사탄)의 능력으로 하나님 나라를 대적하는 자들이다. 하나님의 목적을 위해 일해야 하는 지도자들이 사탄에 대단히 충실한 것이다.

사탄이 유다에게 들어갔다고 해서 유다의 책임이 면제되는가? 누가는 유다의 책임을 강조하기 위해 그가 얼마나 적극적으로 배반을 실현하는지, 스승을 배반하게 만든 그의 동기가 무엇인지 서술한다(4-6절). 유다는 대제사장들과 성전 경비대장들에게[2] 가서 예수를 넘길 방안을 논의했다(4절). 그들은 기뻐하면서 유다에게 돈을 주기로 동의한다(5절). '동의하다'(συντίθημι 쉰티떼미)는[3] 쌍방의 동의와 합의가 있었다는 뜻이다. 예수를 '넘기다'와 돈을 '주다'는 거래의 합의 내용이다.

누가는 유다가 돈을 받고 예수를 팔기로 약속한 사실을 언급한다(5절; 마 26:15; 막 14:11). 누가복음에서 '기뻐하다'(χαίρω 카이로) 또는 '기쁨'(χαρά 카라)은 하나님의 구원 행위나 예수의 말씀에 대한 반응이나(예, 8:13; 10:17; 13:17; 19:37), 유다는 진리를 팔아 돈을 버는 것으로 기뻐한다. 누가는 유다의 돈거래를 강조함으로써 예수를 따르던 유다의 관심이 무엇에 있었는지 드러낸다(참고. 요 12:6; 13:29). 유다는 돈을 사랑하는 자로 드러난다(16:14). 제자는 맘몬과 하나님을 동시에 섬길 수 없다(12:15; 16:13). 돈을 사랑하는 자는 자신의 목적을 위해 예수를 따르다가 기회가 오면 돈을 위해 예수를 팔아버린다(참고. 딤전 6:10). 유다는 계약을 맺고 무리의 시선을 피해 예수를 넘겨줄 기회를 찾고 있다(6절).

유월절을 위한 준비(22:7-13)

7 유월절 양을[4] 잡는 무교절의 날이 왔다. 8 예수께서는 베드로와
요한을 보내며 말했다. "우리가 먹을 수 있도록 가서 유월절 식사를
준비해라." 9 그들이 예수께 말했다. "어디서 준비하길 원하십니까?"
10 예수께서 그들에게 말씀하셨다. "너희가 도성에 들어가면 물
항아리를 들고 가는 사람을 만날 것이다. 그가 들어가는 집 안으로
따라가서 11 집 주인에게 말해라. '선생께서 당신에게 '내가 나의
제자들과 함께 유월절 음식을 먹을 객실은 어디인가요?'라고
말씀하십니다.' 12 그러면 그가 너희에게 정돈된 큰 다락방을 보여줄
것이다. 그곳을 준비해라." 13 그들은 가서 예수께서 말씀하신
그대로 된 것을 보았고 유월절을 준비했다.

유월절 양을 잡을 무교절이 이르렀다(7절). 예수는 베드로와 요한을 보내 유월절을 준비하도록 하셨다(8절). 예수는 중요한 사건에서 베드로, 요한, 야고보를 대동했다(8:51; 9:28). 베드로와 요한을 보낸 것은 그만큼 유월절 준비가 중요하다는 점을 내포한다.[5] 유대인들은 유월절인 니산 14일에 성전 일대에서 흠 없고 일 년 된 수컷 양 또는 염소를 제물로 드

리고(출 12:5) 가정으로 돌아와 유월절 만찬을 가졌다. 해가 지고 나서 니산 15일에 이집트 탈출을 온 가족이 기념하며 식사를 나누었다(출 12:6-20; 민 9:2-14; 신 16:1-8).[6]

베드로와 요한은 유월절 식사를 어디에 준비하길 원하시는지 예수께 묻는다(9절). 예수의 시나리오는 다음과 같다. 제자들이 성 안에 들어가면 물 한 동이를 가지고 가는 사람을 만날 것인데 그 사람이 들어가는 집으로 따라 들어가야 한다(10절). 물을 들고 가는 사람은 집주인이 아니다. 당시 물을 들고 나르는 일은 여성의 몫이었다. 예수가 '남자'(ἀνήρ 아네르)가 아니라 '사람'(ἄνθρωπος 안뜨로포스)이라고 언급하시기 때문에 그 사람이 남자인지 여자인지는 확실하지 않고 성별을 아는 것은 중요하지 않다. 제자들은 집주인에게 '그들의 선생(디다스칼로스, 랍비—히브리어)이 식사를 나눌 객실(카탈뤼마)을 물어보았다'고 말해야 한다(11절; 참고. 2:7). 예루살렘 거주민들은 예루살렘을 하나님과 유대 민족의 소유라고 생각했기 때문에 유월절 순례자들을 위해 객실을 마련해 두었다. 집주인은 큰 다락방을 보여줄 것이다(12절). 다락방은 객실로 준비된 공간으로 집 위층에 위치했다. 누가는 주인의 반응을 자세히 설명함으로 예수의 초자연적 능력을 부각시킨다.

두 제자는 예수가 지시한 대로 유월절 식사를 준비했다(13절). 집주인이 제자들의 말을 듣고 그대로 받아들이는 모습은 예수의 권위를 강조한다. 주인은 '선생' 예수의 지시에 순종한다. 12-13절에서 집주인의 행동을 가리키는 '마련하다'(στρωννύω 스트론뉘오)는 제자들의 식사 준비를 가리키는 '준비하다'와는 다른 의미다. '마련하는 것'은 주인이 유월절 식사를 위해 식탁 등을 갖추는 것을 뜻하며, 제자들의 준비는 만찬에 필요한 음식을 준비하는 것을 말한다.[7] 누가는 유월절의 의미를 강조할 목적으로 유월절 식사 준비 과정을 자세히 서술한다. 예수는 유월절 식사의 주도권을 자신이 갖고 있음을 보여줌으로써 십자가의 죽음이 악의 세력에 의한 갑작스런 집행이 아닌 하나님의 계획에 따른 것임을 드러낸다. 사탄이 성전의 강도들과 유다를 이용해 예수를 죽일 음모를 꾸미지만, 예수는 그들이 계획하는 죽음을 통해 구원의 길을 열 것이다.

유월절 식사(22:14-23)

14 시간이 되자 예수께서 앉으셨고 사도들도 그와 함께 앉았다.
15 예수께서 그들에게 말씀하셨다. "나는 고난을 받기 전에 너희와
유월절 음식 먹기를 간절히 원했다. 16 나는 너희에게 말한다. 유월절
식사가 하나님 나라에서 성취되기 전에는 다시는 먹지 않을 것이다."
17 예수께서는 잔을 들고 감사하고 나서 말씀하셨다. "이것을 들고
너희들끼리 나누라. 18 나는 너희에게 말한다. 이제부터 나는 하나님
나라가 오기 전에는 포도나무의 열매를 마시지 않을 것이다."
19 이어서 예수께서는 빵을 들고 감사하신 후에 쪼개서 제자들에게
주며 말씀하셨다. "이것은 너희를 위해 주어지는 내 몸이다. 나를
기억하면서 이것을 행하라." 20 마찬가지로 식사 후에 예수께서는
잔을 들고 말씀하셨다. "너희를 위해 부어지는 이 잔은 내 피로
세워지는 새 언약이다." 21 "보라, 나를 배반하는 자의 손이 식탁
위에 나와 함께 있구나. 22 인자는 예정된 것을 따라가지만 배반하는
그에게는 화가 있을 것이다." 23 그들은 그들 중에 누가 이것을 행할
것인지 서로 묻기 시작했다.

누가는 1절과 7절에서 유월절과 무교절이 가까이 왔고, 무교절이 왔음을 서술했다. 베드로와 요한은 유월절 식사(토 파스카)를 준비하러 가서(8절) 식사를 위한 객실을 마련했다(11절). 이제 유월절 식사 시간이 다가왔다(14절). 예수가 사도들과 함께 앉았다(14절).[8] 예수는 십자가의 고난을 받기 전 사도들과 유월절 식사 나누기를 간절히 원했다(15절).[9] 본문은 왜 음식 목록에서 어린 양을 언급하지 않는가? 예수 자신이 유월절 어린 양이기 때문이다.

예수는 유월절이 하나님 나라에서 성취될 때까지는 유월절 식사를 먹지 않을 것이다(16절). '성취하다'(πληρόω 플레로오)에 수동태가

사용된 것은 유월절 또는 유월절 식사를 성취하는 주체가 하나님이신 것을 의미한다. 본문의 '하나님 나라'는 미래에 완성될 나라다. 이는 사도행전에서 확장되는 하나님 나라가 아니라 예수의 재림 때 성취될 나라다. 사도행전에서 누가는 하나님 나라의 '완성'이 아니라 사도들과 전도자들을 통한 하나님 나라의 '확장'을 서술할 것이다. 교회가 지키는 주의 만찬은 유대인의 유월절 식사에 근거한다(1, 7, 8, 11, 13, 14절). 이는 예수의 죽음과 부활을 과거 이스라엘이 경험한 해방과 연결하기 위함이다. 완전한 해방과 자유는 예수의 재림으로 실현될 것이다. 즉 하나님 나라는 예수의 활동으로 확장되고 있지만 완성의 때는 아직 남아 있으며, 예수가 유월절을 완성하실 때까지 예수와 교회의 만남은 주의 만찬을 통해 반복된다.

교회가 유월절 식사를 주의 만찬으로 지키는 것은 다음과 같은 이유로 의미가 있다. 첫째, 주의 만찬은 예수를 통해 얻은 유월절(1, 7, 8, 11, 13, 14절) 해방을 기억하는 시간이다. 교회는 이스라엘의 경험처럼 속박 가운데 있는 사람들이 오직 예수의 죽음과 부활을 통해 자유와 해방을 얻을 수 있음을 고백해야 한다. 둘째, 교회는 유월절 식사가 혼자 먹는 식사가 아니라 가족의 식사임을 기억해야 한다. 사도들은 예수님과 함께 앉아 식사했고 하나님 나라가 완성될 때도 공동으로 식사하게 될 것이다. 예수의 고난과 죽음은 신자들을 태어나게 할 뿐 아니라 가족인 교회의 결속력을 강화한다. 셋째, 주의 만찬을 통해 신자들은 과거를 기억하고 미래를 소망한다. 교회가 나누는 주의 만찬은 과거에 일어난 예수의 죽음을 기억하는 동시에 미래(재림)를 소망하는 식사다(참고. 고전 11:26). 예수는 잔을 잡고 감사 기도를 한 후에 잔을 나누도록 지시하신다(17절).[10] 이 잔은 하나님의 '진노' 또는 대속의 '형벌'을 내포하는 은유다.[11] "너희끼리 나누라"(17절)는 그리스도의 죽음의 의미를 공유하라는 것이다. 물론 현 단계의 제자들은 이 말씀의 의미를 이해하지 못한다. 이어서 예수는 하나님 나라가 임할 때까지 포도나무에서 난 것을 마시지 않을 것이라고 말한다(18절). 마찬가지로 본문에서 말하는 하나님 나라가 임하는 시기는 예수의 재림이다. 15-16절처럼 이번에도 예수는 그의 초림으로 하나님 나라가 왔으나 그의 재림으로 하나님 나라가 완성될 것을 예고한다. 예수가 재림할 때 유월절 식사의 의미가 완성될 것이다.

예수는 빵을 들고 감사한 후에 빵을 뜯어 제자들과 나눈다. 이는 오천 명을 먹인 사건을 떠올린다. 예수는 빵을 '내 몸'이라고 정의한다. 이는 빵이 상징적으로 또는 영적으로 예수의 몸이라는 뜻이다(참고. 고전 11:26-29). 제자들은 빵을 나누면서 예수의 고난을 기억해야 한다. 제자들은 '기억'을[12] 위해 빵을 나누어야 한다(참고. 고전 11:24). '너희를 위해' 빵을 주는 것은 예수의 목숨과 죽음이 대속의 선물임을 의미한다(참고. 사 53:12). 예수께서 저녁을 먹은 후 잔을 들고 말씀하신다. "너희를 위해 부어지는 이 잔은 나의 피로 맺어진 새 언약이다"(20절). 제자들을 위해 부어지는 잔은 예수의 죽음을 상징한다.[13] 예수의 죽음은 새 언약을 제정하고, 새 언약은 그리스도의 피로 맺어진다. 빵의 경우와 마찬가지로 너희를 위해 피를 붓는 표현은 고난의 종이 많은 사람을 위해 목숨을 드리는 것을 의미한다. "그는 그의 목숨을 죽음에 부었고 범죄자들로 여김 받았지만 그는 많은 사람들의 죄를 짊어졌다"(사 53:12, 70인역). '새 언약'은 예레미야 31:31의 언어다. 새 언약을 통해 "내가 나의 법을 그들의 속에 두며 그들의 마음에 기록하여 나는 그들의 하나님이 되고 그들은 내 백성이 될 것이라 … 내가 그들의 악행을 사하고 …"(렘 31:33-34)라는 약속이 성취된다. 예수의 피로 죄가 용서된다(23:34; 24:47). 피로 맺어지는 언약은 출애굽기 24:8의 인유다. "모세가 그 피를 가지고 백성에게 뿌리며 이르되 이는 여호와께서 이 모든 말씀에 대하여 너희와 세우신 언약의 피니라." 이스라엘 백성은 희생 제물로 하나님과 언약을 맺었으나 이제는 예수의 피로 새 언약을 맺는다.

빵과 잔을 나누는 모습에는 두 가지 목적이 드러난다. 첫째, 빵과 잔을 나누는 목적은 기억이다. 이스라엘 백성은 이미 유월절을 반복하고 유월절 식사를 반복함으로써 과거의 해방 사건을 기억했다. 노예 상태에서 오직 하나님의 긍휼로 해방을 얻었다는 사실을 기억했다. 이런 점에서 빵과 잔을 나누는 것은 과거 사건을 재현하는 것이다.

신자들도 주의 만찬을 통해 예수의 대속적 죽음으로 해방된 사실을 기억하고 완성될 나라에서 만찬을 누릴 것이라는 약속을 기억해야 한다. 둘째, '너희를 위해'(19, 20절)는 예수의 죽음이 제자들을 위한 대리적 희생임을 의미한다. 유월절 어린 양은 이스라엘 백성을 대신해 죽었고, 예수는 제자들의 죄 용서와 하나님과의 언약 관계를 위해 피를 흘렸다. 예수는 많은 사람을 하나님의 백성과 자녀가 되게 하는 목적으로 새 언약의 피를 흘렸다. 이어서 예수는 자신을 파는 자의 손이 그와 함께 식탁 위에 있다고 예고한다(21절). '손'은 어떤 사람의 의지나 행위를 가리키는 환유어다.[14] 유월절 식사는 가장 친밀하고 신뢰하는 관계의 사람들이 나누는 자리다. 같은 식탁에 앉아 같은 그릇에 손을 넣는 사람이 배반한다는 사실은 예수가 가장 친밀한 관계에 있는 사람에 의해 팔리는 비극을 뜻한다. 인자는 예정된 대로 간다(22절). '예정하다'의[15] 수동태가 사용된 것은 예수의 죽음이 하나님의 계획에 따른 사건임을 의미한다.[16] '간다'는 하나님의 목적과 계획을 성취하기 위해 진전하는 예수의 운명을 대변한다(예, 9:51; 13:22; 17:11).

예수는 자신의 죽음을 하나님의 섭리로 이해하지만 인자를 파는 자에게는 화가 있을 것이라고 탄식하신다. 유다는 자신의 욕망을 채우기 위해 예수를 따랐고, 결국 사탄의 뜻에 동조함으로(22:3) 비극적 죽음을 맞이할 것이다(행 1:18). 예수를 넘기는 행위의 책임은 유다에게 있다. 하나님이 유다를 지목하신 것이 아니다. 욕망과 오해에 사로잡힌 채 예수를 따르는 자는 누구든 사탄의 도구가 되고 만다. 예수의 예고를 들은 제자들은 누가 이런 일을 행할 자인지 서로 묻는다(23절). 모든 것을 버리고 예수를 따를 정도로 충성했던 그들 가운데 배반자가 있다는 사실은 충격일 수밖에 없었다.

누가 큰지 논쟁하는 제자들(22:24-27)

24 또한 그들은 누가 그들 중에 가장 큰지 논쟁하고 있었다.
25 예수께서 그들에게 말씀하셨다. "이방인들의 왕들은 그들 위에

> 군림하고 권세자들은 은인들로 불린다. 26 그러나 너희는 그렇게
> 하지 말아야 한다. 너희 가운데 가장 큰 자는 어린 자와[17] 같아야
> 하고 지도자는 종과 같이야 한다. 27 식탁에 있는 자와 섬기는 사
> 중에 누가 더 크냐? 식탁에 앉는 자가 아니냐? 나는 섬기는 자로
> 너희 가운데 있다."

유월절 식사 중에 제자들은 누가 가장 큰지 논쟁한다(24절). 제자들은 예수의 운명과 예고를 듣고도 자신들의 지위와 명예에 온 신경을 곤두세운다. 예수는 제자들에게 섬기는 자가 될 것을 가르치신다(25-27절). 이방인의 왕들은 백성 위에 군림했고 권위를 행사하는 자들은 은인들로 불렸다(25절). '은인'(εὐεργέτης 유에르게테스)은 로마 제국의 후원 체계에서 피보호자에게 은덕을 베푼 자를 지칭한다.[18] 부자들은 세금을 내는 대신 도시 재정을 충당하거나 기부함으로 은인들로 불렸고, 부를 사용하는 것으로 명예와 권세를 확보했다.[19] 도시와 마을이 재정을 필요로 할수록 부를 사용하는 은인의 권세와 명예도 높아졌다.[20] 부자들은 은인으로 존경받는 것을 즐겼다. 제자들도 은인의 권세와 명예를 얻고 싶어 한다. 예수는 제자들에게 그런 대접을 열망하지 않도록 경고한다. 큰 자는 그들 중에서 최연소자처럼 돼야 하고 지도자는 섬기는 자처럼 돼야 한다(26절). 최연소자는 낮은 위치의 사람을 말한다. 섬기는 자는 식사를 섬기는 신분을 가리킨다. 제자들에게 은인은 바로 예수와 하나님이다. 그들은 은덕을 입은 자들로서 받은 은혜를 베푸는 인생을 살아야 한다. 세상의 관점에서는 식사를 섬기는 자보다 식사 자리에서 섬김을 받는 자가 더 크지만 제자들은 섬기는 위치에 있어야 한다(27절). 제자들이 모본으로 삼아야 할 대상은 집권자들과 은인들이 아니라 종으로 섬기신 예수이기 때문이다. 예수는 왕과 주이심에도 불구하고 제자들을 섬겼고 앞으로도 섬길 것이다(참고. 12:35-38). 제자들은 명예와 특권을 누리는 것이 아니라 낮아지고 섬겨야 한다.

하나님 나라를 맡게 될 제자들(22:28-30)

28 "너희는 나의 시련[21] 중에 나와 함께 머물렀던 자들이다. 29 나의
아버지께서 내게 맡기신 것처럼 나도 너희에게 나라를 맡긴다.
30 이는 너희가 나의 나라에서 내 식탁 위에서 먹고 마시도록 하기
위함이다. 너희는 이스라엘의 열두 지파를 관리하는[22] 보좌들에
앉을 것이다."

예수는 다스리는 자의 자세를 가르치고 나서 제자들에게 하나님 나라를 맡긴다(28-30절). 비록 제자들이 지금은 누가 큰지 서로 싸우고 있으나 예수의 시련 가운데 함께한 자들이다(28절). 예수가 겪은 시련은 사탄의 공격을 가리킨다. 사탄은 예수가 하나님의 목적과 계획을 성취하지 못하도록 반대자들을 동원해 공격해 왔다(예, 8:12-15). 그런 과정에서도 제자들은 예수를 떠나지 않았다. 성부께서 성자에게 나라를 맡기신 것과 같이 예수는 신실하게 인내한 제자들에게 나라를 맡긴다(29절). 제자 공동체에게 맡긴 나라는 '내 나라', 즉 예수의 나라다. 29절은 "작은 양 무리여 두려워 말라. 너희의 아버지께서 너희에게 나라를 주시길 기뻐하시기 때문이다"(12:32)를 연상시킨다. 제자들은 예수의 나라에 마련된 식탁에서 먹고 마실 것이며, 보좌에 앉아 이스라엘의 열두 지파를 다스릴 것이다(30절). 이는 사도들이 세상에서 명예와 부를 누리게 될 것이라는 의미가 아니다. 예수는 앞 단락에서 이런 기대를 품지 말 것을 가르치셨다. 그렇다면 제자들은 언제 예수가 준비하신 식탁에서 먹고 마시는가? 예수가 다시 올 때다. 예수는 승천 후 하나님 보좌 우편에서 통치할 것이다. 그날이 오기까지 제자들은 섬김으로 하나님 나라의 사역을 수행해야 한다. 이처럼 현재 제자들의 부족한 모습에도 불구하고 예수는 그들의 결단을 소중히 여기며 그들의 믿음이 성장할 것을 기대한다. 예수의 소망은 제자들을 헌신적인 일꾼들로 이끄는 동력이다.

시몬을 위한 기도(22:31-32)

31 "시몬아, 시몬아! 보라 사탄이 밀처럼 너희를 거르려고 너를
청구했다.[23] 32 그러나 나는 네 믿음이 사라지지 않도록 너를 위해
기도했다. 너는 돌이켜 네 형제들을 굳게 하라."

예수는 자신이 다시 오기까지 시몬과 제자들에게 맡겨진 책임에 대해 설명한다. 예수는 "시몬아 시몬아"라고 부른다. 유대 문화에서 이름을 반복해 부르는 것은 애정과 친근함 또는 안타까움의 표현이다(예, '주여 주여'—6:46; '마르다야 마르다야'—10:41; '사울아 사울아'—행 9:4).[24] 사탄은 '너희'를 밀 까부르듯 날려버리려고 청구했다. '청구하다'(ἐξαιτέομαι 엑사이테오마이)는 신약에서 이곳에만 사용된 동사로 파멸을 목적으로 요구하는 것을 의미한다. 사탄의 세력은 하나님의 백성을 굴복시킬 목적으로 요구한다.[25] 예수는 시몬을 부르면서도 '너'가 아니라 '너희', 곧 제자들 모두를 사탄이 공격 대상으로 삼았음을 경고한다. 예수를 공격한 사탄은 본격적으로 제자들을 공격할 것이다. 사탄은 제자들이 하나님의 목적과 계획을 수행하지 못하도록 방해할 것이다. 청구하는 행위는 검사가 수사권과 기소권을 행사하는 것과 같은 의미다. '거르다' 또는 '체질하다'(σινιάζω 시니아조)는 체로 곡식을 거르는 행위를 말한다. 체로 밀을 거르면 이삭이나 이물질은 걸러지고 알곡만 통과된다. 이 은유는 세례 요한이 언급한 키질과 비슷하다. 요한은 자신보다 더 큰 분이 키질로 쭉정이는 날리고 알곡을 모을 것이라고 예고했다(3:17). 키질은 예수가 실행하실 최후심판을 묘사하는 반면 체질은 사탄이 사람들을 시험하고 넘어지게 하는 것이다. 또한 체질은 아모스 9:9을 떠올린다.[26] 아모스서에 의하면 사탄은 제자들의 믿음을 파괴하려고 체질을 시도할 것이다. 체로 거를 때 곡식에 상처가 날 수 있다. 체로 흔들 듯 사탄이 제자들을 시험하면 제자들은 극도의 혼돈에 빠져들 것이다. 사탄의 요구는 욥기 1-2장을 떠올린다. 하늘법정에서 사탄이 하나님에게 욥에 대해 평가한다. 사탄은 욥이 받은 많은 복으로 하여금 하나님을 경외하기 때

문에 그 복을 빼앗으면 욥이 신앙을 버릴 것이라고 고발한다(1:9-10). 사탄은 욥의 신앙이 거짓임을 증명하고자 했던 것처럼 제자들을 패배자로 정죄하고자 한다. 지금처럼 누가 더 큰지 다투는 정도로는 누구도 사탄의 체질을 견디고 통과할 수 없다. 이미 사탄은 유다를 체로 흔들었고 파괴할 것이다(3절; 행 1:25). 예수가 함께하는 동안 제자들은 시험을 통과할 수 있었으나 곧 예수가 체포되고 죽음에 이르면 뿔뿔이 흩어지고 큰 위기를 맞이할 것이다(예, 막 14:27; 마 26:31). 36절에서 예수는 겉옷을 팔아 칼을 준비하라고 말씀하실 것인데, 이는 제자들에게 무서운 위협이 닥칠 것이라는 예고다. 특히 사탄은 시몬 베드로를 정조준하고 있다. 누구보다 자신의 믿음을 강하게 확신한 시몬은 사탄의 먹잇감이 되기 쉽다. 사탄은 계속해서 시몬의 믿음이 자신이 흔드는 체를 통과할 수 없음을 입증하려고 시도할 것이다.

예수는 위기 가운데 시몬의 믿음이 사라지지[27] 않도록 기도한다. '기도하다'는[28] 누가가 즐겨 사용하는 단어다.[29] 이 단어는 한 번을 제외(마 9:38)하면 복음서 중 누가복음에만 사용된다. 여기서의 '믿음'(πίστις 피스티스)은 예수가 맡긴 사명에 대한 '신의', '신실함'을 의미한다. 주의 만찬에서 종의 사명을 받는 시몬은 좌절과 두려움으로 사명을 포기할 수도 있다. 시몬의 현재 모습으로는 신실하게 사명을 수행할 수 없다. 예수를 배반한 이후 그는 깊은 절망에 빠질 것이다. 시몬이 교회의 책임을 신실하게 감당할 수 있는 이유는 예수의 기도 때문이다. 하늘법정에서 사탄은 악의적인 검사 역할을 하지만 중보하시는 예수는 변호사처럼 시몬을 보호하신다. 사탄이 계속해서 시몬을 공격할 것이지만 예수의 기도로 돌이킬 수 있다. 때문에 시몬은 실패에서 회복한 후 나머지 동료 제자들의 믿음을 굳게 해야 한다. '돌이키다'(ἐπιστρέφω 에피스트레포)는 마음과 행동을 돌이키는 회개를 뜻한다.[30] 회개는 시몬이 아니라 예수의 기도, 곧 긍휼로부터 시작된다. '굳게 하다'(στηρίζω 스테리조)는 외적인 위협에 의해 염려와 두려움으로 흔들릴 수밖에 없는 사람을 격려하고 위로하며 용기를 심어주는 행위다.[31] 이 용어는 바울서신에서 교회를 돌보는 목양의 의미로 사용된다(롬 1:11; 살전

3:2, 13). 예수가 베드로가 굳게 해야 할 대상을 '형제들'로 표현하신 것 역시 목양의 측면에서 의미가 있다. 예수의 인내와 기도 덕에 일시적인 실패에서 회복될 시몬은 교회의 지도자로서 겸손하게 교회를 동료로 대하고 일어서도록 도와야 한다. 예수의 역할처럼 베드로의 역할도 섬기는 것이다. 그는 권세와 명예를 지닌 은인으로 불리기 원했으나(25절) 예수의 기도와 긍휼로 하나님의 일을 맡았다는 사실을 기억해야 한다. 자신을 향한 예수의 기도와 섬김을 생각하면서 핍박과 시험 가운데 있는 형제, 자매의 연약함을 이해하고 그들을 굳게 해야 한다. 이처럼 예수는 자신이 가르치신 섬김의 도(24-30절)가 교회 지도자인 시몬을 통해 실현되기를 원한다.

시몬이 부인할 것을 예고(22:33-34)

33 그러나 베드로가 예수께 말했다. "주님, 저는 감옥이나
죽음의 자리에도 당신과 함께 갈 준비가 됐습니다." 34 예수께서
대답하셨다. "베드로야, 나는 네게 말한다. 오늘 닭이 울기 전에 네가
나를 모른다고 세 번 부인할 것이다."

베드로는 예수가 말씀하시는 것을 인정하지 못한다. 주와 함께 감옥에도 갈 수 있고 주께서 죽는 장소에도 갈 수 있다고 단언한다(33절). 그러나 예수는 오늘 닭이 세 번 울기 전에 베드로가 예수를 세 번 부인할 것을 예고하신다(34절). 12:9 말씀대로라면 베드로는 하늘법정의 심판을 피할 수 없고 사탄의 체에 걸려 믿음에서 떨어져 나갈 수밖에 없다. 베드로가 초기 교회의 지도자로 쓰임 받을 수 있는 것은 오직 예수의 긍휼 덕분이다.

닥쳐올 위기에 대한 경고(22:35-38)

35 예수께서는 그들에게 말씀하셨다. "내가 너희를 지갑도, 여행

가방도, 신발도 없이 보냈을 때 부족한 것이 있었느냐?" 그들이
대답했다. "아무것도요." 36 예수께서 그들에게 말씀하셨다.
"그러나 이제는 지갑을 가지고 있는 자는 그것을 챙겨라. 여행
가방도 그렇게 해라. 칼이 없는 자는 옷을 팔아 칼을 구입해라.
37 왜냐하면 내가 너희에게 말하는데 '그가 범법자들과 같이
여겨졌다'고 기록된 것이 나를 통해 성취돼야 하기 때문이다. 나에
대한 것이 이루어지고 있다." 38 그러나 그들이 말했다. "주님, 여기
두 자루의 칼이 있습니다." 예수께서 그들에게 말씀하셨다. "그 말로
충분하다."

예수와 베드로의 대화는 예수와 제자들과의 대화로 전환된다. 예수는 느닷없이 제자들에게 전대와 배낭과 신발 없이 보냄받았을 때 부족한 것이 있었는지 질문한다(35절, 참고 9:2-3; 10:3-4). 제자들은 부족한 것이 없었다. 그러나 이제 제자들은 전대와 배낭을 가져야 한다(36절). 겉옷을 팔아서라도 칼을 소지해야 한다. 칼을 구입하는 것은 다가올 위협을 경고하며 그들의 각오를 다지도록 의도된 은유이다. 제자들은 이전과는 전혀 다른 무서움을 경험하며 큰 위기에 처할 것이다. 예수는 성경에 기록된 대로 '범법자들' 취급받을 것이다. '범법자들'(ἄνομοι 아노모이)은 말 그대로 법을 어기는 자들을 가리킨다. 예수는 십자가에 달린 강도들처럼 범죄자로서 십자가에 처형당할 것이다. 이는 이사야 53:12의 암시다.[32] 예수는 자신의 죽음을 이사야 53장에 묘사된 고난받는 종의 죽음이자 하나님의 계획이자 죄인들을 위한 대리적 죽음으로 해석한다. 예수는 '이루다', '성취하다'(τελέω 텔레오)의 수동태 와 '해야 한다'(δεῖ 데이)를 사용해 이사야가 예고한 고난받는 종의 운명이 자신의 죽음을 통해 반드시 이루어져야 함을 강조한다. 제자들은 예수가 범죄자로 체포되는 급박하고 비극적인 상황을 준비해야 한다. 예수가 이사야 53장을 인용하자 제자들은 칼 두 자루로 방어할 수 있다고 반응한다. 예수는 폭력으로 폭력에 맞서라고 칼을 언급하신 것이 아니다. '충분하다'는 실제 칼을 거론하지 말라는 뜻이다.

질문

1. 사탄과 대제사장들과 서기관들과 가룟 유다가 예수를 죽일 모의를 작당하는 동안 예수님은 무엇을 준비하십니까(22:1-6, 7-13)? 유월절 식사는 하나님의 구원 계획에서 어떤 의미가 있습니까(22:14-23)? 교회는 주의 만찬 또는 성만찬을 어떤 목적과 태도로 준비하고 실행해야 할까요?
2. 제자들이 기대한 하나님 나라의 모습은 어떤 모습이었나요(22:24-27)? 예수님은 제자들에게 무엇을 약속하고, 제자들의 어떤 부분을 칭찬하십니까(22:28-30)? 누가 큰지 서로 논쟁하던 제자들이 어떻게 사도행전의 기록처럼 하나님 나라 일꾼들로 쓰임 받을 수 있었을까요?
3. 예수님은 시몬 베드로에게 무엇을 당부하고 예고하십니까(22:31-34)? 제자들에게는 무엇을 경고하십니까(22:35-38)? 시몬과 제자들을 위한 예수님의 예고와 경고는 공동체에 속해 살아가는 신자들에게 어떤 교훈이 됩니까?

묵상

1. 가룟 유다가 사탄에게 넘어가는 장면(1-6절)은 자신의 목적을 위해, 무엇보다 돈을 사랑하며 예수님과 가까이 있는 자는 사탄의 먹잇감이 될 수밖에 없음을 경고합니다.
2. 유월절 식사의 의미가 담긴 주의 만찬(14-23절)은 그리스도의 희생을 통한 구원을 기억하고(19절) 소망하는(16, 18절) 시간입니다. 예수님의 승천과 재림 사이를 살아가는 신자들은 '이미' 왔으나 '아직' 완성되지 않은 하나님 나라를 기억하고, 완성될 나라에서 누릴 환희를 소망해야 합니다. 예수님을 기억하는 도구로써 성만찬을 주신 하나님은 교회가 언제나 구원을 기억하고 내일을 소망하길 원하십니다.

30
예수의 수난, 죽음, 매장

22:39-23:25

본 단락은 예수가 체포되고 재판받는 장면을 중심으로 전개된다. 유다는 예수를 팔고 베드로는 예수를 부인한다. 예수는 유대 법정, 로마 법정, 헤롯 궁정에서 멸시를 받는다. 십자가 처형 판결은 불의한 세력의 탐욕과 폭력을 드러내고 예수의 무죄를 암시한다.

겟세마네의 기도(22:39-46)

39 예수께서 관례를 따라 올리브 산으로 가셨고 제자들도 그를
따랐다. 예수께서 그곳에 이르러 말씀하셨다. "시험에 빠져들지
않도록 기도해라." 41 예수께서는 제자들로부터 돌을 던져 닿을 만큼
떨어져 무릎을 꿇고 기도하셨다. 42 "아버지, 당신이 원하신다면 이
잔을 제게서 가져가소서. 그러나 나의 뜻이 아니라 당신의 뜻대로
되게 하소서." 43 그때 천사가 하늘로부터 나타나 예수를 강건하게
했다. 44 예수께서 고뇌하셨고[1] 더욱 간절히 기도하셨다. 그의 땀이
땅에 떨어지는 핏방울처럼 됐다. 45 예수께서 기도하고 일어나

제자들에게 가셨을 때 그들이 슬픔에 지쳐 자고 있는 모습을 보셨다.
46 예수께서 그들에게 말씀하셨다. "너희는 왜 자고 있느냐? 시험에
빠져들지 않도록 일어나 기도해라."

예수는 올리브 산으로 가셨고 제자들도 따랐다(22:39). 누가는 예수가 '관례를 따라'[2] 갔다고 표현한다. 이는 제사장이 자신에게 주어진 직무를 수행하듯(1:9) 예수가 자신의 소명을 따라 신실하게 행동했음을 의미한다. 올리브 산에 이르러 예수는 제자들에게 "시험에 들지 않게 기도하라"고 경고한다(40절). 예수는 제자들로부터 돌 던질 만큼 떨어진 곳으로 가서 무릎을 꿇고 기도한다(41절).[3] '돌 던질 만큼'은 예수가 제자들과 멀지 않은 거리에서 기도했음을 의미한다. 그래서 제자들은 예수가 기도하는 모습을 보고 들을 수 있었다. 제자들은 예수의 기도를 들었기 때문에 깊은 슬픔에 빠져 잠에 든다(45절). 예수가 무릎을 꿇은 모습은 긴장된 상황에서 간절하고 겸손하게 기도했음을 의미한다.[4] '잔'은 심판의 잔이자 진노의 잔이다. 예수는 죄인들을 대신해서 하나님의 심판과 진노를 받는 유일한 메시아이므로 그 슬픔과 고통은 누구도 경험할 수 없는 것이다. 예수는 극도의 긴장과 고통 가운데 하나님을 '아버지'로 부르며 기도를 시작한다. 이는 예수가 제자들에게 가르치신 주의 기도를 떠올린다(11:2). 예수는 제자들에게 가르친 것처럼 아버지를 신뢰하고 아버지 뜻에 신실하게 순종하는 아들로 기도한다.

예수가 기도할 때 하늘로부터 천사가 내려와 예수를 강건하게 한다(43절). 이는 천사가 엘리야를 굳건하게 한 장면을 떠올린다(왕상 19:5-8). 천사의 등장은 1:11에도 사용된 표현이다. 주의 천사는 사가랴에게 나타나 하나님의 뜻을 전했다. 천사는 사가랴에게 나타나 "무서워하지 말라 너의 간구함이 들린지라"라고 응답했다(1:13). 누가복음의 시작과 마지막에 등장하는 천사의 등장은 기도 응답과 관련이 있다. 다니엘서에는 기도 응답을 받은 천사가 나타나 힘을 주는 장면이 기록된다(10:17-19; 참고. 3:24; 12:1). 하나님은 침묵하시는 것 같지만 천사를 보내 예수님과 함께하신다. 하나님은 그의 목적을 수행하는 이들을 굳건

하게 하시는 분이다(예, 사 42:6; 미 3:8).[5] 하나님의 함께하심은 기도할 수 있는 힘이다. 천사가 잔을 제거하거나 기도의 짐을 대신 지는 것은 아니다. 잔을 마시는 것은 예수의 길이므로 십자가를 향한 길은 홀로 걸어가야 한다. 예수는 땅의 고난을 감내해야 한다. 때문에 기도가 간절할 수밖에 없다. 44절의 '고뇌'(ἀγωνία 아고니아)는 탄식과 내적 분투에 가까운 의미다(13:24). 예수는 아버지의 뜻에 순종하기 위해 고뇌 가운데 기도했다. '땀이 땅에 떨어지는 핏방울처럼 됐다'는 표현은 피가 분사되는 것처럼 내면의 고통과 고뇌가 밖으로 뿜어져 나오는 것을 의미한다. 그만큼 예수의 기도는 간절하고 지속적이었다.[6] 이 모습은 과부와 재판관의 비유에 등장하는 과부의 끈질김을 떠올린다(18:1-8).

기도를 마치고 예수는 일어나 제자들에게 왔다(45a절). 기도를 마치고(39, 41절) 제자들에게 돌아온 것은 아버지의 뜻에 따라 잔을 마시러 가는 결심을 보여준다. 제자들은 슬픔 때문에 자고 있다(45b절). 극도의 슬픔으로 온몸의 힘이 빠져 탈진해버렸다. 시험에 들지 않으려면 고뇌 가운데서도 깨어 기도해야 한다(46절). 올리브 산의 기도는 처음과 끝에 "시험에 들지 않도록 기도하라"는 명령이 있고(40, 46절) 중앙에는 예수가 고뇌와 고통 가운데서 기도하시는 모습이 배열된다(42-44절). 누가는 기도를 강조하고 있다. 첫째, 예수는 시험에 들지 않게 기도하셨다. 고뇌와 중압감으로 힘든 순간에 제자들이 따라야 할 모본은 예수의 기도다. 누가는 기도하는 예수를 강조하기 위해 그의 기도를 세 차례 언급한다(41, 44, 45절). 광야에서 예수를 시험했던 사탄은 올리브 산에서도 예수를 시험하지만 예수는 기도로 사탄을 패배시킨다. 극심한 시련이 닥치면 누구나 사탄의 시험에 넘어지기 쉽다. 예수가 베드로의 믿음이 약해지지 않도록 기도하신 것처럼(32절) 제자들은 믿음이 약해져 시험에 빠지는 비극에 이르지 않도록 기도해야 한다. 둘째, 예수는 심판과 진노의 잔을 마시는 순간에도 하나님을 아버지라 부르며 신뢰했고 아버지의 뜻에 순종했다. 이는 예수가 제자들에게 가르친 그대로 실천했음을 보여준다. 셋째, 예수가 고뇌와 분투 가운데 드린 기도는 슬픔과 낙심의 감정을 토해 내도록 용기를 북돋아준다. 예수가 마음의 고통을 있는 그대로 표현한 것처럼 제자들도 감정을 토로할 수 있다. 예수가 통곡했으니 제자들도 통곡하면서 하나님께 나아갈 수 있다. 넷째, 천사가 하늘로부터 예수에게 힘을 주는 장면은 하나님께서 기도하는 자녀의 고통을 결코 외면하지 않으신다는 사실을 보여준다. 탄식과 고통의 현장에 예수는 홀로 있지 않았다. 아버지께서 함께하셨으며, 천사가 이 사실을 대변한다.

유다의 배반과 예수의 체포(22:47-53)

47 예수께서 말씀하시는 중에 한 무리가 갑자기 밀어닥쳤다. 유다로
불리는 자, 열두 제자 중 하나가 무리를 이끌고 왔다. 유다는
예수께로 걸어와 그에게 입을 맞추었다. 48 예수께서 그에게
말씀하셨다. "유다야, 네가 입맞춤으로 인자를 배반하느냐?"
49 예수를 둘러싸고 있던 자들이 벌어지는 일을 보고 말했다. "주님,
우리가 칼로 쳐버릴까요?" 50 그들 중 한 명이 대제사장의 종을
쳐서 오른쪽 귀를 잘라버렸다. 51 예수께서 말씀하셨다. "이것까지
견뎌라." 그리고 그 사람의 귀를 만져 치유하셨다. 52 예수께서는
자신을 체포하러 온 대제사장들과 성전의 경비대장들과 장로들에게
말씀하셨다. "당신들은 범법자를 대하듯이 칼과 몽둥이를 들고
온 것입니까? 53 매일 내가 성전에서 당신들과 함께 있었을 때는
나를 체포하지 않았소. 이제 당신들의 시간이 왔고 암흑의 권세가
등장했군요."

예수께서 제자들에게 말씀하실 때, 어둠 속에서 한 무리가 나타났다. 무리 앞에서 그들을 이끄는 사람은 열두 제자 중 하나인 유다였다(47절). 누가는 예수가 제자에 의해 배반당하는 것을 의도적으로 자세히 언급한다. 유다는 예수에게 입을 맞추러 가까이 온다. 유대 문화에서 입맞춤은 존경과 사랑의 표시였다(삼상 10:1; 삼하 19:39; 눅 7:38; 행 20:37). 그러나 유다의 입맞춤은 체포조가 어둠 속에서 예수를 식별할 수 있도

록 돕는 신호이다. 죄 많은 여자는 감사와 사랑과 헌신을 담아 예수의 발에 입 맞추었으나(7:38) 유다는 배신의 입맞춤으로 예수를 기만한다. 그래서 예수는 "유다야 네가 입맞춤으로 인자를 배반하느냐?"라고 말한다(48절). '인자'는 누가복음에서 지상 사역과 수난과 재림의 심판자를 가리키는 칭호다. 유다는 땅에 머리 둘 곳 없이 고난 중에 있는 예수를 무시하고 무가치하게 생각했을 것이다. 예수의 약한 모습에 근거해 예수를 속이고 두려움 없이 대한다. 유다는 예수가 영광중에 인자로 재림하여 심판할 것을 알지 못한다.

예수를 둘러싼 자들, 곧 제자들이 이 광경을 보고 칼로 쳐야 하는지 예수께 묻는다(49절). 그리고 제자 중 한 명이 대제사장의 종을 쳤고 그의 오른쪽 귀가 떨어졌다(50절). 예수는 "이것까지 견뎌라"고 말한다. 이것까지 견디는 것은 악의 세력에 예수가 체포되는 현실까지 허락해야 한다는 의미다.[7] 예수가 폭력으로 제압당하는 상황은 진노의 잔을 마시는 일시적 과정이다. 예수는 즉시 종의 귀를 만져 치유한다(51절).[8] 누가는 예수가 극도의 긴장된 순간에서도 치유와 회복의 사명을 수행하는 점을 강조한다(참고. 4:18-19). 이 장면은 예수가 실현하는 하나님 나라의 특징과 속성을 보여준다. 회복을 특징으로 삼는 하나님 나라는 원수를 사랑하는 나라다(6:27-36). 예수는 치유하는 권위를 보여줌으로써 자신이 힘이 없어서가 아니라 하나님의 뜻에 순종해서 고난의 길을 가고 있음을 암묵적으로 알린다.

예수는 체포하러 온 대제사장들과 성전의 경비대장들과 장로들이 강도를 체포하듯 칼과 몽둥이를 들고 온 것을 지적한다(52절). 본문은 누가 강도처럼 행동하는지를 역설적으로 드러낸다. 예수는 약한 자를 회복시키지만 유대지도자들은 폭력을 행사한다. 그들은 이미 성전을 강도의 소굴로 만들었고(19:46) 과부들의 재산을 삼켰으며(20:47) 지금은 무장한 폭력단을 이끌고 왔다. 강도 행위를 위해 종교 권력을 사용한다. 이들은 이스라엘 최고 의결기구인 산헤드린에 소속된 자들이었으므로 본 장면은 산헤드린 공회가 강도짓을 일삼고 있음을 내포한다. 예수는 날마다 그들과 함께 성전에 있었으나 그들은 사람들의 시선 때문에 예수에게 손을 대지 않았다(53a절). 그러나 예수를 체포하는 지금, 어둠의 권세가 활개를 치고 있다(53b절). '어둠'은 사탄을 상징한다. 사도행전 26:18에서 어둠은 사탄과 평행 관계에 놓인다. 자신들의 욕심과 죄로 행동하는 종교지도자들은 사실상 사탄의 권세에 충성하는 도구다. 누가는 어둠의 권세를 따르는 '너희'(유대지도자들)와 시험에 들지 않도록 기도해야 하는 '너희'(예수의 제자들)를 대조한다. 지금은 어둠의 권세를 위해 활동하는 자들이 이기는 것 같지만 결국은 아버지의 뜻을 따라 기도하는 제자들이 이긴다. 그러므로 제자들은 어둠의 방식이 아니라 종의 귀를 회복한 예수의 방식을 따라야 한다.

예수를 부인하는 베드로(22:54-62)

54 그들이 예수를 체포하고 대제사장의 집으로 끌고 갔다. 베드로는
멀리서 따라가고 있었다. 55 그들이 마당 한복판에서 불을 피우고
함께 앉아 있을 때 베드로는 그들과 섞여 앉았다. 56 여종 하나가
불빛을 받고 앉아 있는 베드로를 유심히 관찰하면서 말했다. "이
자도 그와 함께 있었어요." 57 베드로는 부인했다. "여자여 나는
그를 알지 못해요." 58 잠시 후 다른 사람이 베드로를 보고 말했다.
"당신도 그들 중 한 명이오." 베드로가 말했다. "이보시오.[9] 나는
아니오." 59 한 시간가량 지나 또 다른 사람이 주장했다. "틀림없이
이 사람도 그와 함께 있었소. 그도 갈릴리 사람이기 때문이오."
60 베드로가 말했다. "이보시오.[10] 나는 당신이 무슨 말을 하는지
모르겠소." 베드로가 아직 말하고 있는 바로 그때 닭이 울었다.
61 그때 주께서 돌아서서 베드로를 보셨다. 베드로는 주의 말씀,
예수께서 그에게 하신 말씀을 기억했다. '오늘 닭이 울기 전에 네가
나를 세 번 부인할 것이다.' 62 베드로는 밖으로 뛰쳐나가 비통하게
울었다.

예수를 체포한[11] 자들은 그를 대제사장의 집으로 끌고 갔다(54절). 당

시 대제사장은 요셉 가야바였다(18-36년에 재위). 베드로는 멀리서 따르고 있었다. '따랐다'에는 마지막 순간까지 신실한 제자로 살고자 하는 베드로의 마음이 드러나지만 '멀리서 따르는 모습 속'에 두려움에 떨고 있는 연약함이 부각된다. 두려움 때문에 예수를 부인한 베드로는 결국은 예수의 긍휼로 돌이켜 죽기까지 예수를 따를 것이다.

사람들은 대제사장의 뜰에 모여 불을 피우고 있었고 베드로가 그들 중에 있었다(55절). 베드로는 예수가 심문을 받는 동안 계속 그들 속에 앉아 있었다.[12] 대제사장 저택 중앙에는 '뜰'(αὐλή 아울레)이 있었다. 뜰은 벽으로 둘러싸이고 중앙이 하늘을 볼 수 있도록 개방된 공간이었다. 사람들이 뜰 가운데 불을 피웠다. 한 여종이 불빛에 비친 베드로를 자세히 보면서 그가 예수와 함께 있었다고 말한다(56절). '그와 함께 있었다'는 제자도의 핵심이지만 베드로는 자기 목숨을 위해 여자의 말을 부정한다(57절). 예수의 제자가 아니라고 단언한다. 잠시 후 다른 사람이 베드로를 보고 예수에게 속한 자라고 말한다(58절). 베드로는 또다시 자신은 예수와 전혀 관련이 없다고 말한다. 한 시간 정도 있다가 또 다른 사람이 베드로를 가리켜 그가 갈릴리 사람이고 예수와 함께 있었다고 증언한다(59절). 그는 예수를 부정하는 베드로의 갈릴리 억양이나 사투리로 베드로의 출신을 파악했을 것이다.[13] '그와 함께하고 있었다'는 제자도의 본질이다. 베드로는 옥에 갇히고 죽음에 이르게 될지라도 '당신과 함께' 하겠다고 다짐했었다(33절). 그러나 두려움에 휩싸인 베드로는 예수를 부인한다(60절). 베드로는 세 번에 걸쳐 부정어 "아니다"를 넣어 예수와의 관계를 완벽하게 부정한다. 예수와는 일면식도 없는 사람이라고 그들의 말을 무시한다. 유대 전통에서 증인의 요건은 두세 명이었다(신 19:15). 베드로가 "여자여"(57절)와 "남자여"(58, 60절, 직역)를 언급한 것은 여자와 남자 세 증인 앞에서 예수를 부정했음을 강조한다. 베드로는 완벽하게 주를 부인했다. 그리고 그가 예수를 부정하고 있을 때 곧바로 닭이 울었다(60b절).[14] 누가는 '즉시' 닭이 운 것을 강조한다. 예수의 예언이 즉시 성취된 것이다. 만일 닭이 울지 않았더라면 베드로는 저주의 말을 이어갔을 것이다.

그때 주께서 돌이켜 베드로를 보셨다(61a절). 누가복음에서 '돌이키다'[15] 동사의 주어는 항상 예수다(7:9, 44; 9:55; 10:23, 14:25; 22:61; 23:28). 이 동사는 사건의 중요한 순간을 가리킬 목적으로 사용된다. 예수가 베드로에게로 돌이킨 동작은 베드로에게 중대한 전환점이 된다. 베드로를 향해 돌이킨 예수의 시선과 예수를 부정하던 베드로의 시선이 마주쳤다. 예수는 한마디도 하지 않는다.[16] 베드로도 마찬가지다. 눈빛이 마주한 순간 베드로는 무슨 생각을 하고 예수는 어떤 생각을 했을까? 베드로는 예수의 말씀을 기억하고 통곡하고 말았다. 베드로는 여자와 남자 앞에서 예수를 부인했지만, 예수의 눈빛을 보자마자 '그(예수)와 함께' 했던 경험과 들었던 말씀들을 기억했다.

예수의 눈빛은 베드로에게 두 가지 의미였다.[17] 첫째, 예수의 눈빛은 베드로의 실존을 드러내는 날카로운 시선이다. '주의 말씀'에서 '말씀'은 단수형으로 마지막 만찬에서 예수의 말씀을 가리킨다(31-34절). 예수는 베드로에게 돌이켜 형제들을 굳게 할 것을 당부했고, 닭 울기 전 베드로가 예수를 세 번 부인할 것을 예고했다. 베드로는 예수를 주로 부르며 죽기까지 충성하겠다고 맹세했다(33절). 그는 자신이 가장 잘 준비된 제자라고 확신했고, 죽음이 예수와 함께하는 자신의 의리를 이길 수 없다고 수탉처럼 큰소리로 외쳤다. 그러나 주는 초월적 존재, 곧 하나님으로서 베드로보다 그를 정확히 알고 계신다. 이미 베드로는 깊은 데 그물을 던져 고기를 잡으라는 예수의 말씀을 통해 초월적 지식을 갖고 있는 예수를 만났다. 그때 베드로는 자신을 '죄인'으로 불렀다(5:8). 이번에도 베드로는 예수의 눈빛 앞에서 죄인의 비참함을 탄식한다. 주의 시선 앞에서 전율하는 이 순간은 5:8의 부르심에 이어 두 번째 부르심이다! 주의 시선은 제자의 실체를 정확히 꿰뚫어 본다. 그러므로 주를 믿고 따르는 자들은 자신의 확신이 아니라 주의 시선으로 자신을 보아야 한다. 주의 시선이 무엇인지는 기록된 말씀에 선명하게 나타나 있다. 둘째, 주의 눈빛은 긍휼의 시선이다. 눈빛을 마주한 베드로는 통곡한다. 통곡은 회개를 뜻한다. 베드로의 비통한 슬픔은 회개를 의미하며, 회개는 그를 변혁으로 이끈다. 주님은 베드로의 연약함을 알고 부르셨고, 연약함을 아시기에 그를 위해 기도하셨으며, 돌이킨 후에 형제들을 굳게 하는 사명을 맡기셨다(31-32절). 베드로는 예수께서 자신의 허세와 연약함을 알고도 자기를 위해 기도하시고 형제들을 맡기셨다는 사실을 깨달았을 것이다. 회개한 베드로는 투옥과 죽음 앞에서도 담대하다(행 4-5).

유대 법정에 선 예수(22:63-71)

63 예수를 구금하고 있는 사람들이 예수를 조롱하고 때리기
시작했다. 64 그들은 예수의 눈을 가린 채 반복해서 질문했다.
"예언해 보라. 네 놈을 때린 자가 누구냐?" 65 그들은 또한 다른 많은
것들로 예수를 조롱했다. 66 날이 밝자 백성의 장로들의 공회, 즉
대제사장들과 서기관들이 모였다. 그들은 예수를 공회로 끌고 가서
말했다. 67 "만일 네가 그리스도라면 우리에게 말해라." 예수께서는
그들에게 말씀하셨다. "내가 당신들에게 말할지라도 당신들은 믿지
않을 것이오. 68 내가 묻더라도 당신들이 대답하지 않을 것이오.
69 지금부터 인자가 하나님의 권능의 우편에 앉게 될 것이오."
70 그러자 그들이 말했다. "그렇다면 네가 하나님의 아들이냐?"
예수께서 그들에게 대답하셨다. "당신들은 내가 그라고 말하고
있소." 71 그들이 말했다. "우리에게 또 다른 증거가 필요한가?
우리는 그의 입으로부터 직접 들었다."

누가는 무대의 조명을 베드로에서 예수에게로 옮긴다. 예수를 가두고 지키는 자들이 예수를 조롱하고 때린다(63절). 예수의 눈을 가리고 선지자라면 그를 때린 자를 맞춰보라며 놀린다(64절). 이외에도 여러 말과 욕을 쏟아부으며 모독한다(65절). 예수는 군인들의 모욕에도 불구하고 한 마디도 반응하지 않으신다. 이는 이사야 53장의 고난받는 종을 떠올린다. "그가 곤욕을 당하여 괴로울 때에도 그의 입을 열지 아니하였음이여 마치 도수장으로 끌려가는 어린 양과 털 깎는 자 앞에 잠잠

한 양 같이 그의 입을 열지 아니하였도다"(사 53:7).

66-71절은 산헤드린 공회에 소환되고 재판받는 예수의 모습을 묘사한다. 예수는 군인들에게 모욕과 구타를 당하고, 날(니산 15일 혹은 유월절의 아침)이 밝자 백성의 장로들 앞에 소환된다(66절). 백성의 장로들은 대제사장들과 서기관들로 구성된 산헤드린 공회 자체를 의미한다(참고. 9:22; 20:1; 행 4:5, 23; 6:12).[18] 바리새인들도 산헤드린 공회에 포함됐지만 본문에서는 두 부류만 등장한다. 예수를 대제사장의 집에서(54절) 공회원들이 있는 장소로 끌고 갔다고 보는 것이 자연스럽다. 공회의 첫 번째 질문은 예수의 정체에 대한 것으로 그들은 예수가 그리스도인지 묻는다(67a절). 예수는 그들에게 정체를 밝혀도 그들이 믿지 않을 것이므로 대답하지 않겠다고 말한다(67b-68절). 예수는 인자에 대한 내용으로 대답한다. 이제부터 인자는 하나님의 권능의 우편에 앉을 것이다(69절; 단 7:13-14; 시 110:1). 여기서 인자는 다니엘 7:13-14에서 옛적부터 계신 이 앞에서 권위와 주권을 받는 '인자 같은 이'에 근거한다. 하나님의 권능의 우편에 앉는 것은 시편 110:1에 근거하고 신적 존재, 즉 하나님의 권위를 행사하고 있음을 의미한다. 예수는 부활과 승천으로 하나님의 보좌 우편에 앉아 나라와 권세를 받아 우주를 통치할 것이다. 예수는 지상의 산헤드린 공회와는 비교될 수 없는 하늘보좌에 앉을 것이다(24:51; 행 2:33; 3:19-21; 7:55-56). 지금은 산헤드린 공회와 대제사장이 예수를 재판하고 있으나 그들은 장차 재판장이신 인자 앞에 서서 심판을 받게 될 것이다.

예수의 말씀을 듣던 공회원들은 왕이 보좌에 앉아 통치권을 위임받는 장면을 묘사한 시편 2:6-7을 떠올린 것으로 보인다. 이 시편에서 이스라엘의 왕은 '나의 왕', '하나님의 아들'이다. 그래서 공회원들은 "그러면 네가 하나님의 아들이냐?"라며 예수가 하나님의 아들, 즉 왕인지 묻는다(70절). 구약과 유대 전통에서 하나님의 아들은 메시아와 같은 의미였기 때문에 67절의 "네가 그리스도라면…"과 비슷한 질문이다. 산헤드린 공회의 질문은 대단히 의도적이다. 공회는 예수가 백성들이 로마에 저항하도록 선동하기 위해 자신을 하나님의 아들과 메시아라고 주장했다며 예수를 고발하고자 한다. 이에 예수는 "너희들이 나를 말하고 있다"라고 반응한다. 직역하면 "너희는 '내다'를 말하고 있다"이다. 예수의 대답은 '나는 -이다'(에고 에이미 ἐγώ εἰμι)로 모호하다. 헬라어 '에고 에이미'는 '질문자들의 말 그대로'라는 뜻으로 '하나님의 칭호'를 의미할 수도 있다(출 3:14). 예수는 모호한 표현을 사용함으로 적대자들의 올무에 걸리지 않고 그들에게 판단을 맡기신다. 유대지도자들은 예수가 하나님의 아들임을 시인한 것으로 단정 지어 버린다. 그들이 예수를 '그리스도 왕'으로 빌라도에게 고발하는 장면(23:2)은 '그리스도'(메시아)와 '하나님의 아들'이라는 단어를 사용한 것이 의도적이었음을 드러낼 것이다. 자신을 이스라엘의 왕으로 주장하는 것은 로마의 지배하에서는 혁명을 시도하는 행위다. 이는 로마 총독에게 고발할 요건으로 충분하다. 그래서 공회는 더 이상 증거를 수집할 필요가 없다고 말한다.

독자들은 예수가 하나님의 보좌 우편에 앉는 하나님의 아들임에도 불구하고 고난받는 종으로 낮아져 모욕당한 것을 기억해야 한다. 진정으로 두려워할 대상은 세상의 권력자들이 아니라 하나님의 보좌 우편에서 우주를 통치하시는 예수다. 참으로 의지할 대상도 하나님의 아들이다.

빌라도의 앞에 선 예수(23:1-5)

1 그들 전체 집단은 일어나 예수를 빌라도에게 끌고 갔다. 2 예수를
고발하면서 말했다. "이 사람은 우리 민족을 잘못 인도했고
카이사르에게 세금을 바치지 못하도록 막았습니다. 이 사람은
자신이 그리스도, 왕이라고 말했습니다." 3 빌라도가 예수께 물었다.
"당신이 유대인들의 왕인가?" 예수께서 그에게 말씀하셨다.
"당신이 말하고 있소." 4 빌라도가 대제사장들과 무리들에게
말했다. "나는 이 사람에게서 어떤 혐의도 찾을 수 없습니다."
5 그러나 그들은 강하게 밀어붙이며 말했다. "그가 백성을 선동했고

갈릴리에서 이곳에 이르기까지 유대 전역에서 가르쳤습니다."

산헤드린 공회 대표단은 예수를 빌라도에게 끌고 갔다(23:1). 예수를 고발하는 공회의 대표단을 '그들 전체 집단'으로 표현한 것은 공회가 만장일치로 결속력 있게 예수를 고발하고 있음을 내포한다.[19] 예수는 대제사장의 집에서 모욕을 당하고 산헤드린 공회에서 심문을 받은 후 빌라도에게 끌려왔다. 당시 팔레스타인에서 사형을 판결하고 집행하는 결정권은 로마 법정에 있었다.[20] 유대 공회 또는 법정은 로마 법정의 빌라도가 사형 선고를 내리도록 정치적 이슈를 부각시킨다. 빌라도는 유대와 사마리아를 관할하는 로마의 총독이었다. 누가는 갈릴리 사람들을 살육한 빌라도의 잔인성을 언급한 적이 있다(13:1). 유대지도자들은 빌라도의 잔인성을 이용할 작정이다. 그들은 '우리 민족'을 잘못 인도한 문제로 예수를 고발한다(2절).[21] 유대지도자들은 '잘못 인도했다'를 이중 목적으로 사용한다. 그들은 예수를 유대 백성을 미혹하여 하나님의 길에서 벗어나게 한 자로 정죄할 수 있고, 로마에 저항하도록 백성을 선동한 자로 고발할 수도 있다. 식민지 백성이 이런 지도자를 따르게 되면 로마총독은 결정을 내리기가 곤란하다.

유대지도자들은 예수의 죄목을 구체화한다. 첫째, 그들은 예수가 카이사르에게 세금을 바치지 못하게 선동했다고 고발한다. 유대지도자들은 예수가 성전에서 백성을 가르치고 계실 때 그를 총독에 넘길 목적으로 세금에 대해 질문했다(20:20-26). 이는 유대지도자들이 처음부터 예수를 고발할 증거를 수집하기 위해 계획적으로 예수에게 질문했음을 보여준다. 둘째, 유대 공회는 예수가 자신을 그리스도 왕으로 주장했다고 말한다. 이는 산헤드린 공회에서 심문할 때 질문을 던지면서 얻어낸 답변에 근거한다(22:66-70). 유대인의 시각에서 그리스도는 하나님 나라를 통치하도록 기름 부음 받은 사람이다. 유대인들은 그리스도가 다윗의 아들로서 왕으로 통치할 것을 기대했다. 유대지도자들은 헬라어 단어 '그리스도'에 이 칭호의 의미인 '왕'을 덧붙이다. 그들은 예수가 자신을 '그리스도'로 주장한 것은 자신을 '왕'으로 주장하는 것으로 반란을 의도했음을 입증한다고 몰고 간다. '왕'이라는 용어는 로마총독을 자극하기에 충분하다. 누군가 자신을 왕으로 주장하는 것은 카이사르의 통치를 거부하고 독립을 주장하는 것이므로 로마 총독은 이것을 심각하게 처리해야 한다. 유대지도자들은 예수를 정치범으로 고발하고 있다. 이는 예수를 죽일 수 있는 가장 효과적인 전략이다.

빌라도는 "당신이 유대인의 왕이오?"라고 질문한다(3절). 산헤드린 공회에서와 마찬가지로(22:70) 예수는 직접적으로 답변하지 않는다. "당신이 말하고 있습니다." 예수의 대답은 다양하게 이해될 수 있다.[22] 예수는 대답할 필요를 느끼지 못한다. 예수는 '하나님의 그리스도'(9:20)이지만 유대지도자들이 고발한 것과 같은 정치적인 그리스도는 아니다. 빌라도는 대제사장들과 무리에게 예수에게 죄가 없다고 말한다(4절). 유대지도자들은 빌라도가 예수를 무죄로 석방할 의향을 보이자 예수가 갈릴리에서 시작해서 이곳까지 백성들을 선동했다고 고발한다(5절). 누가는 5절의 무리가 누구인지 명시하지는 않지만 유대지도자들과 성전 경비대일 것이다(참고. 22:47-54). 이들은 빌라도가 예수에게서 죄를 찾지 못하겠다는 판단을 내릴 때 현장에 있었고 빌라도의 판결을 반대했다.[23] 예수가 이스라엘 전역에서 반란을 주도하고 다녔다고 고발한다. 여기서 '유대 전역'은 이스라엘 전역을 의미하며, '갈릴리에서 이곳에 이르기까지'의 이곳은 유대 지역을 가리킨다. '선동했다'는 반란과 혁명에 사용되는 용어다. 그들은 예수 때문에 이스라엘 전역이 위기에 처해 있다고 과장한다. 1-5절과 6-12절에서 예수를 처형으로 몰고 가는 주도권은 유대지도자들에게 있다. 그들은 로마 총독을 압박하고 곧이어 헤롯을 압박할 것이다.

헤롯 앞에 선 예수(23:6-12)

6 빌라도가 듣고서 예수께 갈릴리 사람인지 물었다. 7 빌라도는
예수가 헤롯의 관할 지역에 속한 것을 알고 그 시기에 예루살렘에
머물고 있는 헤롯에게 예수를 넘겼다. 8 헤롯은 예수를 보자 매우

기뻐했다. 헤롯은 예수에 대한 소문을 듣고는 오랫동안 그를 보고 싶어 했고 예수께서 행하신 표적을 보기 원했기 때문이다.

9 그래서 헤롯은 여러 가지를 물었으나 예수께서 내답하지 않으셨다.

10 대제사장들과 서기관들은 서서 강하게 예수를 고발했다.

11 헤롯은 그의 군인들과 함께 예수를 조롱하고 모욕했으며 빛나는 옷을 입혀 그를 빌라도에게 보냈다. 12 바로 그날에 헤롯과 빌라도는 서로 친구가 됐다. 이전에는 서로 적대적이었다.

유대지도자들로부터 예수가 갈릴리에서부터 백성을 선동해 왔다는 말을 들은 빌라도는 예수에게 갈릴리 사람인지 묻는다(6절). 빌라도는 갈릴리와 베레아 지역을 통치하는 헤롯 안티파스에게 예수를 넘김으로 정치적 부담감에서 벗어날 길을 찾는다(7절).[24] 만일 헤롯이 예수의 죄를 찾지 못하면 빌라도는 자신의 결정이 옳았다고 주장할 수 있다. 반대로 헤롯이 예수에게 유죄 선고를 내릴 근거를 찾으면 유대지도자들도 만족하고 자신도 이 사건에서 자유롭게 될 수 있다고 생각했을 것이다. 절기를 맞아 헤롯은 예루살렘에 머물고 있었다. 헤롯은 순례자들이 (특히 갈릴리로부터) 모이는 절기에 소요 사태 등을 감시할 목적으로 예루살렘에 와 있던 것이다. 헤롯은 오래전부터 예수를 보기를 원했다. 헤롯이 예수를 보았다. 그는 드디어 예수를 보게 되자 기뻐한다. 여기서 누가는 헤롯이 오랫동안 예수를 '보기를 원했다'고 강조한다(8절).[25] 헤롯의 관심은 예수가 행하는 표적을 보는 것이었다. 헤롯은 자기 권위로 예수의 기적을 통해 호기심과 욕망을 채울 기회를 얻었다. 욕망에 사로잡힌 헤롯은 많은 말을 쏟아부으나 예수는 대답하지 않는다. 이번에도 예수는 고난받는 종으로서 침묵한다(사 53:7).

심문 절차가 길어지자 헤롯의 궁에 서 있던 대제사장들과 서기관들이 강하게 고발한다(10절). 대제사장들과 서기관들은 헤롯 궁에서 자리를 떠나지 않고 그곳에서 헤롯을 강하게 압박했다.[26] 헤롯은 예수의 능력으로 자기 욕망을 채우길 원했으나 실패하자 신속히 조사를 마친다. 그는 군인들과 함께 예수를 업신여기며 조롱했고 빛나는 옷을

【헤롯 궁의 모형】

입혀 빌라도에게 보낸다(11절).[27] '자색 옷'을 입힌 로마 군인들과 달리 유대 군인들은 '빛나는 옷'을 입혀 빌라도에게 도로 보낸다. '자색 옷'(마 27:28-31; 막 15:17-20; 요 19:1-3)은 로마 왕이 입는 의복이고, '빛나는 옷'은 이스라엘 왕이 입는 옷이다. 또 '빛나는 옷'은 부자(16:19; 야 2:2-3)나 천사(행 10:30; 참고. 계 15:6; 19:8)의 복장으로 화려함과 장엄함을 의미하기도 한다.

전에는 원수였던 헤롯과 빌라도는 이날 친구 관계가 된다(12절). 누가복음 안에서 이들의 대립과 관련해 얻을 수 있는 정보는 13장에 있다. 빌라도는 갈릴리 사람들을 예루살렘 성전에서 살육함으로 갈릴리 통치자인 헤롯의 권위를 실추시켰다. 그러나 예수의 재판에서는 헤롯을 존중하는 것처럼 행동한다. 헤롯은 예수의 재판과 관련해서 자신의 권위를 인정해줬다는 이유로 빌라도를 친구로 생각한다. 빌라도는 자신의 정치적 목적을 위해 친구 관계를 활용한다. 예수를 둘러싸고 두 통치자는 자신들의 정치적 안녕(빌라도)과 욕망(헤롯)에 충실할 뿐이다. 예수는 현실의 기대를 채워주지 않는다는 이유로 조롱과 모욕을 당했다. 자신들을 위해 진리를 외면한 빌라도와 헤롯은 최후심판에서 예수 앞에 서게 될 것이다.

빌라도의 판결(23:13-25)

13 빌라도는 대제사장들과 지도자들과 백성을 불러 모으고
14 그들에게 말했다. "여러분은 백성을 잘못 인도하는 자로 이
사람을 데려왔소. 보시오. 나는 여러분 앞에 있는 그를 조사하고
나서 여러분의 고발과 관련한 어떤 혐의도 찾지 못했소. 15 헤롯도
마찬가지로[28] 그를 우리에게 돌려보냈소. 그는 죽음에 해당하는
행위를 한 것이 없소. 16 그러므로 나는 그를 때려서 석방할 것이오."
17 (없음)[29] 18 그들은 다 같이 소리치기 시작했다. "이 사람을
제거하시오.[30] 바라바를 석방하시오." 19 바라바는 도성에서 시작된
소요와 살인으로 투옥된 자였다.

13-19절에서 빌라도가 첫 번째로 석방을 시도한다. 빌라도는 대제사장들과 지도자들과 백성들을 불러 모은다(13절). '지도자들'은 산헤드린 공회로 대표되는 유대지도자들을 가리킨다.[31] 지금까지 예수의 고발과정에서 누가가 언급한 서기관들, 장로들, 성전 수비대가[32] 지도자들에 포함될 것이다. 누가는 여기에 대제사장들을 추가함으로써 그들을 예수의 처형을 추진한 핵심 세력으로 지목한다. 서기관들(22:2)은 예수를 고발하고 처형에 이르게 하는 전략을 기획했을 것이다. 백성의 경우 앞에 '전부' 또는 '모든'의 수식어가 없으므로 일부 유대인들이 지도자들의 선동에 동조한 것으로 보인다. 빌라도는 유대지도자들을 설득하는데 한계를 느껴 일부 백성을 불렀을 것이다.

유대지도자들은 유대 민족을 선동해서 로마 제국에 반란을 시도한 죄로 예수를 끌고 왔으나 빌라도는 예수에게서 죄를 찾지 못했다(14절). 빌라도는 '여러분 앞에'라는 표현을 사용함으로 그들이 보는 데서 공정한 재판을 진행했음을 강조한다. 그는 '보시오 내가'를 추가해 재판관으로서의 권위를 드러내며, 추가적으로 헤롯 안티파스 역시 예수의 죄를 찾지 못하고 그냥 돌려보냈다고 말한다(15a절). 갈릴리 지역을 관할한 통치자 헤롯조차도 예수에게서 조세 저항이나 반란과 같

은 반역죄를 찾지 못했다. 따라서 빌라도는 예수에게 사형을 언도할 수 없다고 단호히 말한다. 빌라도는 처음부터 유대지도자들의 요구가 사형 판결인 것을 알고 있었다. 그는 사형은 불가하니 체벌하고 석방하겠다고 말한다(16절). 때리는 것은 오로지 유대지도자들과 백성의 분노를 누그러뜨리기 위한 대안으로 제시한 벌이다. 그러나 무리가 한 목소리로 예수를 제거할 것을 요구한다(18a절). '다 같이'(παμπληθεί 팜플레데이)는 신약에서 여기에만 사용되는 단어로 유대지도자들과 백성이 예수를 죽이기 위해 단결하고 있음을 보여준다. 그들은 바라바를 석방할 것을 요구한다.[33] 무리는 로마 총독이 바라바에게 사면권을 사용해야 한다고 요구한다. 바라바는 민란과 살인죄로 옥에 갇혀 있는 죄수다(19절).

> 20 빌라도는 예수를 석방하기를 원했고 그들에게 다시 한번
> 선언했다.[34] 21 그러나 그들은 계속 소리쳤다. "그를 십자가에,
> 십자가에!" 22 빌라도는 그들에게 말했다. "이유가 무엇이오? 그가
> 무슨 악을 행했소? 나는 죽음에 해당하는 죄를 찾지 못했소.
> 그러므로 나는 그를 때리고 석방하겠소." 23 그들은 강하게
> 밀어붙이며 그가 십자가에 못 박혀야 한다고 큰 소리로 요구했다.
> 그들의 소리가 이겼다. 24 빌라도는 그들의 요구대로 선고했다.
> 25 그는 그들이 원했기 때문에 소요와 살인으로 투옥된 자를
> 석방하고 예수를 그들의 뜻에 넘겼다.

빌라도는 두 차례 더 예수의 석방을 시도한다(20-23절). 무리의 제안에도 불구하고 예수를 석방하겠다고 두 번째로 선언했다(20절). 총독과 재판관의 권위로 예수를 석방하겠다고 선언한다. 그러자 무리는 소리를 지르며 예수를 십자가에 처형하라고 요구한다(21절). 처음으로 유대인들의 입에서 '십자가에 처형하라'는 말이 나온다. "십자가에 처형하시오. 십자가에 처형하시오." 십자가형은 인류사에서 가장 잔인한 처형 방법 중 하나이므로 죄를 찾지 못한 피고를 십자가형으로 죽인다는 것은 큰 부담일 수밖에 없다. 그래서 빌라도는 세 번째로 예수가 무슨

악행을 저질렀는지 질문한다. 빌라도는 다시 한번 처형할 죄를 찾지 못했기 때문에 때려서 석방하겠다고 말한다(22절). 동사 '찾다'를 반복해서 아무리 죄를 찾으려 해도 찾을 수 없었음을 강조한다(2, 4, 14, 22절). 예수가 유대 민족을 미혹하고 선동한 증거는 없다. 그러나 유대지도자들은 예수를 십자가에 매달아 예수 운동을 완전히 뿌리 뽑는 기회로 삼고자 예수를 십자가에 처형하라고 재촉한다(23a절). 십자가에 달리는 것은 하나님의 저주를 받은 것을 뜻한다. 유대지도자들과 백성은 다 같이 소리를 질렀고(18절) 또다시 소리를 질렀으며(21절) 큰 소리로 재촉했다(23). 정치적 안녕이 중요한 빌라도는 한 목소리로 끈질기게 요구하는 목소리를 결국 이기지 못한다. 누가는 무리의 소리가 빌라도를 이겼다고 표현한다. 본문은 세 차례에 걸쳐 예수를 석방하고자 노력한 빌라도와 물러서지 않고 십자가 처형을 요구한 유대인들을 대조한다. '석방'을 다섯 차례나 언급하는 것은 빌라도의 의지를 부각시키기에 충분하다(17, 18, 20, 22, 25절). 그러나 빌라도는 무리의 요구를 들어주기로 결정한다(24절). 무리가 요구한 사람, 즉 민란과 살인죄로 투옥된 바라바를 풀어준다(25a절). 이 장면은 대단히 역설적이다. 유대지도자들과 백성은 사유가 명확해 사형 판결을 받고 투옥된 죄수를 환영하고 그렇지 않은 예수를 버린다. 빌라도는 반란을 주도한 역도를 풀어주고 반란을 주도한 증거가 없는 예수를 사형에 처하게 한다.

초기 교회에 예수가 죄 없이 죽었다는 것은 중요한 사실이자 주제였다. 그렇다면 의인을 죽음에 이르게 한 자들은 누구인가? 누가는 13-23절에서 빌라도의 끈질긴 의지를 이긴 유대지도자들과 백성의 악함을 강조했다. 초기 교회와 독자들은 같은 뿌리에 근거하는 기독교 운동이 왜 유대교의 배척과 핍박에 처하게 되는지 이 장면을 통해 알 수 있다. 유대지도자들의 악의적인 계략과 빌라도의 정치적 계산에 따라 그리스도가 십자가에 처형당했다. 24-25절은 빌라도의 무책임과 정치적 편의주의를 드러낸다. 그는 총독과 재판관의 절대적 권위를 갖고 있으면서도 자기의 정치적 안정과 편의를 위해 정의를 외면했다. 유대지도자들과 백성의 진노를 누그러뜨리고 그들의 호감을 얻는 것을 선택했다. 누가는 백성에게도 죄 없는 메시아를 죽인 책임이 있음을 명확히 한다. 본 단락에 등장하는 자들은 모두 죄 없는 의인을 명백한 죄가 있는 죄수와 바꿈으로써 정의를 요구하시는 하나님의 뜻에서 완전히 멀어졌다. 자신들에게 이득이 되지 않는다는 판단이 들면 예수에게 귀 기울이지 않고, 그를 외면하고 욕하고 버리게 된다. 누가는 사도행전에 바라바 석방에 대한 베드로의 설교를 기록한다. "너희가 거룩하고 의로운 이를 거부하고 도리어 살인한 사람을 놓아 주기를 구하여 생명의 주를 죽였도다 …"(행 3:14-15). 그러나 빌라도가 예수를 성난 늑대들에게 넘겨주었을지라도 하나님의 섭리에 따라 역설과 반전이 일어날 것이다. '넘겨졌다'에는 대리적이고 대속적인 의미가 있다. 예수는 이사야 53장에 예고된 고난 받는 종으로 모욕을 받았고 죽음에 넘겨졌다(사 53:6, 12).[35]

질문

1. 겟세마네에서 예수님은 무엇을 어떻게 기도하십니까(22:39-46)? 예수님의 기도는 우리에게 어떤 교훈을 줄까요?
2. 예수님이 체포되는 과정을 설명해 보십시오(22:47-53). 예수님이 종의 잘린 귀를 치유하신 장면은 어떤 의미가 있습니까?
3. 베드로는 예수님을 어떻게 부인합니까(22:54-62)? 예수님이 돌아서서 베드로를 보신 사건은 베드로의 인생에 어떤 의미였을까요?
4. 예수님이 유대 법정(22:63-71), 로마 법정(23:1-5), 헤롯 궁정(23:6-12), 다시 로마 법정(23:13-25)에서 심문과 재판을 받는 과정을 설명해 보십시오. 이 장면들은 예수님의 재판과 사형 판결에 관련된 자들의 어떤 모습을 드러냅니까?

묵상

1. 겟세마네에서의 기도(22:39-46)에서 하나님이 천사를 보내신 것과 같이 주님은 기도하는 자녀와 함께하십니다. 하나님이 나의 기도에 관심을 두지 않는 것처럼 느껴질 때 기도를 중단하고 시험에 빠지기 쉽습니다. 하나님은 침묵하시는 것 같지만 땀이 피처럼 떨어지는 고통 가운데 기도하는 자녀와 함께하십니다.
2. 예수님의 재판 과정에서 사람들의 악이 드러났습니다. 유대지도자들, 빌라도, 헤롯, 백성은 자신들의 기득권, 욕망, 정치적 입지와 기대에 집착해서 진리의 소리를 듣지 못했습니다. 예수님은 인간의 야망과 욕망을 채워주는 분이 아니라 인간이 복종하고 경배해야 하는 왕입니다. 가장 권위 있는 분이 낮아져 고난받고 죄인처럼 넘겨진 것은 우리를 회복시키기 위함이었습니다. 바울은 우리의 범죄 때문에 예수가 넘겨진 사실을 언급했습니다(롬 4:25). 이처럼 예수님의 사형 판결은 인간의 문제를 드러내고 구원을 위한 하나님의 섭리를 보여줍니다.

31
그리스도의 처형과 매장

23:26-56

본 단락은 그리스도의 십자가 처형과 매장에 초점을 맞춘다. 예수는 자신을 구원하라는 사탄의 마지막 시험을 이기고 십자가에서 죽음을 맞이함으로 죄인들을 위한 구원의 길을 연다. 누가는 예수의 죽음에 대한 사람들의 다양한 반응을 기록하고 제자의 모본을 제시한다.

십자가 처형장을 향해 가는 길에서(23:26-31)

26 그들이 예수를 끌고 가다가 시골에서 오던 구레네의 시몬을
잡고서 십자가를 지우고 예수를 따라가게 했다. 27 백성의 큰 무리와
예수를 위해 가슴을 치며 탄식하는 여자들이 그를 따라가고 있었다.
28 예수께서는 그들을 돌아보며 말씀하셨다. "예루살렘의 딸들이여,
나를 위해 울지 말고 여러분과 여러분의 자녀들을 위해 우십시오.
29 그들이 이렇게 말할 날이 올 것입니다. '불임의 여인들과 아이를
낳지 않은 배와 젖을 먹여보지 않은 가슴이 복되다.' 30 그들은
산에게 '우리에게 무너져라', 언덕에게 '우리를 덮쳐라'고 말할

것입니다. 31 나무가 푸르른 때에도 그들이 이런 일을 저지르는데
나무가 마른 때는 어떻게 되겠습니까?"

그들이[1] 예수를 처형장으로 끌고 간다(23:26). 죄수를 도시 바깥에서 처형하는 것은 유대의 관습이었다(레 24:14; 민 15:35-36; 히 13:12). 군인들은 대중에게 공포감을 심어주고자 십자가형을 언도받은 사형수가 사람들이 많이 다니는 곳을 지나게 했다. 사형수는 십자가의 가로 부분을 직접 운반해야 했으며 예수가 지고 간 것은 십자가의 가로 부분이다.[2] 수직 부분은 처형장에 세워져 있다. 예수에게는 더 이상 십자가를 지고 처형장으로 올라갈 힘이 없었다. 올리브 산에서 땀이 핏방울이 되도록 기도하고 체포된 이후, 대제사장과 빌라도와 헤롯의 관저로 끌려갔다가 다시 빌라도의 관저로 와서 재판을 받고 고통을 당하면서 이미 탈진했다. 군인들은 시골에서[3] 올라온 시몬이라는 구레네 사람에게 십자가를 지게 하고 예수를 따르게 했다.[4]

누가는 예수를 따라 십자가 처형 장소로 향하는 사람들을 묘사한다. 많은 백성이 예수를 따랐다. 이들은 제자로 예수를 따르는 사람들이 아니다. 예수에 대해 다양한 반응을 보이는 사람들이 섞여 있었다. 이들 중에는 예수를 위해 가슴을 치며 슬피 우는 여자들도 있었다(27절). 예수는 울고 있는 여자들을 향해 돌이켜 말했다. 다른 본문에서 언급한 것처럼 누가복음에서 '돌이키다'는 중요한 전환의 장면에 사용된다(7:9, 44; 9:55; 10:23; 14:25; 22:61). 예수는 예루살렘의 딸들에게 예수 자신이 아니라 그들의 자녀를 위해 울어야 한다고 말한다(28절). '예루살렘의 딸들'은 예루살렘에 거주하는 여성들을 가리킨다. 예수는 이미 예루살렘의 비극적 운명을 예고했다(13:34). 극심한 십자가의 고통이 지나고 예수는 영광에 이를 것이지만 자녀를 잃는 여성들의 비극적 고통은 길어질 것이다. 심판의 날이 이르면 사람들은 잉태하지 않은 여자와 해산하지 않은 배, 먹이지 못한 젖이 복되다고 말할 것이다(29절). 당시 문화에서 자녀를 낳고 기르는 것은 여성에게 복의 상징이었으나 그런 복이 비극이 되는 순간이 찾아올 것이다. 여성들이 예수

【"십자가를 지도록 강요받는 구레네 시몬" 제임스 티소James Tissot 작】

의 경고를 받아들인다면 그들에게는 구원의 길이 열릴 것이다. 예수의 죽음을 목격하고 가슴을 치는 사람들은 예수의 탄식과 경고를 받아들인 사람들일 것이다(48절). 이어서 예수는 심판의 때가 닥치면 사람들이 산을 향해 '무너져 죽여 달라'고 호소할 것이라는 비극을 예고한다(30절). 이 본문은 호세아 10:8에 근거한다. 호세아는 하나님을 버리고 우상을 택한 백성의 운명을 예고했다. 예수는 자신을 버린 백성은 하나님을 버린 것과 같으므로 그에 상응하는 심판을 피할 수 없음을 경고한다. 하나님의 아들에게 이 정도의 고통이 주어진다면 일반 사람들에게는 마른 나무에 불이 붙듯 순식간에 완전히 태워질 정도의 고통이 닥치게 될 것이다.

조롱과 모욕(23:32-39)

32 다른 두 죄수도 예수와 함께 사형장으로 끌려갔다. 33 해골이라
불리는 곳에 이르렀을 때 그들이 그와 죄수들을 십자가에 못 박았다.
하나는 예수의 왼쪽에, 다른 하나는 오른쪽에 있었다. 34 예수께서

말씀하셨다. "아버지, 저들을 용서하소서. 자기들이 무엇을 하고
있는지 알지 못하기 때문입니다." 그들은 그의 옷을 나누려고 제비를
뽑았다. 35 백성은 서서 바라보고 있었고 지도자들은[5] 그를 비웃으며
말했다. "그는 다른 사람들을 구원했다. 만일 그가 하나님의
그리스도, 택함받은 자라면 스스로를 구원해야지." 36 군인들은
예수를 모욕하고 다가와 신 포도주를 주면서 37 말했다. "만일 네가
유대인들의 왕이면 너 자신을 구원하라." 38 그의 위에는 글귀가
있었다. '이는 유대인들의 왕'. 39 달린 죄수들 중 하나가 예수를
모욕하며 말했다. "당신은 그리스도가 아닌가? 당신과 우리를
구원하라."

예수 외에 사형을 선고받은 다른 두 범죄자도 예수님과 함께 끌려가고 있었다(32절). 해골이라는 곳에 이르러 군인들은 예수를 십자가에 못 박고 두 범죄자도 십자가에 못 박았다(33절). 십자가 처형을 집행한 지역의 모습이 해골처럼 생겼거나 그곳에서 죽은 사람들의 해골이 널브러져 있었기 때문에 이런 이름이 붙여졌을 것이다.[6] 부활한 예수가 손과 발을 보여주는 장면을 고려하면 군인들은 예수의 손과 발에 못을 박았을 것이다(24:39). 죄수 한 명은 예수 우편의 십자가에, 다른 한 명은 왼편의 십자가에 처형당했다. 당시 로마는 사람들이 처형장으로 가는 길뿐만 아니라 처형 장소에서도 십자가 형벌을 볼 수 있도록 했다. 예수는 십자가에서 "아버지, 저들을 용서하소서. 자기들이 무엇을 하고 있는지 알지 못하기 때문입니다"라고 기도했다(34절). '저들'은 십자가 처형 집행과 관련된 사람들 모두를 포함할 것이다. 예수의 기도는 이사야 53:12의 성취다. 예수는 범죄자들을 위해 기도하는 고난의 종으로 그들을 용서해주시길 간구한다. 무엇보다 예수는 십자가의 저주 아래 있으면서도 하나님을 아버지로 신뢰하며 기도한다. 용서의 기도는 예수가 제자들에게 가르치신 것이고 초기 교회가 계승한 유산이다(6:27-28; 11:2-4; 행 7:59-60).

여러 부류의 사람들이 예수를 조롱하고 모욕한다(34b-39절).

첫째, 사형 집행자들은 예수의 옷을 나누기 위해 제비를 뽑는다(34b). 당시 형을 집행하는 자들은 사형수의 소유물을 나누는 권한을 가지고 있었다. 제비를 뽑는 장면은 시편 22:18의 인용이다. 옷을 벗기는 행위는 수치심을 극대화하고 인간 존엄을 말살하는 짓이다. 둘째, 백성은 서서 구경하고 있었고, 지도자들은 예수를 비웃으면서 하나님이 택하신 그리스도라면 그가 다른 사람을 구원하듯이 자신도 구원해야 한다고 말한다(35절). 이는 시편 22:7의 인용이고 성취다. "나를 보는 자는 다 나를 비웃으며 입술을 비쭉거리고 머리를 흔들며 말하되." 시편 저자의 고통처럼 예수는 '벌레요 사람이 아니라 사람의 비방거리요 백성의 조롱거리'가 되는 처지에 이른다(시 22:6). 지도자들이 예수에게 자신을 구원하라고 말하는 것은 마귀의 유혹을 떠올린다(4:1-13). 얼마 동안 예수를 떠난 마귀(4:13)는 지도자들을 통해 예수에게 고난을 피하고 자신을 구원하라고 유혹한다. 마귀의 네 번째 시험이다. 그러나 세례 장면에 나온 것과 같이 하나님의 선택을 받은 예수는 고난의 종으로 다른 사람들을 구원하러 왔기에 자기 목숨을 구원하지 않는다(사 42:1). 셋째, 군인들은 조롱하고 신 포도주를 주면서 말했다(36절). 신 포도주는 물을 많이 섞은 값싼 포도주로 군인들이 소지했을 것이다. 군인들의 행위가 시편 69:21의 인유(引喩)인 점을 고려하면 군인들은 예수를 조롱하고 모욕할 목적으로 값싼 포도주를 마시게 했다. 시편에서 의인은 수치와 능욕과 비방(19-20절)을 경험했고 식초를 마시는 모욕을 당했다. 군인들은 유대인들의 왕이 서민들이 마시는 값싼 포도주를 마신다며 조롱했다.[7] 또한 군인들은 '하나님의 그리스도, 택함받은 자라면'[8] 스스로 구원해야 한다고 놀렸다. 군인들의 조롱은 당시 유대인들의 '메시아관'을 반영한다. 메시아는 자기부터 구원해야 한다. 그러나 하나님의 메시아는 백성을 위해 고난받는다(24:26; 행 3:18; 17:3). 군인들의 소리는 마귀의 시험이다. 마귀는 군인들을 통해 자신을 구원하라고 예수를 시험한다(37절). 예수의 머리 위에는 유대인의 왕이라고 적힌 패가 있었다(38절). 이는 '유대인들의 왕'으로 주장하는 자의 운명이 어떻게 되는지 보여주기 위해 의도된 것으로 역시 예수를 비웃는 행위다. 넷째, 십

【"올려지는 십자가" 제임스 티소James Tissot 작】

자가에 달린 사형수 중 하나는 예수를 비방하며 그리스도라면 자신과 두 죄수를 구원하라고 말한다(39절). 마귀는 십자가에 달린 범죄자의 목소리로도 시험한다. 예수는 범법자와 같은 취급을 받고 불법자의 조롱을 받는 중에도 고난의 종에게 주어진 길을 가신다(사 53:12).

유대지도자들과 로마 군인들과 사형수는 예수를 비웃고 모욕했다. 벌거벗겨 극도의 수치심을 줬다. 마귀는 연속되는 수치와 모욕으로부터 예수가 자신을 구원하도록 유혹했다. 그러나 예수는 시편 22:17-18과 이사야 53:12에 예고된 고난받는 종으로서 자신을 구원하지 않고, 죄인을 구원하기 위해 수치를 견디셨다(히 12:2). 예수는 십자가의 수치를 참음으로써 무지한 죄인을 구원하는 길을 여셨다.

낙원에서 만날 것이다(23:40-43)

40 다른 죄수가 그를 꾸짖어 말했다. "당신은 같은 처벌을 받고
있는데도 하나님을 두려워하지 않는가? 41 우리는 우리가 행한
짓에 상응하는 것을 마땅히 받고 있지만 이 사람은 아무런 잘못도

행하지 않았다." 42 그가 말했다. "예수여, 당신의 나라에 갈 때[9] 저를
기억해주소서." 43 예수께서 그에게 말씀하셨다. "진정으로 나는
당신에게 말하오. 오늘 당신은 나와 함께 낙원에 있을 것이오."

다른 한 사형수가 정죄를 받으면서도 하나님을 두려워하지 않는 죄수를 꾸짖는다(40절). 두 번째 죄수는 자기들은 범죄 행위에 합당한 십자가 형벌을 받고 있으나 예수에게는 죄가 없다고 말한다(41절). 이 죄수는 예수가 고통당하는 의인인 것을 알았고 예수의 목소리에 귀를 기울였다. 그는 "당신의 나라에 갈 때 저를 기억해주소서"라고 예수에게 부탁한다. '당신의 나라에 갈 때'는 죄수가 예수께서 고난을 통해 '그의 영광에 들어가는 것'(24:26)을 믿었다는 뜻이다.[10] '예수가 그의 나라에 들어가는 때'는 죽어서 하늘로 올라가는 때를 말한다. 예수가 그의 나라에 들어가는 것은 십자가 죽음을 통해 '그의 영광'에 들어가는 것이다(24:26).[11] 죄수는 예수가 하나님 나라를 통치하는 것을 알고 있다. '기억해달라'는 말은 구원을 간구하는 표현이다. "나를 기억하소서"는 구약의 경건한 사람들이 하나님께 청원할 때 사용한 표현이다.[12] 비록 죄수의 입에서 '믿음'이라는 말이 나오지 않더라도 이 표현은 죄수의 믿음을 대변한다.[13] 죄수는 구원의 중보자 예수를 통해 구원을 얻게 된다고 믿었다(참고. 5:20; 7:50; 8:48; 18:42).[14] 그는 하나님이 예수를 살리실 것을 믿었기에 예수가 그의 나라를 통치하게 될 것을 알고 있다. 그는 제자들보다 먼저 '그리스도가 고난을 통해 그의 나라에 들어가고 영광을 얻게 되는 하나님의 계획'을 깨닫는다. 예수는 죄수의 믿음을 보고 '오늘 나와 함께 낙원에 있을 것'을 약속한다(43절). 유대 전통에 따르면 하나님이 그의 천사들과 함께 거하시는 하늘은 낙원으로도 묘사된다.[15] 낙원은 하늘의 다른 표현으로 에덴(창 2:8)과 같이 지복의 영역, 환희의 세계를 부각하는 표현이다.[16] 유대인들은 의인들이 낙원에서 복을 누리게 될 것을 기대했다.[17] '오늘'은 즉각 그리고 확실히 성취되는 것을 강조하기 위해 사용된다.[18] 죄수는 새로운 하루의 시작을 알리는 해가 내려앉기 전에 낙원에서 예수를 만날 것이다.

예수의 죽음(23:44-46)

44 낮 열두 시쯤 되자 흑암이 온 땅을 뒤덮었고 낮 세 시까지 그랬다.
45 해의 빛이 없어졌다. 성전의 휘장이 둘로 찢어졌다. 46 예수께서 큰
소리로 부르짖으며 말씀하셨다. '아버지, 아버지의 손에 저의 영을
맡깁니다.' 예수께서는 이것을 말하고 나서 숨을 내쉬셨다.

누가는 예수의 죽음에 대한 하늘과 하나님의 반응을 설명하는 것으로 예수의 마지막 순간을 기록한다(44-46절). 첫째, 어둠이 온 땅에 임했고 6시(정오)가 되자 해가 빛을 잃기 시작해서 9시(오후 3시)까지 지속됐다.[19] 그리스도의 죽음에 대한 하늘의 반응은 온 땅을 향했다. '온 땅'은 지상 전체를 가리킨다(행 1:8). 유월절은 만월 시기였기 때문에 이 어둠은 일식 현상이 아니다. 어둠 현상은 요엘서에 예고된 주의 날을 상기시킨다(욜 2:10, 30-31; 3:15). "여호와의 크고 두려운 날이 이르기 전에 해가 어두워지고 달이 핏빛 같이 변하려니와"(욜 2:31). 요엘의 묘사를 고려하면 어둠은 심판과 구원을 상징하는 '주의 날'이 임했음을 암시한다. 어둠은 하나님의 진노를 반영할 뿐 아니라 아들의 죽음으로 온 땅에 구원이 열렸음을 의미한다. 실제로 누가는 사도행전에서 요엘 2:30-31을 인용하면서 '어둠'과 '구원'을 연결할 것이다(행 2:20-21). 하나님은 무죄한 아들을 죽인 행위에 분노하시는 동시에 아들의 죽음으로 온 땅을 위한 구원의 길을 여셨다.

둘째, 성소의 휘장 한가운데가 찢어졌다(45절). '찢어졌다'라는[20] 수동태 동사가 사용된 것은 하나님이 휘장이 찢으신 것을 의미한다. 휘장의 두께와 크기를 고려할 때 사람이 휘장을 위에서 아래로 찢을 수 없다. 유대 문화에서 성전 휘장을 찢을 생각을 하는 것도 불가능했다. 성전의 휘장이 찢어진 사건은 구원 역사와 관련해 여러 의미를 함축한다. 이 사건은 성전이 파괴되었고 성전의 고유한 기능이 정지될 것을 예고한다. 제사를 통해 하나님을 만나고 속죄를 경험하는 일은 불가능하다. 이제는 예수 그리스도의 죽음이 대속의 제사가 되어 예수를 통해

서만 하나님을 만나고 속죄를 얻을 것이다. 하나님은 휘장을 찢고 지성소와 성전 밖으로 나오셨다. 이제 성전은 일정 시간이 지난 후 하나님을 만나는 곳으로의 기능을 상실할 것이다. 하나님이 거하시지 않는 예루살렘 성전은 더 이상 우주의 중심이 아니다. 하나님이 휘장을 찢고 나오셨으며 하나님의 진리가 온 땅에 계시되기 때문에 예루살렘 성전(구심력 운동)을 찾아오는 것은 구원을 얻는 길이 아니다. 예수의 죽음과 부활 이후 구원의 복음은 땅끝으로 퍼져나간다(원심력 운동). 휘장은 하늘의 궁창을 상징하므로 휘장이 찢어진 사건은 하늘에 감춰진 진리가 계시된 것을 의미한다. 궁창 너머 천상의 세계에 예수가 하나님의 아들이라는 진리가 감춰져 있었으나 휘장이 찢어짐으로써 진리가 온 땅에 계시되기 시작했다. 하늘이 열림으로 계시된 진리는 예수가 하나님의 아들이라는 것이다. 놀랍게도 이 계시를 처음으로 깨닫는 사람은 이방인 백부장이다. 그는 예수를 고난받는 의인으로 고백할 것이다(47절). 마가와 마태의 설명과 달리 누가는 휘장이 찢어진(45절) 후 예수의 죽음(46절)을 나열한다. 휘장이 하늘의 궁창(또는 휘장)을 상징한다면 '죄수의 간청'(42절) → '낙원에 대한 약속'(43절) → '휘장이 찢어짐'(낙원으로 가는 문과 길이 열림) → '예수의 운명'의 순서다. 이 순서에 따르면 예수는 '오늘' 낙원에서 함께 있겠다는 약속대로 하늘의 열린 휘장을 통해 낙원으로 들어가고 죄수를 만날 것이다.

셋째, 예수는 '내 영혼'(τὸ πνεῦμά μου 토 프뉴마 무)을 하나님의 손에 부탁하고 숨을 거둔다(46절). 이는 죽음을 맞이하는 전형적인 표현이다(참고. 마 27:50; 요 19:30). '프뉴마'는 문맥에 따라 의미가 결정되는데 본문에서는 예수 자신, 즉 '나'와 같은 표현이다. 예수는 자신의 생명과 생애를 하나님께 맡긴다. 본문은 하나님께 드려지는 기도다. 공생애 기간에 예수는 줄곧 기도하는 모습을 보여주었고 마지막 순간에도 기도한다. 마지막 순간에 예수는 아버지를 신뢰하는 마음으로 기도한다. 이런 점에서 본문의 기도는 시편 31:5과 비슷하다.[21] 시편 31편에서 의인은 고난 중에서도 하나님을 신뢰하고 하나님의 돌보심에 자신을 맡긴다. 예수는 시험과 고난을 이기고 생명을 아버지께 맡긴다. 아버지의 뜻에 순종해 하나님 나라를 실현했고, 수치와 고통의 십자가를 이긴 아들의 죽음이 하나님의 속죄와 구원의 길을 열었다.

예수의 죽음에 대한 사람들의 반응(23:47-56)

47 백부장이 일어나는 일을 보고 하나님을 찬송하며 말했다.
"참으로 이 사람은 의로웠다." 48 이 광경을 보러 모인 모든 무리가
일어나는 일을 보고 나서 가슴을 치며 집으로 돌아갔다. 49 예수를
아는 모든 자들과 갈릴리에서부터 그를 따른 여자들이 멀리 서서
이를 지켜보고 있었다. 50 요셉으로 불리는 공회원이 있었다. 그는
선하고 의로운 사람이었다. 51 그는 공회의 결정과 행위에 동조하지
않았고, 유대인들의 도성 아리마대 출신으로 하나님 나라를
기다리고 있었다. 52 그는 빌라도에게 가서 예수의 몸을 요청했다.
53 그는 예수의 몸을 내려 세마포에 싸 아직까지 누구도 놓아둔 적
없는 바위를 판 무덤에 넣어두었다. 54 준비의 날이었고 안식일이
시작됐다. 55 갈릴리에서부터 예수와 함께했던 여자들이 뒤따라와서
예수의 몸이 놓인 무덤을 보았다. 56 여자들은 돌아가 향료와 향유를
준비했고 계명에 따라 안식일에 쉬었다.

누가는 예수의 죽음에 대한 여러 반응을 기록한다(47-56절). 첫째, 백부장은 일어난 일을 보고 예수를 의인으로 고백한다(47절). 백부장은 '일어난 것'의 목격자다. '일어난 것'은[22] 단수로 십자가 사건을 말한다. 로마인 시각에서 십자가 형벌은 반란자에게 내려지는 징벌인데도 불구하고 사형의 모든 과정을 관찰한 백부장은 예수가 '참으로 의로웠다'고 고백한다. '의로운'(δίκαιος 디카이오스)은 죄가 없다는 뜻이다.[23] '의로운'은 구약에서 고난받는 의인을 가리키는 표현이다(참고. 시 34:19-20; 37:32; 94:21; 사 53:11).[24] 예수는 이사야 53장에 묘사된 고난받는 종이다. 많은 사람들의 죄를 용서하는 중보자, 고난받는 종으로 대신 고난을 받았다(사 53:11-12). 백부장은 십자가에 달린 예수의 행위와

기도와 죄수에게 약속한 내용 등을 목격했을 것이다. 뿐만 아니라 예수가 죄 없는 자로 처형당하는 사실을 알고 있었을 것이다. 그는 십자가 사건을 통해 하나님께 영광을 돌린다. 이제까지 사람들은 병자를 고치는 것과 같은 예수의 기적을 보고 하나님께 영광을 돌렸다. 예수의 능력을 통해 하나님의 임재와 방문, 긍휼을 경험할 수 있었기 때문이다. 그러나 이방인 백부장은 십자가 처형을 보고 하나님께 영광을 돌린다. 하나님께 영광을 돌리는 것은 하나님을 찬송했다는 뜻이다. 누가복음에서는 예수의 행위를 통해 하나님의 활동을 목격할 때마다 하나님께 영광을 돌리고 하나님을 찬송한다(2:20; 5:25, 26; 7:16; 13:13; 17:15; 18:43; 19:37).[25] 자신을 구원하지 않은 예수의 고난은 이방인이 신앙을 고백하는 결실을 맺는다.

둘째, 예수의 처형과 죽음을 보러 온 무리는 현장을 목격하고 모두 가슴을 치고 돌아갔다(48절). 무리가 본 '일어난 것들'(복수)은 백부장이 본 '일어난 것'(단수)과 달리 십자가 처형 외에도 예수에게 일어난 일들을 포함한다. 무리 중에는 예수를 십자가에 못 박고 바라바를 풀어달라고 외친 자들도 있을 것이다. 이들이 가슴을 친 행위는 비탄과 회개를 암시한다. 예수의 십자가 죽음은 죄에 대한 탄식을 이끌어 내는 힘이다.

셋째, 예수를 아는 자들과 갈릴리에서부터 따른 여자들이 멀리 서서 십자가 처형 장면을 보았다(49절). '예수를 아는 자들'에는 제자들도 포함된다. 특히 갈릴리에서부터 따라온 여자들(8:1-3)은 예수의 죽음과 매장과 부활 전부를 목격하는 증인들이다. 누가는 예수를 알고 따라온 제자들과 여자들의 반응을 유보하고 사도행전에서 자세히 설명할 것이다. 이들은 비록 지금은 멀리 떨어져 있으나 자신들이 목격한 진리를 증언하는 역할을 수행하게 될 것이다.

넷째, 유대인의 동네 아리마대 사람 요셉은 예수의 장례를 치렀다(50절). 그는 산헤드린 공회의 구성원이었음에도 불구하고 선하고 의로운 사람으로 하나님의 나라를 기다리고 있었다(51절).[26] 공회원인 요셉은 공회의 결의와 행사에 찬성하지 않았다. 빌라도에게 가서 예수의 시체를 요구한다(52절). 요셉은 유대지도자들의 결정에 맞섰을 뿐 아니라 로마 총독의 반응에 개의치 않는다. 그는 예수의 시체가 군인들에 의해 훼손되는 것을 사전에 차단하고자 한다. 무엇보다도 장례를 잘 치름으로써 의인을 존귀하게 대하고자 한다. 그는 시신을 세마포로 싸서 누구도 장사한 적 없는 바위에 판 무덤에 넣어두었다(53절). 한 번도 사용한 적 없는 무덤은 왕의 지위를 상징한 '아직 아무도 타 보지 않은 나귀 새끼'를 상기시킨다(19:30). 예루살렘에 왕으로 입성하신 예수는 왕으로 매장되고, 곧이어 하늘의 보좌에 왕으로 좌정하실 것이다.

다섯째, 갈릴리에서부터 예수님과 함께했던 여자들은 무덤을 찾아왔다(54-56절). 여자들이 무덤에 찾아온 날은 준비일이고 안식일이 임박했을 때다(54절). 예수는 금요일에 안장됐다. 유대인들은 금요일을 안식일 전날이기 때문에 '준비'로 불렀다. 시체를 안치한 것을 확인하는 장면은 예수가 십자가에서 죽으신 것을 확증하는 것이기 때문에 초기 교회에 중요한 의미였다. 예수가 죽지 않았다고 주장하는 사람들도 있었기 때문이다(가현설). 바울도 그리스도께서 묻혔다는 사실을 복음의 역사적 실재를 위해 언급한다(고전 15:4). 예수를 따른 여자들은 무덤과 시체를 봐두었다(55절). 여자들은 돌아가서 부패를 지연시키고 냄새를 제거하는 등 마지막 순간까지 예를 다하기 위해 향품과 향유를 준비한다. 그리고 안식일의 계명을 따라 안식일에 쉬었다(56절).

배경설명 – 매장

유대인들은 죽은 자를 적절히 매장하는 것을 율법에 따른 행위일 뿐 아니라 최고로 높은 윤리로 이해했다. 유대인들은 바위나 자연 동굴을 깎아서 묘소로 이용했다. 일반적으로 무덤은 동굴이었고 여러 사람을 매장할 수 있었다. 유대인들의 매장 풍습에 따르면 매장하기 전에 시체를 씻기고 기름이나 향료를 바른 후 천으로 쌌다(참조. 막 16:1; 눅 24:1; 요 12:7; 19:39; 요 19:39-40; 행 9:37). 매장은 두 번에 걸쳐 행해졌다. 두 번째 매장은 첫 번째 매장으로부터 일 년 뒤 뼈만 남게 되었을 때 뼈를 거두어 모아 가족묘의 유골함에 모으는 방식이었다. 유골 상자는 돌로 만들어졌고 가족(들)의 이름(들)이 새겨져 있었다. 그러나 범죄자로 죽은 경우 가족묘에 안장될 수 없었다. 이들을 위해서는 2차 매장이 허락되지 않았다. 영예로운 죽음으로 인정하지 않는 것이다. 처형된 범죄자의 경우, 가족묘와 같은 영예로운 장소에는 둘 수 없어도 시체를 방치하지 말고 적절히 매장해야 했다(요세푸스, 《고대사》, 4.265). 신명기 법에 따르면 나무에 달려 저주 받은 자의 "시체를 나무 위에 밤새도록 두지 말고 … 땅을 더럽히지" 말아야 했다(신 21:22-23). "유대인들은 사람들의 매장을 대단히 중요하게 여겨 저주받아 십자가에 달려 죽은 자들도 내려서 해가 지기 전에 매장했다"(요세푸스, 《유대전쟁사》, 4.317). 단 처형당한 자를 위한 공개적 애곡 행위는 금지됐다.

질문

1. 예수님이 십자가 처형장을 향해 가는 모습을 설명해 보십시오(23:26-31). 예수님은 십자가에서 어떤 모욕과 수치를 당하셨습니까(23:32-39)? 십자가에서 예수님은 무엇을 기도하셨고 왜 모든 모욕과 수치를 참으셨을까요?
2. 예수님은 십자가에 달린 죄수에게 무엇을 약속하십니까(23:40-43)? 예수님의 죽으실 때 일어난 신비한 현상에 대해 설명해 보십시오(23:44-46). 성전의 휘장이 찢어진 사건은 하나님의 구원 역사에서 어떤 의미가 있을까요?
3. 예수님의 죽음에 대해 사람들은 어떻게 반응합니까(23:47-56)? 그들의 반응은 독자들에게 어떤 교훈이 될까요?

묵상

1. 예수님은 십자가에 달린 죄수에게 오늘 낙원에 함께 있을 것이라고 약속하셨습니다(40-43절). 예루살렘을 향해 올라오는 길에서 예수님은 믿는 자들의 높은 윤리를 강조하셨습니다. 그러나 죄수에게는 선한 행위를 할 기회가 없습니다. 이는 구원의 길이 오직 예수 그리스도의 긍휼을 영접하는 것임을 선명하게 보여줍니다. 마리아의 노래가 예고한 것과 같이(1:54) 예수님은 죄수를 긍휼히 여기고 기억하여 낙원으로 초대하십니다. 예수님과 함께하는 복은 오직 은혜로 주어지는 것입니다. 참된 복은 그리스도와 함께 거하는 것입니다.
2. 예수는 하나님의 목적을 이루기 위해 모든 고통과 시험을 이기고 하나님의 목표인 십자가 고난을 통과하셨습니다. 예수님은 다른 사람들을 구원하기 위해 자신을 구원하지 않으셨습니다. 모든 사명을 완수하신 예수님의 십자가는 승리의 상징입니다. 예수님의 십자가로 구원의 길이 열렸고 좌절에서 일어설 수 있는 희망을 얻게 됐습니다.

32
예수의 부활과 승천

24:1-53

예수의 부활과 승천에 초점을 맞추는 24장은 부활한 예수의 모습을 묘사하고 부활의 목격자들을 소개한다. 예수는 부활한 이후에도 제자들의 식사에 참여하고 성경을 통해 하나님의 목적을 가르친다.

무덤으로 온 여자들(24:1-8)

1 주간의 첫째 날 이른 아침에[1] 여자들이 준비해 두었던 향료를
들고 무덤에 갔다. 2 그들은 돌이 무덤에서 굴려진 것을 보았다.
3 그들은 무덤에 들어갔을 때 주 예수의 몸을 찾지 못했다. 4 그들이
당황해하고 있을 때 갑자기 빛나는 옷을 입은 두 남자가 그들 옆에
섰다. 5 여자들은 너무 놀라 땅에 엎드렸고 그 남자들은 여자들에게
말했다. "너희는 왜 죽은 자들 가운데서 산 자를 찾고 있느냐?
6 그분은 여기 계시지 않고 살아나셨다. 그분이 갈릴리에 계셨을 때
너희에게 어떻게 말씀하셨는지 기억해보라. 7 '인자가 죄인들의 손에
넘겨져 십자가에 못 박혀야 하고 세 번째 날에 살아날 것이다.'"

8 여자들은 예수의 말씀을 기억했다.

여자들은 준비일(금요일)에 향료를 준비했고, 안식일(금요일 저녁부터 토요일 저녁까지) 다음 날(일요일) 매우 이른 새벽에 무덤으로 왔다(1절). 현실적인 측면에서 여자들은 이른 새벽에 가야 사람들의 눈을 피할 수 있다. 은유적인 측면에서 이른 새벽은 아직 어두운 시간대로 하나님의 부재를 느끼기 쉽다. 그러나 역설적으로 이른 새벽은 하나님의 개입과 구원을 통해 동트는 아침을 맞이하는 시간이다.[2] 무덤에 갔을 때 돌이 옮겨져 있었다(2절). 이 무덤은 유대의 관습을 따라 바위를 파서 만든 동굴이다. 동굴 입구를 막은 둥근 모양의 돌은 바위에 판 홈에 놓여 있었다. 당시 무덤 입구를 막는 돌은 둥근 모양이거나 사각형이었던 것으로 추정되는데 '굴리다'라는 단어는 둥근 모양의 무덤 형태를 지지한다.[3] 여자들은 무덤 안에서 시체를 찾지 못한다. 누가는 부활하신 예수를 '주 예수'로 소개한다. 시체가 아니라 '주 예수의 몸'으로 표현한다.[4] 예수의 몸을 찾지 못한 여자들은 당황한다.

여자들이 당혹감에 빠져 있을 때 눈부신 옷을 입은 두 사람이 갑자기 그들 옆에 나타나 섰다(4절). '빛나는' 또는 '눈부신' 옷은 그들이 천상에서 온 천사임을 의미한다. 누가는 사도행전에서 천사를 '희고 밝은 옷을 입은 사람'으로 묘사한다(1:10; 10:30). 실제로 엠마오로 가는 두 제자는 여자들이 천사들을 보았다고 말할 것이다(23절). 천사들을 본 여자들은 두려움에 얼굴을 땅에 대고 떨었다. 천사들은 여자들에게 왜 살아 있는 자(단수)를 죽은 자들(복수) 가운데서 찾고 있는지 묻는다. 살아 있는 자는 부활하신 예수를 지칭한다. 부활하신 예수를 무덤에서 찾을 이유가 없다는 뜻이다. 여자들이 찾는 예수는 무덤 밖에 계시기 때문이다. 천사들은 예수가 무덤에 계시지 않고 살아나셨다고 선포한다(6a절). '일어나셨다'는[5] 수동태 과거형으로 예수의 부활이 이미 일어났음을 의미한다. 부활은 예수가 스스로 일어난 사건이 아니라 하나님이 살리신 사건이다. 천사들은 여자들에게 예수가 갈릴리에서 부활에 대해 예고하셨던 사실을 기억하도록 한다(6b절). 예수는 삼 일

【바위 무덤 입구】
【무덤 내부】

째, 즉 십자가에서 죽은 후 셋째 날에 부활했다. 누가는 셋째 날의 부활을 반복해 언급한다(13:32; 18:33; 24:7, 21, 46; 행 10:40; 참고. 고전 15:4). 바울도 누가의 표현과 같은 용어로 예수가 성경대로 삼 일째 부활했다고 기록한다(고전 15:4). 예수는 예고대로 죄인들의 손에 넘겨져 모욕을 당하고 십자가에 못 박혔으나 삼 일째 살아났다. 누가복음은 십자가 처형 이전에 네 차례 수난 예고가 나오고(9:22, 44; 17:25; 18:32-33), 십자가 처형 이후 네 차례 수난에 대한 해설이 나온다(24:7, 27, 44, 46). 예수의 수난과 십자가 죽음과 부활은 하나님의 목적을 성취하기 위해 반드시 일어나야 한다. 예수는 구원을 위해 죽기까지 순종했고 하나님은 부활로 예수의 신뢰와 순종을 인정하셨다. 여자들은 비로소 예수의 말씀을 기억한다(8절). 천사들이 언급한 '그분이 갈릴리에서 계실 때 너희에게 전한 말씀'은 예수가 갈릴리에서 예고한 수난과 부활의 말씀이다(9:22, 44). 이 짧은 구절은 부활이 예수의 말씀에 근거한다는 사실을 확인한다. 여자들은 천사들의 '선포'와 예수의 말씀에 대한 '기억'을 통해 부활을 믿게 된다. 빈 무덤은 예수의 부활을 입증하는 증거이지만 빈 무덤 자체가 부활을 입증하는 것은 아니다. 교회는 부활에 대해 선포된 말씀과 제자들의 기억의 전수를 통해 부활을 믿는다.

무덤을 떠나 부활의 소식을 전하는 여자들(24:9-12)

9 여자들은 무덤에서 돌아와 이 모든 것을 열한 명과 나머지에게
말했다. 10 이것을 사도들에게 말한 여자들은 막달라 마리아, 요안나,
야고보의 어머니 마리아, 그리고 다른 여자들이었다. 11 여자들의
말은 그들에게 헛소리와[6] 같았고 그들은 믿지 않았다. 12 그러나
베드로는 일어나 무덤으로 달려가 몸을 굽혀 세마포만 보았다. 그는
일어난 일을 놀랍게 생각하면서 돌아왔다.

여자들은 무덤에서 돌아와 천사들로부터 들은 내용을 열한 사도와 다른 사람들에게 전했다(9절). 천사들의 선포는 여자들의 기억으로, 여자들의 기억은 부활에 대한 믿음으로, 부활에 대한 믿음은 사도들의 기억을 돕는 선포로 이어졌다. 여자들이 선포한 '이 모든 것'은 그들이 무덤에서 목격한 것과 천사들을 만난 사건이다. 누가는 처음 부활을 목격하고 선포한 사람들이 여자들이었음을 강조하고 그들의 이름을 거론함으로써 증언의 역사성을 확인한다. 그들은 8:1-3에 소개된 막달라 마리아와 요안나다. 요안나의 남편은 헤롯 안티파스의 청지기로 일했다(8:3). 야고보의 모친 마리아는 누가복음에는 처음 소개된다(막 15:40; 참고. 요 19:25). 그들과 함께한 다른 여자들도 있었다(10절). 여자들은 예수의 갈릴리 사역과 십자가 처형과 부활을 목격했다. 남자 사도들은 여

자들의 증언을 신뢰하기 어려웠을 것이다. 만약 부활이 허구이고 초기 교회가 허구를 사실로 믿게 만들고자 했다면 당시 증인으로 신뢰받지 못한 여자들을 목격자로 세우지 않았을 것이다. 여자들이 부활의 첫 목격자이자 증인이라는 사실은 부활의 증언은 인간의 조건에 제약받지 않는다는 것을 보여준다. 여자들은 천사들처럼 사람들로 하여금 부활에 대한 예수의 말씀을 기억하도록 선포하는 증인 역할을 수행했다. 부활에 대한 선포를 받아들이는 것이 부활의 믿음을 얻는 길이므로 부활을 선포하는 사람이 있어야 한다. 흥미롭게도 본문에서 여자들은 부활의 주님을 만나지 않았음에도 불구하고 부활을 선포했다. 증거 없이 전하는 일은 참으로 어렵다. 그러나 그들은 부활을 증언했다. 부활의 주님을 목격한 1세대가 지나고 나서 초기 교회는 부활의 주님을 만나지 않고도 믿음으로 부활을 받아들이고 부활의 복음을 선포했다.

열한 명의 사도들과 그 외의 사람들도 여자들의 증언을 들었다.[7] 그들은 여자들의 말에 냉소적으로 반응한다(11절). 신약에서 이곳에만 사용되는 '헛소리'(λῆρος 레로스)는 건강이 좋지 않은 상태 또는 정신적 충격을 받아 내뱉는 소리다. 그러나 베드로는 다르게 반응한다. 그는 일어나 무덤에 달려갔다. 숙여 무덤을 보니 세마포만 놓여 있었다(12절). 세마포는 시체를 감싸는 천이다(행 10:11; 11:5). 시체를 감싸는 천은 죽은 자를 위한 것이기에 살아 계신 예수에게 필요 없다. 세마포만 목격한 베드로는 놀랐으나 부활을 믿지 않은 채 돌아갔다(12절). 빈 무덤이 부활을 믿도록 하지는 못했다.

예수를 만난 엠마오의 두 제자(24:13-35)

13 바로 그날 그들 중 두 명이 예루살렘에서 십일 킬로미터 떨어진
엠마오라 불리는 마을에 가고 있었다. 14 그들은 일어난 모든
일에 대해 대화하고 있었다. 15 그들이 이런 일들에 대해 대화하고
토의하고 있을 때 예수께서 다가와 그들과 함께 가셨다. 16 그러나
그들의 눈은 그를 알아볼 수 없었다. 17 예수께서 그들에게

말씀하셨다. "걷는 중에 무슨 말을 서로 주고받았나요?" 그들은
슬픈 표정을 지으며 멈춰 섰다. 18 글로바라 불리는 한 명이
대답했다. "당신은 예루살렘에 체류하면서 최근 그곳에서 일어난
일을 유일하게 모르는가요?" 19 그가 그들에게 말씀하셨다. "무슨
일인가요?" 그들이 대답했다. "나사렛 예수에 대한 일이지요.
그는 하나님과 모든 백성 앞에서 행위와 말의 능력을 보여준
선지자였습니다. 20 우리의 대제사장들과 지도자들이 그를 사형에
넘겼고 십자가에 못 박았습니다. 21 우리는 그를 이스라엘을
속량할 자로 기대했습니다. 이뿐 아니라 이런 일들이 일어난 지
삼일 째입니다. 22 우리 중 어떤 여자들이 우리를 놀라게 했습니다.
그들은 이른 아침에 무덤에 있었고 23 그분의 몸을 찾지 못했으며,
돌아와 천사들의 환상을 보았다고 말했습니다. 천사들은 그분이
살아 계신다고 말했습니다. 24 우리와 함께 있던 자들 중 어떤
이들이[8] 무덤에 가서 여자들이 말한 대로 찾았으나 그분을 보지
못했습니다." 25 예수께서 그들에게 말씀하셨다. "어리석은
사람들이여, 선지자들이 말한 모든 것을 이렇게 늦게 마음으로
믿는군요. 26 그리스도가 이 모든 것으로 고난을 받고 그의 영광에
들어가야 하지 않나요?" 27 그는 모세와 모든 선지자들로 시작해
모든 성경에 자신에 대해 기록된 것들을 해석했다.

여자들이 빈 무덤을 목격하고 증언한 날에 그들 중 두 명이 예루살렘에서 60 스타디아(약 11km) 거리에 있는 엠마오라 하는 마을로 가고 있었다(13절). '그날에'는[9] '바로 그날', '같은 날'을 의미한다. 두 제자가 예루살렘으로 돌아간 날 역시 같은 날이다(33-35절). 두 제자는 같은 날에 예루살렘을 떠났고(13-14절) 예루살렘으로 돌아갔다(33-35절). 하루에 일어난 일들이다. '그들'은 9절에 언급된 '열한 사도와 모든 다른 이들'을 가리킨다. 예루살렘에 있는 '그들' 가운데서 두 명은 엠마오로 향했다. 글로바와 또 다른 동행자는 열두 사도에 포함되지는 않는다. 왜냐하면 두 사람이 예수를 만난 사실을 전하려고 예루살렘에 돌아갔을

때 '열한 제자 및 그들과 함께한 자들'이 모여 있었기 때문이다(33절). 두 제자는 70명 제자에 들어 있었을 가능성도 있다. 엠마오로 가던 두 제자는 예루살렘에서 일어난 모든 일에 대해 말하고 있었다(14절). '일어난 모든 일'은 예수의 죽음과 부활을 둘러싼 사건들을 포함한다(18, 21절). 그들이 생각했던 예수의 생애와 실제 일어난 상황은 달랐다. 실망감과 언제 닥쳐올지 모르는 위험, 생계의 문제 등으로 예루살렘을 떠났다.

두 제자는 서로 깊은 대화를 나누고 토의하고 있었다. 14, 15절의 '대화하다'(ὁμιλέω 호밀레오)는[10] 진지하게 대화를 나누고 있었음을 뜻한다(참고. 행 20:11). 15절에는 '대화하다'와 '토의하다'(συζητέω 쉬제테오)가 같은 의미로 함께 등장한다.[11] 좌절과 실망과 슬픔으로 심각한 대화를 나누며 걷고 있을 때 예수가 동행하고 있었다. 두 제자는 동행자가 누구인지 알아보지 못했다. 그들은 예수님과 함께 있었기 때문에 예수의 얼굴을 금방 알아보는 것이 당연하지만 그들의 눈이 가려져 예수님을 인지하지 못했다(16절). 눈을 가린 사유가 그들의 슬픔인지, 하나님의 의도인지, 사탄의 계략인지 명확히 밝혀지지는 않는다. 아마도 외형이 아니라 예수와의 만남과 그의 말씀을 기억함으로 부활의 주를 만날 수 있도록 예수가 의도하신 것으로 보인다. 실제로 두 제자는 빵을 받는 순간 예수님과 함께 보낸 장면을 기억함으로 동행자를 '주'로 고백하게 된다.

동행자는 그들의 대화에 끼어들어 무슨 내용을 길에서 주고받는지 묻는다(17절). 그들은 멈추어 섰고 슬퍼 보였다. 그들의 얼굴빛은 침울함과 슬픔과 근심으로 뒤덮여 있었다. 두 명 중 글로바는 예루살렘에 최근에 일어난 일을 어떻게 모르는지 물으며 의아하게 생각한다(18절). 두 제자는 동행자가 예루살렘에 임시로 체류하는 사람인 줄 생각하고 어떻게 그곳에 체류했다는데도 최근에 일어난 비극을 알지 못하는지 의아해한다. 그들은 동행자를 유월절을 보내고 집으로 돌아가는 순례자로 생각했을 것이다. 동행자는 무슨 일이 일어났었는지 질문한다(19절). 두 제자는 나사렛 예수에 대한 일이라고 말하면서 예수

【"엠마오로 가는 순례자들" 제임스 티소James Tissot 작】

를 짧게 소개한다. '나사렛 예수'는 '하나님과 모든 백성 앞에서 행위와 말의 능력을 보여준 선지자'였지만 대제사장들과 지도자들이 그를 사형 판결에 넘겨주어 십자가에 못 박았다(20절). 제자들은 나사렛 예수를 이스라엘을 속량할 자로 기대했다(21절). 속량은 과거 이스라엘이 이집트의 압제에서 자유를 얻은 것과 같이 해방되는 것을 말한다(1:68; 2:38). 하나님은 속량하는 분이고(사 41:14; 43:14; 44:22-24) 그리스도를 통해 속량을 실행하신다는 것이 유대인들의 소망이었다. 제자들은 하나님이 나사렛 예수를 통해 이스라엘 민족을 위해 일하시고 자유의 새 시대를 선사하실 줄로 믿고 기대했다. 그러나 그는 죽었고 죽은 지 삼 일째다. 모든 희망은 사라졌다. 불의에 대한 분노로 마음은 불타오르지만 연약한 그들은 더 이상 예루살렘에 머물 수 없었다. 두 제자는 나사렛 예수의 죽음에 대해 설명하고 나서 부활에 대한 내용을 언급한다(22-24절). '우리 중에 어떤 여자들'이 놀라운 소식을 전했다. 여자들은 새벽에 무덤에서 예수의 시체를 보지 못하고 제자들에게로 돌아와 천사들이 나타나 죽은 그가 살아났다고 전한 사실을 알렸다(22-23절). '어떤 이들'은 여자들이 전한 것처럼 무덤이 빈 것을 보았다(24절). 두 사람은 동행자에게 이 모든 것을 들려주었다.

동행자는 두 제자를 무디고, 선지자들이 말한 모든 것을 믿는 데 있어 느리다는 이유로 책망한다(25절). 그들은 통찰력이 부족하고(무딘) 예수의 가르침에 집중하지 못한(느린) 상태였다. 제자들은 나사렛 예수를 통해 일어날 해방을 기대했지만, 예수가 성경에 근거해 말한 것을 믿지는 못한다. 동행자는 그리스도가 고난을 통해 영광에 들어가는 것을 모르느냐며 꾸짖는다(26절). 그러고는 모세와 모든 선지자의 글부터 자신에 대해 기록된 모든 것을 설명한다(27절). 두 제자가 엠마오로 가는 이유는 성경에서 그리스도의 운명을 어떻게 말하는지 알지 못하기 때문이고, 성경에 근거해 나사렛 예수가 예고하신 말씀을 믿지 않았기 때문이다.

> 28 그들은 가고자 했던 동네에 도착했다. 그는 더 멀리 가고자 하는
> 것처럼 보였다. 29 그들은 강하게 요청했다. "우리와 함께 계시지요.
> 저녁이 되고 날이 어두워지기 때문입니다." 그는 그들과 함께
> 들어갔다. 30 그는 자리에 앉자 빵을 들고 감사한 뒤 떼서 그들에게
> 주었다. 31 이 순간 그들의 눈이 열려 그를 알아보았다. 그때 그는
> 그들의 시야에서 사라졌다. 32 그들은 서로 말했다. "그가 길에서
> 우리와 함께 말하고 우리에게 성경을 설명할 때 우리의 마음이
> 뜨거워지지 않았던가?"

제자들이 엠마오에 이르자 예수는 가던 길을 계속 갈 것처럼 보였다(28절). 그들은 날이 저물어가니 자신들과 유하도록 강하게 권유한다(29절). 당시 유대인들은 하루에 두 끼를 먹었고 주 식사는 늦은 오후에 있었다(참고. 14:12). 제자들이 동행자를 초대한 것은 단지 환대 문화 때문만은 아니다. 두 제자가 뒤에 한 말을 유추해 보면 그들은 동행자에게 뭔가를 느끼고 있었다. 그의 말씀을 들으며 마음이 뜨거워지는 것을 느꼈다. 예수님과 동행할 때 마음의 변화가 생기기 시작했다. 예수는 그들과 함께 유하러 들어갔다. 예수는 그들과 함께 식사하면서 빵을 들고 감사한 뒤 떼어 나눠 주신다(30절). 식사의 손님인 예수가 식사

의 초대자가 된다. 그때 두 제자의 눈이 밝아져 예수님을 알아보았다(31절).[12] 우울함과 슬픔에 빠져 있던 제자들(24절)은 그가 빵을 나눠주시는 순간 주님이신 사실을 알아차렸다. 식사를 통해 과거에 예수와 함께 식사를 나누던 장면이 떠오른 것이다. 기억을 통해 예수의 사건이 재현된다! 그러나 그들이 예수를 알아차린 순간 예수는 보이지 않았다. 두 제자는 "우리와 함께 말하고 우리에게 성경을 설명할 때 우리의 마음이 뜨거워지지 않았던가?"라며 감격한다(32절). 말씀의 기억은 마음을 뜨겁게 하고 뜨거워진 마음은 담대함으로 이어진다.

엠마오 이야기는 실의에 빠진 제자들이 어떻게 부활을 믿고 담대하게 사명의 현장으로 달려가게 되는지 설명한다. 첫째, 이 사건의 유일한 기적은 예수가 사라진 것이다. 제자들은 예수의 부활을 '기억'으로 믿었다. 그들은 예수님과 함께 식사를 나눈 과거를 기억했다. 유대인들에게 식사는 가장 친밀하고 신뢰하는 사람들의 교제이다. 제자들은 예수님과의 교제를 기억하면서 예수가 함께 하신 사실을 깨달았다. 과거의 교제뿐 아니라 엠마오로 가는 길에서의 동행도 예수와의 교제다. 예수를 통해 무엇을 얻는 것보다 예수와 교제하는 것이 더 중요하다. 예수와의 인격적 만남이 마음의 눈을 열어준다. 둘째, 제자들은 예수가 성경을 풀어주실 때 마음이 뜨거워졌다(32절). 제자들이 계시를 깨달은 순간은 빵을 떼는 순간이었지만 동행하는 중 말씀을 설명해주실 때부터 마음의 변화가 일어났다. 말씀이 변화의 결정적 계기가 된 것이다. 이와 같이 말씀의 해설과 예수와의 만남에 대한 기억은 실의에 빠진 두 제자의 마음을 뜨겁게 하고, 두려움을 용기로 바꾸며, 패배감을 하나님의 섭리로 이해하게 만들었다.

> 33 바로 그 순간 그들은 일어나 예루살렘으로 돌아갔다. 그들은
> 열한 명의 제자들과 그들과 함께 사람들이 모인 것을 보고
> 34 말했다. "주께서 정말로 살아나셨고 시몬에게 나타나셨어."
> 35 그들은 길에서 일어난 것과 예수께서 빵을 쪼갰을 때 어떻게 그를
> 알아보았는지 말했다.

두 제자는 즉시 예루살렘으로 돌아갔다(33절). 예루살렘에는 열한 제자와 그들과 함께하는 다른 사람들이 모여 있었다. 예루살렘의 제자들은 '주께서 정말로 살아나셨고 시몬에게 나타나셨다'는 내용을 전한다(34절). 그들은 길에서 일어난 일과 예수가 빵을 떼는 것으로 자신들에게 나타나신 사건을 전했다(35절). 그들은 길에서의 동행과 빵을 떼는 일상의 친밀함으로 나타나신 예수를 증언한다. 엠마오에서의 식사는 주의 만찬과 긴밀하게 관련된 동시에 유대인들이 갖는 늦은 오후의 일상적 식사였다는 것이 중요하다. 누가와 복음서 저자들이 증언하는 부활의 주님은 웅장하고 장엄한 분위기에 임재하신 적이 없다. 길을 가거나 식사와 같은 일상 가운데 함께한다.

제자들에게 나타난 부활의 예수(24:36-43)

36 그들이 이것들에 대해 말하고 있을 때 예수께서 그들 가운데
서셨다. 그리고 그들에게 말씀하셨다.[13] "평화가 너희에게!"[14]
37 그들은 겁에 질리고 두려움에 사로잡혀 영을 보는 줄로 생각했다.
38 예수께서 그들에게 말씀하셨다. "왜 너희는 혼란스러워 하느냐?
왜 의심이 너희의 마음에서 올라오고 있느냐? 39 내 손과 내 발을
보거라. 바로 나다. 나를 만져보아라. 너희가 나를 보는 것처럼 영은
살과 뼈를 갖고 있지 않기 때문이다." 40 그가 이것을 말씀하셨을 때,
손과 발을 그들에게 보이셨다.[15]

누가는 '열한 제자 및 그들과 함께 한 자들'과 엠마오에서 돌아온 두 제자가 모인 장소에 부활의 예수가 나타난 장면을 묘사한다(36-37절). 그들은 '이것들', 즉 예수의 죽음과 부활에 대해 나누고 있었다. 44절에 있는 예수의 가르침에 따르면 '이것들'은[16] '나에 대한', 즉 그리스도의 수난과 부활에 대한 내용이고 성경의 '모든 것'이 성취되었음을 의미한다. 당연히 시몬 베드로와 엠마오로 가던 두 제자에게 예수가 나타나신 사건도 포함한다. 예수는 그들 가운데 서서 '평화가 너희에게!'라고

인사한다. '평화'(εἰρήνη 에이레네)는 유대인의 전통적이고 일상적인 인사 '샬롬'이다. 부활 이전과 마찬가지로 예수는 제자들과 함께 식사하고 여느 유대인처럼 인사한다. 제자들은 놀라고 무서워한다. 빈 무덤에서 여자들이 천사들을 보고 받았던 충격보다 훨씬 더 큰 충격을 받는다. 그들은 인사하는 예수를 '영'(πνεῦμα 프뉴마)으로 생각한다. 제자들이 예수의 모습을 죽은 자의 영혼으로 생각한 것으로 보인다.[17] 제자들은 예수의 영을 보고 있다고 믿지만 몸의 부활을 확신하지는 못한다. 예루살렘에 모인 열한 제자들과 그들과 함께 한 자들 중 예수를 직접 만난 베드로(34절)와 엠마오의 두 제자 외에는 부활의 예수를 직접 목격하지 못했다. 빈 무덤을 목격하고 천사들의 설명을 들은 여자들도 예수를 직접 본 것은 아니다(23절).

예수는 몸의 부활을 의심하는 제자들에게 몸의 부활을 증명하기 위해 손과 발을 보라고 하며 "바로 나다"라고 말한다. 고대 팔레스타인의 의복은 신체를 거의 덮는 형태였으므로 얼굴, 손, 발은 노출되는 유일한 신체 부위라고 할 수 있다.[18] 그러므로 손과 발을 보여주고 만져보게 하는 것은 육체의 부활을 확인시키는 것을 의도한다. "바로 나다"는[19] 그가 바로 제자들이 알고 있는 예수라고 알리는 표현이다. 이는 제자들이 식별할 수 있을 만큼 부활 전후의 연속성이 있음을 암시한다. 이어서 예수는 "나를 만져 보거라"고 지시한다.[20] 손과 발을 만지는 것은 뼈와 살을 만지는 것으로 육체의 부활을 확인하는 것이다.[21] 예수의 모습이 '영'(πνεῦμα 프뉴마)이 아닌 것과 영은 살과 뼈와 대조되는 것임을 내포한다(39b절). 이는 예수가 신체가 없는 영혼이 아니라 물리적인 몸으로 그들 앞에 서 있음을 확인해보라는 뜻이다. 보고도 확신하지 못하면 직접 만져서라도 몸의 부활을 확인하라는 것이다. 본문에 나오지는 않지만 십자가에 달려 죽은 몸이 살아난 것을 입증하기 위해 손과 발을 만져보도록 허락한 것일 수도 있다. 못 박힌 신체를 만지는 것만큼 확실하게 예수를 확인할 방법은 없기 때문이다. 누가는 제자들이 실제로 예수의 손과 발을 만졌는지는 기록하지 않는다.[22] 교회는 예수의 몸을 직접 만져서 예수의 부활을 믿는 것이 아니라 말씀에 대한 기억과 믿음으로 예수의 부활을 확신하는 전통을 물려받는다.

> 41 아직 그들이 기쁨으로 믿지 못하고 놀라워할 때 그가 그들에게
> 말씀하셨다. "너희가 먹을 것을 갖고 있느냐?" 42 그들이 그에게
> 구운 생선 한 조각을 드렸고[23] 43 그는 그것을 취해 그들 앞에서
> 드셨다.

제자들은 부활의 예수를 보고 기쁨으로 채워졌다. 기쁨과 의심이 공존하는 기이한 현상이 나타난다.[24] '기쁨으로 믿지 못하는' 것은 모순어법이다. 이 표현의 강조점은 불신이 아니라 기쁨에 있다. 제자들이 몸의 부활을 확인했기 때문에 기쁨의 언어가 사용됐을 것이다. 누가는 예수께서 제자들 앞에서 음식을 드시는 모습을 통해 몸의 부활을 강조한다(41b-43절). 예수가 제자들에게 먹을 것을 요청한다.[25] 제자들은 구운 생선 한 조각을 드린다(42절). 자신들 앞에서 생선을 드시는 예수를 본 제자들은 부활의 증인이다. 무엇보다 이 장면은 부활의 예수가 일상의 식탁에 함께하시는 것을 묘사한다. 생선은 제자들의 일상 음식이었다. 일상의 식사라는 점에서 부활한 예수님과 제자들의 식사(24:36-43)는 오천 명의 식사(9:10-17), 엠마오의 식사(24:13-32, 33-35)와 비슷하다. 세 장면의 식사는 공통적으로 일상의 식사, 공동의 식사를 가리킨다. 41절의 '먹을 것'은 오천 명을 먹인 사건에 나온 '먹을 것'(9:13)과 동족어다.[26] 오천 명의 식사에서도 무리는 생선을 먹었다. 흥미롭게도 엠마오의 예수는 두 제자에게 빵을 떼어주고 함께 음식을 먹지 않았으나(24:30) '열한 제자와 그들과 함께 한 자들'(33절) 앞에서 식사하시는 것으로 엠마오의 열린 결말과 퍼즐이 맞춰진다.

교회는 그리스도의 고난과 부활을 재현하고 현재화하는 공동체다. 고난과 부활에 초점을 맞춘 그리스도를 기억하는 공간과 시간은 성만찬에 국한되지 않는다. 예수는 화려한 의식과 전통의례가 아니라 일상에 함께한다. 누가는 부활 공동체가 그리스도의 고난과 부활을 '일상'이라는 현재 가운데 재현한 것으로 환대의 복음서를 마감한다.

화려한 건축술과 중후한 빛이 없는 곳에도, 압도적인 회중의 노래가 없는 곳에도, 즉 일상의 자리에서 예수의 부활은 경험될 수 있고 성경 해석은 작동한다.

제자들에게 성경을 풀어주는 예수(24:44-49)

44 예수께서 그들에게 말씀하셨다. "이는 내가 너희와 함께 있었을
때 너희에게 말한 것이며, 모세의 율법과 선지자들과 시편에
나에 대해 기록된 모든 것이 성취돼야 한다고 말한 것이다."
45 예수께서는 그들의 마음을 열어 성경을 이해할 수 있게 하셨고
46 그들에게 말씀하셨다. "이렇게 기록됐다. 그리스도가 고난을 받고
셋째 날에 죽은 자들 가운데서 살아나야 하며, 47 죄 용서의 회개가
예루살렘에서 시작해 모든 나라에 그의 이름으로 선포될 것이다.
48 너희는 이런 것들의 증인들이다. 49 나는 내 아버지께서 너희에게
약속하신 것을 보낸다. 너희는 높은 데서 오는 능력으로 옷 입을
때까지 이 도성에 머물러 있어라."

예수는 제자들과 함께 있을 때 전했던 내용이 성취된 것과 그의 죽음과 부활이 성경에서 예고된 것임을 상기시키신다. 예수는 이미 자신을 가리켜 모세의 율법과 선지자들의 글과 시편에 기록된 모든 것이 이루어져야 한다고 말했다(44절). 시편은 예수의 십자가 처형 장면에서 여러 차례 인용됐다. 예수는 제자들의 마음을 열어 성경을 이해할 수 있게 돕는다(45-46절). 성경에 따르면 세 가지 일이 일어나야 한다(46-47절). 첫째, 그리스도는 고난을 받아야 한다(46a절). 예수는 이사야 53장과 시편 22편에 기록된 것처럼 죄가 없으나 고난받는 종과 의인으로서 구원 사역을 성취했다. 둘째, 그리스도는 죽은 자들 가운데서 삼 일째에 살아나야 한다(46b절; 참고. 9:22; 18:33). 셋째, 주 예수의 이름으로 죄 용서를 받는 회개가 예루살렘을 시작으로 모든 민족에게 전파돼야 한다(47절). 회개(행 2:38; 3:19; 5:31; 8:22)와 죄 용서는 사도행전에서 본격적으

로 실행될 것이다. '용서'는 누가-행전에 나타난 구원의 본질로 속박에서 해방되는 것을 의미한다.[27] 죄 용서를 위한 회개는 세례 요한이 이미 요구한 것이다(3:3). 죄에서 해방되는 것은 예수가 전파하신 해방의 복음에 해당한다(4:18-19). 복음이 예루살렘에서 모든 민족에게 전파될 것이라는[28] 사실은 이사야 49:6의 '이방의 빛'으로 하나님의 종이 수행할 사명을 떠올린다(참고. 눅 2:32; 행 13:47). 십자가와 부활의 복음은 교회를 통해 모든 민족으로 전파될 것이다. 누가는 사도행전에서 회개가 확장되는 것을 역동적으로 서술할 것이다.

제자들은 '이것들의 증인들'이다(48절). '이것들'은 예수의 사역과 수난과 부활, 제자들(또는 교회)을 통한 복음의 선포를 포함한다. 사도행전에서 누가는 제자들이 이 모든 일의 증인으로서 충성되게 사명을 수행하는 장면을 설명할 것이다(행 1:8; 2:32; 3:15; 5:32; 10:39, 41; 13:31). 제자들의 힘으로는 증인의 역할을 완수할 수 없으므로 예수는 '내 아버지께서 약속하신 것', 곧 성령을 보낼 것을 약속한다(49절; 11:1-13). 성령을 보내는 주체는 예수다. 제자들은 예수가 위로부터 보내는 성령의 능력을 얻게 될 때까지 예루살렘에 머물러야 한다. 성령의 권능을 받을 때 제자들은 십자가와 부활의 목격자로 모든 민족을 향해 담대하게 나아갈 수 있다. 성령이 위에서 부어지는 것은 이사야 32:15의 표현이다. 이사야 32:15-18은 이스라엘의 회복을 소망했다. 성령께서 위에서 부어지면 제자들은 이스라엘과 열방('모든 나라'—47절)의 회복을 위해 헌신하는 종들이 될 것이다.

오천 명의 만찬(9:10-17)	엠마오의 식사와 성경 해설(24:13-35)	부활한 예수의 식사와 성경 해설(24:36-43, 44-46)
"너희가 먹을 것을 주어라"(13절). "제자들에게 주셨다"(16절).	예수가 빵을 그들에게 주셨다(30절).	제자들이 예수께 생선을 주었다(42절).
빵 + 생선	빵	생선
"[예수가] 잡으셨다… [무리가] 먹었다"(16-17절).	"[예수가] 잡으셨다…"(30절).	"잡으셨다… 드셨다"(43절).
계시(18-27절)→ 고난과 부활(22절)	계시(26-27절)→ 고난과 부활(26절)	계시(44-46절)→ 고난과 부활(46절)

본 단락(36-49절)과 엠마오 이야기(13-35절)는 여러 면에서 연결된다. 두 장면에서 '식사'와 '계시'가 짝을 이룬다. 36-49절을 한 묶음으로 읽으면 예수는 식사를 하고(41b-43절) 성경을 해석한다(44절). 그때 제자들의 마음이 열려 예수의 부활을 이해하기 시작한다(45절). 기쁨과 의심이 혼재하던 제자들은 예수께서 생선을 드시고 성경을 풀어 줄 때 그리스도의 정체와 사명을 이해하게 된다.[29] 엠마오 이야기에서는 제자들이 동행자가 예수라는 사실을 깨닫게 된 계기가 성경 해석(27절)과 식사(30절)였다. 식사와 계시의 짝은 오천 명의 만찬에도 나타났다(만찬—9:18-27, 계시—9:18-27). 이처럼 음식을 먹는 것과 성경을 풀어 주는 것은 제자들이 예수의 정체와 계시를 깨닫는 계기였다. 성경 해석은 그리스도의 고난과 부활에 초점을 맞춘다(26, 46절). 44절에서 말하는 '나에 대해 기록된 모든 것'의 초점은 그리스도의 고난과 부활에 있으며, '이 모든 일의 증인'(48절)은 고난과 부활(46절)의 증인이다.

승천한 예수님(24:50-53)

50 예수께서는 그들을 베다니까지 데리고 가서 손을 들어 그들에게
복을 주셨다. 51 복을 주시면서 그들을 떠나 하늘로 올라가셨다.
52 그들은 예수를 경배했고 큰 기쁨으로 예루살렘에 돌아갔으며
53 성전에서 계속 하나님을 찬송했다.

예수는 제자들을 데리고 베다니 앞까지 나가 손을 들어 그들에게 축복했다(50절). 베다니는 예루살렘에서 약 3킬로미터 떨어진 곳이고 예수는 베다니를 통해 예루살렘에 입성했다(19:29-40). 누가는 베다니와 올리브 산을 같은 지역으로 이해하기 때문에(19:29) 베다니(50절)와 올리브 산(행 1:12)을 승천 장소로 언급한다. 예수는 지상에 남아 있는 제자들을 하나님께서 보호하시고 긍휼을 베풀어 주시도록 축복한다.[30] 예수는 제자들을 축복하면서 승천한다(51절). 예수는 예루살렘에 올라가는 목적을 죽음과 승천으로 이해했다(9:31, 51). 이제 죽음과 승천을

통해 예루살렘에서 계획된 하나님의 목적이 실현된다. 승천의 목적은 하늘보좌에서 온 세상을 통치하는 것이고 성령을 보내 지상에서 그의 통치를 실현하고 확장하는 것이다. 사도행전의 서술을 고려하면 예수는 부활 이후 제자들과 여러 날을 보내시고 나서 승천했다. 누가는 예수께서 부활부터 승천까지 40일 동안 사도들에게 하나님 나라의 일을 가르치신 것으로 설명한다(행 1:2-3).

52-53절은 예수의 승천과 그에 대한 제자들의 반응이다. 첫째, 제자들은 예수를 경배한다. '경배하다'(προσκυνέω 프로스퀴네오)는 땅으로 고개를 숙이는 동작을 가리킨다.[31] 그들은 부활의 예수를 주로 고백하고 경배한다. 부활 이후 예수는 경배를 받았으며, 예수를 신적 존재로 경배한 것은 부활의 첫 목격자들로부터 시작됐다. 둘째, 제자들은 예수의 명령에 순종해 예루살렘으로 돌아갔고 기뻐했다(참고. 행 2:46; 3:1; 5:42). 그들은 예루살렘에서 성령을 받게 될 것이다. 셋째, 그들은 계속 성전에서 하나님을 찬송했다. 53절의 '성전'(ἱερόν 히에론)은 성전 전체 건물들을 지칭하고 이스라엘 백성이 들어갈 수 있는 공간이다.[32] 그들은 예수 그리스도를 통해 구원을 실현하신 하나님을 찬송한다(참고. 1:42, 64; 2:28; 13:35). 탄생 이야기에서 예수는 아버지의 집인 성전에 있었고(2:49) 부활과 승천 이야기에서는 제자들이 성전에 있다. 누가복음 이야기는 성전에서의 장면으로 시작하고(예, 사가랴의 이야기) 마친다. 또한 누가복음의 마지막 구절(52-53절)은 사도행전에서 성령의 능력으로 활동하게 될 사도들의 모습을 예고한다.

질문

1. 예수님을 따른 여자들은 어떤 목적으로 무덤에 왔고 어떤 상황을 목격했습니까(24:1-8)? 천사들은 예수님의 부활을 믿도록 여자들에게 무엇을 강조합니까? 우리는 어떻게 부활을 믿을 수 있을까요?
2. 여자들이 제자들에게 예수의 부활 소식을 전하자 그들은 어떻게 반응합니까(24:9-12)? 제자들은 왜 부활을 믿지 못했을까요?
3. 예수님이 엠마오로 가던 두 제자와 대화한 장면을 설명해 보십시오(24:13-35)? 두 제자는 무엇을 계기로 예수의 부활을 믿었을까요?
4. 부활하신 예수님이 제자들을 만나는 장면을 설명해 보십시오(24:44-49). 예수님은 부활과 관련해서 제자들에게 무엇을 가르치고자 하셨을까요? 예수님의 승천은 누가복음 전체에서 어떤 의미가 있을까요(24:50-53)?

묵상

1. 예수의 십자가 죽음이 예고된 사건이듯 부활도 예고된 사건입니다. 예수께서 예고대로 십자가에 죽으셨다면 예고대로 부활하시는 것도 당연합니다. 십자가가 마라톤 선수가 결승점을 통과하는 것이라면 부활은 그것을 입증하고 면류관을 주는 것과 같습니다. 첫 목격자인 여자들과 제자들은 부활을 예고하신 예수님의 말씀을 기억함으로 부활을 믿었고, 우리는 첫 목격자들의 증언을 근거로 부활을 믿습니다.
2. 부활의 주님은 일상의 식탁에서 제자들과 교제하고 성경을 해석해 주셨습니다. 화려한 건축물이나 중후한 빛이 없는 곳에서도 부활의 예수를 만나고 교제할 수 있습니다. 교회는 정형화된 예전을 통해서뿐 아니라 일상의 소박한 만남을 통해 예수님과 교제하고 그의 말씀을 들을 수 있습니다.

참고 문헌

Bock, Darrell L. *Luke 1:1-9:50*. BECNT. Grand Rapids: Baker Academic, 1994. 신지철 옮김.《누가복음 1》. 부흥과개혁사, 2013.

______. *Luke 9:51-24:53*. BECNT. Grand Rapids: Baker Academic, 1996. 신지철 옮김.《누가복음 2》. 부흥과개혁사, 2017.

Boda, M. J. *Return to Me: A Biblical Theology of Repentance*. Downers Grove, IL: InterVarsity Press, 2015.

Bovon, Francois. *Luke 1: A Commentary on the Gospel of Luke 1:1-9:50*. Hermeneia. Minneapolis, MN: Fortress Press, 2002.

______. *Luke 2: A Commentary on the Gospel of Luke 9:51-19:27*. Hermeneia. Minneapolis, MN: Fortress Press, 2013.

______. *Luke 3: A Commentary on the Gospel of Luke 19:28-24:53*. Hermeneia. Minneapolis, MN: Fortress Press, 2012.

Carroll, John T. *Luke: A Commentary*. Louisville: Westminster John Knox, 2012.

Edwards, James, *The Gospel according to Luke*. PNTC. Grand Rapids, MI: Eerdmans, 2015. 강대훈 옮김.《누가복음》. 부흥과개혁사, 2019.

Evans, C. A. *Luke*. Grand Rapids. MI: Baker Books, 1990.

Fitzmyer, Joseph A., S.J. *The Gospel according to Luke* (I-IX). AB 28. Garden City: Doubleday, 1981. 황의무/이두희 옮김.《누가복음 1》. CLC, 2015.

______. *The Gospel according to Luke (X-XXIV)*. AB 28A. Garden City: Doubleday, 1985. 박선규 옮김.《누가복음 2》. CLC, 2015.

Fretheim, T. E. *Jeremiah*. Macon, GA: Smyth & Helwys Publishing, 2002.

Garland, D. E. *Luke*. Grand Rapids, MI: Zondervan, 2012. 정옥배 옮김.《강해로 푸는 누가복음》. 디모데, 2018.

Green, Joel B. *The Gospel of Luke*. PNTC. Grand Rapids, MI: Eerdmans, 1997. 강대훈 옮김.《누가복음》. 부흥과개혁사, 2020.

Hays, Richard B. *Echoes of Scripture in the Gospels*. Waco, Texas: Baylor University Press, 2016.

Johnson, Luke Timothy. *The Gospel of Luke*. SP 3. Collegeville: Liturgical Press, 1991.

Josephus F. & Whiston, W. *The Works of Josephus*. Peabody, MA: Hendrickson, 1987.

Levine, Amy-Jill & Witherington III, Ben. *The Gospel of Luke*. Cambridge University Press, 2018.

Marshall, I. H. "Political and Eschatological Language in Luke." In *Reading Luke: Interpretation, Reflection, Formation*. Edited by Craig G. Bartholomew, Joel B. Green, and Anthony C. Thiselton. Scripture and Hermeneutics 6. Grand Rapids: Zondervan, 2005: 157-177.

Marshall, I. Howard. *The Gospel of Luke*. NIGTC. Grand Rapids: Eerdmans, 1978.

Nolland, John. *Luke 1:1-9:20*. WBC 35A. Dallas: Word Books, 1993. 김경진 옮김.《누가복음 상》. 솔로몬 2005.

______. *Luke 9:21-18:34*. WBC 35B. Dallas: Word Books, 1993. 김경진 옮김.《누가복음 상》. 솔로몬 2005.

______. *Luke 18:35-24:53*. WBC 35C. Dallas: Word Books, 1993. 김경진 옮김.《누가복음 상》. 솔로몬 2005.

Rowe, C. Kavin. *Early Narrative Christology: The Lord in the Gospel of Luke*. Grand Rapids: Baker Academic, 2009.

Stein, R. H. *Luke*. Nashville: Broadman & Holman Publishers, 1992.

Talbert, Charles. *Reading Luke: A Literary and Theological Commentary on the Third Gospel*. New York: Crossroad, 1982.

Tannehill, Robert C. *The Narrative Unity of Luke-Acts: A Literary Interpretation*. Philadelphia: Fortress Press, 1986.

Turner, Max. "Luke and Spirit: Renewing Theological Interpretation of Biblical Pneumatology." In *Reading Luke: Interpretation, Reflection, Formation*: 267-293.

Vinson, R. B. *Luke*. Macon, GA: Smyth & Helwys Publishing, 2018.

Wolter, Michael. *The Gospel according to Luke (Luke 1:1–9:50)*. Waco: Baylor University Press, 2016.

______. *The Gospel according to Luke (Luke 9:51–24:53)*. Waco: Baylor University Press, 2017.

주

서문

1. 고대 저술의 경우 첫 문장(들)은 현대 문헌의 제목이나 목차와 같이 책의 주제와 장르 등에 대한 정보를 제공했다. 첫 문장은 전체 내용을 한눈에 파악하기 어려웠던 두루마리 형태의 경우 중요한 역할을 했다.
2. Bovon, *Luke 1:1-9:50*, 26.
3. Robert C. Tannehill, *The Narrative Unity of Luke-Acts: A Literary Intepretation. Volume 1: The Gospel According to Luke* (Philadelphia: Fortress, 1986), 10.
4. Bovon, *Luke 1:1-9:50*, 19.
5. (예수 그리스도의) 복음은 하나다. 복음을 다양한 관점에서 저술한 책 중 하나가 누가복음이다.
6. '자세히'(개역개정).
7. Tannehill, *Narrative Unity of Luke-Acts*, 10.
8. 데오빌로가 누가복음과 사도행전 저술을 지원한 후원자였는지는 명확하지 않다. 우리는 1-4절이 후원자를 위한 헌정의 내용을 포함한다고 단정할 필요는 없다. 당시 흔한 이름이었던 '데오빌로'는 그리스어로 '신을 사랑하는 자'이다. 이 용어의 어원에 근거해 데오빌로를 '하나님을 경외하는 자'로 이해하거나 독자들을 '하나님을 사랑하는 자들'로 설정하는 견해도 본문 안에서 근거를 찾기가 쉽지는 않다.

2 세례 요한과 예수의 탄생 예고

1. 성소에 '들어간' 행위는 과거 분사(εἰσελθών 에이셀똔)로 표현되며, 이는 사가랴의 분향 임무가 지속적이지 않고 제비뽑기에 따른 일시적 역할이었음을 의미한다.
2. 흥미롭게도 '사가랴'(Ζαχαρίας 자카리아스)는 '여호와는 기억하신다'는 뜻이다.
3. Richard B. Hays, *Echoes of Scripture in the Gospels* (Waco, Texas: Baylor University Press, 2016), 196.
4. 누가복음에는 '복음'(εὐαγγέλιον 유앙겔리온)의 명사형은 나오지 않고 '좋은 소식을 전하다'(εὐαγγελίζομαι 유앙겔리조마이)라는 동사형이 10회 사용된다(1:19; 2:10; 4:43; 7:22; 8:1; 9:6; 16:16; 20:1; 참고. 3:18). 이사야는 '좋은 소식을 전하다'

를 한 단어의 동사로 표현했다(사 40:9; 52:7; 60:6; 61:1).

5. 21절부터 장면이 바뀌므로 문장을 시작하는 카이(καί)를 '한편'으로 번역했다.

6. 하나님이 돌아보시고 수치를 가져가셨다는 표현은 라헬의 고백을 떠올린다(창 30:22-23).

7. '처녀'(παρθένος 파르떼노스—27절, 34절)는 결혼이 가능한 어린 소녀(12-13세 정도)를 가리키며 당시 여성은 1년의 약혼 기간을 보낸 후 12-13세 정도에 결혼했다. '처녀'는 사 7:14의 '처녀'를 떠올릴 수 있으나, 누가는 처녀의 용어 외에도 사 7:10-17에 있는 다윗의 집, 주께서 함께하심 등의 개념을 활용한다.

8. Bovon, *Luke 1:1-9:50*, 50.

9. Wolter, *Luke 1:1-9:50*, 76.

10. 아브라함(창 26:24; 28:15), 모세(출 3:12), 기드온(삿 6:12), 예레미야(렘 1:8).

11. 예, 왕상 2:23, 45; 사 6:9; 렘 13:13; 17:25; 22:2, 4; 36:30. Wolter, *Luke 1:1-9:50*, 81을 보라.

12. '안다'(γινώσκω 기노스코)는 성관계를 암시하는 히브리식 완곡어법이다(창 19:8; 민 31:17).

13. Max Turner, "Luke and Spirit: Renewing Theological Interpretation of Biblical Pneumatology," in *Reading Luke* (eds. C. G. Bartholomew, J. B. Green, and A. C. Thiselton; Grand Rapids, Mich.: Zondervan, 2005), 267-293 (273).

14. 성령께서 제자들을 덮으면 그들은 이스라엘과 열방의 회복을 위한 일꾼들이 된다.

15. '스키르타오'(σκιρτάω 뛰놀다—개역개정).

16. '복이 있다'(εὐλογημένη)는 '율로게오'(εὐλογέω)의 수동태로 복의 주체가 하나님이신 것을 암시한다. 누가복음 도입부에서는 마리아와 예수가 복된 사람들이고, 마지막 부분에서는 부활하신 예수가 제자들에게 복을 선언하는 내용이 나온다(24:50).

17. '프쉬케'(ψυχή).

18. '프뉴마'(πνεῦμά).

19. 49절의 '강하신 이'(ὁ δυνατός 호 뒤나토스)는 왕이나 영웅에게 붙여진 칭호로 하나님에게 사용되기도 했다(예, 시 120:4; 습 3:17).

20. 예, 신 10:21; 11:7; 삼하 7:23; 105:21.

3 요한과 예수의 탄생

1. 유대 전통에서 아들의 이름은 아버지의 이름을 따르는 경우도 있었으나 현대의 성과 같은 역할을 한 할아버지의 이름을 따를 때가 더 많았다. 그래서 사람들이 아버지의 이름으로 정하게 한 이유를 파악하기 어렵다. 보봉의 추정에 따르면 장애를 지닌 아버지의 경우에는 아들이 아버지의 고통을 상쇄할 수 있도록 자신의 이름으로 아들의 이름을 지었기 때문에 공동체는 한동안 말을 못하고 있던 사가랴의 상태를 생각했을 가능성도 있다(Bovon, *Luke 1:1-9:50*, 1:71). 예를 들어 요세푸스의 조상인 마티아스는 말을 더듬는 장애를 가졌기 때문에 아들의 이름을 마티아스로 지었다.
2. '대대로'(πάσαις ταῖς ἡμέραις ἡμῶν 파사이스 타이스 헤메라이스 헤몬)는 직역하면 '우리의 모든 날들'로 '평생'과 같은 의미다(시 23:6).
3. '라트류오'(λατρεύω)는 '섬기다' 또는 '예배하다'를 의미한다.
4. 원문에는 동사가 없다. 75절은 74절의 부정사('섬기도록', '예배하도록')와 연결된다.
5. '에피스켑토마이'(ἐπισκέπτομαι 돌아보다—개역개정).
6. '방문하셨다'(ἐπέσκεμμαι 에페스켐마이).
7. Turner, "*Luke and Spirit*", 271.
8. 직역하면 '우리 하나님의 긍휼의 창자 때문'(διὰ σπλάγχνα ἐλέους θεοῦ ἡμῶν 디아 스플랑크나 엘레우스 떼우 헤몬)이다.
9. 민 24:17; 말 4:2.
10. Green, *Gospel of Luke*, 119; 참고. 사 11:1-10; 렘 23:5; 슥 3:8; 6:12. "… 보라 때가 이르리니 내가 다윗에게 한 의로운 가지를 일으킬 것이라 …"(렘 23:5).
11. 요한이 공적으로 활동하기 전에 머문 광야는 그가 주의 길을 준비할 장소로 이사야 40:3에 근거한다. 직역하면 '그의 등장의 날까지'의 '아나데이크시스'(ἀνάδειξις)는 '공적 등장'을 뜻한다. 즉 왕이나 높은 신하와 같이 높은 지위의 인물이 임무를 수행하기 위해 공식적으로 대중 앞에 등장하는 것을 의미한다. 요한이 이스라엘 백성 앞에 모습을 나타내는 것은 선지자적 소명을 의미한다.
12. 카이사르 아우구스투스(Καῖσαρ Αὔγουστος BC 63-AD 14)의 이름은 옥타비아누스였고 율리우스 카이사르의 조카였다. 그는 BC 31년 악티움 해전에

서 안토니우스와 클레오파트라의 군대를 이기고 제국의 유일한 통치자가 되어 절대 권력을 행사하고 자신을 신격화했다. 비문들은 그를 제사와 찬송을 받아야 하는 구주, 하나님의 아들 등으로 칭하고, 그의 생일을 세상을 위한 좋은 소식(복음)으로 기록했다(예, 할리카르나쑤스의 비문).

13. 마리아가 요셉과 약혼한 상태였지만 아직 결혼을 하지는 않았는데도 두 사람이 같이 이동한 것은 마리아의 임신 이후 두 사람이 함께 살고 있었음을 암시한다. 탄생 이야기에서 요셉은 아기 예수가 베들레헴에서 태어난 다윗의 아들인 사실을 입증하는 역할을 했고, 마리아가 요셉보다 먼저 언급되는 16절 이후 무대에서 사라진다.
14. 삿 3:9, 15; 12:3; 느 9:27.
15. 삼상 10:19; 사 45:15, 21.
16. 4:21; 5:26; 12:28; 13:32, 33; 19:5, 9; 22:34, 61; 23:43

4 성전의 아기 예수와 소년 예수

1. 예수가 죄나 흠에서 정결하게 될 필요가 없는데도 불구하고 '정결'(καθαρισμός 카따리스모스)이 사용된다. 이는 그들의 정결로 표현된 마리아의 정결과 예수의 (성전에) 드려짐을 마리아에 맞추어 한데 묶는 표현으로 보인다. 정결 예식을 위한 날은 태어난 지 40일째다. 남자 아이를 낳은 여자는 7일 동안 부정하며 집에 머물러야 했고, 33일 동안 거룩한 음식, 사람, 장소를 피해야 했다. 여자 아이를 낳은 경우는 80일 동안 부정한 기간을 보냈다.
2. 율법에 따르면 산모와 함께 장자도 구속받아야 했다(출 34:19-20). 누가는 장자를 구별해 드리는 행위를 언급하지만(출 13:2, 12, 15) 구속을 위해 속전을 지불하는 규례(민 18:15-16)를 암시하지는 않는다. 예수는 구속을 필요로 하는 분이 아니다.
3. 31절은 관계대명사로 시작하고 30절의 구원을 수식한다.
4. 증언을 위한 성령의 역할은 사도행전에 본격적으로 나타날 것이다.
5. '종'과 정반대의 의미인 '주재'(δεσπότης 데스포테스)는 70인역에 '여호와'의 번역어로 등장한다(예, 잠 29:25; 사 1:24; 욘 4:3).
6. '은혜' 또는 '긍휼'을 뜻하는 '안나'(Ἄννα)는 히브리어 한나의 헬라어 번역어다. 구약과 외경에서 한나의 이름을 가진 여성은 사무엘의 어머니(삼상 1-2)와 토비트(1:20; 2:1; 11:9)의 어머니다.

7. 유대인들이 존경한 유딧은 105세를 살았으며, 과부였고 경건한 여인으로 하루도 빠짐없이 금식했다(유딧서 8:6; 16:23).
8. 12세가 무슨 의미인지 여러 견해가 있지만 본문의 핵심은 어린 예수가 사람들을 놀라게 하는 지혜와 통찰력을 갖고 있었다는 데 있다. 어린 나이의 예수는 '소년(παῖς) 예수'로 묘사된다(43절). 마리아는 예수를 '아이'(τέκνον 테크논)로 부른다(48절). 물론 고대 독자들에게 12세의 지혜와 통찰력은 예수의 비범성을 알리는 표시였을 가능성도 있다. 고대 문헌에 따르면 고대인들은 위대한 영웅은 12세에 이미 두각을 드러내는 것으로 이해했다. (키루스 대왕(BC 580-529), 에피쿠로스, 사무엘(요세푸스, 《고대사》, 5.348), 아우구스투스(Suetonius, Divus Augustus, 8.1), 솔로몬(왕상 2:12, 70인역)) 70인역은 솔로몬이 12세에(ἐτῶν δώδεκα) 그의 아버지 다윗의 왕위에 오른 것으로 기록했다.
9. '완료하다' 또는 '성취하다'를 의미하는 '텔레이오오'(τελειόω)가 사용된 것은 예수의 부모가 일주일을 모두 지킨 것을 가리킨다(참고. 13:32; 행 20:24).
10. 쉬노디아(συνοδία 동행—개역개정) 당시에 어떤 길은 강도들로 위험했기 때문에 혼자 여행하기보다 여행단을 이루어 서로를 보호하며 이동했다.
11. 갈릴리에서 예루살렘은 3일 거리였다(요세푸스, 《생애》, 269).
12. Wolter, *Luke 1:1-9:50*, 150.
13. 개역개정은 '문하에서'로 번역.
14. '지혜'(개역개정).
15. '사랑'으로 번역된 카리스(χάρις)는 '은혜' 또는 '호의'를 의미한다(1:30; 행 2:47; 7:46).

5 요한의 사역과 체포

1. AD 1세기에 코포니우스(6-9년), 암미불루스(9-12년), 안니우스 푸푸스(12-15년), 발레리우스 가르투스(15-26년), 폰티우스 필라투스(26-36년), 마르켈루스(36-37년)가 유대의 총독이었다.
2. 안나스는 AD 6-15년, 아들 엘리자르는 16-17년, 사위 가야바는 18-36년, 둘째 아들 요나단은 36-37년, 셋째 아들 데오필루스는 37년, 넷째 아들 마티아스는 41-44년, 다섯째 아들 아나누스는 62년에 대제사장직을 수행했다.
3. 예, 삼하 7:4; 24:11; 왕상 12:22; 13:20; 왕하 20:4; 미 1:1; 욘 1:1; 슥 1:1; 사 38:4; 렘 1:1-4; 겔 1:3.

4. Fitzmyer, *Luke 1-9*, 458.
5. 70인역과 신약에서 단수형인 '헤 에레모스'는 시내 광야나 유대 광야를 가리킨다(Fitzmyer, *Luke 1-9*, 458).
6. Levine and Witherington, *Gospel of Luke*, 85.
7. 구약의 용례는 M. J. Boda, *Return to Me: A Biblical Theology of Repentance* (Downers Grove, IL: *InterVarsity Press*, 2015), 25-26, 145-161에 근거함.
8. 예, 사 30:15; 렘 15:19; 겔 18:32.
9. 명사와 동사가 마가복음에는 각각 1회(1:4), 2회(1:15; 6:12), 마태복음에는 2회(3:8, 11), 5회(3:2; 4:17; 11:20, 21; 12:41), 누가복음에는 5회(3:3, 8; 5:32; 15:7; 24:47), 9회(10:13; 11:32; 13:3, 5; 15:7, 10; 16:30; 17:3, 4) 등장한다. 누가의 저술인 사도행전에는 각각 6회(5:31; 11:18; 13:24; 19:4; 20:21; 26:20), 5회(2:38; 3:19; 8:22; 17:30; 26:20), 바울서신에는 각각 4회(롬 2:4; 고후 7:9, 10; 딤후 2:25), 1회(고후 12:21) 나타난다. 명사 '메타노이아'가 히브리서에는 3회(6:1, 6; 12:17), 베드로후서에는 1회(3:9), 계시록에는 동사 '메타노에오'가 12회(2:5[2회], 16, 21[2회], 22; 3:3, 19; 9:20, 21; 16:9, 11) 사용된다.
10. 행 15:3.
11. 마 13:15; 막 4:12; 눅 1:16-17; 22:32; 행 3:19; 9:35; 11:21; 14:15; 15:19; 26:18, 20; 28:27; 고후 3:16; 살전 1:9; 약 5:19-20; 벧전 2:25.
12. 요한이 백성에게 선한 행위를 요구한 것은 요한에 대한 요세푸스의 설명과 일치한다. "그는 선한 사람이었고 유대인들에게 덕을 실행하고 세례를 받도록 명령했다. 다른 사람에게는 의를 행하고 하나님에게는 경건을 행하도록 명령했다"(《고대사》, 18.117).
13. 히브리어와 아람어로 '자녀'(아들들)는 '바님'과 '바닌'이고 '돌들'은 '아바님'과 '아바닌'이다. 히브리어 단수는 '벤'(아들)과 '에벤'(돌)이다.
14. 거지와 부자의 비유(16:19-31)에서 부자는 죽어서도 '아버지 아브라함'이라고 부르지만 아브라함과 같은 장소에 머물 수 없다. 18년 동안 등을 펼 수 없었던 여자는 '아브라함의 딸'이다(13:16). 회개의 표현으로 가난한 자들을 위해 소유의 절반을 기부한 삭개오는 아브라함의 아들이다(19:9).

6 예수의 세례, 계보, 시험

1. b. Ḥag. 15a; 참조. 창 1:2.

2. '사랑하는'은 이사야 44:2에서 하나님의 종을 가리키는 표현일 가능성이 있다. 70인역은 마소라 본문의 '택한'을 '사랑하는'으로 번역한다. '사랑하는 아들'은 장세기에서 이삭에게도 사용된 개념이다(창 22:2, 12, 16). 구약에서 '사랑하는 아들'은 '소중한 아들'과 '유일한 아들'로 표현될 수 있다(참고. 렘 31:20).
3. 22절의 원문은 '예수께서 시작했을 때'로 시작하고 '무엇'을 시작했는지 목적어가 나오지 않는다. 개역개정은 '가르침'을 추가한다.
4. 다윗은 30세에 통치를 시작했고(삼하 5:4) 요셉은 30세에 파라오의 명을 받아 이집트의 행정을 맡았다(창 41:46). 두 사람의 경우 30세는 최고로 중요한 책무를 수행할 수 있는 나이였다.
5. 마태가 다윗 왕의 계보를 강조한 반면 누가는 요셉이 속한 다윗 가문의 혈통을 강조한다.
6. 원문에는 '강'이 없이 '요단'으로 표기된다.
7. 성경의 영웅들은 공적인 사역을 시작하기 전에 시험 단계를 거쳤다(삼상 17:34-37; 단 1:12-17; 3:12; 참조. 삼상 25:13-34; 왕상 19:4; 렘 20:7-18). 그러나 본문과 같은 메시아의 시험 이야기는 제2성전기 유대교에는 등장하지 않는 복음서의 독특한 특징이다.
8. Nolland, *Luke 1:1-9:20*, 179.
9. 예루살렘을 강조하는 누가는 세 번째 시험이 산에서 일어난 것으로 설명한다.
10. '꼭대기'로 번역되는 '프테뤼기온'은 문자적으로 '날개'를 뜻하고 성전 전체 건물에서 가장 높이 솟아 있는 돌출 부분, 성전의 남동쪽 끝일 가능성이 높다. 야고보는 '성전의 날개'에서 던져져 죽었다(유세비우스, 《교회사》, 2.23.11).

7 나사렛과 가버나움의 사역

1. 일반적으로 '영광 돌리다'를 뜻하는 '독사조'(δοξάζω)가 이 구절에서는 예수의 가르침에 대한 사람들의 감탄과 호의적 반응을 표현한다. 누가복음에서 예수는 교사로 묘사된다(예, 4:31; 5:3, 17; 6:6; 11:1; 13:10, 22, 26; 19:47; 20:1, 21; 21:37; 23:5).
2. 성령은 사가랴(1:67), 요한(1:15), 엘리사벳(1:41), 마리아(1:35), 시므온(2:25)에게도 임하셨다.

3. '가르치다'(διδάσκω 디다스코)와 '행하다'(ποιέω 포이에오)라는 동사로 요약될 수 있다.
4. '비블리온'(βιβλίον)은 두루마리나 책(코덱스)으로 번역될 수 있는데, 이어서 나오는 '펴다'(ἀναπτύσσω 아나프튀소)가 말린 형태를 펴는 것을 가리키므로 이 책은 두루마리 형태였다.
5. 희년은 히브리어로 '요벨'이고 '주빌리'의 어원은 아직도 명확하지 않지만, 나팔을 불어 희년을 선포했기 때문에 '나팔'(요벨)에서 '주빌리'라는 단어가 파생했을 가능성이 있다.
6. Marshall, *Gospel of Luke*, 181. 누가는 바울이 회당에서 가르치는 장면에서도 '관례대로'라는 용어를 사용한다(행 17:2). "바울이 자기의 관례대로 그들에게로 들어가서 세 안식일에 성경을 가지고 강론하며"
7. 희년은 대속죄일에 선포됐다. 이는 죄 용서로 하나님과 백성의 관계가 회복되는 것이 희년의 중심이라는 점을 암시한다(레 25:9).
8. 직역하면 '은혜의 말씀들'(τοῖς λόγοις τῆς χάριτος 토이스 로고이스 테스 카리토스)이다.
9. Wolter, *Luke 1:1-9:50*, 204.
10. Green, *Gospel of Luke*, 215.
11. Marshall, *Gospel of Luke*, 187.
12. 4:19의 '은혜의 해'(ἐνιαυτὸν δεκτόν 에니아우톤 데크톤)에서 '은혜'를 뜻하는 '데크토스'(δεκτός)는 '환영하는', '수용하는'과 같은 의미다.
13. 사도행전의 마지막 장에서 바울은 하나님 나라의 복음을 배척한 유대인들에게 하나님의 구원이 이방인들에게 전해지고 이방인들이 구원의 소식을 듣게 될 것이라고 언급할 것이다.
14. 헬라어 본문에는 '안식일들'(복수형)이다. '가르치고 있었다'(미완료 과거형)는 동작의 반복을 암시하므로 복수형은 예수께서 여러 안식일에 가르치고 있었음을 의미한다.
15. '더러운 귀신의 영'은 영의 실체를 '더러운 귀신'으로 설명하는 표현이다.
16. Wolter, *Luke 1:1-9:50*, 226
17. 에드워즈, 《누가복음》, 220
18. '섬기다'(διακονέω)의 미완료과거로 시몬의 장모가 계속해서 식사 등으로 봉사한 것을 의미한다.

19. 7:28; 8:1, 10; 9:2, 11, 27, 60, 62; 10:9, 11; 11:20; 13:18, 20, 28-29; 14:15; 16:16; 17:20[2x], 21; 18:16-17, 24-25, 29; 19:11; 21:31; 22:16, 18; 23:51

8 시몬 베드로와 첫 제자들

1. '하나님의 말씀'은 누가-행전의 핵심 주제 중 하나로 약 20회 정도 사용된다(1:2; 5:1; 8:11, 21; 11:28; 행 4:31; 6:2, 7; 8:14; 11:1; 12:24; 13:5, 7, 44, 46, 48; 16:32; 17:13; 18:11). 구약에서 선지자의 사명의 핵심은 하나님의 말씀을 전하는 것이었다(예, 사무엘—삼상 9:27; 삼하 16:23, 나단—대상 17:3). 누가복음에서 하나님의 말씀은 하나님의 뜻과 계획을 구두로 전한 내용이다(예, 1:2; 8:11). 하나님의 말씀은 주로 예수를 통해 전해진다. 반면 누가의 저술인 사도행전에서는 주로 교회의 선포와 전도, 설교와 가르침 등을 통해 하나님의 말씀이 전해진다.
2. 누가는 '갈릴리 바다' 대신 '게네사렛 호수'를 사용한다. 게네사렛은 갈릴리의 북서쪽 경계 지역에 있는 비옥한 지역을 지칭한 이름이다. 5:1에서 누가는 게네사렛 호수로 칭하고, 5:2, 8:22-23, 33에는 '호수'(λίμνη 림네)로만 표기한다. 갈릴리 호수는 해수면보다 낮았고 산과 골짜기로 둘러싸여 있었다. 북쪽의 헬몬산을 비롯한 주변 산에서 불어오는 차가운 공기가 수면에서 올라오는 따스한 공기와 만나면서 바람과 폭풍이 자주 발생했다. (에드워즈, 《누가복음》, 345.)
3. 에드워즈, 《누가복음》, 229.
4. Green, *Gospel of Luke*, 232.
5. Nolland, *Luke 1:1-9:20*, 222; 에드워즈, 《누가복음》, 232.
6. 참고. C. Kavin Rowe, *Early Narrative Christology: The Lord in the Gospel of Luke* (Berlin: Walter de Gruyter, 2006), 86-87. 누가-행전에서 '죄인'이 언급되는 본문은 회개, 용서, 구원이 필요한 사실을 강조한다. (예, 눅 1:77; 3:3; 5:20-24, 30, 32; 6:32-34; 7:34, 37, 39, 47-49; 11:4; 13:2; 15:1, 2, 7, 19; 17:3, 4; 18:13; 19:7; 24:7, 47; 행 2:38; 3:19; 5:31; 7:60; 10:43; 13:38; 22:16; 26:18)
7. 시몬이 보이는 반응은 신의 현현 장면에 나타나는 특징을 반영한다. 하나님의 임재 앞에서 인간은 엎드리고, 죄를 인식하고, 떠나달라고 간청하고, 두려워하며, 두려워하지 말라는 소리를 듣는다(Wolter, *Luke 1:1-9:50*, 227).
8. Johnson, *Gospel of Luke*, 90.

9 긍휼과 환대

1. 요세푸스는 나병환자와 시체가 다를 바가 없고(《고대사》, 3:264) 나병환자를 만지는 것은 부정하다고 설명했다(《아피온 반박문》, 1.31).
2. 5:8에 이어 두 번째 등장하는 '주여'다.
3. 누가는 외딴곳으로 물러가 기도하는 동작을 현재 분사형으로 표현한다.
4. '사람아'(ἄνθρωπε 안뜨로페).
5. 완료 수동태인 '아페온타이'(ἀφέωνται)가 사용된다.
6. Green, *Gospel of Luke*, 242.
7. 여기서 '서기관들'은 17절의 '율법교사들'을 가리키는 동의어다.
8. 누가복음에 24회 등장하는 '사람의 아들' 칭호가 이곳에 처음 나온다(6:5, 22; 7:34; 9:22, 26, 44, 58; 11:30; 12:8, 10, 40; 17:22, 24, 26, 30; 18:8, 31; 19:10; 21:27, 36; 22:22, 48, 69; 24:7).
9. 눅 7:30; 10:25; 14:3,
10. 눅 5:17; 행 5:34.
11. 눅 11:53; 15:2; 19:47; 20:1, 19, 39, 46, 23:10; 행 4:5; 6;12; 19:35; 23:9.
12. 누가복음에서 바리새인들(6:2; 11:42-43; 12:1; 16:14; 17:20; 18:10-11; 19:39)은 서기관들과 함께(5:30; 6:7-11; 11:53; 15:2) 또는 율법교사들과 함께(5:17-26; 7:30; 14:1-3) 등장하기도 한다. 행 23:6-9에는 바리새인들과 사두개인들이 함께 등장한다. 바리새인들은 사두개인들과는 함께 언급되지 않지만 행 5:33-34에서 바리새인들의 선생인 가말리엘은 사두개인들이 포함된 공회의 구성원으로 소개된다(참고. 행 22:3).
13. '보다'(θεάομαι 떼아오마이)는 신약에서 드물게 사용되는데 주시하는 동작을 가리킨다(참고. 7:24; 23:55).
14. Wolter, *Luke 1:1-9:50*, 242.
15. '카탈리폰 판타'(καταλιπὼν πάντα).
16. 이는 그리스—로마 문화에 잘 알려진 내용이었다(예, Plutarch, Moralia 230-231; Dio Chrysostom 3.100). 상세한 자료는 Wolter, *Luke 1:1-9:50*, 245에 제시됨.
17. Johnson, *Gospel of Luke*, 97(예, Dio Chrysostom, Oration 32.14-30; Epictetus, Discourses 3.23, 30).
18. m. *Abot.* 4.20; b. Ber. 51a; Bovon, *Luke*, 1:194에서 재인용.

19. 이처럼 구약을 좋은 것으로 해석하는 이유 때문에 구약의 가치를 부정한 마르키온(AD85~160)은 자신이 독자적으로 구성한 누가복음에 39절을 제외시켰다.
20. Bovon, *Luke*, 1:194.
21. '인자가 안식일의 주다' 대신 '안식일의 주는 인자다'로 번역하는 것이 적절하다. Rowe, *Early Narrative Christology*, 109-110을 보라.
22. 톤 사바톤 퀴리우(τῶν σαββάτων κυρίου).
23. Wolter, *Luke 1:1-9:51*, 255.
24. "악인이 의인 치기를 꾀하고(παρατηρέω 파라테레오의 미래 동사 사용) 그를 향하여 그의 이를 가는도다"(시 37:12; (Bovon, Luke 1:1-9:50, 203).
25. 안식일에 병을 치유하는 것과 관련해서 랍비 전통은 생명이 지금 위독할 경우에만 치료하도록 했고(m. *Yoma* 8:6) 불구인 몸이나 부러진 뼈를 맞추는 행위는 금지했다(m. *Shab*. 22:6).

10 사도 임명과 평지설교

1. '가룟'은 사해 근처의 지명을 가리키는 것으로 보인다. 즉 가룟 사람은 케리요트에서 온 사람(히. '이쉬 케리요트)일 가능성이 높다(그리욧—렘 48:24; 암 2:2). 유다의 아버지나 조상이 그곳 출신이었고 아들인 유다에게도 마치 성처럼 지명이 붙여졌을 것이다.
2. Bovon, *Luke 1:1-9:50*, 209.
3. 빌립은 헬라식 이름으로 요한복음에 몇 번 등장한다(요 1:43-51; 6:5; 12:20-22; 14:8).
4. 아람어로 '아들'을 의미하는 '바르'가 붙여진 '바돌로매'는 '톨마이의 아들'이다.
5. 마태는 당시 팔레스타인에서 가장 널리 사용된 남성 이름인 '맛디띠아'의 축약형 중 하나인 '맛다이'를 가리킨다.
6. 도마는 아람어로 '쌍둥이'이므로 별명일 가능성이 있다.
7. 야고보는 당시에 가장 널리 사용된 이름 중 하나였으므로 다른 야고보들과 식별을 위해 아버지의 이름이 사용됐을 것이다.
8. 젤로테스(ζηλωτής 셀롯—개역개정), 즉 '열심당'으로 불리는 사람들의 분파가 존재했는가? 복수형인 '호이 젤로타이'(οἱ ζηλωταί)는 하나의 종파(분파)로 존

재하지 않았고 비느하스나 마카비처럼 율법과 하나님을 향한 열정으로 가득 찬 유대인들을 가리킨다. 시몬은 민족의 해방을 위해 적극적으로 활동했을 것이지만 분파에 소속된 사람으로 볼 필요는 없다.

9. Johnson, *Gospel of Luke*, 110.

10. 예, 잠 8:34; 시 1:1; 2:12; 34:8; 41:1; 84:4; 94:12; 119:2; 참고. 시락서 14:1; 25:8, 9; 28:19(Levine and Witherington III, *Luke*, 177).

11. 27-28절의 2인칭 복수형 '너희'가 29-31절에서 2인칭 단수형 '너', '네'로 바뀐다.

12. "기대하지 말라"에서 '아펠피존테스'(ἀπελπίζοντες)의 어원은 '좌절하다'이고 '돌려받기를 기대하다'로 사용된다.

13. Marshall, *Gospel of Luke*, 262.

14. Fitzmyer, *Luke 1-9*, 640.

15. Green, *Gospel of Luke*, 250-251.

16. BDAG, 101.

17. 이 단어는 신약에 7회 등장하고 다양한 의미('불편하지 않은', '편리한', '좋은', '괜찮은', '친절한' 등)로 사용된다. 5:39에서 묵은 포도주가 '좋다'고 표현할 때도 이 용어가 등장한다. 70인역에서 '크레스토스'는 히브리어의 '토브'('좋은')를 번역한 단어다. 높은 위치와 권세와 부를 가진 사람이 수혜를 베풀 때 '크레스토스'로 불린다.

18. '자비로운'으로 번역되는 '오이크티르몬'(οἰκτίρμων)은 의미론적으로 '긍휼'을 뜻하는 '엘레오스'(ἔλεος)의 동족어다. 하나님 아버지의 자비로운 성품은 15장의 세 번째 비유에 잘 나타난다.

19. Hays, *Echoes of Scripture in the Gospels*, 214.

20. "여호와는 은혜로우시며(아이크티르몬) 긍휼이 많으시며 노하기를 더디 하시며 인자하심이 크시도다 여호와께서는 모든 것을 선대하시며(크레스토스) 그 지으신 모든 것에 긍휼을 베푸시는도다."

21. '콜포스'(κόλπος)는 '품', '가슴', 옷 포대기 등의 뜻이다. "… 아브라함과 그의 품에 있는 …"(16:23)의 '품'도 '콜포스'이다.

11 확장되는 메시아의 사역

1. Green, *Gospel of Luke*, 281-282.

2. 누가-행전에서 백부장은 대체로 긍정적으로 묘사된다(23:47; 행 10:22; 22:26; 23:17, 23; 24:23; 27:43).
3. 백부장은 '하나님 경외자'였을 가능성이 있다. '하나님 경외자'는 이방인으로서 할례를 받거나 귀화를 하지는 않았지만 유대교 신앙과 윤리를 존중하고 유대인의 예배에도 참여했다. 백부장의 모습은 누가가 고넬료를 '하나님을 경외하며 백성을 많이 구제하는 하나님 경외자'로 소개한 것과 비슷하다(행 10:2). 에드워즈, 《누가복음》, 303.
4. 에드워즈, 《누가복음》, 303.
5. Green, *Gospel of Luke*, 285; 존 M. G. 바클레이, 김형태 옮김, 《바울과 은혜의 능력》(감은사, 2021), 1-2장.
6. 에드워즈, 《누가복음》, 306.
7. 공관복음에서 누가복음에만 부활 이전의 예수에게 '주' 칭호가 사용된다(7:19; 10:1, 39, 41; 11:39; 12:42; 13:15; 17:5, 6; 18:6; 19:8; 22:61[2회]). 누가는 부활하고 승천한 예수의 권위를 근거로 예수의 지상 사역에 이 칭호를 적용한다. Bock, *Luke*, 1:648을 보라.
8. 에드워즈, 《누가복음》, 311.
9. Tannehill, *Narrative Unity of Luke-Acts*, 97.
10. Fitzmyer, *Luke*, 1:660.
11. '돌아보다'(개역개정).
12. '스칸달리조'(σκανδαλίζω).
13. Fitzmyer, *Luke 1-9*, 676,
14. Nolland, *Luke 1:1-9:20*, 342.
15. Nolland, *Luke 1:1-9:20*, 342.
16. 누가-행전 외에는 3회만 등장하고(고전 4:5; 엡 1:11; 히 6:17) 누가-행전에 9회 사용된다(눅 7:30; 23:51; 행 2:23; 4:28; 5:38; 13:36; 20:27; 27:12, 42).
17. 비유에서 '우리'와 '너희'를 누구로 이해하느냐에 따라 두 가지 해석이 가능하다. 만일 '우리'를 요한과 예수로, '아이들'을 이 세대로 이해하면 요한과 예수의 사역에 이 세대가 합당하게 반응하지 않은 것이 된다. 요한이 먼저 오고 예수가 그 후에 활동한 순서를 고려하면 위의 해설이 적절하다.
18. Bovon, *Luke 1:1-9:50*, 287.
19. Nolland, *Luke 1:1-9:20*, 347; Wolter, *Luke 1:1-9:50*, 315; Fitzmyer, *Luke*

1-9, 681.

20. '의롭게 됐다'(ἐδικαιώθη 에이카이오떼)를 과거형으로 사용한 것은 이 사실이 어느 시대든지 변치 않는 진리이기 때문이다.
21. '앉다'로 번역되는 '카타클리노'(κατακλίνω)는 공식적인 만찬에 초대 받은 사람이 비스듬히 앉는 모습을 말한다.
22. 에드워즈, 《누가복음》, 322.
23. Johnson, *Luke*, 128; Marshall, *Luke*, 314.
24. Evans, *Luke*, 122.

12 하나님 나라의 비유

1. 바리새인들은 11:37-54에 잠시 등장한 뒤에 14:1 이후에 다시 등장한다.
2. 1절 후반절을 직역하면 예수께서 '하나님 나라를 선포하고 기쁜 소식을 전했다'이다. 분사인 '선포했다'와 '기쁜 소식을 전했다'의 공통 목적어는 '하나님 나라'(τὴν βασιλείαν τοῦ θεοῦ 텐 바실레이아 투 떼우)이다. '기쁜 소식을 전하다'(εὐαγγελίζομαι)는 한 단어이며, '선포하다'(κηρύσσω 케뤼소)와 같은 의미로 사용된다.
3. 누가는 소유를 지칭할 목적으로 '휘파르코'(ὑπάρχω 존재하다)의 현재 분사(ὑπαρχόντων 휘파르콘톤, 소유)를 사용한다. 소유를 드려 예수의 공동체를 섬기는 삶은 누가가 사도행전에서 기록한 초기 교회의 전형적인 모습이다. 이들의 삶은 사도행전에 기록된 초기 기독교 공동체의 모습을 예고한다. 3절의 '그들의 소유로'는 초기 교회의 삶을 대변하는 사도행전 4:32의 '자기 소유'와 같은 표현이다.
4. 신적 수동태.
5. Nolland, *Luke 1:1-9:20*, 391.
6. Bovon, *Luke 1:1-9:50*, 314.
7. Fitzmyer, *Luke 1-9*, 719.
8. 위의 해석과 달리 말씀의 의미가 드러나게 된다는 해석도 가능하다. 하나님 나라의 비밀, 즉 하나님의 목적은 숨겨져 있고 제자들과 같은 소수에게 알려져 있으나 언젠가는 널리 알려질 것이다. 제자들(또는 교회)은 하나님의 말씀을 확신할지라도 역사의 끝에서 숨겨진 모든 것이 온전히 드러나게 된다는 사실을 기억하고 겸허한 마음으로 하나님의 말씀과 비밀을 대해야 한다

(참고. 고전 13:12). 이 해석의 경우 18절은 하나님의 말씀을 진중하게 듣고 순종하는 사람에게 숨겨진 비밀이 더 명확하게 드러난다는 의미가 된다.

13 기적의 행위로 드러나는 예수의 정체

1. 22절 맨 앞에 배열된 '어느 날 일어났다'('하루는'—개역개정)는 새로운 장면으로 전환되는 것을 알리는 전형적인 표현이다.
2. 누가는 귀신들린 자의 변화 전후를 대조한다(Green, *Gospel of Luke*, 336). 귀신 들린 자 하나(27절) ↔ 귀신 나간 사람(35절) / 오래 옷을 입지 않았다(27절) ↔ 옷을 입었다(35절) / 집에 거하지 않고 무덤 사이에 거했다(27절) ↔ 집으로 돌아간다(39절) / 예수 앞에 엎드려 큰 소리로 불렀다(28절) ↔ 예수의 발 옆에 앉았다(35절) / 귀신이 그를 사로잡았고 그는 맨 것을 끊었다(29절) ↔ 정신이 온전해졌다(35절).
3. Bovon, *Luke 1*, 330.
4. Bovon, *Luke 1*, 331.
5. '전파하다'(κηρύσσω 케뤼소) 역시 목격자의 사명에 해당한다. 예수는 하나님 나라의 복음을 선포했고(4:18, 19, 44; 8:1) 제자들에게 이 사명을 맡긴다(9:2; 12:3; 24:47).
6. '모노게네스'(μονογενής)는 '유일한 자녀'에 해당하는 용어다.
7. '영' 또는 '영혼'으로 번역될 수 있는 '프뉴마'(πνεῦμα)는 사람이 죽는 순간 육체와 분리되는 '영혼'에 해당한다(참고. 23:46; 행 7:59). '영'이 돌아왔다는 표현은 복음서에서 누가복음에만 사용되고, 사렙다 과부의 죽은 아들이 치유받은 이야기를 떠올린다(왕상 17:21; 참고. 왕하 4:34).
8. 아이의 아버지와 어머니, τὸν πατέρα τῆς παιδὸς καὶ τὴν μητέρα(톤 파테라 테스 파이도스 카이 톤 메테라, 아이의 부모—개역개정).

14 예수의 정체에 대한 제자들의 이해와 오해

1. 그리스 본문에는 동사 '쫓아내다'가 없고 '모든 귀신들에 대한 그리고 질병을 치유하는 권능과 권위 …'이다.
2. 제자들은 하나님 나라 복음을 위해 충분히 준비돼야 하는 동시에 부름 받은지 얼마 되지 않아도 하나님이 주신 권능과 권위로 사역을 수행할 수 있다.
3. '나의 택함을 받은 아들'(ὁ υἱός μου ὁ ἐκλελεγμένος 호 휘오스 무 호 에클렐레그메

노스), '하나님이 택하신 자 그리스도'(ὁ χριστὸς τοῦ θεοῦ ὁ ἐκλεκτός 호 크리스토스 투 떼우 호 에클렉토스).

4. 18절부터 예수는 제자들과 대화하셨는데 23절의 '모두를 향해'(πρὸς πάντας 프로스 판타스, 무리에게—개역개정)는 제자들의 범위를 확장한다. 실제로는 열두 제자만 있었겠지만 예수의 가르침이 모든 제자들을 대상으로 하는 것을 강조하기 위해 '모두'가 사용된다. 이런 점에서 개역개정의 '무리'는 제자들 외의 사람들로 청중을 오해하게 할 수 있는 번역이다.
5. '아콜루떼이토 모이'(ἀκολουθείτω μοι).
6. Wolter, *Luke 1:1-9:50*, 389.
7. '케르다이노'(κερδαίνω).
8. '제미오오'(ζημιόω).
9. Wolter, *Luke 1:1-9:50*, 389.
10. 8일을 '8일째도 성회로 모일 것'을 요구한 초막절을 암시하는 숫자로 보는 견해도 있다(레 23:36).
11. '헬몬'은 히브리어로 '성스럽다', '거룩하다'는 뜻이다(참고. 변모 사건을 언급하는 벧후 1:18의 '거룩한 산').
12. 구약에서 얼굴은 하나님과의 관계(출 34:29-30; 삼상 1:9-18; 시 34:5-6; 단 10:6; 참고. 행 6:15), 옷은 신분을 알렸다(7:25; 8:26-35; 16:19; 23:11; 참고. 행 10:30).
13. Wolter, *Luke 1:1-9:50*, 394.
14. 베드로가 초막(스케네)을 제안한 목적에 대해 성막(스케네) 또는 초막절의 초막(스케네)을 세우기 위함이라는 견해가 있다. 첫 번째 견해는 예수의 영광을 목격한 베드로가 모세를 보면서 출애굽 백성을 위해 세워진 성막을 가득 채운 영광(출 40:34-35)을 떠올렸을 것으로 생각한다. 제국의 속박 아래 살아가던 유대인들의 소망은 다시 한번 출애굽이 일어나 성막이 재건되는 것이었다. "주님의 선하심을 찬양하여라 만세의 왕을 기리어라 네 성전(스케네)이 다시 지어져서 너는 기뻐하게 될 것이다"(토비트 13:10, 공동번역개정). 그러나 본문의 복수형(σκηναί 스케나이)은 단수형 성막(스케네)이 아니다. 또한 율법에 규정된 거룩한 성막을 베드로가 산위에 있는 재료로 세울 생각을 하기는 어려웠을 것이다. 두 번째 견해는 베드로가 산위에서 초막절을 기념하고자 했다고 해석한다. 초막절 또는 장막절은 광야 여정 동안 하

나님이 공급해 주신 일을 기념하기 위해 7일 동안 임시로 만든 장막에 머무는 절기였다. 곡식을 모으는 시기인 가을에 있었고(레 23:33-36) 추수의 기쁨을 누리는 절기로 수장절로도 불렸다(출 23:16; 34:22). 무엇보다 예수 당시에는 종말론적 구원을 기대하면서 기념한 절기였다. 절기 중에 밝힌 등불은 하나님의 영광을 상징했고 하나님의 영광이 장막에 임하기를 소망했다. 이 견해는 베드로가 자신들이 머물 수 있는 텐트(초막)를 언급하지 않은 것을 설명하기 어렵지만 베드로가 의도했을 가능성은 있다.

15. Levine and Witherington, *Gospel of Luke*, 262.
16. 참고. 출 16:10; 19:9, 16; 24:15-18; 34:5; 40:34-38; 민 11:25; 17:7; 신 31:5.
17. '다음 날'이 반드시 아침을 가리키는 표현은 아니다. '다음 날'이 아침을 가리키지 않는다면 변모 사건이 일어난 시간도 밤이 아니었을 가능성이 높다. 유대 문화에서 해가 지면 하루가 시작되므로 '다음 날'(이튿날)은 해가 진 이후를 가리킬 수도 있다. 실제로 높은 산을 밤에 올라가는 것은 위험한 일이었을 것이다.
18. 엘리야 역시 사르밧의 과부에게 아들을 살려서 돌려주었다(왕상 17:23).
19. Wolter, *Luke 1:1-9:50*, 394.

15 인자의 길과 제자의 길

1. 원문에는 '추수'(θερισμός 떼리스모스) 한 단어만 나온다. 번역의 편의를 위해 '할 곡식'을 추가했다.
2. 사본은 거의 같은 비율로 70명과 72명의 독법을 지지한다. 어떤 숫자가 맞는지 확신하기는 쉽지 않다. 구약과 유대교에서 70은 큰 숫자 또는 지도자들의 이상적인 숫자를 상징했다. 예를 들어 민수기 11장에는 70명의 장로가 등장한다. 또한 구약에서 70은 흔히 사용되는 숫자다(70년—창 5:12; 70명인 야곱의 아들들—창 46:27; 출 1:5; 70일—창 50:3; 70명의 왕들—삿 1:7; 70명의 기드온, 여룹바알의 아들들—삿 8:30; 9:24; 70명의 아합의 아들들—왕하 10:1 등). 산헤드린 공회는 70명으로 구성된다. 이 경우 70명의 제자는 모든 나라들을 책임지고 전도해야 하는 사람들을 상징하게 된다. 한편 70인역 창세기 10장에 따르면 세상은 72개의 나라로 구성된다(맛소라 본문에는 70명). 에녹3서에는 세상의 왕들과 언어의 수가 72다(17:8; 18:2-3; 30:2). 72명의 경우는 이방인들의 선교와 관련이 있다. 에드워즈, 《누가복음》, 414을 참고하라.

3. '다른 70명'('따로 칠십 인'—개역개정)은 열두 제자(9:1-6)와 다른 제자들을 의미하는 표현이다.
4. 에드워즈, 《누가복음》, 414.
5. '구하다', '요청하다'로 번역되는 '데오마이'(δέομαι)는 '기도하다'를 뜻한다.
6. Marshall, *Luke*, 418.
7. 직역하면 '평화의 아들'(υἱὸς εἰρήνης 휘오스 에이레네스).
8. 예수는 '가까이 오다'(ἐγγίζω 엥기조)의 완료형(ἤγγικεν 엥기켄)을 사용한다. 이는 '가까이 왔다' 또는 '이미 임해 있다'에 해당한다.
9. Wolter, *Luke*, 2:59.
10. 제자들이 예수의 이름으로 선교한 것은 사도행전의 활동을 예고한다. 초기 교회는 예수의 이름으로 치유하고(행 3:6, 16; 4:10, 30; 19:12) 복음을 전하고(4:12; 5:28, 40), 세례를 받고(8:16; 10:48; 19:5), 그의 이름을 위해 고난을 받고(5:41; 9:16; 21:13), 그의 이름을 부른다(9:14, 21; 22:16).
11. 18절부터 '마귀'(디아볼로스 διάβολος—4:2, 3, 6, 13; 8:12)에서 '사탄'(Σατανᾶς 사타나스—10:18; 11:18; 13:16; 22:3, 31)으로 바뀐다.
12. 당시 유대인들은 기도할 때 하나님을 아버지라 부르지 않았다. 하나님을 아버지라 부르며 기도한 것은 예수의 독특한 특징이다. 예수는 제자들에게도 하나님을 아버지로 부르도록 가르쳤다.

16 이웃 사랑, 하나님 사랑, 기도

1. '영생'(ζωὴ αἰώνιος 조에 아이오니오스) 또는 '생명'(ζωή 조에—12:15; 16:25; 18:18, 30)은 구원과 같은 의미다. 영생은 일차적으로는 죽음 이후의 생명을 가리킨다.
2. 사본마다 필요한 것이 몇 가지인지 다르게 기록한다('오직 몇 가지', '오직 하나', '몇 가지 또는 한 가지'). '몇 가지'는 마르다가 준비해야 할 몇 가지 메뉴 혹은 신자들에게 필요한 몇 가지 경건 행위를 의미할 수 있다. 반면 '단 한 가지'는 앞 구절의 '많은'과 대조되고 예수의 말씀을 듣는 행위를 의미한다. 후자가 원문의 독법으로 보인다.
3. 예, 민 18:20; 신 10:9; 12:12; 14:27; 수 18:7; 욥 20:29; 27:13; 전 2:10; 3:22; 사 17:14; 렘 13:25; 행 8:21; 16:12; 고후 6:15; 골 1:12.
4. Levine and Witherington, *Luke*, 208.

5. 예, 레 11:44; 21:8; 22:32; 왕상 9:7; 대하 7:20; 시 99:1-3; 사 6:3; 29:23; 겔 36:23. 하나님의 이름이 영화롭게 되기를 기도하는 표현은 제2성전기 유대교 문헌에도 등장한다(희년서 25:12; 에녹1서 9:4; 61:12).
6. Wolter, *Luke*, 2:91.
7. Wolter, *Luke*, 2:98.
8. Bovon, *Luke*, 2:103.
9. Wolter, *Luke*, 2:98.
10. Bovon, *Luke*, 2:103.
11. '구하라'(αἰτεῖτε 아이테이테), '찾으라'(ζητεῖτε 제테이테), '두드리라'(κρούετε 크루에테).
12. 11-13절은 '더 작은 것에서 더 큰 것으로'의 논법을 따른다. 랍비 전통에서는 '칼 와호메르'(가벼움과 무거움), 로마 수사학에서는 'a minori ad maius'로 불렸다. 예수는 일반적인 인간 아버지와 하나님 아버지의 성품을 비교함으로써 '하물며 하나님께서 가장 좋은 것으로 주시지 않겠느냐'고 가르치신다.

17 예수의 활동에 대한 반응

1. 바알세불의 어원에 대해서는 에드워즈, 《누가복음》, 463을 보라. 바알세불과 비슷한 발음인 바알세붑은 아람의 신 에그론을 가리키고(왕하 1:2, 6) 70인역에서는 '파리들의 주'(바알 뮈이온)로 불린다. 반면 바알세불은 '바알'과 성전이나 처소를 뜻하는 '제불'(왕상 8:13; 사 63:15; 합 3:11; 시 49:15; 대하 6:2)의 합성어다. 따라서 사탄을 공격하는 것은 바알과 같은 우상의 처소를 공격하는 것과 같다.
2. Fitzmyer, *Luke 10-24*, 922.
3. Marshall, *Luke*, 476.
4. 개역개정은 '하나님의 손가락'을 '하나님의 권능'으로 번역한다. "요술사가 바로에게 말하되 이는 하나님의 권능(하나님의 손가락)이니이다 하였으나 바로의 마음이 완악하게 되어 그들의 말을 듣지 아니하였으니 여호와의 말씀과 같더라"(출 8:19).
5. 신약에서 이곳에 유일하게 사용된 '스퀼론'(σκῦλον 재물—개역개정)은 상대 군대가 쌓아 놓은 무기나 전리품이다. 여기서는 전리품을 가리킨다. '그의 전리

품들'은 21절의 '그의 재산들'과 같은 대상이다.

6. '아울레'(집 αὐλή—개역개정)는 집을 뜻하는 '오이코스'(οἶκος)보다 큰 규모이고 건물들로 둘러싸인 성채에 가깝다(BDAG 150).
7. 사 49:24-25에서 하나님의 종은 구원을 실현하는 사명을 맡았고 대적을 공격해 사로잡힌 포로를 빼앗는다(에드워즈, 《누가복음》, 468).
8. 예, 회개와 갱신(Fitzmyer, Luke, 2:933-934).
9. 요나를 표적으로 이해하는 경우 '요나의 표적'(τὸ σημεῖον Ἰωνᾶ 토 세메이온 이오나)에서 소유격인 '요나의'는 표적과 동격이다(동격의 소유격). '표적, 곧 요나'로 번역될 수 있다.
10. Vinson, *Luke*, 385. 하나님은 선지자를 표적으로 주셨다(사 8:18; 겔 12:6; 24:24, Wolter, *Luke*, 2:113).
11. '심판의 때'(ἐν τῇ κρίσει 엔 테 크리세이).
12. '일어나다'를 뜻하는 '에게이로'(ἐγείρω)는 최후심판 때 죽은 자들이 일어나는 것을 가리킨다.
13. 민 19:16은 "누구든지 들에서 칼에 죽은 자나 시체나 사람의 뼈나 무덤을 만졌으면 이레 동안 부정하리니"로 규정한다.
14. 마태복음의 '회칠한 무덤'은 '표시가 없는 무덤'을 더 자세히 설명한 것이다.
15. Marshall, *Luke*, 499. 존슨은 '비밀의'로 번역한다(Johnson, *Luke*, 190).
16. 동물 제사를 위한 용도였던 번제단은 성전 앞에 놓여 있었다(겔 44:13-17). 제사장 스가랴(여호야다의 아들)는 제단과 성전 사이, 즉 성전 뜰에서 돌에 맞아 죽었다(대하 24:20-21). 백성의 불순종을 책망한 이유로 살해당했다.
17. Wolter, *Luke*, 2:128.
18. Bovon, *Luke*, 2:166.

18 두려워하지도 염려하지도 말라

1. 헬라어 문장에서 '먼저'(πρῶτον 프로톤) 또는 '첫째로'는 예수가 제자들에게 말씀하셨다는 서술 뒤에, 그리고 바리새인들의 누룩을 조심하라는 경고 앞에 위치한다. 제자들에게 순서상 '먼저' 말씀하셨다는 견해보다는 바리새인들의 누룩을 '주의하라'는 경고를 강조한다는 입장이 더 적절해 보인다.
2. 직역하면 '드러나지 않을 감춰진 것은 없으며, 알려지지 않을 비밀은 없다.'
3. 누가복음만 바리새인들의 누룩을 '위선'으로 직접 해석한다(참고. 마 16:6; 막

8:15).

4. 제자를 친구로 칭한 장면은 누가복음에서 이 구절뿐이다(참고. 요 15:13-15). 누가는 '친구'(φίλος 필로스)라는 용어를 즐겨 사용하는 편이다(누가복음—14회, 사도행전—3회, 마태복음—1회[11:19], 마가복음—없음).
5. 10절의 '용서받을 것이다'(ἀφεθήσεται 아페떼세타이)는 하나님을 주어로 사용하기를 꺼려한 유대적 표현인 신적 수동태로, 용서의 주체가 하나님이신 것을 의미한다.
6. '생명'(ζωή 조에).
7. Bovon, *Luke 9:51-19:27*, 195.
8. Fitzmyer, *Luke 10-24*, 969.
9. Evans, *Luke*, 196.
10. 호라테(ὁρᾶτε)는 '명심하라', '주의하라', '자신을 지켜라'를 의미한다.
11. Bovon, *Luke 9:51-19:27*, 196.
12. '영혼'으로 번역한 '프쉬케'(ψυχή)는 23절의 '목숨'(ψυχή 프쉬케)과 같은 헬라어 단어다.
13. '목숨'으로 번역한 '프쉬케'(ψυχή)는 19절의 '영혼'(ψυχή 프쉬케)과 같은 헬라어 단어다.
14. Green, *Gospel of Luke*, 490.
15. 누가는 독백을 대부분 부정적인 의미의 수사법으로 사용한다(5:21-22; 6:8; 9:46-47).
16. '그러므로'(ESV, NIV, NRSV) 또는 '이 때문에'(διὰ τοῦτο 디아 투토)는 앞의 비유에서 가르친 교훈을 전제로 한다.
17. 백합화(개역개정)로 번역되는 복수 명사 '크리나'(κρίνα)는 갈릴리 들판에서 흔히 볼 수 있는 들꽃들을 가리킨다.
18. 개역개정에서 '무리'로 번역한 '포임니온'(ποίμνιον)은 '양 무리'다.
19. 이를 위해 예수님은 유대 랍비 전통과 로마 수사학에서 잘 알려진 '더 작은 것에서 더 큰 것으로'의 논증 방식(칼 와호메르 a minori ad maius)을 활용하신다. 예수는 작은 예시를 통해 귀한 존재인 자녀를 돌보시는 하나님의 마음을 강조하신다.
20. Bovon, *Luke*, 2:216.
21. 흥미롭게도 '염려하다'에 해당하는 헬라어 단어로 22, 24, 25절에는 '메림

나오'(μεριμνάω)가, 29절에는 '메테오리조마이'(μετεωρίζομαι)가 사용된다. 신약에 유일하게 사용된 '메테오리조마이'는 '높이다'를 뜻하며, 은유적으로는 마음을 높이는 것, 헛된 소망을 품는 것, 우유부단해서 머뭇거리는 것을 의미한다(*EDNT* 2:420; BDAG 642). 70인역에서는 '높이 올라가다' 혹은 '오만해지다'는 의미로 사용된다. 예를 들어 이 동사는 시편 131:1의 "내 눈이 오만하지 아니 하오며"에서 '오만하다'의 의미다. 오만함은 자신에게 필요한 것 이상(혹은 부)을 추구하거나 스스로 부의 원천을 마련할 수 있다고 자만하는 태도를 가리킨다. 또는 돈과 하나님 사이에서 머뭇거리는 태도를 의미한다. 예수의 제자가 허영심으로 마음이 높아지면 염려하게 되고, 문제를 해결할 주체를 하나님으로 정하지 못하면 염려하게 된다.

22. 하나님의 선한 뜻이 있기 때문에 감사할 수 있다. '기뻐하다'로 번역된(개역개정, NIV) 동사(εὐδόκέω 유도케오)의 명사형은 '선한 뜻' 혹은 '은혜로운 뜻'(εὐδοκία 유도키아)이다(참조. 10:21; 마 11:26).

19 깨어 있으라

1. 유대인들은 전통적으로 밤(저녁 6시부터 아침 6시까지)을 네 시간씩 세 번으로 나눴다. 예수 당시에는 로마 시간을 따랐다. 만일 본문의 2경과 3경이 저녁 6시부터 밤을 세 시간씩 네 개로 나눈 로마식의 시간대를 말한다면 2경은 9-12시, 3경은 12-3시를 가리킨다.
2. 깨어 있는 종들(37, 38절)과 종(43절)은 세 번에 걸쳐서 '복되다'고 불린다. '앉다'(ἀνακλίνω 아나클리노)와 '섬기다'(διακονέω 디아코네오)는 만찬을 묘사하는 동사다. 마지막 만찬 장면에 해당하는 22:27에서는 '섬기다'라는 동사가 사용된다. '섬기다' 또는 '수종들다'의 명사형 '디아코니아'(διακονία)는 초기 교회의 섬기는 '일꾼' 직분에 사용된다(행 6:1, 4).
3. 누가복음에서는 예수의 교훈을 듣는 청중이 모호하게 묘사되므로 대상을 명확히 밝혀 달라는 베드로의 질문은 자연스럽다.
4. '떼라페이아'(θεραπεία, 종들—개역개정)는 '섬김'이나 '치유' 등을 의미하는데 42절에는 섬김과 치유를 수행하는 종들을 지칭한다.
5. 요한은 예수를 '오는 자'(ὁ ἐρχόμενος 호 에르코메노스)로 소개했고 그는 메시아의 사명을 수행하기 위해 왔다(ἦλθον 엘똔).
6. 49절과 50절의 헬라어 구문에서 '불'(πῦρ 퓌르)과 '세례'(βάπτισμα 밥티스마)

가 각 문장 맨 앞에 배열된다. 예수는 '불을 던지러 왔다.' 예수는 '받을 세례를 갖고 있다.' 전자는 예수가 직접 행하는 일인 반면 후자는 예수에게 일어날 일이다.

7. '옴브로스'(ὄμβρος 소나기)는 '비'(ὑετός 휘에토스)가 아니라 폭풍우나 호우를 가리키는 용어다.
8. 카우손은 뜨거운 바람인 남풍이 동반하는 뜨거운 열기를 가리킨다.
9. '프락토르'(πράκτωρ 옥졸)는 신약에서 이곳에만 사용되는 용어로 재판장의 판결을 집행하는 사람이다.
10. '티네스'(τινες)는 '두어 사람'(개역개정)이 아니라 '몇 사람'이다.
11. 유대와 사마리아의 통치를 책임진 로마의 5대 총독 빌라도는 식민지 백성에게 대단히 폭력적이었다. 그의 직무 기간에 사회적 동요가 심해졌다. 로마 군대의 군기를 예루살렘에 가져 왔으나 군중의 저항으로 철회하기도 했다. 예루살렘 관개 시설을 개선하기 위해 주요 수도관을 만들려고 했으나 폭동이 발생했다. 군인들은 폭동을 일으킨 자들을 현장에서 처형했다. 빌라도는 선동자를 재빠르게 처리했고 예수의 재판도 그렇게 했다. 유대인들을 험하게 대한 이유로 그는 36년에 로마로 소환되었다.
12. 이는 욥의 친구들이 내린 결론과 같다(참고. 욥 4:7; 8:20; 22; 요 9:1-12).
13. 번역 4절. 직역하면 "그들이 예루살렘에 사는 다른 모두보다 더 심한 죄인들이었다고 생각하느냐?"이다. 죄인들을 의미하는 용어는 '빚진 자들'(ὀφειλέται 오페일레타이)이다. 하나님에게 진 빚을 갚아야 하는 죄인들인 셈이다.
14. 실로암은 예루살렘 성벽 남동쪽 귀퉁이 근처에 있었던 저수지로 기혼에서 예루살렘으로 물을 공급하는 수원지였다(요 9:7, 11; 사 8:6). 요세푸스는 예루살렘의 성벽이 실로암 저수지 위의 한 지점에 있었다고 기록한다(《유대전쟁사》, 5.145). 실로암 근처의 예루살렘 성벽에 망대(πύργος 퓌르고스, 감시 초소)가 있었는지 알려주는 기록은 없다. 모서리 지점에 망대가 서 있었을 가능성도 있다.
15. 누가복음은 여러 곳에서 열매 맺는 것을 회개로 표현한다. 요한은 회개에 합당한 삶의 열매를 촉구했다(3:7-9). 좋은 나무가 좋은 열매를 맺듯이 선한 사람은 마음에 쌓은 선으로 선한 행위를 결실한다(6:43-45). 하나님의 말씀을 듣고 순종하는 좋은 땅은 풍성한 열매를 맺는다(8:4-15). 씨가 뿌려

진 토양의 비유에서 좋은 땅이 열매를 맺는 것처럼(8:15) 회개는 열매와 자연스럽게 연결된다.

16. 참고. 신 22:9; 왕하 18:31; 미 4:4.
17. 사 34:4; 렘 29:17; 호 2:12; 9:10; 욜 1:7; 미 7:1.

20 하나님 나라로의 초대

1. '아폴렐뤼사이'(ἀπολέλυσαι).
2. 누가는 예수의 칭호를 '주'('주께서 대답하셨다')로 바꿈으로써 그가 안식일의 주라는 점을 독자들에게 알린다(6:5; 창 2:2-3).
3. 유대인들은 안식일에 가축을 풀어주고 이끌고 가서 물을 먹였다. 미쉬나는 가축이 짐을 나르는 게 아니라면 안식일에 가축의 이동을 허락했다(m. Šabb. 5). 떠돌아다니지 않게 안식일에 묶어두는 것을 허락했다(m. Šabb. 15.2). 가축이 안식일을 어기지 않는 한 우물에서 물을 마시게 하도록 허락했다(m. Eabb. 2.1-4). 쿰란 공동체는 방목을 위해 2,000큐빗(약 914미터)까지는 이동할 수 있도록 허락했다(CD 11.5-6).
4. 남녀를 쌍으로 배열해서 증언하거나 사건을 전개하는 것은 누가복음의 전형적 특징이다.
5. 적은 사람들이 구원받을 것이라는 내용은 제2성전기 유대교 문헌에 자주 등장한다(아브라함의 유언 11:1; 에스드라스2서 7:47; 8:1, 3; 7:47; 9:15; 바룩2서 13:2; 18:1-2; 21:11; 44:15; 48:23, 45). "지극히 높으신 분이 많은 사람들을 위해 이 세상을 만드셨지만 다가올 세상은 단 몇 사람을 위한 것이다"(에즈라4서 8:1). "지극히 높으신 분은 이 세상을 많은 사람들을 위해 만들었지만 다가올 세상은 소수의 사람들만을 위한다"(에스드라스2서 9:15-16).
6. Bock, *Luke*, 2:342.
7. '아고니조마이'(힘쓰다 ἀγωνίζομαι,)는 신약에서 이곳에만 등장한다. 마카베오2서에서는 전쟁을 위해 싸우는 의미로 사용된다. "결과는 천지를 창조하신 분께 맡기고 부하들에게는 율법과 성전과 수도와 나라와 전통을 위해서 죽기까지 고결하게 싸우라고(아고니사스따이 ἀγωνίσασθαι) 격려한 다음, 유다는 모데인 근처에 진을 쳤다"(마카베오2서 13:14).
8. 헤롯 안티파스(BC 4-AD 39)는 갈릴리와 베레아를 통치한 분봉 왕으로 아버지 헤롯 대왕처럼 간교하고 잔인했고 사치를 즐겼다. 누가의 설명에 따르면

헤롯 안티파스는 세례 요한을 투옥하고 처형했다(3:19-20; 9:9). 예수는 십자가형을 선고받기 전, 잠시 헤롯 안티파스에게 보내진디(23:6-16).

9. Bovon, *Luke*, 2:325.

10. 구약에서 집은 성전과 같은 건물, 도성, 가족, 왕조, 백성 등을 지칭하므로 문맥에서 의미를 결정하는 것이 적절하다. 35절의 집은 성전(렘 12:7), 예루살렘, 이스라엘 백성 중 하나를 가리키지만 어느 것을 지칭하더라도 예루살렘과 이스라엘이 심판을 받게 된다는 의미는 같다.

11. 그곳에 있던 바리새인들과 율법교사들이 예수의 행위를 감시했다고 해서 초대자가 악의적으로 식사를 활용했다고 볼 필요는 없다. 본문에는 그가 예수를 반대했다는 암시가 없다.

12. 누가복음에서 바리새인들은 율법전문가들이 함께 등장하는 경우는 언제나 예수를 반대한다(예, 7:29-30).

13. 1절에 등장한 바리새인들의 지도자가 12절의 초대자에 해당한다.

14. 예수 당시에 유대인들은 하루 두 끼의 식사를 했다. "네가 점심이나 저녁이나 베풀거든"(14:12)에서 '점심 식사'(ἄριστον 아리스톤)는 아침 시간의 끝이나 정오, '저녁 식사'(δεῖπνον 데이프논)는 늦은 오후나 저녁 시간이었다. 안식일 식사는 세 끼였다. 하루 전에 준비하고 주로 정오(제6시)에 식사를 시작했다. 순회 랍비들은 종종 지역 공동체의 예배에 이어서 열리는 안식일 식사에 초대를 받았다. 예수도 이 식사에 초대받은 것으로 보인다(14:1). 정오의 식사가 아니라면 정찬인 저녁 식사에 초대받았을 것이다. Wolter, *Luke*, 2:216; Fitzmyer, *Luke*, 2:1047.

15. '갚음'(ἀνταπόδομα 안타포도마)은 갚음, 보상, 상급, 징벌 등의 뜻이다. 이 땅에서 부를 누린 부자들은 이미 보상을 받았으므로 내세에 받을 갚음이 없다(6:24). 친척과 친구들과 가족을 초대하는 사람이 아니라 갚을 것이 없는 사람들을 섬긴 자들에게 하늘의 보상이 주어진다.

16. Wolter, *Luke*, 2:216.

17. 이는 예수가 한 사람으로부터 질문을 받았지만 교훈을 전달할 때는 대화의 대상을 복수형으로 설정하는 것과 비슷하다. 예를 들어 13:22-30에서 예수는 구원받는 사람들의 숫자에 대한 질문을 받고 "너희에게 이르노니"(24절)라며 대상을 확장했다. 본문에서도 초대자인 주인은 비유 속의 등장인물이 아니라 비유를 듣고 있는 청중 또는 비유를 읽게 될 독자들을 향해 비유

의 의미를 가르친다.

18. Green, *Gospel of Luke*, 555-557; 큰 잔치의 비유(14:16-24)는 하나님이 먼저 이스라엘을 초대하셨고 그들의 거부로 이방인 또는 교회를 초대하신 의미로 해석되기도 한다. 이 해석은 세 부류의 손님을 구원 역사의 관점에서 이해한다. 첫 번째, 초대를 거절한 손님들은 스스로 의롭다고 생각하는 유대인들로, 두 번째, 가난하고 다리 저는 사람들은 일반적인 유대인들로, 마지막, 길과 울타리 밖의 사람들을 이방인들로 설명한다. 그러나 다음과 같은 이유로 이 해석은 성립되기 힘들다. 첫째, 비유는 구원 역사의 순서(유대인→이방인)를 제대로 반영하지 않는다. 비유에서 주인은 초청한 사람들이 오지 않자 가난하고 약한 자들을 초대하고, 길과 울타리에 있는 사람들을 초대한다. 그러나 구원 역사에서 하나님은 처음부터, 즉 구약에서도 가난하고 약한 자들을 초대하셨다. 하나님은 가난한 사람들과 아픈 사람들을 후순위로 고려하신 것이 아니다. 둘째, 비유에는 인종을 구분하는 암시가 없다. 비유는 이스라엘과 교회(또는 이방인)의 구도가 아니라 부자들과 가난한 자들의 구도로 전개된다. 셋째, 비유는 12-13절의 내용과 자연스럽게 연결된다. 비유의 주인은 13절의 교훈 그대로 사회적 약사들을 초대한다(21절).
19. Bovon, *Luke*, 2:397.
20. Bovon, *Luke*, 2:396.

21 잃은 것을 찾는 사람들

1. '프로스데코마이'(προσδέχομαι). '데코마이'(δέχομαι)도 환대의 의미로 사용된다(9:53; 10:8, 10; 16:4, 9).
2. '쉬네스티오'(συνεσθίω).
3. 5:30에는 '공기조'(γογγύζω), 15:2, 19:7에는 '디아공기조'(διαγογγύζω)가 사용된다.
4. 출애굽 사건 이후의 백성의 상태는 '디아공기조' 동사로 표현된다(70인역 본문은 출 16:2, 7, 8; 민 14:2, 36; 16:11; 신 1:27; 수 9:18).
5. 7절은 두 가지로 해석할 수 있다. 첫째 견해는 의인들을 바리새인들과 서기관들로 이해한다. 그들은 스스로를 의인이라고 생각하고, 회개가 필요한 죄인이 아니라고 판단한다. 예수가 '건강한 자들에게는 의사가 필요하지 않다'

고 말씀하셨을 때 스스로 건강하다고 확신한 사람들 역시 바리새인들이다. 그러나 그들은 의인도 아니고 건강하지도 않다. 예수는 아이러니와 과장법을 활용해 하늘에서는 스스로를 의인으로 여기는 자들을 기뻐하는 것보다 회개하고 돌아오는 죄인 한 명을 더 기뻐하신다고 설명한다. 여기서 하늘은 하나님의 대용어다. 둘째 견해는 의인 99명을 실제로 하늘에 있는 의인들로 이해한다. '하늘에'(ἐν τῷ οὐρανῷ 엔 토 우라노)는 실제 하늘을 가리키는 표현이다. 하늘에 있는 천사들은 천상회의의 구성원들이다. 땅에서 목자와 여자가 잃어버린 것을 찾은 것으로 나누는 기쁨은 하늘의 기쁨보다 크다. 이는 과장법으로 찾음, 곧 회개가 얼마나 큰 기쁨인지 강조한다. 두 번째 견해가 더 타당하다. '하늘에서는'을 하나님의 대용어로 보는 것은 어색하다. 문맥에서 하늘은 분명히 장소를 가리키는 표현이기 때문이다.

6. 에드워즈, 《누가복음》, 587.
7. '먼 나라'는 이스라엘 영토를 벗어난 나라일 것이다. 디아스포라 유대인들이 거주하고 있는 나라일 가능성도 있다. 돼지를 사육하는 장면을 고려하면 그곳은 이방인들의 나라였을 것이다.
8. '휴리스코'(εὑρίσκω).
9. 비유에는 둘째 아들이 매춘부들에게 돈을 허비했다는 내용이 없다. 첫째 아들의 주장에 대한 반박이나 평가도 없다. 모범적으로 산다고 확신하는 첫째 아들이 거짓말을 할 이유는 없어 보인다. 첫째 아들의 주장대로라면 아버지와 집안사람들은 둘째 아들의 동향을 어느 정도 파악했을 가능성도 있다. 그리고 첫째 아들은 지혜자로서 어리석은 동생을 비판했을 수도 있다(잠 29:3). "지혜를 사모하는 자는 아비를 즐겁게 하여도 창기와 사귀는 자는 재물을 잃느니라."
10. '호 휘오스 수 후토스'(ὁ υἱός σου οὗτος 이 아들—개역개정).
11. 에드워즈, 《누가복음》, 599.

22 하나님 나라와 소유

1. Green, *Gospel of Luke*, 592–593; '배경설명 – 후원 체계' 참고
2. 에드워즈, 《누가복음》, 607.
3. '프로니모스'(φρόνιμος 지혜 있는—개역개정)는 '영민한', '분별력 있는'이라는 뜻이다. 12:42에서 하나님이 일을 맡기시는 청지기는 영민함과 신실함을 함께

소유해야 하므로 '영민하고 신실한 청지기'로 묘사된다.

4. '마모나스'(μαμωνᾶς)는 아람어 '마모나'(히브리어 마몬)의 음역이고 맘몬으로 발음하는 것은 라틴어 '맘몬'(mammon)에서 유래한다. 맘몬은 일반적으로 소유, 재산, 또는 보다 일반적으로 부를 의미한다. 마모나는 신뢰를 뜻하는 '아만'에서 파생된 것으로 추정되는데, '아만'은 '아멘'의 어근이다. 사람들은 부를 의존할 수 있을 정도의 확실하고 굳건한 아멘의 대상으로 인식한다.
5. '영원한 장막들로'(εἰς τὰς αἰωνίους σκηνάς 에이스 타스 아이오니우스 스케나스).
6. Wolter, *Luke*, 2:268.
7. 10-12절은 이분법으로 '작은 것', '불의한 재물', '남의 것'과 '큰 것', '참된 것', '너희의 것'을 각각 대조한다. 10-12절의 대조 또는 이분법은 8-9절의 대조(이 세대에 속한 불의한 재물과 영주할 처소에 속한 것)와 자연스럽게 연결된다.
8. '하나님의 나라' 다음에는 하나의 동사 '기쁜 소식이 전해진다'(εὐαγγελίζεται)가 붙는다. 두 표현을 결합해 '하나님 나라의 복음이 전해진다'로 번역했다.
9. '조롱하다', '경멸하다'를 뜻하는 '에크뮈크테리조'(ἐκμυκτηρίζω)는 문자적으로는 상대의 '코'(μυκτήρ 뮈크레르)를 잡아 올리는 동작을 말한다.
10. '미움을 받는 것'(개역개정).
11. 구약에 '브델뤼그마'(βδέλυγμα)는 부정이나(창 43:32; 46:34; 출 8:26) 우상숭배의 의미(신 7:25; 12:31; 왕상 11:6-8; 왕하 23:4-14; 사 1:13; 66:3)로 등장했다. 다니엘서의 '멸망의 가증한 것'(브델뤼그마)(단 9:27; 11:31; 12:11)은 성전의 멸망과 관련해서도 사용된다(막 13:14; 마 24:15). 구약에서 음행은 하나님 앞에서 '가증한 것'(신 24:4)이고, 자기 의가 있는 사람은 자신의 가증한 음행을 인지하지 못할 수도 있다. 쿰란 공동체에서 이스라엘이 걸려 넘어지기 쉬운 위선이 음행과 부와 성전 모독인 점을 고려하면(다마스쿠스 규율), 바리새인들은 그들의 탐심이 초래한 음행을 감추거나 무감각하게 생각했을 수도 있다(예, 18:9-14에 있는 세리의 기도). Green, *Gospel of Luke*, 603-604을 보라.
12. Wolter, *Luke*, 2:276.
13. 부자의 경우 동사 '죽었다'가 맨 앞에, '매장됐다'가 맨 뒤에 위치한다. 이는 부자의 죽음을 강조한다. 가난한 자도 죽고 부자도 죽는다. 재산이 죽음의 운명을 벗어나게 할 수는 없다.

14. 저자는 '음부에서'를 문장의 맨 앞에, '그의 품에'를 맨 뒤에 배열함으로써 죽은 부자와 나사로가 있는 상반된 위치를 강조한다.
15. 나사로(나자로스)는 히브리어 '엘아자르'(엘르아살—개역개정, 출 6:23)의 한 형태로 '하나님이 도우신다'는 뜻이다(요세푸스,《유대전쟁사》, 5.13, 7).
16. 23-24절은 최후심판 전까지 죽은 자들의 중간 상태를 묘사한다. 죽음 이후 의인들은 낙원에 가고 죄인들은 음부에 던져진다. 죽음 이후, 낙원과 음부의 삶이 뒤바뀌는 역전은 없다(26절). 제2성전기 묵시문헌에 형벌 장소나 형벌을 위해 대기하는 장소는 감옥처럼 갇히는 곳으로서 빠져나갈 수 없는 것으로 묘사된다(에녹1서 22:2-13; 에즈라4서 7:85). 또한 제2성전기 초기의 유대교 묵시 문헌은 최후심판 이후에 고통당하는 것으로, 후기의 묵시 문헌은 죽음 직후 음부에서 고통당하는 것으로 묘사하는 경향성을 보인다.
17. 참고. 암 5:12, 15.

23 제자도: 용서, 겸손, 감사

1. "너희는 스스로 조심하라"(3절)가 1-2절과 3-4절 중 어느 쪽에 붙는 것인지 분명하지 않다. 1-2절의 결론인 동시에 3-4절의 도입으로 배열했을 가능성도 있다.
2. 누가복음 중 이 본문에 유일하게 '주'와 '사도들' 용어가 동시에 등장한다. 독자는 본문에서 제자들이 주의 뜻에 따라 공적 책무를 수행하는 과정에서 요청하는 장면을 생각할 수도 있다. 실제로 본문은 교회의 섬기는 일꾼들에게 필수적인 가르침을 전하고 있으며, 그들이 모본으로 삼아야 할 대상은 섬기시는 주 예수 그리스도다(7절; 12:37).
3. 헬라어 구문에서 가정법 '만일'(εἰ) + 현재 직설법 동사는 실제 상태를 가리키고 주문장은 실제 상태가 아닌 가상의 상황을 예로 든다. 말하자면 "너희는 믿음을 갖고 있지만 어떤 나무도 뿌리 뽑지 못하고 있다." Bovon, *Luke*, 2:496.
4. 예루살렘의 헤롯 성전은 건물 내부인 안뜰과 건물 외부인 바깥뜰로 나뉘어 있었다. 바깥뜰에서 건물 안쪽, 곧 안뜰에 들어가려면 계단을 이용해야 하는데, 계단 앞에는 차단막 역할을 하는 돌들이 세워져 있었고, 외국인들은 차단막 너머로 들어올 수 없다는 경고문이 헬라어와 라틴어로 쓰여 있었다.
5. BAGD, 39.

6. Bovon, *Luke*, 2:505.
7. Wolter, *Luke*, 2:299.

24 하나님 나라의 시간과 장소

1. Fitzmyer, *Luke*, 2:1160; Wolter, *Luke*, 2:302.
2. Marshall, *Luke*, 655.
3. BDAG 294; 에드워즈, 《누가복음》, 653.
4. 어떤 고대 사본에는 36절 내용이 포함된다. '들에는 두 사람이 있을 것이다. 한 명은 데려가질 것이고 다른 한 명은 남게 될 것이다.' 이 문장은 원문에는 없었던 것으로 보이며 필사자가 마 24:40과 조화를 맞추려고 추가했을 가능성이 있다.
5. 예, 지혜서 10:4-9; 집회서 16:8; 납달리의 유언 3:4; 마카베오3서 2:4-5; 참고. 벧후 2:5-8; 유 6-7. "하나님이 그렇게 하지 않도록 금했음에도 불구하고 그녀가 빠져 나온 도시를 계속해서 뒤돌아 본 롯의 아내는 … 소금기둥으로 변해버렸다. 나는 그것(소금기둥)을 보았다. 지금도 그것은 남아 있다"(요세푸스, 《고대사》, 1.203). "그들의 악행의 증거는 아직도 남아 있어서 그 땅은 황폐하여 여전히 연기를 뿜고 있으며 … 믿지 않은 영혼에게 내릴 벌의 증거로서 소금기둥이 하나 우뚝 서 있다. 그들은 지혜의 길에서 빗나감으로써 … 우매함을 증거하는 기념물을 후대에 남겨놓았다"(지혜서 10:7-8—공동번역 개정판). "롯이 살던 고장 사람들은 오만하였기 때문에 주님의 진노를 사서 끝내 용서를 받지 못하였고"(집회서 16:8—공동번역 개정판). 에드워즈, 《누가복음》, 654를 보라.
6. BDAG 300; Bovon, *Luke 9:51-19:27*, 534.
7. '나를 번거롭게 한다'(개역개정).
8. *TDNT 8:590*; *EDNT 3:409*.
9. Bovon, *Luke 9:51-19:27*, 534.

25 하나님 나라에 들어가는 사람들

1. 에드워즈, 《누가복음》, 671. 본문의 '힐라스떼티 모이'(ἱλάσθητί μοι)와 38절의 '엘레에손 메'(ἐλέησόν με 엘레에손 메)는 "저를 불쌍히 여겨주십시오."로 번역할 수 있으나 의미의 차이는 있다(Bovon, *Luke 9:51-19:27*, 550).

2. Bovon, *Luke 9:51-19:27*, 550.

3. 에드워즈, 《누가복음》, 671.

4. 원문에는 '그것에'(εἰς αὐτὴν 에이스 아우텐).

5. '관리'는 지도자의 위치에 있는 사람에게 붙이는 칭호다. 이 단어는 회당장(8:41), 법관(12:58), 바리새인 지도자(14:1), 빌라도가 대제사장들과 함께 모은 관리들(23:13, 35; 24:20)을 지칭할 때 사용된다.

6. 성곽으로 둘러싸인 고대 도시에는 큰 문 옆이나 안에 작은 문이 있었고 바늘구멍은 작은 성문을 가리킨다는 견해도 있다. 그러나 작은 성문을 바늘구멍으로 이해하는 것은 성립하기 어렵다. 왜냐하면 낙타의 비유는 하나님 나라에는 부자를 위한 출입구가 없다는, 즉 부자가 하나님 나라에 들어가는 것이 사실상 불가능하다는 사실을 강조하기 때문이다.

7. '응하리라'(개역개정).

8. 여리고는 해수면보다 낮은 지대에 위치하고 예루살렘은 해수면보다 높은 곳에 위치했으므로 도성이나 성전에 올라간다는 표현은 자연스럽다. 또한 이 표현은 하나님의 목적 혹은 하나님을 예배하기 위해 예루살렘으로 올라간다는 의미도 포함한다.

9. 참고. 1:32-35; 삼하 7:11-16; 시 89.

10. 하나님의 백성을 가리키는 '모든 백성'(πᾶς ὁ λαός 파스 호 라오스, 백성—개역개정)은 누가-행전에 자주 사용된다(2:10; 3:21; 7:29; 8:47; 9:13; 참고. 19:48; 20:6, 45; 21:38; 24:19; 행 3:9, 11; 4:10; 5:34; 10:41; 13:24).

11. '헬리키아'(ἡλικία)는 '키'와 '나이'를 가리키는 용어다. 어린이의 경우 키가 자라는 것과 나이가 드는 것은 같은 의미로 사용될 수 있다(참고. 2:52). 삭개오가 사람들에게 가로막혀 나무에 올라가게 된 상황을 고려하면 본문에서 이 단어는 나이보다는 키를 가리킨다.

12. '오라오'(ὁράω).

13. '제테오'(ζητέω).

14. '휘포데코마이'(ὑποδέχομαι).

15. 현재 시제 '주다'(δίδωμι 디도미)와 '갚다'(ἀποδίδωμι 아포디도미)는 현재 행위 또는 미래 행위로 해석될 수 있다. 두 동사를 현재 행위로 이해하면 삭개오는 현재 가난한 자들을 돌보고 있다는 말이 된다. 즉 예수는 삭개오의 윤리적 선행에 대한 보상으로 구원을 선포하셨다. 반면 두 동사를 미래 행위

로 이해하면 삭개오는 예수의 방문에 대한 반응으로 선행을 결심하는 것이 된다. 후자가 본문의 흐름에 적합하다. 이 경우 삭개오는 '주고 있다'와 '갚고 있다'를 현재형 동사로 사용함으로 결심한 바를 확실히 실행할 것을 강조한다.

16. 창 18; 예, 창세기 랍바 48.1-20; 54.4; 56.5.

26 왕의 도착

1. '신실한'(πιστός 피스토스).
2. '옷 주머니'는 목이나 어깨에 거는 옷감으로 종은 이 속에 돈을 넣어 보관했을 것이다(Wolter, *Luke*, 2:360).
3. 주인에 대한 종의 평가는 아버지에 대한 첫째 아들의 평가와 비슷하며(15:29-30), 이는 바리새인들의 생각과 유사하다(5:21, 30; 6:7; 7:30, 39; 11:52; 15:2). Bovon, *Luke 9:51-19:27*, 615.
4. Wolter, *Luke 9:51-24:53*, 361.
5. 4:14, 18-19, 36; 5:17; 6:19; 7:16, 18-23; 8:13; 10:13, 19; 행 2:22; 10:38.
6. 바리새인은 39-40절을 끝으로 등장하지 않는다. 특히 수난 내러티브에 바리새인들이 언급되지 않는 점은 다른 복음서에 비해 누가복음이 그들을 긍정적으로 묘사하고 있음을 내포한다.
7. '보살핌 받는 날'(개역개정).
8. '클라이오'(κλαίω)는 '눈물을 흘리다'(δακρύω 다크뤼오—요 11:35)보다 심한 탄식을 내포한다.
9. '에피스코페'(ἐπισκοπή).
10. 창 50:24-25; 출 3:16; 4:31; 13:19; 사 23:17; 시 106:4; 룻 1:6.
11. 예, 사 39:6; 암 4:2; 8:11; 9:13.
12. '파렘발로'(παρεμβάλλω).
13. '페리퀴클로오'(περικυκλόω).
14. '퀴클로소'(κυκλώσω).
15. '발로'(βαλῶ).

27 예루살렘 성전에서 가르치는 메시아

1. 12절의 '상하게 하다'(τραυματίζω 트라우마티조)는 피가 흐르도록 신체에 폭

력을 가해 부상을 입히거나 신체장애자로 만들어버리는 행위를 의미한다.

2. 왕상 14:18; 15:29; 왕하 9:7; 10:10; 14:24; 사 20:3; 44:26 등.
3. '메 게노이토'(μὴ γένοιτο). 이는 바울이 자주 사용하는 표현이다(참고. 롬 3:4, 6, 31; 6:2, 15; 7:7, 13; 9:14; 11:1, 11).
4. 17절에 인용된 시편 118:22은 예수가 배척당하고 죽음에 넘겨진 이유를 설명하기 위해 여러 차례 사용된다(행 4:11; 롬 9:33; 벧전 2:6-8). '아들'(벤)과 '돌'(에벤)은 히브리어로 비슷한 발음이다. 거절당한 돌(에벤)은 거절당하고 죽임 당한 아들(벤)의 상징이다.
5. '곧게'(ὀρθῶς 오르또스, 바로—개역개정)는 예수의 단호한 태도를 의미하는 부사다.
6. 누가복음은 '세금'을 지칭하는 용어로 마가복음과 마태복음의 '켄소스'(κῆνσος, census—라틴어) 대신 '포로스'(φόρος)를 사용한다. 후자는 전자의 인두세 개념보다는 빌린 것(예, 토지나 집)에 대한 세금에 더 가깝다.
7. '카이사르'(Καῖσαρ)는 로마 제국의 통치자를 지칭하는 용어로 특정 개인에 국한되지 않고 로마 황제를 가리키는 고유 명사였다. 예수 당시의 황제는 티베리우스 율리우스 카이사르 아우구스투스였다(14-37년 재위). 헬라어 'Καῖσαρ'는 라틴어 'Caesar'의 음역이다. 원래 카이사르는 가이우스 율리우스 카이사르를 지칭한 이름이었다. 율리우스 카이사르의 조카와 양자인 옥타비아누스가 황제가 되고 나서 가이우스 율리우스 카이사르 옥타비아누스의 이름을 사용했으며, 이후 가문의 황제들에게 카이사르를 붙이는 것이 관례가 됐다.
8. '파누르기아'(πανουργία, 간계)는 부정적인 의미로만 사용되는 용어로 악한 목적을 위한 간교함, 속임, 책략을 가리킨다(예, 고전 3:19; 고후 4:2; 11:3; 엡 4:14).
9. Wolter, *Luke 9:51-24:53*, 396.
10. Wolter, *Luke 9:51-24:53*, 396.
11. Tiberius Caesar divi Augusti filius Augustus의 약어.
12. 42-43절의 시 110:1은 신약에서 기독론과 관련해서 가장 많이 인용된 구약 본문이다(약 33회). 시편 110편은 다윗 왕조에 속한 왕의 즉위식에 사용된 시편으로 '주'(여호와)께서 '내 주'(왕)를 왕위에 올리시는 장면을 묘사했을 것이다. 하나님 우편에 앉은 왕은 원수들을 멸할 것이다. 그러나 제2성전기에서 다윗의 아들을 메시아와 연결하는 경우는 여러 곳에 나오지만

(솔로몬의 시편 17:21["오 주여! 그들의 왕, 다윗의 아들을 일으켜서 당신의 종 이스라엘을 다스리게 하소서"]; 1QS 9.10-11; CD 12.23; 4Q174; 4Q175), 시 110:1을 메시아적으로 해석한 예는 없다. 신약에서 경배의 대상이 되는 그리스도가 하나님의 보좌 우편에 앉은 개념이 제2성전기의 다른 어떤 존재에게 경배의 대상으로 적용된 적은 없다(예외, 욥의 유언서 33:3). Wolter, *Luke 9:51-24:53*, 406-407; 리처드 보컴, 이형일/안영미 옮김, 《예수와 이스라엘의 하나님》 (새물결플러스, 2019), 3, 5장을 보라.

13. 삼하 7:12-14; 사 9:5-6; 11:1-10; 렘 23:5; 33:15; 슥 3:8; 6:12.
14. '긴 옷'으로 번역되는 '스톨레'(στολή)의 동사는 '갖추다', '준비하다', '꾸미다'(στέλλω 스텔로)를 뜻하고, 명사는 정복이나 제복을 가리킨다.
15. '아스파스무스'(ἀσπασμούς).
16. 47절의 '과부들의 집'은 재산을 의미한다(예, Plutrach, Moralia, 22). 집을 재산으로 표현하는 자료는 Wolter, *Luke*, 2:409를 참고하라.

28 성전의 운명과 종말 강화

1. m. Šeqal. 6:5-6.
2. 성전의 웅장함을 에드워즈는 다음과 같이 설명한다(에드워즈, 《누가복음》, 779). "성전의 남동쪽 벽은 기드론 골짜기 경사면에 연결된 지상에서 15층 높이로 세워져 있었다. 성전 건설에 사용된 돌은 … 40큐빗(약 18m)의 크기였다"고 기록하고 있다(《유대전쟁사》, 5.189). … 윌슨의 아치 북쪽에 있는 돌들의 길이, 높이, 너비는 약 12.8 × 3.4 × 4.3m이고, 40만 킬로그램 이상의 무게였다. … 성전 산의 남쪽 끝에 세워진 왕실 회랑은 14m 넓이였고 네 열의 기둥으로 지지를 받는 세 개의 통로로 구성됐다. … 성소의 높이는 50m 이르렀고 금과 은, 진홍색과 자주색이 섞여서 빛났고, 눈 덮인 산처럼 아침 햇살을 발산했다."
3. BDAG 63; J. Behm, "ἀνάθεμα," *TDNT 1:354*; Wolter, *Luke 9:51-24*, 416. 헬라 문헌에서 '아나떼마'는 '신에게 성스럽게 바쳐진 것'을 의미했고 유대 문헌에서도 '성전에 드려진 성스러운 예물'을 가리켰다(예, 마카베오2서 2:13; 유딧서 16:19). 필로는 황제 아우구스투스가 "값비싼 헌물로 우리의 성소를 장식했다"고 기록했다(Legatio ad Gaium 157). 이집트인들은 아름다운 헌물을 예루살렘의 성전에 바치고자 했다(마카베오3서 3:17). 유딧서에는 동사형 '헌

물을 드리다'(νατίημι 아나테에미)가 사용된다. "유딧은 사람들에게서 받은 홀로페르네스의 소유물을 모두 하느님께 바쳤다. 그리고 자기 자신이 홀로페르네스의 침실에서 가져온 휘장을 하느님께 기념품으로 바쳤다(ἀνέθηκεν 아네떼켄)"(유딧서 16:19—공동번역 개정판). 에피파네스는 거룩한 성소를 '좋은 헌물'로 장식할 것을 서약했다(마카베오2서 9:16).

4. 참고. 마카베오2서 3:2; 9:16; 요세푸스, 《유대전쟁사》, 5.210-12; 《고대사》, 15.395.
5. 바울서신에 '저주'와 관련해 사용된 '아나떼마'(ἀνάθεμα; 고전 12:3; 16:22; 갈 1:8; 롬 9:3)와 눅 21:5의 '아나떼마'(ἀνάθημα) 간에는 의미상의 차이는 없다(TDNT 1:354).
6. 렘 7:32; 참고. 사 39:6; 호 9:7; 암 4:2; 슥 14:1.
7. 렘 7:1-14; 22:5; 참고. 52:12-13.
8. "티투스는 안토니아 요새로 돌아갔고, 다음날 이른 아침에 군대 전체를 동원해 성전을 공격하고 거룩한 집을 포위하기로 결정했다. 그 집과 관련해서 하나님은 오래 전에 불타게 될 운명을 예고하셨다. 시대의 혁명에 따라 이제 치명적인 날이 왔다. 루스[아빕]월 10일이었다. 그날 성전은 이전에 바벨론 왕에 의해 불탔었다."
9. Fretheim, *Jeremiah*, 132-133.
10. 렘 7:6; 신 10:18; 사 1:23; 시 10:14, 18; 68:5; 146:9.
11. Green, *Gospel of Luke*, 734.
12. 에드워즈, 《누가복음》, 781.
13. Garland, *Luke*, 827.
14. "어떤 거짓 선지자는 이 사람들을 파멸로 이끈 원인이었다. 그는 도성에서 바로 그날 하나님이 그들에게 성전에 들어갈 것과 그들을 구원하는 표징들을 받아야 할 것을 공개적으로 선언했다"(《유대전쟁사》, 6.285). Green, *Gospel of Luke*, 735.
15. 예를 들어 황제 칼리굴라(37-41년 재위)가 예루살렘 성전에 자신의 신상을 세울 계획을 세우고 유대인들이 반대했을 때 전쟁의 소문이 있었다(《유대전쟁사》, 2.187). 네로의 자살(68년)로 로마에는 내전의 소문이 있었다.
16. Wolter, *Luke II*, 416.
17. Bovon, *Luke 19:28-24:53*, 111; 에드워즈, 《누가복음》, 782.

18. Bovon, *Luke 19:28-24:53*, 111.
19. 핍박 가운데 제자들이 증언의 기회를 얻는 내용은 사도행전에 자주 언급된다(예, 4:3; 5:18, 27-41; 6:12; 8:1, 3; 12:1, 4; 16:19-40; 22:30-23:11; 24:1-21, 24-26; 25:6-12; 25:23-26:32). Carroll, *Luke*, 417.
20. '준비하다'는 예행연습이나 연설을 암기하는 행위를 가리킨다(BAGD 708).
21. 여기서 입은 출애굽기 4:11, 15과 에스겔 29:21을 떠올린다. 특히 모세를 도와주신 예(출 4:11-16)처럼 하나님은 반대하는 자들을 침묵시키는 일을 행하실 것이다.
22. 마샬은 '영적인 안전'으로 표하고 '제자들은 상처와 죽음을 겪을 수 있으나 아무것도 그들의 본질에 해를 가할 수는 없을 것이다'라고 말한다(Marshall, *Gospel of Luke*, 769). 볼터에 따르면 목숨을 얻는 것은 종말론적 구원을 얻는 것을 의미하는 은유적 표현으로서 지상의 목숨이 보존된다는 뜻이 아니다(Wolter, *Luke II*, 424).
23. 마가는 이방 군대에 의한 예루살렘과 성전의 파괴를 다니엘서에 근거해 종교적 관점에서 평가한 반면(막 13:14; 단 9:27; 11:31; 12:11), 누가는 20-24절에서 예루살렘의 운명에 대해 역사적 사실을 서술하는 데 관심을 둔다(Bovon, *Luke 19:28-24:53*, 114).
24. Fitzmyer, *Luke 10-24, 1343*. 요세푸스의 기록에 따르면 로마 군인들에 의해 살해당한 예루살렘과 유대 지역의 유대인들은 백십만 명에 이르렀고(《유대전쟁사》, 6.5, 1§271-273; 6.9, 3§420), 로마에서 펼쳐진 승리의 행진에 끌려간 포로들은 97,000명이었다(유대전쟁사 7.118; 7.138; 7.154; 6.420).
25. Nolland, *Luke 18:35-24:53*, 1001.
26. '헤메라이 에크디케세오스'(ἡμέραι ἐκδικήσεως).
27. '하이 헤메라이 테스 에크디케세오스'(αἱ ἡμέραι τῆς ἐκδικήσεως '보복의 날들').
28. 또한 다른 구약 본문에도 유사한 표현이 사용된다(렘 51:6, 신 32:35; 렘 46:10, 21; 50:27, 31; 51:6; 겔 9:1; 사 61:2). Wolter, *Luke II*, 426을 보라.
29. 레 26:14-17; 신 28:15-68; 30:17-18; 왕상 9:6-9; 렘 26:1-6; 미 3:12. Marshall, *Gospel of Luke*, 773; Wolter, *Luke II*, 427.
30. 예, 사 3:25; 37:3; 렘 4:7; 7:34; 20:4-6; 겔 39:23; 슥 12:3.
31. 임신했거나 유아를 돌보는 여인들에게 주어지는 고통은 유대 문헌에도 사용된 그림이다(〈시빌의 신탁〉 2:190-19; 에녹2서 99:5).

32. 사 10; 13-14; 33; 47; 렘 50-51; 단 9:26-27; 참고. 겔 38; 합 1:1-2:3.

33. Marshall, *Gospel of Luke*, 773. Bovon, *Luke 19:28-24:53*, 116.

34. Levine & Witherington III, *Gospel of Luke*, 565.

35. Marshall, *Gospel of Luke*, 773.

36. 사도 바울은 로마서 11:25-26에서 하나님의 계획에는 이스라엘의 미래가 포함되고 이방인들이 충만하게 될 때 이스라엘이 다시 접붙여질 것을 말한다(롬 11:11-15, 25-26, 30-32).

37. Green, *Gospel of Luke*, 740.

38. 해와 달과 별들은 고대 과학에 알려진 세 가지 천체다(Bovon, *Luke 19:28-24:53*, 116).

39. '아나큅토'(ἀνακύπτω, 6:20).

40. Marshall, *Gospel of Luke*, 776.

41. Bovon, *Luke 19:28-24:53*, 119.

42. Marshall, "Political and Eschatological Language in Luke," 169.

43. Marshall, "Political and Eschatological Language in Luke," 170.

44. 대속물(몸값)을 뜻하는 '뤼트론'(λύτρον)에 전치사 '아포'(ἀπό, -로부터)를 붙인 '아폴뤼트로시스'(ἀπολύτρωσις)는 몸값을 지불받아 속박이나 전쟁 포로에서 해방되는 것을 뜻한다(참고. 롬 3:24). Bovon, *Luke 19:28-24:53*, 119의 설명을 보라.

45. Wolter, *Luke II*, 430; Vinson, *Luke*, 657. Bovon, *Luke 19:28-24:53*, 119.

46. '엥기제이'(ἐγγίζει).

47. 사도행전에서 복음(5:42; 8:4, 12, 25, 40; 10:36; 11:20; 13:32; 14:7, 15, 21; 15:7, 35; 16:10; 17:18; 20:24)과 하나님의 나라(1:3; 8:12; 14:22; 19:8; 20:25; 28:23, 31)는 반복되는 모티프다.

48. 'γινώσκετε'는 '알라'(명령법—개정개역)와 '안다'(직설법) 둘 다로 번역될 수 있다.

49. NA28에는 '덫처럼'(ὡς παγίς)이 35절을 시작하는 부분에 있다.

50. Wolter, *Luke II*, 430.

51. Wolter, *Luke II*, 431.

52. Wolter, *Luke II*, 431.

53. Carroll, *Luke*, 421; Nolland, *Luke 18:35-24:53*, 1009.

54. Bovon, *Luke 19:28-24:53*, 121.
55. Evans, *Luke*, 310. 그린은 누가복음에서 '이 세대'(와 관련된 표현들)가 하나님의 목적을 반대하는 사람들을 지칭할 때 사용된 예(7:31; 9:41; 11:29-32, 50-51; 16:8; 17:25)를 근거로 '수십 년이라는 숫자나 이러이러한 시대에 사는 사람들이 아니라 하나님의 목적에서 완악하게 등을 돌린 사람들을 가리키는 표현'으로 이해한다(Green, *Gospel of Luke*, 743).
56. Bovon, *Luke 19:28-24:53*, 122.
57. '둔감해지다'(βαρέω 바레오)는 '완악하다', '둔하여지다'(개정개역), '무너지다' 등으로 번역될 수 있다. Nolland, Luke 18:35-24:53, 1012; Wolter, *Luke II*, 435.
58. '폭음'(κραιπάλη 카이팔레, 방탕함—개역개정). BDAG 564.
59. S. Légasse, 'μέθη', *EDNT 2:401*.
60. Bovon, *Luke 19:28-24:53*, 122.
61. Bovon, *Luke 19:28-24:53*, 124.

29 유월절 만찬

1. 10:18; 11:18; 13:16; 22:31; 행 5:3; 26:18.
2. '스트라테고스'(στρατηγός, 성전 경비대장)는 누가-행전에만 등장하는 용어다(22:4, 52; 행 4:1; 5:24, 26). 이 용어는 '최고 관리'를 지칭하므로 본문에서는 성전의 안전을 책임 맡은 감독관을 가리키는 것으로 보인다. 대제사장들의 경호도 맡았을 것이다. 4절에 복수형(스트라테고이)이 사용된 것은 성전의 여러 부분을 감독하는 책임자들이 대제사장들을 동행했음을 보여준다.
3. '언약하다'(개역개정).
4. 누가복음 22장에서만 사용되는 '토 파스카'(τὸ πάσχα)는 '유월절'이나 '유월절 식사'나 '유월절 양'의 환유어로 사용되기도 한다(1, 7, 8, 11, 13, 15절). 7절에서 이 단어는 '희생해야 한다', '잡아야 한다'(ἔδει θύεσθαι 에데이 뛰에스타이)의 목적어로 사용되므로 '유월절 양'으로 번역될 수 있다. 8절과 11, 15절에는 '토 파스카'가 '먹다'(ἐσθίω 에스띠오)의 목적어로 사용되므로 '유월절 양'이나 '유월절 음식'을 의미한다.
5. 베드로와 요한은 사도행전에서 교회를 책임지는 역할을 맡을 것이다(행 1:13; 3:1, 3, 4, 11; 4:13, 19; 8:14).

6. 본문에는 '준비하다'(ἑτοιμάζω 에토이마조)는 동사가 네 번 사용된다(8, 9, 12, 13). 이스라엘이 이집트를 탈출할 때는 준비 없이 식사를 나눴으나 예수 당시에는 만찬에 필요한 음식과 성전 제물을 준비했다.
7. 본문은 유월절 만찬에서 가장 중요한 준비라고 할 수 있는 양을 잡거나 양을 먹는 내용을 언급하지 않는다. 이는 주의 만찬과 예수에게 초점을 맞추기 위함이다.
8. '앉다'(ἀναπίπτω 아나핍토)는 당시 유대 문화와 로마 문화에서 만찬을 위해 비스듬히 앉는 자세를 가리키는 용어다.
9. 15절의 헬라어 '토 파스카'는 유월절 양이 아니라 유월절 식사와 음식이다(1, 7, 8, 11, 13, 14절). 이유는 다음과 같다. 첫째, 예수는 자기 몸을 상징할 때 양이 아니라 빵을 사용한다. 둘째, 미래에 완성될 하나님 나라에서 식사가 아니라 어린 양을 먹는다는 것은 어색한 개념이다. 셋째, 본문의 파스카는 유월절 식사일 뿐 아니라 주의 만찬 또는 마지막 식사를 가리키므로 일반적 의미의 식사로 보는 것이 자연스럽다.
10. 제자들이 나누는 잔이 하나인지 개별 잔인지 명확하지 않다. 미쉬나는 유대인들이 유월절 식사에서 개별 잔을 사용한 것으로 묘사하는데, 미쉬나의 서술이 1세기 당시의 풍습을 반영한다면 예수가 주재하신 유월절 식사에서도 제자들은 개별 잔을 사용한 것으로 추정할 수 있다(에드워즈, 《누가복음》, 821).
11. 예, 시 75:8; 사 51:17; 렘 25:15; 49:12; 겔 23:31-34; 렘 25:15-16, 27-28.
12. '아남네시스'(ἀνάμνησις, 기념—개역개정).
13. 예, 창 9:6; 겔 18:10; 사 59:7.
14. 예, 창 16:12; 31:29; 신 2:7; 잠3:27; 사 1:12; 행 4:28; 13:11.
15. '예정하다'(ὁρίζω 호리조, 작정하다—개역개정)의 완료 수동태 분사. '예정된 것에 따라'(κατὰ τὸ ὡρισμένον 카타 토 호리스메논).
16. 행 2:23; 10:42; 11:29; 17:26, 31; 롬 1:4; 히 4:7.
17. '호 네오테로스'(ὁ νεώτερος)는 '최연소자'를 가리킨다.
18. Levine and Witherington, *Luke*, 593.
19. 제국은 권력의 최정점에 있었던 로마 황제(아우구스투스, 네로, 베스파시우스—《유대전쟁사》, 3:459; 티투스—《유대전쟁사》, 4:113)를 은인들로 불렀고 그들의 은덕을 칭송했다.

20. 그린, 《누가복음》, 960. "부자들은 은택을 베풀 수 있는 중요한 수단을 확보하고 있었기 때문에 공동체에서 공적인 자리와 명성을 얻기에 최고의 자격을 갖춘 사람들로 인정받았다. 지도력을 발휘하기 위해서는 부가 필요했기 때문에 오직 부자들만 지도자의 위치에 오를 수 있었고, '관대하게' 베푸는 사람들의 몫인 명예와 출세를 누릴 수 있었다."
21. '시련'(πειρασμός 페이라스모스)은 다른 본문에 '시험'으로 번역된다.
22. 주로 '심판하다', '재판하다'로 번역되는 '크리노'(κρίνω)는 본문에서 관리하는 권한을 의미한다(Bovon, *Luke 3*, 176).
23. '엑사이테오'(ἐξαιτέω)는 '요청하다'(능동태), '청구하다'(중간태)를 의미한다. 27절의 동사는 중간태 과거로 '청구했다'(ἐξῃτήσατο)로 번역되고 사탄이 욥을 청구한 것과 같은 의미다(욥 1:6-12; 2:1-6). Bovon, *Luke 3*, 177.
24. Bovon, *Luke 3*, 176.
25. 유대 문헌 중 베냐민의 유언서 3:3에서 벨리알의 영들이 베냐민의 후손을 괴롭히기 위해 항복을 요구하는 장면에 '너희를 요구했다'(ἐξαιτήσωνται 엑사이테손타이)는 표현이 사용된다.
26. "보라 내가 명령하여 이스라엘 족속을 만국 중에서 체질하기를 체로 체질함 같이 하려니와 그 한 알갱이도 땅에 떨어지지 아니하리라."
27. '에클레이포'(ἐκλείπω, 떨어지다—개역개정)는 '끊어지다', '없어지다', '사라지다'를 뜻한다.
28. 명사는 '데에시스'(δέησις).
29. 눅 1:13; 2:37; 10:2; 21:36; 행 1:14.
30. 1:16-17; 22:32; 행 3:19; 9:35; 11:21; 14:15; 15:19; 26:18, 20; 28:27.
31. 행 14:22; 15:32, 41; 18:23(Bovon, *Luke 3*, 176).
32. 행 8:32-35는 이사야 53장을 더 자세히 인용한다.

30 예수의 수난, 죽음, 매장

1. '힘쓰고'(개역개정).
2. 22:39, '관례를 따라'(κατὰ τὸ ἔθος 카타 토 에또스—1:9, 전례를 따라—개역개정).
3. 제자들과 예수의 거리를 마가와 마태는 '조금' 떨어진 것으로 묘사한다(막 14:35; 마 26:39). 누가가 좀 더 구체적으로 거리를 나타낸다.
4. 참고. 행 9:40; 20:36; 21:5; 왕상 8:54; 대하 6:12-13; 스 9:5.

5. Wolter, *Luke*, 2:483.

6. 누가는 미완료과거 동사 '프로세위케토'(προσηύχετο 기도하고 있었다)를 사용해 예수가 계속 기도하신 것을 강조한다.

7. 직역하면 '이것까지 허락하라'(ἐᾶτε ἕως τούτου 에아테 호스 투투)이다. 세 가지 번역과 설명이 가능하다. 첫째, 지금까지 일어나는 것은 그대로 두고 앞으로는 그런 일이 일어나지 않도록 하라. 둘째, 종의 귀를 회복하는 것까지 허용하라. 셋째, 악의 세력에게 체포되는 것마저도 허용하라. 이 중 세 번째가 자연스럽다.

8. 네 복음서 가운데 누가복음만 종의 귀가 치유된 장면을 기록한다.

9. 직역하면 '사람아'(ἄνθρωπε 안뜨로페, 남성형).

10. 직역하면 '사람아'(남성형).

11. '잡다'(συλλαμβάνω 쉴람바노)는 체포 행위를 가리키는 전문 용어로 범죄자를 '체포하다'는 뜻이다(행 1:16; 12:3; 23:27).

12. '앉아 있었다'(ἐκάθητο 에카떼토)를 계속되는 동작을 나타내는 미완료과거로 사용한 것은 베드로가 계속 앉아 있었음을 의미한다.

13. 에드워즈, 《누가복음》, 856. 갈릴리 사람들은 "알레프를 아인처럼 그리고 알레프와 같은 아인처럼 발음했다"고 말했다. 이는 바벨론 탈무드에서 랍비 엘리에제르(약 270년)가 한 말이다(Str-B 1:156-59).

14. 닭의 울음과 관련된 자세한 내용으로는 Bovon, *Luke 19:28-24:53*, 181; 에드워즈, 《누가복음》, 837을 보라. 로마인들이 밤3시(새벽 12:00-3:00)를 '닭 울음'(gallicinium)으로 불렀기 때문에 어떤 학자들은 본문의 닭 울음을 수비병이 근무 교대 시간을 알리려고 사용한 나팔 소리(=닭 울음)라고 이해하기도 한다. 또한 예루살렘에서는 닭을 사육하지 않았다고 주장하기도 한다. 인도가 원산지인 닭이 페르시아를 거쳐 헬라 세계로 왔기 때문에 처음에는 페르시아의 새로 불렸고 이스라엘에 유입된 명확한 시기를 알기는 어렵다. 랍비 문헌에 따르면 어떤 법은 예루살렘에서 닭을 기르는 것을 허락하고 어떤 법은 닭이 땅을 파서 부정한 것을 드러낸다는 등의 이유로 닭을 소유하지 못하게 했다(m. B. Qam. 7.7; b. B. Qam 79). 그러나 후대 기록인 랍비 문헌에 근거해 예수 당시에 닭이 예루살렘에 있었는지 여부를 따지는 것은 설득력이 떨어진다. 1세기 예루살렘에 닭이 없었다는 근거도 없다. 본문의 닭 울음을 시간을 알리는 인위적인 소리로 이해해도 본문 해석에는

문제가 없겠으나, 예수는 실제 닭의 울음을 의도했을 것이다. 닭이 운 것은 새벽이 왔음을 의미하며, 당시 유대사회와 로마 세계에서 새벽에 닭이 우는 것을 모르는 사람은 없었다.

15. 스트레포(στρέφω).
16. 에드워즈, 《누가복음》, 857.
17. 에드워즈, 《누가복음》, 857.
18. 예수가 끌려간 쉬네드리온은 산헤드린 공회를 지칭할 수도 있고(행 4:5; 5:21, 27; 22:30; 23:1, 15, 20, 28; 24:20), '-으로'(에이스 εἰς)가 붙어 있으므로 회의가 열리는 공간을 가리킬 수도 있다(행 4:15; 5:34, 41; 6:12, 15; 23:6).
19. 직역하면 '그들의 전체 집단'은 일반 무리가 아니라 산헤드린 공회를 구성한 유대지도자들을 가리킨다. 산헤드린은 이스라엘의 최고 의결기구이고 영예를 가진 공회이지만 누가는 의도적으로 집단 또는 무리로 대체해버린다.
20. 참고. 요 18:31; 요세푸스, 《유대전쟁사》, 2.117.
21. 디아스트레포(διαστρέφω, 미혹하다—개역개정)는 '왜곡시키다', '이탈하게 만들다', '벗어나게 하다' 등의 뜻이다(9:41; 행 13:8, 10; 20:30; 출 5:4; 왕상 18:17, 18).
22. '쉬 레게이스'(σὺ λέγεις)는 세 가지로 이해될 수 있다. '당신은 그렇게 말하지만 나는 인정하지 않는다.' '당신이 그렇게 말하고 나도 인정한다.' '당신은 그렇게 말하지만 나는 대답하기를 거부한다.' 본문에서 예수는 세 번째 입장으로 말했을 것이다.
23. 산헤드린의 공회원들은 줄곧 심문과 재판 과정에 함께 했고 이들 외에 언급된 사람들은 기록되지 않는다(22:66; 23:1).
24. 7절의 '넘기다'(ἀναπέμπω 아나펨포)는 어떤 사람이나 죄수를 다른 집행관이나 권위에 넘기는 행위를 가리킨다(행 25:21; 요세푸스, 《유대전쟁사》, 2.20, 5).
25. '기대하다'의 미완료과거 시제(ἤλπιζέν 엘피젠).
26. 과거완료 동사 '서 있었다'(εἱστήκεισαν 헤이스테케이산)는 헤롯에게 예수를 보낸 이후 줄곧 그곳에 서 있었음을 뜻한다.
27. '군인들'은 소규모의 군대를 지칭하는 용어로 헤롯의 경호를 맡은 군인들로 보인다.
28. '알 우데 헤로데스'(ἀλλ' οὐδὲ Ἡρῴδης)는 '그러나 헤롯 역시 않았다' 또는 '그

러나 헤롯조차도 않았다'로 번역할 수 있는데, 후자가 적절해 보인다.

29. "그는 절기에 한 명을 그들에게 석방해야 했다"는 초기 사본들에는 빠져 있으며, 이 구절을 포함하는 사본의 경우에는 다른 위치에 들어가 있다. 예를 들어 16절 다음이나 19절 다음에 배열되기도 한다. 이 구절은 필사자가 마태복음 27:15과 마가복음 15:6에 근거해 추가한 것으로 보인다.
30. '아이레'(αἶρε)는 '제거하시오', '지워버리시오'의 뜻으로 야만적이고 폭력적인 표현이다.
31. 14:1; 23:35; 24:20; 행 3:17; 4:5, 8; 13:27.
32. 19:47; 24:20; 행 3:17; 4:5-8; 13:27-29.
33. 마태복음, 마가복음, 요한복음은 석방의 관습을 당시에 널리 알려진 것으로 전제한다. 요한은 사면의 관습을 언급한다. "유월절이면 내가 너희에게 한 사람을 놓아주는 전례가 있으니 …"(요 18:39). 본문의 경우 사면은 전적으로 로마 총독의 권한이었다.
34. '프로스포네오'(προσφωνέω, 말하다—개역개정)는 단순히 '말하다'는 의미를 넘어 재판관으로서 '선언하다'의 의미에 가깝다.
35. "우리는 다 양 같아서 그릇 행하여 각기 제 길로 갔거늘 여호와께서는 우리 모두의 죄악을 그에게 담당시키셨도다"(사 53:6). '여호와께서는 … 담당시키셨다'(κύριος παρέδωκεν 퀴리오스 파레도켄)의 '담당시키다'는 '넘겨주다'(παραδίδωμι)와 같은 단어다. "… 이는 그가 자기 영혼을 버려 사망에 이르게 하며 범죄자 중 하나로 헤아림을 받았음이니라 … "(53:12)에서 '죽음에 넘겨졌다'(παρεδόθη εἰς θάνατον 파레도떼 에이스 따나톤)에도 '넘겨주다'가 사용됐다.

31 그리스도의 처형과 매장

1. 누가는 예수를 끌고 가는 주체를 '그들'로 표기한다. 주어의 정체를 모호하게 또는 명확하지 않게 하는 것은 누가의 습관이다. 군인들보다 더 많은 사람들을 포함시키려는 의도로 보인다. 즉 누가는 십자가 처형의 책임을 특정 부류에게만 제한시키지 않는다. 로마 군인들 외에도 이제까지 예수를 처형하도록 압박한 유대지도자들과 유대 백성도 '그들'에 포함된다.
2. 십자가의 가로 부분을 가리키는 라틴어 '파티불룸'(patibulum)에 해당하는 헬라어 용어가 없기 때문에 복음서 저자들은 십자가와 가로 막대 둘 다

를 지칭하는 '스타우로스'(σταυρός)를 사용한다. 에드워즈, 《누가복음》, 889을 보라.

3. '아그로스'(ἀγρός 시골—개역개정)는 '밭' 또는 '시골'로 번역되는데 문자적으로 '밭에서'는 '시골에서'를 가리키려고 자주 사용된다. 일하는 것이 금지된 유월절에 유대인 시몬이 밭에서 일을 하지는 않았을 것이므로 '시골'로 보는 것이 적절하다. Bovon, *Luke 19:28-24:53*, 301을 보라.
4. 구레네는 북아프리카(지금의 리비아)의 연안에 위치했다. 그가 현재 구레네 거주자인지, 구레네 태생인지, 조상이 구레네 출신인지 정확하게 알기 어렵다. 구레네에는 유대인들이 살고 있었고(요세푸스, 《아피온에 대한 반박》 2.44) 예루살렘에는 구레네인 출신 유대인들의 회당도 있었다(행 6:9). 사도행전에는 구레네 출신 유대 기독교인들도 등장한다(행 11:20; 13:1).
5. '관리들'(개역개정).
6. 누가는 '해골'(Κρανίον 크라니온)로 표기하고 나머지 복음서 저자들은 '골고다'(Γολγοθᾶ)로 기록한다(막 15:22; 마 27:33; 요 19:17). 골고다는 해골을 뜻하는 아람어 굴골타(히브리어로는 굴골렛)를 가리킨다.
7. Wolter, *Luke*, 2:521.
8. 메시아를 '택함 받은 자'로 표현하는 곳은 신약에서 이 본문이 유일하지만 제2성전기 문헌과 구약에 비슷한 칭호가 사용된다(에녹1서 39:6; 40:5; 45:3; 49:2; 51:3, 5; 52:6, 9; 53:6; 55:4; 61:5, 8, 10; 62:1; 아브라함의 묵시록 31:1; 시 89:20 [다윗]; 106:23; 사 42:1[주의 종]). Wolter, *Luke*, 2:527.
9. '에르코마이'(ἔρχομαι)는 '오다'와 '가다' 둘 다로 번역될 수 있다. 42절의 경우 '가다'가 적절한 번역이다(Bovon, *Luke 19:28-24:53*, 311).
10. Wolter, *Luke*, 2:529.
11. Wolter, *Luke*, 2:529.
12. '므네스떼티 무'(μνήσθητί μού 삿 16:28; 렘 15:15; 시 52:7). Wolter, *Luke*, 2:529.
13. Wolter, *Luke*, 2:529.
14. Wolter, *Luke*, 2:529.
15. 예, 에녹1서 24-25; 31-32; 에녹2서 8-10; 9:1; 에스라4서 7:36, 8:1-3; 9:14-15; 바룩2서 51:11; 59:7; 아브라함의 유언 11:9-10A; 20:10-14A.
16. 신약에는 이곳과 고후 12:4; 계 2:7에 낙원이 언급된다.
17. 레위의 유언서 18:10-11; 솔로몬의 시편 14:3; 에녹1서 17-19; 60-61.

18. 예, 2:11; 4:21; 5:26; 13:32-33; 19:5, 9, 42; 행 4:9; 13:33.
19. 유대인들은 낮은 12개, 밤을 4개로 나누어 계산했다. 낮은 동틀 때(오전 6시)부터 어두워질 때(오후 6시)까지였다.
20. '에스키스떼'(ἐσχίσθη).
21. '내가 나의 영을 주의 손에 부탁하나이다 … '(εἰς χεῖράς σου παραθήσομαι τὸ πνεῦμά μου 에이스 케이라스 수 파라떼소마이 토 프뉴마 무—70인역 30:6).
22. '토 게노메논'(τὸ γενόμενον).
23. 23:4, 14-15, 22; 참고. 행 3:14; 7:52; 22:14.
24. Wolter, *Luke*, 2:532.
25. 예수를 통해 일어난 일들을 보면서 하나님께 영광 돌리고 하나님을 찬양하는 것은 누가복음에 반복되는 주제다(13:13; 17:15; 18:43; 19:37). 13:13에서 치유받은 여자가 보인 반응은 안식일이 아닌 날에 병을 고침 받아야 한다는 회당장의 항의와 대조된다. 하나님께 영광 돌리도록 이끈 계기는 바로 나병환자와 맹인을 치유하신 것과 사역 전반에 나타난 예수의 사역이다. 사마리아인 나병환자가 돌아와 하나님께 감사할 때, 예수는 열 명 중에서 이 한 사람만 하나님께 영광을 돌린다고 말한다(17:18). 예수를 통해 일어난 하나님의 일에 대해 하나님께 영광 돌리는 것이 누가복음의 마지막을 장식하고 있는데, 여기서 제자들은 예수의 승천으로 인해 하나님을 찬양한다(24:53). 예수의 일은 하나님의 일이므로 독자들은 예수를 통해 구원의 목적을 이루시는 하나님을 찬양해야 한다.
26. 놀랍게도 누가복음에서 '선한 사람'(ἀγαθός 아가또스)으로 불리는 사람은 예수와 요셉이 유일하다.

32 예수의 부활과 승천

1. '오르뜨로스'(ὄρθρος 새벽—개역개정)는 매우 이른 새벽 시간을 가리키는 용어다(주의 첫째 날의 새벽—마 28:1; 해가 돋았을 때—막 16:1; 이른 아침 어두울 때—요 20:1,).
2. 참고. 14:24, 31; 왕하 19:35; 시 30:5; 90:14; 143:8; 사 37:36.
3. 에드워즈, 《누가복음》, 916.
4. 누가는 사도행전에서 부활하신 예수를 '주 예수'(1:21; 10:36; 또는 '주'—2:34; 9:10, 11, 15, 17; 18:9; 22:10; 23:11; 26:15)로 부르고 하나님을 '주 하나님'(2:39;

3:22; 10:36) 또는 '주'(2:47; 7:33; 7:49; 12:7, 11)로 부른다(행 1:21; 10:36; 참고. 23:11; 26:15; 2:3 4:3; 8:16; 13:47; 15:17; 16:14; 17:24).

5. '에게르떼'(ἠγέρθη).
6. '허탄한 말'(개역개정).
7. 예수를 따른 사람들은 열두 사도보다 훨씬 많다. 열두 제자 외에도 칠십 명의 제자들이 있었다. 엠마오로 가는 글로바와 동료(18절)와 여자들(23:49, 55-56; 24:1-12)도 있었다.
8. '두어 사람'(개역개정).
9. 엔 아우테 테 헤메라(ἐν αὐτῇ τῇ ἡμέρᾳ).
10. '야기하다'(개역개정).
11. '문의하다'(개역개정).
12. '열리다'(διανοίγω 디아노이고)는 누가-행전에 여섯 차례 등장하는 단어로서 (24:31, 32, 45; 행 7:56; 16:14; 17:3) 두 경우(31절; 행 7:56)를 제외하면 모두 성경 말씀이나 선포를 통해 계시를 깨닫는 장면에 사용된다.
13. 누가는 역사적 현재형을 즐겨 사용하지 않는다. 따라서 여기서는 λέγει를 "그가 말했다"로 번역한다.
14. 일부 사본에는 "너희에게 평화가!" 앞이나 뒤에 "나다 두려워하지 말라"가 포함된다. 이는 요 6:20의 영향으로 추가된 것으로 보인다.
15. 40절은 일부 서방 사본에 빠져 있다. 39절 뒤에 배열하는 것이 반복되는 내용이므로 부적절하다고 판단했을 가능성도 있다. 외적 증거는 40절이 포함된 독법을 더 강하게 지지한다.
16. 타우타(ταῦτα 이 말—개역개정).
17. 누가-행전에 '프뉴마'(πνεῦμα)는 106회 사용되는데, 이 중에서 71회는 하나님의 영, 20회는 더러운 영(귀신), 나머지 15회는 숨, 생명, 영(인간의 내적 본질이나 비물질적 부분)을 가리킨다. 프뉴마는 8:55에서 회당장 야이로의 딸이 죽었으나 '그녀의 영'(토 프뉴마 아우테스 τὸ πνεῦμα αὐτῆς)이 돌아오는 장면에도 사용된다(Bovon, *Luke 19:28-24:53*, 390). 소녀의 시체가 그대로 있는데도 프뉴마가 돌아왔다고 표현한 것은 프뉴마가 죽은 후에도 살아 있는 영혼을 가리키기 때문이다. 예수와 스데반(눅 23:46; 행 7:59[시 31:5])은 죽음 직전에 '내 영혼'(토 프뉴마 무 τὸ πνεῦμά μου)을 하나님께 맡겼다. 두 사람의 경우 프뉴마는 죽음 이후 살아 있는 '나', 즉 그들의 존재를 가리킨 것이

분명하다. 이는 사람이 죽은 후에도 영혼 또는 영이 살아 있음을 의미한다. 참고로, 제2성전기 유대교에서 '프뉴마'(πνεῦμα)와 주로 목숨으로 번역되는 '프쉬케'(ψυχή)는 비슷한 의미로 사용된다(예, 에녹1서 103:4-5; 지혜서 16:14).

18. Nolland, *Luke 18:35-24:53*, 1214.
19. '에고 에이미'(ἐγώ εἰμι).
20. Johnson, *Luke*, 401. 70인역에서 만지는 것은 면밀히 검사해 보라는 의미를 함축하며(사 59:10), 눈먼 이삭이 에서를 만질 때 사용된 용어다(창 27:12, 21-22).
21. 신체에서 손과 발은 뼈와 살로 구성되고 구약에서 살과 뼈는 친족 관계나 신체를 가리키는 제유법으로 사용된다(예, 창 2:23; 29:14; 삼하 5:1; 19:2).
22. 요한도 도마가 예수를 실제로 만졌는지 기록하지 않는다(요 20:27).
23. 후대의 많은 사본들에는 '그리고 벌집으로부터 꿀을'이 포함된다. 신뢰성이 높은 대부분의 초기 사본에는 이런 표현이 빠져 있다. 고대 교회의 여러 곳에서 꿀을 성만찬이나 세례 예식을 위해 사용했기 때문에 필사자들이 성경의 근거를 제시하기 위해 추가했을 가능성이 있다.
24. 누가는 헬라어 문장에서 41절의 맨 앞에 '아직' 또는 '여전히'를 배치하는데 독자는 이 부사 때문에 그들의 기쁨을 과소평가하지 말아야 한다.
25. 형용사 '먹을' 또는 '먹을 수 있는'(βρώσιμον 브로시몬)은 신약에서 이곳에만 사용되는 단어다.
26. '브로마타'(βρώματα). Nolland, *Luke 18:35-24:53*, 1214을 보라.
27. 1:77; 3:3; 5:20-21, 23-24; 7:47-49; 11:4; 12:10; 17:3-4; 23:34; 행 2:38; 5:31; 8:22; 10:43; 13:38; 26:18.
28. 회개가 '예루살렘으로부터' 시작한다는 사실은 선교가 예루살렘(시온)으로 오는 구심력 운동이 아니라 모든 민족을 향해 확장되는 원심력 운동이 될 것을 의미한다.
29. 이는 마치 마지막 만찬(22:14-38) 중 예수가 자신의 정체를 설명하기 위해 성경을 사용하는 것과 비슷하다.
30. 손을 드는 것은 축복하는 동작이다(레 19:22).
31. Bovon, *Luke 19:28-24:53*, 412.
32. 제사장들이 제사를 위해 들어가는 성소인 나오스(ναός)로 제사장 사가랴가 임무를 수행한 공간이다(1:9, 21).

사진 출처

AD 1세기 예루살렘 성전 모형 ©Todd Bolen, BiblePlaces.com, 30쪽

북쪽에서 바라본 나사렛 LifeintheHolyLand.com, 35쪽

카이사르 아우구스투스 ©Till Niermann, commons.wikimedia.org, 47쪽

밤에 양을 지키는 베들레헴의 목자들 LifeintheHolyLand.com, 50쪽

카이사르 티베리우스 Musee Saint-Raymond Ra 342 b, 71쪽

베다니 근처의 요단강 ©Todd Bolen, BiblePlaces.com, 72쪽

유대 광야의 돌 ©Todd Bolen, Bibleplaces.com, 76쪽

요단강과 유대 광야 ©Todd Bolen, BiblePlaces.com, 87쪽

여리고 서쪽의 유대 광야 ©Todd Bolen, Bibleplaces.com, 89쪽

가버나움의 회당 ©Todd Bolen, Bibleplaces.com, 96쪽

북쪽에서 바라본 갈릴리 바다와 가버나움 ©William Schlegel, BiblePlaces.com, 102쪽

남동쪽에서 바라본 가버나움 ©Todd Bolen, BiblePlaces.com, 102쪽

갈릴리 바다의 주변 지역 ©Todd Bolen, BiblePlaces.com, 104쪽

새벽에 그물을 손질하는 갈릴리의 어부들 www.LifeintheHolyLand.com, 110쪽

연회 Vinson, Luke, 482., 126쪽

유대인의 장례 행렬 LifeintheHolyLand.com, 160쪽

로마 시대의 등불 ©Todd Bolen, Bibleplaces.com, 182쪽

갈릴리 바다의 파도 ©Todd Bolen, Bibleplaces.com, 187쪽

갈릴리 바다 동쪽의 무덤 ©William Schlegel, BiblePlaces.com, 191쪽

눈 덮인 헬몬산 ©Todd Bolen, Bibleplaces.com, 231쪽

예루살렘에서 여리고로 내려가는 길 ©Todd Bolen, Bibleplaces.com, 244쪽

겨자씨 ©Todd Bolen, Bibleplaces.com, 304쪽

이스라엘의 맷돌 ©Todd Bolen, BiblePlaces.com, 350쪽

여리고의 시카모어 나무 ©David Bivin, LifeintheHolyLand.com, 382쪽

나무 위에서 예수를 기다리는 삭개오 James Tissot, 384쪽

예수의 예루살렘 입성 경로 www.LifeintheHolyLand.com, 394쪽

1세기 예루살렘 성전 ©Todd Bolen, BiblePlaces.com, 432쪽

헤롯 궁의 모형 ©Todd Bolen, BiblePlaces.com, 470쪽

십자가를 지도록 강요받는 구레네 시몬 James Tissot, 478쪽

올려지는 십자가 James Tissot, 481쪽

바위 무덤 입구/내부 ©Todd Bolen, Bibleplaces.com, 492쪽

엠마오로 가는 순례자들 James Tissot, 497쪽

그리스도인을 위한 통독 주석 시리즈

누가복음

Luke
Commentary Series for Christian to Read through

지은이 강대훈
펴낸곳 주식회사 홍성사
펴낸이 정애주
국효숙 김의연 박혜란 손상범
송민규 오민택 임영주 차길환

2022. 8. 19. 초판 발행 2024. 3. 4. 2쇄 발행

등록번호 제1-499호 1977. 8. 1.
주소 (04084) 서울시 마포구 양화진4길 3 전화 02) 333-5161 팩스 02) 333-5165
홈페이지 hongsungsa.com 이메일 hsbooks@hongsungsa.com
페이스북 facebook.com/hongsungsa
양화진책방 02) 333-5161

ISBN 978-89-365-1538-6 (03230)